国 家 级 精 品 课 程 教 材
国家级精品资源共享课教材
北 京 高 等 教 育 精 品 教 材
普通高等教育“十一五”国家级规划教材
普 通 高 等 教 育 城 市 轨 道 交 通 系 列 教 材

城市轨道交通规划与设计

第3版

PLANNING AND DESIGN FOR URBAN RAIL TRANSIT

3RD EDITION

主　编：毛保华
副主编：陈绍宽　柏　赟
主　审：刘　迁　秦国栋

人民交通出版社股份有限公司
北　京

内 容 提 要

本书是在北京交通大学编写的《城市轨道交通规划与设计》(第二版,2011年,普通高等教育"十一五"国家级规划教材)基础上进行全面修订后再版的。全书共13章,内容包括概述、城市轨道交通系统的构成、城市轨道交通规划与设计基础、客流预测、线网规划、线路设计、车站设计、车辆基地设计、换乘设计、运营规划、安全防护设计、环境保护和工程可实施性规划,并附有线路设计、车站设计案例。同时,本书还配套有部分重要知识点内容的微课程视频讲解和动画等数字资源,读者扫描书中二维码即可在线观看。

本书可作为城市轨道交通及交通运输相关专业的本科生、研究生教材或教学参考资料。同时,本书对与城市轨道交通系统相关的政府决策与管理人员,交通工程规划、设计与咨询人员,城市轨道交通企业经营管理人员都有很好的参考价值。

图书在版编目(CIP)数据

城市轨道交通规划与设计 / 毛保华主编. —3版. —北京 : 人民交通出版社股份有限公司, 2020.3

ISBN 978-7-114-16263-3

Ⅰ. ①城… Ⅱ. ①毛… Ⅲ. ①城市铁路—交通规划 ②城市铁路—设计 Ⅳ. ①U239.5

中国版本图书馆CIP数据核字(2020)第009789号

Chengshi Guidao Jiaotong Guihua yu Sheji (Di 3 Ban)

书　　名:城市轨道交通规划与设计(第3版)
著 作 者:毛保华
责任编辑:吴燕伶
责任校对:张　贺　宋佳时
责任印制:张　凯
出版发行:人民交通出版社股份有限公司
地　　址:(100011)北京市朝阳区安定门外外馆斜街3号
网　　址:http://www.ccpress.com.cn
销售电话:(010)59757973
总 经 销:人民交通出版社股份有限公司发行部
经　　销:各地新华书店
印　　刷:北京印匠彩色印刷有限公司
开　　本:787×1092　1/16
印　　张:24
字　　数:584千
版　　次:2006年3月　第1版
2011年5月　第2版
2020年3月　第3版
印　　次:2022年9月　第5次印刷　累计第19次印刷
书　　号:ISBN 978-7-114-16263-3
定　　价:56.00元
(有印刷、装订质量问题的图书由本公司负责调换)

第3版前言

过去20年来,我国城市轨道交通的发展步入了快车道。城市化导致的城市地区人口集聚加剧了人均交通资源的短缺与地面交通拥堵,越来越多的城市将以轨道交通为骨架的公共交通体系建设作为重要发展方向。根据中国城市轨道交通协会的统计,2021年6月底,我国有49个城市开通城市轨道交通运营服务,总里程8448.7km(未包含港澳台地区数据),约占全球总里程的三分之一;其中,上海、北京、广州、深圳、南京等城市的轨道交通承担的客运量已超过地面公交客运量,这些城市与东京、伦敦、首尔等国际化大都市一样进入了轨道交通主导城市公共交通运行的新阶段。

本教材是在北京交通大学编著的《城市轨道交通规划与设计》(第二版,2011年)基础上全面修订后的成果。编著过程中,作者们参考了国内外大量文献及国内城市轨道交通系统建设、运营的实际资料。不仅反映了国内外理论研究的最新成果,也结合了我国城市轨道交通发展的具体实践。本书可以作为相关专业本科生、研究生的教材或教学参考资料;同时,对与城市轨道交通系统相关的政府决策与管理人员、交通工程规划、设计与咨询人员、企业经营管理人员也有很好参考价值。

本版教材的主要特点有:

(1)按照城市轨道交通系统规划与设计工作要点重新梳理设计了整个课程的知识点,并按照知识点体系搭建了教材的基本框架,优化了第二版各章节的表述方法。

(2)补充了与我国城市轨道交通规划与设计实际工作紧密关联的内容和知识点,为学生毕业后能够更快、更好地开展城市轨道交通系统规划与设计工作奠定坚实基础。

(3)针对本科教学特点,进一步突出了教材内容的实用性,通过补充、强化课程设计等内容,体现了对学生动手操作能力培养的强化。

(4)根据我国城市轨道交通规划、设计理论与实践的进展,补充了最新成果。

(5)针对课程中部分重要知识点,配套了微课程视频、动画、案例、图片等数字资源,学习时扫描书中的二维码即可在线观看。

本版教材的推荐学时为64学时,各学校使用时可视具体情况选择讲授。

北京交通大学"城市轨道交通规划与设计"课程于2016年入选第一批"国家级精品资源共享课",并已在国家精品课程在线学习平台"中国大学MOOC(慕课)网"上线,学习时可登录网站(https://www.icourse163.org)在线观看。

参加本书编写的教师有毛保华(第1、5、10章)、丁勇(第2章、第6章第4节)、陈绍宽(第3、8、13章)、柏赟(第4章,第6章第1~3节、第11章、附录1)、梁肖(第7章、第

12 章、附录 2)、刘爽(第 9 章)。全书由毛保华统稿,刘迁、秦国栋主审。

本书编写过程中,得到了焦桐善、朱军、沈景炎、全永燊、蒋玉琨、李凤军、方琪根、孙壮志、李建新、陶志祥、金安、刘剑锋等业内专家的帮助和指导。中南大学李夏苗、兰州交通大学牛惠民等教授提供了大力支持,北京交通大学城市轨道交通系许奇、刘海东、王保山、刘智丽、冯佳等老师及李明高、许得杰、史芮嘉、陈垚、陈志杰、李颖、张研等同志参与了本书部分成果的研究工作。研究生王敏、肖中圣、张泽英、王蓉、郭桐君、刘葛辉、陈磊、宋周敏、彭诗尧、汪茜、徐杨、周雯、庄黄蕊、赵丹丹等参加了部分项目及本书的资料整理工作。本书引用了大量国内外发表的有关文献以及部分国内大城市,如北京、广州、上海、武汉、长沙、深圳、成都、重庆、石家庄等城市的轨道交通系统规划与设计文献,在此谨向有关专家及部门致以衷心感谢!

毛保华

2021 年 11 月第 3 版第 4 次印刷前夕

于北京交通大学

目 录

第1章 概　　述

轨道交通系统是一种具有专用或半专用路权、限定行驶轨迹、可以成列运行的运输系统。20 世纪下半叶，以快速城市化与机动化为主导的我国城市社会与经济格局演变带来了普遍的交通拥挤、交通事故与环境污染问题。城市地区资源短缺使大容量轨道交通得到了大城市的普遍关注,并成为公共交通新体系重构的骨架。本章基于城市轨道交通问题的背景,结合现代城市交通问题,分析了城市轨道交通在城市综合交通系统中的作用,总结了城市轨道交通技术经济特性,阐述了我国发展城市轨道交通的背景,简要介绍了我国城市轨道交通系统建设的基本程序以及城市轨道交通系统规划与设计的主要依据和不同阶段工作的要点。

微课程视频

本课程的教学组织与学习方法

1.1　现代城市交通问题背景

1.1.1　城市化与机动化

城市是人类的一种定居(集居)状态。传统的“城”指具有防卫功能的军事据点;“市”指商品交换场所。随着经济的发展,“城”与“市”结合成一体,成为现代城市。

城市产生的背景主要有两方面:一是随着生产力的发展,出现剩余产品,出现了物品储存的需求;二是社会大分工的出现。其中,第一次社会大分工出现于原始社会后期的畜牧业与农业分离,使人类进入定居时期;在第二次社会大分工中,手工业与农业分离,不依靠土地的加工业的发展导致了产品交换的出现;在第三次社会大分工中,商业活动与生产活动分离,导致了商品交换的出现,手工业者与商人集居于市场,诞生了与乡村相对的城市。

城市化是随着工业化而出现的经济和人口分布重心向城市转移,城市数量和城市人口迅速增加的现象或过程。国际上普遍以城镇人口占总人口的比重来衡量城市化水平。

城市化的驱动力是因为城市具有:

①更多的就业与发展机会。

②更好的居住条件与医疗卫生保障体系。

③更方便的生活保障系统。

④更多的娱乐设施。

西方早期的城市化过程也带来了一些不利影响,主要表现在:

①城市地区工厂布点不断增加,导致绿地减少、空气与环境质量下降。

②伴随人口聚集与地域扩张,出行活动高度集中,增加了交通阻塞及事故。

③人口聚集导致生活物品供应不足,房价、生活成本增长,资源供需矛盾严重。

④城市中总是存在失业大军;与依靠土地生活的农民不同,失业的城市居民生活缺乏依

靠,物质生活条件艰苦,居住环境恶劣,成为城市下层阶级。

⑤城市中存在乞丐、赌博、吸毒以及更高发的犯罪现象。

⑥贫富分化,穷人与富人分布在不同区域,使阶级对立更为严重。

城市化导致的城市规模扩张增加了出行距离,使早期的步行、马车难以满足出行效率需求。运输技术的发展,尤其是机动车的出现为城市居民提高较长距离出行的效率提供了契机,越来越多的人使用更快速度的机动化方式(机动车)来提高出行效率。人们将出行方式从步行、马车、自行车等非机动化方式向机动化方式转移的这一过程称为机动化。机动化水平可用“千人机动车保有量”来刻画。对城市地区来说,由于私人小汽车在机动车总量及道路交通总量中均占绝大多数,有时也用“千人小汽车保有量”来刻画机动化水平。

由于小汽车出行人均占用资源远远大于非机动化方式,小汽车数量增加引发了严重的道路交通资源不足问题,并导致了普遍的城市地区道路交通拥堵。研究表明,城市化、机动化引发的与交通相关的主要城市问题有以下几方面:

①交通拥挤。根据欧盟的一项统计,城区交通流的速度每10年约降低5%,拥挤的严重性随城市规模增加而增加。

②空气污染与全球变暖。许多城市空气污染指数已经超过世界卫生组织(WHO)推荐的标准,这主要是化石燃料燃烧所致;交通产生的CO_2排放占总排放的25%,且数量还在增加。

③交通噪声。发达国家15%人口生活在65dB以上高噪声环境下,这些噪声主要来自离人们生活近的交通系统。

④交通事故。据世界卫生组织数据,全世界每年因道路交通事故死亡的人数超过120万人。

⑤空地减少与城市景观破坏。停车场方便了机动车使用者,但对行人、非机动车者来说则是障碍;新增设施损坏了历史建筑,交通隔离影响了城市景观。

⑥能耗增加。全球交通行业能耗占社会总能耗的25%~30%,随着发展中国家经济水平提高,其需求还在增长。

⑦城市分散化。机动化导致居民出行距离的增加,从而使城市活动空间更为分散。

⑧生活质量下降。人类每天用于出行的时间在不断增加,出行距离不断延长,出行效率与生活质量却并未因此而增加。

可以看出,城市化与机动化的发展需要更多的时间、空间及资金资源。随着发展中国家人口向城市地区的不断迁移,未来因城市化和机动化导致的相关资源不足问题将成为现代城市管理面临的严峻挑战。

1.1.2 交通拥挤与路权

活动的发生在时间与空间上的重叠与堆积超过环境(所在区域)容量时的现象称为拥挤。交通拥挤实际上就是客货运输活动(需求)在时间与空间上的聚集规模达到甚至超过运输方式能够满足的水平(供给)的情形。时间与空间相对的不平衡性可以通过规则塑造(如排队)来改善,如有信号交叉口各相位流量的不均衡一般通过排队(等待)来改善。

在城市交通系统中,延误的出现是由于速度降低导致的,延误超过容忍限度即为拥挤。拥挤的程度可以刻画为实际出行时间与期望出行时间的偏差,如式(1-1)所示。

$$拥挤程度=\frac{实际时间-期望时间}{期望时间} \tag{1-1}$$

实际时间超过期望时间越多，越拥挤；期望时间越短，对拥挤的忍耐力越弱。

交通系统中，路权（Right of way）一般用来指行人、车辆或船舶在行进过程中可以利用的合法空间。在城市中，交通活动的合法空间是多维度的。例如，它们一般都具有明显的时间与空间属性。这些密集的交通活动在狭小的城市空间难以避免地存在时间与空间上的冲突。例如，交叉口冲突点是导致交通拥堵的主要原因。在较低流量的无信号交叉口中，交通环岛可以在一定程度上缓解拥堵。环岛尽管不能减少冲突点的数量，但可以通过约定进入环岛的优先权理顺通过环岛车辆的秩序，减少锁死机会，一定程度上提高实际通过交叉口的交通流量，也可以改善交叉口运行的安全性。图1-1描述了平面交叉口不同类型机动车交通流的冲突，在有行人及非机动车的环境下，冲突点将超过100个。图1-2以交叉口为例给出了交通活动冲突疏解的一般思路。

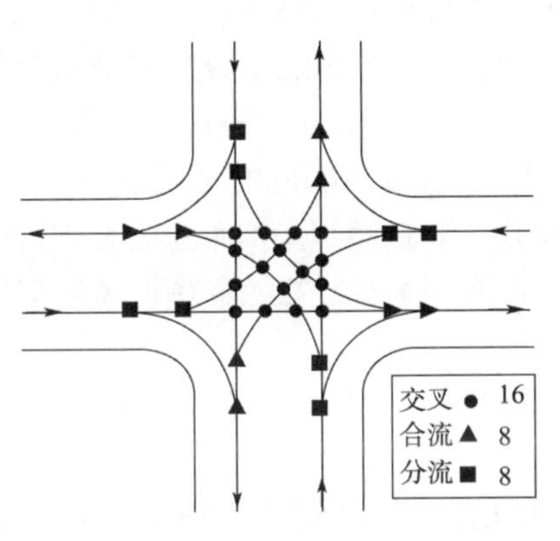

图1-1 纯机动车冲突点分布图（16个冲突点）

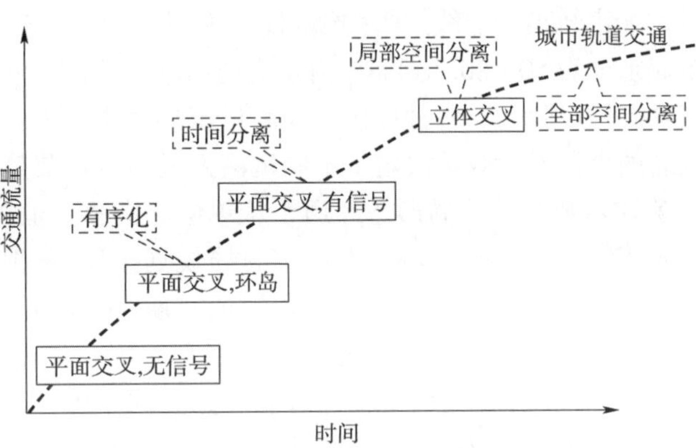

图1-2 交通拥挤疏解与路权的关系

从图1-2可以看出，为解决交叉口交通冲突导致的拥挤与滞留问题，交叉口的发展一般可分为平面交叉（无信号）→平面交叉（环岛）→平面交叉（有信号）→立体交叉几个阶段。当交通流进一步增加时，立体交叉也难以解决交通拥堵问题，因为由于可达性约束，人们实际上无法对所有道路交通流冲突实施彻底的立体疏解。

在这一背景下，持续增长的交通流催生了独立路权的城市轨道交通，使城市交通的方式结构发生了重大变化，交通活动路权时空的完全分离也成为解决道路交通拥挤的终极方法。

1.1.3 城市轨道交通的功能定位

世界上拥有一条或数条城市轨道交通线路运营的城市已超过150个。近二十年来，城市轨道交通的发展显著改变了城市客运交通系统的结构。在城市轨道交通运营里程超过200km的多数城市中，城市轨道交通已成为城市公共交通的骨干方式，承担公共交通的大部分任务；例如，我国广州、上海、北京、南京、成都、深圳等城市的城市轨道交通系统，其完成的客运量已超过地面公交客运量，成为公共交通的主要组成部分。

微课程视频

城市轨道交通的功能定位

城市交通可以分为公共交通和非公共交通，如图1-3所示。

公共交通包含城市轨道交通、公共汽车和准公共交通，非公共交通包含私家车、自行车、步行等。其中城市轨道交通包含地铁、轻轨、市郊铁路、有轨电车等。

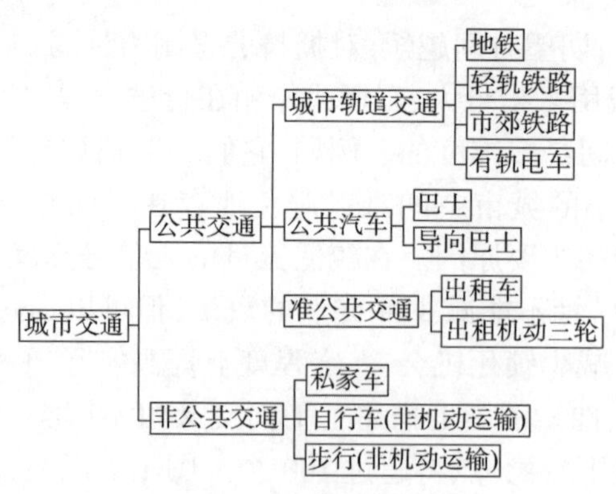

图 1-3　城市客运体系

组图

伦敦地铁图片资料

城市轨道交通线路平均站间距一般为 1.0 ~ 2.5km,平均旅行速度可达 35 ~ 45km/h,运营企业定员为 50 ~ 80 人/km。由于交通需求在时间、空间上的差异性,各种运输方式的适用范围也具有一定弹性。各种运输方式满足市场需求(发送量或周转量)的份额一般称为交通结构。政府的交通发展政策决定了不同运输方式的市场及其重叠程度,左右着实际的交通结构。

许多城市的布局形态经历了从单中心向多中心演变的过程,这里,城市轨道交通成为调整城市结构的重要手段。在城市总体规划指导下,根据城市发展需要,在交通并不繁忙但距离较长的发展带上超前建设城市轨道交通,可以引导城市发展。

城市轨道交通系统作为城市综合交通体系中的重要组成部分,是城市投资规模最大的一类基础设施,对城市发展有以下三方面的作用:

①其大容量特性可以显著提高主要城市交通走廊的供给水平,缓解地面道路交通的拥挤问题;其准时性可以显著改善城市公共交通系统的服务水平。

②支持城市大型新区的建设,引导城市按城市总体规划的意图发展。

③通过对城市轨道交通的巨大投入,从源头为城市经济链注入活力,并通过巨大的社会效益提高整个城市的综合价值。

总体上看,城市轨道交通具有既可引导适度扩散、又能防止过度扩散的重要功能,其理由有以下两方面:

①随着城市的发展,主中心区个人交通的使用成本将不断提高;同时,次中心区的地产价格与居住环境更加优良,鼓励人口向外迁移。轨道交通在出行时间、正点率、出行综合费用方面的优势,能够打造更有吸引力的公共交通服务,满足扩散要求。

②轨道交通不能抵达的地方,具有更高的居住成本或出行阻抗,从而避免人口的无序迁移与扩散。

因此,城市轨道交通既是中心城区通勤交通的主要方式,也是引导城市发展适度扩散的主要手段。城市越大,城市轨道交通的作用就应该越显著。

1.2　城市轨道交通技术经济特征

1.2.1　城市轨道交通的分类

城市轨道交通是指在城市中使用电力牵引,采用在导轨上行驶的车辆运送乘客的系统。

根据城市轨道交通系统的技术与经济特征，可以从不同角度对城市轨道交通系统进行分类。按照我国《城市轨道交通技术规范》（GB 50490—2009），城市轨道交通可以划分为地铁、轻轨、单轨、有轨电车、磁浮、自动导向轨道与市域快速轨道七类系统。

组图

东京的自动导向轨道系统

1.2.2　城市轨道交通的服务水平与技术经济特征

城市轨道交通是城市交通的一部分，也是轨道交通的一部分。城市轨道交通的技术经济特征可以从以下几方面来认识：

①具有固定行驶轨迹，在钢轨（个别在地面）上行驶，阻力较小。

②城区线路与车站多数采用地下或高架敷设方式，具有独立（个别半独立）路权。

③可以编组成列运行，列车长度在一定范围内可调整，小时单向输送能力最大可达3万~5万人次，甚至更大。

④造价较高。地面线路综合造价约1亿元/km，高架线路一般超过3亿元/km，地下线路可达5亿元/km及以上。

⑤面向城市地区的通勤出行，一般需维系较低票价，运营企业难以实现盈亏平衡，需要地方政府进行财政补贴。

⑥旅客进站可随到随走。面向通勤的进站管理需要便捷旅客，因此，城市公交系统不对车次、不对座位号，即到即走。

⑦停站多，行车间隔小。城市交通系统的候车条件简单，候车空间十分有限，客运服务追求高覆盖率、短等待时间。一般城市中心区站间距为800~1500m，郊区为1000~3000m。行车间隔最短可达2min；平峰期考虑到服务水平要求一般不得超过10~12min。

⑧正点率高，旅行速度多为25~40km/h。由于具有独立路权，城市轨道交通受外界干扰小，准时性好；尽管设计速度达80km/h，由于停站多，能实现的旅行速度一般很难超过40km/h。

⑨范围局促，安全管理责任重大。由于车站与线路多位于地下或高架，应急处理困难，易造成重大人员伤亡，安全管理责任重大。

⑩城市轨道交通属于大型设施，社会影响大。例如系统噪声与振动较大，在地面时有一定的噪声，在地下时有时也可能会产生振动，对沿线周围居民有一定影响。因此，城市轨道交通建设各环节均需关注公众的反应。

1.3　我国城市轨道交通的建设程序

1.3.1　城市轨道交通建设投资与管理规定

城市轨道交通的优势在于准时性好、速度较快、能力大，安全性良好，但其建设也是有一定前提条件的。首先，城市轨道交通的建设必须以需求规模巨大的通道或规划的主要交通走廊为背景，以减轻可能的运营补贴压力。当交通需求规模不大或增长缓慢时，需要慎重考虑城市轨道交通建设时机及必要性。

作为城市建设过程中的重大工程，城市轨道交通工程的投资规模一般达百亿级，同时，我国许多城市缺乏城市轨道交通建设与运营管理经验,因此,国家对城市轨道交通的规划建设工作出台了管理办法,以促进城市轨道交通行业的科学发展。2003 年,国务院下发了《国务院办公厅关于加强城市快速轨道交通建设管理的通知》(国办发〔2003〕81 号)(一般称“81 号文”),提出了建设城市轨道交通的基本条件:地方财政一般预算收入在 100 亿元以上,国内生产总值达到 1000 亿元以上,城区人口在 300 万人以上,规划线路的客流规模达到单向高峰小时 3 万人次以上。申报建设轻轨的城市应达到下述基本条件:地方财政一般预算收入在 60 亿元以上,国内生产总值达到 600 亿元以上,城区人口在 150 万人以上,规划线路客流规模达到单向高峰小时 1 万人次以上。这些指标成为我国 21 世纪初城市轨道交通建设的依据。

随着我国城市经济与城市化的快速增长,各城市人口与经济都有了快速发展,城市轨道交通建设也取得了巨大成绩。到 2021 年 6 月底,我国已有 49 个城市开通了城市轨道交通运营服务,有 4 条及以上运营线路的城市也达到了 22 个(未含港澳台地区数据)。不过,个别城市的轨道交通规划与建设出现了一些不科学现象。2018 年 7 月,国务院印发了《国务院办公厅关于进一步加强城市轨道交通规划建设管理的意见》(国办发〔2018〕52 号)(一般称“52 号文”),对新形势下我国城市轨道交通的规划建设做出了部署。52 号文更新并完善了门槛指标,指出申报建设地铁的城市一般公共财政预算收入应在 300 亿元以上,地区生产总值在 3000 亿元以上,市区常住人口在 300 万人以上;申报建设轻轨的城市一般公共财政预算收入应在 150 亿元以上,地区生产总值在 1500 亿元以上,市区常住人口在 150 万人以上;拟建地铁、轻轨线路初期客运强度分别不低于每日每千米 0.7 万人次、0.4 万人次,远期客流规模分别达到单向高峰小时 3 万人次以上、1 万人次以上;还设定了财政资金最低比例等“门槛”。

动画

北京市轨道交通的发展

动画

上海市轨道交通的发展

总体上,我国发展城市轨道交通的环境良好,前景乐观。其具体理由包括:

①我国城市人口多,人均资源少,依靠道路交通无法满足城市地区居民出行要求,无法走高度机动化的道路。

②城市轨道交通不占用宝贵的地面资源,使得城市政府在解决交通问题的同时可以通过带动沿线土地开发,拉动城市土地经济发展。

③城市轨道交通有较好的安全性、舒适性和较高的服务水平,符合我国城市经济发展水平提高后的发展要求。

④城市轨道交通产业本身包含大量的就业岗位,与其相关的产业链可以带动城市就业的增长。

⑤与当前的快速城市化相比,我国城市基础设施总体水平不高;作为重要基础设施的城市轨道交通系统的建设可以显著改善城市基础设施的形象与质量。

1.3.2 城市轨道交通规划与建设的审批流程

一个系统的形成需要经历规划、设计、建设、运营等阶段,这一般称为项目全生命周期。按照我国城市轨道交通建设程序,规划与设计阶段的主要环节包括线网规划、建设规划、可行性研究、总体设计、初步设计、施工图设计等内容。

图1-4从全生命周期角度描述了城市轨道交通从规划到运营的过程。

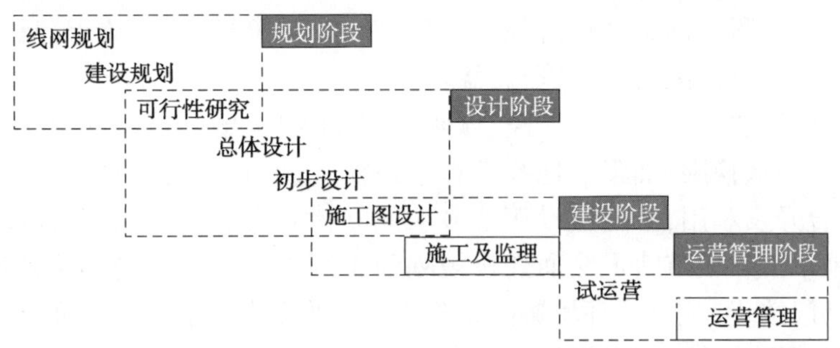

图1-4 城市轨道交通项目发展过程

不难看出,上述内容中,各规划与设计环节具有很强的关联性。例如,工程项目可行性研究是规划与设计之间承上启下的环节,既是规划阶段落地的环节,也是设计阶段工作的开始。不过,建设与运营两个阶段之间是以由建设方主导的试运行和由运营方主导的试运营为分水岭,这对于明确相关各方的责任具有重要意义。

(1)线网规划的编制与审批

线网规划属于城市轨道交通项目发展流程中的顶层设计,是指导城市轨道交通近期建设和长远发展的重要依据,是城市综合交通体系规划的组成部分,是城市总体规划的专项规划。线网规划的范围一般应在城市总体规划确定的规划建设用地内,规划期限应当与城市总体规划一致,同时要兼顾城市轨道交通远景线网研究,对远景线网布局提出总体框架性方案,远景线网一般应在城市开发边界范围内布置。线网规划的编制应以城市总体规划和城市综合交通体系规划为依据。

根据《住房和城乡建设部关于加强城市轨道交通线网规划编制的通知》(建城〔2014〕169号)文件:线网规划的编制由所在城市人民政府负责组织,具体可由政府城乡规划主管部门承担。线网规划应经过技术审查。直辖市的线网规划由中华人民共和国住房和城乡建设部(简称"住建部")组织进行技术审查,其他城市的线网规划由省、自治区住房和城乡建设厅组织进行技术审查。技术审查重点包括技术路线和方法的合理性,基础资料的完整、可信性,城市轨道交通发展目标、功能定位与城市发展的符合性,线网规模、布局等与城市空间布局、土地使用的协调性,线网规划与有关规划的一致性以及线网规划的可实施性等。

经技术审查后,城市轨道交通发展目标、功能定位、线网布局、车辆基地等设施用地控制要求等应纳入城市总体规划,并与城市总体规划一并审批。根据《中华人民共和国城乡规划法》(2019年4月23日第二次修正),直辖市的城市总体规划由直辖市人民政府报国务院审批。省、自治区人民政府所在地的城市以及国务院确定的城市的总体规划,由省、自治区人民政府审查同意后,报国务院审批。其他城市的总体规划,由城市人民政府报省、自治区人民政府审批。针对批准后的线网规划,政府城乡规划主管部门应将城市轨道交通线网规划关联的线路、主要车站和车辆基地等设施,按照有关程序和要求,及时纳入相应地块的控制性详细规划。

(2)建设规划的编制与审批

城市轨道交通建设规划是城市政府在城市轨道交通线网规划基础上,根据城市发展需要、财力等情况制定的城市轨道交通分期建设规划,期限一般为5~6年。规划期建设线路的选择一般应考虑对居民区、商业区、交通枢纽等客流密集区域的覆盖,合理选择轨道交通系统制式、敷设方式,科学确定建设规模、项目时序、资金筹措方案,确保建设期和运营期的政府支出规模与财力相匹配,提升投资效益。

建设规划的编制要强化与国家铁路、城际铁路、枢纽机场等规划的衔接与融合,通过交通枢纽实现方便、高效换乘;加强节地技术和节地模式创新应用,鼓励探索城市轨道交通地上、地下空间综合开发利用,推进建设用地多功能立体开发和复合利用,提高空间利用效率和节约集约用地水平。城市轨道交通建设规划的编制应与规划环境影响评价同步进行,由生态环境主管部门按程序审查"环境影响报告书"。要统筹城市轨道交通建设与人才培养,将人才培养和保障措施纳入建设规划。

根据《国务院办公厅关于进一步加强城市轨道交通规划建设管理的意见》(国办发〔2018〕52号),城市轨道交通建设规划由省级发展和改革委员会,会同省级城乡规划主管部门、省级住房和城乡建设部门完成初审后,按程序报送至中华人民共和国国家发展和改革委员会(简称"国家发改委")。省级部门的初审重点在于城市财力、负债水平、建设规模、建设方案、项目时序等是否符合相关规定和规划要求。城市轨道交通首轮建设规划由国家发改委同住建部组织审核后报国务院审批,后续建设规划由国家发改委同住建部审批、报国务院备案。

在城市轨道交通建设过程中,应坚持国家统筹、省负总责、城市主体的原则,明确有关部门和地方政府责任。国务院有关部门要加强对城市轨道交通规划建设工作的统筹和指导,省级政府有关部门对建设规划实施履行全过程监管责任,城市政府对项目建设和本级政府债务风险管控负主体责任。

(3)工程可实施性研究的编制与审批

在城市轨道交通建设项目开始前,需要组织编制工程项目可行性研究报告,对项目投资、效益、风险等问题进行全面分析和评估,以确保建设项目实施的科学合理性。根据《国家发展和改革委关于加强城市轨道交通规划建设管理的通知》(发改基础〔2015〕49号)中的附件要求,城市轨道交通工程项目可行性研究报告应包括项目建设背景、项目技术条件、项目建设方案、项目适应性分析、项目综合分析五部分的内容。

项目建设背景分析的目的是明确项目实施的边界条件,具体包括建设项目概述、依据的上位规划、建设的必要性以及工程建设条件等。

项目技术条件研究的重点是项目实施的总体原则,包括项目沿线土地利用基础的客流分析与预测与总体技术标准。客流研究重点要强化高峰小时客流、平均运距、客流均衡性、换乘系数、跨区OD等特征指标的分析。总体技术标准重点要明确项目在综合交通体系以及轨道交通线网中的功能定位,确定运输能力、速度、发车间隔、舒适度、换乘便捷性等服务水平,提出相关的系统标准。对市域快线、机场线等特殊线路还要开展针对性研究。

项目建设方案是项目实施的关键环节,具体包括总体方案、土建工程方案、设备系统方案、组织实施方案四部分内容。其中,总体方案涉及车辆、限界、线路、车站分布、运营组织、车辆基地、配线设置、控制系统构成、资源共享等;土建工程方案包括地质条件、车站建筑、结构工程和轨道工程等方案,针对工程重难点、大型交通枢纽及重要换乘站还需开展深入研究,对影响安全的因素强化工程技术措施研究;设备系统方案包括供电、通风空调、给排水及消防、通信、信号、站台门、电梯与自动扶梯、自动售检票、乘客信息、设备监控、运营控制中心等系统,以及设备国产化方案;组织实施方案包括工程筹划、征地拆迁、施工组织与人力资源配置、劳动安全与卫生等。

项目适应性分析重点要落实项目实施的保障问题,包括交通衔接与配套、社会稳定性风险分析与防范、能源节约指标与措施以及根据国家相关法律、法规和规范性文件要求需要开展的环境保护、文物保护、安全评估、防灾与人防分析与评估等内容,并根据外部条件对项目建设方案进行反馈。

项目综合分析需要全面研究项目投资估算与资金筹措方案、财务与经济效益分析与评估、社会效益与各类风险分析与评估等问题,通过对项目研究的全面总结,明确项目是否可行,提出下一步工作建议。

工程项目可行性研究报告需要对项目建设方案进行反馈,明确项目实施的结论与建议。

根据《国家发展和改革委关于进一步下放政府投资交通项目审批权的通知》(发改基础〔2017〕189 号),列入国家批准的相关规划中的非跨省的新建(含增建双线)普通铁路项目,铁路总公司❶投资为主的由铁路总公司自行决定,地方和社会投资为主的由省级政府审批可行性研究报告,均通过投资项目在线审批监管平台报国务院投资主管部门备案。列入国家批准的相关规划中的新建高速公路项目,由省级政府审批可行性研究报告,通过投资项目在线审批监管平台报国务院投资主管部门备案。列入国家批准的相关规划中的跨 10 万吨级及以上航道海域、跨大江大河(现状或规划为一级及以上通航段)的独立公(铁)路桥梁(隧道)项目,由省级政府审批可行性研究报告,通过投资项目在线审批监管平台报国务院投资主管部门备案。列入国家批准的相关规划中的交通行业直属院校、科研机构等中央本级非经营项目(使用中央预算内投资 5000 万元及以上项目除外),由行业部门审批可行性研究报告,通过投资项目在线审批监管平台报国务院投资主管部门备案。

《国务院办公厅关于进一步加强城市轨道交通规划建设管理的意见》(国办发〔2018〕52 号)明确指出,城市轨道交通项目(不含有轨电车)由省级发展和改革部门根据国家批准的城市轨道交通建设规划,按照相关程序审批(核准),未列入建设规划的项目不得审批(核准),严禁以市政配套工程、有轨电车、工程试验线、旅游线等名义违规变相建设地铁、轻轨项目。已审批(核准)建设城市轨道交通项目的城市要合理把握建设节奏,着力优化项目设计,合理控制工程造价,有效降低工程总投资。城市政府和相关企业不得不顾条件提前实施项目、随意压缩工期,对前期工作未完成、建设条件不具备、遇有特殊工程地质灾害且不能保证施工安全的项目,应根据实际情况暂缓实施,建设工期可相应顺延。有轨电车项目由省级发展和改革部门负责审批(核准),并做好与相关规划的统筹衔接。

中共中央国务院印发的《交通强国建设纲要》(中发〔2019〕39 号)指出,要强化城市轨道交通与其他交通方式衔接,首次提出推进干线铁路、城际铁路、市域(郊)铁路、城市轨道交

❶ 2019 年 6 月 18 日,中国铁路总公司改制成立中国国家铁路集团有限公司,在北京挂牌。

通四网融合发展。2021 年 2 月,《国家综合立体交通网规划纲要》提出要推动城市内外交通有效衔接,构建运营服务“一张网”,实现设施互联、票制互通、安检互认、信息共享、支付兼容。2021 年 3 月,国家发改委、交通运输部与中国国家铁路集团有限公司等单位在《关于进一步做好铁路规划建设工作意见的通知》(国办函〔2021〕27 号)中指出,一些地方在规划建设中片面追求高标准,重高速轻普速、重投入轻产出,企业经营压力大、债务负担重。该通知提出要加强规划指导,进一步落实干线铁路、城际铁路、市域(郊)铁路和城市轨道交通多网融合、资源共享、支付兼容,具备条件的线路尽快实现安检互信、票制互通;严禁以新建城际铁路、市域(郊)铁路名义违规变相建设地铁、轻轨。

不难看出,国家有关部门强调严格和规范城市轨道交通建设项目申报和审批制度,其主要原因有以下几方面:

①规划与审批过程本身是决策与论证过程的一部分,也是强制性论证管理程序的一部分。

②城市轨道交通建设涉及多个部门与多个环节,审批过程就是一个多部门协调过程,有利于项目的实施组织,包括在极度有限的城市中做好相关空间的预留。

③城市轨道交通属于城市中投资与建设规模巨大的项目,规划及其审批环节有利于加强对重要资源、重大决策项目的管理,防止发生历史性的、不可逆的错误。

1.3.3 城市轨道交通运营前的准备

我国城市轨道交通工程从建设到运营可以划分为可行性研究、设计、工程实施、运营等阶段。施工建设阶段需进行冷滑试验、热滑试验、试运行等一系列测试才能交付运营,图 1-5 描述了城市轨道交通从建设到投入运营的过程。

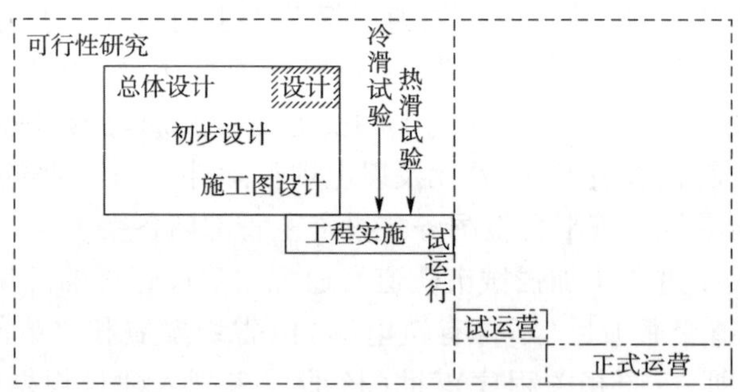

图 1-5 城市轨道交通工程运营前的建设过程

1.3.3.1 冷滑试验与热滑试验

1)冷滑试验

冷滑试验是列车在不带电情况下由内燃机车牵引试验列车进行滑行以检验建设质量的过程,冷滑试验是城市轨道交通线路建成运营前对设施设备的试验。

(1)主要检查内容

冷滑试验主要检查的内容有:

①车辆段和运营设备设施是否符合设计规范。

②线路几何尺寸(施工质量)是否达到运行规范要求。

③信号连锁系统运转是否正常。

(2)冷滑试验人员

冷滑试验人员一般包括两部分:

①行车人员,包括车长、司机、乘务人员等。

②试验检查人员,包括观测人员、记录人员、安全监视人员等。

(3)试验程序

冷滑试验程序一般分三次。第一次为低速冷滑,运行速度:区间为 10~15km/h,站场为 5~10km/h。第二次为中速冷滑,运行速度为 25~30km/h。第三次为正常速度。冷滑试验的电力机车由内燃机车牵引。

2)热滑试验

热滑试验就是接触网带电进行线路检测作业,是电客车首次在隧道内或者轨道上运行试验。

热滑试验的目的通常分为以下几类:

①检验接触网设备的安装状态、接触悬挂的弹性是否符合运营要求。

②检查电力设备能否正常供电。

③检查线路沿线是否有侵限的物体和设备。

④检查各项设备接口能否正常联动。

冷滑试验与热滑试验之间是存在区别的,表 1-1 描述了两者之间的异同。从试验的动力角度看,冷滑试验采用内燃机车牵引,不通电作业,而热滑试验采用电力机车牵引;从试验的重点来看,冷滑试验最主要是检测土建及设备安装质量,而热滑试验用于电气设备运行性能的检验;从试验方式来看,冷滑试验以单项调试时为主,热滑试验以联合调试为主。

冷滑试验与热滑试验的区别 表 1-1

项 目	冷滑试验	热滑试验
动力	内燃(不通电)	电力(实际列车)
试验重点	土建及设备安装质量	电气设备运行性能
试验方式	单项调试为主	联合调试为主

1.3.3.2 试运行与试运营

(1)试运行(Trial Running)

轨道交通工程完工后,冷滑、热滑试验成功,具备行车的基本条件,由建设单位会同运营单位组织不载客列车运行活动,旨在全面检验运营组织管理和设施设备系统的可用性、安全性和可靠性。

(2)试运营(Trial Operation)

试运行验收合格(整体系统可用性、安全性和可靠性经过试运行检验合格)后,由运营单位负责轨道交通系统的正式载客运行。

(3)试运行和试运营的区别

试运行与试运营的目的、主持单位以及实施方式均不相同。试运行的时间不得少于三个月,试运行最后 20 日应按照试运营开通时的列车运行图行车;试运营的时间一般为一年。试运行是施工建设的最后一个环节,由建设单位主导,运营单位辅助;而试运营则由运营单位负责,建设单位也参与其中。因此,试运行与试运营的过程实现了建设单位与运营单位的交接。具体的区别如表 1-2 所示。

试运行与试运营的区别 表1-2

项　目	试 运 行	试 运 营
目的	检查施工建设目标和质量	检查运营与安全目标能否实现
主持单位	建设单位	运营单位
是否载客	不载客	载客
时间	三个月	一般一年

1.4 城市轨道交通规划与设计的内容与要点

1.4.1 规划与设计概念

城市轨道交通建设项目可以分为规划、设计、建设、运营管理四个相互联系的重要阶段,如图1-4所示。其中,设计工作需要以规划成果为指导,也是规划成果的细化和落实;规划编制涉及的许多参数需要以设计、建设与运营数据为基础;设计工作的成果又是开展建设阶段工作的依据,它们为最终运营管理阶段工作的开展提供保障。良好的运营源于好的规划、设计方案与高质量的建设过程。

城市轨道交通规划是在一定环境条件下研究制订城市轨道交通系统在未来一段时间的具体发展计划。这里,环境条件包括既有交通系统现状、地区社会经济运行特征以及未来发展涉及的各类要素。发展计划包括建设项目顺序、各子系统的能力规模、技术模式等。在规划涉及的诸多要素中,需求分析与预测是最重要的中间成果之一,其结果也是编制城市轨道交通规划发展方案的重要依据。

1.4.2 规划类型与年限

城市轨道交通规划阶段的工作一般包括三项内容:一是线网规划,它是城市轨道交通近期建设和长远发展的重要依据,是城市综合交通规划的组成部分,也是城市总体规划的专项规划;二是基于线网规划的建设规划,即近期建设方案,是城市轨道交通线网规划具体项目实施的依据;三是项目可行性研究,有时分成预可行性研究和工程可行性研究两个步骤,其目的是形成上报主管部门审批的项目建议书,如图1-6所示。

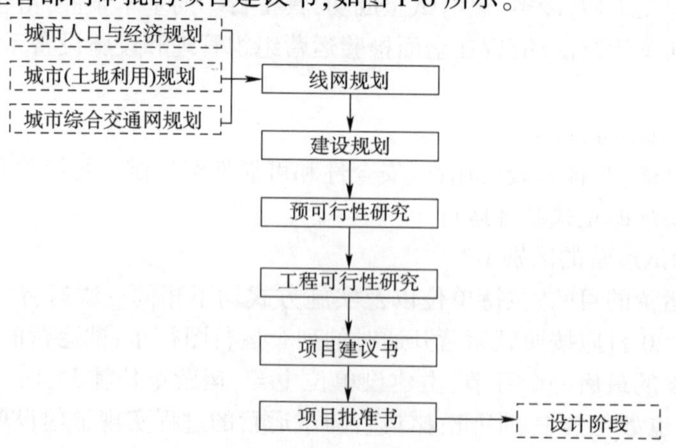

图1-6 规划阶段的组成部分

在规划与设计涉及的相关文件中，一般需要针对初期、近期与远期三个典型年限给出相关指标的测算。一般的，初期为项目建成投产后第 3 年，近期为第 10 年，远期为第 25 年。不过，作为城市总体规划的一部分，这个概念在实际中与《中华人民共和国城乡规划法》中规定的城市总体规划、镇总体规划的规划期限一般为 20 年的约定并不一致。此外，不同版本的"规划"与项目论证文本的时间点在实际工作中也存在不一致性。

1.4.3 不同阶段城市轨道交通规划与设计的依据和要点

规划编制需要有据可依。城市轨道交通规划的依据指编制城市轨道交通发展规划文本及方案时需要用到的法律、规章制度、行政许可、技术参数以及这些资料来源的有效(经过审批的)文件。这些依据中的规划类文件一般称为上位规划。

1.4.3.1 城市轨道交通规划编制的依据

除了相关设计规范与标准外，编制城市轨道交通规划的主要上位规划包括以下几项：

(1)城市规划

城市规划是关于城市及其邻近区域工程建设、经济、社会、土地利用布局以及未来发展预测的规划。城市规划的对象包括城市产业的区域布局、建筑物的区域布局、道路及运输设施的设置、城市工程的安排等。城市规划的主要内容有空间规划、交通规划、绿化植被和水体规划等。

城市规划是城市建设和管理的依据，位于城市管理之规划、建设、运行三个阶段之首，是城市管理的龙头。

(2)城市社会经济发展规划

城市经济社会发展规划确立城市发展的战略目标，一般包括城市的基本状况、地位、优势、潜力和制约因素的分析，确立城市发展的战略目标，制定城市发展的规划以及实现规划目标的主要对策和措施等。

(3)城市综合交通规划

城市综合交通(体系)规划是指导城市综合交通发展的战略性规划，是统筹城市内外、客货、近远期交通发展，编制各子系统交通规划的依据。内容涵盖对外交通、道路、公共交通、步行与自行车交通、交通枢纽、停车、交通管理、交通信息化建设等子系统的规划。

(4)其他相关规划

其他相关规划有城市人口规划(关于一定时期内城市人口发展规模、近期和远景城市人口总数的基本构想)，城市产业发展战略规划等。

总的来看，城市轨道交通系统规划与设计工作的主要内容包括以下几方面。

①特定城市社会与经济环境下城市轨道交通系统的功能定位：主要包括城市经济地理特征分析、城市规划总体目标与城市交通结构的协调性分析、城市轨道交通的功能评估等。

②城市轨道交通线网远景规划与分阶段建设规划方案：主要包括线网规模确定、线网构架方案选择和方案评估等，线网规划是城市轨道交通线路设计和建设的基础。

③城市轨道交通系统客流预测：在城市规划与综合交通规划基础上，对轨道交通各线路、车站及其他设施处的客流进行预测，这是城市轨道交通网络及线路规模、能力设计的依据。

④城市轨道交通工程可实施规划:主要包括车站、车辆段、换乘点的选址与规模、线路敷设方式规划,线网建设顺序与运营以及城市轨道交通与地面交通的衔接设计等内容。

⑤城市轨道交通系统的线路和车站设计:包括线路的走向、平纵断面设计、车站的数量及分布、车站的站型设计以及换乘站的设计等。

⑥城市轨道交通的枢纽设计与规划:主要包括城市地区枢纽点规划、枢纽客流分析、枢纽换乘设计、枢纽用地分析、枢纽不同方式间的协调等。

⑦城市轨道交通系统与其他交通方式的衔接设计:研究城市轨道交通系统与其他方式的衔接,包括地面交通、城市间交通等,具体包括车站周边其他交通方式站点布局及设计。

⑧城市轨道交通系统的安全防护设计:包括地震防护、火灾防护、水灾防护以及杂散电流防护等设施的设计,需要考虑城市轨道交通运营中的安全要求与应急需要。

⑨系统运营规划:在规划与设计阶段就着手考虑运营问题是城市轨道交通线路建设成功与否的前提条件,包括不同时期列车运行组织方案、车站设施能力负荷分析等。这些内容也可以作为工程可实施规划的内容。

1.4.3.2 不同阶段城市轨道交通规划与设计工作的要点

如前所述,不同阶段城市轨道交通规划与设计的研究重点有所不同。

(1)线网规划阶段

在线网规划阶段,重点要把握城市空间布局和发展规律,坚持“以人为本,适度超前,统筹协调,因地制宜”的基本原则,根据城市实际情况,充分论证城市轨道交通建设必要性,处理好近远期的关系,科学确定发展目标,合理选择制式和敷设方式,明确建设时序,做好城市轨道交通发展与区域规划、重大交通基础设施规划、城市交通相关专项规划的衔接。重点问题包括:

①以城市总体规划为依据,明确线网规划的期限和范围。

②结合城市社会经济发展需求,合理确定发展城市轨道交通发展目标和线网规模。

③结合城市空间特征,科学确定线网布局。

④合理确定车辆基地的布局。

⑤将城市轨道交通建设所需土地纳入城市总体规划和控制性详细规划。

⑥形成清晰、规范的规划成果。

(2)建设规划阶段

建设规划是近期建设项目安排的实施性方案,也是国家调控城市轨道交通建设节奏的重要手段。在建设规划阶段,要贯彻“量力而行,有序推进;因地制宜,经济适用;衔接协调,集约高效;严控风险,持续发展”的基本原则。建设规划编制的重点包括:

①对照国家管理规定,严格城市轨道交通的建设申报条件。

②根据需求合理确定城市轨道交通各线路的系统制式与敷设方式。

③根据政府财力科学确定建设规模、项目时序、资金筹措方案,确保建设期和运营期的政府支出规模与财力相匹配。

④做好城市轨道交通线路与其他交通方式的衔接融合,包括与国家铁路、城际铁路、对外枢纽及机场的衔接方案,实现方便、高效换乘。

⑤探索城市轨道交通地上地下空间综合开发利用策略,推进城市轨道交通建设用地的多功能立体开发和复合利用,提高空间利用效率。

⑥同步开展环境影响评价,形成可供生态环境主管部门审查的环境影响报告书。

⑦做好项目风险管控规划,严控地方政府债务风险,建立覆盖城市轨道交通项目建设运营全过程的风险管理机制。

⑧落实城市轨道交通建设人才培养和保障措施。

(3)可行性研究阶段

可行性研究包括预可行性研究和工程可行性研究两个阶段。

预可行性研究(简称“预可”)与工程可行性研究(简称“工可”)是建设规划获得批复之后,为了把握线路建设的整体情况,委托设计部门开展的一项工作,是前期工作的最后一环。其重点内容包括线路的功能定位、建设的必要性、路由方案、车站与线路敷设方式、车辆段的选址、车辆选型及编组、行车与运营组织方案、建设工程中的重、难点的初步研究、工程投资概算及国产化条件等。与预可同时开展的工作还包括线路客流分析与预测、环境影响报告、地质灾害危险性评估、场地地震安全性评价报告以及安全预评价等,这些工作一般都需要进行评审,形成评审意见同以后的工可评审意见及工可报告一起上报国家发改委。

编制工程可行性研究报告的目的是更好地把控工程整体,避免出现失误,维护经济安全、合理开发利用资源、保护生态环境、优化重大布局、保障公共利益等。工可是固定资产投资的一项必不可少的基础性工作,其结论是国家进行投资决策的重要依据。

工可的一项重要内容是专业层面的技术经济可行性研究。线路专业需要确定线路的起终点、线路走向、敷设方式、车站的合理布设等问题;运营层面需论证确定线路运营组织模式及配线设计方案、列车编组等问题;建筑专业需对重点车站、换乘车站做方案研究(目的是稳定车站出入口、风亭的位置),确定车站规模和占用土地情况,以便上报自然资源部审核;结构专业需研究工程中的重、难点段工程设计方案,如下穿桥梁、铁路、重要设施等,上跨重要道路、铁路,特殊结构(穿山隧道、越江隧道、特大桥等)以及在不良地质条件下的车站及区间工法等;设备专业需研究控制中心及车辆段的资源共享、设备系统选择及国产化率等问题;经济专业需研究项目投资及经济效益等问题;有时还要结合沿线具体情况做相应的专题(文物保护、环评等)研究。工可的深度直接决定了设计方案,也直接影响后期设计方案的变动与调整。工可的审查一般涉及当地规划、市政、供电、消防、人防、文物、铁路等部门,是建设方案可实施性的基础。

(4)总体设计阶段

总体设计是线路设计工作的正式开始,城市轨道交通项目的总体设计涉及20多个大的专业。为加快工程进度,我国多数业主会将一条线路划分为多个标段招标。不过,其中有一个总体总包标,负责整条线路的设计牵头和整合协调工作,其余标段包括土建标(主要是建筑结构设计)、设备标(供电、通信、信号、给排水、动力照明、综合监控、自动售检票、扶梯屏蔽门、声屏障等)、车场标、咨询标、勘察标等,中标单位要服从总体单位的统一协调和管理。

总体设计是整个城市轨道交通项目建设周期中设计阶段工作的关键节点,其成果质量对项目具有深远影响。总体设计要在“工程可行性研究报告”及国家审查意见基础上,结合建设项目的外部条件,对工程方案、技术标准和要求进行深化研究和系统比较。审查批准后的总体设计将作为下一步编制初步设计的依据。

总体设计的重点任务是:

①进一步稳定线路的路由方案、车站位置,深化研究重难点工程。

②确定各专业化子系统及各子系统间的横向技术接口。

③统一整个工程的设计原则和技术标准。

④划分工程单元、筹划合理工期。

⑤控制工程总投资,一般不超过工可阶段投资估算的10%。

总体设计涉及的主要专业包括:行车组织(确定行车交路,提出车站配线要求)、车辆(确定车辆选型,确定列车动拖比配置及编组方案)、线路(确定线位与线路敷设方案)、车站建筑、(提出各车站规模数据,如层数、长度、宽度、每层面积、总图面积、占地范围、出入口数量及长度等)、土建结构(确定区间、车站结构形式和施工方法,包括各车站交通疏解和管线搬迁方案)、机电设备专业系统(确定各机电专业系统采用的制式及重大设备选型,各专业系统之间的技术接口关系)等。

总体设计还涉及大量外部工程条件的协调与落实,设计人员应及时向规划、土地管理、交通管理、管线权属等部门汇报设计方案,不断完善方案,增强设计方案的可行性。

(5)初步设计阶段

初步设计阶段是设计工作的进一步深化。与总体设计相比,初步设计过程中各专业间的配合与协调过程十分烦琐和细致,初步设计的内容更细致,方案审核更严格。例如,初步设计出的设计图要求是正式的归档图,要经过各专业会签并晒印。对有的业主来说,初步设计图纸可直接用于施工招标。

(6)施工图设计阶段

施工图设计阶段是施工前的最后一个设计阶段,此时线路路由和站位已稳定,调整也只是局部行为,这一阶段的主要任务是在规定时间内保质保量地完成出图任务。这一阶段的工作流程与初步设计差不多,但管理更严格,对图纸的审核也更严格。这一阶段,签名的图纸已具有法律效应,如有问题将会从上往下逐级追究责任。施工图设计阶段的成果(图纸)提交业主后,业主可开展施工招标工作,并将图纸作为施工的依据。

不难看出,上述各阶段中,规划所涉及的三个阶段属于前期工作,其内容相对比较综合,要求的专业深度也浅一些。可行性研究完成并按规定经过技术审查后,业主单位会形成项目建议书上报国家主管部门审批,通过审查后项目即进入实际设计阶段。总体设计是设计工作的开始,总体设计阶段以后,成果要求越来越细致,专业化水平要求更高;到初步设计与施工图设计阶段,设计工作更加细致,需要的时间也更长一些。总的来看,线网规划是规划阶段的顶层设计,而总体设计则属于设计阶段的顶层设计。高质量的顶层设计工作既可以提高系统的建设效率,也可以避免后续设计阶段可能产生的调整。

思考题

1. 试述城市轨道交通的特点,分析它与铁路运输的不同点。

2. 城市轨道交通在城市综合交通体系中功能定位的要点是什么?

3. 为什么说唯有城市轨道交通才能既引导城市适度扩散、又防止城市过度扩散?

4. 城市轨道交通建设规划需要国家审批的理由是什么?

5. 分析“四网融合”对不同类型轨道交通规划建设的影响。

6. 我国城市轨道交通的建设模式是怎样的?查阅相关资料,说明我国城市轨道交通建设模式有哪些需要改进的方面。

第2章　城市轨道交通系统的构成

城市轨道交通系统是一个复杂的技术系统,其专业涵盖土建、机电、电气、电子信息、环境控制、运输管理等领域。城市轨道交通系统由一系列相关设施与设备组成,包括车站、线路、车辆及车辆基地、通信信号、环控系统以及给排水系统等。在城市轨道交通规划与设计阶段,需要对上述设施设备进行论证和设计,以确保其可以完成城市交通运输生产任务并可持续发展。

2.1　车辆与车辆基地

2.1.1　车辆类型

城市轨道交通车辆是城市轨道交通工程最重要的设备,也是技术含量较高的机电设备。车辆设备应具有先进性、可靠性和实用性,满足容量大、安全、快速、舒适、美观和节能的要求。

按照车辆设备配置,车辆可分为动车和拖车、带司机室和不带司机室等多种形式,如无司机室的拖车(T车)、带司机室的拖车(Tc车)、带司机室的动车(Mc车)、无司机室的动车(M车)、带受电弓的动车(Mp车)以及带司机室和受电弓的动车(Mcp车)。

按照车辆大小及定员,车辆可分为A型车、B型车和C型车三种车型。A型车宽3.0~3.2m,高3.8m,车体长度22.8m(或21~24m),定员310人;B型车宽2.8m,高3.8m,车体长度19.8m(或19~21m),定员230~250人; C型车宽2.6m,长19m(或15~19m),定员210~220人(以上定员按站立6人/m^2标准)。采用钢轮钢轨、旋转电机牵引的城市轨道交通车辆,以A型车和B型车为主要车型。

列车是编组成列、可以正常载客的若干城市轨道交通车辆的完整组合。城市轨道交通列车通常采用动车组技术,动车组是指自带动力、固定编组、两端设有司机室、配备现代化服务设施的旅客列车单元。动车组中,带动力的车辆叫动车,不带动力的叫拖车。动车组是一个整体,相关动力与控制设备分布在全组车辆的各节车辆上,结构上不能拆分。动车组具有加减速性能好,利于快速起停的特点。

城市轨道交通列车的编组,由不同形式的车辆,根据客流预测、设计运输能力、线路条件、环境条件及运营组织等要素确定。列车的动拖比,根据起动加速度、制动减速度、平均速度、旅行速度、故障运行能力、维修费、耗电量、车辆的购置费等因素,以及充分发挥再生制动作用、减少摩擦制动材料消耗、减少在隧道内的发热量、节约电能、减少环境污染等因素综合分析确定。

目前,我国城市轨道交通系统A型列车编组为8辆/列、6辆/列两类,动力配置分别为六动二拖、四动两拖；B 型列车编组为 8 辆/列、6 辆/列、4 辆/列三类，动力配置分别为六动二拖、三动三拖或四动二拖、二动二拖。

2.1.2 车辆构成

城市轨道交通车辆由七大部分组成：车体、转向架、牵引缓冲连接装置、制动装置、受流装置、车辆内部设备和车辆电气系统。

(1)车体

车体分有司机室车体和无司机室车体两种，是容纳乘客和供司机驾驶的地方，也是安装与连接其他设备的基础。现代车辆车体多采用整体承载的钢结构或轻金属结构，一次挤压成型材，以达到在最轻的自重下满足强度的要求。车体可分为底架、端墙和车顶等几部分。

为满足大运量、快速乘降要求，城市轨道交通车辆座位少，车门多且开度大。车体质量限制较严格，如高架轻轨车和独轨车应尽量采用轻型化材料，以满足轴重轻的要求；车体结构及选材需考虑防火设计，进行阻燃处理；车辆的隔音和减噪也有严格要求；由于用于城市交通，对车辆的外观造型和色彩都有美观和与城市景观相协调的要求。

(2)转向架

转向架是置于车体与轨道之间，用来引导车辆沿轨道方向行驶并承受和传递来自车体及线路的各种载荷并缓和其动力作用的装置，它是保证车辆运行平稳的关键部件。转向架分为动力转向架和非动力转向架两种。动力转向架装设有牵引电机、减速箱以及集电器(受电靴)等装置，除引导、承重和缓冲作用外，还具有牵引列车运行的作用。

(3)牵引缓冲连接装置

车辆编组成列运行必须借助机械连接装置，即车钩。为了改善车辆纵向平稳性，一般在车钩的后部装设缓冲装置，以缓和列车冲动和撞击。另外轨道交通车辆车钩上还设有电路及气路自动连接设备。车钩、缓冲装置和电路气路连接设备组成了牵引缓冲连接装置。

(4)制动系统

制动系统是保证列车安全行驶必不可少的装置。它安装在每辆车上，确保列车能在规定的距离内停车。城市轨道交通车辆常用的制动方式有摩擦制动(包括闸瓦制动和盘式制动)、电力制动(包括电阻制动和再生制动)和电磁制动(包括电磁粉末制动、电磁涡流制动和电磁摩擦式制动)。其中电磁制动利用电磁效应实现制动，其产生的制动力不受轮轨间的黏着条件限制。

(5)受流装置

受流装置是将电流从接触网或导电轨引入动车的装置，通常称受流器。受流装置按其受流方式可分为以下五种形式：

①杆形受流器。外形为两根平行杆，上部有两个受电轨(导线)，广泛用于城市无轨电车。

②弓形受流器。形状为梯形结构，属上部受流，弓可以升降，其接触有一根导线，下面有导轨构成电路，用于城市有轨电车。

③侧面受流器。在车顶侧面受流，又称为“旁弓”，多用于矿山电力机车。

④轨道式受流器。从底部导电轨受流,又称第三轨受流,空间可以充分利用,多用于速度较高的隧道列车运行。北京地铁及欧美国家大部分城市的地铁均采用这种方式。

⑤受电弓受流器。属上部受流,形状为倒三角形,受电弓可以升降,适用于列车速度较高的干线电力机车上。上海地铁目前即采用此方式。

(6)车辆内部设备

车辆内部设备包括服务于乘客的固定附属装置和服务于车辆运行的设备装置。属于前者的有:座椅、扶手、照明、空调、通风等。服务于车辆运行的设备大多安装在车辆底部,包括蓄电池箱、继电器箱、主控制箱、风缸、电源变压器等。

(7)车辆电气系统

车辆电气系统包括车辆上的各种电气设备及其控制电路,按其功能可分为主电路、控制与信息监控电路、辅助电路和门控电路。

主电路指供车辆牵引动力电路,由受流器、牵引箱、牵引电机、电阻、电抗器及电气开关等组成。控制与信息监控电路用于对列车实施牵引、制动等操作,对设备状况进行监控、记录、预报。辅助电路通常由逆变器或发电机输出中级电压供车辆除牵引外其他动力设备使用,应急情况下由蓄电池维持供电。门控电路是对车门进行开、关控制的电路。

2.1.3 车辆基地

车辆基地是城市轨道交通系统车辆停修和后勤保养基地,通常包括车辆段(停车场)、综合维修中心(综合维修工区)、物资总库(物资分库)、培训中心(培训设施)以及其他必要的生活、办公等配套设施。

车辆段是停放车辆以及承担车辆的运用管理、整备保养、检查工作和承担定修、架修车辆检查任务的基本生产单位。停车场是停放车辆以及承担车辆的运营管理、整备保养、检查工作的基本生产单位。综合维修中心是为满足城市轨道交通线路、路基、轨道、桥梁、涵洞、隧道、房屋建筑和道路等设施的维修、保养,以及供电、通信、信号、机电设备和自动化设备的维修和检修工作的需要的功能单位。从功能上看,综合维修中心与车辆维修无关,与线路、隧道等基础设施有关。车辆大修厂是车辆换件修时互换部件(模块)的维修中心,通常与大、架修车辆段合并建设。线网内的车辆大修厂一般只设一处,负责整个线网内车辆的模块维修。

城市轨道交通线路至少应设置一处车辆基地,并且该车辆基地要具备大、架修功能。线路中车辆段和停车场设置的数量、位置与线路长度和建设时序相关。一条线路长度总长大于20km时,需要增设停车场。目前,国内城市轨道交通线路一般按照“一段一场”模式建设,车辆段合建在车辆基地中。

(1)车辆段、停车场的功能

车辆段承担的管理业务主要有列车的运用及定期检修作业,具体包括:

①列车运用、编组、调车、停放、日检、故障处理、清扫等。

②车辆技术检查、月修、定修、架修、临修等。

③列车折返及乘务组换班。

④其他维修工作。

停车场应主要承担列检和停车作业,必要时可承担双周/三月检及临修作业。

(2)车辆检修制度

车辆检修采用日常维修和定期检修相结合的检修制度,车辆日常维修和定期检修的修程、检修周期和检修时间根据车辆技术条件、车辆的质量和既有车辆基地的检修经验制订,修程和检修周期需符合相关规定。表2-1给出了地铁、轻轨、市域快速轨道交通(采用地铁车辆)车辆修程及指标。

地铁、轻轨、市域快速轨道交通(采用地铁车辆)车辆修程及指标 表2-1

类别	检修修程	日常维修和定期检修周期指标		检修时间(d)
		走行里程(万km)	时间间隔	
定期检修	大修	120	10年	35
	架修	60	5年	20
	定修	15	1.25年	7
日常维修	三月检	3	3月	2
	双周检	0.5	0.5月	0.5
	列检	—	每天或每两天	—

注:①表中维修时间按部件互换修确定。
②设计中检修周期,应采用年走行里程指标。
③可行性研究报告阶段,可采用时间间隔指标。

(3)车辆段的线路布置和主要设施

车辆段线路布置需遵循的一般原则有:收发车顺畅;停车检修分区合理;用地布置紧凑。车辆段一般可布置成贯通式或尽头式。贯通式车辆段可以两端分别收发车,能力较大,其停车列检库一股道可以停3列车。尽端式车辆段的停车列检库一股道可以停2列车。

车辆段的设施主要有以下几种。

①出入段(场)线:车辆段或停车场与正线的结合部,是段(场)与正线过渡线路,供列车出入场使用。其有效长度至少保证一列车的停放。

②停车线:停车线应满足线路运用车辆的停放要求,如线路长度应满足车辆编组要求,一般为列车长加8m,可设计为一线一列位或一线二列位,线路间隔通常为3.8m,通常设检修坑道。

③试车线:用作列车调试、项目试验的线路,有效长度应保证列车最高时速和全制动的需求。试车线一般为平直线路。

④交接线或联络线:是一条运营线路与另一条运营线路或运营线路与国铁连接的专用线路,主要用于车辆与生产物资的周转、调送。

⑤洗车线:一般安装自动洗车机,用于车辆自动清洗,列车以低于5km/h的速度通过洗车设备,以完成车体清洗作业。目前较高级的洗车设备有喷淋、去污、上蜡、吹干等功能,可减少人力劳动。

⑥维修线:指用于车辆各种不同修程的专用线路,包括架修线(或大、架修线)、定修线、临修线、月检作业线、列检作业线、静调线等,这些线路设有1.4~1.6m深的检修坑道,中间设维修平台。根据需求,维修线配有架车机、悬挂式起重机、转向架、转向盘等设备。

⑦办公及生活设施:由办公室、值班室、会议室、食堂、浴室及司机公寓等组成,一般设在作业区附近。

2.2 线路与轨道

线路直接承受列车荷载、引导列车运行。线路一般包括钢轨、扣件、轨枕、道床、道岔及其他附属设备。线路设计应考虑区间隧道及车站的规模、工程地质及水文地质条件和周围环境条件,确定轨道交通地下工程的结构类型及施工方法。

2.2.1 线路类型

2.2.1.1 功能划分

城市轨道交通线路其运营中的功能定位,分为正线(干线与支线)、配线和车场线。

城市轨道交通正线为载客列车运营的贯通全程的线路。正线独立运行,一般按双线设计,采用右侧行车制。大多数线路为全封闭,与其他交通线路相交处,一般采用立体交叉。在特殊条件下(如运营初期),两条线路或交通方式的运量均较小时,经过计算,通过能力满足要求,也可考虑采用平面交叉。

当线路分岔时,可细分为干线与支线。一般情况下,在正线上分岔以侧向运行的线路为支线,直向运行的线路为干线。支线通过配线连接干线,可混合运行,也可独立运行。主线与支线有主次地位之分,但其技术标准没有区分。

车场线设在车辆基地内,是供列车停、检、修的线路,或供各种维修车辆停放的线路。

配线,也称"辅助线"。凡在正线分岔的,为配合列车转换线路或运行方向等某些运营功能服务的,并增加运行方式灵活性的线路,统称为配线。根据功能需求,配线分为折返线、停车线、存车线、车辆基地出入线、联络线、渡线、安全线几类。

①折返线:为列车折返运行的线路。

②停车线:为故障列车待避、临时折返、临时停放或夜间停放列车的线路。

③存车线:为夜间停放过夜列车的线路。

④车辆基地出入线:简称为"出入线",从正线上分岔引出至车辆基地的线路。

图片

配线示意图

⑤联络线:设置在两条不同正线之间,为各种车辆过渡运行的线路。

⑥渡线:设置在正线线路左右线,为车辆过渡运行的线路。

⑦安全线:对某些配线的尽端线,或在正线上的接轨点前,根据列车运行条件,设置在设计停车点以外,具有必要的安全距离的线路,以避免停车不准确发生冒进的安全问题。

2.2.1.2 敷设方式

城市轨道交通线路一般有三种敷设方式:地面、高架和地下。线路敷设方式应根据城市总体规划和地理环境条件,因地制宜选定。在城市中心区宜采用地下线;在中心城市以外地段,宜采用高架线;有条件地段也可采用地面线。

地下线或高架线占用地面空间较小;地面线存在"占用地面较宽,阻断道路交通"的缺点,受地面环境条件制约较多。地面线路一般适用于地面建筑物较少的地区;高架线一般适用于地面空间较小的轻轨系统;地下线一般用于土地资源不足的城市中心区,可避免征地拆迁,但造价高,施工周期长。一般来说,地面、高架与地下三种形式线路的造价大致为1:3:5。

2.2.2 轨道结构

轨道由钢轨、扣件、轨枕、道床及其他附属设备组成。轨道结构应具备足够强度、稳定性、耐久性和适量弹性,保证列车运行安全、平稳、快速和乘坐舒适。轨道设计应根据运行条件确定轨道整体结构的承载能力,符合质量均衡、弹性连续、结构等强、合理匹配的原则,并采取减振降噪措施。

2.2.2.1 路基

路基指由填筑或开挖而形成的直接支承轨道的结构。路基与桥梁、隧道相连,共同构成线路。路基有两种基本形式:路堤和路堑,俗称填方和挖方。路基是轨道的基础,路基面上需直接铺设轨道结构。路基荷载包括轨道结构重量即静荷载以及列车行驶时通过轨道传播的动荷载。

路基同轨道一起共同构成的线路结构是一种相对松散连接的结构形式,抵抗动荷载的能力弱。建造路基的材料,不论填或挖,主要是土石类散体材料,所以路基是一种土工结构,经常受到地质、水、降雨、气候、地震等自然条件变化的侵袭和破坏,抵抗能力差。因此,路基应具有足够的坚固性、稳定性和耐久性。对于高速铁路,路基还应有合理的刚度,以保障列车高速行驶中的平稳性和舒适性。

2.2.2.2 道床

道床是铺设于路基、桥梁或隧道等下部结构之上,钢轨、轨枕或支承块之下的碎石、卵石层或混凝土层,它是钢轨或轨道框架的基础。道床可以分为碎石(有砟)道床与整体(无砟)道床。

土质路基上一般采用碎石道床。碎石道床结构简单,容易施工,减振、减噪性能较好,造价低;不足之处是轨道建筑高度较高,轨道维修量大。从目前国内外城市轨道交通建设发展趋势看,一般只在地面线上使用碎石道床。

整体道床是由混凝土整体灌筑而成的道床,具有日常维护量少、结构简单、整体性强及表面整洁等诸多优点,城市轨道交通系统已普遍使用。但是由于整体道床是连续现浇的混凝土,一旦基底发生沉陷,修补极为困难。因此,要求设计和施工质量高,整体道床尽可能铺设于隧道内或石质路基等坚硬的基础之上,桥上整体道床通过扣件直接将钢轨和混凝土桥面联结起来。

整体道床整体性能好,坚固稳定、耐久;轨道建筑高度小,可减少隧道净空,节省投资,维修量小;适宜城市轨道交通运营时间长、维修时间短的特点。整体道床类型较多,常用的有以下几类:

(1)无枕式整体道床

无枕式整体道床也称为整体灌注式道床,采用就地连续灌注混凝土基床或纵向承轨台。国外一些国家修建铁路隧道时常采用这种形式,香港地铁和新建的轻轨交通也采用了这种形式,简称 PACT 型轨道。这种形式的道床结构简单,减振性能较好,但施工时需采用刚度较大的模架,施工较为复杂。

(2)轨枕式整体道床

轨枕式整体道床可分为短枕式和长枕式两种。

①短枕式整体道床。

短枕式整体道床轨道建筑高度一般为 550mm 左右,轨枕下道床厚度一般不小于160mm,一般设中心排水沟,如图 2-1 所示。这种道床稳定、耐久、结构比较简单,施工方法简便,施工进度较快。

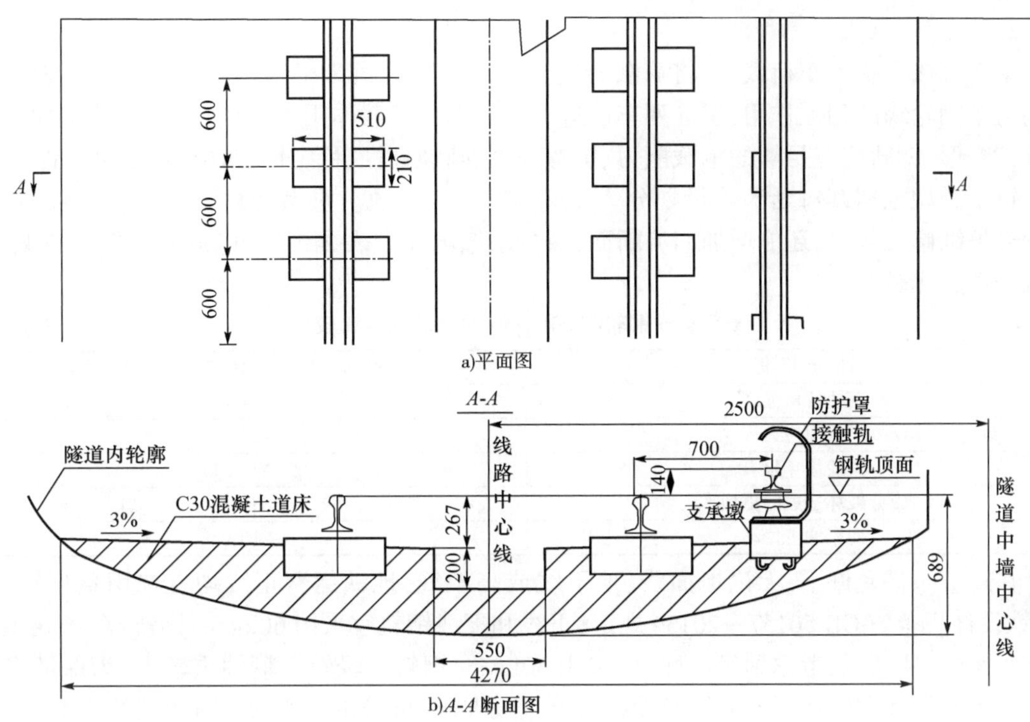

图 2-1 短枕式整体道床(尺寸单位:mm)

②长枕式整体道床。

长枕式整体道床设侧向水沟,如图 2-2 所示。一般长轨枕预留圆孔,以让道床纵筋穿过,加强轨枕与道床的连接。它适用于软土地基隧道,可采用排轨法施工,施工进度快。

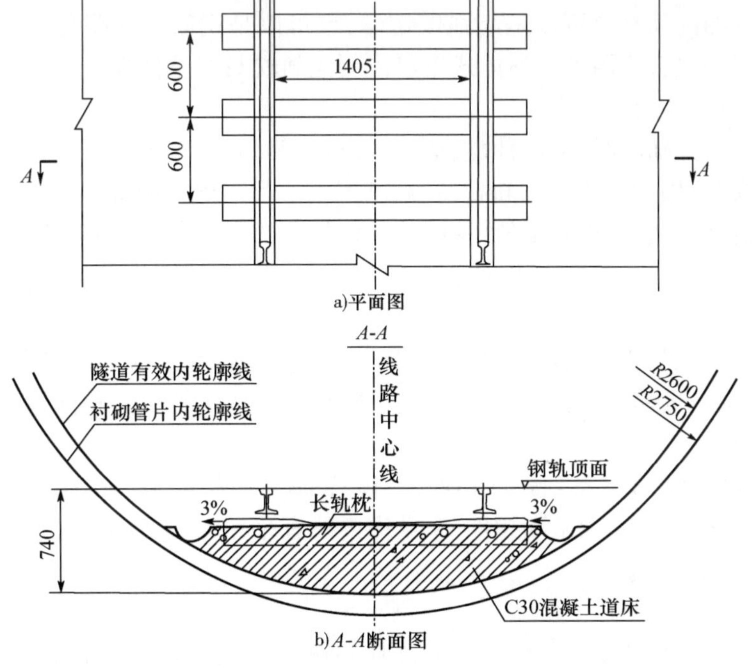

图 2-2 长枕式整体道床(尺寸单位:mm)

2.2.2.3 钢轨

钢轨直接承受列车荷载,并将荷载转递到扣件、轨枕、道床至结构底板。依靠钢轨头部内侧与车辆轮缘的相互作用,引导列车前进。在列车动荷载作用下,钢轨产生弹性挠曲和横向弹性变形,钢轨应有足够的承载能力、抗弯强度、断裂韧性、稳定性、耐磨性、耐腐蚀性。

钢轨类型根据其每延米重量划分为50kg轨与60kg轨。重型钢轨可增加轨道稳定性,减少养护维修工作量,还能增加回流断面,减少杂散电流。表2-2是60kg/m钢轨与50kg/m钢轨的性能比较。

60kg/m钢轨与50kg/m钢轨的性能比较 表2-2

性能指标	60kg/m钢轨相对50kg/m钢轨
钢轨抗弯强度	+34%
弯曲应力	-28%
使用年限	+50%~200%
疲劳破坏造成的更换率	-83.3%
列车冲击振动	-10%

在经济条件允许下,无论地面线、地下线或高架线,地铁运营正线均宜选用重型钢轨。《地铁设计规范》(GB 50157—2013)规定,正线和配线钢轨宜采用60kg/m钢轨;车场线主要供空车运行,速度低,考虑到经济性,可选用50kg/m钢轨。轻轨车辆轴重较大,为保证客运车辆运行质量和钢轨使用寿命以及无缝线路铺设要求,可采用与地铁线路相同的技术标准。

2.2.2.4 轨枕

轨枕是钢轨的支座,起着保持钢轨位置、固定轨距和方向、承受钢轨传来的压力并将其传给道床的作用。因此,钢轨必须具有坚固性、弹性和耐久性。

轨枕按材料可分为木枕、混凝土轨枕和钢枕等。钢枕在我国很少见;木枕又称为枕木,目前木枕已逐渐被混凝土轨枕代替;预应力混凝土轨枕,简称PC轨枕,已得到各国的广泛应用。混凝土轨枕的配筋材料可以是高强度钢丝,也可以是钢筋。钢筋混凝土轨枕按结构形式可分为整体式和组合式两种。整体式钢筋混凝土轨枕具有整体性强、稳定性好、制作简便等优点,是目前广泛使用的类型。

轨枕类型的选择随轨距、道床种类、适用场所不同而异。整体道床地段应采用混凝土强度为C50的预制轨枕;碎石道床的轨枕,一般情况下应尽可能采用常规铁路所使用的预应力混凝土枕;高架轻轨线宜采用新型轨下基础。对采用三轨供电方式的系统,在安装三轨托架的地方还需使用特殊加长的混凝土轨枕。

2.2.2.5 扣件

扣件是连接钢轨与轨枕的零件,作用是固定钢轨位置,阻止钢轨纵向和横向位移,防止钢轨倾翻,并提供适量弹性,将钢轨受力传递给轨枕或道床承轨台。扣件包括钢轨扣压件和轨下垫层两部分。

我国地铁线路使用DT系列弹性扣件,具体有DTⅠ、DTⅡ、DTⅢ、DTⅣ、DTⅥ、DTⅦ等型号。地下线应采用DTⅠ型系列扣件,车场库内线宜采用DTK型系列扣件,高架线应采用DTⅡ型系列小阻力扣件。

2.2.2.6 道岔

道岔是在线路中将列车从一股道转入或越过另一股道的装置。道岔由转辙器、连接部分、辙叉及护轨组成,如图2-3所示。

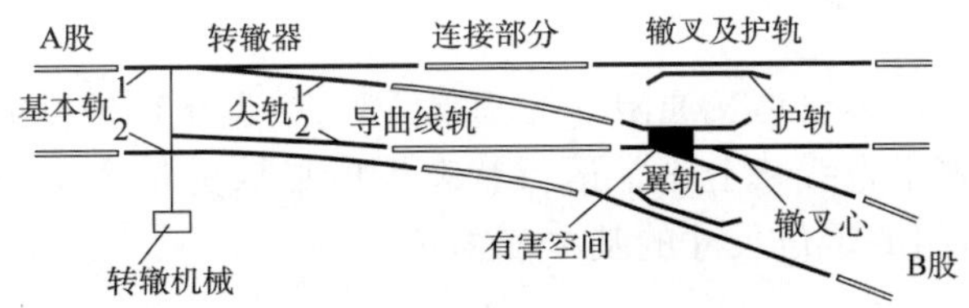

图 2-3　普通单开道岔结构示意

道岔设置的一般原则有：

①正线宜采用不小于 9 号道岔，车场线采用不大于 7 号道岔，道岔能满足使用要求并减少车场面积。

②隧道内和高架桥上的道岔区一般宜采用短枕式整体道床。

③车场道岔宜采用碎石道床。

④为了使两相邻道岔间轨距变化平缓，减少列车对道岔的冲击，使列车运行平稳，两个道岔间应插入一段短钢轨。

2.3　限　　界

限界是指限定车辆运行及轨道区周围构筑物超越的轮廓线；即列车沿固定的轨道运行时所需要的空间尺寸。限界越大，安全度越高，但工程量及工程投资随之增加。

2.3.1　限界的分类

根据城市轨道交通系统构成和设备运营要求，限界可分为车辆限界、设备限界、建筑限界、接触轨和接触网限界。限界的确定需要根据车辆外轮廓尺寸及技术参数、轨道特性、各种误差及变形，并考虑列车运动状态等因素，经过科学分析计算后确定。图 2-4 为城市轨道交通限界图。

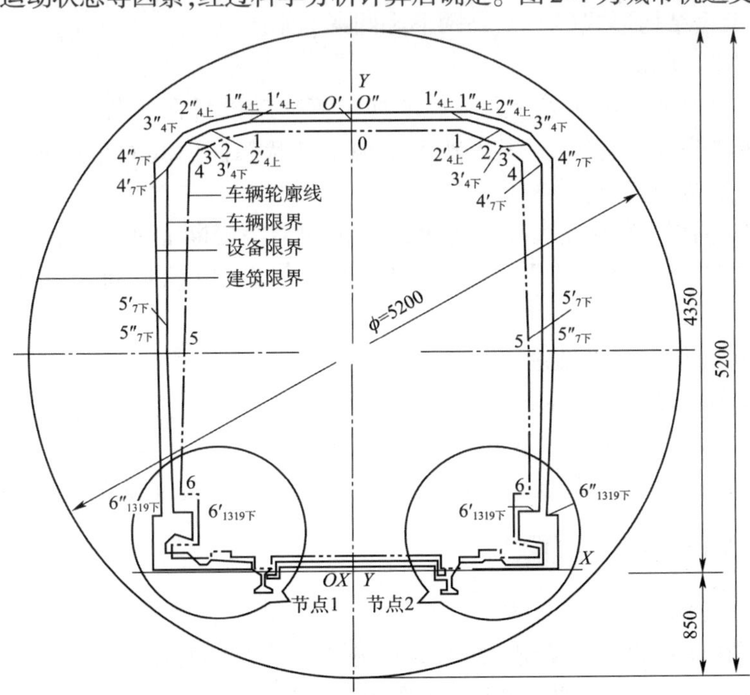

图 2-4　城市轨道交通限界图(尺寸单位：mm)

(1)车辆限界

车辆轮廓线是确定城市轨道交通限界的基础资料,根据车辆横剖面包络而成。

车辆限界是车辆在平直线路上正常运行状态下所形成的最大动态包络线,是控制车辆制造、确定站台和站台门的定位尺寸的基本依据。

(2)设备限界

设备限界是限制设备安装的控制线,一般按车辆在故障运行状态下所形成的最大动态包络线确定。故障运行状态是指列车运行中因机械故障产生车体额外倾斜或高度变化,此类故障主要指一系悬挂或二系悬挂意外损坏,以此计算最大值为设备限界的包络线。建筑物及地面固定设备的任一部分,包括它们的刚性和柔性运动在内,均不得侵入设备限界内。

设备限界和车辆限界的间隙主要作为未计及因素的安全预留量,制定限界时的某些规定偏移量也计入此间隙。

(3)建筑限界

建筑限界是在设备限界基础上,满足设备和管线安装尺寸后的最小有效断面。它规定地下隧道的形状、尺寸、位置,地下车站及站台位置以及地面建筑物(接触网支柱、声屏障和站台屏蔽门等)的位置。建筑限界不含测量、施工等各种误差及结构位移、沉降和变形等因素,所以在结构设计中应按施工条件和地质条件外放一定余量。任何沿线永久性固定建筑物,包括施工误差值、测量误差值及结构永久变形量在内,均不得侵入建筑限界内。

建筑限界和设备限界间的间隙,应能安排各种电缆线、消防水管及消火栓、动力照明箱、信号箱及信号灯、照明灯、扩音器、通风管、架空接触网及其固定设备、接触轨及其固定设备等。

上述限界一般还要考虑线路的环境,如隧道、高架、地面以及直线、曲线等,进行具体计算确定,也可按工程结构形式(矩形、马蹄形和圆形)确定。

(4)限界的相互关系

设备限界需要保证城市轨道交通系统的列车等移动设备在运营过程中的安全。因此,设备限界要在车辆限界的基础上,考虑轨道出现不良状态而引起的车辆偏移和倾斜;此外,还要考虑适当的安全预留量。

建筑限界需要在行车隧道和高架桥等结构物的最小横断面所形成的有效内轮廓线的基础上,再考虑其施工误差、测量误差、结构变形等因素,以满足固定设备和管线安装的需要。

综上所述,可以得到如下结论:

车辆限界 = 车辆设备限界 + 正常运动裕量

设备限界 = 车辆限界 + 状态不良时裕量 + 安全裕量

建筑限界 = 设备限界 + 隧道固定设备空间 + 各类土建误差 + 安全裕量

2.3.2 区间直线地段的限界

2.3.2.1 隧道限界

隧道限界是在既定的车辆类型、受电方式、施工方法及结构形式等基础上确定的隧道的限界。它可以分为矩形隧道限界、圆形隧道限界、马蹄形隧道限界三种类型。

(1)矩形隧道限界

一般修建地铁时明挖施工会形成矩形隧道,其单洞单线隧道建筑限界宽度为4000mm,高度为4300mm。

(2)圆形隧道限界

盾构施工为圆形隧道,不论在直线和曲线地段,只能采用同一直径的盾构,所以应按最小曲线半径选用盾构进行施工,才能满足圆形隧道的建筑限界要求。如线路最小平面曲线半径为300m,圆形隧道建筑限界的直径宜为5200mm。

(3)马蹄形隧道限界

矿山法施工的浅埋暗挖隧道,多采用马蹄形断面,建筑限界最大宽度5000mm,最大高度4800mm。

2.3.2.2 高架桥建筑限界

在城市地区,有时会在城市轨道交通线路上设计高架的人行通道。为保证安全,这种高架桥的人行桥需要给城市轨道交通列车及设备留有适当的空间,这就是高架桥建筑限界。

2.3.3 曲线地段及道岔区建筑限界

车辆在曲线上运行时将产生平面偏移。此外,在曲线地段,轨道一般都需要设计一定超高,以平衡车辆竖向中心线的偏移。因此,对曲线或道岔地段而言,运行中的车辆在平面和立面上都会产生一定偏移量,其建筑限界需要加宽和加高。曲线加宽分内侧加宽和外侧加宽,加宽量可计算确定。

在道岔区范围内,由于列车需通过道岔侧面的导曲线,所以建筑限界也应进行平面加宽。

2.3.4 车站限界

在车站站台有效范围内,靠近站台一侧,站台边缘至线路中心线的距离,应根据车厢宽度来确定。一般站台边缘与车厢外侧之间的空隙设置100mm为宜,站台面的高度应低于车厢地板面50~100mm较为合适。该数值与车辆质量及运营水平有关,也与线路和车站工程的施工质量有关。

2.4 结构工程

2.4.1 地下结构及施工方法

城市轨道交通地下工程的结构类型及施工方法应结合区间隧道及车站的规模、工程地质、水文地质、环境条件、埋深、安全、交通条件、投资和工期等因素,进行技术经济比较后确定。一般常用的结构类型和施工方法有明挖法和暗挖法两种,特殊情况下还可采用一些其他方法。

2.4.1.1 明挖法

明挖法是由地面开挖的基坑中修筑地下结构的方法,包括明挖、盖挖顺作和盖挖逆作等工法。

盖挖顺作法的作业顺序为:在地面修筑维持地面交通的临时路面及其支撑后,自上而下开挖土方至坑底设计高程,再自下而上修筑结构。盖挖逆作法的作业顺序与传统的明挖法相反,开挖地面修筑结构顶板及其竖向支撑结构后,在顶板的下面自上而下分层开挖土方分层修筑结构。

位于土层中的车站宜选择明挖法施工。需要减少施工对地面交通影响时,可采用盖挖法施工,并宜铺设临时路面,采用盖挖顺作法施工。对环境保护要求高或平面尺寸大的地下结构,宜采用盖挖逆作法施工,必要时也可采用暗挖法或明暗挖结合的方法施工。

采用敞开口开挖或以工字钢桩、钢板桩、地下连续墙、钻孔桩等护壁施工的明挖隧道或车站,一般为现浇整体式矩形钢筋混凝土框架结构。根据运营需要可做成单跨、双跨或多跨结构,单层、双层或多层结构。为减少明挖施工对城市的干扰,必要时可采用桩、梁、板等构件,将施工基槽部分或全部覆盖;或者对以地下连续护壁的明挖隧道,采用逆作法尽快完成结构顶板。

图2-5、图2-6是明挖法放坡分配和地下连续墙施工的案例。

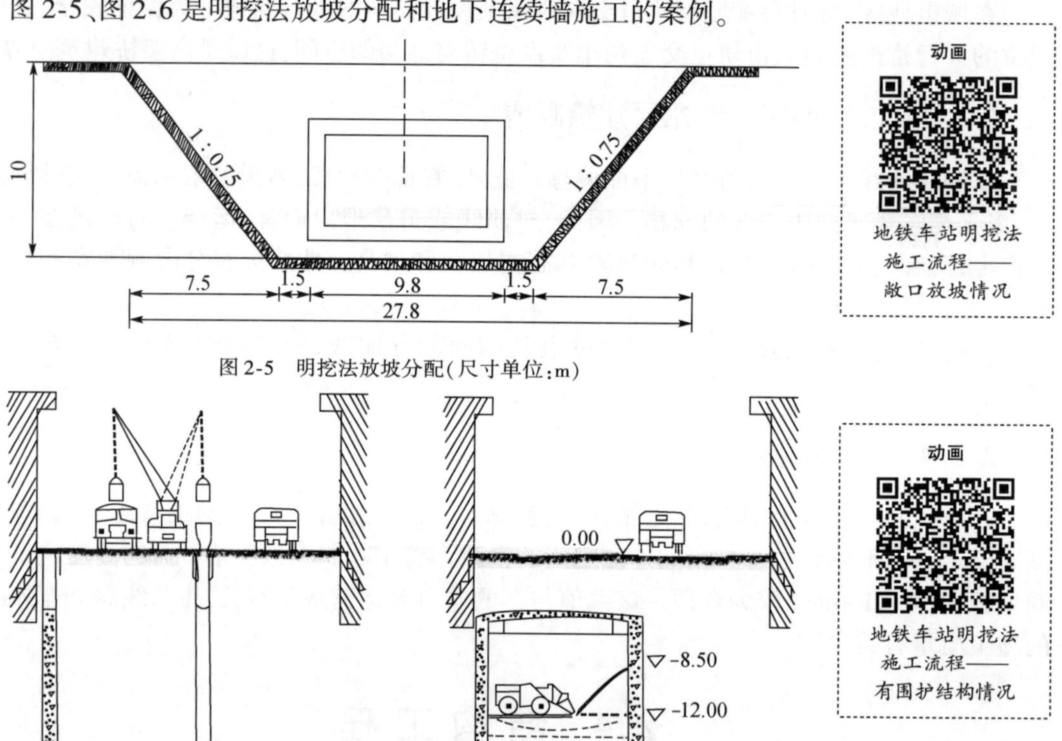

图2-5　明挖法放坡分配(尺寸单位:m)

图2-6　地下连续墙技术施工方法(高程单位:m)

施工工序:

第一步,开导向沟,构筑向墙;第二步,注入泥浆,开挖边墙沟;第三步,放置钢筋,浇灌混凝土;第四步,明挖土,筑顶板;第五步,回填土,铺路面,地下开挖隧洞。

2.4.1.2　暗挖法

暗挖法可分为盾构法和矿山法。区间隧道宜采用暗挖法施工,在地面空旷且隧道埋深较浅的地段,经技术经济比选确有优势时,可采用明挖法施工。

(1) 盾构法

盾构法是使用盾构机修筑隧道的暗挖施工方法,为在盾构钢壳体的保护下进行开挖、推进、衬砌和注浆等作业的方法。

盾构机诞生于英国,发展于日本、德国。根据工作原理,其一般分为手掘式盾构、挤压式盾构、半机械式盾构和机械式盾构。盾构机利用一个圆柱体的钢组件,沿隧洞轴线边向前推进边进行挖掘,该圆柱体的壳体即护盾,它对挖掘出的还未衬砌的隧洞段起临时支撑作用,并承受周围土层压力,有时还承受地下水压并将地下水挡在外面。挖掘、排土、衬砌等作业在护盾掩护下进行。

盾构法施工速度快、振动小、噪声低,在松软含水地层及城市地下管线密布、施工条件困难地段优点明显。盾构法的缺点是对断面尺寸多变区段适应能力差。此外,新型盾构机购置费昂贵,对施工区段短的工程不太经济。近年来,泥水加压盾构和土压式盾构克服了盾构法造成的地表隆起和沉降等缺点,提高了盾构法适用性。不过,在硬质岩层和含有大量粗颗粒漂石、块石的地层不宜采用盾构法。

盾构法施工的隧道,一般采用以预制管片拼装的圆形衬砌,也可采用挤压混凝土圆形衬砌,必要时可再浇筑一层内衬砌,形成防水功能好的圆形双层衬砌。盾构法的施工工序如图2-7所示。

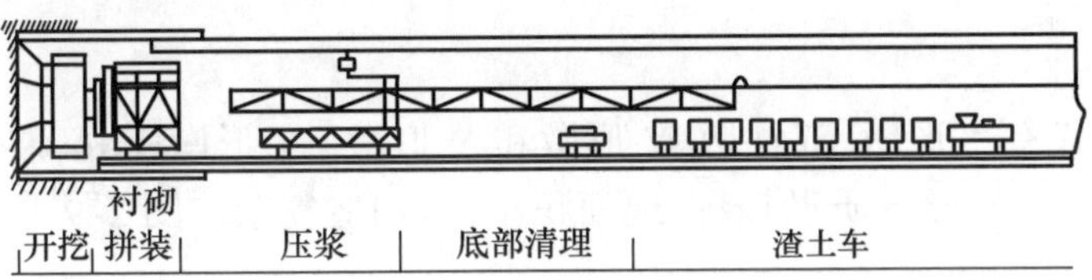

图2-7 盾构法施工工序

动画

地铁车站暗挖法施工流程

(2)矿山法

矿山法是修筑隧道的暗挖施工方法,矿山法适用于从硬岩地层至具备一定自稳能力的第四纪地层的隧道施工。矿山法分传统矿山法和新矿山法。传统的矿山法指用钻眼爆破的施工方法,又称钻爆法。新矿山法包括软土地层浅埋暗挖法及由其衍生的其他暗挖方法。浅埋暗挖法是指在浅埋和具有一定自稳能力的土层中,采用分部开挖、钢拱架及喷射混凝土及时支护的方式暗挖隧道的方法。传统矿山法施工工艺落后,安全性较差,近年来有逐步被新矿山法取代的趋势。

矿山法施工隧道一般采用拱形结构,断面形式分单拱、双拱和多跨连拱。隧道衬砌用于加固围岩并与围岩一起组成安全隧道结构体系,共同承受可能出现的各种荷载,防止地表下沉。衬砌的基本结构类型为复合式衬砌,由初期支护、防水隔水层和二次衬砌所组成。外层为初期支护,其作用为加固围岩,控制围岩变形,是衬砌结构中主要的承载单元,一般应在开挖后立即施作,并应与围岩密贴,所以最适宜采用喷锚支护;内层为二次衬砌,通常在初期支护变形稳定后施作,主要为安全储备,承受初期支护腐蚀后所引起的后续荷载;在初期支护和二次衬砌之间应敷设防水隔离层。

2.4.1.3 其他方法

除上述施工方法外,特殊地段可因地制宜地采用特殊的施工方法和结构类型。如穿越江、河地段时,可采用沉埋法施工;穿越地面铁路、地下管线时可采用顶管法施工。

2.4.2 高架结构

城市轨道交通高架桥梁主要由梁、墩台、基础三部分组成。

(1)梁

目前在城市轨道交通高架桥上应用较多的梁的形式有以下几种。

①预应力混凝土槽形梁:它是一种下承式桥梁,由车道板、主梁和端横梁三部分组成。如图 2-8 所示。

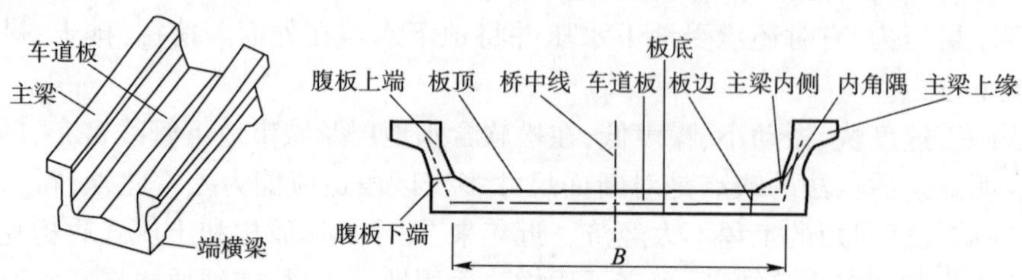

图 2-8 预应力混凝土箱梁

②预应力混凝土板梁:包括空心板梁和低高度板梁,板梁结构建筑高度小,缺点是刚度较小,对抵抗列车偏载不利。

③预应力混凝土 T 形梁:T 形梁设计、施工经验成熟,多采用预制,缺点是桥形不美观,施工时需大型吊装机具。

(2)墩台与基础

适于城市高架桥的桥墩形式有 T 形墩、双柱墩、V 形墩和 Y 形墩。T 形墩美观,双柱墩承载能力和稳定性较强;V 形墩和 Y 形墩质量轻,占地面积小,但构造复杂。图 2-9 是一些桥墩的结构形式。

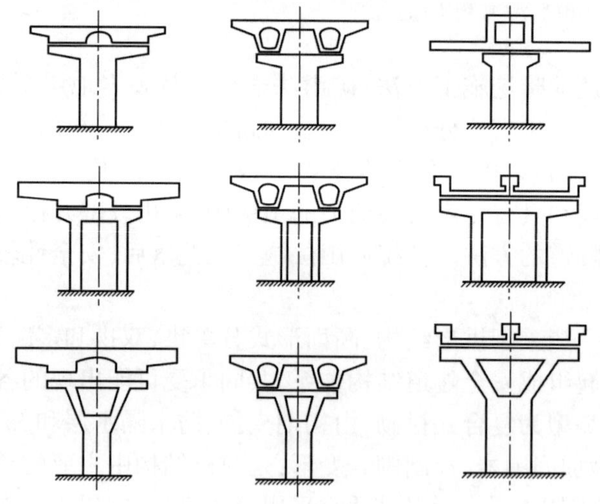

图 2-9 不同形式的墩台

桥梁基础形式有扩大基础和桩基础,扩大基础适用于岩石及持力层较浅的地基,桩基础适用于砂质及软土地基。

2.5 车 站

城市轨道交通车站是乘客接受出行服务进行乘降、换乘的场所,也是运输企业提供轨道交通运输服务的不可或缺的组成部分。

2.5.1 车站分类

城市轨道交通系统车站根据不同划分方法可进行如下分类：

①按车站与地面的相对位置可以分为地下车站（浅埋车站、深埋车站）、地面车站和高架车站。

②按车站的运营性质可以分为终点站、一般中间站、中间折返站和换乘站等。

③按结构横断面形式可以分为矩形断面车站（单层、双层、多层，单跨、双跨、三跨等）、拱形断面车站（单跨、多跨连拱）。

④按车站的施工方法可以分为明挖站、暗挖站、明暗挖结合站。

⑤按车站站台形式可以分为岛式车站、侧式车站、一岛一侧、一岛两侧等。

⑥按车站适用功能可以分为一般车站、换乘车站、折返车站等。

⑦按车站服务的对象及功能可以分为城市标志站（作为城市的象征或著名建筑物）、与干线或机场等交通连接的换乘枢纽站（完成与机场或其他交通方式的接续运输过程）、市郊地区车站等。

车站的分类1

车站的分类2

车站的组成

2.5.2 车站组成

城市轨道交通车站一般包括车站主体（站台、站厅、设备用房、生活用房）、出入口及通道、通风道及地面通风亭三部分。从车站建筑的功能看，又可分为乘客使用区间、运营管理用房、技术设备用房和辅助用房。

一般矩形地铁车站箱式结构分上下两层，上层为站厅层，下层为站台层。其建筑设施基本上分为两大部分：一是与客流直接有关的公共区域，涉及站厅层、站台层及出入通道；二是涉及车站运行的设备及管理用房，分设于站厅和站台的两端部。

对城市轨道交通系统来说，车站一般包括主体、出入口及通道、通风道及风亭（地下）和其他附属建筑物等组成。图2-10为一般车站设施组成示意图。

车站主体是列车的停车点，它不仅要供乘客上下车、集散、候车，也是办理运营业务和运营设备设置的地方。车站主体根据功能的不同，可分为乘客使用空间和车站用房两大部分。

（1）乘客使用空间

乘客使用空间又可分为非付费区和付费区。非付费区是乘客购票并正式进入车站前的活动区域，一般应有较宽敞的空间、售检票位置，根据需要还可设银行、公用电话、小卖部等设施。付费区包括站台、楼梯和自动扶梯、导向牌等，它是为乘客候车服务的设施。

（2）车站用房

车站用房涉及车站运行的技术设备用房、运营管理用房和辅助用房三部分，一般分设于站厅和站台的端部。

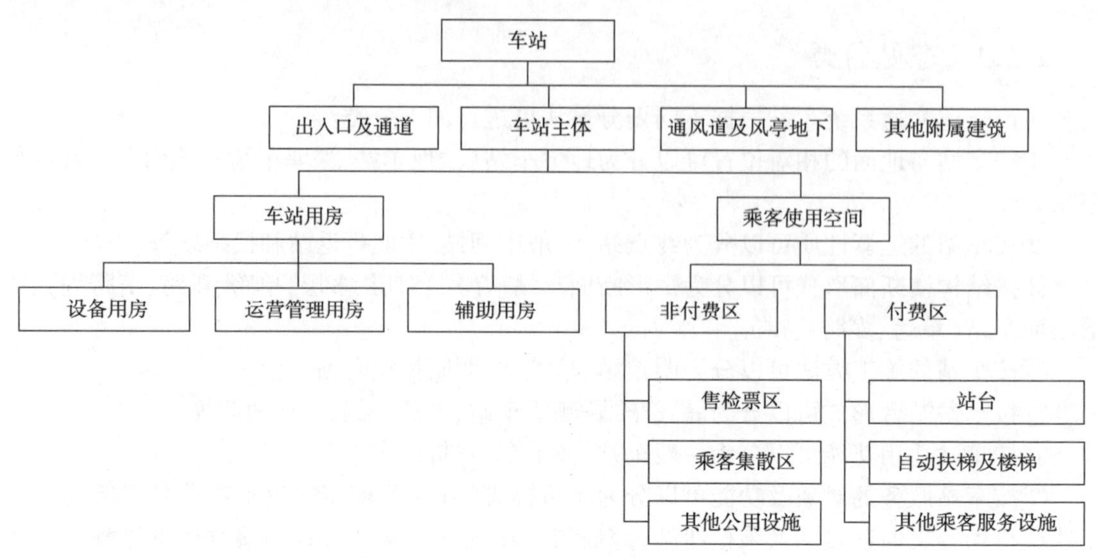

图2-10 车站设施组成

技术设备用房是为保证列车正常运行、保证车站内良好环境条件及在事故灾害情况下能够及时排除灾害的不可或缺的设备用房,包括综合控制室、通风与空调用房、变电所、防灾中心、通信机械室、信号机械室、自动售检票室、冷冻站、配电室、公区用房等。运营管理用房是车站运营管理人员使用的办公用房,包括站长室、行车值班室、业务室、广播室、会议室和公安保卫室等。管理用房需协调车站控制室、站长室以及消防疏散兼工作楼梯的相互位置。辅助用房是为保证车站内部工作人员正常工作生活所设置的用房,是直接供站内工作人员使用,包括卫生间、更衣室、休息室、茶水间等。

2.5.3 车站主要设备

2.5.3.1 自动售检票系统

自动售检票(AFC)系统,是基于计算机、通信网络、自动控制、自动识别、精密机械和传动等技术,实现售票、检票、计算、计费、统计、清分、管理等全过程的机电一体化、自动化和信息化系统。

自动售检票系统按功能分为五个层面:第一层是票务清分中心(ACC),实现轨道交通内部各线路之间的账务清分;第二层是线路中央计算机系统(LC),负责各条线路的票务处理工作,负责采集全线路的售检票数据、设备状态数据和其他运营数据、监视全线路AFC设备的运行状态;第三层是车站计算机系统(SC),主要负责本车站范围内的售检票交易数据、设备状态数据和其他运营数据,监视终端设备运行状态;第四层是车站终端设备(SLE),包括自动售票机(TVM)、半自动售票机(BOM)、自动充值机(AVM)、自动检票机(AGM)、便携式验票机(PCA)等;第五层为车票层。

自动售票机设置于车站非付费区,便于乘客以自助形式购买单程票。自动售票机应靠墙布置,在满足乘客通行的基础上,自动售票机的设置应保证乘客排队购票的空间。半自动售票机设置于车站售票问询处,由车站工作人员操作,用于人工辅助发售车票,具备充值、异常处理、补票、退票、查询、更新等票务处理功能。自动充值机可对储值车票进行自助充值,并具有查验交易和月、余额功能。

自动检票机又称闸机,设置于车站付费区与非付费区的交界处的适当位置,并尽量按照垂直于客流的方向进行布置。根据拦阻体与拦阻方式的不同,闸机可分为三辊闸(三杆式)、翼闸(门扉式)、摆闸、平移闸、转闸、一字闸等类型。其中,三杆式与门扉式闸机应用较为普遍。

2.5.3.2 站台门

站台门又称为站台隔离门或站台屏蔽门,安装在车站站台边缘,将行车的轨道区与站台候车区隔开,设有与列车门相对应、可多级控制开启与关闭滑动门的连续屏障。设置站台门的目的是隔断隧道内热空气与车站空调之间的热交换,使车站成为单独的空调通风场所,降低空调运行能耗和列车运行噪声,降低活塞风对车站的影响,防止人员跌落轨道和发生意外事故,为乘客提供一个舒适安全、优美的候车环境。

地下线车站宜使用全高封闭式站台门;高架线车站宜使用半高敞开式站台门。站台门通常由滑动门、固定门、应急门、端门组成。设置站台门的车站,站台端部应设向站台侧开启宽度为1.1m的端门和沿站台长度方向设置的向站台侧开启的应急门,每一侧应急门数量宜根据远期列车编组数确定。

站台门沿站台边缘,以有效站台中心线为基准向两边对称布置,在车站的正常停车范围内。列车司机室门位于站台门端门外,滑动门与列车门一一对应,在停车精度范围内,保证列车门全开,不影响乘客正常上下车。当出现故障,列车进站后车门无法对准滑动门时,应通过应急门为乘客提供安全疏散。

2.5.3.3 站内客运设备

站内客运设备,包括自动扶梯、电梯(垂直电梯)、轮椅升降机和自动人行道。自动扶梯、电梯、轮椅升降机设置于地面进出口和站厅层之间、站厅层和站台层之间,自动人行道设置于距离较长的通道,供乘客进出站及上下车使用。

(1)自动扶梯与自动人行道

自动扶梯是循环运动梯路向上或向下倾斜输送乘客的固定电力驱动设备。自动扶梯及自动人行道,按其结构特点分为标准型和公共交通型。由于城市轨道交通系统具有客流量大、高峰客流时间长等特点,根据国家标准《自动扶梯和自动人行道的制造与安装安全规范》(GB 16899—2011)的规定,城市轨道交通自动扶梯应采用公共交通型重型扶梯。

车站出入口、站台至站厅层设置上、下行自动扶梯,每座车站至少有一个出入口设上、下行自动扶梯,站台层至站厅层至少设一处上、下行自动扶梯。车站日常运营中,自动扶梯及自动人行道需接受环境与设备监控系统(BAS)远程监视和车站视频监视系统视频全覆盖监视。

自动扶梯及自动人行道,应能够满足高强度的使用,连续运行时间每天不应少于20h,每周不应少于140h,每3h应能以100%制动载荷连续运行1h。自动扶梯的额定速度一般不小于0.5m/s,宜采用0.65m/s,倾斜角为30°,梯级宽度为1.0m。自动人行道的倾斜角不应大于12°。从低碳、环保及节能等方面出发,自动扶梯及自动人行道宜选用变频调速功能的设备。高峰客流时,自动扶梯以额定速度运行;零客流量时,自动扶梯以0.13 m/s的速度低速运行。

(2)电梯

设置电梯,可以方便行动不便的乘客通过电梯进出车站。电梯通常设置在车站客流较大的出入口处,地下和高架车站出入口采用不透明电梯和井道,并与出入口通道相结合。电梯的设置应符合一定的原则,以地下站为例,在地面层与站厅层之间、站厅层与站台层之间设电梯。不直接把地面层和站台层用电梯连接是因为票务管理的原因。

电梯一般配置有桥箱内扶手、语音报站功能、盲文按钮和残疾人专用操作盘及残疾人导向标识。车站选用的电梯一般为无机房电梯,额定载质量1000kg(13人),额定速度1 m/s,轿厢内净尺寸(宽×深)1600mm×1400m,开门尺寸(宽×高)1100mm×2100m。车站日常运营中,电梯同样需要接受环境与设备监控系统(BAS)远程监视和车站视频监视系统视频全覆盖监视。

(3)轮椅升降机

轮椅升降机是一种设置在楼梯旁用于运送轮椅车的乘客上下楼梯的设备。如果设置在露天出入口,应选用室外型轮椅升降机。轮椅升降机设置处宜设置摄像监视装置,同样,它也需要接受环境与设备监控系统(BAS)远程监视和车站视频监视系统视频全覆盖监视。

轮椅升降机平台面采用防滑材料,平台四周应设护栏,具备乘客自行操作条件,并设置与车站控制室的可视对讲装置。轮椅升降机的额定速度一般为0.15m/s,额定载质量不小于250kg,运行时所占用宽度不大于1.2m,上下停靠位置可根据具体土建情况采用直线、90°或180°等停靠方式。

2.5.3.4 火灾自动报警系统

火灾自动报警系统(FAS)是自动发现和通报火灾,以便及时采取措施控制和扑灭火灾而设置在建筑物中或其他场所的一种自动消防报警设施。在车站、区间隧道、区间变电所及系统设备用房、主变电所、集中冷站、控制中心、车辆基地,都应设置火灾自动报警系统。

火灾自动报警系统由火灾探测报警系统、消防联动控制系统(包括气体灭火控制系统等)及电气火灾检测系统组成。火灾探测报警系统用来实现火灾的探测、监视、报警及消防联动控制等功能。消防联动控制系统用来实现气体灭火防护区火灾的监视、报警以及安全隔离、灭火控制等功能。电气火灾检测系统具有电气配电柜的进出线、电缆、漏电流等电气火灾的探测、监视、报警等功能。

在综合监控系统中,火灾自动报警系统属于综合监控系统的车站级(现场控制级)设备。没有设置综合监控系统时,火灾自动报警系统是一个独立的系统,实行中央和车站两级监控管理。

2.5.3.5 环境与设备监控系统

环境与设备监控系统(BAS)是对城市轨道交通建筑物内的环境与空气调节、通风、给排水、照明、乘客导向、自动扶梯及电梯、站台门、防淹门等建筑设备和系统进行集中监视、控制和管理的系统。通过对车站、区间等机电设备实时、系统监控,确保车站、区间、车辆段(场)、控制中心、主变电站等安全运行。

BAS的监控范围是车站、区间、控制中心和车辆基地,监控对象是车站通风、空调与供暖设备、隧道通风设备、给排水设备、自动扶梯与电梯、站台门及防淹门、照明和导向系统、车站应急照明电源、不间断电源、车站环境参数(温度、湿度)等,具备车站及区间机电设备监控、执行防灾及阻塞模式、车站环境监控、车站环境和设备的管理、系统用能计量、设备节能运行管理及控制等功能。

BAS由中央监控管理级、车站监控级、现场控制级及相关通信网络组成。当设置综合监控系统时,环境与设备监控系统在车站级由综合监控系统集成。环境与设备监控系统车站及中央级监控功能由综合监控系统实现。

2.6 供变电系统

城市轨道交通的供电系统负责提供车辆及设备运行的动力能源,一般包括高压供电源系统、牵引供电系统、动力照明供电系统以及电力监控系统。

2.6.1 高压供电源方式

高压供电源一般有三种方式:集中式供电、分散式供电和混合式供电。

(1)集中式供电

集中式供电是在线路的适当位置,根据总容量要求设主变电所,由城市电网区域变电所以高压(如110kV)向主变电所供电,经降压并在沿线结合牵引变电所、降压变电所形成中压环网,向轨道交通各系统供电。每条线路设有两个及以上主变电站,可相互支援互为备用。

(2)分散式供电

分散式供电不设主变电所,而直接由城市电网区域变电所的35kV或10kV中压输电线直接向轨道交通沿线设置的牵引变电所、降压变电所供电,并形成环网。

(3)混合式供电

混合式供电指一条轨道交通线路,一部分采用集中供电方式,另一部分采用分散供电方式。

2.6.2 直流牵引供电系统

目前城市轨道交通系统的牵引网普遍采用直流牵引,牵引电压标准为600V、750V、900V、1500V。广州、上海地铁主要采用1500V电压制,北京地铁主要采用750V电压制,香港地铁采用600V电压制。

(1)供电系统的构成

直流牵引供电系统主要由牵引变电所中的整流机组、直流正负极开关设备、馈线、接触网、钢轨、回流线、均流电缆和钢轨电位限制装置等组成。

每座牵引变电所设两套整流机组(整流变压器—整流器单元),整流变压器一次侧并接于同一段35kV母线,两台整流机组并列运行,通过接触网向列车供电,然后再经钢轨、回流电缆至牵引变电所负极柜。为保证旅客和工作人员的人身安全,正线每座车站设钢轨电位限制装置。

(2)供电系统的运行

供电系统每座主变电所的两路电源进线和两台主变压器同时分列运行,负担各自供电分区的牵引负荷和动力照明负荷。牵引变电所中的两套整流机组并联工作组成等效24脉波整流方式,正线相邻牵引变电所对正线牵引网实行双边供电。

(3)牵引网

牵引网是沿线路敷设专为电动车辆供给电源的装置。接触网可分为接触轨和架空接触网两种形式。

接触轨的优点是使用寿命长,维修量小,在地面对城市景观没有影响,适应于电压较低的制式,北京地铁主要采用750V接触轨供电的方式。架空接触网的优点是安全性较好,适应于电压较高的制式,上海、广州地铁主要采用1500V接触网供电的方式。

(4)牵引变电所设置

牵引变电所位置和容量应根据运行高峰小时车流密度、车辆编组及车辆类型通过牵引供电计算确定。原则上,牵引变电所应尽可能地设在地面,地面变电所投资小,运行费用低,运行管理方便。牵引变电所可沿线路均匀布置;也可结合车站,与降压变电所合建于车站站端。

牵引变电所的设置距离应保证高峰时最大运营负荷的需要,同时应保证系统中任何相隔的两座牵引变电所发生故障解列时,靠其相邻变电所的过负荷能力,仍能保证列车的正常运行。

2.6.3 动力照明供电系统

动力照明供电系统由降压变电所及动力照明组成。

车站动力照明采用380/220V三相五线制系统配电,其车站设备负荷可分为以下三大类。

①一类负荷:事故风机、消防泵、主排水站、售检票机、防灾报警、通信信号、事故照明。

②二类负荷:自动扶梯、普通风机、排污泵、工作照明。

③三类负荷:空调、冷冻机、广告照明、维修电源。

车站作为事故疏散用的自动扶梯采用一级负荷供电。

一、二类负荷应有两路电源供电,当一台变压器发生故障解列时,另一台变压器可承担全部一、二类负荷;三类负荷由一路电源供电,当一台变压器发生故障解列时,可根据运营需要自动切除。

2.6.4 电力监控系统

电力监控(SCADA)系统是控制中心负责对供电系统的主变电所、牵引变电所、降压变电所的供电设备的运行状态进行监视、控制及数据采集的系统。它由三部分组成:设在控制中心的主机,设在各变电所的远程控制终端,连接终端与中心的通信网络。

2.7 通信与信号系统

通信系统是指挥列车运行、组织运输生产及进行公务联络的手段,其主要任务是及时传递轨道交通运营各系统、各部门和指挥中心间及其相互间的信息,以便及时采取行动确保整个系统正常运营。信号系统的作用是确保行车安全,提高运输效率、改善行车有关人员的劳动条件。信号系统与行车密度有着密切关系,不同行车密度应选择不同的信号系统,以保证设计的技术经济合理,满足运营要求。

2.7.1 通信系统

通信系统是负责城市轨道交通系统运营、维护、管理相关的语音、数据、图像等各种信息的独立通信网,主要由通信传输系统(光纤、微波、卫星)、无线通信系统(列车调度、公安、消防)、专用通信系统(内部组织与管理)、公务电话系统、图像监控系统、广播系统 、旅客导乘及信息服务系统、时钟系统和电源及接地系统几部分组成。

2.7.2 信号系统

信号是列车运行的凭证。传统信号系统由信号(包括机车信号)、联锁、闭塞等设备组成。

城市轨道交通系统大多采用自动闭塞,以保证行车安全,满足高密度行车的需要。信号机有进出站信号机、道岔防护信号机、通过信号机、进出段信号机、调车信号机等。在采用了列车自动防护(ATP)子系统的区段,可不设通过信号机。在采用列车自动控制(ATC)系统的情况下,车站可不设进出站信号机,司机台上显示列车运营的状态。

列车自动控制(ATC)系统是列车按地面传送的速度(或距离)信息,自动控制列车运行的信号设备,包括列车自动防护(ATP)、列车自动驾驶(ATO)和列车自动监控(ATS)三个子系统。ATP 子系统是 ATC 系统的核心和关键。ATP 子系统具有实现列车的间隔控制、超速防护、进路的安全监控、车门和站台屏蔽门的控制等功能。ATO 子系统主要用于实现"地对车控制",即用地面信息实现对列车驱动、制动的操纵。ATS 子系统主要实现对列车运行的监督和控制,辅助行车调度人员对全线列车运行进行管理。ATC 系统功能的实现依赖于车—地的双向通信。目前我国已建成的地铁、轻轨,基本上都采用轨道电路来完成地面向列车传递控制信息。部分线路通过设置于运行线路上的点式传感器向车上传递点式信息。

2.8 环控系统与给排水系统

城市轨道交通的地下车站和地下区间隧道是一个相对封闭的空间,基本上与外界隔绝。需要通过环境控制系统创造和维持满足一定要求的空气环境。另外,当发生火灾事故时,环控系统能提供有效的排烟手段,给乘客和消防人员输送足够的新鲜空气,形成一定的风速,引导乘客迅速地撤离现场。

2.8.1 环控系统的功能

地下的城市轨道交通在运营时,需排除多余的湿与热,环控系统可以为乘客和工作人员创造舒适环境,满足设备和工艺的功能要求。列车在隧道区间时,需要通过环控系统向隧道提供一定的新风量,以维持乘客短时间内能接受的环境条件。发生火灾、易燃与有毒气体泄露等紧急情况时,环控系统可以提供迅速、有效的排烟手段,诱导乘客疏散。

2.8.2 环控系统的构成

城市轨道交通的环控系统由中央控制、车站控制和就地控制三个级别的控制装置构成。

中央控制装置设在控制中心,主要负责对隧道通风系统进行监控,执行隧道通风系统预定的运行模式;同时对全线车站环控系统进行监视向车站下达各种运行模式指令。车站控制装置设在各车站控制室,配置车站级工作站和综合后备盘。可监视车站管辖范围内的隧道通风系统、车站大小系统和水系统,及时向运营控制中心(OCC)传送信息,执行中央控制室下达的各项运行模式指令。就地控制装置设置在各车站环控电控室(或就地控制箱)。具备单台设备就地控制功能,就地控制具有优先权。

2.8.3 给排水系统

城市轨道交通给排水系统将消防、生活供水,生活污水、废水、雨水、地下水收集排放。车站内分为给水系统和排水系统。给排水系统一般属于车站用电二类负荷,有较高的优先级。

(1)给水系统

给水系统的水源来自城市自来水,汇入车站后分成生活、生产用水与消防用水。由市政给水管网、引入管构成。城市自来水引入后,经过储水池、加压泵站、水塔,最后到达城市轨道交通车站和线路的用水点。

(2)排水系统

排水系统由污水泵、废水泵和排水管构成,用于排放城市轨道交通车站内以及区间的污水和废水。排水系统将来自车站的污水集中收集到集水井,再通过压力井排到城市排水系统。

思考题

1. 简述轨道交通系统由哪些设施构成,各设施有何作用?
2. 说明城市轨道交通系统中的车站按不同形式的分类。
3. 简述轨道交通地下工程的施工方法以及各种方法的优缺点。
4. 城市轨道交通信号系统有何作用?传统信号系统与现代信号系统有何区别?
5. 查阅最新相关资料,试述目前世界轨道交通系统在设施技术方面有何新突破。

第3章　城市轨道交通规划与设计基础

本章介绍城市轨道交通规划与设计工作中选线基本知识、相关标准文件和常用的规划设计软件。城市轨道交通线路选线设计贯穿规划设计各阶段，是规划与设计工作的基础，主要包括选线的内容与特点、选线的基本原则与影响因素、选线的实施流程和选线方法等。

3.1　选线基础

3.1.1　选线的内容与特点

在城市轨道交通线网规划中，关于线路走向和路由一般需要进行较粗略的规划。然而，城市建设过程中会发生一些变化，例如，城市用地规划的调整、建设时序的变化、大的客流集散点重新选址等。这些变化可能对已规划线路的走向与路由产生影响，工程建设前需对此加以研究。

轨道交通的选线工作是城市轨道交通设计的“龙头”，具有牵涉面广、复杂性强、劳动强度大、责任重大等特点，应做到宏观控制、微观分析、分层规划、可持续发展。

选线主要发生在线网规划、预可行性研究以及可行性研究阶段，主要内容包括线路走向、线路路由、车站分布、配线分布、线路交叉形式、线路敷设方式等的选择。

与城市间铁路比较，城市轨道交通的选线有以下特点。

①应依据城市轨道交通线网规划进行。起讫点和必经点即线路走向须体现城市轨道交通线网规划确定的线路功能定位。线路应结合大型公共设施、成熟社区、客流集散地等，沿主客流方向布置。

②一般为地下线或高架线。轨道交通线路一般为全封闭系统，为减少对地面道路交通的干扰，综合利用城市的立体空间，城市轨道交通一般选择地下线或高架线。

③受建筑物及市政管线干扰大。城市轨道交通建在市中心区或郊区，市内高层建筑、保护建筑及城市内的地下市政管线较多，线路选线应充分考虑规划的地面建筑物及地下管线对施工的干扰及线路条件的影响，尽量选择施工条件好的城市主干道铺设，合理选择线路基本走向。对全线的规划方案进行深化研究、综合分析、调整优化。

④应充分考虑与其他交通方式及规划的其他线路的换乘衔接。同时应根据需要和具体条件，细致地考虑联络线和共用设备的设置。

⑤运距短，站点密。线路沿线的车站及站位确定后，站间的路由基本确定，但车站及站位的选择必须考虑到线路设计的可行性。

⑥线路允许的设计坡度较大。线路主要用于客运，列车质量较小，基本不受列车牵引力的限制。

3.1.2 选线的基本原则与影响因素

3.1.2.1 基本原则

(1)符合城市总体规划

城市轨道交通是为城市发展服务,其选线设计必须符合城市总体发展。作为一种低污染的公共交通工具,轨道交通高速运行会产生振动与噪声。轨道交通线路走向的确定,要考虑其振动与噪声对周边的影响,根据建设城市的历史、人文、地理、经济等因素,认真研究、权衡轨道交通投资、社会效益、经济效益、环境景观等,以确定其线路敷设方式(地下、高架、地面)。

(2)符合城市轨道交通线网规划

城市轨道交通选线应依据城市轨道交通线网规划,确定线路走向,拟定车站位置,注意相邻线路间的间距和衔接关系,分析线路起讫点、接轨点和换乘节点。周边为待开发用地的车站应尽量考虑与对外交通场站结合,并预留相应的规划用地。

根据线网规划中线路走向,重点分段研究线路平面位置、敷设方式及其多方案比选,初步确认线路路由及其与其他轨道交通线、道路、桥梁、河流及地下管线的空间布局关系,优化站点分布。

(3)节约城市土地资源

城市轨道交通线路尽可能与城市道路共用通道。隧道、车站、出入口等应尽量与道路红线及城市主要建筑物协调。通过对沿线土地利用现状、现行规划的梳理,分析站点影响范围内(站点周边半径750m范围)的土地利用情况;在此基础上,对站点影响范围内可储备土地进行筛选统计,提出规划优化调整的原则建议,并与相关部门协商,为线路走向、车站位置及其与土地利用的协调提供规划依据。

(4)减少城市拆迁工程

城市轨道交通不同于城市间一般铁路,它往往受城市道路和建筑物限制,线位选择自由度小,选定线位必须仔细勘测、设计,多方案比选确定,尽量避免或减少建筑物拆迁和沿线各类管道切改工程。

(5)合理衔接其他交通方式

研究沿线及相交道路市政管线规划条件,考虑与其他交通方式换乘衔接。换乘站点应结合沿线相交的在建及建成轨道交通线路条件,设计换乘方案并考虑预留换乘条件。

(6)便利运营组织

根据初步客流预测结果考虑运营交路、旅行速度及车辆配置等。应根据运营组织、行车交路,结合线路条件优化折返线、渡线、联络线及出入段线配置方案,达到方便折返停车、灵活调度、有利运营、缩短折返时间及折返线长度的目的。

(7)注重环境与文物保护

研究沿线文物保护方案,综合考虑地质环境、生态环境保护、城市防洪规划等控制因素。

(8)考虑施工建设条件

应根据城市地形、道路、高压走廊、地下管线、重要建筑、环境景观、地质水文条件、施工方法与交通疏解等条件为将来的施工提供便利。地下段尽量避开不良地层,如果是盾构法施工的区段，不强调必须形成出车站的动力坡，以免增加区间排水泵站，排水泵站尽量与车站结合。地下车站尽量采用明挖或盖挖法施工。

3.1.2.2 影响因素

(1)所需资料

选线工作开展之前及其过程中，一般由建设单位向设计单位提供下列资料，作为开展线路设计工作的依据。

①城市快速轨道交通线网规划(研究)报告。

②轨道工程项目建议书(或预可行性研究报告)及其审批文件。

③市政府及其上级部门对城市轨道交通项目建设的指示。

④客流资料。

⑤城市总体发展规划资料。

⑥城市的经济统计资料。

⑦水文气象资料。

⑧工程地质及水文地质资料。

⑨地形图资料。

⑩线路可能经过区域内的文物保护场地及建筑物等资料。

⑪线路可能穿越的街坊建筑区内主要房屋及其基础资料。

⑫线路可能经由区域内的市政及人防设施资料等。

(2)影响线路的走向与路由确定的因素

①线路的性质、作用及地位：主要包括线路在城市轨道交通线网中的作用及地位、所承担的客流性质以及工程建设规模和线路等级等。

②客流集散点和主客流方向：主要包括设计年限内，线路所经过的大型集散点的建设状况、可能形成的客流走廊状况以及主客流方向等。

③城市道路网及建设状况：城市轨道交通线路必须与城市的规划道路网建设密切配合，在未建成规划道路的地段建设城市轨道交通时，要注意城市轨道交通线路与规划道路的关系，在能力运用上要配套、合理。

④线路的敷设方式和技术条件：线路敷设方式以及采用的技术条件对线路走向及路由会产生很大影响，在不满足线路技术要求的地段，需采用绕行或另选路由。

⑤与城市发展的近远期结合：选择线路走向和路由时一个重要的方面就是要考虑城市建设的近远期发展条件，要与城市建设发展时序相协调，发挥城市轨道交通建设对城市建设的牵引作用。

此外，还有一些其他因素有时也会对线路路由产生决定性影响。如某一时期的战备要求、与一些重要设施的衔接要求等。

线路路由方案的研究要在分析上述因素的基础上进行。线路走向和路由方案的研究一般在 1/50000 ~ 1/10000 地形图上进行，特殊地段可采用 1/2000 地形图。一般说来，根据线路技术条件和地形地貌，可提出 2 ~ 3 个方案，作为比选和论证的基础。

3.1.3 选线的实施流程

城市轨道交通与城市规划、交通、水利、文物等各部门关系复杂，这决定了选线不可能一

蹴而就,需要在反复比较、优化后选出一条“适应规划、促进发展、社会效率和运营效益相结合”的最佳线位。具体实施步骤如下:

①确定初步线站位方案。在对城市总体规划、城市交通规划、线网规划等基础性文件充分研究的基础上,明确线路功能定位,结合沿线主要客流集散点,确定初步线站位方案。

②现场踏勘线路。选线的最终目标就是实施选线方案,因此需对轨道交通沿线的城市现状及规划特征进行深入了解。初步方案确定后,应组织经调、行车、建筑、结构、区间、暖通、车辆等相关专业沿线踏勘,确定工程的重点和难点。

③方案优化。结合踏勘情况,落实规划、道路红线、管线、文物及其他控制性建(构)筑物基础资料的收集。根据客流预测资料,初步确定列车编组、交路、有效站台长度、限界等边界条件,对初步线路方案进行优化调整。针对重要节点应做多方案比较,必要时要多次踏勘现场。

④征求规划部门意见。线路方案初步稳定后,由业主组织,向规划部门汇报全线线站位和场段、控制中心、主变电站等选址方案,并向市环保、交通管理、文物、园林、重要建筑物业主等征求意见,进行协调。根据相关部门意见,进一步完善线路、车站和场段方案。

⑤坐标定线。待可研评审确定列车编组、交路等边界条件后,基本确定线路走向及车站分布方案。及时开展沿线各控制性建(构)筑物坐标、基础类型、埋深等测量工作,核实既有资料,结合道路红线、坐标定线,进一步稳定线路方案,确保工程的可实施性。

以上是正常的选线流程,在实际的设计过程中还应根据不同城市、不同线路的特点进行相应的线路设计,最终达到系统功能、工程造价、运营能力等综合性能最优的目的。

3.1.4 选线的方法

3.1.4.1 线路的走向与路由

1)线路方向及路由的确定

(1)根据线路的功能定位对线路进行总体布局

依据城市轨道交通线网规划进行选线布站,明确线路性质、运量等级和速度目标。一般线路长度不宜大于35km,超长线路的长度应以最长交路运行1h为目标进行确定。

线路起讫点不应设在市区内最大客流断面位置,也不宜设在高峰断面流量小于全线高峰小时单向最大断面流量1/4的位置,这是为了使建成运营后能吸引更多的客流和促进城市的经济发展,同时又为合理组织运行提供条件。如果线路两端起讫点选在大断面客流处:一方面,大量乘客还需要继续前进;另一方面,端点站下客量过大,会延长清客时间,影响折返能力。端点客流断面过小也会降低线路列车满载率和运营效益,不利于行车组织交路的合理匹配。

(2)确定线路的必经控制点

起讫点和必经点(即线路走向)体现了线网规划报告或项目建议书提出的功能定位。线路基本走向确定后,利用大型客流集散点(大型住宅区、商业中心、娱乐中心等)、交通枢纽(公交枢纽、火车站、长途汽车站等)和换乘站点进行线路锚固,这些重要节点为线路走向的深化提供了依据和基础。

(3)调整控制点之间的路由,最大限度地吸引客流

城市轨道交通系统应最大限度地吸引客流,线路应覆盖大的客流集散点,有时需要放弃控制点间的最短路由。例如,某市轨道交通一期工程衡山路至人民广场间,长约5km,有复兴中路、淮海中路和延安中路3条路由可选,以复兴中路方案为最短,施工干扰也小,但最后选定淮海中路方案(其线路比复兴中路方案的线路长200m),原因是淮海中路是繁华商业街,客流量比复兴中路大很多。

(4)结合地质、地形现状进行选线

选线应充分考虑地质、地形现状,尽可能沿着城市主干道并在道路规划红线范围内布置,减少动拆迁和施工难度,尽可能设在地质较好的地层,减少工程难度,要充分考虑市政管线、河道等控制性因素的影响,高架线要满足桥下道路净空要求,保证工程的可实施性。

(5)根据施工方案和施工条件进行选线

隧道主体结构施工方法很多,不同施工方法的土建费用和对城市的干扰程度差别很大。明挖法经济、快捷,适用各种地质条件,综合造价较低,但对周边环境、市政管线和道路交通有较大影响,不适宜在城市中心区应用。矿山法施工工艺简单灵活、适应性较强,施工时对道路交通及市政管线干扰小,但可能引发地面沉降,且存在工期较长、造价较高、风险较大等问题,一般适用于结构埋置较深、覆土层较厚、岩层具有一定的自稳能力的地层。盾构法利用盾构机切削土体在地层中推进,一般为单圆形结构。盾构法工艺先进、安全快速、结构及防水质量好、对地面交通干扰小、对地层沉降控制好,在地铁区间隧道施工中得到了广泛应用。

选线时要结合施工方法和施工条件,进行综合的技术经济比较,从施工难度、工程造价、施工时对周边环境及道路交通的影响等方面进行综合比选。

(6)结合土地利用进行选线

城市轨道交通选线要支持城市和区域发展规划。如某市轨道交通18号线经过五角场、花木、周浦、航头等,兼顾了城市主要副中心的发展规划。城市轨道交通的选线应减少对地块开发的不利影响。为保证运营安全,线路中心线宽度50m的通道内,不得建有影响其安全的建筑物。

(7)根据城市经济实力进行选线,减少拆迁工程

为了降低造价,除有计划地与旧城改建结合之外,还要尽量避免或减少建筑物拆迁和沿线各类管道切改工程。此外,各城市根据经济状况需要有计划分期、分批建设。

(8)尽量避让历史保护建筑

线路应充分重视历史保护建筑的价值,尽最大可能进行避让,绝不可影响历史保护建筑的安全。在满足线路技术标准技术条件下尽量避让,需穿越的应进行穿越可行性和可实施性分析,进行必要的安全保护设计。

除了根据以上方法进行选线以外,在轨道交通选线过程中,还需要结合实际情况具体研究,综合分析,以选用最佳方案。

2)通过特大型客流集散点的路由选择

一般来说,上下车客流在3万人次/h或20万人次/d及以上的客流集散点称为特大型客流集散点。城市的对外交通枢纽(铁路客运站、航空港、客运码头、长途汽车总站)、市内公交总站、大型商业中心、大型公园广场、大型展览中心、大型体育中心等都有可能成为特大型客流集散点。

线路选择必须照顾到特大型客流集散点。当特大型客流集散点离开线路直线方向或经由主路时,线路路由有下列方式可供选择。

①路由绕向特大型客流集散点。这是一种常见的方式,能为特大型客流集散点提供两个方向的服务,给乘客提供较大方便。例如,北京地铁2号线,考虑北京站客流需求,线路在崇文门至建国门之间,离开城市主路(图3-1虚线),穿越街区建筑群,在北京火车站站前广场设地铁北京站。

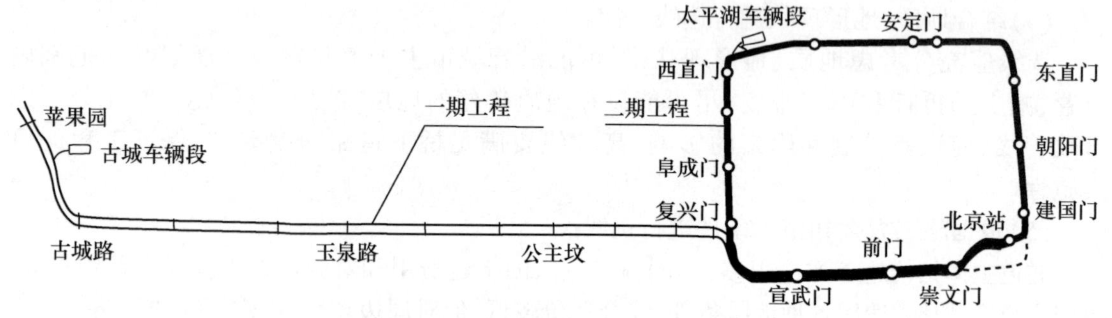

图3-1　北京地铁一、二期工程图

②采用支路连接。特大型客流集散点位于郊区时,线路绕行会增加长度,且不利于直通客流,可以考虑采用支线连接。

③延长车站出入口通道,并设自动步道。若特大型客流集散点距线路不超过300m,但线路绕向它很困难时,可以考虑自动步道方案。

④调整线网部分线路走向。考虑大型客流集散点需求,例如火车站、机场枢纽、城市功能区、重要场馆设施等,可将线网中1条或多条线路走向进行调整,以便于服务这些大型客流集散点。

⑤调整特大型客流集散点。线网确定后,规划及拟建中的特大型客流集散点应主动靠近车站,统一规划,综合设计,分步实施,可节省建设资金,给乘客带来方便,事半功倍。

3.1.4.2　敷设方式及平面位置选择

1)线路敷设方式

城市轨道交通线路敷设方式主要有地下线、地面线、高架线。下面分别介绍这几种线路形式的特点和敷设情况,以及设计中的注意事项。

(1)地下线

地下线是线路在交通繁忙路段和市区内繁华地段主要采用的线路敷设形式,其一般原则是线位尽可能沿城市道路敷设,尽量不侵入两侧规划红线。偏离道路或穿越街坊时,需考虑避开沿线构筑物桩基础和地下市政管线,以减少拆迁。地下线的施工方法有很多种。线路在平纵面的设计上要结合具体环境,根据所采用的施工方法来决定线间距和线位埋深。例如,采用单圆(单线)盾构施工时,左、右线一般平行布置。为确保施工安全,隧道净距和隧道覆土厚度要求不小于一倍盾径(6.2m),如图3-2所示。双圆盾构施工隧道横剖面(图3-3)因盾构施工对城市交通和环境影响较小,采用较多。

盾构法在国内地铁建设中已成为首选的施工方法。该工法对环境影响小,还能有效地躲避市政管线,节省了管线改移的麻烦和投入。此外,盾构施工的隧道埋深对造价和难度影响不大,线路在纵断面上可设计成理想的高站台低区间的节能坡,对运营和节能都极为有利。

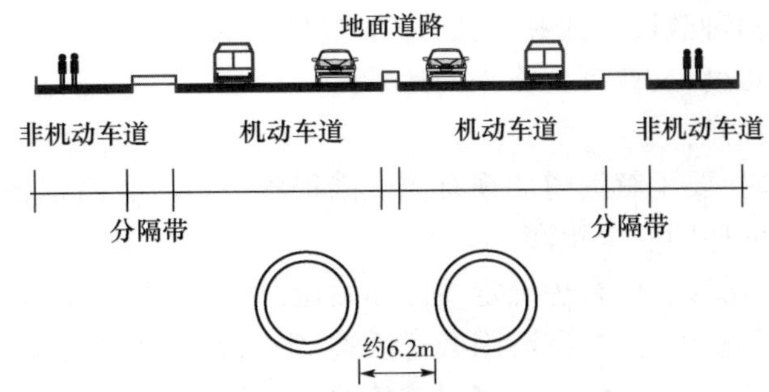

图 3-2 地铁单圆盾构区间隧道横剖面

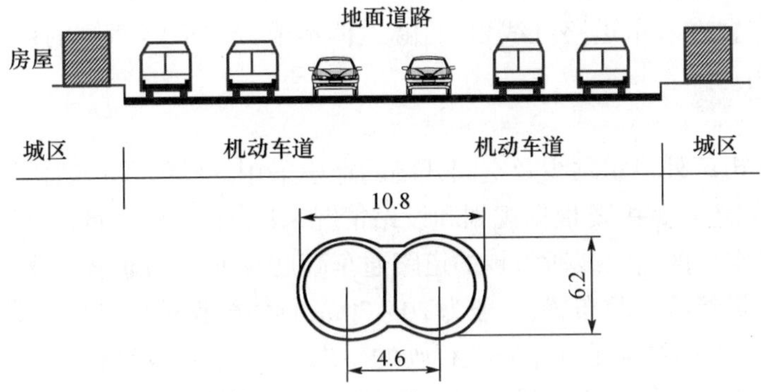

图 3-3 地铁双圆盾构区间隧道横剖面(尺寸单位:m)

线间距及覆土等不能满足盾构施工条件地段,只能采用明挖法。明挖法要挖开路面,不但会影响城市交通、破坏市容,还需要解决施工期间的交通疏解及市政管线的搬迁改移等问题。

在极其困难情况下,也可以采用左、右线隧道上下重叠的敷设形式。这可减少线路在水平方向上占用的空间,更有效地避让两侧的建筑物桩基础。不过,该方法会增加施工难度,且一方向线路纵坡增加,会影响运营。重叠线位一般有两种形式,如图 3-4 所示。

①采用明挖或盖挖方法施工,隧道断面形式为矩形,左、右线隧道紧密重叠,两隧道之间没有土体,适合较长距离的重叠。如深圳地铁 1 号线罗湖—大剧院段线路有 1 km 长的这种形式隧道。

②采用单圆盾构法施工,因施工安全需要,两洞体间需有一倍盾径间距,以避免施工时两线相互干扰。这种重叠形式线路不宜过长,且运营后的振动可能会导致上、下线重叠段洞体间的土体液化并引发隧道沉降。

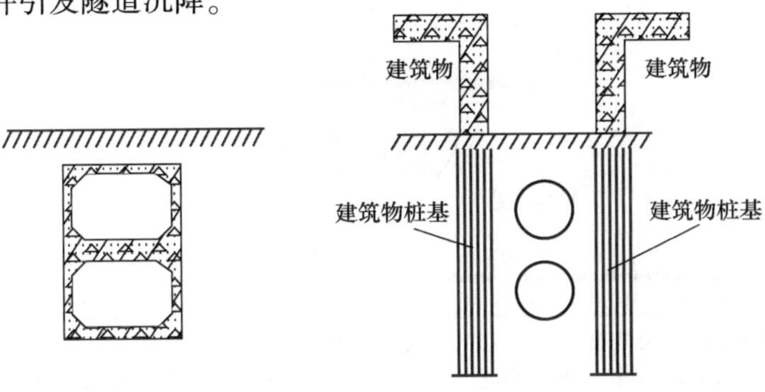

图 3-4 地下线的上下重叠形式

地下线具体采用何种敷设形式和工法,应根据具体的周围环境条件和地质状况从全局考虑。既要考虑施工难度,又要考虑将来的运营。

地下线设计时应注意:

①穿越河流地段时,要了解河道的现有河底高程和规划河底高程,然后根据隧道的工法来确定隧道结构顶与河底的安全距离。

②要探明地下市政管线,以合理确定线位和站位,尽量减少管线拆迁改移。尤其对一些粗大的重要管线,如军缆、雨污水管等,因搬迁困难、影响大、费用高,应尽量躲避。

③线路经过有桩基的建筑物时,要探明桩基的类型和深度,以确定采用的施工方法和安全距离,并根据建筑物性质采用合理的加固保护措施,确保工程安全。

④线位尽量布置在城市道路红线以内,隧道体不要侵入道路两侧的地块,以避免影响两侧土地的开发利用。

(2)高架线

高架线一般在市区外建筑稀少及空间开阔的地段采用。其线位一般沿道路的一侧或路中布置,具体设在路侧还是路中要根据规划和设站情况来决定,并结合具体情况做深入研究和经济比较。桥梁的净空一般由沿线所跨越的道路通车高度及河流的通航高度要求来确定。桥梁跨度非特殊地段按最经济跨距布置,一般为20~30m,具体根据桥梁结构形式计算确定。

高架桥的选型,第一要满足列车安全行驶的要求,第二要考虑结构合理、经济适用,第三要结合城市景观与施工方法等要素。目前国内外采用梁的结构形式有:槽形梁、下承式脊梁、T形梁、板梁和箱梁等。高架线的桥梁设计梁式有现浇连续箱梁、现浇简支梁、预制梁等。

高架线的突出特点是运营噪声大,对城市景观影响也较大,市区一般不采用。

高架线设计时应注意:

①应了解道路的规划位置和净空要求,以确定高架桥的桥底高度和跨度。要与河道管理部门和水务管理部门协调,了解河道的规划宽度、防洪要求和通航等级,以便确定梁下的净空高度和梁的跨度。

②线位距离楼房较近的地段,要充分考虑噪声和振动对周围楼房的影响,可考虑设置隔声屏,采用减振效果好的道床。对噪声和振动有特殊要求的,可考虑改为地下线或采取绕避。

某市在个别路段设计了一体化高架结构,将城市的地面道路、轨道交通线及高架道路三者组合在一起,如图3-5所示。三者合理的结合,很好地解决了城市空间紧张的问题。

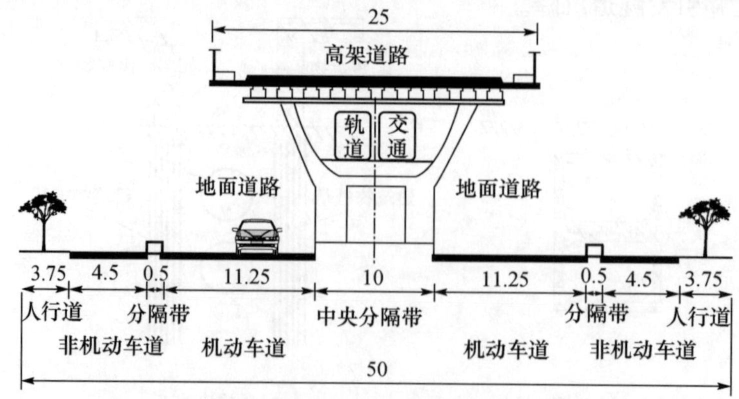

图3-5　一体化高架路段50m宽标准横断面(尺寸单位:m)

(3)地面线

地面线是指在较空旷、道路和建筑物稀少的地带,采用类似普通铁路的路基作为轨道基础的线路形式(图3-6)。地面线路基高度一般要高出地段最高地下水位和当地50年一遇的暴雨积水水位,以避免路基出现淹没、翻浆冒泥而影响运营。地面线优点是土建工程造价低;缺点是隔断线路两侧交通,不利于两侧土地的商业开发,运营时噪声较大。此外,地面线沉降变化较大,采用碎石道床时运营养护维修工作量较大。城市轨道交通中的市域线在偏远市郊路段多采用地面线。

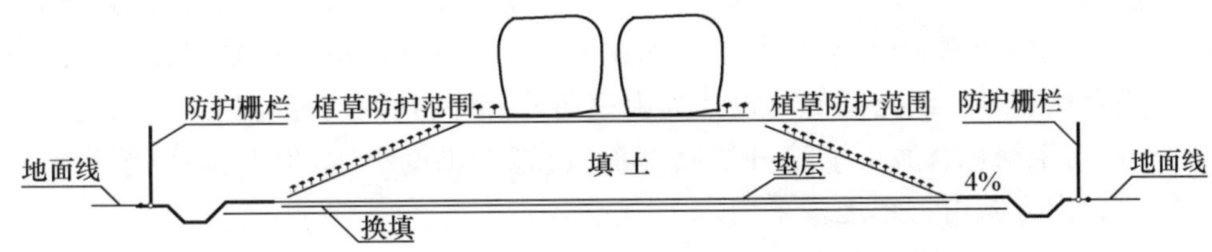

图3-6 地面线路基横断面

地面线设计时应注意:

①要结合沿线土地使用性质,从长远规划上综合慎重考虑是否设置地面线。我国城市人口密度较大,城市轨道交通行车密度也较大,地面线防护隔离时会阻断线路两侧联系,并带来较大噪声。作为百年大计,避免因节省初期建设投资而对沿线周围环境造成长期不利影响,规划时要慎重考虑。

②在南方地区要充分考虑路基的防淹和排水问题,以确保线路运营安全。要调查当地暴雨积水强度,科学论证最小路肩高程。如某市轨道交通9号线经过一处高压线走廊,受高压线安全距离要求控制,局部线路由高架线降为地面线;其路肩高度按当地30年一遇的暴雨积水高度确定,并采取了相应的排水和保护措施。

轨道交通线路要根据需要采用不同的敷设方式,其用地规划控制条件也将有很大不同,对城市用地、环境以及城市轨道交通系统自身的工程代价也有重大的影响,不同敷设方式的特点比较见表3-1。

线路不同的敷设方式的特点比较　　表3-1

序号	项　目	特　点		
		地面	高架	地下
1	土建施工难度	小	较小	大
2	相关设备	简单	较简单	复杂
3	投资	小	较大	大
4	自然环境对运营影响	大	较小	小
5	对城市土地的隔断作用	强	较弱	无
6	对城市环境的影响	较大	大	小
7	用地规划控制面积	较小	小	大

(4)敞开式线路

敞开式是线位由地下线过渡为地面线或高架线时(或相反时)的一种过渡形式,如图3-7所示。一般包括U形槽段和填土路基段。

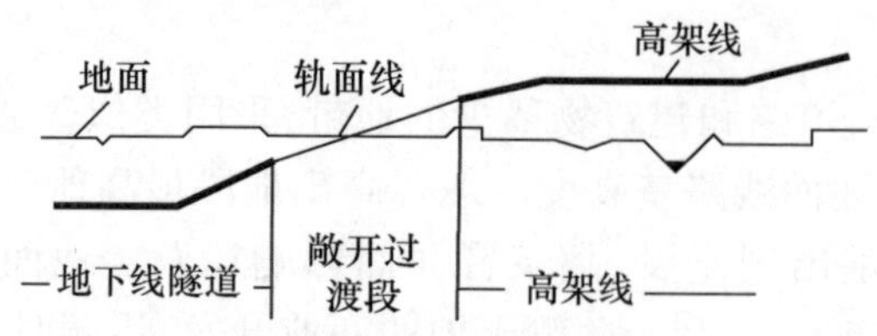

图 3-7 敞开过渡段线路形式示意

还有一种介于地下和敞开式之间的线路敷设形式,即:线位结构顶部几乎与地面相平,只在穿越道路时稍微增加埋深与覆土厚度。这种线路敷设距离较长时,为防止雨水汇入,应在上部加顶棚(最好为透明材料,以便于自然采光)。另外可根据环控要求在一定位置加设换气窗,采用自然通风。线路两侧可设计为由里向外、由高到低的绿化树木,既可降低噪声,又可让列车运行于绿色长廊下。这种线路埋深浅、施工难度小,造价低,还可节省环控设备及照明,很适合南方城市特定地段采用。

敞开式线路设计时应注意:

①过渡段位置的确定要慎重考虑。敞开沟堑形式对线位两侧环境影响较严重,不但产生噪声和振动,而且隔断了线路两侧的沟通,对城市景观也不利。

②要注意排水。顶部敞开会形成雨水汇聚,排水系统要结合当地的暴雨强度考虑排水能力,必要时可在敞开段顶部设置透明材料的防雨罩棚。

总之,线路敷设方式的选择应结合城市的总体规划、线路所穿越的地区的地理环境、工程具体技术要求及造价综合比选后确定,因地制宜地进行选择,其中与城市规划相结合是最重要的方面。线路敷设的选择需要考虑如下的原则:

①线路敷设方式应根据城市总体规划的要求,结合城市现状以及工程地质、环境保护等条件进行选择。当采用全封闭方式时,在城市中心区宜采用地下线,但应注意对地面建筑、地下资源和文物的保护;在城市中心区外围,且街道宽阔地段,宜首选高架;有条件地段也可采用地面线,但应处理好与城市道路的关系。

城市中心区因建筑物密集,道路交通拥挤,道路两侧管线复杂,为节省工程投资和工程实施时不过多影响城市正常生活秩序,线路宜选用地下线方式敷设。

城市中心区外围泛指城市新开发区,城市各类建筑和设施均按城市规划实施,道路较宽且交通流量相对城市中心区较少。当道路红线宽度大于60m时,且采取相应减振降噪工程措施后,列车运行产生的振动对道路两侧建筑物处产生的噪声低于《声环境质量标准》(GB 3096—2008)的要求是可以接受的,线路宜首选高架方式,不仅可节省初期投资,还可降低运营成本和能耗。

有条件地段也可以采用地面线,但应谨慎。

②线路敷设的位置,应尽量选择在道路红线以内,以避免或减少对道路两侧建筑物的干扰。当线路偏离红线而进入建筑区的地段时,应予统一配合规划或做特殊处理。

③地上线应选择道路红线较宽的街道敷设,其中高架线(包括过渡段)要求道路红线宽度一般不小于50m(困难情况下,区间可降至40m),地面线要求道路红线宽度为60m。

高架线地段,应注重结构造型,控制建筑体量,注意高度、跨度、宽度的和谐比例,既要维护地面道路的交通功能,又要注意环境保护和景观效果,做好环境设计。

④当采用部分封闭方式时,在平交道口必须设置“列车优先通过”信号,同时兼顾道路的

通行能力。

⑤线路的敷设方式还要从整个线网协调统一考虑,尤其是在线网上的交织(交叉)地段,要处理好两线间的换乘或相互联络的问题。

2)线路平面位置选择

(1)地下线

①位于道路规划红线范围内。轨道交通位于城市规划道路范围内是常用的线路平面位置,对道路红线范围以外的城市建筑物干扰小。常用以下三种代表位置,如图3-8所示。

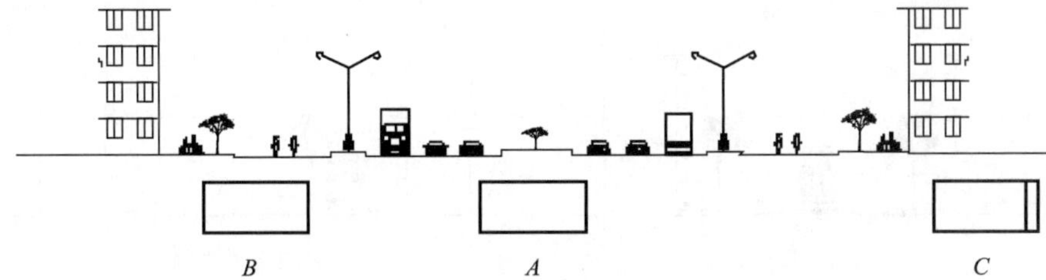

图3-8 地下线路

A 位:轨道交通线路居道路的中心,对两侧建筑物影响小,地下管网拆迁较少,有利于截弯取直,减少曲线数量,并能适应较窄的道路红线宽度。缺点是当采用明挖法施工时,会破坏现在道路路面,对城市交通干扰大。

B 位:轨道交通线路位于慢车道和人行道下方,能减少对城市交通的干扰和机动车路面的破坏。

C 位:轨道交通线路位于待拆的已有建筑物下方,对现有道路及交通基本上无破坏和干扰,地下管网也极少。但房屋拆迁及安置量大,只有与城市道路改造同步进行才有利。

②位于道路范围以外。在有利的条件下,地下线置于道路范围之外,可以达到缩短线路长度、减少拆迁、降低工程造价的目的。这些有利条件是:

a.地质条件好,基岩埋深很浅,隧道可以用矿山法在建筑物下方施工。

b.城市非建成区或广场、公园、绿地。

c.老的街坊改造区,可以同步规划设计,并能按合理施工顺序施工。

除上述条件外,若线路从既有多层、高层房屋建筑下面通过时,不但施工复杂、难度大,并且造价高昂,选线时要尽量避免。

(2)高架线

高架线在城市中穿越时一般沿道路设置,一般应结合规划道路的横断面考虑,设于道路中心或快慢车行道分隔带上,如图3-9所示。

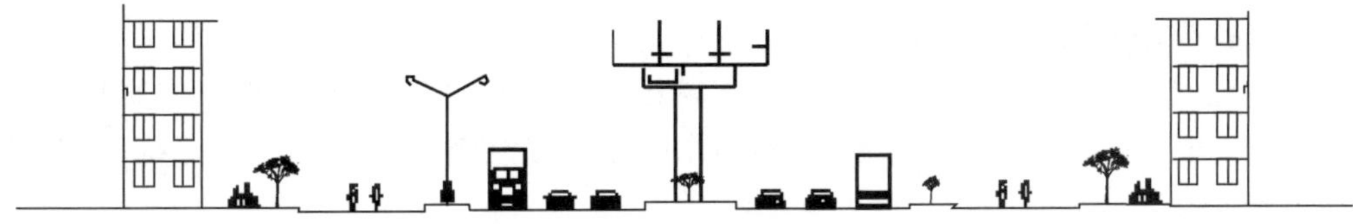

图3-9 高架线路

高架线位于道路中心线上,对道路景观较为有利,噪声对两侧房屋的影响相对较小,路口交叉处,对转弯机动车影响小。但是,在无中间分隔带的道路上敷设时,改建道路工程量大。

高架线位于快慢车分隔带,可充分利用道路隔离带,减少高架桥柱对道路宽度的占用和改建,一般置于偏房屋的非主要朝向面,即东西街道的南侧和南北街道的东侧;缺点是噪声对一侧市民的影响较大。

除上述两种位置外,还可以将高架轨道交通线路置于慢车道、人行道上方及建筑区内,它仅适用于广场、公园、绿地及江、河、湖、海岸线等空旷地段或将高架线与旧房改造规划成一体时。

(3)地面线

在城市道路上设地面线,一般有两种位置:一种位于道路中心带上,如图3-10a)所示;一种位于快车道一侧,如图3-10b)所示。

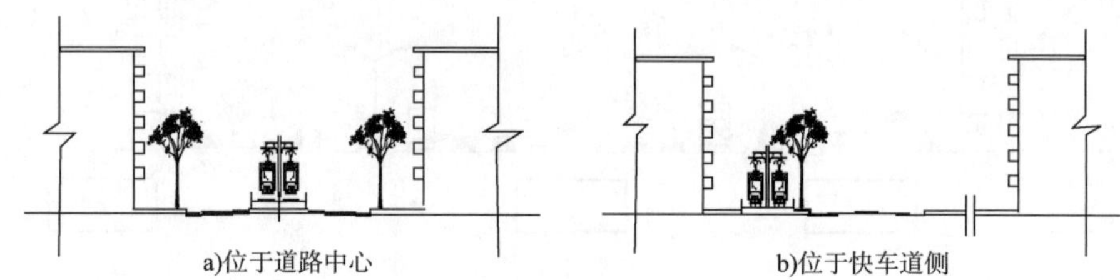

a)位于道路中心　　b)位于快车道侧

图3-10　地面线路

地面线位于道路中心带上,带宽一般为20m左右。当城市快速路或主干道的中间有分隔带时,地面线设于该分隔带上,不阻隔两侧建筑物内的车辆按右行方向出入,不需设置辅路,有利于城市景观及减少噪声干扰。其不足之处是乘客均需通过地下通道或天桥进出车站。

地面线位于快车道一侧,宽一般为20m左右。当城市道路无中间分隔带时,该位置可减少道路改移量;其缺点是在快车道另一侧需要改建辅路,增加道路交通管理的复杂性。

当道路范围之外为江、河、湖、海岸滩地,不能用于居住建筑的山坡地等,可考虑将线路设于这些地带上,但要充分考虑路基的稳固与安全,城市轨道交通地面线一般应设计成封闭线路,防止行人、车辆进入,与城市道路交叉一般应采用立交。

3.1.4.3　车站的数量、分布及站位选择

1)车站的数量及其分布

(1)车站设置应满足的原则

城市轨道交通系统的车站直接服务于旅客。一般车站设置应满足以下原则:

①尽可能靠近大型客流集散点,为乘客提供方便的乘车条件。

②在城市交通枢纽、地铁线路之间与其他轨道交会处设置车站,使之与道路网及公共交通网密切结合,为乘客创造良好的换乘条件。

③应与城市建设密切结合,与旧城房屋改造和新区土地开发结合。

④尽量避开地质不良地段,尽可能减少对周围环境的干扰。

⑤兼顾各车站间距的均匀性。

站间距应根据现状及规划的城市道路布局和客流的实际需要确定,在市内繁华地段,一般可控制在1km左右;在市区边缘或城市组团之间,一般可到1.5~2.0km;有特殊理由时可增大到2km以上。

(2)影响车站分布的因素

①大型客流集散点。大型客流集散点往往是城市的政治、经济活动中心,是城市的窗口地段。工业区、商业区、火车站、广场、公共交通总站、地铁一线与环线的换乘站等特大型及大型客流集散点是主要的设站位置点。

②城市规模大小。城市规模大小包括城市建成区和规划区域面积及人口。城区面积越大,人口越多,线路上客流量大、乘距长时,地铁应以长距离乘客为主要服务对象,车站分布宜稀疏一些,以提高地铁乘客的交通速度。反之,车站分布宜密集一些。

③城区人口密度。我国地域辽阔,分布在我国东西南北各地的城市人口密度差异很大。人口密度大的区域,发生的交通客流量大,车站分布宜密集一些。

④线路长度。一条线路的长度,短则几千米,长则几十千米,不同的线路长度,车站的疏密亦有所不同,短线路宜多设站,长线路宜少设站。

⑤城市地貌及建筑物布局。城市中的江、河、湖、山和铁路站场、仓库区等,人口密度低,甚至无人,地铁在穿越这些地区时可以不设站,但若有开发公园的条件,则应在公园的主出入口处考虑设站。

⑥城市轨道交通路网及城市道路网状况。两条城市轨道交通线路交叉时,在其交叉点应设换乘站;在与城市主干道交叉时,为了让乘坐城市其他交通工具的乘客方便乘地铁,也宜设车站。

⑦站间距的要求。在车站分布数量上,除大型客流集散点及换乘站外,其他车站的设置,主要受人们对站间距离要求所支配。

站间距设置有两种趋向:一种是小站间距,平均为 1 km 左右;一种是大站间距,平均为 1.6 km 左右。香港地铁平均站间距为 1050m,其中港岛线仅 947m;莫斯科地铁平均站间距为1.7km左右。香港、莫斯科都以公共交通为主要运输工具,地铁都有很好的运营业绩。

在吸收世界地铁建设经验的基础上,我国《地铁设计规范》(GB 50157—2013)规定,车站间的距离应根据实际需要确定,在市区宜为 1km 左右,在郊区不宜大于 2km。

除上述各因素外,线路平面、纵剖面、车站站位的地形条件,城市公交车线路网及车站位置,也会对城市轨道交通车站分布数目造成一定影响。

(3)车站分布对市民出行时间的影响

车站数目的多少,直接影响市民乘地铁的出行时间。车站多,市民步行到车站距离短,节省步行时间,可以增加短程乘客的吸引量;车站少,则恰恰相反,提高了交通速度,减少乘客在车内的时间,可以增加线路两端乘客的吸引量。市民出行对交通工具的选择,快捷省时条件排在第一位。如芝加哥市滨湖线的不同站间距比较,结果是大站距(1.6km)比小站距(0.8km)多吸引客流量 3%。

(4)车站分布比选

由于车站造价高,车站数量对整个城市轨道交通的工程造价影响较大,在进行线路规划时,一般要做 2 ~3 个车站数量与分布方案的比选,比选时要分析乘客使用条件、运营条件、周围环境以及工程难度和造价等几个方面,通过全面、综合地评价,确定推荐方案。

2)车站站位选择

(1)车站站位选择原则

①方便乘客使用。车站站位应使多数乘客步行距离最短。通过短的出入口通道,将购物、游乐中心,住宅,办公楼与车站连通,为乘客提供无太阳晒、无雨淋的乘车条件。对于大型客流集散地段的车站,还应考虑乘客进出站的行走路线,尽量避免人流不顺畅、出入口被堵塞和车站站厅客流分布不均匀的现象。对于突发性的大型客流集散点,如体育场的车站不宜靠近观众主出入口处。

②与城市道路网及公共交通网密切结合。城市轨道交通路网密度和车站数目均比不上地面公交线路网,必须依托地面公交线路网络,为城市轨道交通车站往返输送乘客,使其成为快速大运量的骨干系统。一般将城市轨道交通车站设在道路交叉口,公交线路在城市轨道交通车站周围设站,方便公交与城市轨道交通之间的换乘。

③与旧城房屋改造和新区土地开发结合。

④方便施工,减少拆迁,降低造价。

⑤兼顾各车站间距离的均匀性。

(2)站位形式及特点

根据线路和城市道路的关系,车站设置大致可分为跨路口站位、偏路口站位和位于道路红线以外站位三种形式。

①跨路口站位便于各个方向的乘客进入车站,减少了路口人流与车流的交叉干扰,而且可与地面公交线路有良好的衔接,在有条件的情况下,可优先选用。

②偏路口站位在路口一侧设置,在施工时可以减少对城市地面交通以及对地下管线的影响,高架时,也比较容易与城市景观相协调。它的缺点是路口客流较大时,容易使车站两端客流不均衡,影响车站的使用功能。它一般在高架线或路口施工难度较大时采用。

③位于道路红线以外站位存在多种站位设置,典型的有:设于火车站站前广场或站房下,以利客流换乘;与城市其他建筑同步实施,和新开发建筑物相结合;结合城市交通规划,建设城市综合交通枢纽等,这些站位一般都需结合城市的其他设施建设统一规划、统一考虑,才能建设好城市轨道交通车站。

《地铁设计规范》(GB 50157—2013)对车站与曲线的关系的要求是:车站站台计算长度段线路应设在直线上,在困难地段也可设在曲线上,其半径不得小于800m。

3.1.4.4 选线方案比选

不同选线方案的比选包括线路路的条件、拆迁、施工等多方面的比选,比选内容为:

(1)线路条件比较

线路条件比较包括线路长度、曲线半径、转角等。对于小半径曲线,在拆迁数量、拆迁难度、工程造价增加不多的情况下,宜推荐较大半径的方案;若半径大于或等于400m,则不宜采用增加工程造价来换取大半径曲线的方案。

(2)房屋拆迁比较

房屋拆迁比较包括房屋数量、质量、使用性质、拆迁难易程度等的比较。质量差的危旧房屋可以拆,住宅房易拆迁,办公房次之,工厂厂房难拆迁,学校、医院等单位一般要邻近安置,商贸房异地搬迁,拆迁难度大。

(3)管线拆迁比较

管线拆迁比较包括上下水管网、地下地上电力线、地下地上通信电缆、煤气管、热力管等的数量、规格、费用及拆迁难度比较。大型管道改移费用高,下水管改移难度大。

(4)改移道路及交通便道面积比较

改移道路及交通便道面积比较包括施工时改移交通的临时道路面积及便桥,恢复被施工破坏的正式路面及桥梁等。

(5)其他拆迁物比较

不属于上述拆迁内容的其他拆迁。

(6)主体结构施工方法比较

主体结构施工方法比较包括施工难度、安全度、工期、质量保证、对市民生活的影响等方面的综合分析评价。

3.2 规划设计相关标准和文件

城市轨道交通工程体量庞大、专业性强、涉及面广、参与单位众多,为保障工程安全顺利的实施并达到一定的技术要求,必须实行标准化和规范化作业。城市轨道交通领域相关的标准是在前人科学技术和实践经验的总结基础上,经相关机构协商制定并由公认机构批准发布,用于指导领域内工程作业或行为的文件。城市轨道交通系统规划与设计工作必须遵守相关标准。

3.2.1 相关标准分类

城市轨道交通领域中涉及的各种标准根据不同的分类依据可以分为不同类型。从适用范围来看,可以分为国家标准、行业标准、地方标准、团体标准和企业标准。国家标准是指对全国经济技术发展有重大意义,需要在全国范围内统一的技术要求所制定的标准。国家标准是我国标准体系中的主体,其他各级标准不得与之相抵触。行业标准是指对没有国家标准而又需要在全国某个行业范围内统一技术要求所制定的标准。行业标准是对国家标准的补充,是专业性、技术性较强的标准。地方标准在国家的某个地区通过并适用的标准。团体标准是指由具有法人资格,且具备相应专业技术能力、标准化工作能力的学会、协会等社会团体,按照团体确立的标准程序制定发布的标准。企业标准则是在企业范围内适用的标准。不同分类的标准仅适用范围不同,并存在技术水平高低的区别。

从标准的体现形式上看,对工程作业或者行为进行定量规定的文件往往被命名为标准,例如《地铁限界标准》(CJJ/T 96—2018);进行定性规定的文件被命名为规范,例如《城市轨道交通岩土工程勘察规范》(GB 50307—2012);单一规定某种行为的文件被命名为方法或规则,例如《城市轨道交通车站站台声学要求和测量方法》(GB 14227—2006)和《城市轨道交通车辆组装后的检查与试验规则》(GB/T 14894—2005);规定某项工程或产品适用性的文件被命名为技术条件,例如《城市轨道交通信号系统通用技术条件》(GB/T 12758—2004)。

根据标准是否具有强制效力,可以分为必须执行的强制标准和建议执行的推荐标准。强制标准必须在标准的适用范围内被采纳,具有一定的法律效力,推荐标准则不要求强制执行,只起引导作用。有些标准文件中包含了以上两类内容,则细分为强制执行的条目和推荐执行的条目。例如,《地铁设计规范》(GB 50157—2013)中第1.0.4条"地铁工程设计,应符合政府主管部门批准的城市总体规划、城市轨道交通线网规划及近期建设规划,并应与城市综合交通规划相协调"为强制标准,第1.0.16条"当一条线路长度超过20km时,可根据运营需要、在适当位置增设停车场"则是推荐标准。

根据标准规定的内容主要可分为综合类标准、基础类标准、勘察类标准、设计类标准、建设类标准和产品类标准等。综合类标准一般是涉及面较广、通用性和系统性较强的标准,如国家标准《城市轨道交通技术规范》(GB 50490—2009),是我国在城市轨道交通标准化方面的一个较为完善的标准体系特别是在涉及安全、卫生、环保和维护公共利益等方面建立了系统的强制性规定。基础类标准往往是一些对常用术语、符号等的定义和解释,例如《城市轨道交通客运服务标志》(GB/T 18574—2008)等。勘察类、设计类和建设类标准分别侧重对城市轨道交通项目某一阶段工作的规定,例如《城市轨道交通岩土工程勘察规范》(GB 50307—2012)、《地铁设计规范》(GB 50157—2013)、《城市轨道交通工程项目建设标准》(建标 104—2008)等。产品类标准多规定了产品应具有的指标和获取方法等,例如《地铁车辆通用技术条件》(GB/T 7928—2003)、《城市轨道交通列车噪声限值和测量方法》(GB 14892—2006)等。

此外,在应用标准的条文时,根据来源标准的不同,还可以分为行业标准和通用标准。行业标准专门针对城市轨道交通领域,通用标准则是轨道交通领域内通用工程和做法所应遵循的标准。例如在进行地铁防水设计时,既要遵守针对行业标准《轨道交通地下工程防水技术规程》(DB11/581—2008)的规定,也要遵守通用标准《地下工程防水技术规范》(GB 50108—2008)的规定。

城市轨道交通领域中涉及的常用标准见表3-2。

规划与设计常用标准 表3-2

序号	标准名称	标准号	应用要求
1	盾构法隧道施工及验收规范	GB 50446—2017	强制性标准
2	城市轨道交通结构抗震设计规范	GB 50909—2014	强制性标准
3	地铁设计规范	GB 50157—2013	强制性标准
4	城市轨道交通工程监测技术规范	GB 50911—2013	强制性标准
5	城市轨道交通建设项目管理规范	GB 50722—2011	强制性标准
6	城市轨道交通地下工程建设风险管理规范	GB 50652—2011	强制性标准
7	消防应急照明与疏散指示系统技术标准	GB 51309—2018	强制性标准
8	城市轨道交通技术规范	GB 50490—2009	强制性标准
9	安全标志及其使用导则	GB 2894—2008	强制性标准
10	城市轨道交通列车噪声限值和测量方法	GB 14892—2006	强制性标准
11	城市轨道交通通信工程质量验收规范	GB 50382—2016	强制性标准
12	火灾自动报警系统设计规范	GB 50116—2013	强制性标准
13	火灾自动报警系统组件兼容性要求	GB 22134—2008	强制性标准
14	城市轨道交通自动售检票系统工程质量验收规范	GB/T 50381—2010	推荐性标准
15	城市轨道交通信号工程施工质量验收标准	GB/T 50578—2018	推荐性标准
16	轨道交通车辆制动系统用精密不锈钢无缝钢管	GB/T 34107—2017	推荐性标准
17	轨道交通 机车车辆布线规则	GB/T 34571—2017	推荐性标准
18	轨道交通 司机控制器	GB/T 34573—2017	推荐性标准
19	城市轨道交通用电综合评定指标	GB/T 35554—2017	推荐性标准
20	城市轨道交通机电设备节能要求	GB/T 35553—2017	推荐性标准
21	地铁安全疏散规范	GB/T 33668—2017	推荐性标准
22	城市轨道交通工程测量规范	GB/T 50308—2017	推荐性标准
23	企业标准体系 要求	GB/T 15496—2017	推荐性标准
24	企业标准体系 基础保障	GB/T 15498—2017	推荐性标准
25	企业标准体系 产品实现	GB/T 15497—2017	推荐性标准
26	企业安全生产标准化基本规范	GB/T 33000—2016	推荐性标准

续上表

序号	标准名称	标准号	应用要求
27	城市轨道交通运输管理和指令/控制系统 第1部分:系统原理和基本概念	GB/T 32590.1—2016	推荐性标准
28	自动化的城市轨道交通(AUGT) 安全要求 第1部分:总则	GB/T 32588.1—2016	推荐性标准
29	城市轨道交通直线电机车辆	GB/T 32383—2015	推荐性标准
30	城市轨道车辆客室侧门	GB/T 30489—2014	推荐性标准
31	城市轨道交通试运营基本条件	GB/T 30013—2013	推荐性标准
32	城市轨道交通运营管理规范	GB/T 30012—2013	推荐性标准
33	城市轨道交通工程安全控制技术规范	GB/T 50839—2013	推荐性标准
34	轨道交通车辆用铅酸蓄电池 第1部分:电力机车、地铁车辆用阀控式铅酸蓄电池	GB/T 7404.1—2013	推荐性标准
35	城市轨道交通工程基本术语标准	GB/T 50833—2012	推荐性标准
36	城市轨道交通安全防范系统技术要求	GB/T 26718—2011	推荐性标准
37	城市轨道交通内燃调车机车通用技术条件	GB/T 23430—2009	推荐性标准
38	轨道交通 地面装置 直流开关设备 第1部分:总则	GB/T 25890.1—2010	推荐性标准
39	轨道交通 地面装置 直流开关设备 第2部分:直流断路器	GB/T 25890.2—2010	推荐性标准
40	轨道交通 地面装置 直流开关设备 第3部分:户内直流隔离开关、负荷开关和接地开关	GB/T 25890.3—2010	推荐性标准
41	轨道交通 地面装置 直流开关设备 第4部分:户外直流隔离开关、负荷开关和接地开关	GB/T 25890.4—2010	推荐性标准
42	城市轨道交通客运服务标志	GB/T 18574—2008	推荐性标准
43	城市轨道交通客运服务	GB/T 22486—2008	推荐性标准
44	城市轨道交通照明	GB/T 16275—2008	推荐性标准
45	城市轨道交通自动售检票系统技术条件	CB/T 20907—2007	推荐性标准
46	城市轨道交通接触网检测车通用技术条件	GB/T 20908—2007	推荐性标准
47	城市轨道交通车站站台声学要求和测量方法	GB/T 14227—2006	推荐性标准
48	城市轨道交通直流牵引供电系统	GB/T 10411—2005	推荐性标准
49	城市轨道交通信号系统通用技术条件	GB/T 12758—2004	推荐性标准
50	城市轨道交通轻轨工程劳动定员定额	GB/T 19621—2004	推荐性标准
51	城市轨道交通通信信号工程劳动定员定额	GB/T 19623—2004	推荐性标准
52	地铁车辆通用技术条件	GB/T 7928—2003	推荐性标准
53	火灾自动报警系统性能评价	GB/Z 24978—2010	指导性标准

3.2.2 常用标准介绍

城市轨道交通规划与设计中部分常用标准介绍如下。

(1)《城市轨道交通线网规划标准》(GB/T 50546—2018)

由住建部颁布,自2018年12月1日施行的《城市轨道交通线网规划标准》(GB/T

50546—2018)是对《城市轨道交通线网规划编制标准》(GB/T 50546—2009)的全面修订。由于各个城市编制的轨道交通线网规划对规范的范围、年限、规划深度等问题极不统一,由住建部集合中国城市规划设计研究院、北京城建设计发展集团股份有限公司等单位,制定了城市轨道交通线网规划编制标准,用以规范城市轨道交通线网规划的编制内容、编制方法、基本原则和技术要求。

标准中规定城市轨道交通线网规划应包括下列主要内容:

①城市和交通现状;

②交通需求分析;

③服务水平与线网功能层次;

④线网组织与布局;

⑤线路规划;

⑥车辆基地规划;

⑦用地控制。

该标准明确了交通需求预测结果应包含的指标和内容,其中包括反映城市轨道交通系统的服务水平指标:日客运量、日客运周转量、高峰小时单向最大断面客运量、平均运距、负荷强度等;其他公共交通网络的服务水平指标:日客运量、日客运周转量、平均运距等;反映城市交通系统运行状况的其他主要信息:各等级道路的车公里数、车小时数、平均运行速度、平均饱和度等。标准要求在交通需求预测的结果中应包括对客流空间分布形态、客运交通方式结构、主要交通方式的出行距离分布等的分析内容。

该标准在以下五个方面进行了强化。

①定量分析内容:包括需求分析、多方案比选评价及推荐方案评价。

②功能及服务性定量指标:包括出行时间、乘客舒适度、旅行速度、换乘时间等指标。

③线网与城市空间结构的协调性:目前一些城市轨道交通线网过于均衡,对城市功能中心支撑不够,城市功能中心的交通可达性较低。

④线网合理布局的过程要求和技术指标规定:包括线网功能层次引导,线网组织与布局引导,线网供给水平指标等。

⑤规划建设用地指标:提出了规划建设用地一系列技术指标。

该标准注重线网布局与城市空间结构、客运交通走廊的密切协调;注重提高城市时空运转效率;注重系统服务和乘客服务的功能要求;注重工程建设投入产出的效益指标和经济性。该标准提出的规划建设用地系列指标,有助于城市轨道交通建设用地的规划落实和有效控制,减少拆迁、节省工程建设拆迁费用。

(2)《地铁设计规范》(GB 50157—2013)

由住建部发布,自 2014 年 3 月 1 日施行的《地铁设计规范》(GB 50157—2013)是对《地铁设计规范》(GB 50157—2003)的全面修订。规范在前版规范 23 章的基础上增订为 29 章,内容包括总则、术语、运营组织、车辆、限界、线路、轨道、路基、车站建筑、高架结构、地下结构、工程防水、通风、空调与供暖、给水与排水、供电、通信、信号、自动售检票系统、火灾自动报警系统、综合监控系统、环境与设备监控系统、乘客信息系统、门禁、运营控制中心、站内客运设备、站台门、车辆基地、防灾和环境保护;附录增订为 5 个,内容包括 A 型车限界图、B1 型车限界图、B2 型车限界图、圆曲线地段车辆限界和设备限界计算方法、缓和曲线地段矩形隧道建筑限界加宽计算以及条文说明。规范中规定了84条强制性条款。该规范名称未采用“城市轨道交通”主要是考虑到目前我国的城市轨道交通还有跨座式单轨交通(重庆轨道交通2号线)、磁浮式轨道交通(上海浦东机场线)、直线电机地铁(广州地铁4号线)、轨道交通快车(速度大于100 km/h)线(天津滨海快速交通、大连快速轨道交通3号线等)、轻轨交通(长春轻轨环线一期工程、大连现代有轨电车等)等多种类型,其中有些类型在工程结构与技术装备方面与地铁并不完全相同,技术要求也不一致,不能直接应用《地铁设计规范》。

(3)《城市轨道交通工程项目建设标准》(建标104—2008)

由住建部和国家发改委颁布,自2008年7月1日施行的《城市轨道交通工程项目建设标准》(建标104—2008)是对《城市快速轨道交通工程项目建设标准》(试行本)(1999年5月1日)的全面修订。新标准充实了线网规划、建设规划和可行性研究报告方面的内容和规定,对线路运量分级及相关要求做了适当变更,增加了D型车、L型车和单轨车辆。对项目建设规模与列车运行服务水平结合做出规定,明确了车辆座席比例、站席密度、车辆超员系数和车内乘客站立人员密度评价标准等指标。文中阐述了列车运行速度、车站配线、运能设计、高峰时段列车发车密度、车站服务与安全管理、票务管理等方面的规定,明确了车站形式和布局、车站站台、乘降区最小宽度、车站布局、出入口和风亭设置等方面的问题。标准分为10章,共86条,内容包括总则、建筑规模与项目构成、总体布局与线路工程、车辆与限界、运营组织与管理、车站建筑与结构工程、机电系统与设备、车辆基地及配套工程、安全防护、环保和节能以及主要技术经济指标。

(4)《城市轨道交通技术规范》(GB 50490—2009)

《城市轨道交通技术规范》(GB 50490—2009)经住建部以第250号公告批准、发布,自2009年10月1日起实施。该规范是以功能和性能要求为基础的全文强制标准,条款以城市轨道交通安全为主线,统筹考虑了卫生、环境保护、资源节约和维护社会公众利益等方面的技术要求。规范主要包括设施(或设备)的建设(制造);设施(或设备)的使用过程(运营);规范直接涉及的外部关系,但规范并不控制或调整城市轨道交通系统的另一类使用者——乘客的行为。该规范分为8章内容总则、术语、基本规定、运营、车辆、限界、土建工程和机电设备。

该规范的编制过程中吸收了全国多家具有实力的设计、建设、运营单位以及车辆和设备生产厂商参加,在中德两国政府合作研究成果的基础上,总结我国城市轨道交通建设、运营和设备生产经验,参考了我国的现行标准、德国的《城市轨道交通建设与运营规则》(BOStrab,1987年12月11日版)及其9项细则、日本的铁道技术相关法规、美国的《轨道车辆材料防火测试标准》(NFPA 130)和德国的《铁路车辆防火》(DIN 5510)等。

该规范是参与城市轨道交通建设和运营的各方主体必须遵守的准则,也是管理者对城市轨道交通建设和运营依法履行监督和管理职能的基本技术依据。

3.2.3 重要文件介绍

城市轨道交通规划与设计中不同阶段(线网规划、建设规划和工程可行性研究阶段)均需要遵循和参考下发自国家各部门(例如国务院、国家发改委、住建部、交通运输部等)的重要文件,其中部分重要参考文件见表3-3。

规划与设计重要参考文件　　表3-3

序号	文件名称	编　号	下发部门	阶　段
1	国家发展和改革委关于加强城市轨道交通规划建设管理的通知	发改基础〔2015〕49号	国家发改委	线网、建设、工可
2	住房和城乡建设部关于加强城市轨道交通线网规划编制的通知	建城〔2014〕169号	住建部	线网、建设
3	国务院办公厅关于加强城市快速轨道交通建设管理的通知	国办发〔2018〕52号	国务院	线网、建设
4	关于促进市域(郊)铁路发展的指导意见	发改基础〔2017〕1173号	国家发改委、住建部、交通运输部、国家铁路局、原中国铁路总公司	线网、建设
5	国家发展和改革委、住房和城乡建设部关于优化完善城市轨道交通建设规划审批程序的通知	发改基础〔2015〕2506号	国家发改委、住建部	建设
6	关于做好城市轨道交通项目环境影响评价工作的通知	环办〔2014〕117号	生态环境部	建设
7	国务院关于发布政府核准的投资项目目录(2016年本)的通知	国发〔2016〕72号	国务院	建设
8	国家发展和改革委关于进一步下放政府投资交通项目审批权的通知	发改基础〔2017〕189号	国家发改委	建设
9	国家发改委 教育部 人社部关于加强轨道交通人才建设的指导指导意见	发改基础〔2017〕74号	国家发改委、教育部、人力资源和社会保障部	建设
10	国务院关于调整和完善固定资产投资项目资本金制度的通知	国发〔2015〕51号	国务院	建设
11	国务院关于投资体制改革的决定	国发[2004]20号	国务院	工可
12	建设项目用地预审管理办法	国土资源部68号令	原国土资源部	工可
13	国土资源部关于进一步做好建设项目压覆重要矿产资源审批管理工作的通知	国土资发[2010]137号	原国土资源部	工可
14	国家发展和改革委重大固定资产投资项目社会稳定风险评估暂行办法	发改投资[2012]2492号	国家发改委	工可
15	固定资产投资项目节能审查办法	发改委44号令	国家发改委	工可
16	城市轨道交通岩土工程勘察规范	GB 50307—2012		工可
17	中华人民共和国环境影响评价法		全国人民代表大会常务委员会	工可
18	建设项目安全设施“三同时”监督管理暂行办法第77号修正	安监局77号令	原国家安监总局	工可

续上表

序号	文件名称	编　　号	下发部门	阶　　段
19	城市轨道交通安全预评价细则	AQ 8004—2007		工可
20可	中国地震局关于贯彻落实国务院清理规范第一批行政审批中介服务事项有关要求的通知	ZLE00/ZL—2015-00079		中国地震局
21	需开展地震安全性评价确定抗震设防要求的建设工程目录		中国地震局	工可
22	城市轨道交通结构抗震设计规范	GB 50909—2014		工可
23	关于取消地质灾害危险性评估备案制度的公告	2014 年第 29 号	原国土资源部	工可
24	地质灾害防治条例第 394 号	国务院令 394 号令	国务院	工可
25	中华人民共和国文物保护法		全国人民代表大会常务委员会	工可
26	中华人民共和国防洪法(2016 年修正版)		全国人民代表大会常务委员会	工可
27	中华人民共和国水土保持法		全国人民代表大会常务委员会	工可
28	中华人民共和国环境影响评价法		全国人民代表大会常务委员会	工可

3.3 规划设计常用工具与技术

城市轨道交通规划与设计涉及多方面的因素,在规划与设计的各个过程都需要相关的软件工具与技术进行辅助。从功能看主要分为规划软件和设计软件两类,常用的软件如下。

3.3.1 规划软件

(1)TransCAD 软件

TransCAD 是由美国 Caliper 公司开发的一套强有力的交通规划和需求预测软件,是第一个为满足交通专业人员设计需要的地理信息系统,可以用于储存、显示、管理和分析交通数据,同时将地理信息系统与交通需求预测模型和方法有机结合成一个单独的平台,是世界上最流行和强有力的交通规划和需求预测软件。

TransCAD 将地理信息系统与交通需求预测模型和方法有机结合,是世界上最流行和强有力的交通规划和需求预测软件。TransCAD 所提供的交通规划工具包括四阶段模型、快速响应方法、基于出行链(Tour-based)的模型、离散选择模型、货运模型和组合(Simultaneous)模型等。它提供从路段流量反推公路、载货汽车和公交流量的起讫点矩阵的方法。TransCAD还支持用多线程和分布式计算来进一步提高大规模模型的计算速度。

(2)Visum 软件

德国 PTV 公司开发了宏观交通规划软件 Visum 和微观仿真软件 Vissim。其中,Visum

涉及交通战略性规划的各项内容,其新版本 Visum17 的新体验包括组合多模态交通分配、汽车共享模拟方案,以及升级的基于模型的分配方案(SBA)。

Visum 软件可以实现路网模型建立和模拟,需求计算,PrT 分配、PuT 分配和 PuT 运营,交通信号控制、分析和评估功能;可以支持交通开发(总体规划)、规划和经营分析,新建和扩建道路,交通技术分析,交通开发预测等项目。

(3)Cube 软件

Cube 是由总部位于美国旧金山湾区的 Citilabs 公司开发的最新多功能交通规划软件,它既是一套交通模拟与规划软件系统,也是交通规划领域使用最广泛的软件。Cube 是一系列软件的组合,以完备的交通规划和控制理论为基础,利用最先进的 GIS 技术,提供用户强大的图形显示和编辑功能。同属 Citilabs 旗下的软件还有 MINUTP、TRIPS、TRANPLAN 和 TP + 等。

为帮助用户完成交通规划和工程任务,Cube 软件提供了两种 Cube 软件特有的工作模式:开发模式——允许用户设计和开放交通模型;应用模式——允许用户快速和容易地应用模型来建立、测试和评估项目方案。

(4)EMME/2 软件

EMME/2(城市与区域规划)系统最初是加拿大的 Montreal 大学的交通研究中心开发,后为 INRO 咨询公司继承,并成为该公司的支柱产品之一。该系统为用户提供了一套内容丰富、可进行多种选择的需求分析及网络分析与评价模型。

EMME/2 的交通分配模型包括路段子区域模型、变需求分配模型、出行特性模型、可选择 HOV 车道和重型车辆模型等。

EMME/2 软件的主要功能有:①数据库建立功能;②城市信息系统功能;③多种交通方式;④方便的数据处理功能;⑤交通分配功能;⑥公共交通分配;⑦需求模型;⑧函数与表达式功能;⑨检验与计算功能;⑩数据的输入输出功能;⑪网络及模型计算功能;⑫注释与说明功能;⑬宏功能。

3.3.2 设计软件

(1)BIM 技术

BIM(Building Information Modeling,建筑信息模型)技术由 Autodesk 公司在 2002 年率先提出,目前已经在全球范围内得到业界的广泛认可,它可以帮助实现建筑信息的集成,从建筑的设计、施工、运行直至建筑全寿命周期的终结,各种信息始终整合与一个三维模型信息数据库中,设计团队、施工单位、设施运营部门和业主等各方人员可以基于 BIM 技术进行协同工作,有效提高工作效率、节省资源、降低成本,以实现可持续发展。

BIM 技术的核心是通过建立虚拟的建筑工程三维模型,利用数字化技术,为这个模型提供完整的、与实际情况一致的建筑工程信息库。该信息库不仅包含描述建筑物构件的几何信息、专业属性及状态信息,还包含了非构件对象(如空间、运动行为)的状态信息。借助这个包含建筑工程信息的三维模型,大大提高了建筑工程的信息集成化程度,从而为建筑工程项目的相关利益方提供了一个工程信息交换和共享的平台。

常用的 BIM 建模软件有:

①Autodesk 公司的 Revit 建筑、结构和设备软件。常用于民用建筑。

②Bentley 建筑、结构和设备系列，Bentley 产品常用于工业设计（石油、化工、电力、医药等）和基础设施（道路、桥梁、市政、水利等）领域。

③ArchiCAD，属于一个面向全球市场的产品，应该可以说是最早的一个具有市场影响力的 BIM 核心建模软件。

（2）ALCAD 线路平纵断面辅助设计软件

线路平纵断面辅助设计软件 ALCAD 是我国较早和较为成熟的城市轨道交通线路辅助设计软件之一，它从实用角度出发，结合了大量工程设计的实践经验进行研制开发，在国内许多城市轨道交通线路设计上得到了广泛的应用，取得了很好的效果。

ALCAD 提供了一系列功能模块，包括平面计算、线间距计算、纵断面计算及绘图等功能，此外，还提供了多个辅助功能模块，用以增强系统的性能。这些功能模块共享 ALCAD 的专用数据库，配合 ALCAD 的友好用户界面有机结合在一起，协同构成线路平纵断面专业设计环境。

（3）CARD/1 国际化线路设计专业软件

CARD/1 诞生于 1995 年，是世界上最早的线路勘测设计一体化软件。CARD/1 功能强大、设计专业、使用灵活。CARD/1 除路线平纵横设计等常规功能外，还集成了互通立交、土石方调配、安全性评价等功能，最新版本还增加了排水、挡墙、防护、边沟/排水沟工程量统计、加宽/超高段落统计、路面加宽工程量统计、分离式路基处理和全面的断链解决方案。CARD/1 强大的二次开发平台，开放的源代码，可以解决复杂设计问题。

CARD/1 涉及公路设计、铁路设计（含高速铁路、磁悬浮、地铁、轻轨）、测绘和市政管网设计，亦可用于垃圾处理场、机场、港口、码头的路线设计。CARD/1 可以完成从野外数据的勘测、精细的设计到设计图纸输出的全部工作，数据内部高度集成共享。您不需要同时购买多种软件、学习多种软件，更不需要考虑数据交换，是线路勘测设计一体化软件。

世界第一条商业化磁悬浮线（上海到浦东机场）以及 F1 赛车道都是采用 CARD/1 做的设计。

（4）轨道交通工程造价软件

全国城市轨道交通工程造价软件是广州小超软件技术有限公司开发的一套用于交通行业的造价整体解决方案。软件以《城市轨道交通工程预算定额》（GCG 103—2008）为编制依据；集预算计价、清单计价功能为一体的造价管理软件。其适用于各级铁路部门、地铁单位、造价咨询单位、建设单位、设计单位、施工单位、监理单位等相关单位的工程预算和资金管理。

软件包括以下 10 项工程定额：路基、桩基础及围护结构工程，桥梁工程，隧道工程，地下结构工程，轨道工程，通信工程，信号工程，供电工程，智能与控制系统安装工程，机电设备安装工程。定额指是完成规定计量单位分部分项工程所需的人工、材料、施工机械台班的消耗量标准，是制定城市轨道交通工程地区单位估价表、工程量清单综合单价、招标标底和投标报价的基础。广泛适应于城市轨道交通建设，地铁建设，隧道工程，地下结构工程，机电设备安装工程等。

（5）城市列车运行计算系统

1997—1999 年间，北方交通大学（今北京交通大学）与香港理工大学合作，在北京城建设计研究总院（今北京城建设计发展集团股份有限公司）、北京全路通信信号研究设计院集团有限公司、铁道部第三勘测设计院(今中国铁路设计集团有限公司)、铁道部第四勘测设计院(今中铁第四勘察设计院集团有限公司)等单位的配合下,采用面向对象的程序设计方法,开发了城市列车运行计算系统。1999 年以来,已被国内 20 余家轨道交通设计部门采用。该系统始终将目标定位在生产实践上,构建了基于 Windows 环境、Visual C + + 语言的通用计算系统,系统将列车当作质量带进行处理,无需对坡道进行化简,运行计算采用等时间步长法,时间最小步长可达 0.1s 甚至更短,通过并行处理等计算技术,显著提高了系统计算效率和精度。系统在传统铁路列车牵引计算规范的基础上,考虑了城市轨道交通及高速铁路牵引计算的特点,设计了可供用户选择的多种(节时、节能、定时)运行计算模式、包括移动闭塞方式在内的多种信号控制环境、有级与无级牵引多种机车(动车组)操纵方式,系统提供的关于速度、时间、能耗等计算指标以及屏幕图形、电子文本与 AutoCAD 等多种结果输出方式,可以为轨道交通系统设计和运营优化提供手段。

为适应轨道交通专业方向的教学要求,在上述研究成果的基础上研制了面向本科生“列车运行计算与设计”课程的教学实验系统。系统提供了手动操纵与自动运行两种方式,可以锻炼学生在不同线路条件、不同列车编组条件下对机车牵引策略的操纵和判断能力,体验不同运行策略的行为效果,深刻理解运输组织过程与机车(动车组)性能之间的关联关系。

(6) Legion Studio 行人运动仿真软件

Legion Studio 以行人运动步频为基本模拟机制,从定量分析的角度计算运动环境中行人间以及行人与障碍物之间的相互作用。因此,Legion Studio 可以帮助研究人员建立空间设计或空间使用基础上的模拟试验,并分析评价不同空间条件或行人交通需求水平的影响程度。此外,还可应用 Legion Studio 分析变化事件的影响,例如出口关闭或列车晚点到达,以及测试不同疏散情景中的速度与安全指标。而后者恰恰与目前不断发展、日益严格的公共场所公众活动安全规则相适应。显然,Legion Studio 是一种基于仿真、地图、图形和视频再现的具有很强吸引力的决策工具。

Legion Studio 主要包括模型构建模块、仿真模块、分析模块三个应用模块,三个模块相结合可以实现行人在指定空间内运动过程的模拟,例如铁路车站、体育场馆、运动公园、机场、高层建筑、交通枢纽、城市中心等行人聚集与经过的场所。其在悉尼奥运会和香港地铁系统中的应用是两个较为成功的案例。

思考题

1. 简述城市轨道交通选线的基本原则和流程。

2. 试述如何选择城市轨道交通线路的走向与路由。

3. 以你熟悉的某大城市为例,选其中 1 ~2 条在建或拟建的城市轨道交通线路为研究对象,分析线路的必经控制点及线路走向对客流吸引效果的影响。

4. 简述地下线、地面线、高架线 3 种线路敷设方式的特点及应注意的事项。

5. 简述城市轨道不同选线方案的比选内容。

6. 查找资料列举 3 个规划设计中的标准,并简述其主要作用。

7. 查找教材中未介绍的规划设计软件工具,并对其功能进行介绍。

第 4 章　城市轨道交通系统客流预测

城市轨道交通客流预测主要涉及交通运输需求分析和运输量预测，是论证城市轨道交通项目建设必要性和系统规模的重要依据。交通运输需求是指在一定时期内乘客愿意购买并能够支付的位移服务数量。运输量是指在一定的运输供给下被实现的运输需求，一般采用客流量、客流周转量等运营统计指标进行衡量。运输需求、运输供给与运输量的关系如图 4-1所示。

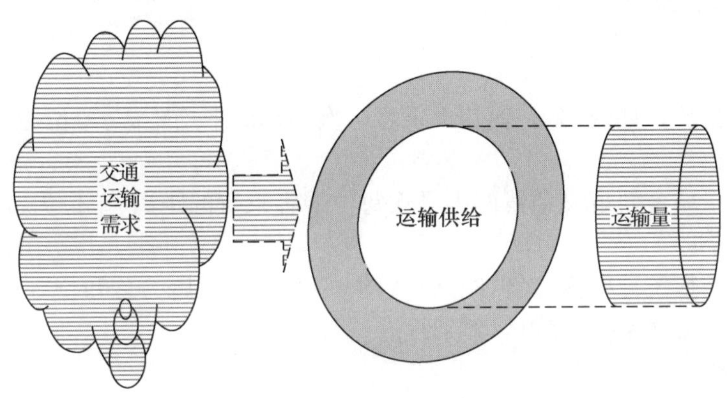

图 4-1　需求、供给与运量的关系

当运输供给能够充分满足运输需求时，运输量与运输需求在数值上相等。当需求大于能力供给的时候，运输设备处于超负荷运转状态下，所实现的运输量小于实际的需求量。总体上，需求体现的是被运输方的需要及其特征，决定了系统规划设计的规模；供给体现运营企业提供的最大能力和期望的服务水平，会影响最终的客流效果。本章主要从需求角度阐述城市轨道交通客流预测的主要内容和程序，介绍城市轨道交通系统客流预测的方法、不同阶段的要点和案例。

4.1　客流预测的内容和程序

城市轨道交通客流预测是指以城市经济社会、人口、土地使用以及交通发展的现状和规划基础资料为依据，利用交通需求预测模型，预测各目标年城市轨道交通网络、线路或车站相关客流指标的过程。客流预测是城市轨道交通建设的一个十分重要的环节，是各项规划、设计和运营工作的基础，预测结果的可靠与否直接关系到城市轨道交通的建设投资、运营效率和经济效益。

4.1.1　客流预测的内容

城市轨道交通客流预测的内容主要包括不同年限运输需求总量、流量及流向、时空分布特征的预测及结果敏感性分析。

4.1.1.1 运输需求总量指标

城市轨道交通运输需求总量指标主要包括客流量、客流强度、平均运距、平均乘距、客运周转量和换乘系数等。

(1)客流量

客流量主要分线路和线网两个层面。线路客流量是指单位时间内线路运送乘客的总次数,包括本线刷卡进入的进线客流和其他线路换乘过来的客流,单位为“人次”。线网客流量是指单位时间内城市轨道交通线网中各线路的客流量之和,单位为“人次”。

(2)客流强度

客流强度又称“负荷强度”,分为线路客流强度和线网客流强度,分别指线路或线网的日客流量与其运营长度的比值,常用单位为“万人次/(km·d)”。其中,线路运营长度是指按始发站站中心至终点站站中心、沿正线线中心测得的长度。一般来说,市区线的客流强度高于郊区线。

(3)平均运距

平均运距是指统计期内,某一线路上乘客一次乘车的平均距离,单位为“km”。

(4)平均乘距

平均乘距是指城市轨道交通线网内平均每位乘客乘行的距离,单位为“km”。

(5)客运周转量

客运周转量是指统计期内,运营线路(线网)乘客乘坐距离的总和,单位为“人次·km”。客运周转量等于客流量乘以平均运(乘)距。

(6)换乘系数

换乘系数是刻画城市轨道交通线网设计便捷性的一个重要指标,是指单位时间内城市轨道交通线网客流量与刷卡进站客流量之比。换乘系数反映了统计期内乘客在路网内完成一次出行需乘坐的平均线路条数。一般来说,线网规模越大,换乘系数越高。据统计,2017年,北京全网换乘系数在1.9左右,上海和广州均在1.7左右,南京约为1.55。

城市轨道交通客流总量指标一般按初期、近期和远期三个期限提出。由于城市轨道交通工程属于百年大计,系统一般需要一次建成或建设时有所预留,否则很难在发展中扩展。远期需求是直接决定系统建设规模的依据,因此,远期需求规模应作为重点来把握。

影响运输需求总量的主要因素包括城市规划人口规模、就业岗位及其分布、人均出行率、城市土地开发水平、人均生产总值或收入水平、综合交通网络建设水平、常规公交与小汽车的发展水平、交通需求管理与票制票价政策、城市轨道交通线路的运营参数等。

一般认为,城市建成区面积越大,居民出行率相对越低;而城市建成区面积越小,居民出行率相对越高。经济发展、机动车拥有量及人口规模均对人均出行率有一定影响,但没有普遍规律可以遵循,需要根据城市历年的发展和调查数据具体分析。从综合交通结构来看,城市越大,则公交发展空间越大,但城市公交全日出行比重达到50%及以上是比较困难的。

城市轨道交通的客流一般有个培育过程。在步入网络化运营之前,线路客流量增长趋势一般较为缓慢,且开通初期客流量受票价与服务水平影响较大。随着网络规模扩张及公共交通接驳便捷性的提高,城市轨道交通新线客流量会快速增长甚至直接进入较高的量级,但培育期过后的客流量年均增长率将有所下降。

在对客流总量预测结果的分析与评估中,要注意以下两个要点:

(1)城市轨道交通线路客流量与网络客流总量的分析

每条城市轨道交通线路的需求规模是与其本身在全网中的功能分不开的,预测时应该结合城市发展规划以及该线路在整个城市轨道交通网络中的功能与定位,一方面要仔细审核各线路日运量之和与全网日运量控制总量的吻合;另一方面,要保证该线承担的客流量在全网客流总量中的比例与其功能和地位相称。

(2)线路与网络客流强度的校核

不同城市轨道交通网络与线路的客流强度应与所在城市及区域的基本特征相吻合。因此,应全面分析每条线路的客流负荷强度以及全网的客流负荷强度。结合相关线路地位,主干线客流强度应大于地位稍次的辅助线与郊区线客流强度,若出现特例应有专门的分析说明。

在预测上述客流总量指标的基础上,一般还需要分析以下几方面的内容,以支撑城市轨道交通项目的建设论证。

①不同时期城市轨道交通客流量占全市总出行量和公共交通出行量的比重,城市轨道交通工程项目建设对全市公共交通出行比例提高的贡献。

②城市轨道交通工程项目建设对全市公交出行效率(如时耗降低与拥挤缓解)提高的贡献。

③城市轨道交通工程项目建设对交通环境保护的贡献。

4.1.1.2 运输需求流量流向指标

在总量指标之外,客流预测工作还需关注出行的具体流量和流向,主要包括以下几项指标。

(1)站间(区域)起讫点(OD)矩阵

站间(区域)起讫点(OD)矩阵指线路中各个车站(区域)之间的起讫客流量,即各站(区域)之间的客流交换量,通常用一个二维矩阵表示。表4-1所示为某线区域OD矩阵。

××线×期区域OD矩阵(单位:人次) 表4-1

区　域	*A*	*B*	*C*	*D*	合　计
A	6094	28592	8986	74	43747
B	19356	20080	31530	1698	72664
C	6912	41430	24355	14681	87378
D	128	3517	18108	6679	28432
合计	32491	93619	82979	23132	232221

(2)站点乘降量

站点乘降量是指单位时间内某城市轨道交通车站的上车和下车乘客数量之和,该指标为确定车站相关设施的建设规模提供依据。

(3)进(出)站量

进(出)站量是指单位时间内,进入并乘坐(乘坐后离开)城市轨道交通的乘客数量,按空间范围可分车站进(出)站量、线路进(出)站量和线网进(出)站量。

(4)换乘客流量

换乘客流量指单位时间内,各城市轨道交通线路之间的换乘乘客人数之和,可分为线网换乘客流量、线路换乘客流量、换乘站换乘客流量。换乘站换乘客流量是指单位时间内,在某一换乘车站,各城市轨道交通线路相互之间的总换乘人次。线路换乘客流量是指单位时间内,由其他城市轨道交通线路直接换入本线的人次。线网换乘客流量是指单位时间内,城市轨道交通线网内各线路换乘客流量之和。

对于换乘站而言,除了预测各线路相互之间的总换乘人次,一般还需要预测线路之间上下行不同方向之间的客流交换量。对于一个两线换乘的换乘站而言,一共有八个分方向的客流交换量。图4-2描述了一个两线换乘站不同线路、不同方向之间的交换量。

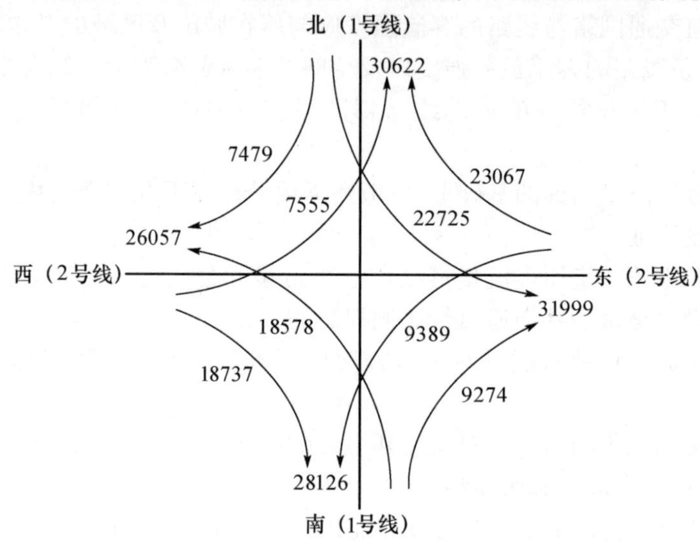

图4-2 需要预测的换乘站流量及流向(单位:人次)

对于车站而言,其乘降量等于进站量、出站量和换乘量之和。若车站为非换乘站,换乘量以0计。

$$\text{车站的乘降量} = \text{车站进站量} + \text{车站换乘量} + \text{车站出站量} \tag{4-1}$$

在实际工作中,要准确地预测分方向的换乘客流量一般较为困难。主要原因是网络化运营阶段乘客的出行路径较多,乘客并不都是选择理想的最短路径,而可能按其偏好进行选择。对于同一OD而言,不同的出行路径意味着乘客选择不同的换乘站进行换乘。此外,线路客流高峰时段与车站客流高峰时段的错位、上下行方向客流的潮汐特点、不同线路之间列车运行间隔的差异等因素,均可能导致分时段、分方向的换乘客流预测存在一定的误差。

4.1.1.3 运输需求不均衡性指标

1)空间不均衡性指标

空间不均衡性指标是对城市轨道交通系统中具有空间差异的各部分进行设计时的重要依据。尤其是对于线路较长、全线差异较大的城市轨道交通建设项目来说,做好客流空间不均衡性的预测和分析至关重要。

空间不均衡性指标主要有线路各区间断面客流分布、最大断面客流量和特殊站点客流量三个方面。

(1)线路各区间断面客流分布

断面客流量是指单位时间内运营线路某一方向上相邻两站间通过的客流量,可按上、下行方向区分。断面客流分布反映了线路不同站间/区间断面客流量的大小及特征,对于城市轨道交通系统能力的设计与计算具有重要参考价值,也是列车运行组织设计的基本依据。

一般来说,客流预测需要给出不同预测年限的全日及早、晚高峰期间不同区间的断面客流分布。图4-3所示为一个典型的高峰小时客流断面图。

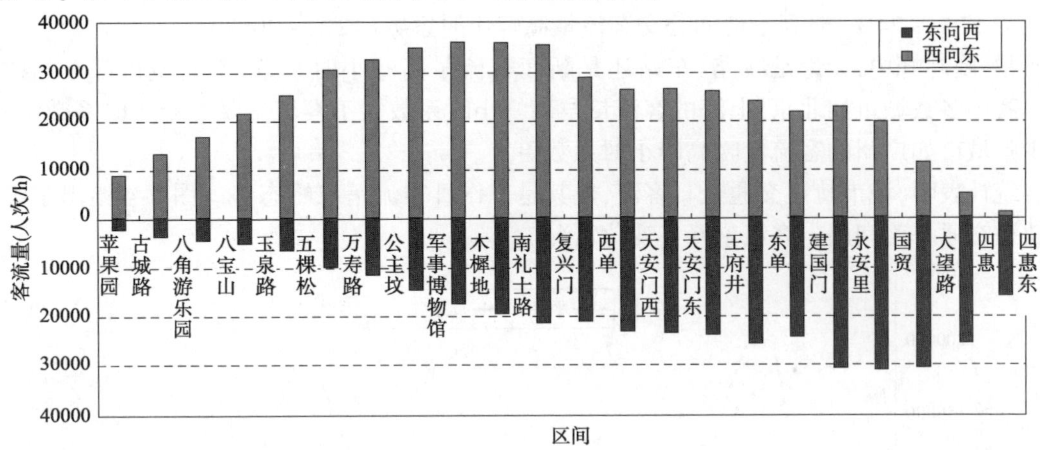

图4-3 某地铁区间客流断面分布图

客流空间分布的不均衡性受城市轨道交通车站附近土地利用类型影响较大。两端在郊区且穿越中心城区的城市轨道交通线路往往出现中间大、两头细的棒槌形断面客流分布特征。一端在郊区、一端在中心城区的线路,在早、晚高峰可能表现出强烈的潮汐客流特征,即高峰时段上、下行方向的客流需求差异较大,且早、晚高峰主客流方向相反。潮汐客流特征可以用方向不均衡系数来刻画,即运营线路单向最大断面客流量与双向最大断面客流量平均值之比。

(2)最大断面客流量

单/双向流量最大的某两个相邻车站间的区间称为最大断面。某线路的远期最大断面客流量是确定线路设计能力的重要依据,需要仔细分析。这个客流也需要按全日以及早、晚高峰期来分别预测。

(3)特殊站点的客流量

特殊站点主要指地处某些大型客流集散点的城市轨道交通车站,这类集散点包括机场、铁路客运站、长途汽车站以及交通出行量较大的大型活动中心等。对这些特殊车站的预测客流进行详细分析,有利于提高建设工程的规划与设计质量,确保城市轨道交通开通后的运营服务水平。

2)时间不均衡性指标

城市轨道交通的服务重点之一是城市地区的通勤客流,由于不同时段的通勤出行需求差异显著,因此时间不均衡性指标是客流预测的关键指标。

时间不均衡性指标主要有客流量高峰小时系数和客流量超高峰小时系数两个。

(1)客流量高峰小时系数

客流量高峰小时系数是指高峰小时(一日内客流集中的某一个小时)客流量与全日客流量的比值,按空间可分为线路客流量高峰小时系数、车站客流量高峰小时系数和断面客流量高峰小时系数,按时段可分为客流量早高峰小时系数、客流量晚高峰小时系数。

客流量高峰小时系数主要反映人员出行的时间分布,与用地布局密切相关。一般线路中位于居住区附近的站点,客流量早高峰小时系数较大,呈现出通勤客流出行时间较集中的特点;而靠近中心区商业中心的站点,客流呈现逐步累积的特点。市区线的客流量高峰小时系数要低于郊区线。根据近年调查的运营数据,城市轨道交通线路的客流量高峰小时系数大致为17%~24%,略高于地面公交客流量高峰小时系数(12%~20%)。

早、晚高峰中,无论是线路、车站还是断面客流量高峰小时系数,不同城市都有一些差异。我国多数城市如北京、上海的客流量早高峰小时系数大于客流量晚高峰小时系数,但也有少量城市如广州的客流量晚高峰小时系数更大。

统计表明,城市轨道交通全日客流,尤其是工作日客流呈双峰态势。图4-4给出了某城市轨道交通平时和周末客流量峰谷变化情况。

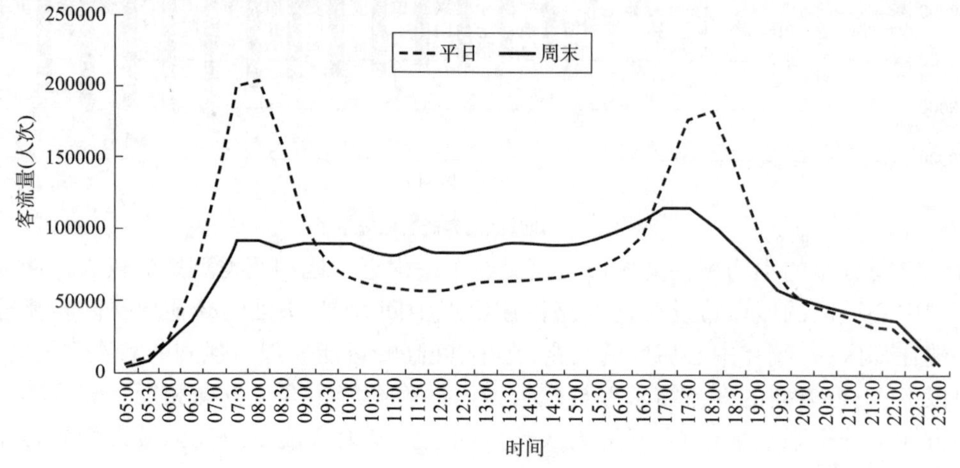

图4-4　平日与周末的客流峰谷变化

(2)客流量超高峰小时系数

高峰小时内的不同时间段,客流量可能也有所不同,一般用客流量超高峰小时系数来刻画高峰小时内的时间分布不均衡性。常用的客流量超高峰小时系数包括5min、10min和15min客流量超高峰小时系数,是指采用给定时分(5min、10min和15min)内最大流量与高峰小时内相应时分的平均流量比值,该系数大于等于1。

4.1.1.4　客流预测结果敏感性分析

客流预测结果敏感性分析是指针对影响客流指标的不确定性因素,分析、测算其对客流指标的影响程度,进而判断客流预测结果波动范围的一种分析方法。由于预测过程中存在大量的不确定因素,需要对预测结果进行敏感性分析。

一般说来,城市轨道交通客流预测中的不确定性来源主要有以下三个方面。

①预测环境具有不确定性。城市轨道交通工程时间跨度长,从线网规划到线路建成通车,少则十几年,多则几十年,远期甚至超出了城市总体规划的目标年。我国城市处于快速发展变化中,土地利用、人口、交通基础设施及交通政策等影响客流预测的主要因素可能会发生较大变化,且难以事先预计,需要在客流预测中加以情景分析。

②预测的基础数据通常并不完备,一些基础数据甚至存在偏差。例如,关于出行的调查一般为抽样数据,土地利用的数据可能也会发生变化,尤其是远景年的发展存在较大程度的假设等,这些均会使预测结果具有不确定性。

③预测模型中选择的诸多参数是基于假设条件下取值的,会存在偏差。例如,城市轨道交通的票价水平可能发生变化,出行者对服务水平的感知存在差异,地面公交与私家车的使

用政策会发生变化等，这些也会导致预测结果可能出现偏差。

一般说来，敏感性分析的测试指标重点涉及全日客流量、高峰小时单向最大断面客流量及其出现位置等，考虑的因素需要根据相关城市以及项目本身的具体情况来选择确定。例如，城市人口规模、交通政策、土地开发时序与城市轨道交通建设进程、城市轨道交通与其他交通方式的换乘衔接便利性、城市轨道交通与地面公交的票价和服务水平（速度、间隔与负荷等）、出行者时间价值等是经常选用的参考要素。

4.1.2 客流预测的程序

城市轨道交通客流预测基本程序如下：

(1)确定由项目决定的预测区域范围、相关网络环境及项目建设方案

界定本次规划（项目）研究的区域范围，确定多方式交通网络边界；分析建立不同时期城市轨道交通建设项目覆盖的直接与间接范围，提出项目建设基本方案与备选方案。

(2)收集并分析客流预测工作所需要的基础数据

根据预测区域范围，收集客流预测工作所需的基础数据，一般包括城市国民经济和社会发展规划、城市总体规划及控制性详细规划、城市综合交通体系规划及轨道交通线网规划、包含居民出行调查的城市交通综合调查和相关专项规划等。通过对上述基础数据进行系统分析，剔除冗余、矛盾数据，建立具有良好一致性的基础数据库。

(3)确定需求预测的方法，建立需求预测模型

根据可用基础数据类型、网络特点和项目要求，选择适当的需求预测方法，建立相关的量化预测模型，形成满足项目需要的预测模型体系。

(4)标定需求预测模型涉及的相关参数

利用具有良好一致性的基础数据库，对所建立的需求预测模型体系中的各类模型进行参数标定，采用有效方法检验并确定可用于不同预测年度需求量的各种参数值。一般来说，标定后的模型在基础年运算结果与实际公共交通客运量、道路核查线流量的误差应在15%以内；模型在预测年的运算结果应分析判断相对基础年结果变化趋势的合理性。

(5)计算不同年限预测结果

利用建立的模型与标定的参数，计算不同预测年限下的需求总量、流量流向、时空分布特征等指标，并给出相关预测的统计结果。

(6)对需求预测结果进行敏感性分析，分析客流风险

分析不同预测参数和预测条件变化对预测结果产生的影响，对不同规划及建设方案下的预测结果进行分析，并评估预测风险，为综合评价提供依据。

(7)对初步预测结果进行特征分析，评价方案的可信度

针对交通模型预测的初步结果，根据既有的城市轨道交通客流特征规律或辅以其他模型，对初步结果进行分析，评价方案的可信度。特征分析作为对基本模型预测结果的补充和检验，在应用中应注意其方法的适用范围。

(8)确定客流预测推荐结果，整理数据并撰写需求预测技术报告

在综合分析并评价客流预测结果的基础上，确定推荐结果方案；整理所有相关数据、文件，建立方案详细文档，提出需求预测的技术报告，作为可行性研究的依据。

4.2 客流预测方法

城市轨道交通客流预测一般先是根据城市土地利用、居民出行等基础数据建立交通需求预测模型,得到初步预测结果;然后根据城市轨道交通规律特征或其他预测模型的结果对第一阶段的初步预测结果进行校验。

4.2.1 四阶段预测法

交通需求预测模型是客流预测工作的核心。四阶段预测法是最为广泛采用的交通需求预测模型,包括出行生成、出行分布、方式划分和交通分配。

4.2.1.1 出行生成

出行生成预测是交通需求四阶段预测中的第一阶段,其任务是预测每一个交通小区的出行产生、吸引量,一般以天(d)或小时(h)为单位。在出行生成阶段,首先需要根据同质性、配合天然分界和行政区等原则划分交通小区,再根据城市国民经济和社会发展规划、城市总体规划及控制性详细规划等,结合城市人口、就业、现状交通需求等数据,选择合适的方法预测各个交通小区的全日出行发生与吸引交通量。其中,发生与吸引交通量的预测方法主要有出行率法和函数模型法。

(1)出行率法

利用出行率法预测发生与吸引交通量时,首先需要分别计算某个社会经济指标(如面积、人口等)对应的发生原单位和吸引原单位,原单位可以称为出行率;然后根据出行率与对应社会经济指标的乘积预测得到发生与吸引交通量的值,即:

$$G_i = U \cdot Q_i \tag{4-2}$$

式中:i——交通小区;

G_i——小区 i 的发生或吸引交通量;

U——某经济指标对应的出行率;

Q_i——某个社会经济指标值。

(2)函数模型法

函数法是利用函数式预测将来不同出行目的的原单位方法,是发生与吸引交通量预测中最常用的方法之一。函数法中人们多采用多元回归分析法,所以函数法有时被直接称为多元回归分析法,其模型如下:

$$G_i = b_0 + \sum_{j=1}^{k} b_j \cdot Q_{ij} \tag{4-3}$$

式中:b_0——回归常数;

b_j——偏回归系数;

G_i——所有小区的发生或吸引交通量,$i=1,2,\cdots,n$;

Q_{ij}——自变量,发生或吸引交通量对应的社会经济指标,$j=1,2,\cdots,k$。

使用多元回归分析法,一般先用实际调查数据并采用最小二乘法求出回归系数 b_0 和偏回归系数 b_j,然后将各交通小区预测目标年的自变量代入式(4-3),求出各交通小区的发生与吸引交通量。

4.2.1.2 出行分布

出行分布阶段利用分布交通量预测模型将各种出行活动分布到相应的目的地交通小区,将上阶段得到的各小区发生与吸引交通量转换成各小区之间的空间 OD 量,即 OD 矩阵。出行分布的预测方法主要包括增长系数法和重力模型法等。

(1)增长系数法

在分布交通量预测中,增长系数法的原理是假设在现状分布交通量给定的情况下,预测将来的分布交通量,其算法步骤如下所述。

步骤 1:以 $t_{ij}^{(0)}$、$G_i^{(0)}$、$A_j^{(0)}$ 分别表示现状 OD 表中 i、j 小区之间的交通量,i 小区的发生量及 j 小区的吸引量。

步骤 2:假定已求得规划年度 i 小区的发生量和 j 小区的吸引量分别为 G_i、A_j。

步骤 3:各小区的发生量、吸引量的增长系数 F_{gi}、F_{aj} 可按式(4-4)计算。

$$F_{gi}^{(0)}=\frac{G_i}{G_i^{(0)}},F_{aj}^{(0)}=\frac{A_j}{A_j^{(0)}} \tag{4-4}$$

步骤 4:分布交通量预测值的第一次近似 $t_{ij}^{(1)}$ 可以由式(4-5)求得。

$$t_{ij}^{(1)}=t_{ij}^{(0)}\times f(F_{gi}^{(0)},F_{aj}^{(0)}) \tag{4-5}$$

式中:$f(F_{gi}^{(0)},F_{aj}^{(0)})$——以 $F_{gi}^{(0)}$、$F_{aj}^{(0)}$ 为自变量的函数。

步骤 5:第一次近似 OD 表的发生量 $G_i^{(1)}$、吸引量 $A_j^{(1)}$ 按式(4-6)计算。

$$G_i^{(1)}=\sum_j t_{ij}^{(1)},A_j^{(1)}=\sum_i t_{ij}^{(1)} \tag{4-6}$$

一般来说,$G_i^{(1)}$ 不等于 G_i,$A_j^{(1)}$ 也不等于 A_j。此时,将 $G_i^{(1)}$、$A_j^{(1)}$ 置换 $G_i^{(0)}$、$A_j^{(0)}$,重新计算得到调整系数 $F_{gi}^{(1)}$、$F_{aj}^{(1)}$,然后利用式(4-7)得出第二次计算值 $t_{ij}^{(2)}$。

$$t_{ij}^{(2)}=t_{ij}^{(1)}\times f(F_{gi}^{(1)},F_{aj}^{(1)}) \tag{4-7}$$

步骤 6:反复进行以上调整过程,当 $F_{gi}^{(k)}=\frac{G_i}{G_i^{(k)}},F_{aj}^{(k)}=\frac{A_j}{A_j^{(k)}}$ 非常接近 1 时,该预测过程结束,其最后所得的 $t_{ij}^{(k)}$ 即为所求的分布交通量的预测值。

根据函数 $f(F_{gi},F_{aj})$ 的种类不同,增长系数法可以分为常增长系数法(Unique Growth Factor Method)、平均增长系数法(Average Growth Factor Method)、底特律法(Detroit Method)、福莱特法(Fratar Method)和佛尼斯法(Furness Method)。

(2)重力模型法

重力模型法将牛顿万有引力定律应用于交通量分布预测。该方法考虑了两个交通小区的吸引强度和它们之间的阻力,认为两个交通小区之间的交通量与这两个小区的发生量与吸引量成正比,与交通小区之间的交通阻抗成反比。

以 G_i、A_j、R_{ij} 分别表示 i 小区的发生量、j 小区的吸引量以及 i、j 小区之间的距离,则 i、j 小区之间的分布交通量 t_{ij} 可以用式(4-8)表示。

$$t_{ij}=k\cdot\frac{G_i^{\alpha}A_j^{\beta}}{R_{ij}^{\gamma}} \tag{4-8}$$

式中:k、α、β、γ——系数,当 t_{ij}、G_i、A_j、R_{ij} 为已知时(例如通过现状 OD 表获得),则可以通过最小二乘法确定。

由于出行者一天可能会进行多种目的的出行活动。因此,为了提高四阶段方法中出行分布预测模型的准确性,在将各种出行活动分布到目的地小区时,可以将居民出行活动链数据转为出行链数据。其中,活动链是指一个人或具有相同属性的一类人一天中与出行相关活动的次序,其起点与终点都是家庭;出行链则是指基于一种目的的出行活动。如"离家—工作—购物—回家"为一个活动链,其中包括"离家—工作""工作—购物"以及"购物—回家"三次出行链。

4.2.1.3 交通方式划分

交通方式划分即出行者出行时选择交通工具的比例,它以居民出行调查的数据为基础,研究人们出行时的交通方式选择行为,建立模型从而预测基础设施或服务等条件变化时,交通方式间交通需求的变化。具体实施时以出行分布阶段所得到的出行 OD 表为基础,考虑居民出行目的、出行距离等交通特性,出行者职业、收入等出行者特性,以及城市地区交通设施水平、地形气候等地区特性多种影响因素;建立交通方式划分模型,进而通过模型计算结果确定各种交通方式的客流分担比例。常用的交通方式划分模型有划分率曲线模型和非集计模型两种。

(1)划分率曲线模型

根据个人出行调查结果,以横轴表示影响交通方式分担率的某个主要因素(如距离)的特性值,以纵轴表示各交通方式的分担率,由此建立表示分担率变化的曲线,如图 4-5 所示。根据此曲线,可以求得各交通方式的分担率。

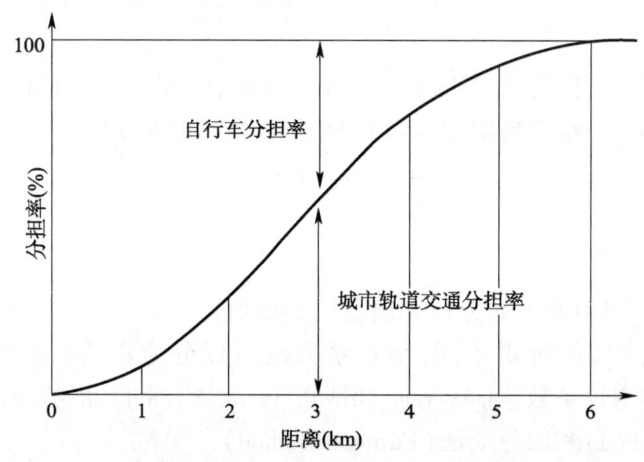

图 4-5 城市轨道交通分担率曲线(二元选择)

(2)非集计模型

非集计模型是基于随机效用理论的离散选择模型,该模型认为个人的选择行为基于各种交通方式的随机效用。离散选择模型的函数形式有很多种,被广泛应用的一种是多项式 Logit(Multinomial Logit,MNL)模型。假设备选方案的随机效益函数如式(4-9)所示。

$$U(k) = V(k) + e(k) \tag{4-9}$$

式中:$V(k)$——第 k 种交通方式的固定效益;

$e(k)$——随机项。

固定效益可由时间、费用等方案特性,以及年龄、职业等个人属性表示,并假设 $e(k)$ 服从某种概率分布。Logit 模型假设随机项 $e(k)$ 相互独立,且服从同一干贝尔(Gumbel)分布。用概率变量 x 表示 $e(k)$,θ 作为参数,随机项的分布函数可表示为:

$$F_e(x)=\exp\{-\theta\exp(-x)\}(\theta>0,-\infty<x<\infty) \tag{4-10}$$

将上式带入式(4-9),可推导出式(4-11),即为 Logit 模型。

$$p(k)=\frac{e^{V(k)}}{\sum_{n=1}^{K}e^{V(n)}} \tag{4-11}$$

式中:K——可选的交通方式数量。

4.2.1.4 交通分配

城市轨道交通客流预测中的交通分配就是将各交通小区间的轨道交通出行量分配到规划的轨道交通线网中,以求得各轨道交通线路所承担的客流量、重要站点的乘降量、区间断面客流量等指标。城市轨道交通分配的传统方法主要有最短路径分配法和多路径概率分配法。

(1)最短路径分配法

最短路径分配是一种静态的交通分配方法。在该分配方法中,乘客乘坐某条城市轨道交通线路的时间不受到运输负荷的影响。每一个 OD 对之间的城市轨道交通量全部分配到相应的最短路径上,其他路径无承载的交通量。该分配方法的优点是计算简便,其缺点是出行量分布不均匀,出行量全部集中在最短路径上,不能考虑乘客出行行为的多样性。

(2)多路径概率分配法

与最短路径分配方法相比,多路径分配方法的优点是克服了单路径分配中交通流量集中于最短路上这一不合理现象,使各条有效路径均分配到交通流量,各出行路径广义费用的不同,决定了它所分配到的流量大小。在城市轨道交通网络的出行中,乘客不会考虑 OD 之间的全部连通路径,而是将其中一部分路径作为选择方案,这些被出行者考虑的路径则称为有效路径。

出行者总是希望选择最合适(最短、最快、最方便等)的路径出行,可称之为最短路因素。但由于城市轨道交通线网的复杂性以及个人偏好,出行者在选择出行路径时往往带有不确定性,可称之为随机因素。这两种因素存在于出行者的整个出行过程中,两因素所处的主次地位取决于可供选择的出行路径的广义费用差。各出行路径被选择的概率计算公式如下:

$$P(r,s,k)=\frac{\exp\left[-\sigma\frac{t(k)}{\bar{t}}\right]}{\sum_{i=1}^{m}\exp\left[-\sigma\frac{t(i)}{\bar{t}}\right]} \tag{4-12}$$

式中:$P(r,s,k)$——OD 量 $T(r,s)$ 在第 k 条出行路径上的分配率;

$t(k)$——第 k 条出行路径的广义费用;

$\bar{t}$——各出行路线的平均广义费用;

σ——分配参数;

m——有效路径数量。

该分配模型能较好地反映路径选择过程中的最短路因素及随机因素。若出行路径的广义费用相同,则本模型成为随机分配模型,各路径被选择的概率相同。若某一路径的广义费用远远小于其他路线,则本模型成为最短路径分配模型。

4.2.2 城市轨道交通客流预测的实施

四阶段预测法是目前城市轨道交通客流预测工作中应用最为广泛的一种方法,其实施主要有以下三种模式。

①模式 A:现状公交客流→虚拟的现状城市轨道交通客流→预测年城市轨道交通客流。

模式 A 的预测思路如图 4-6 所示。首先,假设城市轨道交通规划线网已建成,形成由现状公交网络与虚拟城市轨道交通网络组成的现状综合交通网络;其次,将现状公交 OD 作为上述现状综合交通网络中公交与城市轨道交通的总出行 OD,基于此建立模型进行交通方式划分及交通分配,进而得到虚拟的现状城市轨道交通客流;最后,参考公交历史客流增长规律等资料确定城市轨道交通客流增长率,并应用增长率法推算预测年城市轨道交通客流。

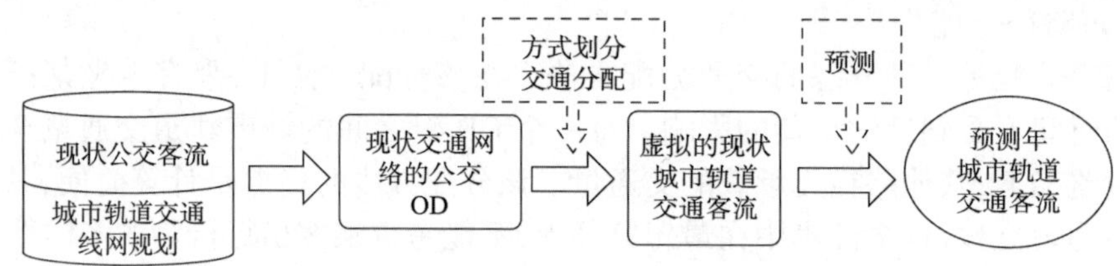

图 4-6 城市轨道客流预测思路模式 A

这一模式操作简便,它以现状公交为预测基础,可以考虑公交系统内部的转移交通量,但无法兼顾城市用地规模、交通设施变化对出行结构的影响,未考虑诱发交通量,因此,精度可能不高。

②模式 B:现状全方式 OD→虚拟的现状城市轨道交通客流→预测年城市轨道交通客流。

模式 B 的预测思路如图 4-7 所示。首先,假设城市轨道交通规划线网已建成,构建包含虚拟城市轨道交通线网以及其他交通方式在内的现状全方式交通网络;其次,以居民出行 OD 调查为基础,将调查得到的现状全方式出行 OD 进行交通方式划分及交通分配,从而得到虚拟的现状城市轨道交通客流;最后根据虚拟的现状城市轨道交通客流数据推算预测年城市轨道交通客流,其推算方法与模式 A 相同。

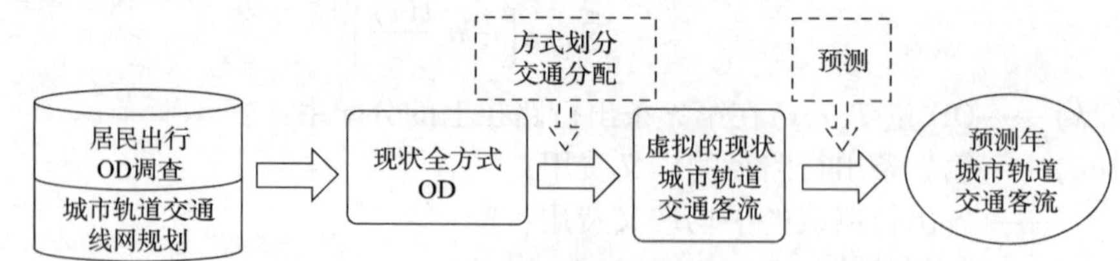

图 4-7 城市轨道客流预测思路模式 B

这一模式以城市客流 OD 为预测基础,对客流出行现状特征的反映比较全面,预测精度有所提高。该模式可以考虑公交系统的诱增客流,但对城市结构变化不敏感,适合于城市客运交通发展相对稳定的城市。

③模式 C:现状全方式 OD→预测年全方式 OD→预测年城市轨道交通客流。

模式 C 的预测思路如图 4-8 所示。首先,根据居民出行 OD 调查得到现状全方式出行 OD 数据;其次,根据城市总体规划、城市社会发展规划、城市综合交通体系规划及城市轨道交通线网规划等，对重要的客流预测基础数据，如城市人口与社会经济、公共交通票价等进行预测，并基于预测结果生成规划年的城市全方式出行 OD 量；最后，对预测年全方式出行 OD 进行交通方式划分、交通分配，进而得到预测年的城市轨道交通客流。

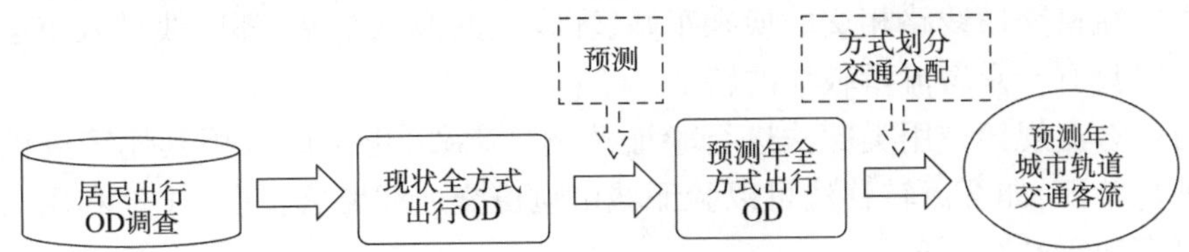

图 4-8 城市轨道客流预测思路模式 C

这一模式的实施较为复杂，涉及数据繁多，但在预测过程中考虑了城市结构变化、交通增长等因素，能够较好地反映城市未来年的客流分布，预测精度较高。近年来，多数城市轨道交通建设项目的客流预测都属于这一模式。

上述三种模式的主要区别在于基础 OD 数据来源和不同阶段的实施顺序。基础 OD 数据来源的不同主要体现于四阶段模型中出行生成阶段与出行分布阶段，不同阶段实施顺序的不同则主要体现在交通方式划分、交通分配阶段的实施时机。实际上，在城市轨道交通客流预测工作中还可以对交通方式划分与交通分配阶段进行灵活改进，甚至将两个阶段进行合并，以提高客流预测结果的精度。

通过将交通方式划分、交通分配进行合并，可以解决由于传统四阶段预测法只划分出行主方式、忽略出行主体选择两种或以上的交通方式组合出行时，接驳交通方式在出行链中的作用，而影响客流预测结果精度的问题。交通方式划分与交通分配合并可以建立能够反映基于多方式组合出行行为特征的预测模型。具体而言，在得到出行 OD 表后，首先利用交通方式划分模型进行主方式划分，而后在对各主方式 OD 量分配时将分为两部分：一是将主方式作为单方式出行时的 OD 量做独立分配；二是将同一主方式下的组合出行 OD 量进一步做接驳子方式划分，再利用交通分配模型对“主方式 + 子方式”的各种组合出行方式进行交通分配。

4.2.3 城市轨道交通客流预测校验

交通客流预测模型所得到的初步预测结果，还需根据城市轨道交通历史客流数据和特征进行验证与分析，有时还需借助其他预测模型方法对初步预测结果进行判断与检验，这样才能进一步提高城市轨道交通客流预测结果的可靠性。

微课程视频

城市轨道交通客流规律分析

城市轨道交通历史客流特征一般可以通过既有线路的客流成长规律总结分析得到，为新线路的客流预测结果作验证。一般而言，城市轨道交通线路初期多为客流培育期，当线网规模不大时，新线客流增长较缓慢；网络化运营阶段新开通的城市轨道交通线路，由于会与既有线路形成换乘衔接，初期客流量起点一般较高。

根据所处位置与承担功能的不同，不同类型线路的客流需求各具特点。比如，大部分城市轨道交通线路的平均运距会随着换乘站数量的增加而减少，郊区线的平均运距通常高于市区线；主要服务于通勤通学等出行时间较为集中的线路高峰小时系数较大，市区环线高峰小时系数相对较小；郊区线路的断面客流不均衡性往往大于市区线，放射线路的断面不均衡性大于环线。

沿线土地利用与功能定位的不同使得城市轨道交通车站的客流特征有所不同。以服务通勤客流为主的居住型(办公型)车站呈现早(晚)高峰峰值明显的单峰型进站客流规律;城市中心区主要轨道交通线路相交的换乘车站、环线上的换乘车站、郊区线进入市区的第一个换乘车站一般具有换乘客流量较大的特征。

除了历史客流规律或用类比法进行验证预测结果外,也可以采用其他客流预测方法的预测结果进行验证,如客流转移法可以验证城市轨道交通线路客流量,土地利用法则可以校验城市轨道交通车站客流量。

客流转移法是指计算其他交通方式如地面公交的客流转移量,得到现状城市轨道交通线路客流,再采用增长率法推算预测年城市轨道交通客流。这种方法一般适用于修建在公交走廊附近的城市轨道交通线路。

三次吸引范围

土地利用法又称为三次吸引法,是指以城市轨道交通线路沿线及每一个车站周围一定范围内的土地利用资料、吸引范围内居民出行强度及规划居住人口等为依据,推算预测年城市轨道交通车站站点周边的全方式出行量,再由出行量、城市轨道交通吸引率计算得到城市轨道交通车站进站量。该方法以研究城市轨道交通线路的各个车站为中心,划出三次吸引范围:出行者在出发点可步行到达城市轨道交通车站的范围为一次吸引范围;出行者从出发地需通过自行车或公交车换乘到达城市轨道交通车站的范围为二次吸引范围;出行者需通过其他城市轨道交通线路换乘到达的范围为三次吸引范围。城市轨道交通的吸引率取值受到站点的地理位置、站点附近的公交线网线路数量、道路网布局、车站换乘条件以及土地使用性质、乘客出行距离等因素的影响。

4.2.4　城市轨道交通客流预测的特点和误差成因

城市轨道交通客流预测是项目立项和可行性分析的重要依据,其结果对于确定何种形式的城市轨道交通系统、线网规模、线路走向、站场位置及规模起着至关重要的作用。一般而言,城市轨道交通客流预测具有如下特点:

①客流预测时间跨度较长。客流预测工作在线网规划阶段开始启动,而城市轨道交通的远期预测年份按规定为线路开通后第25年,做出客流预测当年与所预测年份的时间跨度很长。

②客流预测涉及因素繁多。城市轨道交通客流预测涉及的因素既包括土地规划及实施进程的影响(相关地区开发的成熟程度及其进程差异)、交通政策的影响(票价调整、需求管理政策等)、运营服务水平的影响(发车间隔、拥挤程度等),也包括交通方式间运营协调程度的影响。

③客流预测具有动态性。由于客流预测依据的条件在不断变化,预测结果也可能变化,一般在不同阶段进行多次客流预测,从而实现滚动规划。

④客流预测结果具有相对性。城市轨道交通系统建设是百年大计,城市作为一个随机性与可控性并存的系统,远期预测实际上是很困难的。

城市轨道交通客流预测工作时间跨度较长,所需要的基础数据广泛,而多数城市过往的基础数据已经很难获取,对快速发展中的城市尤其如此。因此,城市轨道交通初期客流预测结果出现一些偏差,甚至较大偏差是正常的。表4-2比较了美国部分城市轨道交通建设项目的预测运输量与实际运输量。不难看出,其中一些项目的预测误差也是非常大的。

美国部分城市轨道交通建设项目客流预测误差分析 表4-2

建设项目	重型城市轨道交通项目			轻型城市轨道交通项目				市内快速通道	
	华盛顿	巴尔的摩	迈阿密	布法罗	匹兹堡	波特兰	萨克拉曼多	迈阿密	底特律
预测运输量(万人次)	569.6	103.0	239.9	92.0	90.5	42.5	50.0	41.0	67.7
实际运输量(万人次)	411.6	42.6	34.4	29.2	30.6	19.7	14.1	10.8	11.3
误差(%)	-28	-59	-85	-68	-66	-54	-71	-74	-83

20世纪,我国不少城市轨道交通项目的客流预测结果也出现了较大偏差。例如,上海地铁1号线预测2000年运输量为133万人次,实际只有30万人次;2号线预测2001年运量47万人次,实际为23.9万人次;广州地铁1号线预测1998年运量为29万人次,实际为18万人次;北京地铁13号线的初期预测运量也远远大于实际运输量。

一般来说,导致客流预测结果出现较大偏差的原因主要包括以下几个方面:

①基础数据完整性、可靠性没有得到保证。

②预测年外部社会经济及交通内部发展预测不准确。如果社会发展与预期存在较大偏差,必定会导致客流预测结果产生误差,且这种误差是难以估计的。

③预测模型参数存在一定假设性。模型参数的准确性对客流预测结果精度有很大的影响。目前针对城市轨道交通客流预测模型参数的标定方法已有一些研究,但尚未成熟,尤其是对校验要求缺少详细的规范,这在一些城市轨道交通发展初期的城市尤为明显。

为提高客流预测的精度,更好地服务于城市轨道交通系统规划设计,应尽可能保持城市规划与交通规划的持续性和一致性,确保基础数据与资料收集的全面性和准确性;进一步完善预测理论和模型参数标定方法的研究,包括交通建模和居民出行行为数据挖掘技术;对于长期客流预测,要建立客流规划的概念;做好预测结果的敏感性和特征分析。

4.3 不同阶段客流预测的要点

城市轨道交通项目在规划与设计过程中需经过线网规划、建设规划、工程可行性研究、工程初步设计等多个阶段。上述各阶段均需要以客流预测结果为依据,且不同阶段的客流预测重点有所不同,下面将依次进行分析。

4.3.1 线网规划阶段的客流预测

在线网规划阶段的客流预测的作用是为论证城市轨道交通建设必要性、确定线网总体规模、评价线网规划方案、研究分期发展方案、控制城市轨道交通设施用地等提供依据。城市轨道交通线网规划阶段客流预测年限应与线网规划年限一致,一般为城市总体规划目标年和城市远景年。

线网规划客流预测内容包括城市交通需求分析和线网客流预测,线网客流预测根据研究对象不同又分为比选方案线网客流预测、推荐方案线网客流预测。

城市交通需求与规划指标分析主要包括分析交通出行总量及出行的时空分布,结合有无城市轨道交通对出行方式结构、出行时间构成和道路网络的影响分析,论证城市轨道交通建设的必要性。

比选方案线网客流预测根据各比选方案的城市轨道交通出行总量及出行分担率来判断城市轨道交通线网规模的合理性,从线网日客流总量、负荷强度、平均乘距、换乘客流量和换乘系数、主要客流走廊高峰小时断面客流量及分布等客流指标分析论证线网构架的准确性。

推荐方案线网客流预测通过分析推荐线网方案各线路客流特征,为线网功能层次结构划分、各线路功能定位及系统运量等级提供参考依据。推荐方案中各线路客流特征主要包括各线路平均运距、负荷强度、全日及高峰小时客流量、高峰小时单向最大断面客流量等。

线网规划阶段客流预测的关键要素是人口与岗位发展、用地空间布局、城市经济增长、交通发展模式等。线网规划阶段的客流预测要强调全市性、宏观性战略指标,预测年限相对较长,预测结果具有弹性,应有多方案结果。

得到全网客流预测结果后,应分析其是否符合城市综合交通规定的城市轨道交通发展战略,各线客流预测结果要符合该线在全网的功能定位。

4.3.2 建设规划阶段的客流预测

建设规划阶段会根据建设线路的不同以及线路建设时序的不同等情形得到不同的建设方案,并对方案进行比较分析。比选方案线网客流预测是对各比选方案实施后所产生的效果进行分析,因此,预测年限应是建设规划的末期年。而推荐方案线网客流预测年限除建设规划的末期年外,还应包括对城市轨道交通网络成形、城市发展基本稳定后的远景年。因此,推荐方案中安排建设的各线路客流预测年限应含初期、近期和远期:初期为建成通车后第 3 年,近期为第 10 年,远期为第 25 年。

建设规划阶段客流预测主要内容包括城市交通需求分析、比选方案和推荐方案线网、推荐方案线路客流预测、敏感性分析等。建设规划阶段应综合考虑城市社会经济发展、城市交通运行、公共交通发展等影响因素,在比选方案客流预测结果对比分析的基础上给出推荐方案。

建设规划阶段客流预测中城市交通需求的内容与线网规划阶段相同。比选方案线网客流预测指标主要包括客流量、负荷强度、换乘系数、平均乘距、公共交通在全方式中的出行分担率、轨道交通在公共交通中的出行分担率等。推荐方案线路客流预测指标主要包括推荐线网方案中各线路平均运距、全日及高峰小时客流量、换乘客流量、高峰小时单向最大断面客流量等。敏感性分析的重点是影响客流总量规模的宏观性影响因素,包括城市人口规模、城市交通发展政策、土地开发时序和进程、票制票价方案等。其中,城市交通发展政策主要包含采取的公交优先策略相关措施以及针对机动车、摩托车、电动自行车等交通方式的相关政策性导向。

建设规划阶段客流预测为确定近期建设规模、项目选择与时序提供依据,为建设方案的经济评价等提供支持,指导建设范围、时机,确定运营组织和车辆购置。一般来说,客流效果较好或穿越城市近期重点发展区域的城市轨道交通线路应优先予以建设。

4.3.3 工程可行性研究阶段的客流预测

工程可行性研究阶段的客流预测成果是工程可行性研究报告的支持条件,可以为线路设备系统类别的选择和各子系统规模的确定、线路方案、车站设置的比选、各期车辆购置数量的确定、运营设计及经济评价与财务分析提供依据。除了交通需求、线网及线路客流指标等总体层面的指标外,该阶段还要重点预测车站的进出站客流和换乘车站换乘客流。

工程可行性研究阶段的客流预测年限同建设规划,应含初期、近期和远期三期规划,预测内容如下所示。

①城市交通需求分析,应包含三期出行总量、时空分布分析、交通结构等。

②线网客流预测,主要包括远期线网客流量、负荷强度、平均乘距、换乘客流量和换乘系数,远期各线路客流量、负荷强度、平均运距、高峰小时单向最大断面客流量。

③线路客流预测,主要包括开通年至远景年客流成长曲线、三期全日及早、晚高峰小时客流量、客流周转量、换乘客流量、平均运距、单向最大断面客流量、负荷强度、客流时段分布曲线、日各级运距的客流量。当线路的客流高峰不出现在早、晚高峰时段时,应预测分析线路高峰客流出现时段及线路客流指标。针对机场线等特殊线路,其高峰时段可能不出现在早、晚高峰时段,应预测分析线路高峰客流出现时段及线路客流指标。

④车站(尤其是设置在商业中心、医院、学校、文化体育活动场所、火车站、机场等大型客流集散点的特殊站点)客流预测,主要包括三期全日及早、晚高峰小时各车站乘降客流量、站间断面客流量、换乘站分方向换乘客流量。当车站的客流高峰不出现在早、晚高峰时段时,应预测分析车站高峰客流出现时段及车站乘降客流量。与火车站、机场和长途客运枢纽、大型旅游景点、体育场馆或展览场馆等相衔接的轨道交通站点,其客流波动较其他车站较大,客流高峰时间也与其他车站不同,因此,应在大型社会活动期间或节假日,对具有突发客流的特殊车站,要单独做特别预测和分析,以确定车站合理布局和规模等。

⑤站间 OD 预测,应包含三期各站点全日及高峰小时站间 OD 矩阵、分区域 OD 以及不同运距的客流量分布。

⑥换乘客流预测,应包含预测线路与其他线路间全日及高峰小时换乘客流量。

⑦敏感性分析,应包含预测线路沿线人口规模、票制票价、服务水平、交通衔接等因素,给出全日客流量及高峰小时单向最大断面客流量的波动范围。

工程可行性研究阶段的客流预测要强调线路客流规模、客流集散分布,以指导线路设计。当线路分期建设时,各期工程均应做客流预测,并以后期项目建成通车年为基准年,修正初、近、远期年限后进行预测。而且,延长线的客流预测应给出全线线路客流指标、本延长段的线路客流指标与车站客流指标。

4.3.4 工程初步设计阶段的客流预测

工程初步设计阶段的客流预测要满足线路、车站、车场、换乘设施、行车组织、财务评价等工程设计的要求。该阶段客流预测的年限与工可阶段相同。工程初步设计阶段客流预测一般以工程可行性研究阶段的客流预测为基础。

除包括工程可行性研究阶段客流预测所有内容外,考虑到为站点出入口、步行通道、检

票闸机或闸门、楼扶梯等设施规模和布局提供依据,工程初步设计阶段客流预测还应包括下列内容:

①换乘车站高峰小时出现时段及高峰小时分方向的换乘客流量。

②站点高峰小时出现时段及高峰小时分方向乘降量。

③全日及高峰小时站点各出入口进站客流量和出站客流量。

④全日及高峰小时站点不同接驳交通方式进站客流量和出站客流量。

⑤各出入口分方向的超高峰系数。

一般情况下,工程初步设计阶段以工程可行性研究阶段的客流预测结果为设计依据。如果前提发生较大变化,或前面阶段客流预测结果不满足工程初步设计阶段要求,则需要进行工程初步设计阶段客流预测。

4.4 客流预测案例

4.4.1 客流预测的背景

某城市地铁×号线为横穿××市南部的东西向干线,线路全长约23.9km,全部为地下线,全线共设车站21座,最大站间距为1.57km,最小站间距为0.76km,平均站间距约1.05km,在××设置车辆段一处。本次客流预测是为地铁×号线工程可行性研究提供基础数据。

预测内容分为客流预测与敏感性分析。客流预测包括全线客流指标(全日客流量、年客运总量、各时段的客流量及其比例)、车站客流指标(全日及早晚高峰小时的各车站乘降客流量、全日及早晚高峰小时站间断面流量,以及相应的客流断面图)、OD客流指标(全日及早晚高峰小时的各车站站间OD表、区域OD分析、全线平均运距)以及换乘客流指标(全日及高峰时段各换乘车站的换乘客流量、占车站总客流量的比重);客流分析包括绘制客流年递增曲线,全日各时段客流变化曲线,并进行客流特征和风险评价,合理确定需求规模,指导运营组织,评价经济效益;敏感性分析分别就初、远期选定不同的敏感性因素,并对地铁×号线客流进行敏感性分析。

为保证客流预测的准确性以及前瞻性,需收集如下资料:

①《××市城市总体规划》(2004—2020年)。

②《××市轨道交通线网规划》(2004年调整版)。

③《××市城市快速轨道交通建设规划(2007—2015年)调整方案》(2007年)。

④××市轨道交通建设规划实施时间表。

⑤地铁×号线车站表和线位资料。

⑥《××市"十一五"期间交通规划》(2005—2010年)。

⑦《××市交通发展年度报告》(2002—2007年)。

⑧《××市交通发展纲要》(2004—2020年)。

⑨《××市公交线网规划》。

⑩××市统计年鉴。

⑪××市公交、地铁历年统计资料。

⑫2007年××市地铁客流调查报告。

⑬××市公交IC卡乘客出行信息系统分析平台。

⑭××市未来50年人口变动趋势预测研究报告。

⑮××市人口发展研究报告(2006年)。

⑯××市未来人口发展趋势预测。

⑰其他专项规划和资料。

4.4.2 客流预测模型

客流预测模型主要包括两部分:需求模型和供给模型。需求模型需要收集交通小区的分类居住人口及土地使用数据和基于出行目的(Activity - based)的活动链数据。它是基于交通小区居住人口及土地利用数据和供给模型计算的服务水平指标来进行预测,根据个人出行行为划分的居民分组来模拟居民的出行活动,以生成居民一日的活动链,并预测分方式的OD矩阵。

供给模型包含交通供给系统的相关交通网络数据(包括交通小区,道路路段、道路节点和公交站点,公交线路等)和交通分配模型。供给模型以交通需求(OD矩阵)和交通网络数据作为输入,使用交通分配模型对交通系统进行分析和评价。根据交通分配结果来计算交通量和服务指标(如行程时间,公交换乘次数等)。

需求模型与供给模型相互作用,需求模型根据供给模型交通分配计算结果对交通出行生成、出行分布以及方式划分进行调整,调整后的交通需求将产生新的交通分配结果,需求模型和供给模型这样循环迭代直到供需双方达到平衡收敛,使得交通系统最终达到一个平衡的状态。客流预测的具体过程如下所示。

1)划分交通小区

在本案例中,将市域范围划分为1118个小区,其中××市中心城区、机场划分为727个小区,同时为研究方便,将727个小区合并为24个中区。

2)出行生成模型

本案例中采用的出行生成模型所需的基础数据分为两部分:交通小区中根据出行特征划分的居民分组数据、居民一日出行的活动链数据。根据交通小区中不同人群的人口数量和相应人群选择出行类型的频率,即可预测由各小区的人口产生的出行总量和活动链数目。

(1)交通小区居民分组

根据××市居民出行行为特征及××市居民一日出行调查数据,将居民人口划分为7组(人群):有车的就业人员、无车的就业人员、小学生、中学生、大学生、无职业者、退休人员。

(2)居民分组的活动链

根据××市居民出行调查,得出××市居民活动链的类型共5000多种,为节省计算时间,简化模型结构,最后经优化合并,将活动链缩减为64种。

3)出行分布模型

本案例中的出行分布模型首先将活动链截取为单个出行,从第一次出行开始至最后一次出行,依次根据出行目的地选择模型将每次出行分布于相应交通小区。该模型是基于不同人群(居民分组)的出行目的(活动)进行计算的,因此要建立出行分布模型,主要有两部分工作:小区中对各出行目的(活动)出行吸引强度的量化指标计算与不同小区之间阻抗的计算。各交通小区之间的出行量可根据式(4-13)~式(4-15)计算:

$$F_{ij} = O_i \times P_{ij} \tag{4-13}$$

$$P_{ij} = \frac{D_j \times f(w_{ij})}{\sum_{k=1}^{B}[D_k \times f(w_{ik})]} \tag{4-14}$$

$$f(w_{ij}) = e^{-\alpha \cdot w_{ij}} \times w_{ij}^{\beta} \tag{4-15}$$

式中:F_{ij}——小区 i 至小区 j 的出行量;

O_i——小区 i 至的发生量;

P_{ij}——以小区 i 为起点,选择至小区 j 的概率;

D_j——小区 j 对出行的吸引强度;

B——小区的数量;

w_{ij}——小区 i 至小区 j 的阻抗;

α,β——校正参数。

(1)小区吸引强度量化指标计算

通过统计居民出行调查数据,并经扩样后得出各种出行目的矩阵,将各小区分目的的吸引量与小区的各项指标进行回归分析,得出小区的吸引强度量化指标。

(2)小区间阻抗函数计算

阻抗函数涉及两个因素:阻抗选择和参数 α,β 的标定。对前者,本案例选择距离作为模型交通阻抗;对于后者,需标定的数量由模型中人群分类和出行目的分类决定,由此建立 $\alpha\neq0,\beta=0$ 和 $\alpha\neq0,\beta\neq0$ 两种分布模型。根据标定的参数,将模型测算得到的各人群分目的出行距离分布与实际居民出行调查的距离分布进行对比,最后选取了 $\alpha\neq0,\beta\neq0$ 形式的交通分布模型。

4)方式划分模型

本案例在考虑出行人群的车辆拥有状况和出行链中的选择约束(这些约束被定义为可转换交通模式和不可转换交通模式)的基础上,采用了 Logit 模型进行交通方式划分。如式(4-11)所示,Logit 模型中的函数 $V(k)$为方案 k 的固定效益函数。在本案例中,固定效益函数考虑了采用方案 k 从小区 i 到小区 j 的旅行时间、距离、货币费用、其他费用(如停车费用)以及出小区 i 和进小区 j 的时间。

5)交通分配模型

(1) 机动车分配模型

机动车分配采用了平衡分配算法,遵循以下原理:在最终平衡分配的网络中,每一个机动车用户所选取的路径,相对于其他可选择的路径其道路阻抗是相等的;而相对于其他不可选择的路径而言,所选择路径的阻抗是最小的。

(2)公交客流分配模型

公交客流分配采用基于线路的客流分配模型,包括三个步骤:第一步寻找两个交通小区间的所有路径;第二步删除阻抗不可接受的路径;第三步在各分配路径之间根据阻抗情况分配客流。

根据以上所述,可得到该城市地铁×号线客流预测技术路线,如图 4-9 所示。

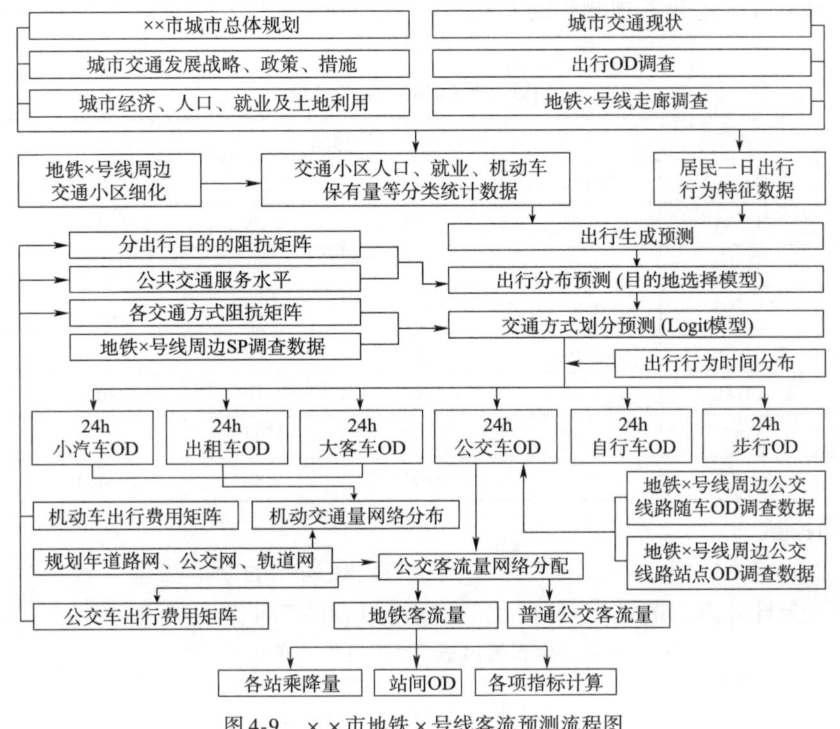

图 4-9　××市地铁×号线客流预测流程图

4.4.3　客流预测结果

(1)客流预测总体指标

地铁×号线在初期、近期和远期的客流预测总体指标如表 4-3 所示。

××市地铁×号线客流预测主要指标汇总表　　表 4-3

指　标		初期	近　期		远　期	
		数据	数据	增长幅度	数据	增长幅度
日均	总客流量(万人次)	41.56	71.12	71.13%	85.88	20.75%
	客流强度(人次/km)	1.74	2.98	71.13%	3.59	20.75%
	平均运距(km)	7.83	7.99		8.00	
	单向早高峰客流最大断面(万人次/h)	1.97	3.14	59.39%	3.78	20.38%
	早高峰客流量(万人次)	6.55	10.49	60.15%	12.55	19.64%
	早高峰小时系数(%)	15.76	14.75		14.61	
	单向晚高峰客流最大断面(万人次/h)	1.47	2.50	70.07%	3.08	23.20%
	晚高峰客流量(万人次)	5.22	8.60	64.75%	10.10	17.44%
	晚高峰小时系数(%)	12.56	12.09		11.76	
全年	总客流量(亿人次)	1.52	2.60	71.13%	3.13	20.75%

(2)平均运距

地铁×号线各方案初期、近期及远期的平均运距都在 7.68~7.73km 之间,约占线路总长度的1/3。随着城市轨道交通网络的完善和居民出行习惯变化,换乘增加,平均运距呈减小趋势。

(3)站点乘降量

地铁线路站点乘降量与站点的区位条件、交通功能,以及与其他交通方式的衔接程度紧密相关。预测结果应包含各预测年的站点乘降量。表4-4所示为线路初期各站点乘降量预测结果。

地铁×号线各站点乘降量 表4-4

站名	初期预测年					
	全日(人次)	比例(%)	早高峰(人次/h)	比例(%)	晚高峰(人次/h)	比例(%)
A站	48874	5.88	7144	5.45	5007	4.79
B站	37609	4.52	5130	3.91	3769	3.61
C站	32195	3.87	6991	5.34	5579	5.34
……	……	……	……	……	……	……
T站	13710	1.65	2749	2.10	2108	2.02
U站	23853	2.87	3641	2.78	3078	2.95
合计	831298	100	131040	100	104482	100

(4)断面流量

断面流量的预测应包含各预测年全日、早高峰、晚高峰的断面流量。表4-5所示为地铁×号线初期的全日分方向的站点乘降量和断面流量预测结果。

地铁×号线全日客流量预测(初期)(单位:人次) 表4-5

西向东			站名	东向西		
下车	断面流量	上车		上车	断面流量	下车
0		24810	A站	0		24064
	24810				24063	
410		18372	B站	418		18409
	42772				42054	
2191		13512	C站	2104		14388
……	……	……	……	……	……	……
6578		280	T站	6631		221
	12011				11843	
12010		0	U站	11843		0

(5)站间OD

站间OD预测应包含各预测年全日、早高峰、晚高峰的OD矩阵。表4-6所示为地铁×号线初期的全日站间OD预测结果。

地铁×号线全日站间OD(初期)(单位:人次) 表4-6

OD	A站	B站	C站	……	T站	U站
A站	0	47	273	……	74	108
B站	46	0	46	……	72	106
C站	250	44	0	……	80	119
……	……	……	……	……	……	……
T站	73	74	87	……	0	14
U站	104	105	125	……	14	0

(6)换乘量

换乘站是城市轨道交通线网骨架的支撑点,是提供乘客在轨道交通线路间进行换乘的主要场所。表4-7所示为地铁×号线各预测年的换乘客流量。

地铁×号线各预测年换乘客流汇总表 表4-7

指　标	初期	近期	远期
全日客流量(万人次)	43.07	73.57	89.04
换出量(万人次)	16.33	29.52	37.35
占全日客流量比例(%)	37.92	40.12	41.95
换入量(万人次)	16.54	29.86	38.18
占全日客流量比例(%)	38.41	40.59	42.88

4.4.4 客流敏感性分析

客流敏感性分析是指分析、测算某一客流影响因素的变化对客流指标的影响趋势和程度,进而确定客流预测结果的波动范围。根据模型数据分析,×号线客流初期敏感因素主要有常规公交与城市轨道交通的竞争与协调、城市轨道交通运营初期服务水平等方面;远期敏感因素主要有中心城及×号线沿线土地利用情况、城市轨道交通建设进程等方面。综合各种因素影响,考虑敏感性的客流预测值域范围,如表4-8所示。

×号线客流预测指标值域分析表(单位:万人次) 表4-8

<table>
<tr><th colspan="3">测 试 指 标</th><th>初期</th><th>远期</th></tr>
<tr><td rowspan="9">敏感性分析
(全日客运量)</td><td rowspan="2">常规公交的竞争与协调</td><td>高水平</td><td>43.10</td><td>—</td></tr>
<tr><td>低水平</td><td>36.15</td><td>—</td></tr>
<tr><td rowspan="2">轨道交通运营初期服务水平</td><td>高水平</td><td>44.53</td><td>—</td></tr>
<tr><td>低水平</td><td>34.39</td><td>—</td></tr>
<tr><td>轨道交通建设</td><td>增加另一地铁线路
(使本线增加换乘站)</td><td>—</td><td>86.52</td></tr>
<tr><td rowspan="3">中心城人口规模</td><td>增加15%</td><td>—</td><td>100.9</td></tr>
<tr><td>增加10%</td><td>—</td><td>96.04</td></tr>
<tr><td>减少5%</td><td>—</td><td>69.53</td></tr>
<tr style="display:none"></tr>
<tr><td rowspan="4">推荐值</td><td rowspan="2">全日客运量</td><td>高水平</td><td>44.53</td><td>100.90</td></tr>
<tr><td>低水平</td><td>34.39</td><td>69.54</td></tr>
<tr><td rowspan="2">高峰小时单向最大断面流量</td><td>高水平</td><td>2.11</td><td>4.44</td></tr>
<tr><td>低水平</td><td>1.64</td><td>3.09</td></tr>
</table>

思考题

1. 简述城市轨道交通客流预测的意义、主要内容和基本程序。
2. 影响城市轨道交通客流需求的因素有哪些?
3. 城市轨道交通系统客流的预测方法和模型主要有哪些?各有什么特点?
4. 试论述表征城市轨道交通客流分布空间不均衡的主要指标及内涵。

5. 哪些类型的换乘站换乘客流量较大?

6. 试论述城市轨道交通不同阶段客流预测的联系与区别。

7. 如何认识客流预测结果误差的相对性和绝对性?

8. 试论述客流敏感性分析的主要目的与关键技术要点。

9. 根据你的理解,简述做好城市轨道交通客流预测的关键环节。

第5章　城市轨道交通线网规划

5.1　线网规划的内容与编制依据

5.1.1　线网规划的内容

城市轨道交通规划是根据城市社会与经济发展情况,对城市轨道交通设施未来一段时间的发展做出安排,其具体内容包括线网规模与结构布局、场站空间位置与占地、设施能力规模及建设序列的确定。

城市轨道交通系统是庞大而复杂的系统工程,规划方案直接影响城市交通结构系统的合理性、工程项目的经济效益及社会效益,也直接关联到城市规划导向与用地控制。城市轨道交通线路一经建成难以更改,具有不可逆性,因而线网规划具有十分重大而深远的意义。

(1)进行线网规划的必要性

城市轨道交通线网规划是前期工作的基础,对投资规模和运营成本控制至关重要。经验表明,前期规划阶段实际上决定了项目全寿命周期费用的80%。城市轨道交通的发展必须要进行线网规划的理由包括:

①线网规划是确保城市综合交通供给协调发展的必要手段。

②线网规划是城市轨道交通快速发展背景下必要性论证程序的组成部分。

③线网规划是城市规划的内容,是城市用地控制的重要依据。

④线网规划是城市轨道交通系统发展科学化、规范化的组成内容。

(2)线网规划的主要内容

城市轨道交通线网规划的主要内容包括以下几个方面:

①调研城市所处的自然与社会环境背景,分析其经济与地理环境特征,基于城市总体规划提出的发展目标,从城市发展战略角度明确城市交通结构目标以及城市轨道交通的功能定位。

背景调研对象涉及城市社会经济发展数据以及城市总体规划和综合交通规划等上位规划。具体内容包括城市现状与发展规划(人口、国内生产总值、土地开发与利用等)、城市交通现状和规划(综合交通结构中机动化比例等)、城市工程地质条件(自然地形地理条件、地下水文等)、既有铁路利用分析和建设必要性论证(降低平均成本、提高覆盖度)等。

②从综合交通角度研究中心城区有限土地资源条件下的交通供需矛盾,提出通勤性出行供给的服务水平目标。

③结合城市经济地理环境,分析预测各时期城市出行规模与时空结构,识别各重要交通走廊、大型客流集散点的出行规模。

④研究确定不同规划期串联城市大型客流集散点(交通枢纽、商业中心、行政中心、规划大型居住区、规划工业区、娱乐中心等)、改善主要客流集散点之间交通联系的城市轨道交通

架构方案。

线网架构是线网规划的核心,它涉及城市最终需要建设一个什么样的城市轨道交通网络。其重点内容是根据城市轨道交通的功能定位与需求确定线网合理规模,以及城市出行的时空结构特征确定线网架构方案,对不同架构方案进行客流测试以提出推荐方案等。

⑤研究不同公共交通方式一体化衔接(枢纽建设)方案,提出通过城市轨道交通建设强化对内、对外交通联系并提高城市运行效率与辐射能力的方案。

⑥研究提出通过上述方案的分期实施所能提供的各阶段交通供给下的具体效果,分析轨道交通建设引导下的出行方式转移与交通结构改善意义。

⑦分析规划期内城市经济发展对城市轨道交通建设与运营方案的支撑能力。

城市轨道交通系统的建设与发展是一个长期过程,规划方案需要分步实施。线网规划的实施研究是规划方案可操作性的关键,方案的分期实施及其可行性论证需要结合城市社会与经济发展水平,分析城市发展路径,论证其对轨道交通发展的支撑能力。

⑧明确通过城市轨道交通建设方案与运营推动城市总体规划实现、推动新区开发与旧城改造、促进城市增长的预期效果。

5.1.2 线网规划的依据

城市轨道交通线网规划应根据城市社会与经济发展对城市轨道交通设施未来一段时间的需求做出安排,而城市社会经济发展最重要的依据是城市规划。

城市规划是关于城市未来发展、城市合理布局和城市各项工程建设安排的综合部署,是一定时期内城市发展的蓝图,是城市规划、城市建设、城市运行三个阶段之首。城市总体规划期限一般为20年。

城市轨道交通线网规划,需要通过对城市轨道交通网络的布局、站点与重要设施的选址、政策的制定等来体现城市总体规划的目标原则,促进落实城市总体规划的实现。城市总体规划既是研究制定城市轨道交通线网规划的目标、战略、原则的重要依据,也是网络布局、站点设置、基地控制等重要依据。按照城市总体规划法,城市轨道交通规划本身是城市交通规划的一部分,而后者又是城市总体规划的组成部分。

城市规划包括城市总体规划与详细规划。城市总体规划是城市规划的宏观战略,确定城市性质、规模、发展方向及(各类设施的)总体布局。城市详细规划是总体规划实施所要求的地区性规划,包括详细规划包括控制性详细规划(用地控制)与修建性详细规划(具体方案)。

控制性详细规划规定了中心城区与市辖各区、县政府等不同层次总体规划和地区经济、社会发展以及环境建设目标,对不同区域土地使用性质、使用强度、空间环境、市政基础设施、公共服务设施以及文化遗产保护等做出具体控制性规定的规划。

控制性详细规划的具体指标涉及容积率、建筑密度、人口密度、建筑红线、建筑控制高度和建筑后退等。其中,容积率指控制不同类型区域建筑强度的重要指标,直接决定一定土地范围的建筑规模;建筑密度是指规划地块内各类建筑地基面积与土地面积之比。这两个指标直接关系到相关地区城市景观与环境质量。

修建性详细规划以城市总体规划、分区规划或控制性详细规划为依据,对相关地区的用地、建筑空间、绿化、交通、市政基础设施、公共服务设施及建筑保护等做出具体安排,以指导建筑和工程设施设计和施工。修建性详细规划的主要成果包括修建性详细规划设计说明书和修建性详细规划图。

对城市轨道交通规划来说,控制性详细规划主要为城市轨道交通站点地区和沿线用地提供规划保护。通过对城市轨道交通沿线用地强度(如容积率与建筑密度)的管理,可以更加充分地反映城市轨道交通建设的社会效益,促进外部收益内部化,使公众明确城市轨道交通未来发展的重点领域与方向。修建性详细规划则是对城市轨道交通站点与周边地区的规划设计。

城市人口与人口密度对公交尤其是城市轨道交通的发展具有决定性作用。经验表明,城市轨道交通线路沿线地区需要较高的容积率作为支撑。较低容积率给区域内公交发展政策导向带来了一定的不确定性,也为中心城区私家车发展提供了幻想空间。

总体上看,由于城市规划政策,我国中心城区容积率偏低,如表5-1所示。从表中可以看出,我国包括北京与上海在内的大城市中心商业区容积率显著低于东京、纽约、新加坡、首尔等城市。2016年,上海市修订了《上海市控制性详细规划技术准则》,提出鼓励以公共交通为导向的城市空间发展模式,适度提高轨道交通站点周边土地开发强度。2016年发布的《上海市城市更新实施细则(试行)》调整了有关容积率奖励的规定,即容积率奖励条件由原来单一的公共开放空间新增了公共设施;奖励内容由原来的只根据核定建筑容积率拓展为根据能否划出独立用地和能否移交政府两部分,奖励系数值由原来的1.0~1.5也扩大到0.5~2.0。这为城市推进地铁上盖开发、进一步改善城市轨道交通车站的客流环境带来了契机。

部分国际化大都市中心城区容积率 表5-1

城市或城市区域	平均容积率	城市或城市区域	平均容积率
纽约中央商务区(CBD)	14.6	上海中心城区	<6.0
东京千代田区	10.1	北京朝阳CBD	4.2
首尔CBD	10.0	北京金融街	3.9
新加坡中心区	8.0~25.0	深圳福田CBD	2.7
香港	6.0~10.0		

不同规划期线网规划的目标与任务有所不同。一般来说,初期线网方案需要以城市总体规划为指导,明确线网规划依据,以满足城市发展需求为出发点,推动城市规划发展目标形态的形成。近期线网方案需要支持城市总体规划实施,包括城市(中心区)人口转移和(外围区)土地开发要求,实现与总体规划互动发展。远期线网方案应该体现引导城市发展思想,即远期规划应具有超前性,有利于将城市发展导向合理布局。

城市各类发展规划应以城市总体规划为上位规划,而城市轨道交通规划是城市交通规划(行业规划)的一个专项规划。城市轨道交通线网规划与其他各类规划的相互关系如图5-1所示。

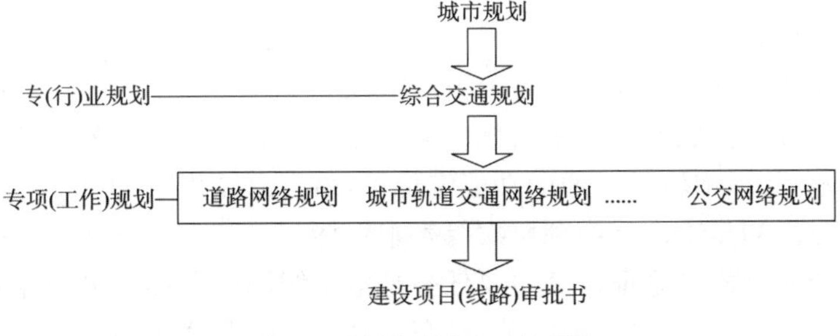

图5-1 各类规划的相互关系图

5.2 线网规划的原则与步骤

5.2.1 线网规划编制的原则

远景年的线网规划是一项专项规划,应以城市总体规划为依据,充分考虑城市内诸多因素的约束与支持。规划编制的原则可以概括为以下几个方面。

(1)定性与定量相结合

由于城市轨道交通建设是一项长期任务,规划工作需要考虑定量与定性相结合。近期发展依据与约束条件较多,容易量化,宜以定量为主。远期发展受诸多不确定因素影响,一般应以定性为主,重点体现城市与各区域的发展战略。

(2)近期与远期相结合

尽管编制发展规划的魅力在远期发展,但由于远期发展方案致变因素多,难以很好地把握。一般来说,应贯彻近期宜细、远期宜粗的基本思路,远期重点把握发展目标,近期重点把握发展方案,提高规划成果水平与可信度。

(3)市区与外围相结合

我国城市发展速度快,城市轨道交通发展空间也较大,涉及不同范围的城市区域。作为大容量的交通方式,城市轨道交通线网规划的编制应以需求强度较大的市区为主,注重城市内、外交通的衔接。

(4)宏观与微观相结合

城市轨道交通线网规划涉及范围大、时间长、影响因素多。尽管其上位规划明确为城市规划,但许多情况下城市规划成果的年限与轨道交通线网规划要求的年限并不相符。这时可以适度开展城市交通发展战略的补充性研究,更好地把握远景年发展目标,并作为远景年线网规划的参考依据,促进交通建设与城市发展的互动。

城市轨道交通线网布局和建设时序的确定,应与城市规划协调,适应城市总体规划的要求。当城市总体规划发生变化时,线网规划应及时做出调整,即回归城市总体规划。

5.2.2 线网规划的步骤

城市达到国家规定的建设门槛后,考虑到提升城市交通系统运行质量的需要,城市政府可以启动编制城市轨道交通网络发展规划。城市轨道交通线网规划一般由城市规划部门或城市轨道交通筹建部门主导,城市交通运输部门以及发展改革等部门参与,由具有经验(资质)的机构负责编制。

(1)规划工作阶段划分

城市轨道交通线网规划工作一般可分三个阶段:

第一阶段是明确工作思路与基本目标。重点解决“做什么? 怎么做?”的问题。具体包括确定线网规划范围、城市轨道交通的功能定位等;落实总体规划和基本参数,拟定原则、方法、政策和技术路线,初步论证规模和层次等基本目标。

第二阶段是全面分析与论证。其主要任务是落实线网的总体布局方案,包括总体结构、不同城区范围的结构形态与密度、换乘节点、车辆基地选址及联络线分布以及远景线网规划总图。总体结构包括论证线网规模、确定线网形态、初近期线网规模控制等。

第三阶段是提出最终规划成果报告,包括论证线网规划的分阶段实施方案、近期启动项目、规划用地方案等。重点研究近期项目选择、建设规模、建设时序、运行组织、工程实施、换乘接驳以及建设用地控制等问题;明确不同时期轨道交通在城市发展及整个综合交通系统中的功能定位,为编制建设规划奠定基础,也为远景线网规划的可实施性提供支持。

一般来说,建设规划是以远景年线网规划为基础编制的。不过,由于远景年涉及时间长,一个线网规划需要经过若干个建设规划才能实现。这期间,城市发展变化可能影响轨道线网的走向、总体结构、用地规模、车辆段及换乘站的配置,因此,轨道交通线网建设实施过程实际上是一个在线网规划方案基础上不断优化完善的动态滚动过程。

具体来说,城市轨道交通线网规划的编制一般需要以至少覆盖城市轨道交通规划范围的城市交通系统的全面调查(如 OD 调查)数据为基础。近年来,机动车全球定位系统(GPS)数据以及手机数据正逐步成为交通系统调查的重要手段。

(2)规划工作步骤

线网规划工作的步骤如下所示。

①开展系统的交通调查:对规划范围内的人口、就业及出行特征等进行全方位调查,如 OD 调查等。道路交通容量不足以满足城市交通需求时,可以启动轨道交通的建设工作。一般来说,轨道交通线网规划工作应以近年的交通调查结果为基础。

②客流预测及其评估:根据不同规划年度,分析规划线网范围内的客流特征;结合城市发展需求与综合交通发展目标,预测各时期城市轨道交通线网应承担的客流任务,并按规定由有关部门组织进行专家评审。

③编制城市轨道交通线网规划:根据评审的客流预测结果,组织研究并编制城市轨道交通线网规划方案。线网规划规划一般包括远景线网规划与建设规划,前者一般需要涵盖未来 10 ~ 30 年,后者重点针对未来 5 ~ 6 年,是城市向有关部门申报建设许可的基础文件。

5.3 线网规划方法

5.3.1 城市轨道交通的功能定位

城市轨道交通的规划发展是以其功能定位为基础的,而功能定位是指城市轨道交通在整个城市(综合)交通体系中的作用。城市交通系统通常由多种交通方式组成,而城市地区的交通问题也有多种解决方案。采用哪种解决方案需要考虑所在城市社会、经济、地理、文化等环境条件以及各种交通方式自身的技术经济特性。城市轨道交通的功能定位是这种解决方案的体现,其功能定位也直接影响规划发展的结果。

城市轨道交通的功能定位(对城市综合交通系统服务水平的支撑作用)决定其承担的任务,任务决定着线路等级与技术制式选择,线路等级与技术制式决定区域网络规模,网络规模与需求分布决定干支线的结构,干支线结构决定分区域线网密度(km/km^2),上述过程的结果决定规划方案的相关(供给/解决方案效果)指标。

一般的,决定城市轨道交通功能定位的相关指标主要有如下两个。

①公共交通在整个城市交通出行量中所占的比重。这个指标一般与城市本身的社会、

经济、自然地理条件等因素相关,公共交通在人口密度高的地区应该发挥较人口中低密度地区更大的作用。

②城市轨道交通在公共交通中所占的比重。这个指标除了人口密度指标之外,还与城市地区资源配置条件有关,道路交通拥挤度越高且地面空间资源越稀缺的城市,线路敷设方式以地下或高架为主的大容量轨道交通的作用就越大。

图 5-2 描述了伦敦 1995—2015 年这 20 年间城市交通方式结构的变化。

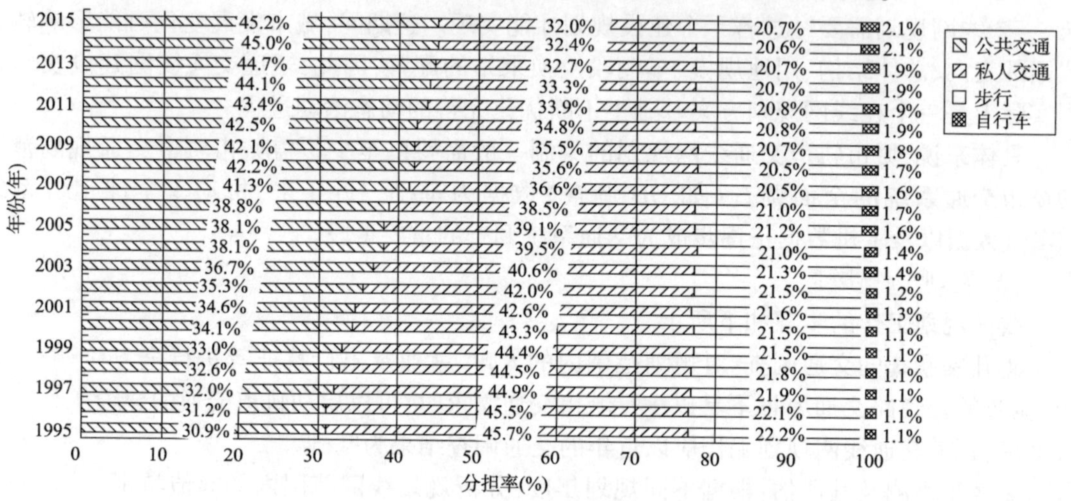

图 5-2 伦敦 1995—2015 年各种交通方式分担率变化情况

图 5-3 给出了伦敦中心城与内伦敦、外伦敦之间公共交通与私人交通结构的变化(数据来源:City Planning)。

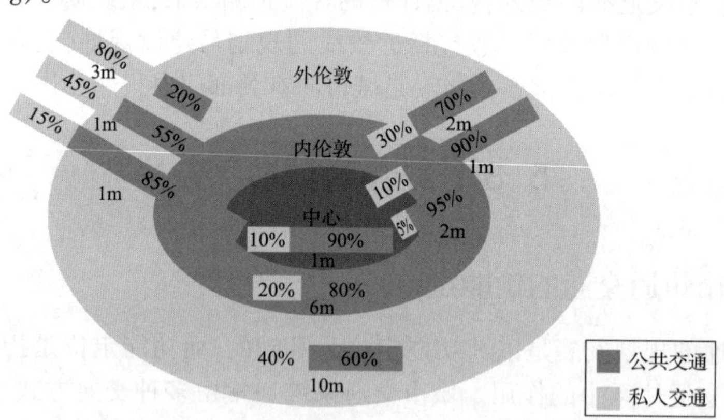

图 5-3 2015 年伦敦中心区、内伦敦区、外伦敦区出行量及出行方式示意图

由图 5-3 可以看出,作为西方发达国家典型国际化大都市的伦敦,近年来仍一直大力发展公共交通,而中心城区更是公共交通发展潜力最大的地区。

5.3.2 线网布局基市类型

微课程视频

城市轨道交通
线网布局

线网布局指城市轨道交通网络在长期的发展过程中形成的格局类型,“轨道交通线网布局”与“城市发展及其社会经济活动特征”互为因果,不同线网布局类型体现了不同城市发展及其社会经济活动的风格。因此,城市轨道交通线网布局实际上体现了其与城市发展及相关的社会

经济活动相互作用的结果。

总体上,不同城市线网构架可归纳为以下三种基本形式。

(1)棋盘式线网

棋盘式线网指由两组互相垂直的线路构成的网络,其特点是平行线路多、相互交叉次数少。典型的采用这类线网的城市有北京和墨西哥城。多数棋盘式网络系早期在道路网架构上形成,后期的网络较多兼顾了土建速度与施工难度。

棋盘式线网适合于市区呈片状发展、街道呈棋盘式布局的城市。其优点如下:

①线网布线均匀,换乘点能分散布置。

②线路顺直,可顺(道)路走线,利于采用明挖法进行施工。

该线网形式的不足是:平行线间的联系较差,旅客换乘需经第三线来完成。据研究,棋盘式线网的效率较放射线加环线线网低18%。

(2)放射式线网

放射式线网是以城市中心区为核心,呈扇形放射发展;其基本骨架包括至少3条相互交叉的线路,逐步扩展、加密。这类线网中心城区的线路较多,有时会造成工程处理困难,换乘客流也比较集中。

对于放射式线网而言,穿越市区的直径线可以较好地解决城市外围区之间的交流问题。不过,终止于中心区的半径线在市中心区可能产生大量换乘;一般在工程特别困难或者对向客流较小时,才设置半径线。

放射式线网的优点是:

①放射方向可达性较高。

②直观上更符合城市由中心区向边缘区土地利用强度递减的一般特点。

(3)有环放射式的线网

这种线网形式是在放射式线网的基础上增加了一个乃至更多的环状线路,从而为中心城区之外(具体区域由环线位置决定)的线间乘客提供了交流换乘机会。

实际线网是在复杂的历史背景下形成的,往往不具备典型性。有学者根据全球各城市的线网特征归纳总结了18种城市轨道交通线形模式,如图5-4所示。其中,图5-4h)、i)线网形式有利于形成卫星城镇;图5-4j)的线网结构在利于中心城区发展的同时易向外放射形式引导城市向外围发展;图5-4o)是受地形限制形成的线网形式。

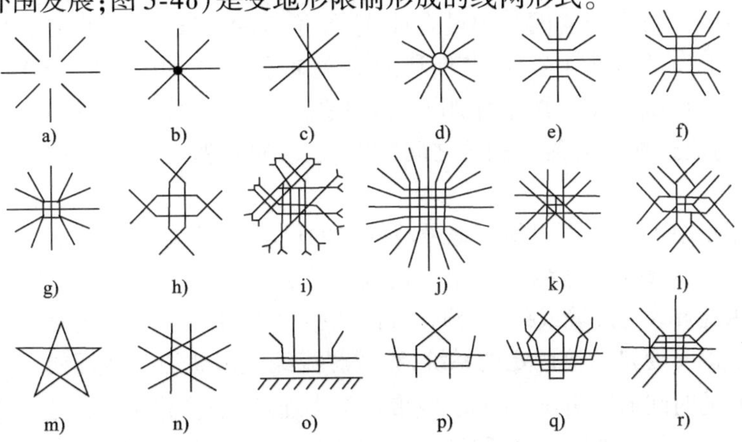

图5-4 城市轨道交通线网形式

5.3.3 线间关系与网络布局

5.3.3.1 线路间的关系

在城市轨道交通线网中,从客流组织角度看,邻近线路之间的基本关系可以分为两类。

(1)平行的分流关系

对乘客来说,当两条线路属于间距相对较近的平行线时,乘客可以从中选择乘坐一条线路,这种关系称为分流关系。对轨道交通网络来说,当一条线能力不足时,处于此种关系的另一条线路可以一定程度地分担其客流,从而降低该线交通负荷。一般来说,平线线路间的分流效果决定于其“间距”与“能力”两个要素。

(2)非平行的接续关系

相对应的,邻近线路的另一种关系是为旅客共同提供出行服务,即构成服务的接续关系。这种关系的线路可以扩大彼此的客流吸引范围,从而改善整个网络的客流效果。接续的效果取决于换乘点的效率及网络客流组织方案。

线路之间的上述关系既取决于其各线路具体的空间位置,也与规划地区出行需求的空间规律紧密相关。线间关系对网络能力配置方案有重要影响。

5.3.3.2 网络布局方案

网络布局方案的确定需要以城市空间结构、用地布局、客运交通走廊分布、重要客运枢纽和大型客流集散点的分布等要素的分析为基础。

在城市中心区,网络布局方案应与主要客流走廊分布、主要公共服务中心布局相吻合。原则上,线路应沿城市主要客流走廊布设,近期线路高峰小时单向最大断面客流量应不小于1万人次。在站点设置上,应覆盖大型商业商务中心、行政中心、城市对外客运枢纽、会展与体育中心、城市人口与就业密集区等公共设施,提高沿客流主导方向的直达客流联系,降低线网换乘客流量和换乘系数。

中心城区以外地区,线路布局也应考虑人口与就业岗位分布强度。候选站点周边1000m半径范围内,规划的人口与就业岗位密度之和如超过1.0万人/km^2时可以考虑布置相关线路。城镇连绵地区超出市行政辖区范围时,应考虑跨行政区统筹规划,使相邻行政区线网实现对接与协调运行。

5.3.3.3 环线的作用

不少城市在城市轨道交通网络中设有环线,如伦敦的黄线、东京的山手线、北京的地铁2号线与10号线、上海的地铁4号线、莫斯科的地铁5号线、深圳的地铁17号线等。

城市轨道交通环线主要有两个作用:一为加强中心区边缘各客流集散点的联系;二为通过换乘分流外围区之间的客流,减轻这些客流进入中心区带来的压力。

微课程视频

环线的作用

在城市道路网络中,环线可以很好地屏蔽外围的过境交通,减轻中心区道路交通压力。因为环线尽管会造成车辆一定程度的绕行,但高速度能够抵消距离的增加,因此环线对过境或跨区交通出行有较大的吸引作用。与道路环线不同,城市轨道交通是轨迹固定的系统,穿城客流经城市轨道交通环线需要换乘,而换乘的时间损耗明显。因此,城市轨道交通环线的“借道”作用受到限制,在时间上并没有显著的节省,环线对外围区之间客流的屏蔽作用需要从线网角度具体研究。

经验表明,环线的客流主要取决于以下两个方面。

①沿线人口和就业数量,也就是环线自身串联的客流集散点的规模。当然,环线加强了中心区边缘各客流集散点(卫星城镇、分中心)间的联系,可促进边缘区组团的发展。比如伦敦城市轨道交通线网是比较典型的环线加放射线的构架形式。伦敦环线串联了13座铁路车站,每座车站大多是伦敦市区向伦敦大区辐射的放射形铁路的起点站,它具备较好的客流条件。莫斯科地铁轨道交通网络的特点为以放射形线路为主体,环线连接放射形线路,城市轨道交通车站与国铁车站共站互联。

②环线的网络分流功能,即出行者对换乘不便与避免拥挤之间的选择与平衡。由于城市轨道交通环线能够增加放射线、方格线间的联系,连接分中心而非屏蔽流量,且具有造价与建设难度上的优势,因此城市轨道交通环线仍然受到青睐。

总体上看,我国多数大城市受政治、经济和社会传统影响,人口短期集聚效应显著,城市空间扩展多属于单中心密集发展模式;当城市中心区道路容量不足时,城市轨道交通环线成为解决单中心城区道路容量不足的重要选择。从网络格局看,初期棋盘式、十字形网络较多,中期一般形成环线加棋盘式或环线加放射式的主干系统。不同城市轨道交通线网体现了城市自身社会与经济发展的特点,是线网适应城市空间规划与城市交通需求的结果。

城市轨道交通线网规划中,还应研究提出线路间络线与调度指挥中心等设置方案,以满足网络资源共享及运营组织一体化的需求;联络线设置应满足列车过轨要求。

5.3.4 线网设计的基本要求

城市轨道交通的线网设计需要考虑交通需求以及城市的地质地理与建筑设施条件等因素后综合确定。

(1)线网设计的基本要求

城市人口与就业岗位分布是影响城市出行活动聚集的重要因素。因此,交通流量流向和土地与人口分布是构架初始线路或线网的基础,而规划年度交通网络的客流预测结果是进行城市轨道交通线网设计的直接依据。

由于城市发展的动态性,不同时期人口与客流的时空分布具有一定的差异。与地面公交线网不同,城市轨道交通线网具有固定不变性,因而城市轨道交通线网规划工作有其自身的基本要求,这些要求包括:

①稳定性。即线网应能满足城市不同发展阶段的要求,推荐的线网方案对未来城市发展可能出现的变数在空间(城市中心区)和时间上(近远期)具有一定的适应性。

②灵活性。规划线路延伸条件在空间(城市外围区)和时间上(远期)具有一定变化调整余地。

③连续性。后一阶段线网规划方案应当以前一阶段为基础,推荐方案可以视城市发展条件进行可逆的调整和完善。

城市轨道交通线网规划是一项复杂细致的工作。一方面,线网规划是一项专业的专项级交通规划,也是全市综合交通规划的延续和补充。由于城市轨道交通大容量的特点,其规划和建设对全市发展有极大的引导作用。城市轨道交通线网发展既相对独立,又应与城市总体规划有机地融为一体。另一方面,线网规划过程涉及城市规划、交通工程、土建工程、文物保护等多个专业,其方案需要进行多方位的统筹和协调。规划成果不仅需要纳入城市发展规划,还需要经过中央与地方的多部门、多专业的审查,规划方案需要考虑众多外界因素和边界条件的影响。

(2)规划的范围与年限

线网规划的研究范围一般需要根据规划目的来确定,一般来说,远景规划应涵盖整个城市地区,线网建设规划则侧重城市建成区。在研究范围内,还应突出论证重点研究范围,即城市轨道交通线路最为集中、规划难点也最为集中的区域,该区域一般是指城市中心区域。

从规划年限来看,线网规划可划分为近期规划和远景规划。近期规划主要研究近期线网的修建顺序以及对城市发展的影响,建设规划是最重要的近期规划,经国家主管部门批准后纳入实施计划。远景规划是指城市理想状态下(或者饱和状态)轨道交通系统的最终规划,可以没有具体年限。一般地,远景线网可以以远景年城市人口发展规划、产业分布和空间用地控制范围作为控制条件。

(3)规划编制的技术路线

技术路线是指开展规划编制工作的基本程序和各阶段的技术关键,体现了各阶段工作的基本逻辑,反映不同层次工作间的时序、重点内容、技术手段及其输出成果。

规划方案制订过程包括规划的基础条件研究、线网构架方案研究和规划可实施性研究三部分。图5-5描述了一般城市轨道交通线网规划的技术路线。

城市轨道交通线网规划的技术路线应该遵循“面—点—线—面”的基本方针。

面:即分析城市形态和研究范围,为市域网形态做好铺垫。

点:系统分析可能的线路起终点、集散点、换乘点和枢纽点,作为线路串联控制点。

线:根据客流条件确定可能的客流走廊,进行线路方案的初步分析、选择和优化。

面:进一步形成线网构架方案,使线网结构与城市形态基本吻合,回归城市总体规划。

城市轨道交通不仅投资大,其线路走向直接占用宝贵的城市地下或地上空间资源。因此,线网规划的编制要树立“城市资源和财富规划”的理念。从节约城市资源角度出发,需要重点研究如下三方面的问题:

①设备资源共享。实现全网络条件下车辆基地、控制中心、供电、通信、信号、自动售检票(AFC)等系统的资源共享和一体化规划。

②土地资源利用。沿线车站周边用地及开发研究。

③交通接驳。城市不同交通方式高效接驳,提升公共交通出行效率。

可以说,一个好的线网规划方案的标志包括“三个稳定、两个落实和一个明确”。“三个稳定”即线路走向和起终点稳定、线网换乘点稳定、交通枢纽衔接点稳定;“两个落实”即车辆基地和联络线功能定位和规划用地落实;“一个明确”即每条线路的建设时序明确。

5.3.5 线网规划主要指标

城市轨道交通线网是指由多条城市轨道交通线路通过车站和联络线衔接组合而形成的网络系统。线网的主要指标有以下五个。

(1)线网规模

线网规模指不同类型城市轨道交通线路的长度总和,共轨部分的线路长度计算一次,也称作线网长度;实际应用时也可分类统计。

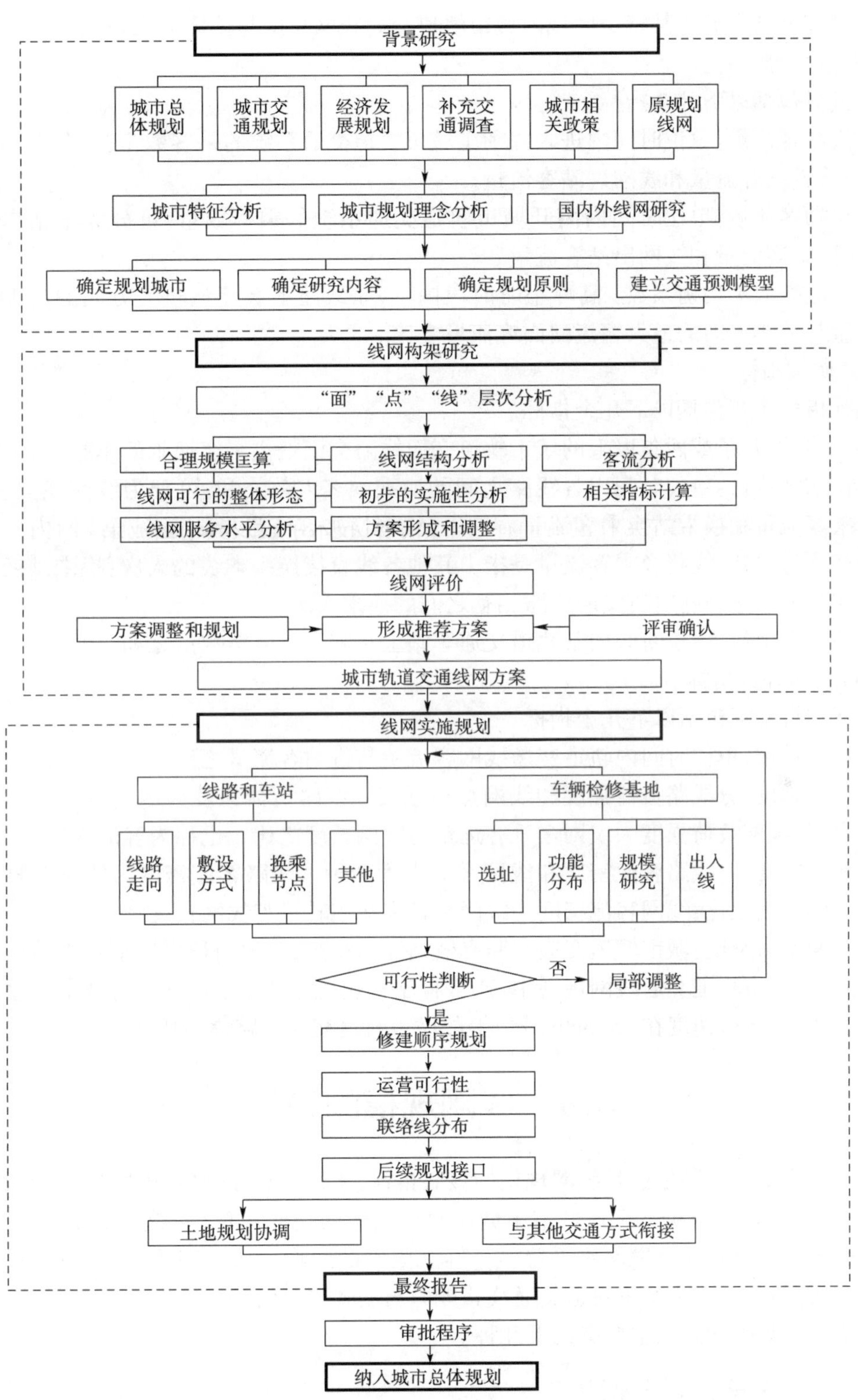

图 5-5 城市轨道交通线网规划技术路线

(2)线网密度

线网密度指在城市某特定区域内城市轨道交通线网长度与该区域面积之比。

(3)客流量

客流量包括以下几个指标。

①进站客流量:单位时间内进入并乘坐城市轨道交通系统的乘客数量,可分车站进站客流量、线路进站客流量和线网进站客流量。

②出站客流量:单位时间内离开城市轨道交通系统的乘客数量,可分为车站出站客流量、线路出站客流量和线网出站客流量。

③客流方向不均衡系数:高峰小时时段内,一条线路上客流量较大方向的最大客流断面客流量与较小方向的最大客流断面客流量之比。

(4)换乘指标

换乘指标主要包括以下几个指标。

①换乘站:两条或两条以上的城市轨道交通线路交汇处供乘客换乘的车站。

②换乘客流量:单位时间内各线路之间的换乘乘客人数之和,可分为线网换乘客流量、线路换乘客流量和换乘站换乘客流量。这里,线网换乘客流量指轨道交通线网内各线路之间换乘客流量之和;线路换乘客流量是指由其他各线直接换入本线的人次;换乘站换乘客流量则指在某换乘车站各轨道交通线路相互之间的换乘人次。

③站点乘降量:单位时间内某轨道交通车站上车和下车乘客数量之和。

(5)线网综合指标

线网综合指标包括以下几个指标。

①换乘系数:单位时间内轨道交通线网客流量与进站客流量之比。

②负荷强度:分线路负荷强度和线网负荷强度。线路负荷强度为线路全日客运量与线路长度之比,线网负荷强度为线网全日客运量与线网长度之比。也称为客流强度。

③客流密度:分线路客流密度和线网客流密度两种。线路客流密度为线路全日客运周转量与线路长度之比;线网客流密度为线网全日客运周转量与线网长度之比。

④车厢站席密度:城市轨道交通车厢有效站立面积内,单位面积平均站立的乘客人数。

此外,在城市轨道交通线网规划中,通常将旅行速度在45km/h以下的城市轨道交通线路称为普线;将旅行速度在45km/h及以上的城市轨道交通线路称为快线。

5.4 线网规模的确定

城市轨道交通线网规模是线网规划的核心指标,从外部看,线网规模既决定于城市发展的需求(客观因素),也决定于该城市中城市轨道交通的功能定位(主观因素),后者也很大程度上受城市社会与经济发展水平等城市客观因素的影响。从内部看,线网规模是确定线网架构方案的基础,也是城市轨道交通线路能力与制式选择的重要依据。

确定线网规模的方法主要有以下几种。

5.4.1 交通需求分析法

需求分析法是指从城市轨道交通需求角度推算网络发展规模。具体计算方法如下:

$$L=\frac{Q_t \cdot \alpha \cdot \beta \cdot k}{\gamma} \tag{5-1}$$

式中：L——线网长度，km；

Q_t——城市出行总量；

α——公交出行比例；

β——城市轨道交通出行占公交出行的比例；

k——城市轨道交通系统换乘系数；

γ——城市轨道交通线路负荷强度，万人次/(km·d)。

该方法涉及多个关键参数的确定和计算。例如，α 及 β 的取值分别决定于城市公共交通发展的定位以及轨道交通在公共交通中的功能定位。一般的，α 在 0.3～0.6 之间，β 在 0.3～0.6之间。此外，不同类型线网决定了城市轨道交通线路负荷强度，而城市出行量与城市人口紧密相关。

全市居民 t 年出行总量 Q_t：

$$Q_t=m \cdot \tau \tag{5-2}$$

式中：m——城市远景人口规模（含常住人口和流动人口）；

τ——人均出行强度，次/(人·d)。

一般来说，居民出行强度相对比较稳定。多数城市居民出行强度为 2.5～3.0 次/(人·d)，如表 5-2 所示。

部分城市线网客流强度 表 5-2

城市名称	线网客流强度[万人次/(km·d)]	城市名称	线网客流强度[万人次/(km·d)]
东京	3.65	新加坡	1.64
香港	2.49	纽约	1.22
首尔	2.35	伦敦	1.11
巴黎	1.98	巴塞罗那	0.88
莫斯科	1.72	马德里	0.61

注：东京、新加坡、伦敦、巴塞罗那为 2016 年数据，香港、首尔为 2017 年数据，巴黎、莫斯科、纽约、马德里为 2018 年数据。数据来源于相关城市与地铁公司官网。

负荷强度（客流强度）γ 是指轨道交通网络或线路每千米线路每日平均承担的客运量，是反映轨道线网运营效率和经济效益的一个重要指标。从全球看，全网客流强度多在 1.0 万～2.0 万人次/(km·d)，线路级的客流强度多数在 1.0 万～3.0 万人次/(km·d)。

5.4.2 服务水平法

线网规模是从交通供给角度对系统的重要描述，一定程度上体现系统所能提供的服务水平；另一方面，运输能力也是城市轨道交通供给的重要参数。从规划角度看，线网密度和系统能力可以刻画城市轨道交通的功能定位。

从城市轨道交通服务水平角度看，有两大类型：一是高密度低运能模式，即线网密度较高，线路之间间距较小，每条线的能力或运量不突出，这种模式下，乘客能够就近乘车，其代表性城市有伦敦；二是低密度大运能模式，线路之间间距较大，但每条线的运能配置较大，这类城市的代表有香港、莫斯科等，如图 5-6 所示。

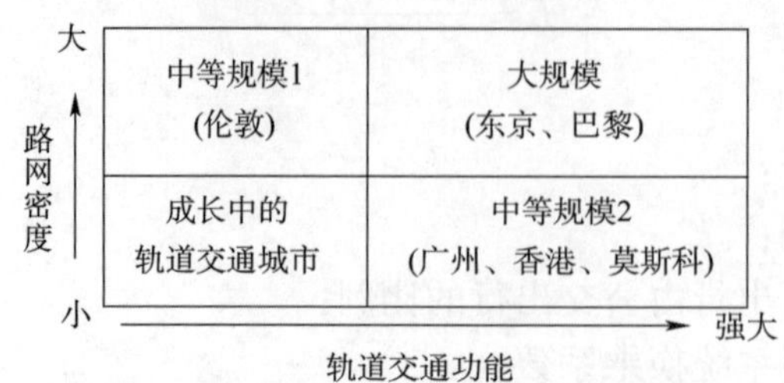

图 5-6　线网规模与功能的典型关系示意图

规模合理性决定着建设投资、客流强度,也关系到服务水平、建设用地的控制。线网规模指标主要有城市轨道交通线网总长度(km)、城市轨道交通线网密度、单位人口拥有的线路里程(km/万人)和单位面积分布的线路里程(km/km^2)等。不同区域开发强度、交通需求存在差异,一般由市中心区向外围区呈需求强度递减,线网密度也应递减。城市轨道交通网密度需根据不同区域(城市中心区、城市边缘区、城市郊区)需求确定,国内外各城市线网密度与客运强度比较,如表 5-3 所示。

国内外各大城市线网密度与客运强度比较表　　表 5-3

城市	人口(万人)	面积(km^2)	运营里程(km)	线网密度(km/km^2)	客运强度[万人次/(km·d)]
伦敦	320	294(内伦敦)	408(含轻轨)	1.39	0.89
纽约	787.6	634	368	0.58	1.47
东京	874	621	312(地铁) 887(国铁),1126(私铁)	0.50(地铁) 3.24(国、私铁)	3.78(地铁) 1.44(国、私铁)
莫斯科	1150.3	1081	313(不含单轨)	0.29	2.14
巴黎	223.1	105	214	2.04	1.93
香港	717.8	1104	218(地铁+轻轨)	0.21	2.17
北京	2069.3	1368	574	0.42	1.75
上海	2302	2649	617(含磁浮线)	0.23	1.51
广州	1270.0	1166	309(含 APM 线)	0.27	2.50
南京	660	867	259	0.30	0.85

注:①北京、上海、广州、南京为 2016 年数据,其他城市为 2012 年数据。

②APM 指旅客自动输送(Automated People Mover)。

将城市规划区分为几类,如中心区、中心外围区及边缘区,然后或类比其他相似的轨道交通先行城市的线网密度,或通过线网形状、吸引范围和线路间距确定线网密度,来确定城市的线网规模。

常用的规划范围划分一般为主城区范围、都市区(建成区)范围和市域(地区)范围。如德国将城市划分为三个功能圈:第一圈指城市中心 5km 半径范围,以地铁为主,通常车站较多,站距短;第二圈指城市中心 5~15km 半径范围,以地铁和市郊铁路为骨干,公共汽车为辅助;第三圈指城市中心 15km 以外地区,主要以市郊铁路为主,公共汽车为辅,小汽车比重增加。

表 5-4 和表 5-5 为日本东京不同区域不同类型轨道资源配置的统计。

东京都市圈不同圈层轨道交通网络密度统计(一)　　表 5-4

东京都 70km 范围内			
类型	线路总数(条)	各线长度总计(km)	各线站点数总计(个)
地铁	13 +2	366.0	330
JR 线	29	1611.6	609
私铁(含中低运量)	76	1577.8	1062
合计	120	3555.4	2001

注:各线路站点统计时,换乘站统计多次;普通站点 1222 个,换乘站点 383 个。

东京都市圈不同圈层轨道交通网络密度统计(二)　　表 5-5

圈层	东京					
	范围	面积 km^2	人口(万人)	范围	线网密度 (km/km^2)	站点密度 $(个/km^2)$
5km	东京都心三区	42	46..8	都心	3.84	1.90
15km	东京区部	628	946.7	23 区	1.19	0.78
30km	东京都	2194	1374.3	23 区 + 多摩	0.70	0.39
70km	东京都市圈	16382	3760.2	东京都 + 神奈川、埼玉、茨城南、千叶	0.20	0.10

5.4.3 吸引范围几何分析法

该方法是根据轨道交通线路或车站吸引范围,利用几何方法确定不同区域轨道交通线网规模;基本原理类似于服务水平法。

根据线网方案结构形态和线间距,将规划区简化为较为规则的图形或者规则图形之组合,然后按合理吸引范围确定线间距,最后按相应的密度计算线网规模。

(1)轨道交通车站的吸引范围

根据调查,在市中心区,乘坐轨道交通的大多数乘客居住在距车站步行时间不大于15min 的范围内,乘客一般在车站停留时间为 3 ~ 5min,步行速度为 4km/h,由此确定市中心区轨道交通车站吸引范围为 650 ~ 800m(可取 750m)。

在市中心外围地区,步行去车站的距离每侧一般为 800 ~ 1000m,除此之外骑自行车或乘公交车去车站换乘的距离不超过 2km,由此确定城市中心外围区轨道交通车站的吸引范围每侧大致为 2km。

(2)轨道交通的线网长度

$$L = S \cdot m(\mathrm{km}) \tag{5-3}$$

式中:S——城市建成区面积,km^2;

m——线网密度,km/km^2。

线网密度是衡量轨道交通系统功能、方便性和可达性的重要指标。

均匀棋盘形路网条件下,轨道交通线网线间距为 1.5 km 时,线网理论密度约为 1.33 km/km^2;线间距为 4km,线网理论密度为 0.25 km/km^2。伦敦和莫斯科在市中心 30 km^2范围内,线网密度分别达到了 2.0 km/km^2、1.98 km/km^2。我国有专家建议线网密度可取 1.2 km/km^2左右。2016 年,我国北京二环内(面积 62.4km^2)线网密度为 1.11km/km^2,四环内(面积

302.5km^2)线网密度为0.93 km/km^2,中心城区(面积1378km^2)线网密度仅为0.38 km/km^2。

表5-6统计了典型城市区域地铁站覆盖情况。

典型城市区域地铁站覆盖情况　　表5-6

区域		面积(km^2)	地铁车站数(座)	地铁车站覆盖率(%)	
				500m半径	750m半径
巴黎	小巴黎	84.4	246	88.9	99.8
	A86环路以内	383.2	298	41.2	59.6
东京	山手线内区域	62.7	158	78.5	97.4
	东京23区	672.5	573	40.4	63.9
伦敦	地上铁路环线内	91.4	90	45.8	71.0
	南北环路之间	380.4	202	31.5	54.4
北京	二环以内	62.4	41	46.8	74.6
	三环以内	159.1	84	40.1	76.9
	四环以内	302.5	146	37.4	67.1
	五环以内	667.3	198	23.2	65.4

注:本表数据根据2018年3月谷歌地图数据测算得到。

5.4.4 回归分析法

回归分析法要求先找出影响城市轨道交通网络规模的主要因素(如人口、面积、国内生产总值、私人交通工具拥有率等);然后利用其他轨道交通系统发展比较成熟的城市的有关资料,对线网规模及各主要影响因素进行拟合,从中找出线网规模与各主要相关因素的函数关系式;再根据各相关因素在规划年限的预测值,利用此函数关系式确定本城市到规划年限所需的线网规模。具体回归分析法计算方法如下:

$$L = b_0 \cdot P^{b_1} \cdot S^{b_2} \tag{5-4}$$

式中:L——城市轨道交通线路长度,km;

P——城市人口,万人;

S——城市面积,km^2;

b_0、b_1、b_2——回归系数。

学者选择48个城市轨道交通系统进行研究,得到:$b_0=1.839$、$b_1=0.64013$、$b_2=0.09966$。

上述线网规模计算方法在实际工作中均有一定应用价值,但各方法也存在一些缺陷。

交通需求分析法从城市交通顶层设计出发,通过交通结构发展目标来指导规划,有较好的逻辑性,能够体现不同城市对公共交通和轨道交通发展的功能定位,但α及β的取值实际上容易论证不足,缺乏科学依据。

服务水平法的计算相对简单,但应用时对特定规划城市的社会与经济发展水平与特征缺乏考虑,参数取舍依据存在问题。

吸引范围几何分析法,能较好地兼顾服务水平,但对不同区域地面公交发展水平以及轨道交通技术制式(能力)考虑不足。

回归分析法具有一定理论依据,但在具体应用中难以寻找到有足够说服力的样本。上述方法在实际工作中可同时使用,相互印证,关键是要把握所规划城区的特点和发展趋势。

5.5 线网架构方案的形成

城市轨道交通线网的合理规模确定后,需要确定线网架构方案。线网架构方案需要在综合分析不同时期客流空间规律、综合考虑城市空间发展布局的基础上形成。

线网架构方案的形成需要反复论证和比选。提出线网架构方案前,需全面勘察规划区域,分析把握区域内线网布局的要点,即主要客流集散点位置与主要交通走廊,在初始线网方案基础上,论证线网能力等级与技术制式,分析通过城市轨道交通架构方案引导城市远期发展的策略与效果。最后,通过对客流效果与相关指标的分析与评估,得到推荐方案。

5.5.1 主要客流集散点甄别

既有的和规划的大型客流集散点是城市轨道交通线路与站点选择需要重点考虑的对象,是决定轨道交通线路走向的基本依据。

城市轨道交通的主要客流集散点一般涉及以下几类。

(1)居民小区

有一定规模的居民区是城市轨道交通的重要客流来源地,是早高峰的发生点与晚高峰的吸引点。居民区的客流规模大小取决于各居民区的总人数尤其是通勤通学人口。不同类型居民区的出行方式结构有所不同,乘坐公共交通出行的人群比例一般与居民区家庭平均收入负相关、与周边道路拥挤水平正相关。

除既有大型居民小区外,线网架构方案还应关注城市总体规划中未来大型居民社区的形成时间与规模变化。

(2)商业区

这类区域吸引广泛的城市活动,是就业与购物娱乐活动的密集区。商业区对出行的贡献大小与区域范围(商业区面积、容积率等)及就业岗位数正相关,也与相关区域的道路资源配置情况有关;后者影响出行的方式结构。

(3)大型工业与科技园区

这类地区属于就业密集区,其涉及的客流规模一般与就业岗位数量正相关。除了既有的园区之外,城市轨道交通规划常涉及未来发展规划中的园区,这需要对其就业岗位规模以及出行模式进行推算,以确定对城市轨道交通站点与线路出行需求的贡献。

(4)综合交通枢纽

综合交通枢纽是一类重要的客流集散点。作为公共交通的组成部分与骨干方式,城市轨道交通既需要考虑自身各线路之间的换乘衔接,也需要与其他出行方式互相协调,而连接公共交通枢纽、城市对外交通的铁路车站与机场就是打造一体化公共交通体系的重要内容。

(5)学校与医院

学校与医院是重要的城市客流集散点,尤其是中心城区的学校与医院所在地区,由于个体交通资源不足,已成为大城市交通拥堵的重要成因之一。为这些地区提供高质量的公共交通服务不仅可以缓解相关道路交通拥堵,也可以改善城市形象。

通勤、通学出行是城市早晚高峰客流的重要来源,我国不少大城市的学校与医院由于缺乏高水平公共交通服务的支撑,出行者过度依赖私家车等方式,已成为城市中心区的重要拥堵点源。

(6)城市大型活动中心

这类地区包括体育场馆、展览中心、城市居民公园等,这些场所经常举办大型活动,而交通供给资源不足。活动期间大量客流需要短时间完成聚集与疏散,这需要有大容量公共交通来提供集疏运支撑。

5.5.2 交通走廊识别与初始线网形成

交通走廊反映城市主客流方向,是城市轨道交通布线的基本依据。客流走廊识别方法包括人口与就业岗位关联法、出行期望径路图法以及基于客流集散点的客流测试法等。

(1)人口与就业岗位关联法

该方法结合通勤出行源于居住区与就业区之间关系的经验,根据人口与岗位的空间分布特征,设定一定影响范围,通过网络覆盖率指标判断走廊走向。

这种方法应用较普遍。不过,它一般仅能考虑人口与岗位总体关系,实际上并不能完全辨别岗位与就业间的一一对应关系,也难以考虑乘客出行选择偏好,可能导致线路走向与实际客流方向不完全吻合。这种方法对于城市空间联系不太复杂、组团关系类型少且特征比较明显的场合具有较好效果。

案例

某城市的城市空间布局

例如,某城市人口与就业具有显著的十字形特征,空间联系比较简明;从人口与就业岗位关联角度看,客流量最大的走廊(张店至博山、张店至临淄)和次大走廊(张店至周村、张店至桓台)正好构成了一个十字形架构。

(2)出行期望径路图法

在交通调查基础上,利用出行预测得到的规划年远期全人口、全方式OD矩阵,将远期OD矩阵按距离最短路分配到远期道路网上得到出行期望径路图。根据出行期望径路图上的主要交通流量方向,可以识别主要交通走廊。

这种方法需要有OD数据和模型系统支撑,理论上具有较强的科学性,是一种逻辑性强的方法。不过,实际工作中往往受规划数据可用性与准确性的局限,加上实际OD调查数据样本量的可能不足,规划年的走廊特征与基础年经常过于相似,有时也不能很好地刻画未来发展规划的走廊特征。

(3)基于客流集散点的客流测试法

基于城市发展规划,在考虑主要客流集散点规模基础上,构筑连接各客流集散点的多个虚拟走廊方案,围绕这些走廊提出不同的线路规划方案,通过不同组合形成城市轨道交通虚拟网络。再利用交通模型,在虚拟网络方案上对OD矩阵进行交通流量分配,分析规划年度网络方案的客流效果;比较各方案客流效果,识别客流主流向走廊。

这种方法通过设定的规划年综合交通网络,再利用交通模型直接测算交通效果,借此来识别重要的交通走廊,具有一定的科学性。不过,实际操作中,这种方法的结论高度关联于构筑的初始(规划网络)方案及其合理性,有时会遗漏好的方案。

因此,在识别客流走廊的基础上,可以构筑若干条城市轨道交通线路,通过反复分析与比选,最终组合形成不同风格的线网方案,作为下一阶段方案分析与比选的前提。

5.5.3 线路功能等级确定

公共交通需要客流走廊规模的支持,对城市轨道交通更是如此。走廊的需求规模既决定着是否建设城市轨道交通线路,也决定着建设什么样的城市轨道交通线路(即功能与制式选择)。这里应当指出,由于轨道交通系统成长的特征,线路能力规模由线路远景需求规模决定。近期需求规模决定着初期移动设备的购置,而固定设施的能力则需要按远景规模一次建成或预留扩能接口(可能的话)。

城市轨道交通线路可以从不同角度进行分类。

(1)根据线路功能划分

按照线路功能可划分为两个层次。

①外围层次,包括地区、卫星城、城市群。

②市区层次,包括中心城区。

(2)根据功能划分

根据功能,城市轨道线路的基本类型可划分为三种类型。

①市域快线:在市区与卫星城镇之间,为长距离出行提供快速交通联系的线路。

②市区干线:市区内部为中距离出行提供快速便捷的联系。

③市区辅助线:市区干线的补充线,旨在保证轨道交通网络整体功能的发挥。

(3)根据位置划分

根据位置,城市轨道交通线路的基本类型可分为三种类型。

①中心线:城市中心区,为公交出行者提供快速准时服务。

②直径线:起讫于郊区、穿越市中心区的线路。

③半径线:一端于郊区、一端于中心城区的线路。

(4)快线与普线

工程建设国家标准《城市轨道交通线网规划标准》(GB/T 50546—2018)提出,根据不同空间层次交通需求构成特征、不同技术标准轨道交通级配组合,线网分快线和普线两个层次。

①快线按速度等级划分为快线A(旅行速度>65km/h)和快线B(旅行速度45~60km/h),主要服务于市域和空间较大的中心城区。快线可选择城市轨道交通制式,也可选择铁路制式,具体制式由线路沿线用地特征决定。

②普线按照运量等级划分为大运量、中运量两个层次,主要服务于城区。中运量线路分全封闭和部分封闭(存在部分平交道口)两种形式。部分封闭系统主要以高架线、地面线为主,涉及平交道口的交通组织,其选线方法、系统配置等方面与全封闭系统相比有较大差异。有多种速度需求的走廊可采用不同运量和不同速度的级配组合。

标准明确了普线的客流门槛是高峰小时单向最大断面客流量1万人次。对于快线来说,标准根据快线客流特征,提出采用不小于10(万人次·km)/km/d客流密度指标作为快线的客流门槛。

城市轨道交通技术制式的选择需根据其能力需求规模确定,这里不再具体阐述。

5.5.4 架构方案的优化

线网构架受众多因素的影响,如何对它们进行归纳,并沿一定的思路将分析过程系统化,是保证线网构架科学合理的关键。

大城市轨道交通线网往往是一个覆盖数百平方公里的庞大而复杂的系统工程,所以线网构架方案研究必须分类、分层进行分析。“面”“线”“点”既是三个不同的类别,又是三个不同层次的研究要素:“面”的分析需要注重整体形态控制,拟定城市轨道交通线网规模及基本构架;“点”的分析重点在于线网覆盖站点的甄选;“线”的分析即交通走廊分析,线网内各线路可能的路径分析,涉及功能定位与线路级别。

架构方案的优化步骤大致可分为以下五个阶段。

(1)第一阶段:初始架构方案的形成

线网架构方案的提出,一般应遵循以下要点:

①根据线网规划的范围与要求,在客流预测成果的基础上,现场勘探重要客流集散点,广泛搜集第一手资料;确定对整个线网影响大的(换乘)枢纽与站点位置候选方案。

②根据交通调查全面考察既有交通走廊,掌握现状的客流流量流向特征;包括既有公共交通走廊、既有拥堵点段、道路资源不足区域以及未被覆盖的出行活动密集点等。

③走访既有交通规划、交通管理部门;结合城市总体规划提出的未来空间结构形态,初步分析未来各年度拟开发区域的规模、交通供给结构与可能的网络连接方向。

④调研勘探可能布线的走廊上既有道路红线与建筑物、规划建设的城市设施的情况,根据相关规范分析是否满足线路施工要求;评估给工程建设实施可能带来的拆迁工作量。

在上述调研与分析的基础上,按照从宏观到微观、从局部到整理的思路构筑规划区的线网架构方案。根据线网规模指标初步论证相关线路的起讫点方案;根据线间关系分析论证线间距方案;根据土地利用情况确定车辆基地等设施的初步方案;初步核定各区域线网密度,形成多个线网构架方案,作为下一步研究的基础。

(2)第二阶段:架构方案的归纳提炼

形成初始架构方案后,经内部研讨、筛选、提炼,推出其中部分方案,向各有关单位征求意见,全面听取各种思路和观点,并不断补充或修正方案集。经过“筛选—方案补充—再筛选”的提炼过程,形成基础方案。筛选过程中,应注重保留各种有较强个性的方案,合并共性方案,形成典型方案。

典型方案应具备以下特征:

①考虑到城市轨道交通在综合交通体系中的功能以及城市建设能力具有一定的弹性,遴选出的方案应具有不同的线网规模。

②考虑到城市居民交通出行选择行为差异以及各区域发展重点的可能变化,线网应具有不同结构、不同走向与换乘风格,以满足下一步比选的要求。

③考虑到未来城市总体规划实施过程中给交通系统带来的不确定性,架构方案应包含城市各区域尤其是未来发展区域线网密度的不同组合。

④考虑到既有道路网络结构特征与未来施工建设难度,架构方案应包含与既有道路交通尤其是既有字面公共交通系统在衔接上的不同组合方案。

⑤考虑到未来城市轨道交通的技术制式、服务水平与城市公共交通系统的基本功能,架

构方案应体现不同经济阶层(群体)的看法。

(3)第三阶段:交通效果测试

上述方案研究主要以定性分析为主,这一阶段开始,进入定性与定量分析相结合的分析阶段。

①建立针对规划区的交通模型,通过现状数据标定相关参数。

②针对前两阶段筛选得到的典型方案,利用交通模型对各规划年度的方案进行全面、系统的交通流测试,得到各典型方案规划年度的客流效果数据。

③对结果进行分析、比较与评估,为下一阶段方案调整与补充奠定基础。

(4)第四阶段:调整补充预选方案,并选出候选方案

通过分析和测试,预选方案均各自存在优点和不足之处,需要对其进行优化完善。优化完善方法包括增加与减少规模(长度)、补充Y形线、补充辅助线、改变线路走向、改变线路功能层次等方法,通过一系列调整与补充,形成最终候选方案集。

在这一阶段中,还应重点研究以下两个问题:

①车辆基地、控制中心、供变电系统、通信信号、自动售检票等资源的共享与兼容问题。

②远景年轨道交通对城市综合交通系统服务水平的支撑作用,包括远景年全区域里程规模、网络干支线(等级)结构、分区域的密度(km/km^2)以及相关需求/效果指标的测算等。

(5)第五阶段:推荐最终方案

在上述定性与定量分析基础上,通过线网方案评价系统或方法,对预选方案分组评价、排序,最后推选出优化方案;必要时可组织召开由专家与相关部门代表参加的方案咨询与研讨会议,进一步审议候选方案,最后形成推荐方案。

5.6 线网方案的综合评价

好的城市轨道交通线网已成为影响特大城市结构与功能发展的重要因素,具体体现在:

①城市轨道交通线网已成为整个城市客运交通系统的效率基础和能力骨架。

②城市轨道交通线路的布局已成为城市土地利用规划和交通规划的双重核心。

③轨道交通车站已成为城市居民居住与社会活动的中心,对城市活动有重大影响。

城市轨道交通与城市建设和发展紧密相关,并成为大城市规划和建设的立足点。

5.6.1 评价指标体系构建

我国城市在城市轨道交通线网方案评价工作中,采用过众多方法,但总体上看存在着指标数量多、相互关联度大的问题,且指标体系准则层不一,对决定城市轨道交通线网方案的主导因素的反映有所不同。

由于城市轨道交通线网规划涉及面广,影响因素多且复杂,定性评价存在实际上的分歧,难以统一。下面通过一个例子介绍一般的综合评价程序与相关要素。

(1)评价准则体系的确立

建立适宜的准则层有助于指标层指标的明确分类。一般来说,城市轨道交通线网方案评价的准则体系涉及四个要素($B_1 \sim B_4$)。

①与城市发展的协调性(B_1):从宏观层次评估不同方案与城市发展战略规划、城市总体

规划之间的吻合程度。

②对居民出行服务的改善作用(B_2):分析评估不同方案对居民出行服务水平的改善程度。

③运营效果(B_3):分析评估城市轨道交通建设对整个公交线网运营的客流效果。

④建设实施性(B_4):从投资、施工、分期建设角度评估规划方案的可实施性。

上述四个要素从宏观、中观、微观三个层面上反映出城市社会经济发展与规模变化对城市轨道交通网络发展的要求。另一方面,四要素也兼顾了规划者、出行者、运营者、工程实施者四方利益,体现了线网规划方案决策过程涉及的各方利益。

(2)具体指标的筛选原则

在确定了准则层后,从实用性、非重叠性、可行性三原则选择确定具体指标。

①实用性:指标选取应具有实际含义,且可测算。

②非重叠性:指标之间应相互独立,避免重复评估。

③可比性:指标的确定要体现不同方案间的可比性。

图5-7针对上述四个要素($B_1 \sim B_4$)提出了11项具体指标($C_1 \sim C_{11}$)。

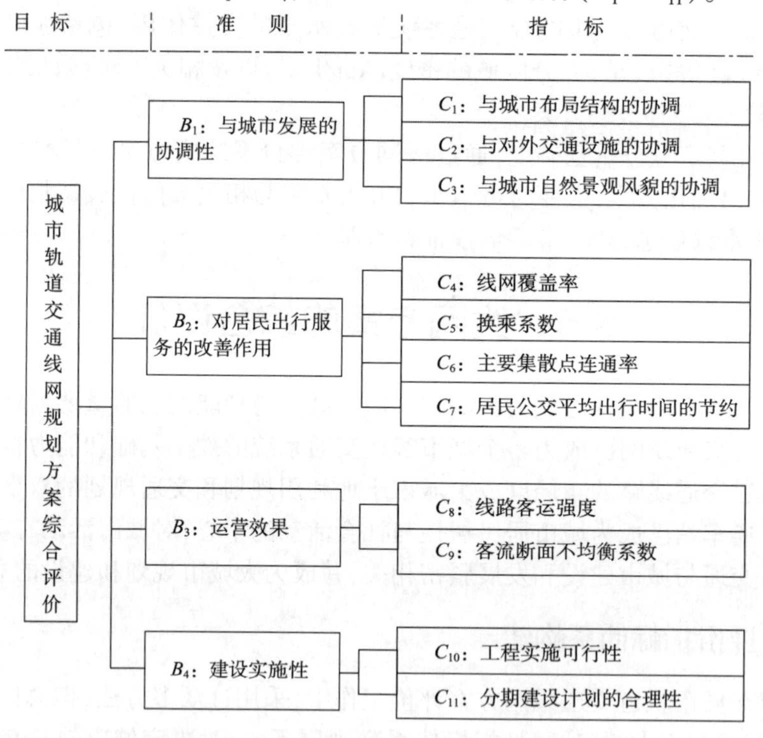

图5-7 某城市轨道交通线网规划综合评价指标体系

指标($C_1 \sim C_{11}$)含义及说明如下。

①与城市布局结构的协调(C_1):定性指标,考察与城镇体系发展的配合、串联城市中心组团与各功能组团的个数、线网形态与城市规模形态的吻合,以及线网是否对远景规划发展的各种可能性具有适应性和灵活性等。

②与对外交通设施的协调(C_2):定性指标,城市轨道交通线网应尽量衔接对外交通设施(火车站、机场、长途汽车客运站、港口码头等),此指标体现与对外交通设施的衔接程度。考察城市轨道交通线网与对外交通方式换乘节点布局的合理程度(城市轨道交通站点与对外

交通设施相互衔接的距离，衔接效率，是否形成一体化的综合换乘枢纽等），城市轨道交通线网规划是否考虑对接驳用地予以控制等因素。

③与城市自然景观风貌的协调（C_3）：定性指标，分析线网布设是否与城市景观协调，分析是否对历史文物古迹有影响，对不同性质的城市应有所区别，对不同制式的系统分别考虑。

④线网覆盖率（C_4）：效益型指标，指标越大越好。线网覆盖率有线网人口覆盖率、线网就业覆盖率、线网面积覆盖率、线网客流覆盖率，本书推荐使用线网客流覆盖率。线网客流覆盖率是指线路的直接吸引面积内的出行量与规划区内总出行量之比。它反映了线网承担规划区内总出行量的比例，从整体上表征线网的结构性能。其计算公式为：

$$D = \frac{\sum_{i=1}^{n} S_i T_i}{Q_{总}} \tag{5-5}$$

式中：D——线网客流覆盖率；

S_i——i 小区的直接吸引面积，其宽度为线路两侧各700m；

T_i——i 小区的出行发生密度，万人次/km^2，其值等于小区出行量与小区面积之比；

$Q_{总}$——规划年该市的总出行量；

n——线路行经的交通小区数。

⑤换乘系数（C_5）：衡量乘客直达程度的指标，其值为城市轨道交通线网出行人次与换乘人次之和除以城市轨道交通线网出行人次。衡量乘客出行直达程度及线网布线、布站合理性的指标。该指标是成本型指标，换乘系数越小，表明直达程度越好。

⑥主要集散点连通率（C_6）：是对比各规划方案的一个重要指标。主要集散点指：城市公交枢纽、市级的行政中心、大型商业中心、大型文体中心、大型娱乐中心、大型会展中心六大类。城市轨道交通线路应尽可能覆盖城市中的主要客流集散点（为避免与指标“与对外交通设施的协调”重叠，本指标内涵已不考虑对外交通客流集散点），在实际应用时，可对主要集散点按重要程度分类，计算主要集散点个数及总数时通过加权折算为当量值。

主要集散点连通率是指各方案中线网覆盖主要集散点的当量个数与主要集散点当量总数的比值。这里的“覆盖”定义为城市轨道交通车站与主要集散点相距300m范围之内。该指标是效益型指标，指标越大越好。

⑦居民公交平均出行时间的节约（C_7）：城市居民以公交方式（含常规公交与城市轨道交通）出行的平均消耗时间的减少。其评价城市轨道交通线网的修建对居民公交出行时间的改善程度，同时也反映了整个城市综合交通网的效率。该指标是效益型指标，指标越大越好。单位为“min”。

⑧线路客运强度（C_8）：城市轨道交通日客运周转量与线网总长之比，反映城市轨道交通线网单位线路长度承担的客运周转量，以评价线网的运营效率和经济性。单位为“（万人次·km/d）/km”。

⑨客流断面不均衡系数（C_9）：城市轨道交通线网各线全日客流断面最大值与平均值之比。反映城市轨道交通线网承担客流的均衡程度，以评价线网的客运效率。

在客流预测结果的基础上，利用式（5-6）计算：

$$P = \frac{\frac{Q_1}{K_1} + \frac{Q_2}{K_2} + \cdots\cdots \frac{Q_n}{K_n}}{n} \tag{5-6}$$

式中：　P——线网客流断面不均衡系数；

$Q_1,\cdots,Q_n$——各线全日双向最大断面流量之和；

$K_1,\cdots,K_n$——各线流量平均值，为各全日断面流量之和除以断面数量；

n——线路条数。

⑩工程实施可行性(C_{10})：定性指标，从工程实施角度考察各方案近、远期方案具体施工条件的难易程度(如是否跨越各类工程难点)，现有设施(既有铁路)利用的可能性，动迁居民及单位数量等。在一定程度上也涵盖了投资总额的估计值。

⑪分期建设计划的合理性(C_{11})：定性指标，考察各方案分期建设的线路，线网与城市分期发展重点、目标的吻合性及参考分期能达到的城市轨道交通客运量和城市轨道交通客运周转量来评判连续建设的合理性。

在上述指标基础上，还需进行定性指标的量化以及定量指标的归一化。

(1)定性指标的量化

在城市轨道交通线网方案评价指标体系中，定性指标占一定的比例，这类指标具有一定的随机性和模糊性，而且涉及评判个体的心理因素。用基于普通概率统计的评判打分其结果已不能令人满意，集值统计原理提供了处理定性指标量化的合适方法。集值统计是经典统计和模糊统计的一种拓广。经典统计在每次实验中得到相空间中的一个点，而集值统计得到相空间的一个区间估计值。

通过上述方法对城市轨道交通规划方案评价中的定量指标和定性指标处理，可将属性值矩阵转换成下述归一化评价矩阵：

$$R=\begin{bmatrix}\hat{r}_1\\ \hat{r}_2\\ \vdots\\ \hat{r}_n\end{bmatrix}=\begin{bmatrix}r_{11} & r_{12} & \cdots & r_{1m}\\ r_{21} & r_{22} & \cdots & r_{2m}\\ \cdots & \cdots & \cdots & \cdots\\ r_{n1} & r_{n2} & \cdots & r_{nm}\end{bmatrix}=[r_{pi}]_{n\times m} \tag{5-7}$$

(2)定量指标的归一化

定量指标一般有四种类型：成本型(越小越好型)、效益型(越大越好型)、适中型(即不能太大又不能太小为好型)、区间型(属性值在某一固定区间内为好型)。对于 U 中的 N_1 个指标来说，一般可分解为下列四个子集：

$$U=\bigcup_{j=1}^{4}U_j,U_r\cap U_s=\phi,r\neq s,r,s\in\{1,2,3,4\} \tag{5-8}$$

式中：U_1——成本型指标子集；

U_2——效益型指标子集；

U_3——适中型指标子集；

U_4——区间型指标子集。

对 $u_i\in U$，设其论域为 $d_i=[m_i,M_i]$，其中 m_i 和 M_i 分别表示指标 u_i 的最小值、最大值，定义：

$$r_{\mu}=\mu d_i(x_{\text{pi}}),i=1,2,\cdots,n_1 \tag{5-9}$$

r_{μ} 为决策者对样本模式 p 的评价指标 u_i 的属性值 x_{pi} 的满意度，且 $r_{pi}\in[0,1]$，其中 $\mu d_i(\cdot)$ 是定义在论域 d_i 上的指标 u_i 量化的隶属函数。城市轨道交通规划方案评价的指标主要有成本型和效益型两类，其隶属函数如下：

(1)成本型指标量化的隶属函数($u_i \in U_1$)

$$r_{\mathrm{p}i} = \mu d_i(x_{\mathrm{p}i}) = \begin{cases} 1, x_{\mathrm{p}i} \leqslant m_i \\ \dfrac{M_i = x_{\mathrm{p}i}}{M_i = m_i}, x_{pi} \in d_i \\ 0, x_{\mathrm{p}i} \geqslant M_i \end{cases} \tag{5-10}$$

(2)效益型指标量化的隶属函数($u_i \in U_2$)

$$R_{\mathrm{p}i} = \mu d_i(x_{\mathrm{p}i}) = \begin{cases} 1, x_{\mathrm{p}i} \geqslant M_i \\ \dfrac{x_{\mathrm{p}i} - m_i}{M_i - m_i}, x_{\mathrm{p}i} \in d_i \\ 0, x_{\mathrm{p}i} \leqslant m_i \end{cases} \tag{5-11}$$

5.6.2 综合评价方法

综合评价需要将全部指标通过不同权重整合为单一指标。权重是指对于评价目标、评价系统或评价指标之间的相对重要程度。权重的确定对方案比较评价的意义重大,需进行全面分析、慎重进行。

在计算出各评价指标分级指数和确定出系统及指标权重的基础上,以线性加权和法求出待评价各方案的综合效用值,选择具有最大效用值的方案为最优方案。

若指标权向量为 $W = [W_1, W_2, \cdots, W_m]^T$,归一化矩阵为 $R = [r_{ij}]_{n \times m}$,则方案 i 的效用 U_i 为:

$$U_i = \sum w_j r_{ij} \tag{5-12}$$

按最大效用准则确定的最优方案满足:

$$x^* = \left\{ \frac{x_i}{\max\limits_i u_i} \right\} \qquad (x_i \in R) \tag{5-13}$$

通过以上过程,可以从预选方案中最终推选出 2 ~3 个(不宜过多)候选方案。将这些推荐方案及其评价结果一起征求各方意见,并提供给专家评审会。经过征求意见及专家评审后,最终确定一个推荐方案。

如前所述,综合评价作为对复杂问题的一种评价方法,在早期的线网规划中有一些应用。由于城市轨道交通线网候选方案的前期形成已经经过了一系列遴选与优化,提交到综合评价阶段的候选方案应该基本符合“与城市发展协调”及“可实施”等门槛。综合评价阶段要回答的问题实际上是判定哪个方案“更符合”,而这个问题往往因为候选方案各有特色以及评价人员“仁者见仁,智者见智”而难有共识,因而,这种方法在线网规划中日渐少用了。

5.7 线网规划中的若干重要问题

5.7.1 线网规划标准解读

工程建设国家标准《城市轨道交通线网规划标准》(GB/T 50546—2018)(以下简称“《标准》”)在 2009 版 8 章内容的基础上扩充为 10 章,包括总则、术语、基本规定、交通需求分析、服务水平与线网功能层次、线网组织与布局、线路规划、车辆基地规划、用地控制、综合评价。《标准》在强调协调线网布局与城市空间结构、支持客运交通走廊、提高城市时空运转效率、强化乘客服务功能、注重工程建设投入产出效益的基础上,增加了针对乘客服务的要求、线网功能层次和线路规划技术、线网组织与布局的技术要求和指标,以及用地控制指标等内容,对做好城市轨道交通线网规划工作具有重要指导意义。

根据相关研究成果,《标准》将车厢服务水平等级由高到低分为:A-非常舒适、B-舒适、C-一般、D-拥挤和E-非常拥挤五级,对应的车厢站席密度为≤3 人/m^2, >3 ~4 人/m^2, >4 ~5 人/m^2, >5 ~6 人/m^2, >6 人/m^2。同时规定了普线平均车厢舒适度不宜低于C级,快线平均车厢舒适度不宜低于B级。这为车厢舒适度评价体系为既有线网运能是否需要增加配置提供了评判依据。

《标准》规定:对既有运营线路,当线路某一断面平均车厢舒适度低于规定等级水平的时间之和大于一天总运营时间的15%时,要从线网规划层面采取增加运能供给、改善车厢舒适度的措施。15%的含义是容许各个区间断面上车厢平均舒适度不符合规定要求的时间之和控制在一天总运营时间的15%以内。通过测算北京、上海、广州、南京、郑州等城市,容许某一断面车厢舒适度不符合规定要求的累积时间基本为2.0 ~2.5h。

《标准》基于我国对城市公共交通出行分担率目标的要求,从提高城市轨道交通投资效率角度出发,在亚洲国家典型城市轨道交通平均设施水平基础上,提出确定适于中国国情的城市轨道交通设施供给水平指标,即中心城区线网密度规划指标。

通过调研全国已建和在建轨道交通城市,提出地下线路和高架线路的区间建设控制区宽度均为30m。车站附属设施宜布置在城市道路红线外两侧毗邻地块内,并规定了车站附属设施建设控制区指标,鼓励与邻近公共建筑结合考虑。车辆基地建设控制区总规模宜按每千米线路0.8 ~1.2hm^2 控制。

在城市轨道交通在公共交通体系中的功能定位上,基于城市转型发展和供给侧结构性改革要求,规定了城市轨道交通在公共交通体系中的功能作用:规划人口规模500万人及以上的城市,城市轨道交通应在城市公共交通体系中发挥主体作用;规划人口规模150 ~500万人的城市,城市轨道交通宜在城市公共交通体系中发挥骨干作用。

在城市轨道交通系统的服务水平方面,提出了城市时空效率指标(出行时间)、换乘效率指标(换乘时间)和车厢舒适度指标(车厢站席密度) 三项服务水平指标,有利于提高城市轨道交通系统服务水平、提升乘客出行效率和城市经济社会联系效率,改善乘客出行环境。

在城市时空效率方面,基于国内外经验,提出两个地区之间城市经济社会密切联系的交通圈出行时间宜控制为45min之内;《标准》还规定了城市主要功能区之间轨道交通系统内部出行时间,如规划人口规模500万人及以上的城市为30min,加上两端步行衔接时间约15min,实质上规定了以中心城区市级中心为核心,副中心、外围组团中心均处于45min交通圈的范围之内。

从线网功能层次看,目前,我国多数大城市中心城区空间规模增大、外围组团离中心城区更远,一些城市将城区线路向外延伸,对线路旅行速度有了更高要求。

《标准》提出,城市主要功能区之间轨道交通系统内部出行时间应符合下列出行效率规定:对规模500万人及以上的城市,中心城区的市级中心与副中心之间不宜大于30min;150万 ~500万人的城市,市级中心与副中心之间不宜大于20min;中心城区市级中心与外围组团中心之间不宜大于30min,当两者之间为非通勤客流特征时,其出行时间指标不宜大于45min。在这一出行时间目标下,当客流走廊达到一定客流规模[如普线负荷强度不小于3

万人次/(km·d)]且存在不同速度需求时,可同时设置快线与普线。共用走廊的快线与普线原则上应独立设置。

《标准》进一步强化了线网与城市空间功能结构的协调,指出线网要与城市空间功能、用地布局相吻合,尤其是换乘枢纽要与城市主要功能中心相吻合。对于城区单一层次的普线网,在市、区两级中心应设置换乘枢纽;对于城区大运量和中运量两个层次的普线网,在市级中心、副中心应设置两个层次线网的换乘枢纽;对于快线网与普线网之间的衔接换乘,优先选择与市级中心、副中心结合的枢纽作为换乘控制节点;对于以商业商务服务或就业为主的市级中心,规划人口规模500万人及以上的城市应有2条及以上的城市轨道交通线路服务,有条件时宜形成具有多站换乘功能的枢纽地区;线路应与城市功能发展轴线、主要客流走廊结合。

《标准》明确了城市轨道交通与铁路客运站、机场等对外交通枢纽衔接的条件。铁路客运站旅客发送量通常较大,城市轨道交通与主要铁路客运站间的衔接应依据客流确定,对换乘设施应进行一体化设计,换乘距离不应大于300m。

城市轨道交通线路与机场衔接可分两种情形:一是机场客流为主的线路;二是兼顾通勤及机场客流的线路。从运营效益看,我国不少机场快线沿线设置车站少,客流量不大,运行效益较差。当机场规划年旅客吞吐量在4000万人次以下时,机场线应尽量兼顾城市通勤功能。

考虑到包括城际铁路、市域铁路在内的铁路已成为我国城镇群、都市圈交通网络中的重要出行方式,改善铁路与城市交通网络的衔接可推动区域交通一体化。《标准》提出,规划人口达到500万人及以上的城市,城市轨道交通线网规划应研究主要铁路客运站和机场之间设置城市轨道交通线路的必要性和需求;并推荐两者之间城市轨道交通系统内部出行时间宜控制在30min内,最大不应大于45min。

关于中心城区以外设置城市轨道交通车站问题,《标准》提出了中心城区以外设置城市轨道交通车站的基本条件:在车站周边1000m半径用地范围内,规划人口与就业岗位密度之和快线不宜小于1.0万人/km^2,普线不宜小于1.5万人/km^2,并明确在生态环境管控地区严禁设置车站。

换乘枢纽设置是城市客运交通系统一体化的关键。《标准》规定了基于车站的其他交通方式接驳的技术要求,包括步行、非机动车、公共汽车和出租汽车等,并规定车站出入口宜设置客流集散广场,面积不宜小于30m^2。对非步行交通方式接驳,《标准》给出了接驳距离的控制指标要求。

目前在城市轨道交通线网规划的实施方面还存在一些实际问题。一些规划编制匆忙,研究深度不够,或未能完全纳入控制性详细规划,用地控制不力。此外,一些工程项目实施时涉及拆迁规模过大,导致资金需求大大超出预期,影响了项目推进。在标准实施方面,一些城市线网规划频繁修编,局部出现与总规不符的情况,使规划控制工作难以操作。

5.7.2 建设规划的编制

城市轨道交通建设规划是城市轨道交通建设与发展的核心文件,也是国家管理城市轨道交通建设的重要抓手。首轮建设规划经审查后上报国家主管部门获批复后,方可正式启动城市轨道交通工程建设工作。

城市轨道交通建设规划的编制应以线网规划成果为基础。建设方案是城市轨道交通建设项目实施的依据。建设规划应重点阐述并论证以下问题：

(1)建设的必要性

城市轨道交通是路权相对独立的大容量城市客运系统,投资巨大,且盈利能力弱,属于公益性公共交通系统,其建设应满足国务院2018年发布的《国务院办公厅关于进一步加强城市轨道交通建设管理的意见》(国办发〔2018〕52号)规定的条件。同时,还应从城市综合交通角度阐述城市轨道交通在解决城市地面道路交通拥挤、推动城市总体规划目标实现方面的作用。

建设城市轨道交通的必要性一般可以从以下几方面来分析论证：

①要分析城市轨道交通建设对支持城市总体规划的实施和发展的战略意义。这方面,既需要分析城市轨道交通对强化城市外围区与城市市区的交通联系、提高城市辐射能力的贡献,也需要阐述城市轨道交通在提高主出行方向(主要交通走廊)出行效率和能力、强化主城区外围与中心区的作用。

②要阐述城市轨道交通发展对实现公交都市建设目标、促进以高品质的交通供给鼓励及引导交通方式选择的良性转移、改善城市综合交通结构的重大意义。

③要阐述城市轨道交通对城市大型客流集散点(交通枢纽、商业服务中心、行政中心、规划大型居住区、规划工业区、娱乐中心等)交通服务改善、实现客流的合理疏解的作用。

④要分析论证城市轨道交通对缓解中心区尤其是中心商业区(CBD)交通供需矛盾、强化一定土地资源可能提供的交通供给的重要作用。

⑤要分析城市轨道交通建设对节约能源、减少排放、改善环境质量的作用。

⑥要分析城市轨道交通建设对拉动城市内需、推动商贸及土地开发(旧城改造和新区开发)、促进产业发展增长点形成的作用。

(2)项目与建设规模选择

建设规划应优先选择客流需求大、缓解交通拥堵明显的线路。拟建地铁初期负荷强度不低于0.7万人次/(km·d),拟建轻轨初期负荷强度不低于0.4万人次/(km·d)。

建设规划确定的建设规模应与交通需求、政府财力和建设管理能力相适应。项目资本金比例不低于40%,政府资本金占各年城市公共财政预算收入比例一般不超过5%,轨道交通出资额占城市维护建设财政性资金的比例一般不超过30%。建设规划期限一般为4~6年。

(3)客流预测

客流预测应以近五年开展的交通调查数据为基础,并开展客流预测专题研究。客流预测成果应包括城市交通需求、轨道交通线网客流、建设线路初、近、远期客流等,并对客流总量和结构特征、预测结果的敏感性和风险进行分析,满足建设方案比选、建设规模确定和经济性分析的要求。

(4)规划建设方案比选

建设规划应明确近期建设方案构建原则,全面论证近期建设重点。内容涵盖近期建设规模、建设方案与城市规划和交通需求的适应性,从投资和客流效益等方面开展多方案比选后提出推荐方案,明确建设任务和时序安排,并提出线路服务水平和技术标准建议。

(5)工程方案

建设规划中的近期项目应达到预可行性研究深度要求,重点落实线路起讫点、基本路由、敷设方式、车站分布、系统规模、主要设备选型和资源共享等内容。对特殊不良地质地区、文物古迹保护、长大隧道桥梁、重要枢纽节点、环境保护控制性工程以及涉及集中拆迁片区(旧城改造、车辆基地等)的工程实施方案,应开展专题研究,并提出具体措施。

(6)投资能力

深化相关工程项目的投资和征地拆迁等前期费用估算,提高建设规划投资估算的准确性。结合城市经济发展,提出资本金和债务资金筹措方案;统筹各年度投产项目运营、在建和拟建项目投资计划,落实政府资金保障能力,确保政府财力可支撑城市轨道交通的建设与运营。

(7)实施保障措施

一方面要做好环境影响评价工作,确保建设规划在建设、运营阶段满足相关规范要求。另一方面要建立健全规划编制的公众参与制度,广泛听取社会各方面意见,包括开展方案的社会稳定风险分析和评估,预防和化解潜在风险。首次申报城市还应明确建设管理的组织机构及人才保障措施。

目前我国已将有轨电车建设划归省级发展改革部门审批。一般来说,建设地铁和轻轨的城市应做好与有轨电车网络的衔接,尽量将有轨电车纳入建设规划。

对于非首轮建设规划编制城市来说,新一轮建设规划还应着力分析总结上一轮建设规划实施情况,重点涵盖对城市总规实施的推动作用、用地控制情况、线网规划演变与衔接、交通需求规模与结构变化、城市建设管理能力、政府财力、新技术发展和国家政策导向等。非首轮建设规划的内容包括背景分析、线网规划衔接、新项目建设的必要性、客流预测、规划与工程方案、投资估算、实施保障和风险分析等,并开展社会稳定风险评价、环境影响评价、交通一体化等专题研究。对这些有运营经验的城市,还应结合城市特点,深入开展资源共享、网络化运营、地质灾害等专题研究。

5.7.3 线路设计速度的选择

城市交通的拥挤强化了人们对出行速度的渴望。在各城市纷纷进行城市轨道交通建设之际,提高城市轨道交通列车运行速度的思想受到许多人的推崇。城市轨道交通线路的设计速度涉及技术制式选择,是线网规划中的一项重要工作。一般来说,最高速度是动车组能够达到的最大速度。表5-7是欧洲统计的城市地区交通方式的平均旅行速度资料。

欧洲部分城市交通方式平均旅行速度(单位:km/h)　　表5-7

交通方式	巴黎	伦敦	马德里	巴塞罗拉	雅典
巴士	15	18	14.7	16.5	17.5
轻轨	—	24	—	—	—
地铁	24	33	25	28	30
重轨	43	57	—	38.6	58.8

(1)影响城市轨道交通设计速度的主要因素

提高最高速度的效果是加速旅客送达速度,但具体的提高效果却取决于以下因素:

①站间距。城市轨道交通系统车站间的距离是影响平均速度的重要因素,站间距越大,提高最高速度的效果愈明显。相反,距离越近,最高速度提高的效益越差。

②列车重量及编组。由于动车组的牵引力是相对固定的,列车编组越大,旅客密度越

高,牵引重量越大,最高速度的优势越不明显。

③区间线路条件。线路标高变化越大,最高速度的优势越不明显。

④旅客舒适度。城市轨道交通不同于城市间铁路,列车编组少,质量相对较轻,牵引电机能够实现的最大加(减)速度较城市间铁路列车要大得多,而实际上最终的最大加(减)速度的极限则取决于旅客舒适度设计的要求。

⑤经济性。轨道交通系统的经济性一般较差,经济性又直接关系到其建设的必要性与可能性;最高设计速度对系统造价和运营成本有重要影响,标准越高,造价越大,经济性越差。例如,从运营角度看,广州地铁1号线能耗占总运营支出的34%,仅次于人力支出的36%。

提高设计速度的主要目标是运行时间的节省,从而达到提高轨道交通吸引力的目的。理论上,速度提高还可接节省车辆数量。不过,实际商业运行速度(即一般意义上的旅行速度)与设计速度之间还存在差距,提高设计速度的效果需要根据线路具体情况进行分析。

提高设计速度的代价包括多方面:首先是建设代价,由于速度的提高,线路、隧道、列车与通信信号的设计标准均需提高,由此造成建设投资的增加;由于速度提高导致的能耗的增加也是速度选择应考虑的重要因素,它直接影响运营费用的支出;这也是国外多数城市采取在市区边缘换乘策略的原因。其次是运营管理,由于速度的提高,列车间的最小运行间隔值可能增加;而列车间隔是城市交通系统最重要的服务质量指标之一,间隔增大的后果需要仔细研究;第三是速度提高对整个系统的安全性的设计产生重要影响,尤其是提高到100km/h以上时,关于安全裕量的设计标准将需要提高。

图5-8全面分析了设计速度提高的影响因素及利弊。

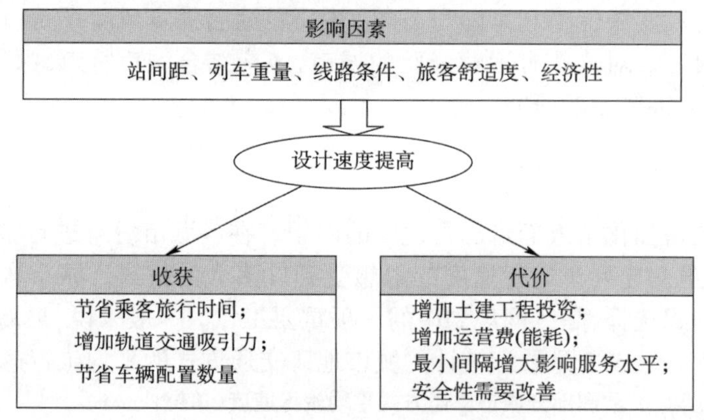

图5-8 轨道交通系统设计速度变化分析

因此,对速度目标值的分析需要进行综合评估。

(2)速度目标值选择案例

以某轨道交通线路A为例,A是一条贯穿市区与郊区的城市与市郊轨道交通线路,其一期工程全长约37km,拟设计15个车站(中间预留2个车站站位),一期工程全线的平均站间距为2642.5m。现设计如下三个方案。

方案一:最高速度80km/h,牵引质量142t,列车长度按100m。

方案二:最高速度100km/h,牵引质量142t,列车长度按100m。

方案三:最高速度120km/h,牵引质量155t,列车长度110m。

通过对列车运行过程计算,可得到如表5-8所示的结果。

某市 A 线列车运行计算结果汇总　　表 5-8

设计速度(km/h)	实现平均速度(km/h)	实现最大速度(km/h)	牵引能耗(kW·h)	牵引率(%)	旅行时间(min)
80	62.79	71.32	224.57	38.53	38.7
100	72.25	91.2	275.57	65.46	34.0
120	78.76	111.18	383.08	67.40	31.5

由表可以看出：

①设计速度从 80km/h 提高到 100km/h 与 120km/h 时，实际平均速度仅分别从62.79 km/h 提高到 72.25km/h 与 78.76km/h；实际平均速度的提高低于设计速度的提高。

②从能耗角度看，速度从 80km/h 提高到 100km/h 与 120km/h 时，牵引能耗从 224.57kW·h提高到了 275.57kW·h 与 383.08kW·h。由于设计速度的提高，列车运行过程的平均牵引率（牵引工况时间占总运行时间之比）从 38.53 % 提高到 65.46% 与 67.40 %。

③在牵引力相同、最高速度为 120km/h 条件下，列车质量从 155t 增加到 285t（增加 84%）时，列车平均速度从 78.76km/h 下降到 64.61km/h（下降 18%），实际最高速度从 111.18km/h下降到 101.78km/h，列车的能耗则从 383.08kW·h 激增到 537.13kW·h（增加 40.2%）。因此，列车质量对列车运营过程有重要影响。

④时间节省。最大设计速度从 80km/h 提高到 100km/h 与 120km/h 时，列车的纯运行时分将从 35.4min 压缩到 30.7min、28.2min。考虑到停站和折返时间，全线的旅行时间可以从 38.7min 压缩到 34.0min 及 31.5min；分别节省 12.1% 及 18.6%。

⑤设计速度为 80km/h 时，站间距与平均速度和实际最高速度之比的关系如图 5-9 所示。

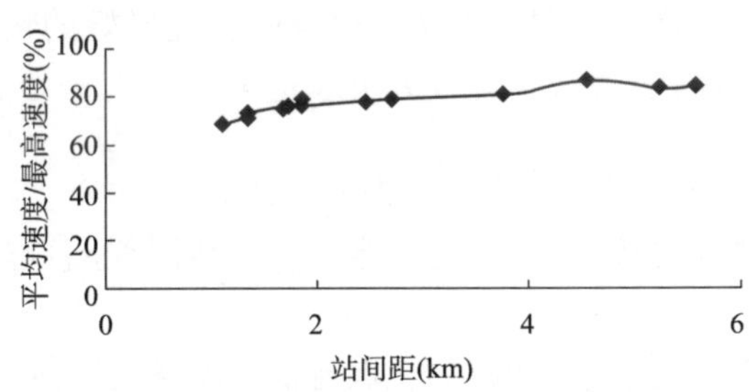

图 5-9　速度目标值与站间距的关系示意图

不难看出，站间距越短，平均速度与实际最大速度之间的比值越低。一般站间距在 4km 以上时，该比值才能达到 80% 以上。

综上所述，不难看出，在城市中心地区提高列车最高设计速度的效果并不明显，而运营成本将急剧增加。因此，国外许多城市（如伦敦、东京、巴塞罗拉等）采用近郊换乘的模式，通过优化运营组织，使乘客无缝换乘，从而有效地控制成本，提高系统效率。这些经验对我国城市轨道交通线路技术制式选择具有重要借鉴意义。

5.7.4　线网联络线规划

城市轨道交通联络线指连接两条独立运营线路的辅助线。在线网规划过程中，合理的联络线设置方案是线网规划的重要组成部分，也是城市轨道交通线网实施和运营组织的前提条件。联络线的主要功能是在线路之间建立联系，为两线列车提供转线服务，是实现网络资源共享以及未来可能的过轨运营的通道。

(1)联络线的主要作用

联络线的主要作用包括以下几方面。

①列车跨线调转。线路配属的运营列车(车辆)数量理论上是根据线路运输能力计算得出的,但实际运营过程中运营车辆保有量是随不同时期客运需求、运营商经济实力、运营管理水平和车辆状况等因素影响变化的。在网络各线路之间设置联络线作为调转运营车辆的通道有利于列车跨线调度。

②基地资源共享。城市轨道交通线路一般每条线路都设有车辆段,承担车辆定、架修以下修程;车辆的厂修和车辆段内设备的大修由车辆厂承担。当城市范围内城市轨道交通线路数远大于车辆厂数量时,通往车辆厂的线路与其他线路,以及其他线路之间必须设置联络线,以保证车辆送修途径的顺直和通畅。另外,当两条线路共用一个车辆段完成存车或修车任务时,与车辆段没有直通的线路必须设置联络线与直通线路沟通。

③线路间物料运送。城市轨道交通新线建设施工过程中可能位于繁华的城市地区,其物资与设备设施运送往往增加道路交通压力,甚至造成空气污染、噪声扰民等负面影响。因此,选用既有线路及联络线作为通道向在建线路运送物料设备等将是较理想的选择。

④线路之间应急救援。联络线除在正常条件下完成以上任务外,出现紧急情况时将成为两独立运营的城市轨道交通线路之间车辆救援、撤出和转移的通道。联络线作为路网的冗余措施,对于保证城市轨道交通运营安全,提高系统可靠性具有重要意义。

(2)线网联络线数量

根据不同的联通方案,可以测算联络线的数量。

①各线直通方案。各线路之间均有直达通道是联络性最好的情形。当网络中独立的运营线为 n 条时,整个网络所需的联络线总数 L 可表达为:

$$L = C_n^2 = \frac{n!}{2(n-2)!} \tag{5-14}$$

初期线网线路不多时,实行线线互联是可能的。当线网线路数较多时,线线互联实际上是不可能也是不必要的。

②交点互联方案。城市轨道交通线路的交点通常是联络线选择的重点。如果根据线路网的形态在所有的交叉点建设联络线,则棋盘形线网(图5-10)条件下联络线总数 L 为:

$$L = m \times n \tag{5-15}$$

式中:m——线网中纵向线路条数;

n——线网中横向线路条数。

城市轨道交通网可设联络线的最大数量随线路条数呈几何级增长。不过,每增加一条联络线,相应的建设及维护费用会随之增加。

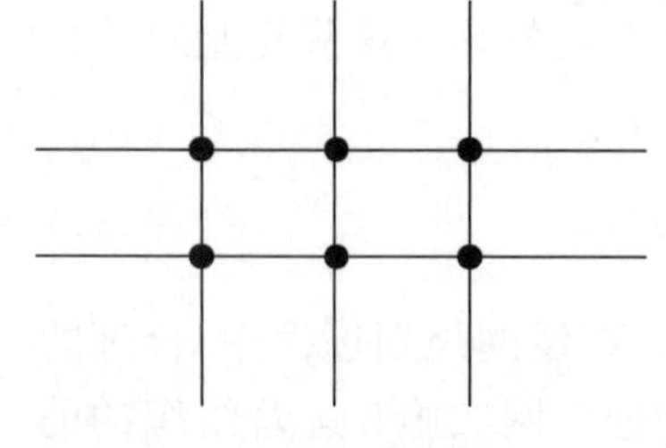
图5-10　棋盘形线网示意图

(3)联络线数量选择

联络线数量的确定应满足运营需要和尽可能降低造价的双重约束。这里的运营条件有:

①跨线运营的需要。这里线路之间的跨线运营主要发生在线路建设的过程中,属临时运营性质;其运营时间一般不超过建设周期,约为3~5年。

②车辆调配、大修需要。一般城市轨道交通车辆在运营 8～10 年后需进厂大修一次。各条城市轨道交通线路车辆配属通常相对不变，跨线调车仅在车辆更新换代、线路运力调整等情况下才会发生。

③运营安全需要。联络线是保证运营安全的冗余设施之一。运营过程中除了有大量车辆设备外还有众多乘客，一旦发生险情联络线将作为转移撤出的通道。

④满足调车时间需要。运营时间内城市轨道交通线路处于高密度行车状态，跨线调车等作业只能利用晚上非营业时间线路封闭后进行，路网内的长距离调车受到"天窗"时间的限制。如果按 5:00—24:00 运营，扣除车辆回库、停送电和必要的检查技术作业时间，可用时间只有 3h。如果运营线平均长度 30km，自出发地到目的地跨线运营不宜超过两条，最长迂回调车距离不宜超过 80～100km。

(4)联络线设置的要求

作为临时运营的联络线应按双线建设。其具体设置方法参见第 6 章。

(5)联络线规划设计方法

①主通道增长法。明确线网中需要联通的车辆基地，如车辆大修厂、功能较齐全的车辆段或综合检修基地，服务多条线路。以通往车辆基地得分最近线路为主要通道(一级通道)，在该线与其他线路的交点建设联络线形成二级通道，二级通道线路与其他线路的交点建设联络线形成三级通道，依此类推连接全网，如图 5-11 所示。

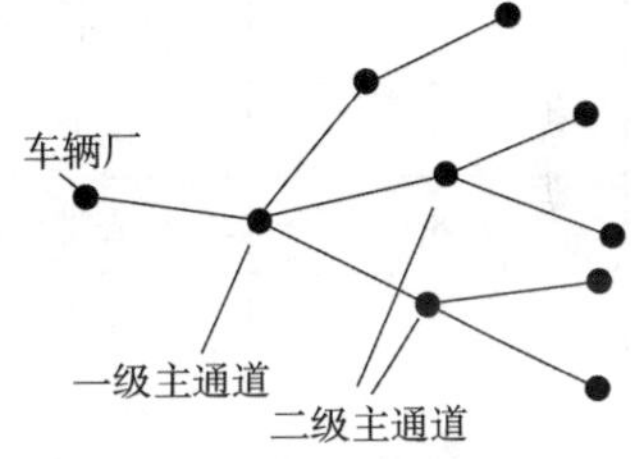

图 5-11　主通道增长法的连通图

②建设成本优化法。建设成本优化法的基本思路考虑以联络线建设成本最低为目标优化建设方案。由于城市轨道交通规划线网中少则几条多则几十条线路，可以设置联络线的位置可能上百处，实际上不可能在每一处交叉点设置联络线。建设成本优化法是在现场调查基础上提出优化方案的方法。

建设成本优化法的基本思路是：

第一，根据重要性确定联络线数量较少的初始方案。

第二，根据线路与基地间的连通性度以及各线路至基地的联通效率增加联络线数量，不断改善联通效率，平衡联络线负荷。

第三，根据已形成的联络线方案，分析评估删除某冗余联络线导致的建设成本节省与联通效率损失。

第四，通过第二、三步骤的反复，得到最终的联络线规划方案。

城市轨道交通线网的联络线规划是一个网络层面的顶层设计问题。由于城市轨道交通线网的形成实际上需要十几年甚至几十年，在线网规划工作中应充分重视联络线规划方案的论证工作，以做好联络线建设空间的规划预留。

5.7.5　机场线的规划

机场线指为机场与市中心区之间的客流提供公共交通联系的轨道交通线路。

截至 2018 年底，我国有地铁、磁浮或轻轨等不同类型的城市轨道交通线路衔接的、客运量排名靠前的城市有：北京首都(1)、上海浦东(2)、广州(3)、成都(4)、深圳(5)、昆明(6)、上海虹桥(8)、重庆(9)、南京(11)、郑州(12)、长沙(14)、武汉(16)、海口(17)、天津(18)、乌鲁木齐(19)、三亚(22)、沈阳(23)、大连(24)、福州(27)、兰州(28)、长春(31)、宁波(33)22个机场(括号内为国内机场运量排名)。从全球范围看,衔接轨道交通的机场约有180个,旅客吞吐量前20名的机场中有18个衔接了轨道交通,如表5-9所示;前50名机场则有76%的机场有轨道交通衔接,如图5-12所示。

2017年世界旅客吞吐量前20名机场的轨道交通衔接统计 表5-9

排　名	机场名称(代码)	旅客吞吐量(人次)	轨道交通形式
1	亚特兰大(ATL)	103902992	市郊铁路
2	北京(PEK)	95786442	地铁
3	迪拜(DXB)	88242099	地铁
4	东京(HND)	85408975	区域铁路、市郊铁路
5	洛杉矶(LAX)	84557968	地铁
6	芝加哥(ORD)	79828183	地铁、市郊铁路
7	伦敦(LHR)	78014598	高速、地铁
8	香港(HKG)	72664075	高速
9	上海(PVG)	70001237	高速、地铁
10	巴黎(CDG)	69471442	高速、市郊铁路
11	阿姆斯特丹(AMS)	68515425	高速、区域、市郊铁路
12	达拉斯(DFW)	67092194	无
13	广州(CAN)	65887473	地铁
14	法兰克福(FRA)	64500386	高速、区域、市郊铁路
15	伊斯坦布尔(IST)	64119374	轻轨
16	新德里(DEL)	63451503	地铁
17	雅加达(CGK)	63015620	区域铁路
18	新加坡(SIN)	62220000	地铁
19	仁川(ICN)	62157834	高速、区域铁路
20	丹佛(DEN)	61379396	无

数据来源:国际机场理事会(Airports Council International)网站。

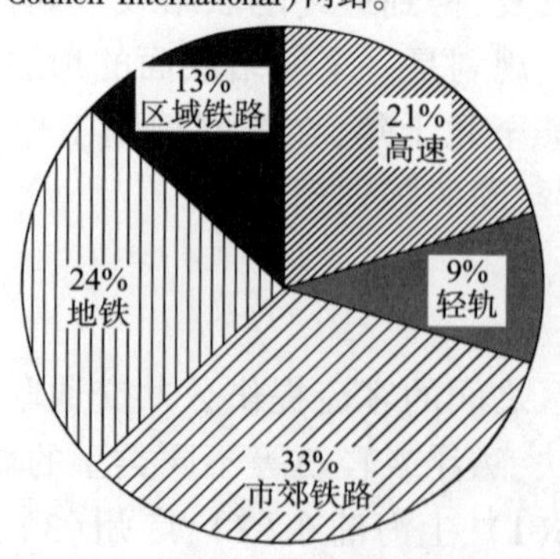

图5-12　2017年全球客运量前50名机场有轨道交通衔接的方式类型

(1)机场线类型

国际机场轨道交通组织(IARO)将衔接机场的轨道交通线路分为地铁(Metro)、轻轨(LRT)、市郊铁路(Suburban)、区域铁路(Regional)、高速铁路(High Speed Railway)五类。按照线路形成和运营模式特征,也可将机场轨道交通分为城市轨道交通普通线和机场专线二类。

城市轨道交通普通线一般适用于位于城市边缘附近的机场,这种类型线路将机场视为城市轨道交通线路上的一个大型客流集散点,可以由早期城市轨道交通线路延伸至机场而形成,其特点是线路设站较多,可同时满足机场到市区沿线的交通需求。英国伦敦的皮卡迪利线、我国上海的地铁 2 号线以及广州的 3 号线都属于这种类型。

机场专线一般机场距离城市 30km 以上,设站较少,很多甚至中途不设站,以充分发挥速度快的优势,主要服务对象是机场高端商务人士。英国伦敦的希思罗机场快线、我国北京的机场线、上海浦东机场的磁浮线以及长沙黄花机场的磁浮快线都属于此种类型线路。

此外,还有一类利用城市间铁路线路(如高速客运专线铁路与城际铁路)提供机场客运服务的线路;这类线路的例子有成都、石家庄、兰州、海口、三亚、长春、郑州等城市的机场铁路连接线。这类线路上的运营模式也分两种:一种专门服务于往返机场的乘客,由于采用国铁模式,站间距较大,列车运行速度高,能够提供较高的旅行速度;另一种是将机场与市中心(可以有多个站)作为全线的二类停靠站,列车服务整条线路。

从线网布局角度看,机场线与整个轨道交通网络的关系可以分为两大类型:贯穿式和尽端式,如图 5-13 所示。

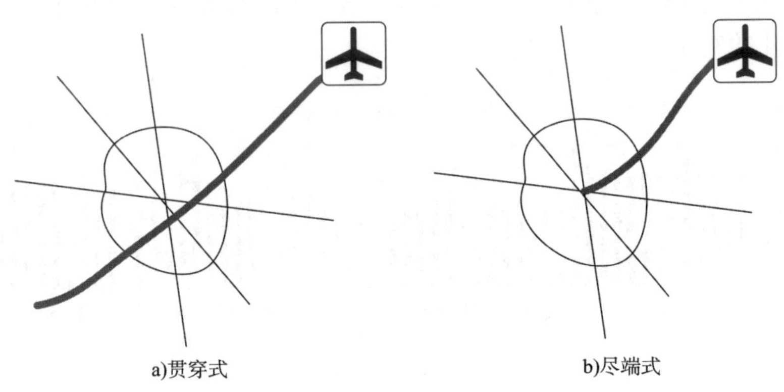

图 5-13 机场线与线网的关系类型

贯穿式布置的机场线穿过城市中心,并连接所穿越的大部分市内轨道线路,形成直接换乘关系。这类线路沿途站点较多,既服务机场客流,也服务沿线城市通勤与其他客流。源于城市轨道网络的机场线多数属于这种布置形式,典型的有伦敦的皮卡迪利线与上海地铁 2 号线、广州地铁 3 号线。表 5-10 统计了不同类型线路下线网各线到机场的换乘次数。

尽端式机场线指一端连接到机场枢纽,另一端连接到市中心或城市边缘某一客运枢纽站,到机场的乘客大多要经过多次换乘才能搭上机场线。机场专线通常是这种类型,独立运营,票价相对较高。典型的有北京首都机场线和大兴机场线,这类线路的优点是为乘客提前值机创造了可能。

轨道交通网络与机场线的衔接关系分析　　表 5-10

城市	换乘次数(次)	线路数(条)	车站数(座)	备　注
北京	1	3	75	4 号线与大兴机场线贯通运营,按 1 条线路统计;14 号线分为两段
	2	12	178	
	3	3	29	
上海	1	12	273	
	2	1	10	
香港	1	3	35	中环站至香港站记作一次换乘;轻铁未计入
	2	5	32	
	3	1	12	
	4	1	8	
伦敦	1	10	226	

上海和伦敦的机场线几乎连接了所有其他轨道交通线路,从大部分轨道交通车站前往机场只需要换乘一次。北京和香港的机场线需要换乘的次数则比较多,北京 3/4 的车站前往机场需要换乘 2 次以上;香港机场位置较偏僻,少数车站甚至需要在轨道交通网络中换乘 4 次。

(2)机场线的客流特征

与一般服务市内通勤客流的城市轨道交通线路不同,机场线服务的是城市对外出行人员,可以认为,这类线路提供的服务与城市间运输服务相似,公益性较差。

从机场线客流的时空特征上看,机场线客流时间上没有早晚高峰特征,空间上距离城市中心区较远。图 5-14 给出了 2017 年 3 月 20 日—5 月 14 日期间,北京首都机场线与 10 号线客流随日期变化的对比情况。

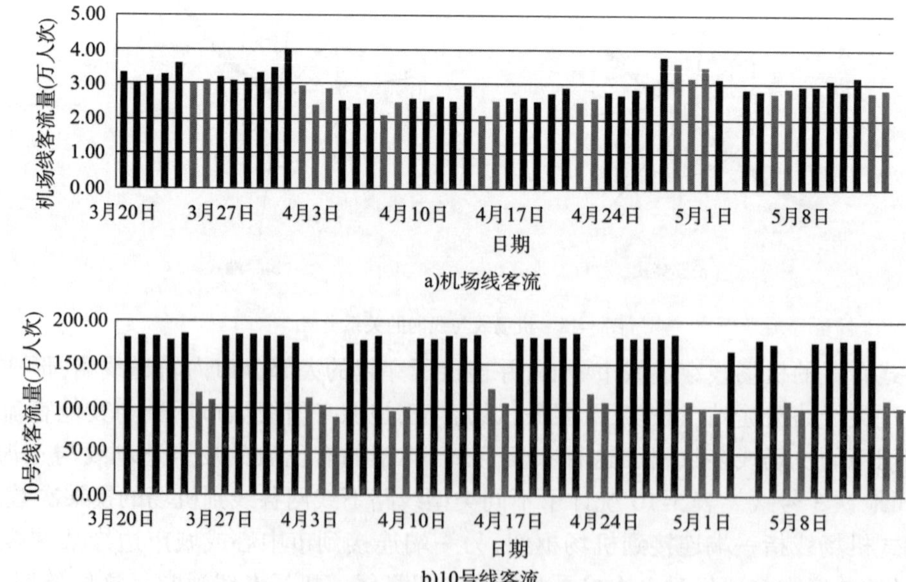

图 5-14　机场线与 10 号线客流的日波动特性

由图可以看出,机场线客流的日波动情况与机场航班数高度关联,与 10 号线周末通勤客流显著下降的通勤性特征明显不同。图5-15描述了机场线各站客流与起降航班数的关系,可以看出,服务通勤客流的作用有但并不显著,具体体现在早(7:00—9:00)、晚(17:00—19:00)高峰期间与航班客流叠加后形成了晚高峰较明显的特征。

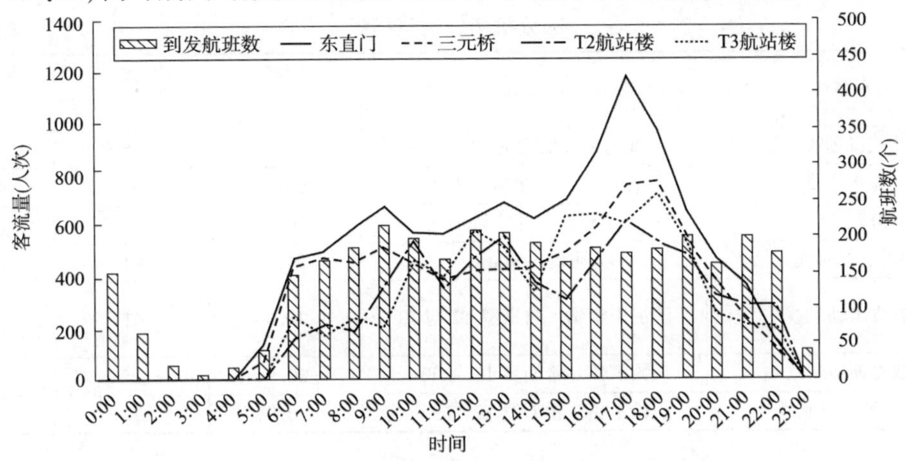

图5-15　机场线客流一日内分布图

(3)机场线规划要点

从前述分析可知,服务于机场客流的线路尽管公益性不同于市内线路,单从资源利用角度出发,应发挥建设效益。目前,近端式线路客流普遍不足,客流强度过低,这对采用市内大容量技术的线路带来了巨大的经营压力。因此,机场线的建设主要应遵循以下两个原则。

①吸引客流原则。

轨道交通系统一次性投资规模巨大,但作为公共交通基础设施也并非奢侈品,必须明确其大众化服务的基本定位,从而客流原则应当是首要原则。从全球机场线建设经验看,这一定位也是合理的。我国许多城市在过去20年里发展迅速,已形成连绵发展区,机场线沿线多数具备了较好的客流条件,兼顾对沿线地区出行的服务具有国情基础。

表5-11统计了部分机场线的客流情况。

部分城市机场线客流强度　　表5-11

城　　市	线路名称	线路里程(km)	日均客流量(万人次)	客流强度(万人次/km)
北京	北京机场线	28.1	3.45	0.12
上海	2号线	64	157.4	2.46
广州	3号线北延段	33	83	2.50
香港	机场快线	34.1	4.9	0.14
伦敦	皮卡迪利线	71	67.4	0.95
伦敦	希思罗快线	20.9	1.7	0.08

数据来源:北京地铁官方微博;上海轨道交通月报;广州市交通发展年度报告;港铁官网;LU performance report;Heathrow Express 官网。

②兼顾机场长距离客流出行服务效率的原则。

多数机场线离市区距离较长,当设站较多时,站站停慢车难以满足长距离乘客的出行效率需求。因此,机场线规划与建设应考虑开行快慢车的条件,即在局部一个至多个区间设置区间越行线,或在部分车站设置车站越行线,以便使快车能够越行慢车。

表5-12统计了部分机场线的旅行时间与速度情况。伦敦希思罗机场的皮卡迪利地铁线开行的快车较慢车快了约29min,时间压缩了约50%,很好地发挥了服务机场以及沿线客流的双重功能。

部分机场线速度指标　　表5-12

线路名称	区　间	距离(km)	旅行时间(min)	旅行速度(km/h)
北京机场线	东直门—首都机场T2航站楼	28.1	35	48.17
上海2号线	徐泾东—浦东国际机场	64.0	94	40.85
上海磁浮线	龙阳路站—浦东机场站	29.0	8	217.5
香港机场快线	香港—机场	34.1	24	85.25
伦敦皮卡迪利线	国王十字站—希斯罗T2与T3	28.0	61	27.54
伦敦希斯罗快线	帕丁顿—希斯罗T2与T3	20.9	15	83.60
伦敦希斯罗连接线	帕丁顿—希斯罗T2与T3	20.9	32	39.19

案例

某城市机场线改造建议

5.7.6　与其他不同交通方式的协调

其他不同方式指城市综合交通的其他方式,包括轨道交通与其他非轨道交通方式。

1)轨道交通网络的类型

我国城市地区的轨道交通网络大致可以分为三类:国铁网(含高铁与客运专线)、城际轨道交通网络与城市轨道交通网络。由于三类网络体制差异,它们之间的协调具有重要现实意义。

国铁网由国家铁路主管部门主导规划和建设、服务于区域对外交通的轨道交通线路,包括普通铁路干线、客运专线、铁路支线以及少数地方铁路等,承担全国范围内的客、货运输。针对客运服务的客运专线与高速铁路主要用于解决对外交通问题,提高区域对外辐射能力。国铁客运专线的站间距在8km以上,速度200km/h以上,高峰小时能力0.5万~1万人次/方向。

城际轨道交通指城镇群地区由省或省、中央部委与多个城市联合规划建设的、服务于区域内各城市和重要城镇的轨道交通线路。城际轨道交通网络主要用于解决区域内部城市间的快速联络问题,促进整个区域同城化、一体化发展目标的实现。城际轨道交通线路的站间距一般为3~8km,设计速度为120~200km/h,单向高峰小时能力约为1.5万~2万人次。

城市轨道交通则是指为某一城市内部的旅客出行服务的轨道交通线路。城市轨道交通主要用于形成市内快速通道,保持对外交通系统的快速集疏运能力与效率。城市轨道交通的站间距在1～3km，速度为80～120km/h，高峰小时能力为2万～4万人次/方向。

2）不同类型轨道交通线网的协调

不同类型轨道交通系统之间的协调包括线路与车站两个层面的协调。

（1）线路层面的协调

线路层面的协调重点是如何认识和满足互联互通需求。互联互通是构筑一体化公共交通体系战略的一部分，需要在规划建设时考虑，包括采用相同或兼容的技术制式，为未来可能的互联互通（即列车过轨运行）创造条件。

互联互通的基本条件包括三方面：①各线路技术制式等硬件设备与设施互相兼容。这需要在规划与建设阶段予以考虑。②票制票价的兼容，这属于管理机制问题，可以在运营阶段进行协调。③线路通过能力可以满足互联互通要求。即互联互通各方的运输能力具有一定程度的富裕。

发达国家的经验表明：互联互通需求是随着客运市场的竞争性不断强化而逐步显现的。互联互通可以提高联通各方交通服务的质量与水平，对于确保机场线在经济发展水平与城市机动化水平不断提高后的未来客运市场的竞争力具有战略意义。

（2）车站层面的协调

采用不同制式的轨道交通线路，只能通过换乘枢纽的方式衔接。

从促进不同类型轨道交通网络一体化角度出发，国铁线路、城际轨道交通交通线路同城市轨道交通线路的车站衔接又可以分为三种形式：①同站运营。两个系统在某走廊实现同线路、同车站运营，车站同时服务两条线路的客流，这对客流密度较低地区是避免重复建设的重要途径。②并线分站运营。在某一走廊两线及所设站点相同，车站分开管理，适合客流密度较大的走廊。③枢纽换乘。两线在共同走廊上各行其线，独立运行，乘客只能在较大的枢纽站换乘。

图5-16描述了不同类型网络衔接示意图。

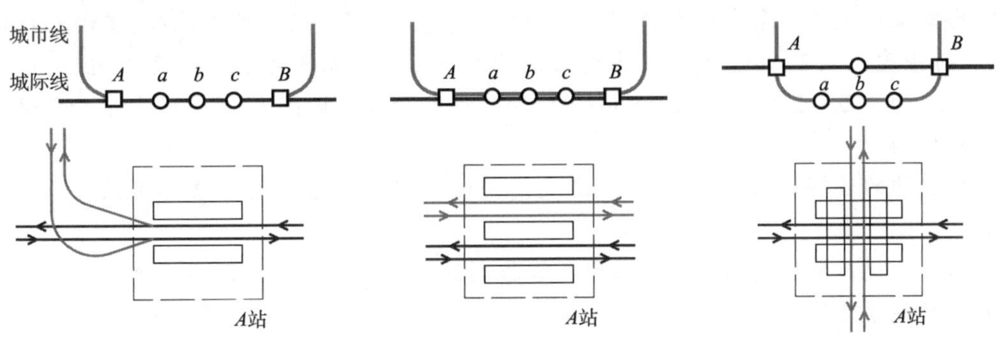

图5-16　城际线与城市轨道交通线的衔接示意图

另一方面，从网络角度看，枢纽衔接模式又可以分为两种模式：

①集中模式。城市轨道交通线路在某大型枢纽实现与其他线网衔接。

②分散模式。城市轨道交通线路与其他轨道交通在多个站点衔接换乘。

对兼具城市线或市郊线功能的线路，鼓励将终点设置于市区，在市区范围与城市轨道交通多个站点衔接，为更多的乘客提供方便。

3）与地面其他交通方式的衔接

城市轨道交通作为城市公共交通的重要组成部分，需要同地面其他方式有良好的衔接。

这些衔接的类型包括：

①与地面公共交通线路的衔接。相对而言，城市轨道交通能力更大，地面公共交通线路应为轨道交通提供集疏运功能，通过良好的衔接使城市轨道交通拥有更大的客流吸引范围，从而扩大整个公共交通系统的流量与份额，改善城市综合交通结构。

②与非公共交通的衔接。包括与私家车和非机动化交通的衔接。西方不少大都市在土地资源允许、人口密度较低的城市边缘区的轨道交通车站建设了一定规模的私家车停车设施，即"$P+R$ 模式"。通过优惠停车收费鼓励私家车主在城市边缘放弃个人交通工具后乘坐轨道交通进入人口密度高、资源不足的中心城区，并收到了较好效果。我国国情与西方不同，即便城市边缘区也基本不具备需要的停车资源，更难以实行类似西方的优惠停车收费政策。不过，可以研究在条件允许的少数区域试行低优惠策略，适度鼓励私家车换乘轨道交通。

与非机动化交通的衔接对我国城市轨道交通系统具有重要意义。作为人均资源稀缺的大国，在西方"P(停车)+R(换乘)模式"基础上，研究自行车与轨道交通(公共交通)衔接的"B(自行车)+R 模式"是一个有吸引力的方向。自行车占地少，这使得"B+R 模式"不仅适合作为城市边缘地区的交通衔接方案，也可以作为中心城区的交通衔接方案，以解决轨道交通最后 1km 距离的问题，扩大城市轨道交通的客流吸引范围。

思考题

1. 试述在城市交通规划中城市轨道交通线网规划的意义和作用。

2. 简述城市轨道交通线网规划的主要内容。

3. 试述城市轨道交通线网规模的含义，说明线网规模的主要指标及其刻画的重点。

4. 简述线网架构方案形成与优化的基本思路。

5. 分别说明预选方案评价和候选方案综合评价的过程及作用。

6. 已知某一城市远景常住人口规模为 390 万人，出行强度为 2.6 人次/d，流动人口为 80 万人，出行强度为 3.2 人次/d，公交出行比例为 51%，城市轨道交通占公交比例为 46%，线路负荷强度为 2 万~2.5 万人次/(km · d)，城市面积为 311 km^2，请用交通需求分析法确定线网合理规模。

7. 根据你的理解说明国铁、城际轨道交通与城市轨道交通三类网络协调的技术与制度难点。

8. 为什么说前期规划与设计对工程投资控制的影响较施工图设计影响更大？

9. 负荷强度是线网规划中的一个重要指标，不同城市线网有不同的线网客运强度，同一城市不同线路也有不同强度值。如何理解其中的差异？

第6章　城市轨道交通线路设计

线路设计是在确定城市轨道交通线网后，研究某一条或某一段线路在城市三维空间中的具体位置，包括平纵断面和配线设计等。线路设计对城市轨道交通行车安全平顺、轨道维修养护、系统建设与运营成本等有非常重要的影响。本章在选线设计确定路由和站位方案的基础上，重点探讨线路平面和纵断面设计以及配线布设。

6.1　线路设计概述

本节主要针对钢轮钢轨系统，介绍城市轨道交通线路设计的主要内容、各阶段重点工作、所需技术资料及线路连接形式。

6.1.1　线路设计内容

城市轨道交通线路的具体位置由其平面、纵断面和横断面设计方案所决定。

图片

站间区间
平纵断面

①线路平面设计。平面是线路中心线在水平面上的投影，表示线路途经的地段。线路平面设计是在确定线路路由的情况下，对线路的平面走向、车站位置及配线进行详细分析和计算，最终确定线路在水平面的准确位置。从平面上看，线路是由直线和曲线组成，其中曲线包括圆曲线和缓和曲线。

②纵断面设计。纵断面是指沿线路中心线所作的铅垂剖面在纵向展直后线路中心线的立面图，表示线路起伏情况。线路纵断面设计一般是在平面设计的基础上，考虑沿线控制点及列车安全平稳和节能运行要求等因素，确定线路在纵断面的准确位置。纵断面设计的主要内容包括确定敷设方式和过渡段、在分析控制点的基础上设计坡段及坡段间的过渡连接等。

③横断面设计。横断面是垂直于线路中心线截取的断面，一般由城市轨道交通限界和施工方法所决定。城市轨道交通工程有地下、地面和高架敷设形式，其中地面工程对道路有较大影响，尤其需要结合道路情况进行横断面设计。城市轨道交通地面线应结合道路两侧建筑情况，与既有或规划地面道路相结合，在道路中的布置一般有路中、路侧或机非隔离带等几种情况。与平纵断面设计相比，城市轨道交通线路的横断面设计相对简单，重点是满足列车通过的限界要求。

图片

横断面设计
示意图

④配线设计。配线是指除载客列车运营的正线外，为列车提供收发车、折返、联络、安全保障、临时停车等功能服务，通过道岔与正线或其他线路相互联络的轨道交通线路。配线可以保证轨道交通线路的正常运营、实现列车的合理调度，并满足非正常情况下组织临时运行和维修作业的要求。配线设计主要是在线位、站位确定后，根据运营组织要求和工程条件设计各类配线的布设形式及相关参数，方便行车组织与调度、减小车站规模和节省工程造价。

城市轨道交通线路的平面、纵断面、横断面、配线设计均要满足一定的标准规范,且相互影响,设计时必须综合协调相互之间的关系,使线路与地形地物、环境景观相协调,有利于行车平稳和节约全生命周期成本。

6.1.2 各阶段线路设计的工作重点与要求

城市轨道交通线路设计的任务是在规划线网的基础上,按不同的设计阶段,对拟建的城市轨道交通线路走向,逐步由浅入深进行研究与设计,最终确定最合理的线路空间位置。

①线网规划阶段应研究提出线路走向和起讫点、线网换乘点和交通枢纽衔接点,落实车辆基地和联络线的功能定位及其规划用地,初步确定各条线路的建设时序。

②建设规划和预可行性研究阶段初步确定各条线路的敷设方式、车站分布和形式,明确起讫点延伸要求和分期建设情况,进行重点、困难地段设计方案的深入比选,保证方案的可行性。

③可行性研究阶段主要是提出设计指导思想、主要技术标准,通过线路多方案比选,基本稳定线路走向、车站分布、线路敷设方式及过渡段位置,初步确定线路平面位置、车站位置、配线形式及位置、平面总图布置方案、地下车站埋深、高架车站高程以及线路纵断面坡度方案等。

④总体设计阶段主要是根据可行性研究报告及审批意见,落实外部条件,稳定线路站位,进一步论证线路平面总图布置方案,提出线路纵剖面的初步标高位置等。

⑤初步设计阶段主要是根据总体设计文件及审查意见,深入研究线路的主要技术标准,进行线路车站和平纵断面(包括正线和配线)的优化设计。

⑥施工图设计阶段主要是根据初步设计文件及审查意见、有关专业对线路平纵剖面提出的要求,对部分车站位置及个别曲线半径等进行微调,对线路平面及纵剖面进行精确计算和详细设计,最终确定线路平面位置、车站精确位置、线路轨面坡度及标高(含换乘站相邻两站两区间),提供施工图纸说明文件。

当线路存在换乘车站时,先修线路的换乘站必定成为第二线设计和施工的控制性因素。为此,换乘车站应结合换乘方式拟定线位、线间距、线路坡度和轨面高程;相交线路邻近一站一区间宜同步设计;当换乘站为两条线路采用同站台平行换乘方式时,车站线路设计应以主要换乘客流方向实现同站台换乘为原则;当多条线路在中心城区共轨运行并实行换乘时,接轨(换乘)站应在满足各线运行能力和共轨运行总量需求的前提下确定线路配线及站台布置,而且支线在干线上的接轨点应设在车站,并应按进站方向设置平行进路,接轨点不宜设在靠近客流大断面的车站。

6.1.3 线路设计的技术资料

线路平纵断面设计需要掌握一些技术基础资料,包括以下几大类。

(1)城市规划类资料

城市规划类资料主要包括:城市总体规划、城市轨道交通线网规划、城市轨道交通建设规划、城市综合交通规划等。

(2)现状资料

现状资料主要包括:现状地形图、城市六线资料(包括道路和建筑红线、绿地控制线、水域控制蓝线、文物紫线、基础设施黄线、电磁控制黑线)、管线资料、建构筑物调查资料、沿线控制性详细规划、在建或拟建项目资料等。

(3)规范、标准

规范、标准主要包括:《地铁设计规范》(GB 50157—2013)、《城市轨道交通工程项目建设标准》(建标 104—2008)、《城市轨道交通技术规范》(GB 50490—2009)、《跨座式单轨交通设计规范》(GB 50458—2008)、《城市轨道交通工程测量规范》(GB/T 50308—2017)等。

(4)工程前期研究相关资料

工程前期研究相关资料主要包括:项目批复文件、专家审查意见(包括工程可行性设计、总体设计、初步设计等设计阶段的审查及专项审查)、政府相关文件、会议纪要、规划部门及相关职能部门意见、项目业主发文及相关指示等。

(5)其他资料

其他资料主要包括:行车资料(行车交路方案、配线设置要求等)、车辆资料(车辆编组、不同断面限界等)、轨道资料(道岔和车挡的类型与尺寸、轨道减振、轨道超高等)、地质资料(工程地质、水文地质、桥地分界等)、建筑资料(车站站位、车站中心轨面高程与坡向、站台宽度、车站区间分界等)、信号资料(折返线、停车线设置长度等)。

上述资料对于不同设计阶段、不同工程项目来说,其广度和详细程度不完全一样,实际工作中要结合工程的具体特点来收集。

6.1.4 线路的连接形式

地铁列车在运行过程中,常需要由一条线路转入另一条线路,或跨越其他线路,就需要设置线路的连接及交叉设备,即道岔。道岔的种类很多,最常见的是普通单开道岔,还有对称道岔、三开道岔、交分道岔等道岔形式。

道岔是列车安全运行的关键设备。一副单开道岔由转辙器、连接部分、辙叉及护轨组成。转辙器包括基本轨、尖轨和转辙机械。道岔设备中最关键的部分是尖轨和辙叉。辙叉是使车轮由一股钢轨越过另一股钢轨的设备,辙叉由叉心、翼轨和连接零件组成。车轮在通过辙叉时,从两根翼轨的最窄处到辙叉心最尖端之间存在一处“有害空间”。车轮通过此处时,有可能因为走错辙叉槽而引起脱轨,需要两侧设置护轮轨引导车辆安全通过。为了消除“有害空间”,高速线路一般采用可动心轨道。城市轨道交通列车运行速度一般不超过120km/h,从经济角度考虑,多采用固定式辙叉道岔,但在直线电机运载系统和需要减震的道岔区也有采用可动心轨道岔。

6.1.4.1 道岔的中心线表示法

用道岔处的两线路中心线及其交点表示道岔,绘图比较简便,而且也能满足设计和施工的需要。这种方法已在站场设计中广泛采用。道岔的几何要素如图 6-1 所示。

6.1.4.2 道岔的设置及连接

道岔应设置在直线地段,道岔基本轨端部至曲线端部的距离(不含超高顺坡及轨距递减段)不宜小于 5m,车场线可减少到 3m。道岔宜靠近车站设置,但道岔基本轨端部至车站站台计算长度端部的距离不应小于 5m。

为使两相邻岔间轨距变化平缓,减小列车对道岔的冲击,使列车运行平稳,根据地铁特点及运营实践,规定了相邻两岔间插入短钢轨的最小长度,如表 6-1 所示。

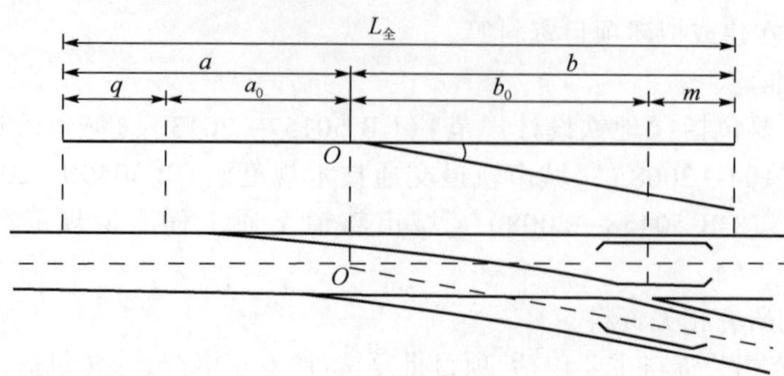

图6-1　道岔的几何要素

q-从道岔基本轨始端轨缝至尖轨始端的距离(简称尖轨前基本轨长)；a_0-从尖轨始端至道岔中心的距离；a-从基本轨始端轨缝至道岔中心的距离；b_0-从道岔中心至辙叉理论尖端的距离；m-从辙叉理论尖端至辙叉后跟轨缝的距离,简称辙叉跟距；b-从道岔中心至辙叉后跟轨缝的距离；$L_全$-从道岔基本轨始端轨缝至辙叉后跟轨缝的距离,简称道岔全长

相邻两道岔间插入短钢轨的最小长度　　表6-1

形式	道岔位置	级别	插入短钢轨长度 L(m)	
			一般地段	困难地段
对向单开道岔	L	正线及辅助线	12.5	6.25
		车场线	4.5	0
顺向单开道岔	L L	正线及辅助线	6.25	4.5
		车场线	4.5	3.0
反向单开道岔	L　L L	正线	6.25	4.5
		辅助线	6.25	0
		车场线	4.5	0

地铁线路常因车站两端铺设单渡线、交叉渡线、停车线、交路折返线及部分区间铺设设渡线的需要,须铺设道岔,根据其布置形式,对线间距有相应要求。

(1)交叉渡线地段

如设置交叉渡线两平行正线的线间距,宜按下列规定确定:12 号道岔采用 5m;9 号道岔可采用 4.6m 或 5m;7 号道岔可采用 4.5m 或 5.0m。小于规定标准的,应予以特殊设计。

(2)单渡线地段

如设单渡线时,两平行线的线间距根据道岔构造尺寸及两反向单开道岔之间要求的插入短轨长度计算确定,如图 6-2 所示。

$$D = AB \cdot \sin\alpha \approx AB \cdot \tan\alpha = \frac{2b + f}{道岔号} \tag{6-1}$$

式中:D——线间距,m;

AB——两岔心距离,m;

b ——岔心至辙叉跟端距离,m;

f ——插入短轨长度,m;

α ——辙叉角度(道岔角,如9号道岔为6°20′25″,通常以其正切值的倒数表示为道岔号)。

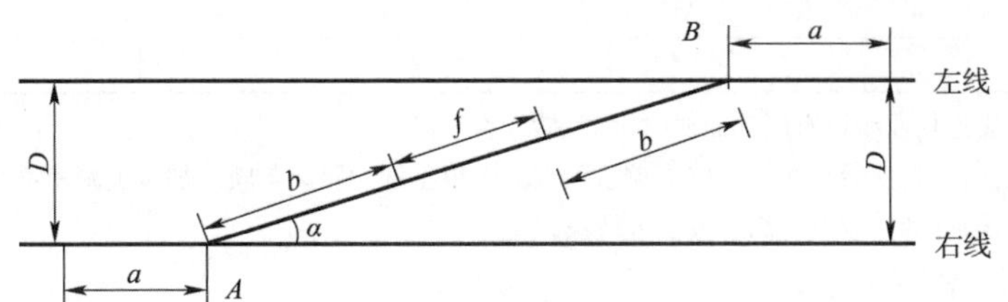

图6-2 单渡线示意图

6.1.4.3 线路终端连接

(1)普通式线路终端连接

将相邻两平行线路中的一条线路的终端与另一条线路连接起来,便构成最常见的普通式线路终端连接。它由一副单开道岔、一段连接曲线及道岔与曲线间的直线段组成,如图6-3所示。为了标定曲线及全部连接长度,应确定角顶 C 的坐标,即:

$$x = (b + g + T)\cos\alpha \tag{6-2}$$

$$y = (b + g + T)\sin\alpha = S \tag{6-3}$$

式中:g——道岔与连接曲线间的直线段长度;

T——直接曲线的切线长;

S——两平行线路的线间距。

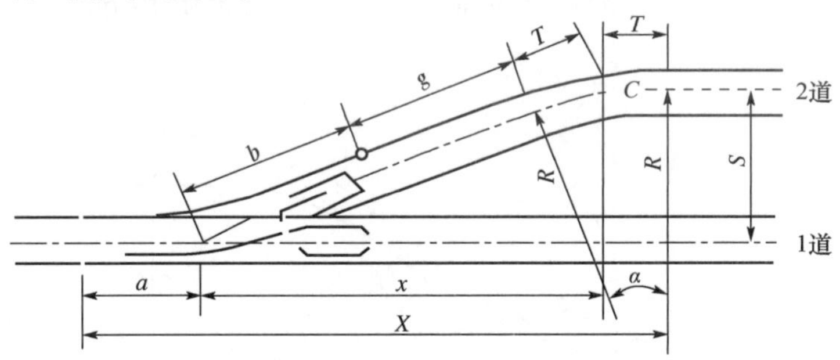

图6-3 普通式线路终端连接

全部连接长度在水平方向的投影为:

$$X = a + x + T \tag{6-4}$$

连接曲线切线长度为:

$$T = R \cdot \tan\frac{\alpha}{2} \tag{6-5}$$

式中:R——连接曲线半径,其值不应小于连接道岔的导曲线半径,根据道岔辙叉号码不同,分别选用200m、300m和400m。

道岔与连接曲线间的直线段 g 的长度为:

$$g = \frac{S}{\sin\alpha} - (b + T) \tag{6-6}$$

直线段 g 的长度除应满足线间距离的要求外,其最小长度还应满足道岔前后曲线轨距加宽的要求。曲线轨距加宽值及夹直线长度如表6-2所示。

道岔与其连接曲线间夹直线最小长度　　表6-2

圆曲线半径(m)	轨距加宽值(mm)	岔前夹直线最下长度(m)	岔后夹直线最小长度(m)
$R \geqslant 350$	0	0	2
$350 > R \geqslant 300$	5	2	4
$R < 300$	15	5	7

注:①道岔前后两段连接曲线设有缓和曲线时,可不插入直线段。

②采用混凝土岔枕时,岔后直线段长应为道岔跟端至末根岔枕的距离与轨距加宽递减所需长度之和。

③连接曲线需设超高时,应按超高顺坡设直线段。

(2)缩短式线路终端连接

当两平行线路的线间距很大时,如按上述方式连接,线路会很长,如图6-4所示。

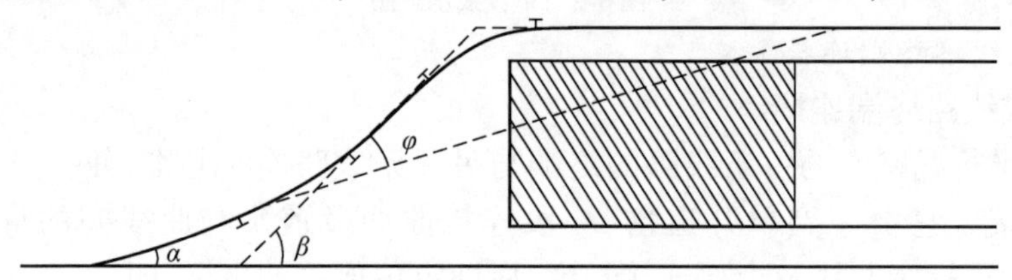

图6-4　缩短式与普通式终端连接比较

为了缩短全部连接的长度,可将道岔岔线向外转一个角 φ,形成缩短式的线路终端连接,如图6-5所示。这种线路连接方式需要铺设一个附加曲线,并在道岔终点与附加曲线起点间设置直线段(长度为 g),在反向曲线前设置直线段(长度为 d)。直线段长度 g 应根据连接曲线对轨距加宽的要求确定。直线段 d 在通行正规列车的线路上应不短于20 m,不通行正规列车的站线上应不短于15 m,在困难条件下,亦不能短于10 m。

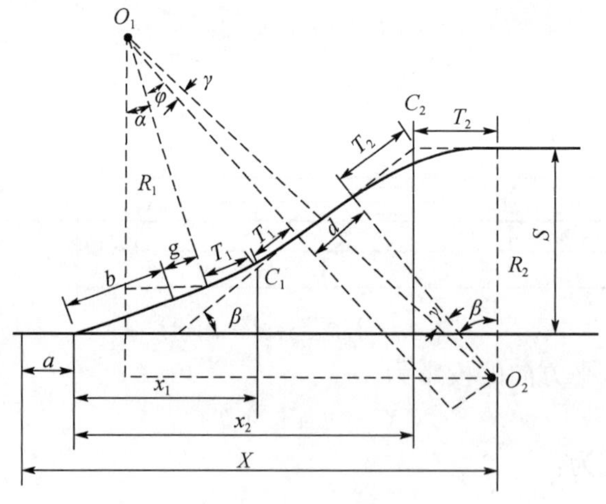

图6-5　缩短式终端连接

6.2　线路平面设计

6.2.1　平面设计的主要内容及原则

6.2.1.1　平面设计的主要内容

(1)线间距确定

在城市轨道交通线路并行地段,相邻两线中心线之间的水平距离称为线间距。线间距受线路所处位置、施工方法、限界、线路速度等因素的影响，且不同地段(如区间并行地段、车站地段、道岔地段等)设置要求不同。

(2)平面线形设计及曲线要素计算

城市轨道交通平面线形包括直线、圆曲线和缓和曲线。平面线形设计就是将这三种线形进行组合连接，以保证列车安全、平顺地运行。曲线要素计算是指对圆曲线和缓和曲线的相关要素进行计算，包括圆曲线半径与长度、缓和曲线长度、切线长度、外矢距等。

(3)线路里程计算与标示

城市轨道交通线路里程计算与标示是指对左、右线各控制点的里程进行计算与标示，一般包括起讫点、直缓(ZH)、缓圆(HY)、圆缓(YH)、缓直(HZ)、车站中心、道岔中心以及特殊点里程等。

6.2.1.2 平面设计的主要原则

①线路及车站位置应尽可能与城市现有及规划道路相结合，以减少对城市现有及规划地块的分割，穿越街坊地带应考虑与城市改造和综合开发相结合。

②线路平面设计应充分考虑现有及规划的地面建筑物、地下构筑物、市政管线、工程地质、水文地质、施工方法、工程造价、拆迁费用等诸多因素进行多方案比较，选出经济合理、技术可行的线路方案。

③线路平面应在满足功能与行车安全的前提下力求顺直，尽量减少曲线个数并采用较大的曲线半径，以缩短线路长度并改善列车运行条件，保证列车不脱钩、不断钩、不脱轨、不途停、不运缓及一定的乘客乘车舒适度。

④车站站台宜设在直线上。当因工程条件限制而必须设在曲线上时，站台有效长度范围的线路曲线最小半径应符合表6-3的规定。

车站曲线最小半径(单位：m)　　表6-3

车站类型	车型	
	A型车	B型车
无站台门车站	800	600
设站台门车站	1500	1000

⑤新建线路不应采用复曲线；在困难地段必须采用时，需经技术经济比较后采用。复曲线是两种不同半径的同向曲线直接连接，存在曲率的突变点，对列车运行平滑性不利。若要采用，必须设置中间缓和曲线，其长度不应小于20m，并应满足超高顺坡率不大于2‰的要求，达到曲率半径的缓和过渡。

6.2.2 线间距

6.2.2.1 不同地段线间距要求

(1)区间直线地段线间距

①地面线地段(两线间无墙、柱及其他设备)线间距。两线间最小距离由两线的设备半宽加安全净距而定，可按式(6-7)计算。

$$D = Y + 2B \tag{6-7}$$

式中：D——第一、二线间最小线间距，m；

B——两交会列车的设备半宽，m；A型车取(1.5+0.1)m，B型车取(1.4+0.1)m；

Y——区间两线交会列车间的安全净距,m;其值大小与行车速度、车辆结构和状态、允许的会车压力波等因素有关。

《城市轨道交通工程设计规范》(DB 11/T 913—2013)规定:区间直线地段,当相邻两线间无墙、柱、纵向辅助疏散平台或设备时,两相邻线路的最小线间距为3.8m(A型车)或3.6m(B型车)。

②隧道、高架线地段线间距。隧道或高架线直线地段最小线间距为:

$$D = Y + 2B \tag{6-8}$$

式中:D——第一、二线间最小线间距,m;

B、Y——根据不同类型隧道而定,以m计,其数值可按下列条件确定。

a. 双孔矩形隧道(图6-6)。B为列车行车方向左侧的建筑限界与允许最大施工误差之和;Y为中隔墙宽度。

b. 圆形隧道(图6-7)。B为圆形隧道外轮廓半径;Y为两平行圆形隧道间的净距,一般不宜小于圆形隧道外轮廓直径。

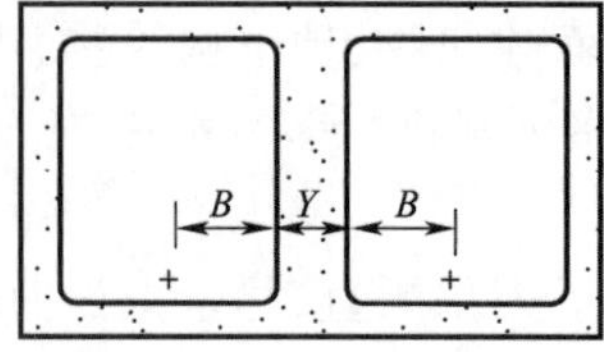

图6-6 双孔矩形隧道

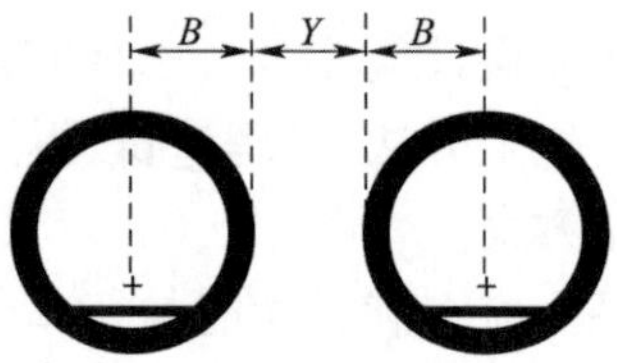

图6-7 圆形隧道

c. 马蹄形隧道(图6-8)。B为马蹄形隧道的外轮廓最大宽度的一半;Y为两平行马蹄形隧道间的净距,一般不宜小于4m。

d. 双线间无构筑物隧道(图6-9)。B为列车行车方向左侧的设备限界;Y为安全距离,取0.1m。

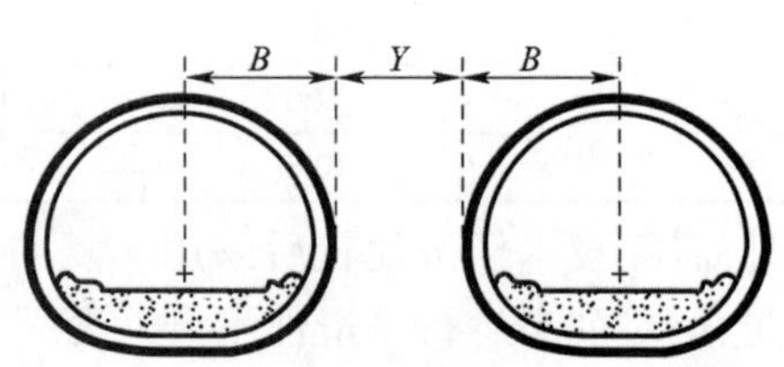

图6-8 马蹄形隧道

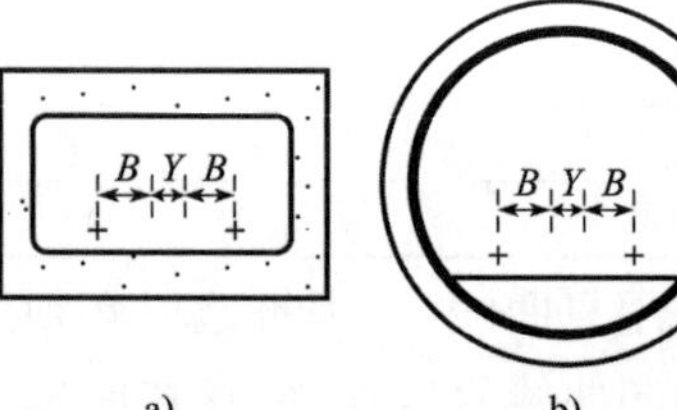

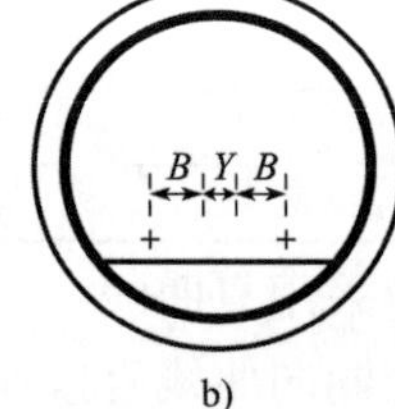

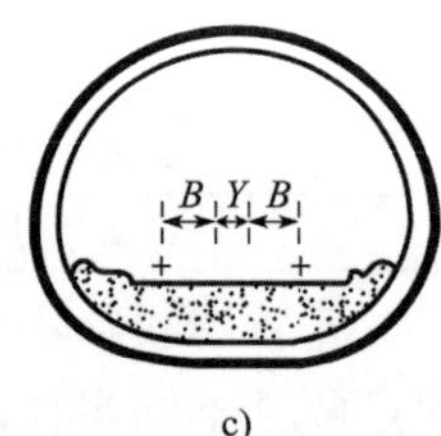

图6-9 双线间无构筑物隧道

e. 高架线(图6-10)。B为列车行车方向左侧的设备限界;Y为安全距离,取0.1m。但按照上述B、Y值计算出的线间距,应与双线桥梁结构所需的最小线间距进行比较,取两者中的较大值为最小线间距。

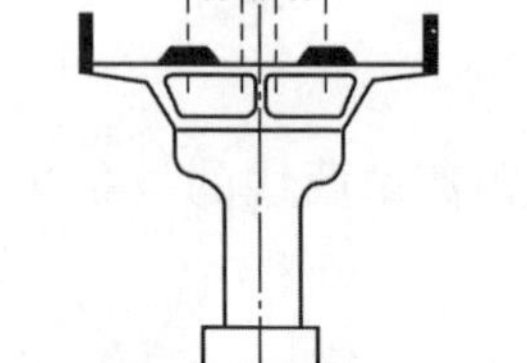

图6-10 高架线(尺寸单位:m)

(2)车站地段线间距离

①地下岛式车站线间距。地下岛式车站线间距主要受车站设计宽度、线路中心线至车站站台边缘距离的影响。地下岛式车站两正线之间距离等于右线线路中心线至站台边缘的距离、站台设计宽度、左线线路中心至站台边缘的距离之和。线路中心线至站台边缘的距离根据车辆类型、站台边缘与车辆轮廓之间要求的间隙确定。《地铁设计规范》(GB 50157—2013)规定,站台计算长度内的站台边缘距

线路中心线的距离,应按车辆限界加 10mm 安全间隙确定;站台边缘与车辆轮廓线之间的间隙,当采用整体道床时不应大于100mm,当采用碎石道床时不应大于120mm。曲线车站站台边缘与车辆轮廓线之间的间隙不应大于180mm。站台边缘距线路中心线的距离宜按设备限界另加不小于50mm的安全间隙确定。

②地下侧式车站线间距。地下侧式车站通常采用明挖法施工。当邻接的区间线路亦采用明挖法施工时,车站两正线之间的距离同区间地面线路线间距。当站端区间线路采用单洞盾构或其他暗挖施工方法时,一般应在站外改变线间距离,使站台地段两正线间设计为最小线间距。

③地面、高架车站线间距。为节省工程投资和减少对地面交通的干扰,地面、高架站通常设计为侧式车站,并采用最小线间距,当采用B型车时,一般为3.6m,当采用A型车时,一般为3.8m。

(3)道岔地段线间距

地铁车站两端常因铺设单渡线、交叉渡线、停车线、交路折返线及部分区间设渡线需要,须铺设道岔,根据布置形式,其对线间距有相应要求。

①单渡线及交叉渡线地段。单渡线和交叉渡线地段处的线间距应符合《地铁设计规范》(GB 50157—2013)中的规定,如表6-4所示。特殊情况无法满足规定时,应进行特殊设计。

单渡线和交叉渡线的线间距要求 表6-4

线路类型	道岔型号	导曲线半径(m)	侧向限速(km/h)	线间距(m)	
				单渡线	交叉渡线
正线道岔	60kg/m-1/9	200	35	≥4.2	4.6或5.0

注:正线道岔为含折返线、出入线在正线接轨的道岔。

②停车线、折返线地段。车站停车线、折返线地段为便于使用和节省工程,一般设置在岛式车站紧靠站台端部的左、右正线之间,两正线线间距同站台段线间距。

6.2.2.2 线间距加宽及变更

(1)曲线地段线间距加宽

列车行驶到曲线地段时,车、线之间的几何关系会发生变化,产生车辆的几何偏移量和由外轨超高引起的车辆偏移量。这两种偏移量导致基本建筑限界及线间距与直线地段有所变化,因此,需考虑适当的线间距加宽。

双线设计时,并行地段的内外侧两曲线按同心圆设计,曲线线间距加宽可采用加长内侧曲线的缓和曲线长度 l_N 的方法实现,如图6-11a)所示。因为圆曲线两端加设缓和曲线后,圆曲线起点ZY,讫点YZ向圆心方向移动,移动距离称为内移距离 p。若加大内侧曲线的缓和曲线长度 l_N,可使内移距离 p_N 增大,从而使两线间的距离加宽。

为了在曲线上使线间距由直线上的线间距 D 增大为 $D+\Delta$,当外侧曲线设置长度为 l_W 的缓和曲线后的内移距离为 $p_W = \dfrac{l_W^2}{24R_W}$ 时,则内侧曲线的内移距离 p_N 为:

$$p_N = p_W + W' \times 10^{-3}(\mathrm{m}) \tag{6-9}$$

所以内侧曲线的缓和曲线长度 l_N 应为:

$$l_N = \sqrt{24R_N \times p_N} = \sqrt{24R_N(p_W + W' \times 10^{-3})}(\text{m}) \tag{6-10}$$

$$R_N = R_W - D - W' \times 10^{-3}(\text{m}) \tag{6-11}$$

当两端直线地段的线间距大于最小线间距时,曲线线间距加宽值 W' 可通过式(6-12)求得:

$$W' = (D_{min} \times 10^3 + W) - D \times 10^3 \tag{6-12}$$

式中:W'——曲线线间距加宽值,mm;

D_{min}——直线地段最小线间距,m;

p_N——线间距加宽后内侧曲线内移距,m;

p_W——线间距加宽后外侧曲线内移距,m;

R_N——线间距加宽后内侧曲线半径,m;

R_W——线间距加宽后外侧曲线半径,m;

D——曲线两端直线地段的线间距,m;

W——直线地段为最小线间距时曲线地段的线间距加宽值,mm。

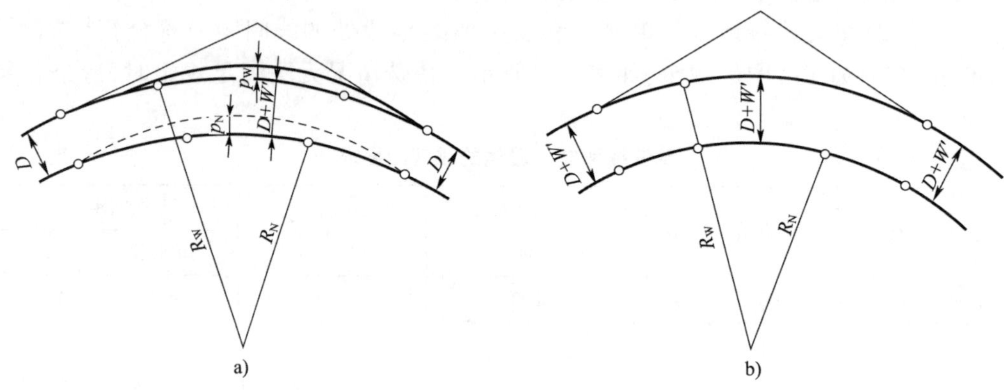

图 6-11　曲线地段线间距加宽

当两端直线地段为最小线间距时,曲线地段线间距加宽值 W 可通过以下公式计算并取整为 5mm 的整数倍。

①当外侧曲线的实设超高 h_W 等于或小于内侧曲线实设超高 h_N 时,A 型车和 B 型车的曲线线间距加宽值 W 分别为 $61051/R$(mm)和 $45125/R$(mm)。

②当外侧曲线的实设超高 h_W 大于内侧曲线实设超高 h_N 时,A 型车和 B 型车的曲线线间距加宽值 W 分别为 $61051/R + H(h_W - h_N)/1500$(mm) 和 $45126/R + H(h_W - h_N)/1500$(mm),其中,$R$ 表示曲线半径(m);h_W 表示外侧曲线的实设超高(m);h_N 表示内侧曲线实设超高(m);H 表示车辆限界图中计算点的高度,一般取 3.85m。

在曲线毗连地段,如果夹直线长度较短,或者曲线偏角过小,不能过多地加长内侧线的缓和曲线长度时,内外线可采用相同的缓和曲线长度,而加宽曲线两端直线段的线间距,使其满足曲线加宽要求,如图 6-11b)所示。

(2)线间距变更

在车站两端和桥隧地段的线间距变更宜利用附近曲线完成。条件不具备时,可在第二线上采用反向曲线完成,如图 6-12 所示。

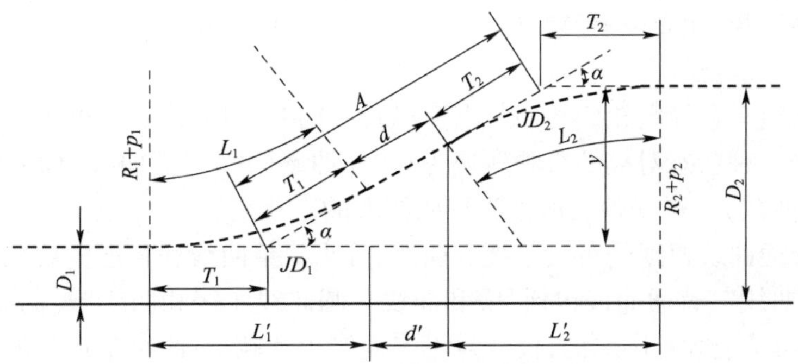

图6-12 直线地段线间距加宽

L_1、L_2-连接曲线长度减去缓和曲线长度；L_1'、L_2'-L_1、L_2在线路水平方向上的投影；d-夹直线长度加相邻两端缓和曲线长度的一半，若夹直线长度采用80m，则不设缓和曲线时，$d=80$m；d'-d在线路水平方向上的投影。y-线间距变更值，其值为D_2-D_1；A-相邻直线交点JD_1和JD_2之间的长度；T_1、T_2-连接曲线的切线长减去一半的缓和曲线长度；p_1、p_2-曲线内移距；α-夹直线的转向角

直线地段改变线间距时，一般已知线间距D_1与D_2、曲线半径R_1与R_2、夹直线长度，平面各要素关系如下。

$$y = D_2 - D_1 \tag{6-13}$$

$$y = A\sin\alpha \tag{6-14}$$

$$A = T_1 + T_2 + d = (R_1 + p_1)\tan\frac{\alpha}{2} + (R_2 + p_2)\tan\frac{\alpha}{2} + d$$

$$= (R_1 + p_1 + R_2 + p_2)\tan\frac{\alpha}{2} + d \tag{6-15}$$

$$\sin\alpha = \frac{2\tan\frac{\alpha}{2}}{1 + \tan^2\frac{\alpha}{2}} \tag{6-16}$$

上述关系式可以表示为：

$$y = \left[(R_1 + p_1 + R_2 + p_2)\tan\frac{\alpha}{2} + d\right]\frac{2\tan\frac{\alpha}{2}}{1 + \tan^2\frac{\alpha}{2}} \tag{6-17}$$

将式(6-17)展开整理后，得：

$$\tan\frac{\alpha}{2} = \frac{-d \pm \sqrt{d^2 + [2(R_1 + p_1 + R_2 + p_2) - y]y}}{2(R_1 + p_1 + R_2 + p_2) - y} \tag{6-18}$$

将求得的α值舍去“秒”数，取整为“分”，其后计算，采用取整后的α。求得α后，可以依据平面计算关系求得圆曲线起讫点投影里程、法线长度等。

6.2.3 曲线相关要素及计算

在平面设计时，需根据线路相关设计标准，在两直线交点处设置圆曲线，圆曲线与直线之间可根据曲线半径、超高设置及设计速度等因素设置缓和曲线。

6.2.3.1 要素类型

行驶中的轨道车辆导向轮旋转面与车身纵轴之间有三种关系:角度为零、角度为常数和角度为变数。与三种状态对应的行驶轨迹为直线(曲率为零)、圆曲线(曲率为常数)以及缓和曲线(曲率为变数)。这三种线形称为平面线形的三要素。

城市轨道交通曲线根据是否设置缓和曲线,分为简单曲线和普通曲线两种。其中,简单曲线仅包括“圆曲线”,普通曲线包括“缓和曲线 + 圆曲线 + 缓和曲线”。曲线设计的具体要求包括:轨迹应当是连续且圆顺的,任一点不出现错头和破折;曲率是连续的,且任一点不出现两个曲率;曲率变化率也是连续的,任一点不出现两个曲率变化率。

6.2.3.2 平曲线相关设计标准

(1)圆曲线半径选择

列车在曲线上运行时,由于离心力的作用,将列车推向外股钢轨,使其摩擦加剧且影响乘客舒适度。为此,需将曲线外轨适当抬高,使列车的自身重力产生一个向心的水平分力,以抵消离心力的作用。另外,低速列车行驶在超高很大的曲线轨道时,存在向内倾覆的危险,必须限制外轨超高的最大值 h_{max}。为保证乘客舒适度,欠超高 h_g(外轨超高不足部分,导致离心力未被完全抵消)不宜超过其最大允许值 h_{gr}。

在设置曲线外轨超高最大值 h_{max} 及欠超高最大允许值 h_{qr} 后,最小曲率半径 R_{min} 应根据列车最高运行速度 v_{max} 与采用公式(6-19)计算得到。

$$R_{min} = 11.8 \frac{v_{max}^2}{h_{max} + h_{qy}} \tag{6-19}$$

为此,《地铁设计规范》(GB 50157—2013)规定了不同地段和不同车型条件下的最小曲线半径,如表 6-5 所示。

圆曲线最小曲线半径(单位:m)　　表 6-5

线　路	A 型车		B 型车	
	一般地段	困难地段	一般地段	困难地段
正线	350	300	300	250
出入线、联络线	250	150	200	150
车场线	150	—	150	—

(2)圆曲线最小长度

在正线、联络线及车辆基地出入线上,A 型车不宜小于 25m,B 型车不宜小于 20m;在困难情况下,不得小于一节车辆的全轴距;车场线不应小于 3m。当圆曲线不满足最小长度要求时,可适当缩短缓和曲线长度或适当调整线位。

(3)曲线限速

平面曲线半径选择宜适应所在区段的列车运行速度要求。当条件不具备设置满足速度要求的曲线半径时,应按限定的允许未被平衡横向加速度计算通过的最高速度,按下列要求计算:

①在正常情况下,允许未被平衡横向加速度为 0.4m/s²。当曲线超高为 120mm 时,最高速度限制应按式(6-20)计算,且不应大于列车最高运行速度。

$$v_{0.4} = 3.91\sqrt{R}\,(\text{km/h}) \tag{6-20}$$

②在瞬间情况下，允许短时出现未被平衡横向加速度为 0.5m/s^2。当曲线超高为 120mm 时，瞬间最高速度限制应按下式计算，且不应大于列车最高运行速度。

$$v_{0.5} = 4.08\sqrt{R}(\text{km/h}) \tag{6-21}$$

③在车站正线及折返线上，允许未被平衡横向加速度为 0.3m/s^2。当曲线超高为 15mm 时，最高速度限制应按下式计算，且分别不应大于车站允许通过速度或道岔侧向允许速度。

$$v_{0.3} = 2.27\sqrt{R}(\text{km/h}) \tag{6-22}$$

(4)缓和曲线设计

为避免列车离心力突变和实现外轨超高递增，圆曲线与直线之间应设置缓和曲线。我国城市轨道交通缓和曲线一般采用直线超高顺坡三次抛物线形式。

缓和曲线的长度影响行车安全和旅客舒适度，应根据下列条件取其较长者：超高顺坡不致车轮脱轨；超高时变率不致使旅客不适；欠超高时变率不致影响乘客舒适。为此，《地铁设计规范》(GB 50157—2013)规定了不同圆曲线半径和不同通过速度下的缓和曲线长度和曲线超高值，如表 6-6 所示。

线路曲线超高值与缓和曲线长度 表 6-6

R	v	100	95	90	85	80	75	70	65	60	55	50	45	40	35
3000	L	30	25	20	20	20	20	20	—	—	—	—	—	—	—
	h	40	35	30	30	25	20	20	15	15	10	10	10	5	5
2500	L	35	30	25	20	20	20	20	20	—	—	—	—	—	—
	h	50	45	40	35	30	25	25	20	15	15	10	10	10	5
2000	L	45	40	35	30	25	20	20	20	20	20	—	—	—	—
	h	60	55	50	45	40	35	30	25	20	20	15	10	10	5
1500	L	55	50	45	35	30	25	20	20	20	20	20	—	—	—
	h	80	70	65	60	50	45	40	35	30	25	20	15	15	10
1200	L	70	60	50	40	40	30	25	20	20	20	20	20	—	—
	h	100	90	80	70	65	55	50	40	35	30	25	20	15	10
1000	L	85	70	60	50	45	35	30	25	20	20	20	20	20	—
	h	120	105	95	85	75	65	60	50	45	35	30	25	20	15
800	L	85	80	75	65	55	45	35	30	25	20	20	20	20	20
	h	120	120	120	105	95	85	70	60	55	45	35	30	25	20
700	L	85	80	75	75	65	50	45	35	25	20	20	20	20	20
	h	120	120	120	120	110	95	85	70	60	50	40	35	25	20
600	L	—	80	75	75	70	60	50	40	30	25	20	20	20	20
	h	—	120	120	120	120	110	95	85	70	60	50	40	30	25
550	L	—	—	75	75	70	65	55	40	35	25	20	20	20	20
	h	—	—	120	120	120	120	105	90	75	65	55	45	35	25

续上表

R	v	100	95	90	85	80	75	70	65	60	55	50	45	40	35
500	L	—	—	—	75	70	65	60	45	35	30	25	20	20	20
	h	—	—	—	120	120	120	115	100	85	70	60	50	40	30
450	L	—	—	—	—	70	65	60	50	40	30	25	20	20	20
	h	—	—	—	—	120	120	120	110	95	80	65	55	40	30
400	L	—	—	—	—	—	65	60	55	45	35	30	20	20	20
	h	—	—	—	—	—	120	120	120	105	90	75	60	50	35
350	L	—	—	—	—	—	—	60	55	50	40	30	25	20	20
	h	—	—	—	—	—	—	120	120	120	100	85	70	55	40
300	L	—	—	—	—	—	—	—	55	50	50	35	30	25	20
	h	—	—	—	—	—	—	—	120	120	120	100	80	65	50
250	L	—	—	—	—	—	—	—	—	50	50	45	35	25	20
	h	—	—	—	—	—	—	—	—	120	120	120	95	75	60
200	L	—	—	—	—	—	—	—	—	—	50	45	40	35	25
	h	—	—	—	—	—	—	—	—	—	120	120	120	95	70

注:R 为曲线半径(m);v 为设计速度(km/h);L 为缓和曲线长度(m);h 为超高值(mm)。

缓和曲线长度内应完成直线至圆曲线的曲率变化,包括轨距加宽过渡和超高递变。当圆曲线较短和计算超高值较小时,可不设缓和曲线,但曲线超高应在圆曲线外的直线段内完成递变。

(5)夹直线最小长度

在曲线毗连路段,为保证线路养护与维修的要求,并避免车辆横向摇摆不致影响行车平顺、车辆振动不致影响旅客舒适,两相邻曲线间应有一定长度的直线段,该直线段称为夹直线。正线、联络线和车辆基地出入线上,以及两相邻曲线间,无超高的夹直线最小长度应按表6-7确定。

夹直线最小长度(m) 表6-7

<table>
<tr><td rowspan="3">正线、
联络线、
出入线</td><td>一般情况</td><td colspan="2">$\lambda \geq 0.5v$</td></tr>
<tr><td rowspan="2">困难时最小长度 λ</td><td>A 型车</td><td>B 型车</td></tr>
<tr><td>25</td><td>20</td></tr>
</table>

注:v 为列车通过夹直线的运行速度(km/h)。

受工程条件限制难以满足夹直线长度要求时,如果是非同向曲线,可以减小曲线半径或选用较短的缓和曲线长度;如果是同向曲线,可以采用一个较长的单曲线代替两个同向曲线。

6.2.3.3 平曲线相关计算

(1)简单曲线

未设置缓和曲线的曲线称为简单曲线(图6-13),其曲线要素包括偏角 α 、半径 R、切线长 T_y 、曲线长 L_y 和外矢距 E_y 。偏角 α 在平面图上量得,圆曲线半径 R 根据《地铁设计规范》(GB

50157—2013)选配得出,切线长 T_y、曲线长 L_y 和外矢距 E_y 由式(6-23)~式(6-25)计算。

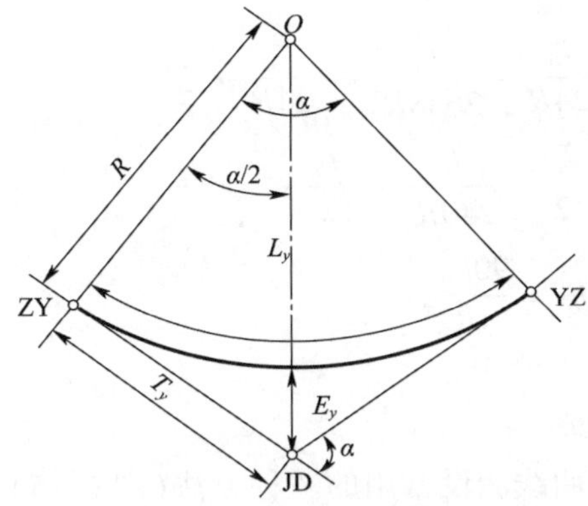

图6-13 简单曲线

$$T_y = R \times \tan\frac{\alpha}{2} \tag{6-23}$$

$$L_y = \frac{\pi \times \alpha \times R}{180} \tag{6-24}$$

$$E_y = R \times (\sec\frac{\alpha}{2} - 1) \tag{6-25}$$

(2)普通曲线

普通曲线是指加设缓和曲线的曲线,如图 6-14 所示。通过加设曲线渐变的缓和曲线,使曲线内移 p 和外延 m,其曲线要素为偏角 α、半径 R、缓和曲线 l_0、切线长 T 和外矢距 E。偏角 α 在平面图上量得,圆曲线半径 R 和缓和曲线长 l_0 由《地铁设计规范》(GB 50157—2013)选配得出,切线长 T、曲线长 L 和外矢距 E 由式(6-26)~式(6-28)计算。

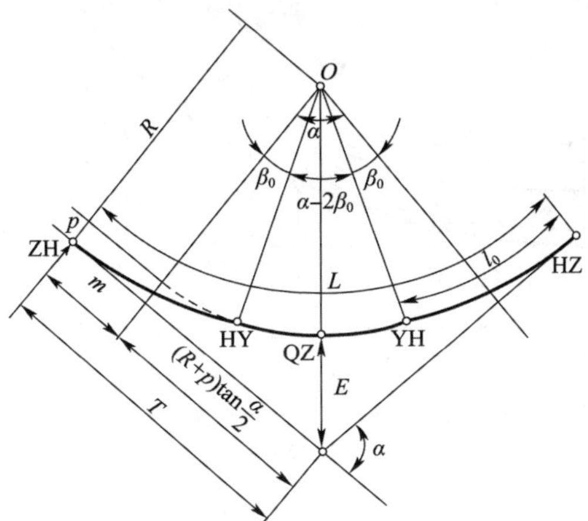

图6-14 普通曲线

$$T = (R + p) \times \tan\frac{\alpha}{2} + m \tag{6-26}$$

$$L = \frac{\pi(\alpha - 2\beta_0)R}{180} + 2l_0 = \frac{\pi \times \alpha \times R}{180} + l_0 \tag{6-27}$$

$$E = (R + p) \times \sec \frac{\alpha}{2} - R \tag{6-28}$$

式中:p——内移距,m; $p = \frac{l_0^2}{24R} - \frac{l_0^4}{2688R^3} \approx \frac{l_0^2}{24R}$;

m——切垂距,m; $m = \frac{l_0}{2} - \frac{l_0^3}{240R^2} \approx \frac{l_0}{2}$;

β_0——缓和曲线角,°; $\beta_0 = \frac{90 l_0}{\pi R}$;

l_0——缓和曲线长度。

(3)任意点切线支距计算

切线支距法是轨道交通曲线测设常用的一种方法(图6-15)。在线路设计和施工中,此方法可以简便地计算出圆曲线或缓和曲线上任意点线路中心偏离直线(切线)的横向距离,即切线支距。缓和曲线任意点切线支距计算公式如下:

$$X = L - \frac{L^5}{40R^2 l_0^2} \tag{6-29}$$

$$Y = \frac{L^3}{6Rl_0} - \frac{L^7}{336R^3 l_0^3} \tag{6-30}$$

式中:L——缓和曲线上任意点到曲线起点ZH(或终点HZ)的距离,m;

X——切线上相应于任意点的横坐标,m;

Y——缓和曲线任意点的纵坐标即切线支距,m;

其余符号意义同前。

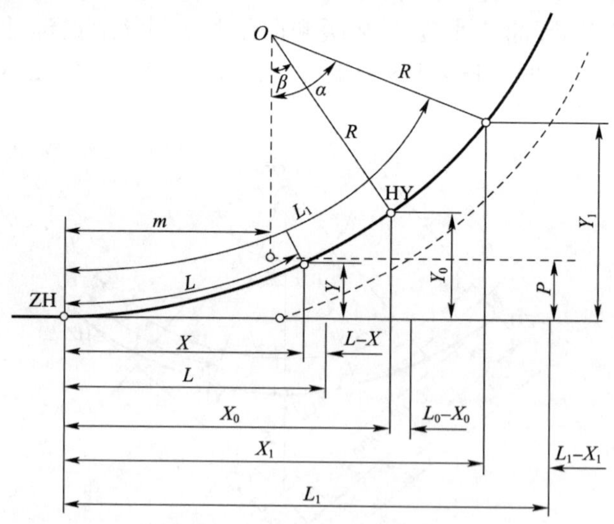

图6-15 切线支距计算示意图

圆曲线任意点切线支距计算公式如下:

$$X_1 = R\sin\left(\frac{L_1 - l_0}{R} \times \frac{180°}{\pi} + \beta_0\right) + m \tag{6-31}$$

$$Y_1 = R\left[1 - \cos\left(\frac{L_1 - l_0}{R} \times \frac{180°}{\pi} + \beta_0\right)\right] + p \tag{6-32}$$

式中：L_1——圆曲线上任意点到曲线起点 ZH(或终点 HZ)的距离，m；

X_1——切线上相应于任意点的横坐标，m；

Y_1——圆曲线任意点的纵坐标即切线支距，m；

其余符号意义同前。

(4)夹直线长度保证

线路平面设计时，在设置圆曲线和缓和曲线后，应检查相邻两缓和曲线端点(HZ_1 与 ZH_2)间夹直线长度 L_J 是否满足相应的最小长度要求，即应保证：

$$L_J \geqslant L_{Jmin} \tag{6-33}$$

不设缓和曲线时，相邻两圆曲线端点(YZ_1 与 ZY_2)间夹直线长度 L_J 应满足下列条件：

$$L_J \geqslant \frac{l_{01}}{2} + L_{Jmin} + \frac{l_{02}}{2} \tag{6-34}$$

式中：L_{Jmin}——夹直线最小长度，m，当曲线超高顺坡延伸至直线范围内时，此长度应为直线上左端超高顺坡终点与右端超高顺坡起点间的长度；

l_{01}、l_{02}——相邻两圆曲线所选配的缓和曲线长度，m。

夹直线长度不满足要求时，应修改线路平面设计，如减小曲线半径、选用较短的缓和曲线长度、改移夹直线位置等，直至夹直线长度满足要求。

6.2.4 线路里程及标示

里程计算一般包括起讫点、直缓、缓圆、圆缓、缓直、车站中心、道岔中心以及特殊点里程等。需要时，左、右线的里程分别进行计算，先右线后左线，一般在车站中心里程相同。

6.2.4.1 线路里程的标示与计算

(1)曲线控制点里程标示

地铁线路里程以千米标和百米标表示，如 K8 + 700 表示 8 km + 700m 处。地铁里程以右线为基准，一般从起点开始以千米标 K0 + 000 表示，依此推算各点里程。采用连续里程，双线并行地段左线采用右线的投影里程。双线不并行的地段左、右线分别采用各自里程，并在其两端并行地段衔接的右线整百米标处注明两线里程关系及左线断链。

线路里程通常按不同设计阶段区分标示，即在整千米 K 前加不同字头，如可研阶段为 AK，初测、初步设计阶段为 CK，定测及施工设计为 DK。比较方案采用在两字头之间加罗马数字对方案编号的方法，如AⅠK、CⅡK 分别表示可行性研究比较方案Ⅰ里程、初步设计比较方案Ⅱ里程等。

(2)曲线控制点里程计算

如曲线起点 ZH 里程已定，设为 M，则曲线各控制点里程如下：曲线终点 HZ 为 $M+L$；曲线中点 QZ 为 $M+L/2$；缓圆点 HY 为 $M+l$；圆缓点 YH 为 $M+L-l$。其中，L 为按式(6-27)计算得出的曲线长度；l 为设计缓和曲线长度。

(3)左线里程计算

城市轨道交通线路里程以右线为基准，在区间并行地段左线里程取右线里程的投影里程。以图 6-16 为例，其计算方法为：

$$\text{左线 HZ 点按右线投影的里程} = \text{右线 ZH 点里程} - b \tag{6-35}$$

$$\text{左线 ZH 点按右线投影的里程} = \text{右线 HZ 点里程} + b \tag{6-36}$$

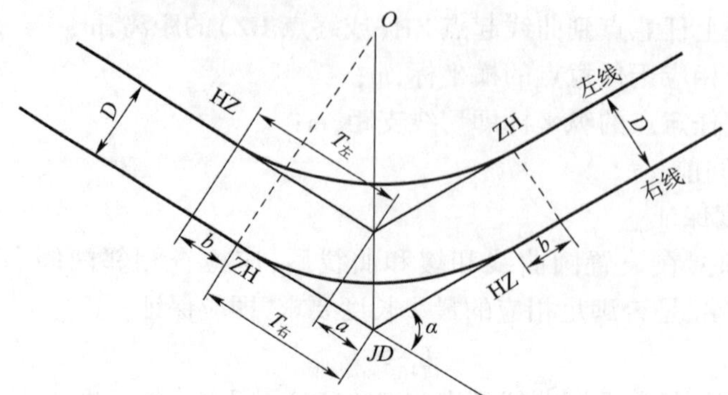

图 6-16 投影里程关系

$$b = T_{左} + a - T_{右} = (T_{左} - T_{右}) + D \cdot \tan\frac{\alpha}{2} \tag{6-37}$$

式中：a 、b ——分别为左线交点及 ZH (HZ)点的错动量。

当曲线为右偏角时，同理可计算出左线曲线起、终点里程，只是 b 值正负号相反。

6.2.4.2 断链的形成与处理

(1)断链的形成

断链是指因局部改线或分段测量等原因造成的桩号不连续现象。断链按产生原因可分为外业断链和内业断链，按断链对线路长度的影响可分为长链和短链。

内业断链是在设计阶段产生的。如线路设计方案已确定，但因某种原因要修改(比如曲线半径修改)，就要设置断链。此时如果不采用断链的方法，所有已经设计好的文件就要全部修改里程，导致工作量增加很多。因此，施工时先按原设计方案施工，竣工时再统一排里程。在曲线地段，线路右线里程一般是连续的，而左线需要与右线在某一点保持一致，但是因为曲线半径差异导致左、右线长度不能完全一致，所以要设置内业断链。做概算时应按实际长度(去掉断链)计算。

外业断链是由于线位设计变更或外业测量等外部原因产生的断链。比如里程本来是连续的，后来因局部改线导致线路长度变化，但是又想保证线路更改段后面的里程和之前保持一致，所以要设置外业断链。

在长、短链方面，新桩号比老桩号大(新路线比老路线长)的称为"长链"，断链长度 $\Delta L > 0$；新桩号比老桩号小(新路线比老路线短)的叫"短链"，断链长度 $\Delta L < 0$。

(2)断链的设置及标示

断链设置要避开桥梁、隧道、曲线和车站范围，最好设置在新线和老线相接的位置，尽可能利用老桩号。一般来说，左、右线隧道结构分开和合并时在直线段上设置断链。

内业断链在平面图左线曲线资料的下面标示，并在长、短链数字 $100 + \Delta L$ 外加细实线小框，如 101.456、98.345 分别表示左线长链 1.456m，短链 1.655m。在纵断面图"线路平面栏"曲线中部的相邻两个百米标间的上方，紧贴图式栏目最上边线平行画两个小方格，将长短链数 $100 + \Delta L$ 标在上面小方格内，如 101.456 、 98.345 分别表示左线长链 1.456m，短链 1.655m。

外业断链在平面图直线段上临近的整百米处上方标示里程衔接关系及断链实际长短数 ΔL,同时在纵断面图上的该百米处与其相邻前一个整百米间标注 $100+\Delta L$,表示该百米间的实际长度,标在紧贴图式栏目最上边线,例如:101.250、97.678分别表示长链1.250m,短链2.322m。

同一断链在平、纵面图上必须同时标示并核对一致。

6.2.5 平面设计步骤

在工可阶段,线路平面图一般只表现线路上行线的里程桩号、车站的里程、曲线的偏角及切线长(未配缓和曲线之前的曲线)。在初步设计阶段,平面设计需要表示交点及曲线要素、方位角、里程桩号、特征点标示、断链标注、车站位置及名称、车站中心里程、配线的道岔岔心标注以及重要障碍物等。在施工设计阶段则需要更加具体的信息,包括线路详细坐标、线间距标注等。

动画

线路平面设计过程

以线路初步设计阶段及施工设计阶段为例,介绍城市轨道交通平面的主要设计步骤及方法。

1)平面线路定位

城市轨道交通平面设计以右线为标准。

(1)确定右线任意点坐标及直线边方位角

为便于地铁的设计施工及与城市相关工程的协调配合,建立与城市控制系统一致的平面坐标控制系统。按确定的平面坐标系统,根据定线所要求的线路与城市既有或规划道路、或指定建筑物的关系,求取线路右线任一点坐标及直线边方位角。计算精度:方位角一般取整到秒,线路长度取整到毫米,坐标取值到0.1 mm。

(2)右线交点坐标计算

从线路起点开始,先用已知直线相交公式及点间距离公式求出起始边长,然后用坐标公式计算交点坐标。用交点坐标及第二直线方位角作为新起始边直线,继续采用上述方法计算第二个交点坐标,这样交替计算边长和坐标,直至全线交点坐标计算完成。这样交替计算边长和坐标的方法,可以保持线路的计算位置和设计位置一致,误差在0.5mm以内。以图6-17为例,交点坐标计算公式如下:

$$X_c = X_a + \frac{(X_a - X_b)\tan\alpha_b - (X_a - X_b)}{\tan\alpha_a - \tan\alpha_b} \tag{6-38}$$

$$Y_c = Y_a + (X_c - X_a)\tan\alpha_a \tag{6-39}$$

$$Y_c = Y_a + (X_c - X_b)\tan\alpha_b \tag{6-40}$$

式中:α_a、α_b——分别为直线 AC、CB 的方位。

2)曲线要素计算

(1)曲线半径确定

初步设计阶段,右线曲线半径一律采取标准整数。

施工设计阶段当左右线为同心圆曲线时,外圆曲线半径采取标准整数;若是最小曲线半径,内圆一般应采取标准整数半径。

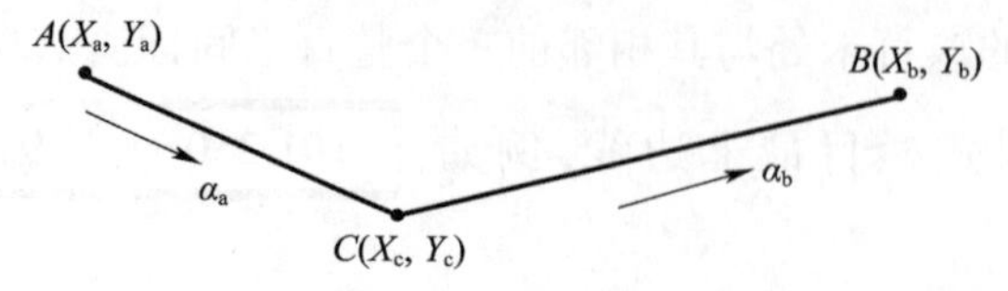

图6-17　交点坐标计算示意图

(2)缓和曲线长度选取

初步设计阶段根据曲线距车站的远近,按照《地铁设计规范》(GB 50157—2013)初步选用缓和曲线长度。

施工设计阶段根据列车运行图选用缓和曲线长度。

(3)切线长与曲线长计算

切线长与曲线长按照式(6-26)、式6-27)计算,精度要求为0.1mm,取整到毫米(mm)。

初步设计阶段,左线一般不进行曲线要素计算,但夹直线长度紧张地段除外。

3)里程计算与标示

线路里程用千米标和百米标表示,一般以右线为基准采用连续里程。由于断链使里程失去线路直观长度、容易造成设计施工中的差错,因此,右线在任何设计阶段,里程不宜产生断链。

4)控制点里程与坐标计算

这里的控制点包括建筑物控制点及车站中心点。其中建筑物控制点至线路的垂距及其里程,可用点线间垂距公式计算,也可以用两直线的交点公式计算。车站中心点计算时,首先根据定线要求的站位计算右线站中心里程,移动车站中心位置取车站里程为整数米(m);再计算站中心坐标,坐标取值到0.1mm。

5)左线相关信息计算

施工图设计阶段进行计算,初步设计不要求。

(1)左线交点坐标计算

左右线平行地段,首先从右线控制点上,根据定线要求的线间距,计算左线各直线边上任一点坐标,然后按交点坐标计算方法,求出左线各交点坐标。左右线非平行地段,根据左右线平面相应的几何关系进行坐标计算。左线单独绕行地段与右线坐标计算方法相同。计算完成后,应自查左、右线平面相互关系与设计要求是否相符,线间距误差应在0.5mm以内。

(2)左线里程及断链计算

左线里程按照右线里程推算。因左线绕行或内外曲线的关系,左线与右线长度不等,但为了便于设计及施工,左右线平行直线段同一断面上的里程宜一致,即左线采用右线的投影里程。通常在每一处左、右线长度不等的地段设置左线断链。但在曲线多的地段,若在每一曲线设一断链,也会给设计及施工带来不便。为减少左线断链数量,可对左线断链进行适当合并。当两个曲线间夹直线较短时,两个断链宜合并为一个;当区间左右线隧道结构分开时,可将两车站间的多个曲线断链合并为一个。断链不应进入曲线范围和车站站界范围。

6)线路详细坐标计算

施工图设计阶段进行计算,初步设计不要求。

左右线均需进行详细坐标计算,包括圆曲线和缓和曲线起讫点、圆曲线中点、千米及百米里程点、道岔中心、车挡、区间附属建筑物(通风道连接口、排水泵站、隔断门、区间连接通道等)中心(或接口中心)、车站端墙外缘(或竖井中心)等位置的详细坐标计算。线路详细坐标计算,以就近的交点或站中心点为原始坐标点,分段计算,坐标取整到毫米(mm),计算误差允许1mm。

7)左、右线间距计算

施工图设计阶段进行计算,初步设计不要求。

当左、右线处于同一隧道,线间距发生变化时(或左、右线隧道分开,但有附属建筑物连接时),为了隧道结构设计的需要,一般每隔10~20m计算一次线间距。线间距计算采用解析几何公式,计算误差不大于10mm。曲线地段的线间距计算以右线法线方向为准。

实际设计中,可选用成熟的软件完成以上各步骤设计计算及线路平面设计图。

6.2.6 平面示意图

平面示意图是在绘有初测导线和经纬距的大比例带状地形图上,设计出线路平面和标出有关信息,反映线路平面位置和经过地区的地形、地物等。平面示意图一般包括以下内容:

(1)线路中线的展绘

线路平面图应展绘推荐方案和主要比较方案的线路中线,并宜绘在同一卷图内。图中应标注设计起讫点里程、方案名称、接线关系。里程标注应在整千米处标注线路千米标,千米标之间标注百米标,里程桩号标注在垂直于线路的短线上,里程从左向右或从右向左增加时,字头均朝向图纸左端。千米标应注写各设计阶段代号,可行性研究为AK,初测为CK,定测为DK等。其余桩号的千米数可省略。两方案或两测量队衔接处,应在图上注明断链和断高关系。双线并行地段应绘制左、右线并标注右线里程,注明右线(或左线)绕行起讫点里程关系、绕行线里程、段落编号和断链。线间距变换处应标注设计线间距数值。

(2)曲线要素及其起讫点里程

当纸上定线比例大于、等于1:1000时,应绘制曲线交点,并应标注交点编号。定测放线时,应绘制曲线控制桩(曲线起讫点),并应分别编号。曲线控制桩标注应垂直于线路中心线引出,并应标注符号和里程。

曲线要素应标注在曲线内侧。新建双线曲线要素应按左线、右线分别标注,左线标注在左侧,右侧标注在右侧适当的位置。内业断链标注在曲线要素下方。曲线交点应标明曲线编号,曲线转角应加脚注 Z 或 Y,表示左转角或右转角。曲线要素应平行线路写于曲线内侧。曲线起点ZH和讫点HZ的里程,应垂直于线路并写在曲线内侧。

(3)线路上各主要建筑物

沿线的车站、大中桥、隧道、平立交道口等建筑物,应以规定图例符号表示,并注明里程、类型和大小。如有改移公路、河道时,应绘出其中心线。

(4)初测导线和水准基点

平面图应绘制初测导线,导线应标注导线点编号、里程、高程及导线的方位角或方向角,如图6-18的中连续折线。图中还应绘出水准基点的位置、编号及高程。

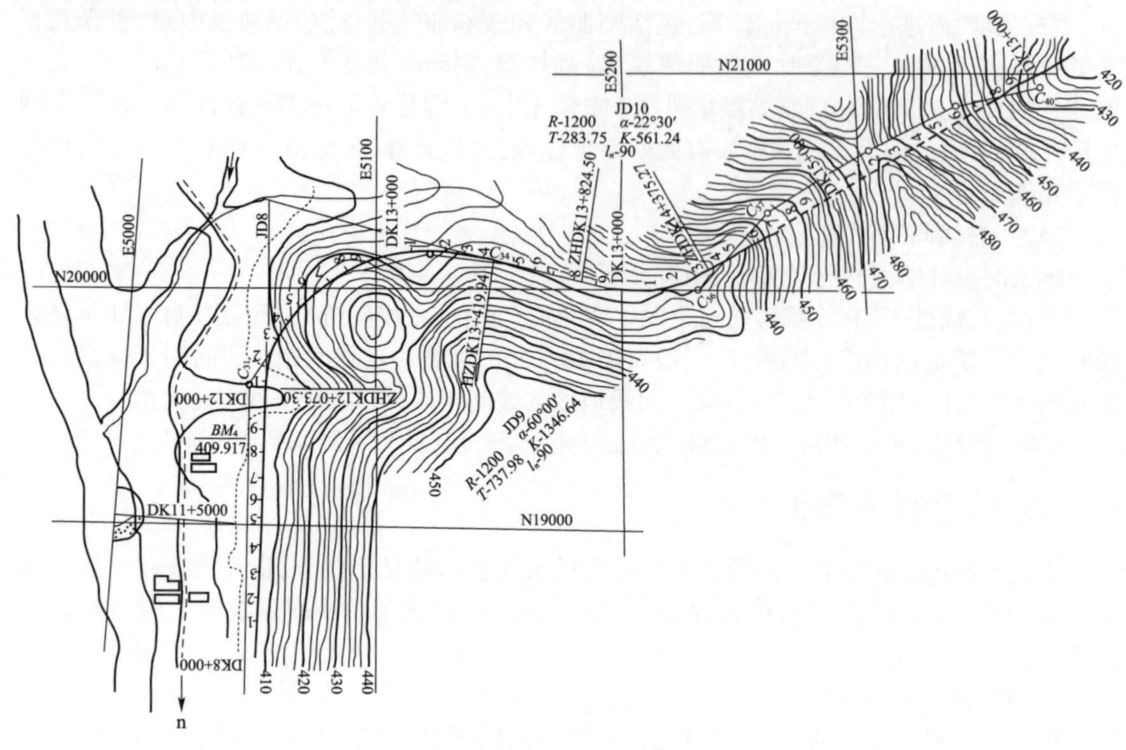

图6-18　线路平面示意图

6.3　线路纵断面设计

线路纵断面设计一般是在平面设计的基础上进行,同时又可对平面设计进行检验和调整,最终确定线路在城市三维空间中的位置。

6.3.1　纵断面设计的内容、目标及影响因素

6.3.1.1　纵断面设计内容

纵断面设计主要包括坡段和连接相邻坡段的竖曲线设计。坡段特征用坡段长度和坡度值来表示,如图6-19所示。竖曲线设计主要是选择合适的竖曲线半径,一般在坡段确定后根据《地铁设计规范》(GB 50157—2013)来确定。

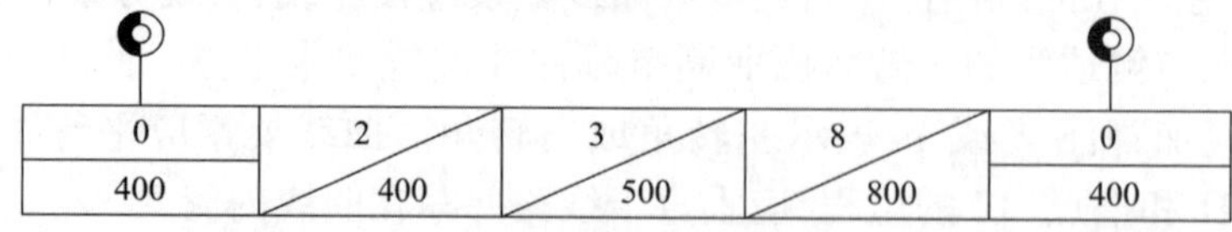

图6-19　坡段特征示意图

6.3.1.2　纵断面设计目标

①保证列车运行的安全、平稳及乘客舒适。

②要注意与城市既有设施相协调,如高架线要考虑城市景观。

③结合地形、地质、水文条件、控制高程、施工方法等进行合理设计,力求方便乘客使用和降低工程造价,必要时可改变线路平面及施工方法。

④尽量设计成符合列车运行规律的“高站位、低区间”节能型坡道组合。除车站两段的节能坡外，区间一般宜用缓坡，避免列车交替使用制动和牵引工况。

6.3.1.3 影响纵断面设计的因素

(1)地下线结构顶板覆土厚度

线路纵断面设计对行车费用的影响

当地下线位于道路下方时，要考虑路面铺装和管线要求。一般在城市道路中，隧道结构顶板距地面为2～3m；当地下线位于城市公园或绿地时，要考虑植被的最小厚度，一般草坪为0.2～0.5m，灌木为0.5～1.0m，乔木为1.5～2.5m；当地下线位于经常水面下方时，要考虑隔水层厚度要求，一般为1m左右；当地下线作为人防工程时，应考虑防空工程的最小覆土要求；在寒冷地带应考虑保温层最小厚度要求。

(2)地下管线及构筑物

在明挖车站遇地下管线时，应尽可能考虑改移，以减少覆土厚度，方便乘客出入。地下隧道结构以明挖法通过地下管线或地下构筑物时，隧道与管道(构筑物)可不留土层，甚至两者共用结构。地下隧道以暗挖法通过地下构筑物、楼房基础时，两结构之间应保持必要的土层厚度，最小厚度应根据结构要求而定。

(3)地质条件

当地下线路遇到不良地质条件时，主要是淤泥质黏土及流沙地层，应尽量考虑躲避，若躲避有困难时，应采取工程措施。

(4)施工方法

地下线采用明挖法时，为减少土方开挖量，线路埋深应尽可能浅。当采用暗挖法时，应选择较好地层，一般埋设深度较深。

(5)排水站位置

地下线排水站主要是排出隧道结构渗水和冲洗水，一般设于线路纵断面的最低点。困难情况下，允许偏离不超过10m。区间排水站要选择出入口的位置，为检修方便往往与区间通风道结合设置。车站端部排水站由车站平面布置确定。

(6)桥下净高

线路为高架线时，桥下净高最小值受通行的车、船高度控制，以及对城市景观的影响。现行的做法有跨越主干道桥下净空控制在5m以上，跨越铁路桥下净空控制在6.8m以上，跨越电气化铁路桥下净空控制在8m以上，城市轨道交通车站桥下净空5m以上，区间桥下净空与桥面宽之比按1:1考虑。

(7)防洪水位

在有洪水威胁的城市中建设城市轨道交通线路时，纵断面设计要满足防洪要求。地面线路路基、地下线的各种出口位置，应按百年一遇的洪水位设计。

6.3.2 纵断面设计要素及其计算

6.3.2.1 坡段长度

当线路坡度发生变化时，相邻两个坡度不同的坡段间的连接点称为变坡点。如图6-20所示，坡段长度L_i是指第i个坡段前后两端的两个变坡点间的水平距离。

列车通过变坡点时会产生附加离心力和附加加速度。为行车平稳考虑，宜设计较长的坡段,但为了适应线路高程的变化,坡段也不能太长,否则将引起较大的工程量,给施工带来困难,因此,应综合考虑两者的影响来确定最短坡段长度。

①线路坡段长度不宜小于远期列车长度,使列车长范围内只有一个变坡点,以避免变坡点附加力叠加影响和附加力的频繁变化,保证行车的平稳。

②坡段长度还应满足竖曲线既不相互重叠,又能相隔一定距离;两竖曲线夹直线长度不宜小于50m,以利于列车运行和线路的维修。

对于轻轨高架线,坡段最小长度不短于远期列车长度,同时保证两竖曲线间夹直线不小于25m。对于大坡道,由于牵引功率限制,要求60‰坡度限长500m;50‰坡道限长1000m;小于50‰坡道不限。

6.3.2.2　坡段坡度

第 i 个坡段的起点高程值与终点高程值的差值称为高程差,一般用 H_i 表示。已知坡段坡长和起、终点高程差,即可用高程差 H_i 除以坡段长度 L_i 得到该坡段的坡度 i(‰),如图6-20所示。为了区分线路走势,规定上坡坡段的坡度值为正值,下坡坡段的坡度值为负值。如坡度值为25‰,则表示列车在该坡段上运行1000m的水平距离,可上升25m的高度。坡度计算公式如下:

$$i = \frac{H_i}{L_i} \times 1000 \tag{6-41}$$

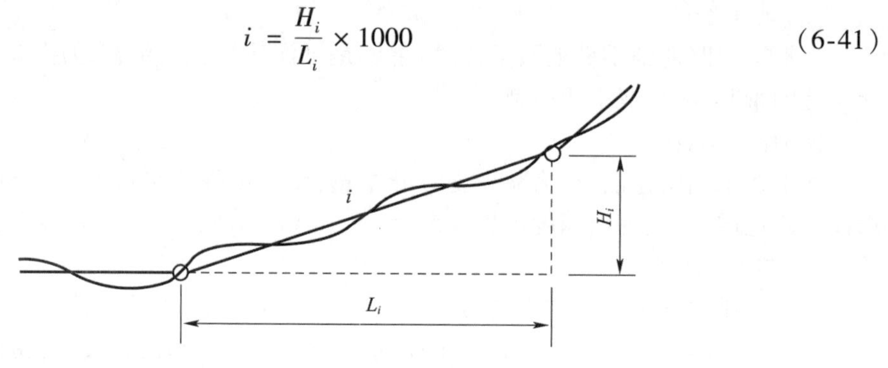

图6-20　坡长与坡度示意图

(1)最大纵坡

由于高密度行车和大运量,为了保证行车安全和正点,设计原则要求列车失去部分(最大可达到一半)牵引动力条件下,仍能用另一部分牵引动力将列车从最大坡度上起动,因此,最大坡度阻力及各种附加阻力之和,不宜大于列车牵引力的一半。

我国《地铁设计规范》(GB 50157—2013)规定正线的最大坡度宜采用30‰,困难地段最大坡度可采用35‰。在山地城市的特殊地形地区,经技术经济比较,有充分依据时,最大坡度可采用40‰。高架轻轨线按我国轻轨样车技术条件规定正线的限制坡度为60‰。

正线坡度大于24‰,连续高差达16m以上的长大陡坡地段,应根据线路平纵断面和气候条件,核查车辆的编组及其牵引和制动性能,以及故障运行能力。长大坡段不宜与平面小半径曲线重叠,同时应对道床排水沟断面进行校核。区间纵断面设计的最低点位置,应兼顾与区间排水泵房和区间联络通道位置结合,当排水管采用竖井引出方式时,地面应具有竖井实施条件。

为了便于道岔的养护与维修,道岔应铺在较缓的坡道上,一般规定设在不大于5‰的坡度上,在困难的条件下可设在不大于10‰的坡度上。道岔在坡度上的最大问题是担心尖轨爬行，影响使用安全。这主要决定于尖轨根端的接头，是活动接头，还是固定接头。当前正线道岔均采用曲线尖轨、固定接头、无砟道床，基本消除上述缺陷，故铺设道岔的坡度可以放大至10‰。

(2)车站纵坡

车站站台范围内的线路应设在一个坡道上，坡度宜采用2‰，当具有有效排水措施或与相邻建筑物合建时，可采用平坡。

车站线路应尽量接近地面，这样不仅可以减少工程量，节约工程造价，也可以方便乘客进出车站。车站在有条件时，应尽量布置在纵剖面的凸形部位上，即车辆进站上坡，出站下坡，有利于列车的起动和制动。但进出站的坡度、坡长和变坡点应予合理设置，应从牵引计算反馈验证。

地面和高架桥的车站站台段线路应设置在平道，在困难地段可设在不大于3‰的坡道。

(3)最小纵坡

隧道内的最小坡度主要是为了满足纵向排水需要，区间隧道的线路最小坡度宜采用3‰，困难条件下可采用2‰。区间地面线和高架线，当具有有效排水措施时，可采用平坡。地面和高架桥区间正线处在凸形断面时，在理论上，在平坡地段的水沟不会积水，但实际施工证明，平坡是难以做到的，故需要设置横向汇集、分段排出的辅助措施。

6.3.2.3 竖曲线

(1)竖曲线定义

在线路纵断面的变坡点处设置的连接相邻两坡道的竖向圆弧称为竖曲线。在变坡点处设置竖曲线的目的是为了保证行车安全、平顺和旅客的舒适度。

竖曲线有圆曲线和抛物线两种。抛物线曲率是渐变的，更适宜于列车运行，但由于铺设和养护工作较复杂，当要求速度不高时，基本上不采用。圆曲线在曲率半径较大时，其坐标接近于抛物线，因而我国城市轨道交通线路路基基本上采用圆曲线形。地铁为钢筋混凝土的整体道床，其弹性变形量比地面铁路碎石道床小得多，所以地下铁道设置竖曲线的要求要更高。

(2)竖曲线的设置与计算

为保证行车平稳，相邻坡度差等于或大于2‰时，应设圆曲线形的竖曲线连接。车站站台有效长度内和道岔范围内不得设置竖曲线，且竖曲线间距离道岔端部不应小于5m。竖曲线不侵入站台范围，可保证站台平整和便于车站的设计、施工。道岔是轨道的薄弱环节，其尖轨和辙岔应保持平顺、严密状态，因此，竖曲线不应侵入道岔范围，并与道岔保持一定的距离，以保证行车安全和便于线路养护维修。竖曲线与缓和曲线或超高顺坡段在有砟道床地段不得重叠。在无砟道床地段竖曲线与缓和曲线重叠时，每条钢轨的超高最大顺坡率不得大于1.5‰。

列车通过竖曲线时，产生的竖向离心加速度不应大于乘客舒适要求的允许值 a_v(m/s^2)。为此，竖曲线半径 R_v(m)应根据行车速度 v (km/h)用式(6-42)进行计算。

$$R_v = \frac{v^2}{3.6^2 a_v} \tag{6-42}$$

一般取 $a_v = 0.1\text{m/s}^2$，困难条件下 $a_v = 0.17\text{m/s}^2$。区间正线的运行速度一般为80km/h，站端为60km/h。将上述数据代入式(6-42)，可得出竖曲线的半径不应小于表6-8的值。

竖曲线半径(单位:m) 表6-8

线路类别		一般情况	困难情况
正线	区间	5000	2500
	车站端部	3000	2000
联络线、车辆段出入线、车场线		2000	

圆形竖曲线如图6-21所示。

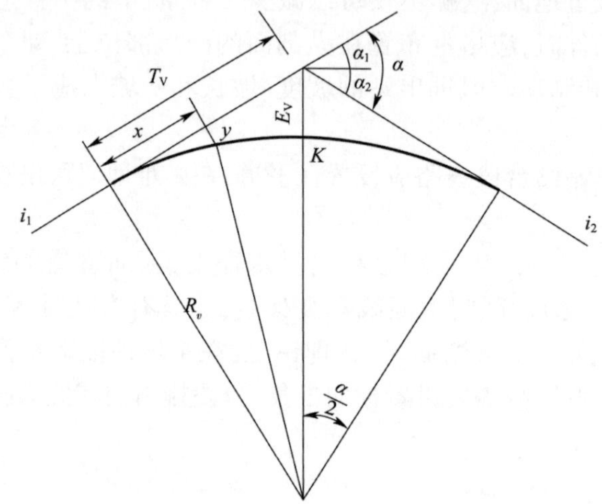

图6-21 圆形竖曲线示意图

竖曲线的切线长度 T_v 的计算过程如下:

$$\begin{aligned}T_v &= R_v \times \tan\frac{\alpha}{2} \approx \frac{R_v}{2} \times \tan(\alpha_1 - \alpha_2)\\ &= \frac{R_v}{2} \times \left|\frac{\tan\alpha_1 - \tan\alpha_2}{1 + \tan\alpha_1 \times \tan\alpha_2}\right| \approx \frac{R_v}{2} \times \left|\tan\alpha_1 - \tan\alpha_2\right|\\ &= \frac{R_v}{2} \times \left|\frac{i_1}{1000} - \frac{i_2}{1000}\right|\\ &= \frac{R_v \times \Delta i}{2000}\end{aligned} \tag{6-43}$$

式中:α——竖曲线的转角;

α_1,α_2——前、后坡段与水平线的夹角,上坡为正值,下坡为负值;

i_1,i_2——前、后坡段的坡度,上坡为正值,下坡为负值。

竖曲线长度 K:

$$K \approx 2T_v \tag{6-44}$$

竖曲线上任一点纵距 y:

$$y = \frac{x^2}{2R_v} \tag{6-45}$$

式中:x——竖曲线横距,即计算点至竖曲线起点(或终点)的距离。

变坡点处的纵距称为竖曲线的外矢距,其计算公式为:

$$E_v = \frac{T_v^2}{2R} \tag{6-46}$$

6.3.3 纵断面设计步骤

线路纵断面设计可采用以下步骤进行。

1)收集基础资料

①地面线(道路顶面线)及其跨越道路立交桥、河床底、航行水位、洪水位、铁路、高压线高程等资料。

②地下管道及主要房屋、人防工程基础等高程资料。

③道路、立交桥、铁路、河渠、地下管道等规划高程资料。

④地质剖面及地下水位高程资料。

⑤线路平面及附属结构物设计资料。

2)确定敷设方式和过渡段

在纵断面设计中,主要是确定洞口以及过渡段的位置和形式。城市轨道交通线路由地下过渡到地上,一般有以下几种方式。

(1)在道路中间开口

在道路中间设置过渡段,可分为双线同时出洞和单线先后出洞两种形式。双线同时出洞形式占用道路宽度较大,但占用道路长度较短,适宜路幅较宽的地段,是经常采用的一种出洞方式。单线先后出洞是为了解决路幅较窄提出的一种过渡方式,但它占用道路纵向距离长,有时需跨路口,工程也较为复杂,是在特殊情况下采用的一种方法。上述两种方式对道路交通均有一定影响,施工时一般需加宽路面,带来一定程度的拆迁。

(2)在道路红线以外开口

这种方式一般是结合城市规划,与街区改造同步实施,以避免大量的拆迁,但它建成运营后对周围环境影响较大,需采取减振降噪措施,一般在环境要求不高的地段采用。

(3)结合地形等环境条件开口

在工程实践中,应优先考虑采用这种方式。与地形结合的办法可多种多样,一般有利用山地高差出口、利用绿地带出口等。

3)找出线路控制高程

在确定了各种敷设方式的分界点以后,根据设计原则、标准、隧道外轮廓尺寸、覆土厚度、桥下净高、距建筑物的最小距离、排水站位置等找出纵断面设计的高程控制点及其控制高程。

4)设计右线断面图

地铁右线纵断面设计贯穿于各个设计阶段。根据沿线各高程控制点设计变坡点、坡度及坡段长度。可行性研究及初步设计阶段,坡段长度宜为50m的倍数,变坡点一般落在百米里程标及50m里程处。施工设计阶段,坡段长度一般取整10m倍数,变坡点落在整10m的里程上。坡度一般用千分整数表示,以便于其他专业设计和方便施工。地铁线路纵断面设计高程为轨顶高程。

5)设计右线曲线

两相邻坡段的坡度代数差等于或大于2‰时,应设圆曲线型的竖曲线连接。竖曲线设计包括竖曲线半径选择、竖切线长度计算及竖曲线范围内轨顶高程改正值计算。初步设计阶段只进行竖曲线半径设计,施工设计阶段才进行竖曲线高程改正值计算,精度至毫米。

6)左线坡度设计

左、右线所处位置不同,坡度设计也不一样。

(1)左线与右线并行于同一隧道内。无论隧道结构体是单孔(跨)还是多孔(跨),无论其位于车站还是区间,左线坡度应与右线一致,同一断面的左右线高程应相等。曲线地段,左、右线(内外曲线)长度不同,左线坡度应做调整,使曲线范围内同一法线断面上的左右线高程相同,允许高程差不大于2cm。

左线与右线上下重叠于同一隧道内,是一种立体并行形式,这种形式的左线坡度与右线坡度应完全相同,高程相差一常数。

(2)左右线并行的高架及地面线路,左线纵断面与右线相同,唯左线曲线地段因长度不同需适当调整坡度,使曲线范围内同一法线断面上的两线等高。

(3)左线与右线分设于单线隧道内。车站范围内的左线坡度及高程宜与右线一致(左、右线站台位于同一平面上)或高程相差模数值(即左、右线站台不位于同一平面上)。这是考虑站台之间、站台与站厅之间都有通道相互联络,左、右线坡度及高程一致(或相差模数值),有利于车站各部分的设计与施工。

区间地段左、右线分设于单线隧道内的左线坡度不要求与右线相同,坡度设计较为灵活。但左、右线宜共用一个排水站,要求左线最低点位置处于右线最低点同一断面处,错动量不应大于20cm。最低点高程宜相等,可允许有30cm以内的高差。左、右线之间若有连接通道,左、右线高程宜相同,允许有50cm以内的高差。

7)左线竖曲线设计

左线竖曲线设计同右线。

8)左、右线轨顶高程计算

其包括百米及公里标、控制加标、车站中心、道岔中心,附属结构物中心或接口中心、线路最低点,有时还应包括隧道结构变形缝等高程计算。高程值计算至毫米。

9)纵断面修改设计

当建好的隧道结构不均匀下沉,且受隧道结构净空限制,致使轨道无法按照原纵断面设计铺设时,需修改纵断面坡度及高程。纵断面修改的一般步骤为:

①勘察现场,提出上下行线隧道结构断面净空及高程测量要求。

②绘制隧道结构底板、顶板净空的放大纵断面图,找出高程控制点。

③对纵断面坡度进行修改。

④检核净空高度及道床厚度是否满足要求。

在困难条件下,可以适当扣除限界中的施工误差预留,或者对道床进行特殊设计以减薄厚度。当采取以上措施仍不能满足净空高度及道床厚度要求时,由施工单位采取补救措施,再根据补救方案进行纵断面修改。

6.3.4 纵断面示意图

(1)纵断面图内容

纵断面图的横向表示线路长度,竖向表示高程。图中应标注主要技术标准、设计起讫点里程、一次施工地段和第二线绕行地段的起讫点里程、接线关系和断链。在纵断面起点和高程断开处应绘制高程标尺。图幅上部应绘制图样、下部绘制纵断面栏。图中应标注断链关

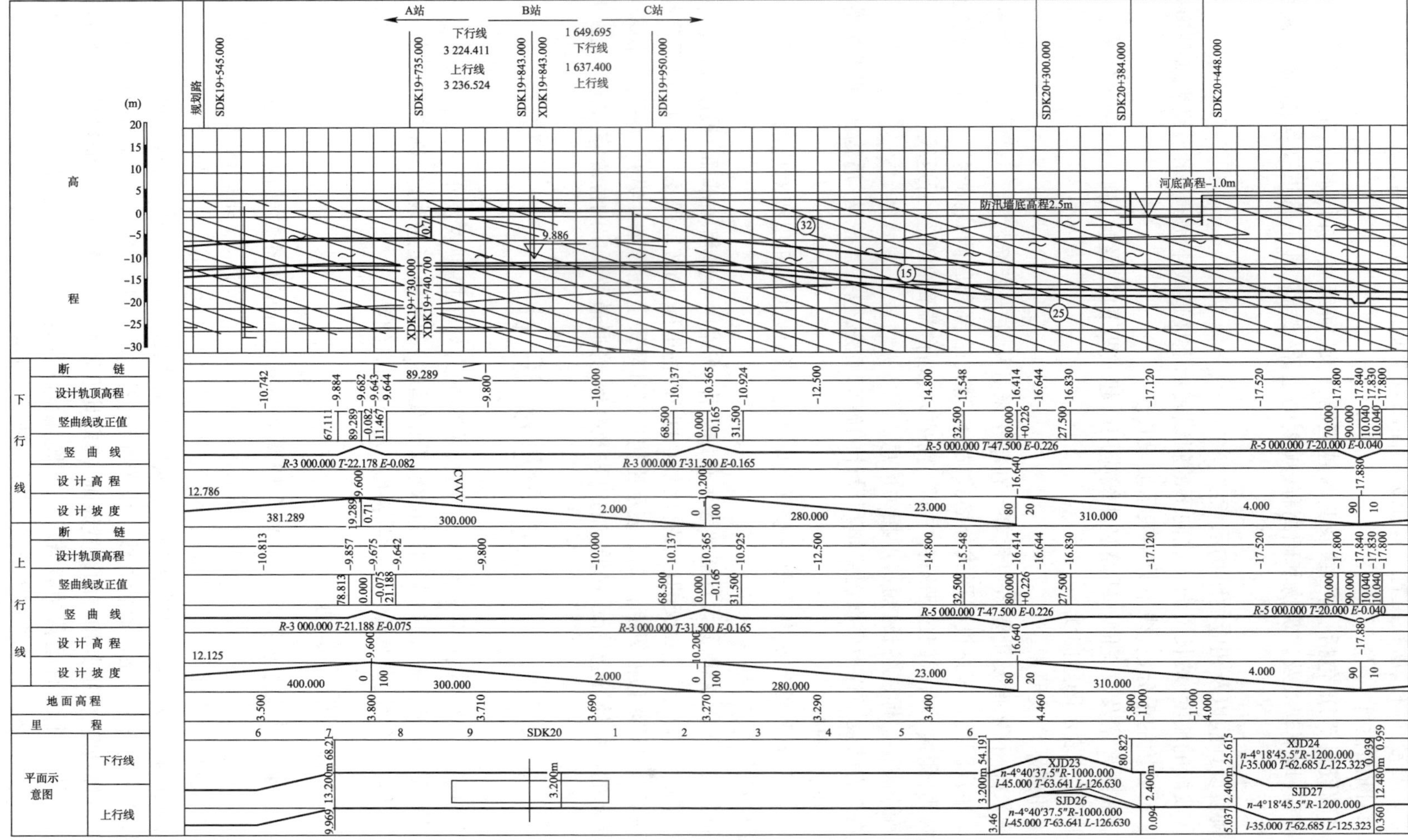

图 6-22 施工图设计阶段线路纵断面图

系及水准点编号、高程、所在位置。详细纵断面图宜绘制地质图形符号。

(2)纵断面栏目

①基础资料部分,包括:地面线及其跨越道路立交、河床底、航行水位、洪水位、铁路、高压线等高程;地下管线及建筑物基础高程、规划的道路、铁路、地下管道高程;地质纵断面及地下水位等。

②轨顶设计线以及相应的结构示意线。

③各坡段的坡度、坡长。向上或向下的斜线表示上坡道或下坡道,水平线表示平道。线上数字表示坡度的千分数,线下数字表示坡段长度。

④竖曲线要素及改正值。线路竖曲线应用凸起或凹下的折线绘制。凸起部分表示凸竖曲线,凹下部分表示凹竖曲线。

⑤平曲线示意及要素。

⑥千米标、百米标及重要点里程等。在整千米处标注千米标数。

⑦车站及配线。车站设置形式分岛式站台、侧式站台和岛侧式站台。岛式站台线路位于站台两侧,侧式站台线路位于站台中间。需要时,站台端部需配置折返线。

⑧断链信息。标注各长、短链点相关信息。

⑨施工方法及工程地质概况。填写设计的施工工法,包括盖挖法、盾构法、明挖法等。

(3)纵断面图样

①在工可阶段,线路纵断面图一般只表现线路上行线的平面里程对应的高程、车站的位置、坡度及坡长等。

②初步设计阶段,纵断面设计需要表示车站名称、车站中心里程、站间距、坡度及坡长、平面曲线与车站示意图、与线路相交的建筑物及邻近的障碍物里程、断链里程及车站河道高程等资料。

③施工图设计阶段的纵断面图形表示比初步设计阶段更加详细。纵断面图除了初步设计阶段所标示的资料外,还要标示最低点的里程及高程、旁通道及泵房的位置等,如图6-22所示。

6.4 配线设计

城市轨道交通线路中,除正线外,在运行过程中为列车提供收发车、折返、联络、安全保障、临时停车等功能服务,通过道岔与正线或相互联络的轨道交通线路,称之为配线。配线包括:折返线、停车线、存车线、出入线、渡线、安全线、联络线。

6.4.1 配线设计概述

配线是保证列车的正常运行、实现合理调度和确保行车安全的线路。配线设置不仅要满足正常运营的运行交路、行车密度要求,还要考虑到列车故障、车站或区间事故、系统设备设施故障等多种等情况下的非正常运行状态和紧急运行状态的运营和调度要求。

由于城市轨道交通车站大多为地下站或高架站,考虑到施工成本和建设难度等问题,一般不会在线路中的所有车站都设置配线。设置配线,首先应根据线路的客流特征及不同类型配线实现的具体功能,依据其相应的设置原则,确定其设置的位置;然后根据配线类型、车站位置及折返能力的不同,结合运营功能需求、工程建设难度和投资经济性,综合确定其布置形式。因此,确定配线设置位置及其布置形式,是城市轨道交通配线设计的两个关键问题。

6.4.2 折返线

列车通过进路改变、道岔的转换,经过车站的调车进路由一条线路至另一条线路运营的方式称为列车折返,具有列车折返能力的车站称为折返站。实现列车折返的配线称为折返线。折返线主要供运营时的列车折返(包括始发、终点站的折返和中间小交路的折返)及非运营时的存车,以实现列车的合理调度和正常运行。

6.4.2.1 折返线分类

折返线的布置形式多种多样,综合考虑其工程实施的可行性,既要满足基本运营需求,又要保持一定的灵活性。图6-23给出了折返线的常用布置形式。

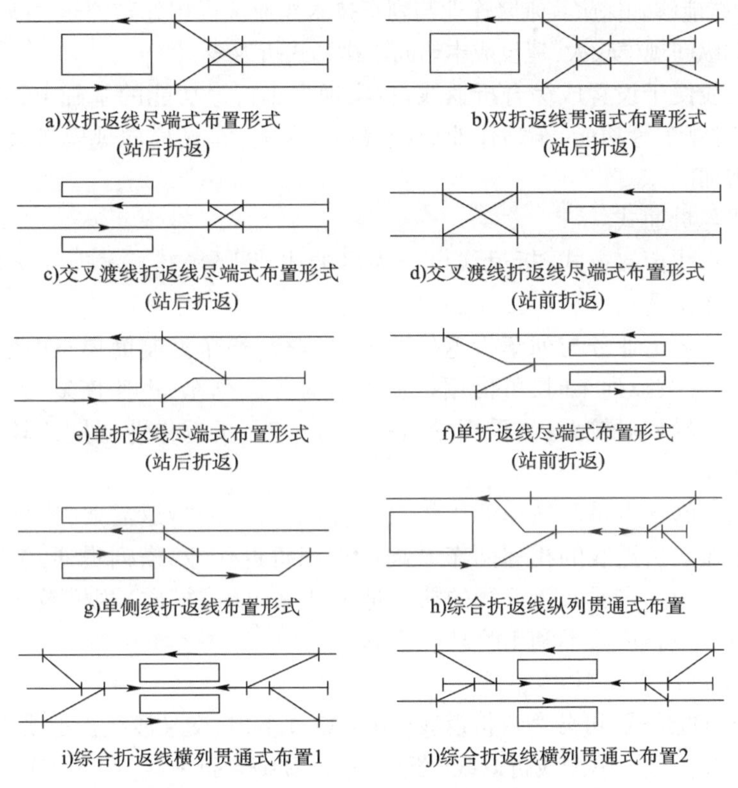

图6-23 折返线的常用布置形式

(1)站前折返与站后折返

按折返方式划分,折返线可分为站前折返[图6-23d)、f)]和站后折返[图6-23a)、b)、c)、e)]。

站前折返的优点是列车空走少,折返时间较短,上下车乘客能同时上下车,可缩短停站时间,渡线设置在站前,可以在一定程度上减少项目的投资,减少费用。缺点是列车在站前折返的过程中会占用区间线路,从而影响后续列车的闭塞,对行车安全有一定威胁,对行车安全保障要求较高。客流量大时,可能会引起站台客流秩序的混乱。城市轨道交通行车组织中较少采用这种折返模式,特别是当行车密度高、列车运行间隔短的条件下,一般不会采用站前折返方式。如果车站尾部受建筑物(基础)或地质条件限制,必须采用站前折返时,为防止上下车人流拥挤,可设计为两岛一侧站台形式。中间大岛站台为乘客上车站台,两侧的站台为下车站台,小岛站台的另一侧还固定作为故障列车、火灾列车和存车之用,以便使事故列车对其他列车的影响减到最低程度。

站后折返在国内外城市使用的最多。采用站后折返方式,站间接发车采用平行作业,不存在进路交叉,安全性能好,而且站后列车进出站速度较高,有利于提高旅行速度。一般来说,站后尽端线折返是国内外城市轨道交通最常见的折返方式,站后渡线方法则可为短交路提供方便;环形线折返设备可保证最大的通过能力,但施工量大,钢轨在曲线上的磨耗也大。站后折返的主要不足是列车折返时间较长。

(2)纵列式与横列式

按折返线与站台的位置关系,折返线可分为纵列式[图6-23a)、b)、e)、h)]和横列式[图6-23f)、i)、j)]。

纵列式折返线能够确保旅客乘降作业与列车技术作业位置相分离,安全性较好,作业效率也较高。但是,车站纵向规模较大,建设成本略高于横列式折返线。

横列式折返线便于设置成综合折返线,在实现列车折返功能的基础上,还可实现列车越行、故障列车临时停车等功能,车站作业组织灵活。但是,车站横向规模较大,高架(或地下)车站建筑难度增加。

(3)尽端式与贯通式

按折返线与正线衔接方式,折返线可分为尽端式[图6-23a)、c)、d)、e)、f)]和贯通式[图6-23b)、h)、i)、j)]。

尽端式折返站客运业务与列车折返作业分离进行,列车控制简单,作业安全好;对于双折返线车站,当出现故障列车时,可借用折返线暂时停放列车,迅速恢复行车秩序。其主要缺点是车站工程数量相对较大;当采用站后折返方式时,折返作业周期比较长,且只适应于一端列车折返作业。

贯通式折返线的优点是车站作业组织灵活,可满足双向折返需要,实现列车越行、待避等作业。纵列贯通式折返线的相邻两车站均可组织折返作业,横列贯通式折返线还能兼作列车到发作业线使用。贯通式折返线的缺点是车站纵向(或横向)规模较大,折返线结构较复杂,远端道岔距车站过远,不利于管理和维修。

6.4.2.2 折返线布置形式

按照折返线布置形式,可分为双折返线[图6-23a)、b)]、交叉渡线折返线[图6-23c)、d)]、单折返线[图6-23e)、f)]、单侧线折返线[图6-23g)]和综合折返线[图6-23h)、i)、j)]等几类。

(1)双折返线

双折返线可设于中间折返站或线路端部折返站上,折返能力可大于30对/h,当折返列车对数较少时,可以留出一条线作为停车线。在端部正线继续延伸后,仍可作为折返线或停车线使用,没有废弃工程,特别适用于明挖法施工的岛式车站上。双折返线在北京、上海、广州等城市的地铁线路中得到了广泛使用,是最常用的一种折返线形式。折返线尾部加设渡线[图6-23b)],可以实现另一方向站前折返,增加列车运营组织灵活性。

(2)交叉渡线折返线

交叉渡线折返线分别为站前和站后正线折返,作为正常列车运行的折返,只适应于终端站上。若采用站后正线折返,车站可用侧式站台,渡线短,节省折返时间。若采用站前正线折返,车站一般采用岛式站台,方便乘客乘车。采用渡线作折返线,节省建设资金,但是当正线延伸后,其正常运营列车难以折返,需另设折返车站。

站后双折返线

交叉渡线站前折返

交叉渡线站后折返

单线折返

(3)单折返线

单折返线的折返能力和灵活性稍差,折返与存车不能兼顾,一般多单独用作折返线。

侧线折返

(4)单侧线折返线

单侧线折返线是一种比较简便经济的区段列车折返线形式，主要用在高架线上。需要折返的列车利用正线折返，后续前进列车在高峰时间内,可以通过侧线越行,在平峰时间内。后续前进列车仍可沿正线运行。

(5)综合折返线

综合折返线是指除了列车折返功能外,还有乘客上下车、列车越行、列车出入段以及列车转线联络等多种功能中的一项或多项功能的折返线形式。图6-23i)布置形式集列车折返、乘客上下车、列车越行、故障列车临时停车等功能于一体,使用灵活、但车站规模大、效率偏低。

6.4.2.3 折返线设计原则

折返线应根据行车组织交路,起、终点站和中间折返站应设置列车折返线。折返线布置应结合车站站台形式,可采用站前折返或站后折返形式,并应满足列车折返能力要求。

折返线的设置应符合下列规定:

①线路起、终点或每期工程的起、终点站,因列车需要转线返回,必须设置折返线或渡线。对于一次建成的线路尽端站,可根据运营组织要求和工程技术条件等因素决定折返线形式,原则上应设尽端式折返线(含站前折返)。对于分期建设的临时尽端站,在能力满足要求的条件下可优先采用渡线折返方案。在靠近车辆基地一端,一般可不设独立的折返线而设渡线折返线,利用正线折返,但必须根据列车对数和信号要求核算列车折返能力。

②当线路上客流断面发生变化时,为了经济使用运输能力,在大客流断面的区段上增加开行列车对数,或在小客流断面的区段上减少开行列车对数,即一部分列车需要中途折返,在这些车站应设置折返线。在折返作业量大的中间折返站可采用站后折返,折返作业量小的中间折返站可采用渡线折返。有采用贯通式条件的,尽量选用贯通式折返线,以增强线路运营的调整能力。

③线路的起、终点站或中间折返站的折返线形式应根据车站位置并结合车站站台形式综合确定。折返线形式应满足列车折返能力要求,折返线的能力应与正线设计的行车密度相匹配,并留有适当的能力储备。在具体工程中,折返线形式应根据运营需求和工程实施的可行性综合考虑,并保持一定的灵活性。

④一般情况下,起、终点站所采用的折返形式,以站前或站后两种形式的折返配线为主。中间折返站位于线路中间,配线的设置既要考虑折返能力的要求,还要考虑折返列车与正线

列车的合理运行顺序和间隔。当中间折返列车占用正线清客时间较长、影响后续列车进站时,应设置三线车站,实施站前折返。

⑤为了缩短折返时间,保证最小的行车间隔,折返线的有效长度应满足《地铁设计规范》(GB 50157—2013)的规定。尽端式折返线末端应设置缓冲车挡。

⑥在靠近隧道洞口以内或临近江河岸边的车站,应根据非正常运营模式和行车组织要求,研究和确定车站配线形式。

6.4.2.4 列车折返设计能力

通常情况下,折返站的列车折返能力是限制全线能力的关键,因此必须对列车的折返作业时间进行精确的计算,尽可能安排平行作业。折返站的列车设计折返能力是指折返站在单位小时内可能折返的最大列车数。它是由折返站列车最小出发间隔时间决定的,主要受折返线的布置形式、车站作业控制方式和相关的作业时间标准等影响。计算车站折返能力的公式为:

$$n_{折} = \frac{3600}{h_{折}} \tag{6-47}$$

式中:$n_{折}$——车站折返线在一小时内能够进行折返作业的最大列车数,列;

$h_{折}$——折返列车在终点站的最小出发间隔时间,s。

折返列车在折返站最小出发间隔时间的长短反映了列车在折返站的折返迅速程度,是决定列车折返设备通过能力大小的基本参数,也是影响轨道交通系统通过能力的主要因素之一。下面根据折返线的不同布置形式分别确定其最小出发间隔时间的计算方法。

(1)利用站后尽端折返线进行折返

列车在终点站的折返作业过程如图6-24所示。折返作业的项目和折返时间为:①上行进站信号开放,上行列车驶入车站时间;②上行列车停站乘客下车时间;③办理 *CE* 进路和信号开放,*CD* 进路出于保护状态;④列车驶入折返线2并进路解锁时间;⑤折返时司机室转换时间;⑥办理 *EF* 进路和信号开放;⑦列车驶出折返线2驶入车站时间;⑧下行列车停站乘客上车时间;⑨司机信号确认,下行列车驶出车站的时间。

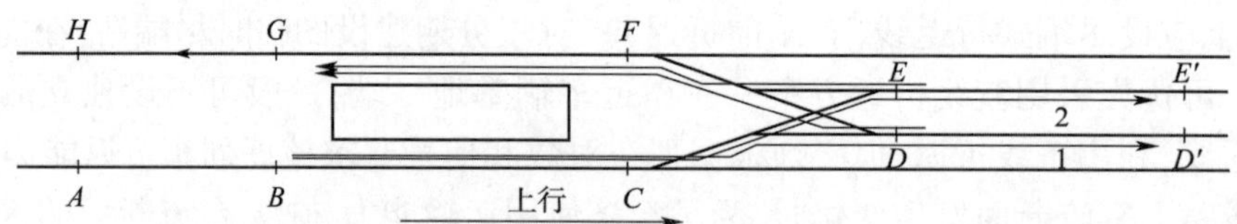

图6-24 城市轨道交通站后折返作业过程

这个过程中车站折返能力受到三个间隔时间的影响:第一个间隔时间是列车到达车站间隔时间,即当上行列车进折返线出清道岔才可办理后续列车的到达接车进路的两列车间隔时间;第二个间隔时间是列车到达折返线间隔时间,即当列车出清 *F* 点后,停在上行站台的后续列车才能够经过 *CE* 进入折返线2的两列车间隔时间。第三个间隔时间是列车出发间隔时间,即当列车折返完毕并停站上客驶离车站闭塞分区,出站信号机开放后,停在折返地的后续列车才能出折返地进入车站的两列车出发间隔时间。如果在作业过程当中存在等待情形,则列车出发间隔时间是大于到达间隔时间的。

显然,在采用站后折返方式时,当上行到达列车在折返线规定的停留时间结束后即能进入下行车站正线,此时有最小的折返列车出发间隔时间。就是说,在采用站后折返方式时,折返列车在终点站的最小出发间隔时间在数值上等于前、后两列由折返线进入车站出发正线的时间间隔。

(2)利用站前交叉渡线进行折返

列车在终点站的折返走行进路可以有侧向到达、直向出发(简称为"反接正发")和直向到达、侧向出发(简称为"正接反发")两种情形。但从列车进站应减速、出站需加速考虑,侧向到达、直向出发是采用站前交叉渡线折返时较为合理的列车进出站运行组织办法。此时,列车在终点站的折返作业过程如图6-25所示。

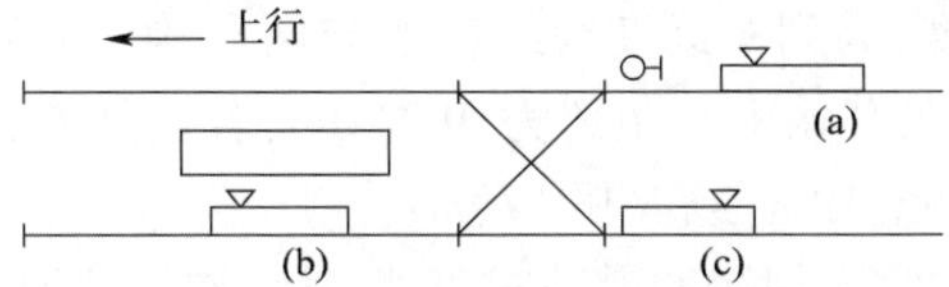

图6-25 城市轨道交通站前折返作业过程

上行到达列车由进站信号机处(a)侧向进站,停靠下行车站正线(b),在规定的列车停站时间内乘客下车与上车完毕;然后由车站出发驶离车站闭塞分区(c),并为下一列进站折返列车办妥接车进路。由图6-25可知,在采用站前交叉渡线进行折返时,当上一列下行列车驶离车站闭塞分区,位于进站信号机外方的进站列车即能进入下行车站正线,这时有最小的折返列车出发间隔时间。

以上仅讨论了站后尽端折返线和站前交叉渡线反接正发方式的折返列车最小出发间隔时间的计算方法。折返线的形式多样,应结合具体的信号设备、折返线布置、运营组织特点,分别计算其最小出发间隔时间。

6.4.2.5 折返线设计长度

从减少投资和运营费用的角度,折返线长度不宜过长。但是折返线的长度也不能太短。主要是考虑以下两个因素:一是停车线端距道岔基本轨端留有必要的距离,如该距离太短,将影响列车加速,从而影响列车折返能力;二是列车进入折返线通过最后一组道岔时,不希望降低速度以便尽快给其他列车开通线路。根据以上情况,折返线留有足够的长度对保证列车折返安全和折返能力是必要的。

根据《地铁设计规范》(GB 50157—2013),折返线、停车线有效长度的确定方法一致,如表6-9所示。尽端式折返线、停车线有效长度宜为"远期列车长度+50m(不含车挡长度)",其中的50m为安全距离;贯通式折返线、停车线有效长度宜为"远期列车长度+60m(不含车挡长度)"。

折返线、停车线有效长度 表6-9

配 线 名 称	有效长度+安全距离(不含车挡长度)
尽端式折返线、停车线(m)	远期列车长度+50
贯通式折返线、停车线(m)	远期列车长度+10+50

折返线、停车线有效长度,根据功能要求分别确定:

①尽端式折返线、停车线有效长度=远期列车长度+安全距离。这是前道岔基本轨接缝中心至车挡的距离。因为安全距离可以包括停车误差和信号瞭望距离在内,长度为50m。

②贯通式折返线、停车线有效长度=(远期列车长度+停车误差和信号瞭望距离)+安全距离。其中,"远期列车长度+停车误差和信号瞭望距离"是两端基本轨接缝中心之间距离,停车误差和信号瞭望距离为10m,安全距离为50m。

折返线起始端道岔位置,按《地铁设计规范》(GB 50157—2013)规定的"道岔基本轨端部至站台计算长度端部的距离不应小于5m"设置。

以站后双线折返为例,如图6-26所示,折返线自站台计算长度端部至车挡计算长度为:

$$L = 5 + 2a + L_{交} + L_{效} + L_{挡}\ (\mathrm{m}) \tag{6-48}$$

式中:a—— 道岔始端至岔心距离,可根据选用道岔型号查取;

$L_{交}$——交叉渡线在右线(正线)上岔心至折返线(左侧股道)上岔心之间的水平距离,为 $L_{交} = (D_{右} + D)N$($D_{右}$、D 为设计股道间距离,N 为道岔号,一般采用9号道岔);

$L_{效}$——折返线有效长度,为列车远期编组辆数与两车钩中心距离的乘积再加上50m或60m;如B型车两车钩中心距离为19.520m,若设计6辆编组,则有效长度为 $6 \times 19.520 + 50 = 166.12\mathrm{m}$,或取整170m;

$L_{挡}$——车挡长度。地铁宜采用缓冲滑动式车挡,其结构尺寸加上滑行距离共约12~15m。

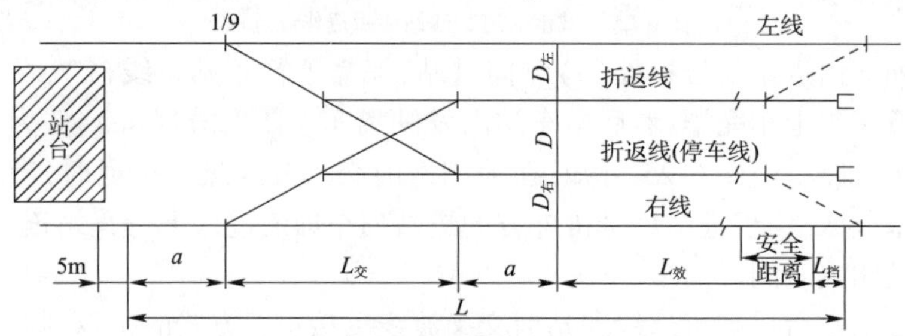

图6-26 折返线设计长度

设计中折返线总长度内尚需考虑信号布置要求距离,以及考虑站房、设备布置要求,并尽可能靠近站台端部紧凑布置,以减少列车折返走行距离及时分,提高折返能力。

图6-26中虚线为两正线与折返线间铺设的渡线,可增加使用的灵活性,此时折返线设计总长度还应考虑一组道岔的长度。

6.4.2.6 折返线平纵断面技术标准

(1)平面技术标准

折返线宜设在直线上。困难情况下,除道岔区外,可以设在曲线上,不设缓和曲线(超高为0~15mm)。但在车挡前应保持不少于20m的直线段,或采取其他有效措施。列车进折返线仍处于ATP系统(列车自动防护系统)保护下,一般会降低速度,并且随时准备停车。《地铁设计规范》(GB50157—2013)规定:道岔直向允许通过速度不应小于区间设计速度,侧向允许通过速度不应小于35km/h。因此,原则上其平面连接曲线半径可采用与正线相同的标准,但尾部需保证有一节车辆长度和车挡位于直线上。

(2)纵断面坡度设计标准

隧道内的折返线,为保障车辆停放和检修作业的安全,线路坡度要求尽量平缓,但为保证隧道内的排水,线路又必须保持最小的排水坡度。在北京、上海的地铁工程中,均采用2‰的坡度,通过运营使用未发现其他问题。因此,《地铁设计规范》(GB 50157—2013)中规定隧道内的坡度宜为2‰,地面和高架桥上的坡度不宜大于1.5‰。同时,为了防止列车向车站溜车,确保停车安全,折返线应布置在面向车挡或区间的下坡道上。

6.4.3 停车线

停车线主要用于故障列车临时停放及夜间存车,以减少故障列车对正常行车的干扰和组织线路局部事故时的列车折返。停车线一般在车站一端单独设置,使故障车及时下线,退出运营,维持正线正常运行。

6.4.3.1 停车线布置形式

一般而言,依据其与车站站台的位置关系,停车线可分为纵列式和横列式两种布置形式,如图6-27和图6-28所示。

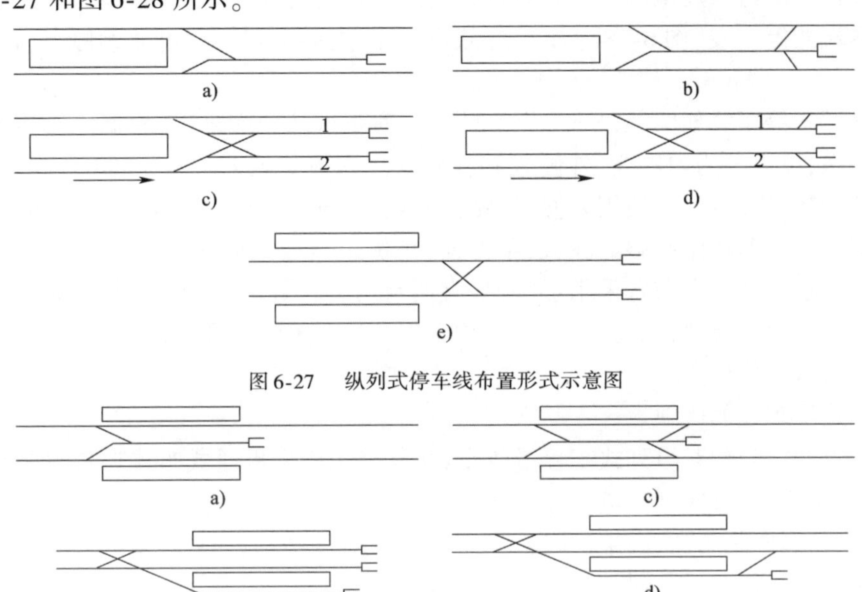

图6-27 纵列式停车线布置形式示意图

a) c) b) d) e)

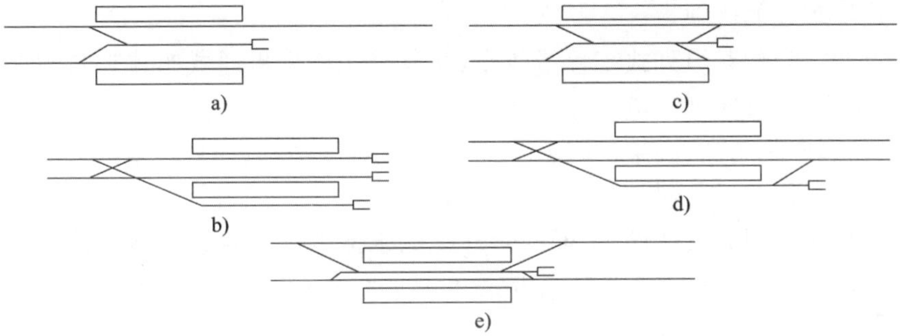

图6-28 横列式停车线布置形式示意图

(1)纵列式停车线

①纵列式停车线的布置特点。

停车线布置在车站的一端,与站台纵列,有尽端式和贯通式之分。

纵列尽端式停车线[图6-27a)、c)、e)]往往与折返线结合布置,在车站一端设两条尽端线,其中折返与停车各占1条。在使用上,两者无严格的区分,可以混用。在ATC系统(列车自动控制系统)中,一般明确某线折返为优先模式。图6-27c)、d)是一个站后折返线/停车线结合布置车站的辅助线配置图,列车运行方向如图中箭头所示,当两条折返线都空闲的时候,列车优先采用折返线1折返。只有当折返线1存有车辆时,才使用折返线2折返。此种布置形式,在终端站(折返)站使用的比较多。

纵列贯通式停车线[图6-27b)、d)]是将停车线布置在车站的一端,可贯通两条运行正线,双方向的暂存列车进出更方便。对于岛式车站,在尽端式停车线末端增设渡线,即可构成贯通式停车线。

②纵列式停车线的优缺点。

优点:旅客乘降与列车技术作业位置相分离,便于列车检查与工程车存放;对于岛式车站,可利用车站两端"喇叭口"地形条件设置停车线,工程量增加不多。

缺点:一般而言,纵列式停车线的建设成本略高于横列式停车线。对于尽端式的停车线,存放列车仅能从一端进出,不便于反方向列车出入停车线,不能采用故障列车重联牵引入停车线故障处理模式,作业灵活性较差。

(2)横列式停车线

①横列式停车线的布置特点。

停车线位于站台长度范围内,与站台成平行布置,有尽端式和贯通式之分。

横列尽端式停车线[图6-28a)、b)]一般设于车站内侧或外侧,可兼顾停车、存车和折返功能。

横列贯通式停车线如图6-28c)、d)、e)所示,列车可从两端进出,根据停车线与正线、站台的位置关系,可以分为内侧式、外侧式和岛侧式。内侧贯通式[图6-28c)]双方向列车进出停车线都顺畅,进路灵活,使用方便;外侧贯通式[图6-28d)]有一个方向的列车进出停车线需要切割正线, 车站作业影响较大,不方便;岛侧式贯通式如图6-28e)所示,它与内侧横列式的不同点是车站站台布置采用了"两线夹两台"形式,停车线和正线均有站台面,其优点是具有停车兼折返功能,特殊情况下(如组织临时小交路折返)可当作折返线使用或白天运营期间当作折返线使用。

②横列式停车线的优缺点。

优点:布置紧凑,相对纵列式工程量较小;尤其采用横列贯通式布置形式时,由于停车线贯通上、下行正线,双方向列车进出停车线都顺畅,使用方便。

缺点:车站横向距离宽,高架(或地下)车站建筑难度增加;横列尽端式布置的停车线,列车进出需要折返走行,对正线行车有一定的干扰。

为提高停车线使用的灵活性,贯通式停车线的末端可与一侧或两侧正线连通,形成三方向或四方向停车线。尽端式停车线末端应设车挡;贯通式停车线末端连接正线时宜设安全线,在困难条件下可设置列车防溜设备。

6.4.3.2 停车线设计原则

停车线主要用于故障列车暂时停放,使故障车能够及时下线,退出运营。停车线布置的密度与运行方便性和灵活性关系密切相关,也与工程规模和造价相关,因此,需要在运营方便与工程造价之间寻找到中间的平衡点。

停车线的设置应符合下列规定:

①为了使故障列车尽快退出正线运营,每隔一定距离的车站站端应设置停车线,供故障列车临时停放或检修。

②为满足故障列车运行工况,正线应每隔5~6座车站或8~10km设置停车线;工程不复杂时,其间每相隔2~3座车站或3km~5km应加设一渡线,并结合车辆基地出入线统筹分布。

③停车线应与正线贯通。为确保故障车能及时被推进停车线,停车线尾端应设置单渡线与正线连接,有利于正线上、下行方向的列车均可进入停车线,以及在故障状况下,两方向均可组织临时运营,提高运营的灵活性。

④停车线仅作为故障列车临时停放时,一般不进行日常技术检查,可不设检查坑。

⑤有时故障列车还需要救援车或其他列车牵引回段,停车线的长度除满足故障列车停放外,还应考虑采用救援车或其他列车与故障列车连挂作业的要求。

⑥当线路较长且车辆基地位于线路两端时,宜在全线中间地段的车站,根据线路条件,在工程投资和施工难度增加不多的情况下,配置一线两列位的停车线或双停车线,方便后车

救援故障车的连挂列车的停放。

⑦当停车线具备故障车待避功能,并设在中间折返站时,应与折返线分开设置,在正常运营时段,不宜同时兼用。

⑧远离车辆基地的尽端式车站配线,除应满足折返功能外,还应考虑停车线,满足故障列车停车、夜间存车和工程维修车辆折返等功能要求。

6.4.3.3 停车线配置间距

当发生运营阻塞时,行车组织要求尽快恢复正线运营服务,缩短正线运营中断时间,这就要求在列车发生故障救援时,能以就近地方临时停放故障车。停车线就是为了在列车出现故障的时候迅速恢复正常运营而配置的。但是,地下停车线造价高,停车线设置不合理将大大增加投资规模。因此,如何合理地设置停车线以满足运营要求成为关键。

从停车线功能的角度出发,以故障救援过程为研究对象,故障列车总的救援时间$T_{救援}$为:

$$T_{救援}=T_{连挂}+T_{推送}+T_{出入线} \tag{6-49}$$

式中:$T_{连挂}$——故障列车与救援列车连挂阶段所消耗的时间,s;

$T_{出入线}$——救援列车进入与退出停车线阶段所消耗的时间,s;

$T_{推送}$——救援列车推送故障列车的时间,s。

$$T_{推送}=\frac{L_{故障}}{v_{推送}} \tag{6-50}$$

式中:$L_{故障}$——故障列车发生故障点至停车线的距离 m;

$v_{推送}$——救援列车推送故障列车的平均速度 m/s。按运营部门的行车规定,故障列车救援的行驶速度应不超过30km/h,考虑到救援列车与故障列车连挂后起动、制动加速度减小的因素,实际平均行驶速度在25km/h(6.94m/s)左右。

一般要求,故障发生点距离前段停车线最大距离时,故障列车总的救援时间在某一个规定时间标准$[T_{救援}]$之内,即$T_{救援}=T_{连挂}+T_{推送}+T_{出入线}\leqslant[T_{救援}]$。因此,故障停车线配置的最大间距$L_{故障max}$为:

$$L_{故障max}=\{[T_{救援}]-(T_{连挂}+T_{出入线})\}v_{推送} \tag{6-51}$$

停车线配置的最大间距,除受到容许中断正线的行车时间、故障列车救援时间、列车运营间隔、服务水平、事故频率等因素影响外,还受到投资规模、工程条件等的限制。其中,容许中断正线的行车时间、故障列车救援时间、故障发生的频率是确定停车线配置的最短间距的主要依据。

设定故障列车推行按25~30km/h的运行速度,走行时间($T_{连挂}+T_{出入线}$)不大于20min为控制目标,故限制设有故障车待避线的车站间距约8~10km,预计一列故障车处理下线退出运行的总时间$[T_{救援}]$平均可控制在30min以内。

6.4.3.4 停车线设计长度

停车线长度包括列车停留占用长度、列车停车安全防护距离和信号系统控制要求的道岔信号区段长度,列车停车安全防护距离和信号系统控制要求的道岔信号区段长度都是因安全需要而配置,统称为预留安全距离。根据《地铁设计规范》(GB 50157—2013),停车线有效长度与折返线有效长度的确定方法完全一致。

考虑到贯通式停车线设置比例较高,根据道岔配列形式,贯通式停车线长度可按以下四种情况计算,如图6-29所示。

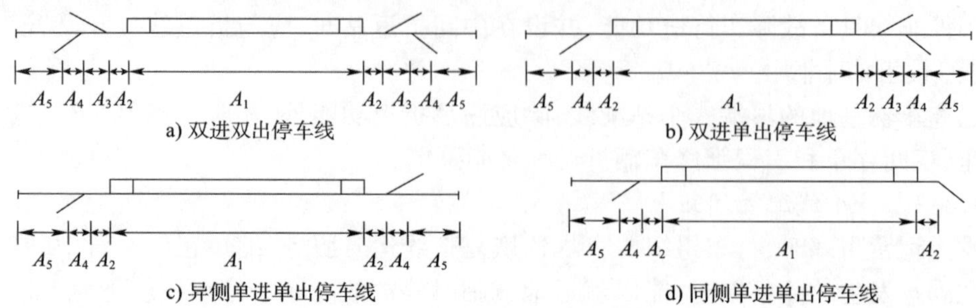

图6-29 贯通式停车线长度计算示意图

计算公式分别为:

①双进双出停车线。

$$L=A_1+2A_2+2A_3+2A_4+2A_5 \tag{6-52}$$

②双进单出停车线。

$$L=A_1+2A_2+A_3+2A_4+2A_5 \tag{6-53}$$

③异侧单进单出停车线。

$$L=A_1+2A_2+2A_4+2A_5 \tag{6-54}$$

④同侧单进单出停车线。

$$L=A_1+2A_2+A_4+A_5 \tag{6-55}$$

式中:A_1——远期列车长度+停车误差和信号瞭望距离(10m),m;

A_2——道岔中心至基本轨接缝长度,m;

A_3——道岔间距离,m;与道岔尺寸有关;

A_4——列车防护区段长度,m;

A_5——车挡长度,m。

6.4.3.5 停车线平纵断面设计标准

停车线设置折返线相同,宜设在直线上,隧道内的坡度宜为2‰,地面和高架桥上的坡度不宜大于1.5‰。同时,为了防止列车向车站溜车,确保停车安全,折返线应布置在面向车挡或区间的下坡道上。

6.4.4 存车线

存车线的布置形式与停车线相同,需注意的是存车线线间距要加宽,线路底部要设1.4m深的检查坑,并需考虑排水要求。其有效长度不小于(列车长度+24m)。

存车线的设置应符合下列规定:

①存车线一般应设于距离车辆基地较远的折返站(含始发站和终点站)上,存车线的数量应满足夜间停放列车数量的要求。

②存车线用于夜间收车后停放过夜列车,空载列车进入存车线,没有高速运行要求。

③存车线上列车需要进行规定的技术检查作业,线路上应设检查坑,线路附近或所在车站应配置材料配件存放及必要的生活办公房屋。

④尽端式存车线末端应设车挡。

⑤存车线和折返线使用时段不同,存车线可作折返线使用,其有效长度应满足折返线的要求。

在地下车站设置存车线,对车站设计影响很大。有条件时应尽量在地面设停车场或存车线。

6.4.5 车辆基地出入线

车辆基地出入线(简称为"出入线",下同)是正线与车辆基地之间的连接线,是正线车辆出入车辆基地的通道。

6.4.5.1 出入线接轨形式

按出入线与正线的接轨点的不同,可分为中部接轨与终端接轨,按与正线的交叉方式可分为平面交叉和立体交叉,具体形式如图 6-30 所示。

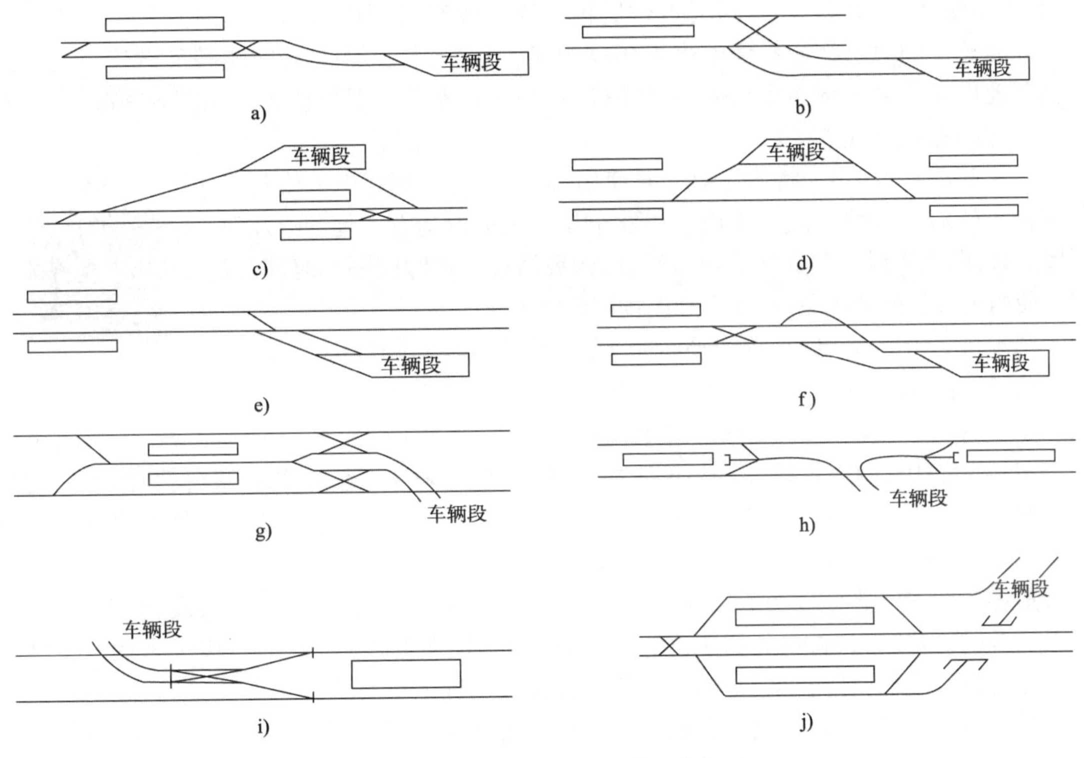

图 6-30 车辆基地出入线布置形式

(1)终端接轨

此种方式车辆基地设于线路终端,两正线作为出入线贯通入车辆基地,如图 6-30a)所示。从车辆基地在全线中的地位、列车追踪间隔时间及行车交路设计等情况来看,这种接轨方式对运营来讲都是最为理想的。天津地铁 1 号线刘园停车场即为这种终端接轨方式。

(2)中部接轨

出入线与线路正线在中部接轨,如图 6-30b)、c)、d)、e)、f)、g)、h)、i)、j)所示的多种形式。

6.4.5.2 出入线布置形式

图 6-30 给出了车辆基地出入线的常用布置形式。设计中应结合实际情况,兼顾与相关道路、管线、建筑物、周边环境的关系,做到技术可行、经济合理、运营安全方便。

图 6-30a)终点站采用站后折返,出入线与正线终端接轨。出入线兼顾列车折返功能,工

程量不大,配线简单,能够满足车辆出入与列车折返功能,须根据列车对数和信号要求核算列车折返能力和出入线能力。实际运营中,应根据配线形式,合理运行组织与能力分配。

图 6-30b)终点站采用站前折返,车辆基地在终点站前接轨、与正线平面交叉,出入线与站前折返渡线相结合,列车行至终点站后直接入段,缩短车辆周转时间,减少车辆配属数量;工程量较小,适合于追踪间隔较大的轨道交通系统。

图 6-30c)终点站采用站后折返。左端出入线与终点站站外区间正线衔接,右端出入线与终点站站后折返线衔接,避免了与正线的交叉干扰,同时增加了车站的折返能力。这种布置形式,运营更为方便、灵活。早晨发车或高峰加车时,出入线可直接发车,故障列车也可及时返库,不必让故障列车运行至终点站后再返库。收车时利用右端出入线入段。该方式在追踪间隔较小的轨道交通系统中优势比较明显,不必进行立体交叉即能满足运营需要。当车辆基地设于线路中部而无法采用终端接轨时,根据实际情况可优先采用图 6-30b)或图 6-30c)所示的布置形式。

图 6-30d)中,两出入线均可双方向使用,适合于环形线路出入线与正线接轨。左端出入线收车、右端出入线发车与正线运营均有干扰。追踪间隔较大时,两出入线可双方向使用,增加运营灵活性。追踪间隔小时,两线固定使用可减轻或者避免收、发车对正线运营的干扰。

动画

环线出入段线

图 6-30e)中,出入线与正线平面交叉,当系统追踪间隔较大时,在确保正线通过能力的前提下可采用。其优点是工程投资较少。

图 6-30f)的接轨方式,出入线与正线立体交叉,解决了收发车与正线的交叉干扰问题。

图 6-30g)中,两出入线并行与正线立交,接轨车站采用三线双岛式站台,两出入线均具备向两正线上下行收发车条件,且不干扰正常运营。虽然这种接轨方式运营上非常灵活方便,适应能力强,但车站规模较大,工程投资较高。

图 6-30h)中,设“八”字形出入线与正线立交,两线双方向使用,上下行发、收车均较顺;与正线形成三角线,具备调头功能,在不增加较多投资的基础上较好地解决了车辆的偏磨问题。它适合于追踪间隔较小、车辆基地两端客流较均衡的城轨系统。

图 6-30i)采用站后折返,利用出入线设置交叉渡线折返线,与图 6-30a)较相似。但图 6-30i)中出入线与正线中部接轨。出入线兼顾列车折返功能,需根据列车对数和信号要求核算列车折返能力。为减少收发车与正线运营干扰,出入线与正线应立交。

图 6-30j)车站为平面双岛四线车站,这类布置形式与“八”字形出入线布置形式都是目前国内城轨系统较多采用的出入线布置形式。两条出入线分别与车站上下行到发线贯通,收发车对正线运营干扰很小,还可实现列车越行等功能,适合于追踪间隔较小、车辆基地两端客流较均衡的城轨系统。

6.4.5.3 出入线设计原则

车辆基地出入线的设置应符合下列规定:

①出入线要以满足区间通过能力和运营要求为前提,按照节省工程造价的原则进行设计。出入线应连通上下行正线,当出入线与正线发生交叉时,宜采用立体交叉方式。但在确保满足远期区间线路通过能力和运营要求的前提下,也可采用平面交叉方式,以降低工程造价。

②出入线设置双线或单线,应根据远期线路的通过能力和运营要求计算确定,并具备双方向发车的条件。为保证车辆出入方便和相互备用,尽端式出入线宜采用双线;贯通式车辆

基地应在两端分别接入正线，根据其在线路上的位置和接轨条件，主要方向端应为双线，另一端可为单线。规模较小的停车场，可以设置单线双向出入线。

③出入线宜在车站接轨，接入正线的接轨点宜设在车站站端，与正线同方向顺接。考虑到出入线进站与正线无平行进路，为保证安全，对出入线在接轨道岔区之前，应具备一度停车再起动条件。在车站接轨点前，线路如果不具备一度停车条件，或停车信号机至警冲标之间小于 50m 时，则需设置安全线。

④出入线应按双线双向运行设计，并避免与正线平面交叉。出入线应尽量设置于两条正线之间为宜，出入线在运行时，既保持较大灵活性，并对正线干扰最小。

⑤当车辆基地位于两车站之间、有条件与两相邻车站分别接轨且距离适当，可设置“八”字形出入线，以便车辆调头换边运行，提高高峰时段收发车效率。采用“八”字形布置在区间与正线接轨时，应设置安全线。“八”字形出入线主要方向宜采用两条出入线。

⑥当出入线兼顾列车折返功能时，配线形式会有多种形式。应对出入线与正线间的配线进行多方案比选，选择工程量不大、配线简单、满足功能、运行安全的配线方案，并应满足正线、折返线、出入线的运行功能要求。

⑦出入线与正线运营有干扰时，车辆基地发车、收车应进行运行组织和能力验算，保证正线高峰小时的设计运能。

⑧根据线网规划，对多线共址的车辆综合基地，出入线宜同步设计并做好预留。

6.4.5.4 出入线平纵断面设计标准

城市轨道交通出入线的平面最小圆曲线半径为：一般情况下，A 型车为 250m，B 型车为 200m；困难情况下，A 型车、B 型车均为 150m。圆曲线最小长度 A 型车不宜小于 25m，B 型车不宜小于 20m，在困难情况下不得小于一节车辆的全轴距。两相邻曲线间的夹直线长度（不含超高顺坡及轨距递减的长度）：A 型车不宜小于 25m，B 型车不宜小于 20m，在困难情况下不得小于一节车辆的全轴距。

城市轨道交通出入线的最大纵断面坡度为 40‰（均不考虑各种坡度折减值），两相邻坡段的坡度代数差等于或大于 2‰时，应设圆曲线型的竖曲线连接，竖曲线最小半径为 2000m。

6.4.6 渡线

渡线是设置在正线线路左右线为车辆过渡运行的线路，或在平行换乘站内为相邻正线线路之间联络的线路。渡线可独立设置，也可配合折返线、安全线和停车线等其他类型配线设置。渡线既是其他类型配线的重要布置形式，如折返线、停车线可布置为交叉渡线形式；也是其他类型配线的重要组成部分，如折返线、停车线、出入线、安全线、联络线等都设有渡线。

6.4.6.1 渡线的布置形式

渡线有单渡线、“八”字形渡线和交叉渡线三种形式，各种渡线的特点如表 6-10 所示。

渡线的布置形式及特点 表 6-10

名　称	图　示	布置说明	特　点
单渡线		两副单向反开道岔中间插入一段短轨，沟通两条线路之间的联系	该形式应用最为广泛。除了可以实现折返作业外，还可用于沟通上下行正线或其他相邻线路，形成多种的列车运行进路，也可以在枢纽站增加列车接发（平行）进路，实现列车的转线运行

续上表

名　称	图　示	布置说明	特　点
"八"字形渡线		用四副单开道岔和两段夹直线,沟通两条线四个方向之间的直通联系	该方式结构简单,使用和维修方便。 一般分开设置在车站的两端,长度较长,往往由功能相同的交叉渡线所替代。但"八"字形渡线可缩小线间距(如9号道岔交叉渡线所需的最小线间距为4.6m,"八"字形渡线可缩减至4.2m)。 一般不在车站一端咽喉区设置,但为了节省工程量,也可酌情采用
交叉渡线		作用与"八"字形渡线相同,但结构形式不同,用4副单开道岔和一组菱形交叉以及连接短钢轨组成,长度比前者要缩短50%以上	在实现折返转线功能的基础上,可最大限度地缩短车站的长度,节省工程数量及费用,同时也增加线路使用上的灵活性

除了各种渡线形式之间有差别外,相邻渡线的配置方向也有不同,可以分为平行式和"八"字形两类,如图6-31所示。不同的相邻渡线配置方向对区间堵塞情况下运营组织的影响也不同,图6-32是平行式和"八"字形相邻渡线不同配置方向区间堵塞的线路示意图。

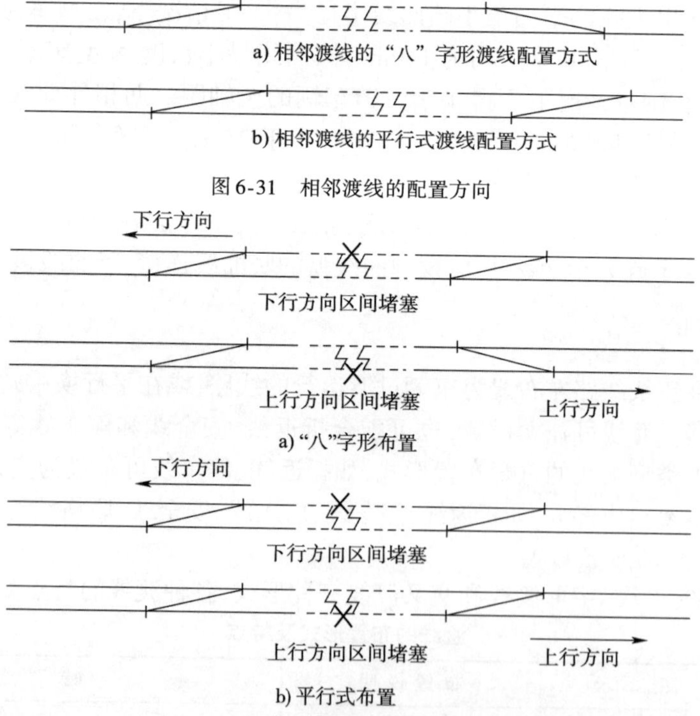

a) 相邻渡线的"八"字形渡线配置方式

b) 相邻渡线的平行式渡线配置方式

图6-31　相邻渡线的配置方向

a)"八"字形布置

b) 平行式布置

图6-32　城市轨道交通相邻渡线的不同配置方向对区间堵塞情况下运营的影响

从图6-32可以看出,"八"字形与平行式相比,渡线形式相似,不增加工程量,但进路有利于线路故障时临时交路列车的单线运行或列车故障时各区间的故障列车迅速进入车辆基地,使后续列车尽快恢复正常运行。因此,全线各站所设置的渡线,其方向应组成合理的

“八”字形。

6.4.6.2 渡线设计原则

渡线的设置应符合下列规定：

①城市轨道交通线路设计中，单渡线应设在车站端部，以便运营管理和调度安全。其位置和方向宜结合运营需要、工程实施条件确定。一般情况下，应首先考虑行车功能，条件允许时宜按顺岔方向布置，以利于减小尖轨磨耗和保障列车运行安全。

②城市轨道交通线路设计中，渡线一般每隔3～5个站设置或配合折返线、存车线和停车线设置。单渡线与其他配线的道岔组合布置时，应按功能需要，可按逆向布置。对于采用站后折返的尽端站，增设站前单渡线，并按逆向布置，有利于提高车站折返作业的灵活性。

③在两线同站台平行换乘站，在相邻线路之间宜设置单渡线，可实现联络线功能。工程简单，管理方便，符合线网资源利用的经济性原则。

6.4.7 安全线

安全线是为防止出入线、折返线或岔线（支线）上行驶的列车未经允许进入正线与正线上行驶的列车发生冲突，确保正线列车安全、正常运行的一种安全防护设备，主要是为了确保正线列车安全、正常运行。安全线一般设在尽端线的末端，或其他线路列车进入正线区间线路前。

为避免对正线运行的列车产生干扰，岔线（支线）或出入线与正线的接轨点宜设在站端，并具备站外停车条件。停车区段长度不仅应满足一列车停放的要求，同时也应满足信号安全距离的要求，保证列车不会因故障而进入正线进路的保护范围。如果在接入正线前不能保证信号安全距离的要求，或线路处于大下坡地段，对停车安全条件不利，则应设置安全线。

安全线的设置应符合下列规定：

①城市轨道交通线路的安全线长度一般不应小于50m。安全线长度根据一台救援起重机吊起脱轨机车作业所需的长度及该作业不影响其他线路列车运行的原则确定。

②安全线自道岔前端基本轨缝（含道岔）至车挡前长度应为50m（不含车挡）。在特殊情况下，可采取限速和增加阻尼措施，缩短长度。

③安全线设置为曲线时，其曲线地段与相邻线的间距根据安全线的布置形式、车辆高度等条件确定，其值应能保证机车、车辆侧翻时不影响相邻线的行车安全。

④支线（岔线）与干线接轨的车站应设置平行进路，出站方向接轨点道岔处的警冲标至站台端部距离，不应小于50m；如小于50m时应设安全线，如图6-33所示。

⑤车辆基地出入线，在车站接轨点前，线路不具备一度停车条件，或停车信号机至警冲标之间小于50m时，应设置安全线，如图6-34所示。出入线采用“八”字形布置在区间与正线接轨时，应设置安全线。

⑥列车折返线及停车线末端均应设置安全线，安全线自列车停车点至车挡前长度不宜小于50m（不含车挡）。

⑦为提高进入安全线车辆的安全性，安全线的纵坡一般设计为平坡或面向车挡的不大于3‰的下坡。

6.4.8 联络线

城市轨道交通联络线是连接两独立运营线的辅助线路。其主要功能是发挥城市轨道交通路网的作用,使各线路同线路之间建立一定的联系,保证运营所必需的车流、物流能顺畅地运转。

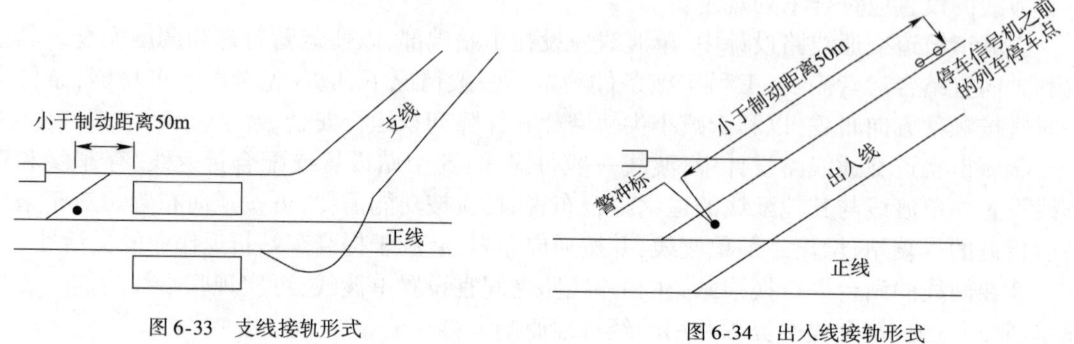

图 6-33　支线接轨形式　　图 6-34　出入线接轨形式

6.4.8.1　联络线的布置形式

(1)双线联络线

跨线运营或者作为临时运营正线使用的联络线应采用双线联络线,如图 6-35 所示。《地铁设计规范》(GB 50157—2013)中规定"线路之间的相交处应为立体交叉",双线联络线通常是立体交叉形式,但也存在某些特殊条件下形成的正线平面交叉。

(2)单线联络线

为车辆检修和调转运营车辆设置的联络线可采用单线联络线,如图 6-36 所示。《地铁设计规范》(GB 50157—2013)中明确规定"联络线宜采用单线"。这种形式的联络线使用最广、数量最多。

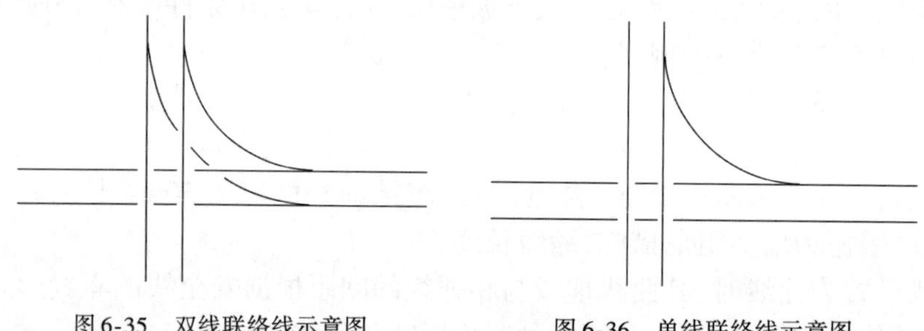

图 6-35　双线联络线示意图　　图 6-36　单线联络线示意图

(3)渡线联络线

当两条线路在某站采用同站台平行换乘时,其车站可采用平面双岛四线式车站和上下双岛重叠四线式车站,车站采用单渡线将两条线路联通形成渡线联络线,如图 6-37 所示。图 6-37a)所示的平面双岛四线车站中,渡线 *AB* 和 *CD* 将线路 1 和线路 2 联通;图 6-37b)所示的上下双岛重叠四线车站中,渡线 *AB* 将线路 1 和线路 2 联通。

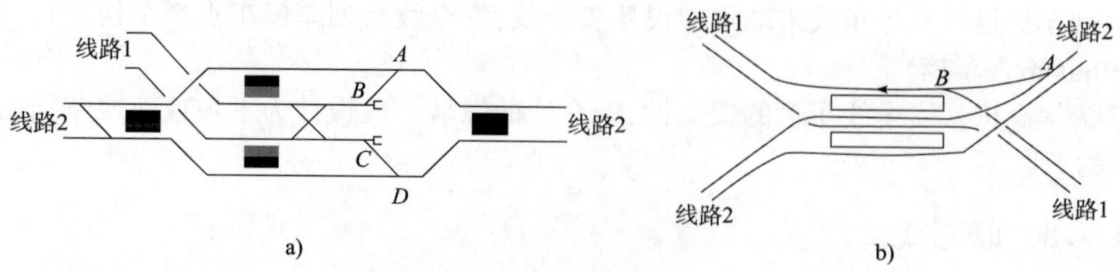

图 6-37　渡线联络线

6.4.8.2 联络线设置原则

联络线的设置应符合下列规定：

①正线之间的联络线应根据线网规划、车辆基地分布位置和承担任务范围，结合线路建设时序、工程实施条件、调车路径的便捷性等等因素进行设置。若有工程实施困难，或需要调整，必须从线网规划中全面考虑。

②联络线设置的位置，即在两线交叉的哪一象限，应根据工程简单、施工干扰小、拆迁量少等原则选择。图6-38的是联络线设置的典型形式，弧线*AB*起到两条线路的联络作用。

③设置在相邻线路间的联络线，承担车辆临时调度，运送大修、架修车辆，以及工程维修车辆、磨轨车运行等任务，由于利用率较低，一般都按单线双向运行设计。

④相邻两段线路初期临时贯通且正式载客运行的联络线，应按正线标准建设设置双线。仅为非载客车辆运行，并在客运低峰或停运后时间使用的线路设置单线。若在相邻两段线路之间，初期临时贯通、并正式载客运行的联络线应设置双线，运行方式是当作一条线的贯通独立运行，而不是两线间混合运行，以后不予废弃，仍应保留其余联络线功能。

⑤联络线应与线路的上、下行正线连通。两线间的联络线用于非营运时段内车辆转线或材料货物运输，从功能上要求能够连通线路的上下行正线。

⑥一般情况下，为减小工程规模，联络线应与全线配线统筹考虑，尽量与有配线的车站结合设置。联络线与停车线或折返线联合布置会增强运营组织的机动灵活性，图6-39是联络线与停车线联合布置的一个实例，图中联络线*AB*与停车线*CD*联合布置。

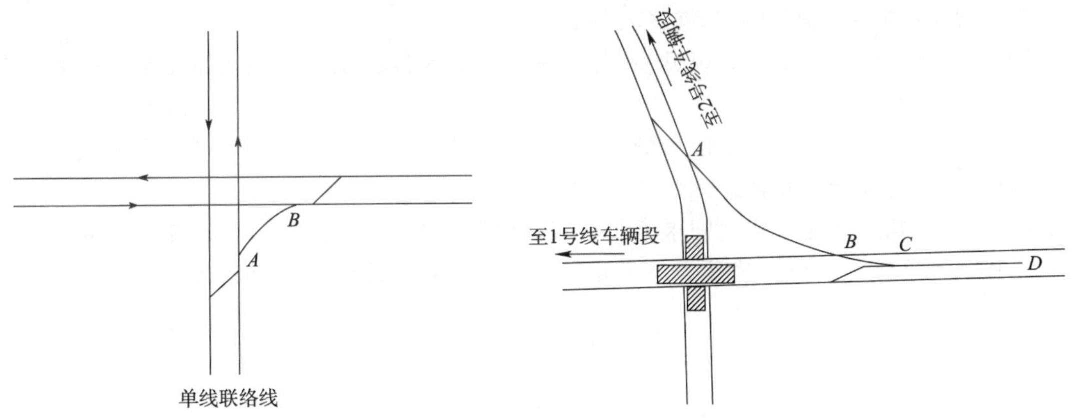

图6-38 典型联络线布置示意图

图6-39 联络线与停车线联合布置示意图

⑦联络线尽量在车站端部出岔，便于维修和管理。困难情况下也可在区间出岔，但应注意避免造成敌对进路。在实际设计中，往往是联络线一端靠近车站接轨，另一端若与车站接轨，联络线线路过长，不尽合理，只能在区间接轨，这是根据上述联络线运行条件确定的。

⑧联络线的设置应考虑运营组织方式，要注意线路制式及限界的兼容性。

⑨多线共址的车辆综合基地，宜设置联络线，调车方便，经济合理。

⑩联络线的设置要考虑线网的修建顺序，使后建线路通过联络线从先建的线路上运送车辆和设备。

⑪为车辆大修设置的联络线，应尽可能设在最短路径上，同时考虑工程实施的可能性。

⑫在两线同站台平行换乘站，在相邻线路间设置单渡线即可具备联络线功能，工程简单，管理方便，且容易实现双线联络线功能。

6.4.8.3　联络线平纵断面设计标准

城市轨道交通联络线平纵断面设计标准与出入线平纵断面设计标准类似。根据联络线运输性质,轨道应采用低于地铁正线轨道标准,钢轨宜采用50kg/m,道岔宜采用9号道岔。

联络线与城市道路交叉时,是否采用立交方式应遵循因地制宜、技术经济合理的原则。某些联络线使用频率低,行车次数少,甚至主要在夜间使用,对道路实际干扰很小,一般情况下宜采用平交并设置必要的安全防护设施,以节省工程投资。当联络线与道路高程差具备立交条件时,宜采用立交。联络线与重要道路交叉时,应进行平、立交方案技术经济比较。

思考题

1. 城市轨道交通线路设计包括哪几个阶段?各个设计阶段的主要设计内容是什么?
2. 简述城市轨道交通线路设计需要掌握的技术资料及线路设计的原则和技术标准。
3. 什么是断链?试述断链是如何产生的?简述地铁里程标注的一般步骤。
4. 什么是线间距?线间距的类型及其最小取值?
5. 简述城市轨道交通线路平面设计的过程。
6. 举例说明纵断面设计的影响因素。
7. 简述城市轨道交通线路纵断面设计的过程。
8. 简述线路设计对行车费用的影响。
9. 设计一组站后双牵出线布置形式的折返线或停车线,明确其道岔配列形式、线间距、两相邻道岔中心距离及岔间插入直线段的长度。
10. 某地铁车站既是中间折返站,也是车辆基地出入线接轨站。该地铁站配线设置应注意哪些关键问题?
11. 目前,城市轨道交通系统中无论是纵列式停车线还是横列式停车线,贯通式停车线的比例都很高,请分析其原因。
12. 某城市轨道交通系统规划未来将利用联络线开行跨线交路列车,请分析按照我国目前工程技术标准修建的联络线是否满足开行跨线交路列车的要求?为什么?

第7章　城市轨道交通车站设计

城市轨道交通车站是旅客乘降的场所,是乘客出行的出发、换乘与终止点。车站设计涉及城市轨道交通系统的众多方面,包括土地布局、空间利用、建筑与结构设计、设施选择、流线设计等。本章介绍城市轨道交通车站总体和建筑设计的基本原则与方法,探讨不同结构形式车站与换乘车站的设计方法,并分析不同类型车站的设计方案。

微课程视频

车站的功能

7.1　车站设计概述

车站是城市轨道交通系统最重要的现代建筑类型,它们除了提供旅客上下车服务以外,还可以具有一系列功能,如购物、聚会及作为城市景观。车站也是空间建筑物与工程结构的结合之处,反映着城市轨道交通系统的特色。

7.1.1　车站设计原则与目标

根据《地铁设计规范》(GB 50157—2013)与《城市轨道交通技术规范》(GB 50490—2009)要求,车站设计应要符合规划、满足需要、合理布局、保障乘客安全,基本原则与目标如下:

城市轨道交通车站设计应符合城市总体规划、综合交通规划以及城市轨道交通线网规划的要求。按照安全、适用、技术先进、经济合理的原则,综合考虑地区工程地质、水文地质、地面建筑、地下管线和构筑物间的关系,满足城市景观及环境保护要求,并应尽量减少房屋拆迁、管线迁移和施工时对地面建筑物、地面交通及市民生活的影响。

车站规模应根据车站位置及该地区远期发展目标等因素综合考虑确定。车站站厅、站台的规模以及出入口通道、人行楼梯、自动扶梯、售、检票口(机)等部位的通过能力必须满足远期的旅客乘降和疏散要求。通过能力应按远期超高峰客流量确定,超高峰设计客流量等于该站预测远期(或客流控制期)高峰小时客流量乘以超高峰系数(通常取1.1~1.4)。

车站建筑设计应确保乘客安全。车站规模和设施的设计除满足远期客流集散和运营需求外,还应满足紧急情况下疏散的需要。与城市轨道交通车站合建或连通的物业开发区、过街通道等公共设施的防火措施,应满足车站的要求,发生灾情时,应保证系统的相对独立性和可靠性。

车站平面设计应布局合理,力求紧凑。各种设施的位置布局尽量合理,能有效地组织人流集散,减少流线之间的相互交叉干扰,方便乘客进站,保证乘客迅速出站。另外应有足够的设备用房和管理用房,以满足技术设备的布置及运行管理的要求,使车站具有完善的管理和使用功能。

换乘站站位布置不仅要考虑近期车站的功能实施,还需兼顾远期换乘方案的便捷和远期实施的可操作性;根据远期客流要求、工程分期实施的条件,合理选择车站形式、换乘方式及控制近、远期车站建设规模,使近期车站的方案具备最大的适应性和合理性。与其他轨道交通线路交汇的换乘站应选择便捷的换乘形式,尽量实现付费区内换乘。与其他交通方式换乘时,力求换乘路径便捷,减少换乘距离,尽量避免流线交叉,以便利乘客。从发展的观念应积极考虑位于线路尽端的车站(或位于中心城外围的车站)与小汽车停车场之间的衔接。

车站土建工程造价占城市轨道交通系统总投资的13%左右。在满足功能的前提下,车站建筑设计应尽量压缩车站长度,控制车站埋深或架空高度。充分利用地形、地貌条件,降低造价、节约投资。车站的管理及设备用房尽量布置在主体建筑之外,以减小车站的体量。车站的设计应尽可能地与物业开发相结合,使土地的使用达到最经济。

车站设计应与外部环境协调,尽可能地靠近人口密集区和商业区,最大限度地吸引乘客。车站公共区应根据客流设置方便快捷的人行通道,出入口布置应与城市道路、周围建筑、公交的规划等要素协调,有利于客流集散,同时尽量兼顾过街人行通道的要求。

车站的设计应简洁明快大方、易于识别,并应体现现代交通建筑的特点。地下车站应强调可识别性并与周边环境和谐统一,出入口、风亭、冷却塔位置应符合规划要求,尽量与现有建筑或规划建筑合建,减少对城市景观的影响。地面车站和高架车站整体造型应通透简洁,站台屋面体系应与外立面有机结合;屋面雨棚结构应有适宜的空间尺度,营造良好的视觉感,满足挡雨和排水的要求。

贯彻以人为本思想,车站需解决好通风、照明、卫生等问题,并积极采用新技术、新工艺、新材料,以便为乘客提供安全舒适的乘降环境。在经济条件许可下,应尽量从以人为本的出发点来考虑设计标准,如自动扶梯数量的配置、环控设备的设置、车站内各种服务设施(自动售票、残疾人通道、厕所、座椅、垃圾筒等)的布置等。

地下车站与地下区间利用其结构自身的强度,在不增加过多的投资下,应积极考虑兼顾人防的要求。设计时应考虑平战结合,在适当部位预留连通口,待后期连通附近的人防工事。

车站设计的原则与目标(一)

车站设计的原则与目标(二)

7.1.2 车站的特点

地下车站具有典型的地下建筑的特点:考虑到施工的复杂性、结构的安全性及节约投资,车站的结构通常为筒状结构;没有自然光线照射,全部靠人工采光;为保证正常和舒适的运营环境,需设置庞大的空调和通风设施,在地面需设置较大体量的风亭设施;地面出入口通过地下通道与车站连接,出入口地下部分要采取人防设施。

高架车站和地面车站的特点是车站位于地面之上,具有一般地面建筑的特征及强烈的交通建筑的形态。为了节约用地并减少对城市建设的影响,高架线路往往结合城市交通干道,与城市地面交通叠合建造,乘客需上行才能到达车站的站台,因此,在车站两侧建有过街的人行天桥。

除此之外,城市轨道交通车站还具有共同的特点,即车站按车辆编组长度沿轨道呈线性布置;设有供候车的站台和具有客流集散、售检票等功能的站厅;为保证快捷、安全集散,设置有众多鲜明的指示标志和应急疏散设施;设有必要的设备用房及管理用房等。

7.1.3 车站规模

7.1.3.1 车站规模分级

在进行车站总体布局前,要确定车站的规模。车站规模指车站的外形尺寸大小、层数及整个车站的建筑面积等。车站的规模主要根据远期预测高峰小时客流量、所处的位置、车辆编组长度、车站用房的面积以及该区域的远期发展规划等因素综合确定。其中客流量是最重要的因素,主要是根据车站设计客流量来确定车站的规模。一般可以参照日均乘降客流量和高峰小时客流乘降量来综合确定。表 7-1 是我国轻轨车站规模分级。

轻轨车站规模分级 表 7-1

车站规模	日均乘降量	高峰小时乘降量
小型站	5 万人次/d 以下	0.5 万人次/h 以下
中型站	5 万~20 万人次/d	0.5 万~2 万人次/h
大型站	20 万~100 万人次/d	2 万~10 万人次/h
特大型站	100 万人次/d 以上	10 万人次/h 以上

注:特大型站的日均乘降客流量为多条线路合计量。

另外,车站的客流与其所处的位置有密切关系。一般而言,城市中心区往往是城市的经济、政治和文化等公共活动最集中的地区,其客流量大于市区其他地区,而市区其他地区的客流量又大于市郊区域。据此可将车站规模分为三个等级,如表 7-2 所示。

车站规模划分及适用范围规模等级 表 7-2

规模等级	适用范围
一级站	客流量 3 万~5 万人次,适用于客流量大、地处市中心区的大型商贸中心、大型交通枢纽、大型集会广场及政治中心区的车站
二级站	客流量 1.5 万~3 万人次,适用于客流量较大、地处较繁华的商业区、中型交通枢纽中心、较大居民区的车站
三级站	客流量小于 1.5 万人次,适用于客流量小、地处郊区的车站

注:个别客流量特别大、有特殊要求的车站,其规模可列为特等站。

由于车站所在地区不同(居民区、商业区、有文娱设施的地区,如体育场或游客集中地区等),客流集中程度也有差异。一般可通过远期超高峰客流量来测算、评估客流规模。新线开通时,线网乘客人数会急速增加。乘降量大的站,运营初期能力应有一定弹性。

7.1.3.2 车站规模控制原则

车站规模直接决定了车站所能满足的客流需求与总体造价,车站规模太大,则不经济;而规模太小又不能满足运营的需求和远期的发展,造成使用上的不便和改扩建的困难。因此应以追求最佳性价比为目标,合理控制车站规模,充分利用车站主体结构空间,适当压缩附属结构规模。

车站规模最难以把握的是换乘站,考虑到中远期客流需求预测难度大,因此对车站规模的把握也存在较大困难。对于换乘车站,为控制近期建设规模,同时预留充足的换乘条件,可根据既有线路建设情况和近远期建设规划,将车站按不同要求进行换乘预留。

(1)与既有线路换乘的车站,需进行既有车站的换乘节点改造,改造工程的设计应尽量减少对既有车站结构的改造和对运营的影响。

(2)与在建线路换乘的车站,如果有预留节点的要充分利用,同时工程应尽量减少对在建线路车站结构的改造。

(3)与近期建设线路换乘的车站,原则上两站同期实施或预留换乘节点,保证远期站的设计深度与近期站同步。

(4)与远期建设线路换乘的车站,原则上只预留换乘接口条件,远期线路穿过部位的结构应预先考虑远期结构穿越的安全性。

(5)重要换乘车站、大型客流集散点附近的车站,其规模应在客流计算的基础上适当加大。

7.1.4　车站设计工作内容与程序

车站设计工作分为规划方案与工程可行性研究(前期)、总体设计、初步设计、施工图设计四个阶段,主要由线路、建筑、结构三个专业负责。其中,建筑与结构专业的工作在四个阶段逐步深入,各阶段工作的主要差异在于设计深度和设计内容细化方面,整个车站设计工程中最详细的是施工图设计阶段。各阶段工作的具体内容如下所示。

表格

城市轨道交通车站设计工作程序

7.1.4.1　规划方案及工程可行性研究阶段

(1)基础资料收集:主要包括气象、水文、地形地质、使用方法要求、规划设计条件、人防部门要求等方面。

(2)客流资料分析:主要包括车站进出站客流量、列车乘降客流、换乘客流预测资料分析。

(3)组织现场踏勘:要求掌握车站周边环境、土地利用性质、交通设施情况等。

(4)收集既有车站资料:对换乘站,还需收集换乘车站既有、在建或者规划线路、车站资料。

(5)车站布局设计:主要进行车站总平面布局、分层平面布局设计,明确换乘形式与换乘关系等。

7.1.4.2　总体设计阶段

(1)建筑分析设计资料:分析车站预测客流,明确周边道路红线、周边用地现状及规划条件。

(2)结构分析设计资料:掌握分析初步勘察的地质资料、地下管线敷设资料、地下既有结构控制点、周边现状道路与周边情况等。

(3)总体设计方案:深化上阶段设计方案,落实车站站位并提出初步换乘方案,明确出入口基本位置。本阶段还需要对多种车站方案以及换乘方案进行同深度比较,并给出推荐方案。

(4)站内布局设计:落实协调各设备系统布局,确定车站内部用房位置、大小,明确站台、站厅层布置图设计方案。

(5)结构施工推荐方案:根据建筑车站位置、结合线路条件、水文地质条件,选择相应施工方案,落实施工现场条件,根据施工工法落实结构形式。该阶段需要对多种结构施工方案进行比选,并给出推荐方案。

(6)总体方案专家评审:邀请相关专业专家,对总体方案进行审定,给出评审修改意见。

7.1.4.3 初步设计阶段

(1)总体方案深化:根据总体方案专家评审意见,深化推荐设计方案,重点深化内容包括控制性总尺寸、车站中心里程、站台层车站中心线处 ±0.00 与绝对高程、轨顶高程的关系,出入口、风亭、冷却塔、停车场棚、公厕、道路、广场、绿化布置等,以及地下管线、周边环境与设计的关系。

(2)总体方案站内部分深化:进一步明确车站形式、层数、面积、埋深(或高度),站台、站厅及其他各层布置,人防与防火防烟分区、客流组织、楼梯与自动扶梯、付费区与非付费区、自动售检票、公用电话、无障碍设施设计,换乘方式及实施情况。该阶段可以开展方案比选。

(3)站内空间及设施计算设计:根据各设计年限预测客流情况,完成站台宽度、侧站台宽度、通道宽度、楼梯宽度、自动扶梯宽度及数量计算等。

(4)结构初步设计:包括结构选型、耐久性设计、工程材料、抗震措施、变形缝、施工缝、后浇带设置原则等。

(5)结构设计关键参数计算与分析:包括计算原则、荷载及其组合、计算模式及计算参数的确定、施工阶段及平时使用期间的稳定性分析及强度计算、结构裂缝宽度检算,偶然荷载作用下的结构计算(地震、人防)、主要计算结果及分析等。

(6)特殊或不良地质条件结构施工方法分析:例如隧道通过不良地质地段或可液化地层的施工方法,基础托换、超接近施工方法,土层中盾构区间隧道的联络通道施工方法,地质结构作为高层建筑或城市桥梁基础的方法等。

(7)结构初步设计方案:除结构设计方案外,还应考虑防水设计图、变形缝、施工缝、特殊部位处置措施图等。

7.1.4.4 施工图设计阶段

施工图设计文件是工程实施的依据,应根据已审批的初步设计文件和补充测量及详细地质勘察资料编制。其为施工提供需要的图表和必要的设计说明,详细说明施工时应注意的具体事项和要求。建设项目需要编制施工图设计投资预算报告,按项目要求进行。

(1)明确结构设计主要内容:包括设计使用年限、抗震设防等级、人防抗力标准、混凝土结构裂缝控制要求、设计荷载及组合、设防水位、耐火等级、基坑保护等级、地面沉降控制要求等。

(2)提出工程材料和构造要求:包括混凝土的强度等级和抗渗等级,从耐久性设计角度对水泥、掺合料、骨料的特性、配比及水胶比等提出要求;钢筋和钢材的种类,焊条类型;管片螺栓紧固件的机械性能等级,钢筋连接器的性能等级等;变形缝、施工缝、后浇带的设计原则,钢筋的锚固、搭接要求、钢筋的净保护层厚度要求等。

(3)提出施工注意事项及技术要求:包括地下水处理原则,明挖基坑的土方开挖、架、拆撑要求,支撑(锚杆)的设计轴力及预加轴力值;矿山法隧道的开挖方法,步长、台阶长度或导洞间拉开的距离要求;混凝土的浇注和养护、地层加固、明挖隧道两侧及顶部回填、暗挖隧道衬砌背后压浆的要求;隧道断面的预留净空余量,施工误差控制,钢结构的加工、组装及就位精度,管片的制作及拼装精度,矿山法隧道的允许超挖量和预留围岩变形量;施工限载、施工步序和构件浇注顺序的说明;地面沉降控制措施;不良地质地段,与既有建、构筑物处于超接近状态施工的技术措施及采用特殊方法(基础托换、冻结法等)的施工要求。

(4)结构施工图设计:主要包括结构总图、结构断面图、各构件配筋断面图、格栅拱钢筋图、车站梁、柱钢筋图、钢梁、钢管柱、钢拱架结构图、节点构造详图、内部结构图、结构防水图、围护结构图、监控量测测点布置图、人防结构图、施工步序图、地层加固图、预埋件详图、预留孔洞洞边配筋图等设计。

(5)施工图具体设计:包括车站形式、规模及通过能力、层数、面积与埋深、人防与防火防烟分区、建筑等级、火灾危险等级、耐火等级、抗震等级、人防等级、无障碍设计。

(6)车站装修设计:包括设计依据、屋面做法、墙体材料(防水防潮处理)、门窗(玻璃)选型,装修范围,装修标准及原则,装修概况,装修做法表,装修做法材料表。

(7)建筑施工图纸设计:主要包括总平面图、站台层平面图;站厅层平面图;站台板下墙沟平面图;附建或车站的其他层平面图;站台层分段平面图(加分段位置示意图);站厅层分段平面图;站台板下墙沟分段平面图;其他层分段平面图;车站纵剖面图;车站横剖面图;地面站屋顶平面图;地面站立面图;变电所、男女卫生间、水泵房及其他需要放大的房间或设备技术用房平面图及节点大样;站台层侧墙、电缆管墙平面图、立面图、剖面图及节点大样图;各种楼梯、电梯、自动扶梯的平面图、剖面图和节点大样图;车站地面亭外墙剖面图;出入口水平通道、斜隧道、楼梯及自动扶梯的平面图、剖面图和节点大样图;出入口地面厅平面图、屋顶平面图、立面图,外墙剖面图及节点大样图(必要时应有总平面图);风道平面图、剖面图及节点大样图;风亭总平面图、平面图、屋顶平面图、立面图、剖面图、外墙剖面图及节点大样图;门窗大样图;车站管线综合图。

充分、合理地运用综合勘探手段,查明与工程有关的地质条件,尤其是影响线路和重点工程设计方案的地质条件;在此基础上,对各设计方案进行充分比较。对地形地质条件复杂、地下管网密布和线位控制因素多的地段,应在预可行性研究和可行性研究中提出加深测绘、勘察工作的具体意见。经审查后,安排加深地质(物探)工作,确定测量方案,指导后续工作。

7.2 车站结构形式分析

车站结构形式的选择,受沿线水文、地质条件、所处环境、地面建筑物、地下构筑物、道路交通条件等因素的制约,并需要考虑功能需求、施工方法的综合影响。车站结构形式方案的选择不仅要满足城市轨道交通工程的使用功能,也要有利于地上、地下有效空间的合理开发利用,并兼顾考虑施工给周围环境带来的不良影响。

根据车站功能的需求,不同的敷设方式、车站用房组合、不同的施工方法、地形环境差异将导致不同的车站结构形式。表7-3在总结国内外车站案例的基础上给出了一些常见车站形式。

典型城市轨道交通车站结构形式总结 表7-3

敷设方式	岛式车站	侧式车站
高架车站	高架二层岛式	高架二层侧式 高架站厅分离侧式
	高架三层岛式	高架三层侧式
地面车站	—	地面层侧式

续上表

敷设方式	岛式车站	侧式车站
地下车站	地面厅 + 地下单层岛式	地面厅 + 地下单层侧式
	地下二层标准岛式 地下二层站厅分离岛式 地下二层分离岛式 地下二层异形岛式 地下二层双岛式	地下二层标准侧式 地下二层分离侧式 地下二层异形侧式
	地下三层标准岛式 地下三层非标准岛式 地下三层叠岛式	地下三层标准侧式 地下三层叠落式侧式
	地下多层岛式	地下多层侧式
	地下二层(多层)侧—岛式	

本章将对其中的 19 种典型车站形式进行介绍。

7.2.1 高架车站

组图

高架车站
结构图

高架车站的结构形式与车站的站位、站台形式、客流量、地面交通状况及周边环境等因素有关,根据各车站轨顶高程不同,会形成不同车站高度及规模。车站位置因线路走向的不同,有设于城市交通干道中央的,也有设于城市交通干道一侧的。站台形式有岛式和侧式两种,一般以侧式站台为主,有利于城市架空桥道铺设。

7.2.1.1 岛式车站

(1)高架二层岛式车站

车站地面层为站厅层,地上二层为站台层。乘客由地面进入站厅,然后直接向上进入到站台层。该站型车站功能分区明确、管理方便,客流组织流畅,车站和区间土建投资低。该站型的车站往往处于路中,乘客进出站需要穿越车站两侧道路;部分车站位于路侧,一侧乘客可由路侧地面进站,另一侧的乘客则需穿越道路,对周边环境影响较大。

该车站形式适用于:郊区及对周边环境要求不高,路侧地块内或路中有条件设置地面厅的情况。

北京地铁 15 号线后沙峪站、国展站,南京地铁 3 号线林场站,南京地铁 2 号线东延线的部分高架车站,青岛地铁 11 号线部分高架车站等均采用该形式。

(2)高架三层岛式车站

该站型地面一层为城市道路交通层,地上二层为站厅层,地上三层为站台层。在交通干道中央的车站,为了使城市地面车辆通行流畅、视线无阻挡,一般车站下部架空,使下部空间有畅通感。尽可能将设备用房布置于道路外侧,使车站主体显得更加简洁、明快。车站功能好,车站和区间土建投资低,综合投资低;但对周边环境有一定影响,社会效益较差。

该车站形式适用于:城市郊区线路,且对周边环境要求不高的情况。

上海地铁 3 号线、4 号线部分高架站,武汉地铁 1 号线宗关站等采用此形式。

7.2.1.2 侧式车站

(1)高架二层侧式车站

该站型地面层为城市道路交通层,地上二层为站台层,站厅设于站台两侧。该站站厅站台同层,两者之间的沟通及疏散无须通过楼扶梯、电梯等设施设备,有利于乘客快速疏散;相邻区间采用高架形式,线间距小,车站和区间土建投资低,综合投资低。该站型采用双向扩展的大平层形式,建筑体量大;服务跨线乘客功能较差,对周边环境影响较大。

该车站形式适用于:城市郊区线路,且对周边环境要求不高,且两侧有条件设置站厅的情况。

部分城市高架轻轨线路部分高架车站采用此形式。

(2)高架三层侧式车站

该站型地面一层为城市道路交通层,地上二层为站厅层,地上三层为站台层。乘客进站时先由路旁楼、扶梯上天桥进入站厅,再由站厅内两组平行于站台的楼、扶梯上站台。部分设备用房可独立设置于路边或路中绿化带内,将管理用房、售检票厅及跨线通道设于站台层下夹层内,并控制在桥梁结构一跨内,可充分利用高架结构梁下高度;既解决了跨线联系及站内管理问题,车站规模及体量也可得到有效控制,线路高度也可降低,是城市高架线路常用的车站形式。

该车站形式适用于:城市郊区线路,且对周边环境要求不高的情况。

北京地铁13号线部分高架车站、青岛地铁11号线海洋大学站等采用此形式。

(3)高架站厅分离侧式车站

站台位于道路上方,而站厅、设备用房与站台分离,设于道路两旁红线外,乘客进入地面站厅检票后,通过楼扶梯上到天桥,进入站台。车站高架部分只有站台,结构简单、体量小、高度适中、对道路景观影响小;车站用房分设道路两旁,并可根据两侧用地将车站用房与路侧街面建筑合建。该站型不能满足乘客跨线功能;乘客通过一座垂直于站台的天桥进出站台,站台上客流分布的均匀性相对较差。

该车站形式适用于:线路位于路中,站内客流量不大,车站道路两侧有建设用地或有条件与道路两侧建筑合建的车站。

广州地铁6号线横沙站等采用此形式。

7.2.2 地面车站

当城市轨道交通(尤其是轻轨交通系统)线路在市区边缘或郊区时,由于地面交通量不大,为降低成本,可以考虑将车站设置在地面。地面车站一般分单层、双层或结合周围环境进行开发的多层车站,其形式主要根据功能要求和环境特点确定。地面车站主要是解决好乘客进出车站的流线,在此基础上,应尽可能简洁,缩小站房面积,降低车站造价。

7.2.2.1 地面单层侧式车站

该站型车站的站台层和站厅层均位于地面。该站型施工时间短而投资较小,用于人口密度较低的路线上。其主要是基于既有的街道,线路设计相对简单,重点是处理与道路交通的关系和先行权的问题,重点要考虑乘客及行人穿越道路时的干扰以及安全问题。这方面已经有很多成功的例子,如曼彻斯特的Tramlink、新泽西的Hudson-Bergen轻轨系统等。

该车站形式适用于:城市郊区线路上对周边环境要求不高、客流量较小的车站。

7.2.2.2 地面二层侧式车站

该站型地面为站台层,地上二层为站厅层。站厅和车站用房位于高架建筑物,跨过下方的地面站台。乘客到站后,要先利用楼、扶梯或垂直电梯到达高架的站厅,通过进站闸机后再沿另外的楼、扶梯或垂直电梯到达地面站台，这类车站可统称为“跨线式车站”或“桥上车站”。相邻区间采用高架转地面形式，线间距小，车站位于地块内，车站和区间土建投资低，综合投资低；对周边环境影响较大，社会效益较差。

地面二层侧式车站结构图

该车站形式适用于：城市郊区线路上对周边环境要求不高、相邻区间敷设方式有变化或站后设停车场的情况。

北京地铁13号线望京西站、芍药居站，南京地铁2号线油坊桥站，香港地铁西铁线美孚站，香港地铁港岛线杏花邨站，香港地铁东涌线奥运站，香港地铁机场快线博览馆站，香港地铁将军澳线宝琳站等均采用此形式。

7.2.3 地下车站

地下车站的结构设计应以“结构为功能服务”为原则，根据总体线路的纵坡设计、周边环境和车站的功能等因素，会形成不同的车站规模，具体有两层结构、三层结构，甚至多层结构。本节根据不同的地下车站层数和站台结构，对典型结构的车站进行介绍。

7.2.3.1 岛式车站

(1)地面厅+地下单层岛式车站

地下车站结构图

该站型地下一层为岛式站台，站厅层设在地面，也被称为半地下车站(图7-1)。该类车站线路埋深浅，工程投资小；车站站台位于地面，空间宽敞明亮，可以较好地进行采光；可以不设常规的车站进出口，在地面站厅的两侧可以多设置几处大门供乘客进出，可以减少乘客的走行距离，在紧急情况下，乘客可以迅速疏散至站外；车站的设备和管理用房等可以移至地面上，以节约投资；地面厅可单独建设或与规划建筑合建，可以实现“地铁+物业”的模式。

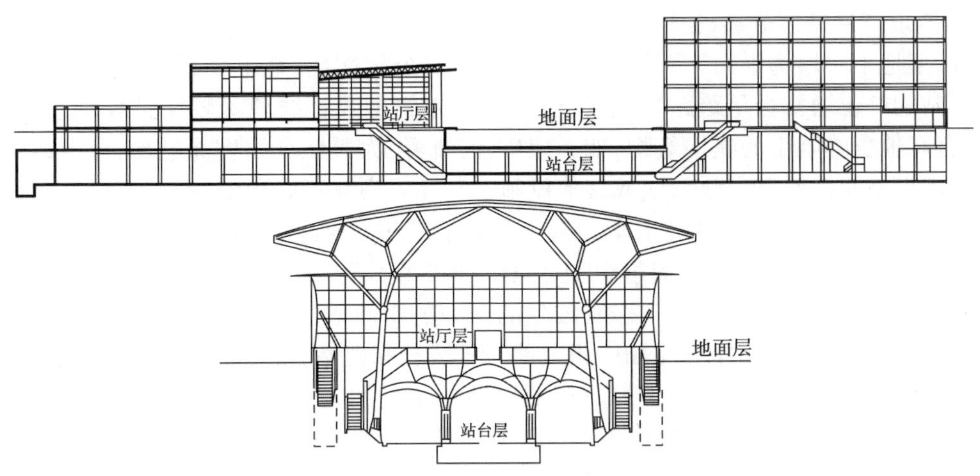

图7-1 典型半地下车站结构示意图

该车站形式适用于：在郊区道路一侧绿化带或道路中央隔离带下修建的轨道交通线路，相邻区间线路埋深浅，且穿越规划地块，地面有条件与规划地块结合设置地面厅的情况。

北京地铁7号线环球影城站，武汉地铁2号线常青花园站、金银潭站，广州地铁3号线高增站,沈阳地铁2号线全运路站以及部分与国铁车站结合设置的车站均采用此形式。

(2)地下二层标准岛式车站

这是国内最常用的一种车站形式,地下一层为站厅层,地下二层为站台层(图7-2)。该站型适用于浅埋明挖或盖挖车站,其埋置深度一般不超过20m。该站型能充分利用已开挖的空间,站厅(公共区)开阔,出入口开口设置灵活,有利于售、检票设施的布置,功能分区灵活、合理;站台利用率高,疏导乘客能力大;相邻区间埋深适中,采用盾构法或矿山法施工,车站和区间土建投资适中,综合投资适中,社会效益好。

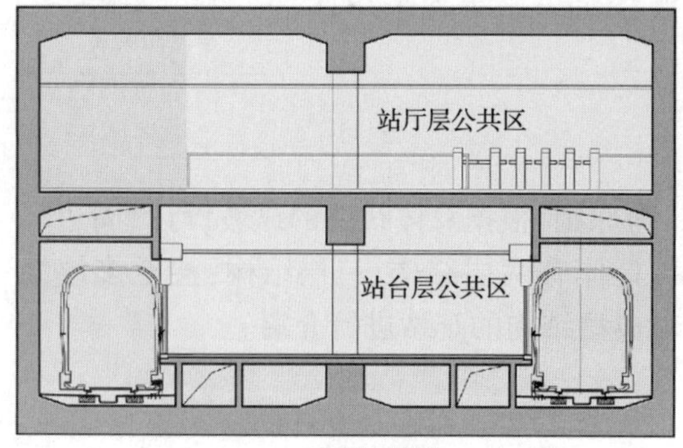

a)双层双跨式

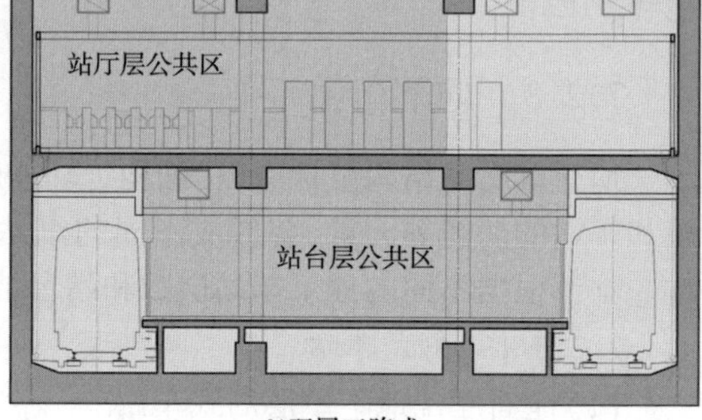

b)双层三跨式

图7-2 典型地下二层标准岛式车站结构图

该车站形式适用于:埋深较浅、整体明挖施工的车站;或全部暗挖施工且埋深较深,不受管线影响的车站。

根据车站站台宽度的不同,该站型可以分为无柱车站、单柱车站和双柱车站。

①8m无柱车站:如广州地铁2号线中大站、市二宫站、纪念堂站。

②12m暗挖单柱车站:如北京地铁5号线蒲黄榆站。

③14m暗挖双柱车站:如北京地铁5号线崇文门站。

(3)地下二层站厅分离岛式车站

该站型地下一层为纵向互不通视且不联通的两个站厅层,地下二层为站台层。为吸引客流,车站的站位通常会呈跨路口设置,若车站上方的市政管线埋深较深且较难改移,或车站上方有其他影响施工的建构筑物,如高架桥、河流等,为避免车站埋深过深,可考虑将站厅分隔开,留出空间以躲避市政管线或其他设施。站厅成为互不联通的两个小站厅,都设有出入口及楼梯,通过两站厅都可进出车站或上下站台。其一般两端采用明挖,中间采用暗挖(明挖)施工,车站功能稍差,客流组织和运营管理较为不便。

该车站形式适用于:受无法改移或破除的深埋的市政管线影响或其他构筑物横穿线路中的车站,或地面交通无法改道(如广州地铁3号线林和西站)等特殊条件限制下的情况。

北京地铁1号线、2号线大部分车站,北京地铁4号线陶然亭站,北京地铁10号线西土城站,广州地铁2号线江南西站,广州地铁3号线林和西站等采用此形式。

(4)地下二层分离岛式车站

该站型地下一层为横向互不通视但可互相联通的两个站厅,地下二层为分离的站台层(图7-3)。这种车站形式主要是受到桥桩区域的影响,将车站纵向一分为二,中间采用2~3条横向联络通道来实现两个分离站台之间的联通,其上层站厅同样也被分割为两部分。这样能使桥桩位于车站结构两部分的中间,可以有效地避开桥桩的影响。车站在房间布置上有一定的重复,因车站被分为几个单独的小厅,小系统机房、楼梯和电缆间等有一定的重复;车站的客流组织和运营管理稍有不便;车站建筑面积较大,横通道数量较多,加之桥桩保护等,使得车站整体造价较高。

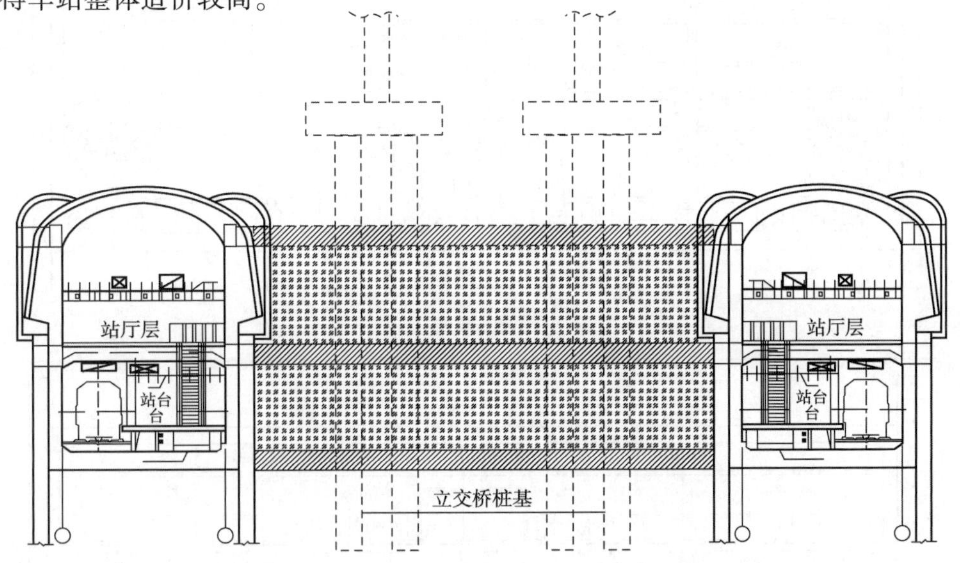

图 7-3 典型地下二层分离岛式车站结构图

该车站形式适用于:线路受桥桩或者其他因素限制,无法采用标准布置的情况。

北京地铁 10 号线工体北站、呼家楼站、金台夕照站、国贸站,北京地铁 12 号线人民大学站、和平西桥站,广州地铁 2 号线越秀公园站,西安地铁 2 号线钟楼站等采用此形式。

(5)地下二层异形岛式车站

地下一层为站厅层,地下二层为站台层。功能基本与地下二层标准岛式车站相同,但由于线路受周边条件限制,车站无法布置为标准形式,而采用"弧形"或"楔形"布置。

该车站形式适用于:线路受限于周边条件,无法采用标准布置,只能采用异形布置的情况。

广州地铁2 号线鹭江站、深圳地铁2 号线侨香站、武汉地铁2 号线循礼门站等采用此形式。

(6)地下二层双岛式车站

该站型受线路条件控制,根据运营要求及换乘需要,设计为地下双层双岛式车站。地下一层为站厅,地下二层为双岛式站台。

以下三种情况常用到此设计方式:

①车站位于车辆段附近,有落客回库需求,将车站设置为双岛四线式,其中 2 条为运行线,2 条为回库、出库线。如北京地铁 10 号线公益西桥站、北京地铁 15 号线马泉营站。

②车站作为越行站,设置双岛四线或双岛三线形式,供快车越行,以及快慢车乘客之间的换乘。如北京地铁 6 号线通运门站等站。

③车站作为换乘车站,采用同台或同站厅换乘,换乘功能好,综合投资较低;但区间施工难度大,车站断面大,实施时对交通影响较大。其适用于换乘线路采用左、右平行设置,车站同期(分期)实施,采用同台(同厅)换乘,且地面有交通疏解条件的情况。如北京地铁国家图书馆站(同台换乘)、郭公庄站(同台换乘)、四惠站(同厅换乘),武汉地铁中南路站(同台换乘)等,如图 7-4 所示。

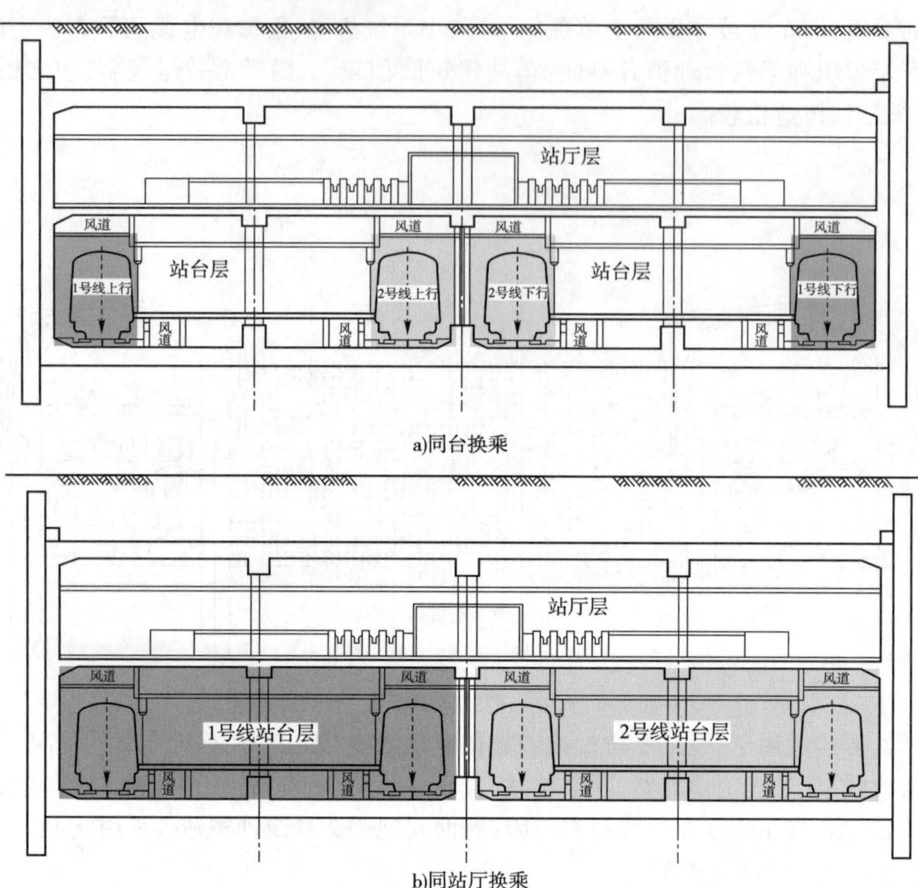

图 7-4 典型地下二层双岛式车站结构图

(7)地下三层标准岛式车站

该站型地下一层为站厅层(或设备层),地下二层为设备层(或站厅层),地下三层为站台层(图 7-5)。相邻区间埋深较深,采用盾构法或矿山法施工,车站投资较大,综合投资较高。

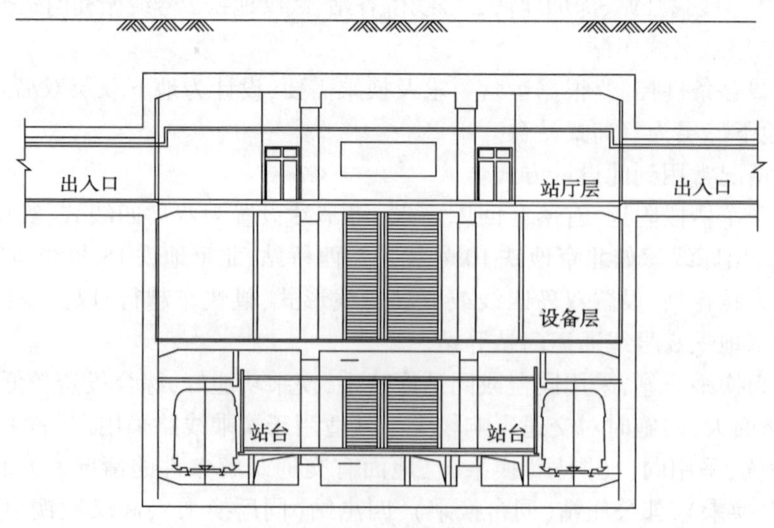

图 7-5

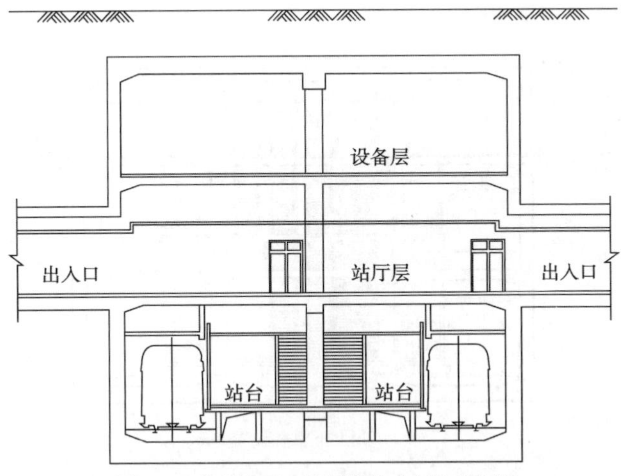

图 7-5 典型地下三层标准岛式车站结构图

该车站形式适用于:相邻线路下穿湖、河等,埋深深,或与远期站采用节点换乘并且同期实施的情况。

北京地铁 16 号线达官营站、广州地铁 3 号线番禺广场站、天津地铁 2 号线建国道站等采用此形式。

(8)地下三层叠岛式车站

该站型地下一层为共用站厅层,地下二、三层为站台层。根据线路布置情况又分为近远期线路上下平行设置和近远期线路上下重叠设置两种情况(图 7-6)。其适用于近远期同期实施的车站。

前者为同线同台设置,采用上下站台换乘,乘客可以采用连接二、三层之间的楼扶梯完成不同线路之间的换乘,换乘功能较好,综合投资低,但不同线路在区间内上下重叠设置,实施较困难。其适用于近远期线路采用上下平行设置,车站采用同期实施的情况。如香港地铁油麻地站等车站采用了此形式。

后者为同线重叠设置,乘客可采用同台换乘,换乘功能好,综合投资低,但中间线间距的大小受区间工法的影响,相邻两线区间相互交叉多、施工复杂、风险较高,实施困难。其适用于近远期线路采用上下叠落设置,车站采用同期实施的情况。如香港地铁金钟站、太子站,武汉地铁洪山广场站、钟家村站等采用此形式。

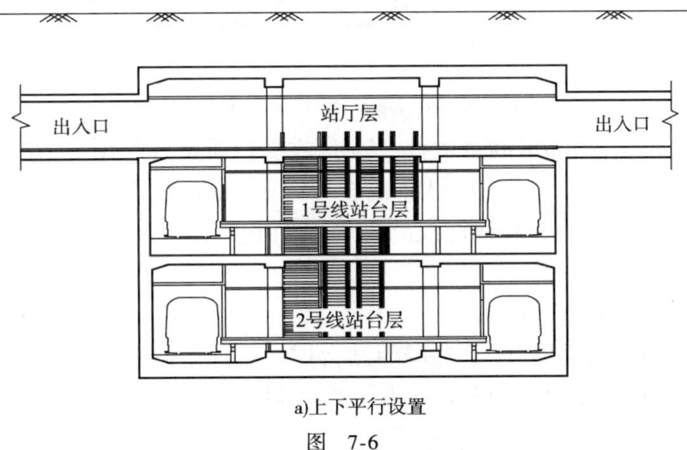

a)上下平行设置

图 7-6

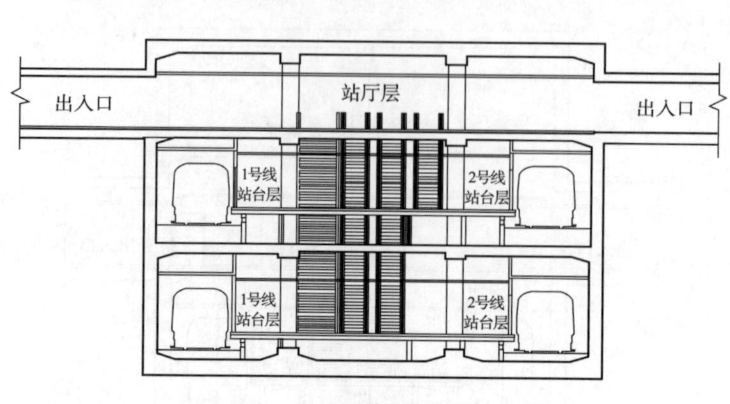

b)上下重叠设置

图 7-6　典型地下三层叠岛式车站结构图

(9)地下多层岛式车站

该站型一般受线路埋深条件或地质条件的限制,同时根据设站的需要,设计成地下多层车站(图 7-7)。线路埋深深,可采用盾构法或矿山法施工;车站规模大,投资高。

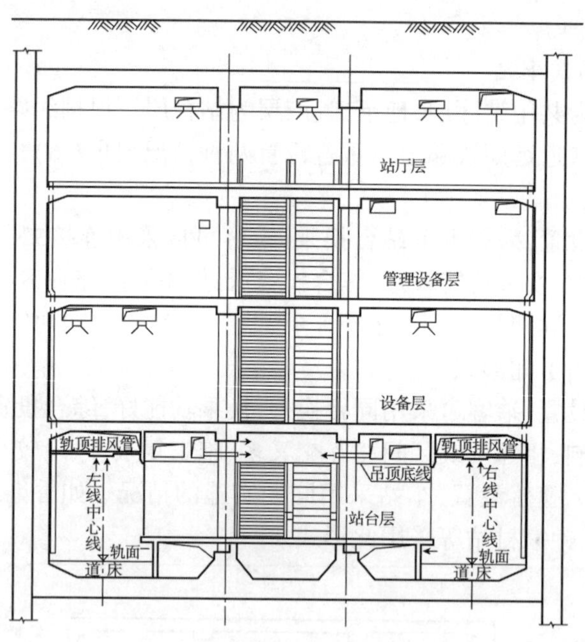

图 7-7　典型地下多层岛式车站结构图

该车站形式适用于:相邻区间过大江、大河,或受地质条件限制等情况。

广州地铁 2 号线海珠广场站、广州地铁 6 号线黄沙站、西安地铁 1 号线万寿路站(因湿陷性黄土层原因)、武汉地铁 2 号线江汉路站等采用此形式。

7.2.3.2　侧式车站

(1)地下二层标准侧式车站

该站型地下一层为站厅层,地下二层为站台层。站厅中部为公共区,两端分别为管理用房及设备用房区,公共区分为两个付费区和一个非付费区,在付费区内沿纵向布置楼扶梯与站台连通,站台层中部为公共区,两端布置设备用房。车站采用暗(明)挖法施工、功能较差,车站线路线间距小，相邻区间采用暗挖单洞双线；车站投资较大，区间投资较低。

该车站形式适用于：相邻区间线路受特殊条件限制，线间距小且埋深较深，沿线区间地质条件较好，可暗挖施工的情况。

南京地铁1号线天隆寺站、天津地铁1号线洪湖里站、哈尔滨地铁1号线教化广场站采用此形式。

(2)地下三层标准侧式车站

该站型一般地下一层为站厅层，地下二层为设备层，地下三层为站台层。线路线间距小、埋深较深，相邻区间采用矿山法或大盾构施工，车站投资较大，综合投资较高。

该车站形式适用于：相邻区间线路受特殊条件限制下，采用小线间距深埋形式，一端区间大盾构(单洞双线)过江、过河等情况。

南京3号线上元门站、成都地铁3号线滨江路站等采用此形式。

(3)地下三层叠落侧式车站

该站型地下一层为站厅层，地下二、三层均为站台层(图7-8)。站台层均采用侧式站台形式且上下重叠，多在车站腹地不足或线路由于特殊原因需要上下垂直设置时使用，如避开建筑物或构筑物的桩基，或者是为了将来方便扩建成同台换乘站而使用。线路上下平行设置，断面较小，对周边环境影响较小，但区间实施难度大。

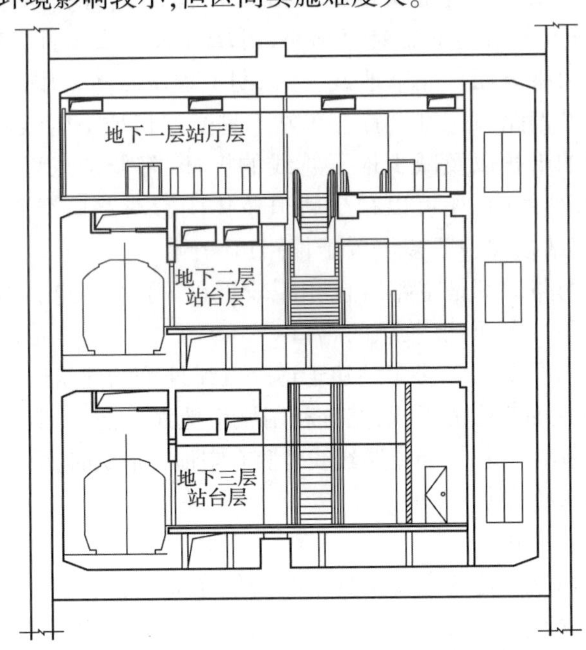

图7-8　典型地下三层叠落侧式车站结构图

该车站形式适用于：线路受条件限制，须上下平行设置以减少占地的情况。

北京地铁首都机场线2号航站楼站、上海地铁4号线南浦大桥站、深圳地铁1号线国贸站、广州地铁5号线动物园站等采用此形式。

上面简述了几种典型的城市轨道交通车站形式，实际工程中还有更多车站形式。通过分析不难发现，不同形式车站均有其优缺点。在车站设计中，应综合考虑线路条件、工程地质条件、周边环境、车站及区间施工工法等因素，因地制宜地选择合理的车站形式，在满足车站各种功能的前提下，尽量减小工程规模，降低工程造价，提高社会效益。

7.3 车站总平面布局设计

车站总平面布局主要解决车站中心位置(站位)、车站外轮廓范围及出入口、风亭的确定等问题,是车站设计中的关键环节。车站总平面布局设计应在确定车站位置基础上,根据周围环境条件、有关部门对车站布局的要求,依据选定站位和车站类型,协调好车站与城市建筑物、道路交通、过街地道或天桥、绿地等的关系,合理地布设出入口、通道、风亭风道等设施,以便使乘客能够安全、迅速、方便地进出车站。

影响车站平面布局的因素很多,实际问题也复杂多样。受客观条件限制,有时方案很难落实并达到理想效果。好的方案多需反复论证,并进行综合分析比较才能获得。

7.3.1 车站站位规划

7.3.1.1 站位选择

车站的站位设计在车站的总平面布局设计中居头等重要的地位。一般根据车站与城市道路的关系分为跨十字路口、偏路口一侧、两路口之间和在道路红线外设置的方式。

①跨路口站位:该方案车站跨主要路口的相交十字路口,并在路口各角都设有出入口,乘客从路口任何方向进入车站均不需要穿马路,可增加乘客安全性,减少路口人车交叉,与地面公交线路衔接好,换乘方便。北京地铁一、二期工程车站多采用这种站位。

②偏路口站位:车站偏路口一侧设置。车站不易受路口地下管线的影响,可减少车站埋深、施工对交叉口交通的干扰以及减少地下管线的拆迁,降低了工程造价。在高寒地区,当城市轨道交通线路为高架线时,还可以减少轨道桥体阴影对路口交通安全的影响。上海地铁1号线一期工程的车站站位一般多设置于偏路口一侧。

③两路口站位:当两路口都是主路口且相距较近(小于400m),横向公交线路及客流较多时,可将车站设于两路口之间,以兼顾两路口。

④近道路红线外侧设置站位。将车站建于道路红线外侧的建筑区内,可避免破坏路面,减少地下管线拆迁以及对地面交通的干扰,充分利用城市地面土地,一般在地面道路外侧无较大建筑物或无地下工程时采用。此外,当道路红线外侧有空地或危房时,可与危旧房改造结合实施。

7.3.1.2 影响站位的因素

(1)与干线规划同步考虑

车站是整条线路的节点,其站位关系到干线功能布局是否合理。在进行站位规划时,车站和线路应作为整体进行考虑。在一定程度上,线路的走向应该服从车站布置要求。若在规划初期不能结合干线走向对站位做具体考虑,规划部门就不能对土地进行合理的预留控制;随着地下管线的布设越来越复杂,这也给站位规划带来了更多的限制。

(2)结合站间距考虑

站间距设置会对乘客吸引、出行时间、运营组织、沿线土地开发、与其他交通方式衔接及城市空间结构布局产生重大的影响。大站间距可以降低工程和运营成本,而小站间距则可以促进沿线客流吸引、增大沿线开发利益。站间距过长或过短,都会降低城市轨道交通网络的舒适性和有效性,增加乘客在出行时花费的时间。因此在站位规划过程中应充分协调影响站间距设置的各种因素,确定合理的站间距,体现其为社会发展和经济发展服务的原则。

(3)考虑与各种交通方式的换乘

城市轨道交通需要重视与其他各种交通方式间的协调,尽量将车站设置得靠近各类大型客流集散点,如停车场、大型公交车站、公路汽车客运站、火车站及机场附近,条件允许时尽量把城市轨道交通线路引入综合枢纽,考虑一体化设计,以便更好地服务乘客。因此在进行站位规划时,应尽量协调车站与各个客流聚集点间的位置,使各个客流聚集点上旅客换乘所需的总时间最小,以达到整体布局效果的最优。

(4)结合城市地面和地下环境

站位规划需要考虑城市地面和地下环境。地面环境主要指车站周围的商业区、商务区、居民住宅区、大型公共场所等;地下环境包括工程地质、水文地质、地下管线和构筑物等状况。站位规划需结合城市功能,综合利用地上、地下空间,充分发挥土地的利用效率。

7.3.2 车站平面布局原则

①站厅层布置应分区明确,依据出入口、楼扶梯和售检票设施的位置和数量,以及换乘要求,对客流进行合理组织,避免/减少进出站客流的交叉,合理布置管理、设备用房,满足各系统的工艺要求。

②站台层布置需以车站上下行远期超高峰小时设计客流量来计算站台宽度,根据线路走向及换乘要求确定站台形式,根据车站需要布置设备和管理用房区。

③车站出入口应设置于道路两边红线以外或城市广场周边,需具有标志性或可识别性,以利于吸引客流、方便乘客。有条件的出入口考虑地面人行过街的功能。出入口规模应满足远期预测客流量的通过能力,并考虑与其他交通方式的换乘和接驳大型公共建筑所引起的客流量。

④优化车站主要服务设施设计,包括自动扶梯、电梯、售票机、检票机、空调通风设施等。

7.3.3 车站平面布局前期工作

车站平面布局前期工作包括调查收集资料以及与相关部门协调两方面。

①调查收集的资料包括:城市轨道交通线路、车站位置及该站的客流资料;有关城市道路、公交站点资料;批准的用地范围现状总平面图及规划总平面图;有关城市地下过街道或天桥的位置;有关城市地下管网、地下建筑物、地下构筑物资料;有关地区的文物古迹、古树及有保留价值的建筑物、构筑物;其他有关资料。

②与有关单位密切配合协作,协商解决设计中的问题。

7.3.4 车站总平面布局设计的步骤

为尽可能减少方案重复,车站总平面布局的设计可按四个步骤进行。

7.3.4.1 分析影响因素,确定边界条件

影响车站站位和总平面布局的因素主要有以下五个方面。

①周围环境。主要包括:现状道路及交通条件、公交及其他交通方式站点设置、周围建筑物功能性质及基础,规划落实情况以及文物古迹和可能的山地、河流等自然条件。

②建筑物拆迁和管线改移条件。主要包括:车站周围现状建筑物和地下管线的使用情况、拆迁改移条件,以及规划建筑物和管线方案和可能的实施时间。

③施工方法。不同的施工方法对车站站位和平面结构影响甚大,要结合地质条件和周

围自然状况,提出可能的施工方法,结合总平面方案一同考虑。

④客流来源及方向。车站的主要功能是最大限度地吸引客流,要根据主要客流的来源和方向考虑站位和出入口通道的设置。

⑤综合开发的条件。结合城市轨道交通车站建设进行综合开发越来越引起人们的重视,尤其在城市密集区,应寻求一切可能条件,使车站与其他建筑物相结合。

7.3.4.2 根据功能要求构思总体方案

在构思总体方案时,首先要弄清车站整体的功能要求、特点与性质,才能有的放矢地进行总体方案设计。不同的车站,除为乘客提供乘降这一相同的功能外,还有其各自的特点,大致可分为以下几种具有某种典型功能的车站。

①以换乘为主要功能的车站:主要应考虑换乘条件,以尽可能减少换乘距离为主要因素进行设计,并留有足够的换乘能力。

②接驳大型客流集散点的车站:要考虑突发性客流特点,留有足够的乘客集散空间,并创造快捷的进出站条件。

③有列车折返运行需要的车站:围绕列车在车站的折返能力,考虑车站配线设置以及由此带来的车站站位及平面布局的变化。

④有与建筑物开发结合要求的车站:应考虑结构的统一性,并分清各种客流的流向,使进出站客流有独立的通道并尽量减少与其他客流的交叉干扰。

⑤有其他特殊功能需要的车站:包括远期需进一步延伸的起点站、与其他交通系统的联运站等。

当然车站的功能需要远不止以上几种,一般是以上几种或其他功能需要合在一起的组合,在确定站位和布局时,对此都要加以细致的考虑。

7.3.4.3 确定出入口与风亭数量及位置

车站出入口数量可根据进出站客流数量及客流方向确定。风亭数量和采取的通风与空调方式有关,一般由环控专业确定。出入口和风亭位置的选择应注意以下几点:

①单独设置的车站出入口的位置一般选在城市道路两侧、交叉口及有大量人流的广场附近,出入口宜分散均匀布置,以最大限度地吸引乘客。

②单独修建的地面出入口和地面通风亭,其位置应符合当地城市规划部门的规划要求,一般设在建筑红线以内。如有困难不能设在建筑红线以内时,应经过当地城市规划部门的同意,再选定其位置。地面出入口的位置不应妨碍行人通行。

③车站的出入口宜设置在火车站、公共汽(电)车站附近,便于乘客换乘,且出入口应朝向轨道交通的主客流方向。如大型商业区、居住区、企业、文体中心、交通枢纽等都是城市轨道交通主要的客流发生吸引源。

④车站出入口的设置要考虑城市人流流向,尽量避免相互交叉和干扰,车站的出入口不宜设在城市人流的主要集散处,以免发生堵塞。

⑤车站出入口应设在较明显的位置,以便于识别。

⑥车站出入口和地面通风亭与周围建筑物之间的距离应满足相关规范中防火距离的要求;如有困难时,应按规范采取分隔措施,如加设防火墙、防火门窗。不应设在易燃、易爆、有污染源并挥发有害物质的建筑物附近,与上述建筑物之间的防火安全距离应符合有关规范的规定。

⑦车站出入口应尽可能与城市过街地道、天桥、下沉广场等周边建筑相结合,以方便乘

客,尽可能减少用地和拆迁费用。

7.3.4.4 绘制车站总平面布置图

在以上工作基础上,要根据设计方案进行车站总平面布置图的绘制,根据设计阶段的不同,图纸内容深度也不同,其一般在 1∶500 地形图上进行,主要应包含以下内容:①车站中心的详细位置,包括线路里程、坐标等;②车站主体的外轮廓尺寸,包括端点的线路里程、关键点的位置坐标等;③出入口、风亭通道的位置、长度、宽度;④出入口、风亭的详细位置、尺寸、坐标等;⑤车站线路及区间的连接关系;⑥车站周围地面建(构)筑物情况、地形条件等;⑦与车站有关的设施情况等。图 7-9 为某地铁车站的总平面图。

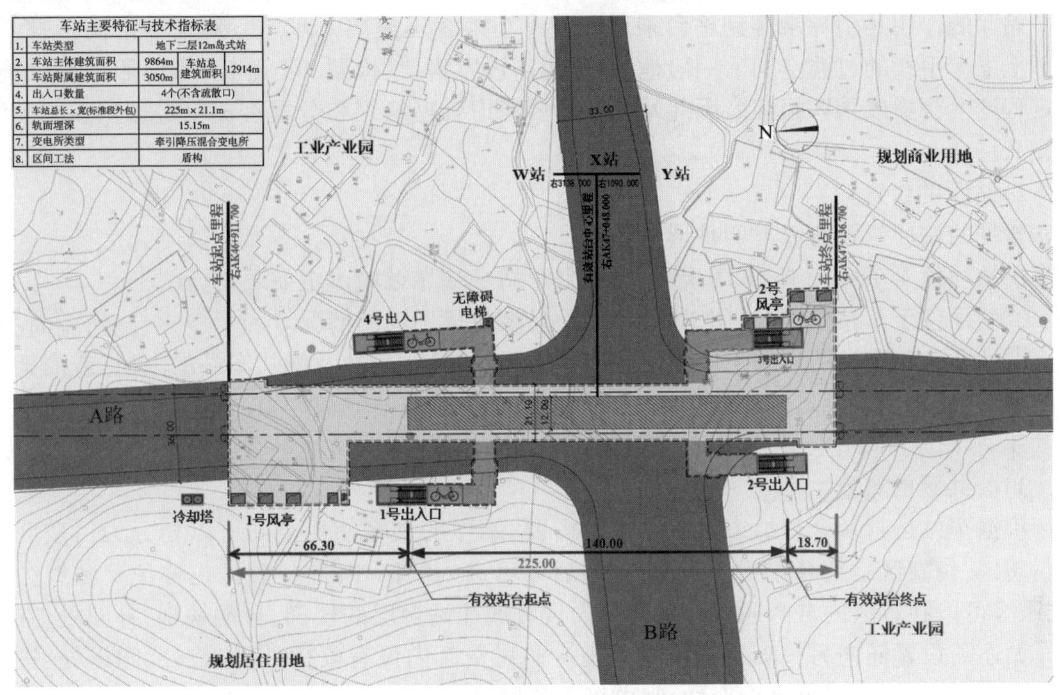

车站主要特征与技术指标表				
1.	车站类型	地下二层12m岛式站		
2.	车站主体建筑面积	9864m	车站总建筑面积	12914m
3.	车站附属建筑面积	3050m		
4.	出入口数量	4个(不含疏散口)		
5.	车站总长×宽(标准段外包)	225m×21.1m		
6.	轨面埋深	15.15m		
7.	变电所类型	牵引降压混合变电所		
8.	区间工法	盾构		

图 7-9 某地铁车站总平面图(尺寸单位:mm)

车站总平面的确定过程是一个各种因素交汇、反复循环的过程,它又是车站设计中总体性的首要工作,对此要十分重视。

7.4 车站建筑设计

城市轨道交通车站由车站主体、出入口及通道、通风道及地面通风亭三大部分组成。车站主体是列车在线路上的停车点,其作用是供乘客集散、候车及换乘,也是城市轨道交通运营设备设置的中心和办理运营业务的地方。出入口及通道是供乘客进出车站的口部建筑设施。通风道及地面通风亭的作用是保证地下车站具有一个舒适的地下环境。对地下车站来说,三部分皆为必备组成;高架车站一般由车站、出入口及通道组成;地面车站可以仅设车站和出入口。

城市轨道交通地下车站的建筑设计内容包括:分层平面设计和纵向设计、出入口和通道设计、通风道和地面通风亭设计、防灾设计、无障碍设施设计等内容。高架车站、地面车站与地下车站建筑设计内容的主要区别在于:前两者一般不需要进行风亭设计,但增加了雨棚设计,防灾设计比较简单,同时车站的布置形式及景观造型设计比较重要。

7.4.1 分层布局设计

城市轨道交通车站一般分为站厅层和站台层两部分。站厅层和站台层的建筑平面布局设计应协同考虑,包括长度和宽度、楼扶梯位置与数量、设备用房上下的孔洞等。

7.4.1.1 站厅层设计

站厅层是为乘客提供售检票服务和各系统设备集中设置的场所,可分为乘客使用空间和车站用房区。站厅层的布置应分区明确,合理布置各区域以满足运营的要求。

1)站厅的作用

站厅的作用是引导乘客到站台乘车和使下车乘客迅速离开车站。对乘客来说,站厅是办理上下车手续的过渡空间。一般地,站厅内需设置售票、检票、问讯等为乘客服务的设施,一定程度上会形成乘客聚集。因此站厅设计要考虑合理组织和分配客流,尽量避免/减少流线交叉。

2)站厅的位置

常见的站厅位置有以下四种形式:

①站厅位于车站一端,多用于终点站,且车站一端靠近城市主要道路。

②站厅位于车站两侧,多用于侧式车站,且客流量不大的情况。

③站厅位于车站两端的上层或下层,常用于地下岛式车站及侧式车站的上层,或高架车站的下层,适用于客流量较大的车站。

④站厅位于车站上层,常用于地下岛式车站和侧式车站,适用于客流量很大的车站。

3)公共区的布置

根据车站运营及合理组织客流路线的需要,站厅的乘客使用空间可以划分为付费区和非付费区,付费区是乘客需要经购票、检票后方可进入的区域;非付费区也称免费区或公共区,乘客可以在本区内自由通行。付费区内设有通往站台层的楼梯、自动扶梯、补票处,在换乘车站还需设置通向另一车站的换乘通道。非付费区内设有安检处、售票处、问讯处、进出站通道和电梯,必要时可增设金融、邮电等服务机构。

微课程视频

站厅层平面布置原则

图片

典型站厅布置

图片

安检区的布置

付费区和非付费区之间宜采用不低于1.1m的可透视栅栏进行分隔,并应设置向疏散方向开启的平开栅栏门。票务处、检票口和工作人员出入口应设在两个区域的分界线上,检票口处宜设置监票厅,乘客可以在付费区内的补票处办理补票手续。进、出站检票口之间的距离应尽量远一些,以便分散客流,避免相互干扰拥挤。

由于车站一般和城市主要道路重叠,部分站厅还兼具过街通道的功能,但站厅层内划分付费区和非付费区后,会限制车站不同出入口之间人员的穿行。为了便于各个出入口的联系,可以在站厅的一侧或双侧设置通道。由此,也可以将站厅层分为不能穿行、单侧可穿行、双侧可穿行三类。当站厅布置为中间付费区、两端非付费区形式时,应有一条净宽不小于2.4m的联络通道。

站厅应有足够的面积,除正常购票、检票及通行面积外,尚需考虑乘客短暂停留及特殊情况下紧急疏散需求,在面积确定时应留有余地。一般而言,非付费区总面积应大于付费区总面积。非付费区最小面积一般可以参照能容纳高峰小时5min内聚集的客流量的水平来推算。

站厅的面积主要由远期车站预测的客流量大小和车站的重要程度决定,目前还没有固定的计算方法,一般根据经验和类比分析确定,表7-4展示了北京地铁1号线、2号线车站的主要尺寸。

北京地铁1号线、2号线车站主要尺寸(单位:m) 表7-4

线别		站台总宽	中间集散厅宽	中间集散厅高	侧站台宽
一期	甲型	12.5	5.95	4.95	2.45
	乙型	11.0	5.0	4.55	2.10
	丙型	9.0	4.0	4.35	1.75
二期		13.1	6.0	6.7	—

注:一期甲型站包括:北京站站、前门站。

一期乙型站包括:公主坟站、崇文门站、南礼士路站。

4)售检票设施

图片

售检票设施

售检票设施主要包括售票口、售票机和检票口,一般都设在站厅层。也有些车站的地面出入口面积比较大,并且与车站用房、风亭组合成地面厅,此时也可以将售票口、自动售票机设在地面厅内。在人工售票的车站内应设置售票室。

(1)售票设施

售票可分为人工售票、半人工售票及自动售票三种。人工售票与半人工售票亭的尺寸相同,半人工售票的方式为人工收费找零、机器出票。售票机为主要售票设备,其数量(N_1)应按近期高峰小时客流量配置,按高峰小时远期客流量预留,计算公式如下:

$$N_1 = \frac{M_1 K}{m_1} \tag{7-1}$$

式中:M_1——使用售票机的人数(按高峰小时计),人次/h;

K——超高峰系数,选用1.2~1.4;

m_1——售票能力,每个人工售票窗口取1200人次/h;每台自动售票机取300人次/h。

上述公式是按高峰小时所需购票客流设置的售票亭或自动售票机的数量,随着票务形式的改变和移动支付的普及,售票点不局限于设置在站内,则站内售票机的数量将可大大减少。

售票口、售票机的位置与车站建筑、客流量和分向客流、出入口位置、楼梯及自动扶梯布置有密切的关系,应设在便于购票、比较宽敞的地方。自动检票机宜根据分向客流集中布置,每组数量宜不少于3台,提高设备使用率,减少故障影响面;且宜沿进站客流方向纵向布置,且不少于2处。在分时段客流方向明显的车站,宜多设置双向自动检票机。自动售票机前应在满足乘客通行的基础上,留有购票乘客的聚集空间,供乘客查询、排队购票,该聚集空间不应侵入人流通行区。一般而言,自动售票机距最近的出入口通道应不小于5m、距检票机应不小于6m,以便减少乘客流线之间的交叉和干扰。在不影响乘客使用的条件下,应考虑工作人员的检修空间。

北京地铁安定门站出站闸机

北京地铁安定门站出站闸机(出站量较少)

北京回龙观站闸机视频

北京地铁回龙观站平峰闸机

(2)检票设施

检票机的数量应按近期超高峰小时客流量配置,并按远期超高峰小时客流量预留,还应与楼梯、自动扶梯的通过能力相匹配,同时满足事故发生时乘客紧急疏散的需要。检票机数量(N_2)计算公式为:

$$N_2 = \frac{M_2 K}{m_2} \tag{7-2}$$

式中:M_2——高峰小时使用检票机的客流量,人次/h;

K——超高峰小时系数,选用1.2~1.4;

m_2——检票机每台每小时检票能力,如表7-5所示。

车站售检票设施的最大通过能力 表7-5

设施名称			最大通过能力(人次/h)
人工售票窗口			1200
自动售票机			300
人工检票口			2600
自动检票机	三杆式	非接触IC卡	1200
	门扉式	非接触IC卡	1800
	双向门扉式	非接触IC卡	1500

检票机布置宜垂直于客流方向,检票机前的宽度不小于4m、距离出入口通道不小于8m,且相对布置的检票机间距不小于8m,以便减少各种客流之间的交叉干扰。

进站检票口应布置在通过站厅向站台进站的客流方向一侧,进站检票口与楼梯口的距离不宜小于4m、与自动扶梯基点的距离不宜小于7m。出站检票口和检票机应布置在站厅层出站客流方向的一侧,宜靠近出入口,且出站检票口与出入口通道边缘的间距不宜小于5m、与楼梯的距离不宜小于5m、与自动扶梯基点的距离不宜小于8m。

进出站检票机旁还需设置一定宽度的人工开启栅栏门,以便于解决检票过程中的特殊情况和较大行李的进出,也有利于站务人员的进出。在进站检票口处应设有检票亭,出站检票口附近设补票亭,为乘客补票提供便利条件。

7.4.1.2 站台层设计

站台层是供乘客上、下车及候车的场所,由站台、楼梯(自动扶梯)、设备和管理用房、行车道等组成。站台的范围由车站用房和车站配线进行控制,需要根据车辆编组和车站上下行远期超高峰小时设计客流量来计算站台的长度和宽度,并根据车站需要布置设备和管理用房区。

1)站台布置形式

根据线路走向及换乘要求确定站台形式,当前各国地铁车站采用的站台形式绝大多数为岛式站台和侧式站台两种。两种站台形式的优缺点对比如表7-6所示。

岛式站台和侧式站台的优缺点 表7-6

项　目	岛式站台	侧式站台
站台使用	站台面积利用率高,可调节客流,乘客有乘错车的可能	站台面积利用率低,不能调节客流,乘客不易乘错车
站厅设置	站厅与站台需设在两个不同高度上,站厅跨过线路轨道	站厅与站台可设在同一高度上,站厅可不跨过线路轨道
设备、设施规模	导向标志,电、扶梯,照明等设备可集中设置;设备数量少,扶梯只需2部,电梯只需1部,建设和运营成本低	设备数量多,尤其是电、扶梯数量多,扶梯需4部,电梯需2部,建设及运营成本大大增加
站内空间	站厅、站台空间宽阔完整	站厅分设时,空间分散,不及岛式车站宽阔
站内管理	管理集中,联系方便	站厅分设时,管理分散,联系不方便
乘客使用功能	站台集中设置,可以避免乘客走错站台,乘客使用方便	站台分散设置,乘客易走错站台,使用不便
乘客中途折返	乘客中途改变乘车方向比较方便	乘客中途改变乘车方向不方便,需经过天桥或地道
喇叭口设置	需设喇叭口	不设喇叭口
对周边地块的影响	增加前后区间喇叭口段的土建工程量,对前后区间地块影响较大	两线并拢,对地块影响小
改扩建难易性	改建扩建时,延长车站很困难,技术复杂	改建扩建时,延长车站比较容易
造价	较高	较低

岛式车站空间利用率高,可有效利用站台面积调剂客流;站厅及出入口也可灵活安排,与建筑物结合或满足不同乘客的需要。其缺点是车站规模一般较大,不易压缩。一般说来,侧式车站不如岛式车站站台利用率高,对乘客换方向乘车也会造成不便;但由于站台设置在线路两侧,售检票区可以灵活设置,车站两侧可结合空间开发统一利用,设置单层车站的条件也优于岛式车站,同时在施工难度、综合造价、对环境的影响等因素方面,侧式站台相对优势较明显。

微课程视频

站台层平面布置原则

图片

典型站台布置

图片

站台的长度

图片

列车有效长度计算方法示意

2)站台长度

站台长度分为站台总长度和站台计算长度两种。

站台总长度即车站规模长度,包含了站台有效长度和所设置的设备、管理用房及迂回风道等总的长度。

站台计算长度L应采用列车最大编组数的有效长度与停车误差之和,即:

$$L = L_{效} + L_{误差} \tag{7-3}$$

式中：$L_{效}$——列车最大编组数的有效长度，即为站台上可供乘客乘降和候车的区域的长度；

$L_{误差}$——停车误差，由于列车采用的自动停车设备的先进程度不同，同时司机操作熟练程度也存在差异，因此，允许列车停车的理论位置与实际位置有一定的不准确误差。

对于无站台门的车站，有效长度为列车首末两节车辆司机室门外侧之间的长度；停车误差应取1～2m。

对于有站台门的车站，有效长度为列车首末两节车辆尽端客室门外侧之间的长度；停车误差必须控制在±0.3m内(含缓装站台门)。

站台层两端的设备与管理用房，可伸入站台计算长度内，但伸入长度不应超过1节车辆长度，且应满足距梯口或通道口的距离不小于8m，侵入处侧站台的计算宽度应符合表7-7的规定。

3)站台宽度

站台宽度是根据车站远期预测高峰小时客流量大小、列车运行间隔时间、结构横断面形式、站房布置、站台形式、楼梯及自动扶梯位置等因素计算确定。

在确定站台宽度设计时，不仅要考虑车站的上下车客流，还要考虑车站的结构差异。

(1)侧式站台宽度 B_c

作为侧式站台，车站的跨度个数不同，中柱所占的空间也不同。对于双跨地铁车站，站台与站厅之间的联络楼梯一般围绕中柱布置。人行楼梯的宽度可以灵活布置(一般大于1.2m)，自动扶梯宽跨度一般取为1m。同时规定距站台边缘就400mm处应设不小于80mm宽的纵向醒目的安全线(采用屏蔽门时不设安全线)。

站台宽度 B_c 应按式(7-4)计算，并不得小于表7-7所规定的数值(图7-10)。

$$B_c = b + z + t \tag{7-4}$$

式中：b——侧站台宽度，m；

z——纵梁宽度(含装饰层厚度)，m；

t——每组楼梯与自动扶梯宽度之和(含与纵梁间所留空隙)，m。

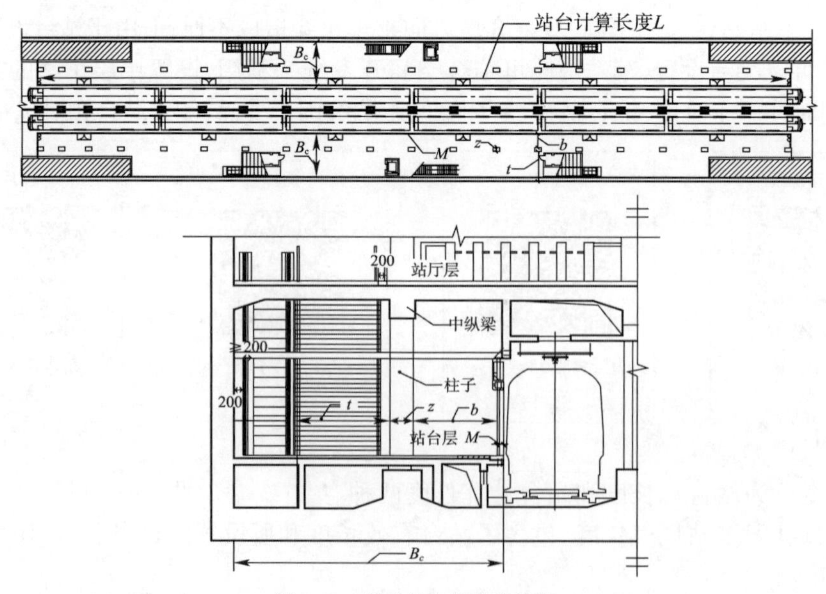

图7-10　侧式站台的宽度计算

侧站台宽度 b 有两种计算方法：

①第一种方法是在列车进站停靠后，根据乘客上下车需求计算侧式站台宽度：

$$b=\frac{Q_{上下}\cdot\rho}{L}+M \tag{7-5}$$

式中：$Q_{上下}$——远期或客流控制期每列车超高峰小时单侧上下车设计客流量，人；

ρ——站台上人流密度，取0.33～0.75m²/人，同一条线 ρ 的取值应一致；

L——站台计算长度，m；

M——站台边缘至站台门立柱内侧距离，m。有站台门时一般取0.26m；无站台门时，上、下车的乘客在站台进行交换，安全带宽度已被充分利用，则 M 取0。

②第二种方法是列车未到站时，此时仅根据候车乘客计算侧站台宽度：

$$b=\frac{Q_{上}\cdot\rho}{L}+b_a \tag{7-6}$$

式中：$Q_{上}$——远期或客流控制期每列车超高峰小时单侧上车设计客流量，人；

b_a——站台安全防护带宽度，m。无站台门时取0.4m；采用站台门时用 M 代替。

无站台门时，乘客只能站立在安全带之内等候，此时侧站台计算宽度是上车乘客站立候车所需要的宽度加上安全带宽度。

式(7-6)中的 $Q_{上}$ 为远期或客流控制期每列车高峰小时单侧上车设计客流量，$Q_{上下}$ 为远期或客流控制期每列车高峰小时单侧上、下设计客流量，在计算中均应换算成远期或客流控制期高峰时段发车间隔内的设计客流量。

最终侧站台计算宽度应取式(7-5)、式(7-6)两者中计算值较大者。对于客流潮汐现象比较大的车站，采用上述两种不同工况下的算式，其结果差距明显。

(2)岛式站台宽度 B_d

$$B_d=2b+nz+t \tag{7-7}$$

式中：n——横向柱数。

在计算岛式站台宽度时，b 值应分别按上、下行线的上、下客计算，其值一般不会相等，为了建筑布置适宜，宜按大值对称布置(图7-11)。

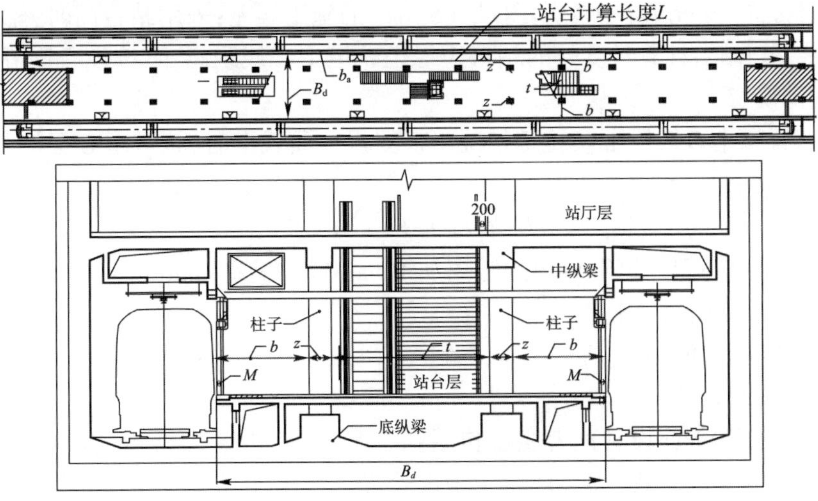

图7-11 岛式站台的宽度计算

上海地铁1号线中大型站站台宽度为14m,中型车站宽度为10~12m,小型车站宽度为8m。

(3)设计标准

为保证车站安全运营和安全疏散基本需要,我国《地铁设计规范》(GB 50157—2013)中规定了车站站台的最小宽度尺寸,如表7-7所示。

车站技术标准 表7-7

车站站台形式		站台最小宽度(m)
岛式站台		8.0
岛式车站的侧站台		2.5
侧式站台(长向范围内设梯)的侧站台		2.5
侧式站台(垂直于侧式站台开口通道)的侧站台		3.5
站台长度不超过100m且楼扶梯不伸入站台计算长度内	岛式	6.0
	侧式	4.0

在站台有效长度范围内,线路中心到站台内的结构物界面(柱面或墙面)的距离不得小于3600mm,在站台有效长度范围以外的,线路中心到站台内的结构物界面的距离不得小于1800mm。上海地铁有些线路的车站在站台层设置了站台门系统,站台门外侧的界面至线路中心限界按1700mm处理。

4)站台高度

站台高度是指线路走行轨顶面至站台地面的高度;站台实际高度是指线路走行轨下面结构底板面至站台地面的高度,它包括走行轨顶面至道床底面的高度。站台高度的确定主要依据车厢地板面距轨顶面的高度而定。

站台按高度可分为低站台和高站台,其选择需要与车型匹配。站台与车厢地板高度相同称为高站台,一般适用于流量较大、车站停车时间较短的场合。高站台对残疾人、老年人上下车也很有利。考虑到车辆满载时弹簧的挠度,高站台的设计高度一般低于车厢地板面50~100mm。站台比车厢地板低时称为低站台,适宜于流量不大的场合。

5)轨道中心与站台边缘距离

站台计算长度内的站台边缘至轨道中心线的距离,应按不侵入车站车辆限界确定。车站未采用站台门时,在实际设计中要考虑[0,+5]mm的施工误差;采用站台门时,需要考虑[-5,+15]mm的误差。站台计算长度外的站台边缘至轨道中心线距离,宜按设备限界另加不小于50mm安全间隙确定。

站台应布置在平直线段上。特殊情况下需要设在曲线上时,轨道中心至站台边缘距离L可按式(7-8)确定:

$$L = L_1 + E + 0.8C \tag{7-8}$$

式中:L_1——轨道中心到建筑限界边的距离加10mm施工误差,mm;

E——曲线总加宽,mm;

C——线路超高值,mm。

7.4.1.3 剖面设计

城市轨道车站的剖面设计内容主要包括:

①根据线路的敷设方式、周边环境及城市景观等因素,确定车站的埋深或架空高度。影响地铁车站埋深的因素众多,主要包括周围地下管线埋深、周围建(构)物情况、车站抗浮性

能、换乘需要以及工程造价等。

②根据车站行车限界、管线及楼扶梯的要求，确定车站站台层的高度。

③根据管线和建筑装修的要求，确定车站站厅层的高度，最终确定车站的轨面埋深。

剖面主要解决的是车站的结构形式、结构尺寸、设备和建筑所需的空间高度以及车辆通行停靠的限界要求，须综合辩证地考虑空间高度和经济的关系。对于地下车站而言，空间的增高必然带来车站埋置深度的增加，因为车站上部覆土的厚度基本都有技术规定（满足道路管线铺设的要求）。对于高架站和地面站而言，剖面设计中还需满足架空对结构提出的屋顶高程要求。

根据已有地下车站的设计经验，站厅层地坪装修面距离顶板结构面的净高不小于4.9m，基本上能满足设备安装及装修的尺寸要求，保证站厅装修后吊顶至站厅的高度不低于3m；站台层的净高要根据车辆的高度、车辆受电弓安装的高度及排热、排烟风管的高度来确定。站台下的空间主要是设置电梯基坑、电缆通道和排热风道，其高度由车辆尺寸及轨道的道床高度决定。在已设计的车站中采用的道床高度为0.54m，站台面至轨顶面的高度为1.08m，因此，从站台面至下部底板面的高度为1.62m，可以满足各种设备布置的要求，如图7-12所示。

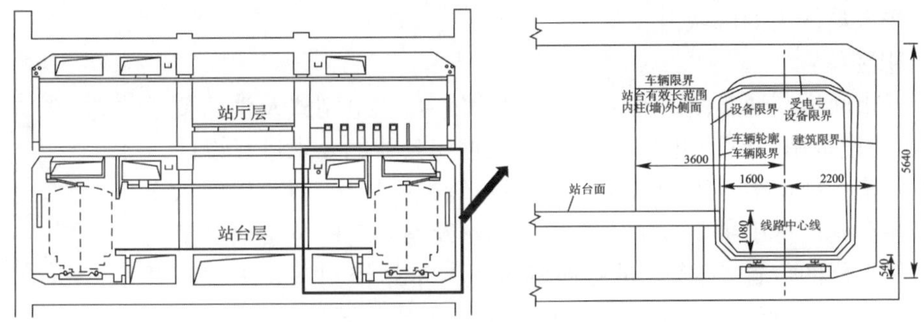

图7-12 地铁车站标准剖面示意（尺寸单位：mm）

车站各层中各建筑部分的最小高度的限制，详见表7-8。

车站站厅层的最小高度（mm） 表7-8

名 称	最小高度
地下站厅公共区（地面装饰层面至吊顶面）	3000
地下车站站台公共区（地面装饰层面至吊顶面）	3000
高架车站站厅公共区（地面装饰层面至梁底面）	2600
地面、高架车站站台公共区（地面装饰层面至风雨棚底面）	2600
站厅管理用房（地面装饰层面至吊顶面）	2400
内部管理区走道净高	2400
站厅层地坪装修面距离顶板结构面	4900
站台层地坪装修面距离上部结构面	4700
地坪装修面至任何悬挂障碍物	2400
拱形断面有效宽度内装修后最小净高（两侧起拱处）	2400

7.4.1.4 车站用房布置

车站用房涉及车站运行的技术设备用房、运营管理用房和辅助用房三部分，一般分设于站厅和站台的两端，中间为服务旅客的站厅公共区，这有利于客流均匀通向站台候车。

1）主要车站用房

（1）技术设备用房

技术设备用房是为保证列车正常运行、保证车站内具有良好环境条件及在事故灾害情况下能够及时排除灾情的不可缺少的设备用房。它是直接或间接为列车运行和乘客服务的,主要包括车站控制室、防灾中心、环控及通风室、牵引变电所、降压变电所、通信机械室、信号机械室、AFC 票务室、污水泵房、冷冻站、照明配电室以及上述设备用房所属的值班室,工区用房、附属用房及设施等。技术设备用房是整个车站的心脏所在地,除车站控制室外,这些用房大多与乘客没有直接联系,一般可布设在离乘客较远的地方。

(2)运营管理用房

运营管理用房是为了保证车站具有正常运营条件和营业秩序而设置的办公用房,由进行日常工作和管理的部门及人员使用,是直接或间接为列车运行和乘客服务的,主要包括站长室、行车值班室、业务室、广播室、会议室、公安保卫室及清扫室等。运营管理用房与乘客关系密切,一般布置在临近乘客使用空间的地方。

(3)辅助用房

辅助用房是为保证车站内部工作人员正常工作生活所设置的用房,是直接供站内工作人员使用的区域。主要包括厕所、更衣室、休息室、茶水间、盥洗室、储藏室等,这些用房均设在站内工作人员使用的区域内。

2)面积及位置

各个城市轨道交通车站的通风模式、通信信号、供电制式及消防要求不同,车站的设备用房设计也不同,具体要根据每条线的要求进行设计。

图片

车站控制室

车站用房应根据运营管理需要设置,尽可能减少用房面积,以降低车站投资。在车站用房中主要应解决车站控制室及站长室的位置以及消防疏散兼工作楼梯的位置、工作人员厕所的位置。车站控制室要求视野开阔,能观察站厅中运行管理情况,故一般设于站厅公共区的尽端中部,室内地坪高出站厅公共区地坪 600mm。站长室紧连车站控制室,以便于快速处理应变情况。消防疏散兼工作楼梯位于管理用房的中部,照顾到该梯与站台的位置,避免与其他楼梯发生冲突。厕所位置一般设于管理用房的中部,因为要满足其与污水泵房(设于站台)有直接管道连通的要求。

(1)地下车站

《地铁设计规范》(GB 50157—2013)中指出,地铁车站应合理紧凑地布置地下车站的设备、管理用房,目的是减少空间浪费,节省工程投资。车站管理用房面积可参照表 7-9 选取。

地下车站用房面积参考表 表 7-9

名　称	面积(m^2)	位　置	备　注
车站控制室	35~50	站厅层——客流量最多一端	两个站厅时另加设一间 $12m^2$ 副值班室,地面高架站酌情减少
主控设备室	25	站厅层——靠近车站控制室	—
防灾控制室	15~20	站厅层——靠近车站控制室或与它合并	—
AFC 维修室	15	站厅层——靠近公共区域	换乘站的面积不小于 $20m^2$
售票处	每处 5~8	站厅层	—
信号机械室	30~35	站厅层——靠近车站控制室	—
通信机械室	30~35	站厅层——靠近车站控制室	—

续上表

名　　称	面积(m^2)	位　　置	备　　注
公安通信值班室	15～20	站厅层——与通信机械室相邻或相近布置,设里外套间	—
气瓶间	15×2	站厅层——近降压所、通信、信号设备室布置	—
站长室	15～18	站厅层——设在车站控制室旁	中心站,另加一间12m^2
站务室	12～15	站厅层——宜靠近站长室	侧式车站站台设两间(面积可适当减小)
会议室	20～30	站厅层——站长室附近	设在站厅管理区内较安静的部位
会计室	20～30	站厅层	—
公安安全室	10～20	站厅层——客流量大的一端	靠站厅层公共区设置,并设观察窗
问询及补票处	每处2～3	站厅层——靠近售票处	—
行车主值班室	15～20	站厅层——不设车站控制室时设在站厅层	—
清扫员室	8～10	站厅层——接近盥洗室处	—
牵引变电所	320～460	站台层——按需要设在站台层	将10kV交流电改变为825V直流电;位于站台某一侧;每2km左右设一个
降压变电所	130～210	站台层——一般设在站台层	将10kV高压交流电改变为380V和220V;位于站台某一侧;每2km左右设一个
站台门设备及管理室	25	站台层	—
维修列检室	8～12	站台层	宜每站一间,至少3～5站一间
工务用房	15～20	站台层——有配线的车站靠近道岔区	有需要设置
消防泵房	50	设在方便消防人员使用处	—
污水泵房	20	厕所下方或附近	—
废水泵房	20	站台层——站台端部	地下站线路下坡方向端头处
行车副值班室	8～10	站台层	—
乘务员休息室	10～15	站台层	有折返线的车站设置
盥洗室及开水间	10～15	站台层	—
厕所	10～20	站台层——主要管理设备用房区一端	女厕不少于5个坑位,男厕不少于2个坑位、4个小便器;无障碍卫生间应独立设置
环控及通风机室	1300～2000	站厅层两端或站台层	无牵引、降压变电所时,可设置在站台层
照明配电室(含蓄电池室)	20×4	每层各端各设一个	—
清扫工具间	2×6	站厅层、站台层各一处	附洗涤池、两个站厅侧式站台另增
工作人员休息室	10～20	无要求	—

续上表

名　称	面积(m^2)	位　置	备　注
更衣室	10~20	无要求	—
冷水机房	100	无要求	—
民用通信设备室	45	无要求	—
电缆井	5×个数	无要求	按需要定个数

地下车站站台层一般设有厕所、污水泵房、废水泵房、照明配电间、气瓶间、降压(混合)变电所、站台门设备及管理室等。为减少车站规模,尽量将站台层设备及管理用房降到最低程度。

设备用房中面积最大的是环控机房,分为冷冻机房、通风机房及环控电控室。车站环控设计包括5个系统:①公共区域的制冷送风(包括新风)回风系统;②车站排风(排烟)系统;③站台层热量和废气的排热、排烟系统;④车站活塞风道及区间隧道发生灾变时的送风排烟系统;⑤各管理用房的小环控系统。这5个系统直接影响到环控机房的形状和面积,并且系统有许多与站台相连的孔洞,影响车站的整体布局。车道排热、排烟风道必须经过站台与站厅上下连通的排风洞口,再通过站厅的排风设备,通向风井经地面风亭排出,这一上下连通的孔洞面积很大,它的位置对设备用房的布局十分重要。

此外,车站活塞风道及区间隧道灾变时的送风排烟系统是环控机房布局中另一个重点,它要组织上下行车道的活塞风,同时考虑区间灾变时活塞风道中的双向可变送排风流程,使送风迎着人流逃生方向。由于流程的可变且风机较长会影响环控机房布局及风道和风井位置,一旦环控机房得到合理、紧凑的布局,其余设备用房就较易解决。

(2)高架车站、地面车站

高架车站、地面车站与地下车站的车站用房内容基本相同。不过,高架车站与地面车站可利用日光照明,因此照明配电室数量较地下车站少;高架车站与地面车站一般不需设置通风道及风亭,即便需要,其面积也较地下车站小;高架车站与地面车站的设备和管理用房既可设置在车站主体之外又可设在主体之内,而地下车站一般设在站厅与站台两端。

车站用房应尽量集中布置以便于管理。强、弱电用房分开布置以避免相互干扰;弱电房间围绕车站综合控制室布置,设备用房紧邻负荷中心,以便缩短管线距离,降低车站的投资。

7.4.1.5　主要服务设施设计

(1)楼梯

楼扶梯是最常用的一种竖向交通形式,在站台上一般宜纵向均匀设置。在客流不大的车站,当两地面高差在6m以内时,一般采用步行楼梯;大于6m时,考虑乘客因高差较大,行走费力,宜增设自动扶梯。

楼梯宽度计算:

$$m = \frac{NK}{n_1 n} \tag{7-9}$$

式中:m——楼梯宽度,m;

N——预测客流量,人次/h;

K——超高峰系数,取1.2~1.4;

n_1 ——楼梯通过能力,人次/h/m;

n ——利用率,选用0.7。

在实际使用中,在有条件上、下都设置自动扶梯的情况下,相当部分的客流将被自动扶梯分担,楼梯的宽度将适当缩小。同时应注意楼梯宽度应符合人流股数(按每股人流0.55m进行计算)和建筑模数。

楼梯应坚固、安全、耐用,并采用非燃材料制成,踏步采取防滑措施。布置楼梯时应参考下列规定:

①楼梯与检票口在同一方向布置时,扶梯距检票口的间距宜不小于6m。

②楼梯与自动扶梯并列布置时,其相互之间的位置没有规定,一般采取将楼梯下踏步最后一级与自动扶梯工作点取平。

③乘客使用的楼梯宜采用26°34′倾角,楼梯踏步高度宜采用135~150mm,宽度宜采用300~340mm。公共区内楼梯每个梯段踏步数不得小于3级,不得大于18级,休息平台长度为1.2~1.8m。

④楼梯最小宽度单向通行时为1.8m,双向通行时为2.4m。当宽度大于3.6m时,应设置中间扶手,中间应设栏杆扶手,踏步至顶板的净高不应低于2400mm。

⑤两层或多层车站应在设备、管理用房区设一部供工作人员和消防人员使用的楼梯。楼梯应设封闭或防烟楼梯间,楼梯最小净宽应不小1.2m,封闭楼梯间应符合建筑防火规范规定。

《地铁设计规范》(GB 50157—2013)中对楼梯最小宽度的规定如表7-10所示。

车站楼梯的最小宽度(m) 表7-10

名　称	最小宽度
单向楼梯	1.8
双向楼梯	2.4
与上、下行均设自动扶梯并列设置的楼梯(困难情况下)*	1.2
消防专业楼梯	1.2
站台至轨道区的工作梯(兼疏散梯)	1.1

注:*是指在设计中所设的上、下行自动扶梯数量的通过能力均分别能满足上行客流和下行客流的前提下,所考虑的最小允许楼梯宽度。

(2)自动扶梯

自动扶梯数量的计算:

$$N_3 = \frac{NK}{n_2 n} \tag{7-10}$$

式中:N_3 ——自动梯台数;

N ——预测客流量,人次/h;

K ——超高峰系数,取1.2~1.4;

n_2 ——每小时输送能力,人次/h/台;

n ——扶梯的利用率,选用0.8。

布置自动扶梯时,应参考下列规定:

①《地铁设计规范》(GB 50157—2013)规定,车站出入口、站台至站厅应设上下行自动扶梯,当条件有限且整体提升高度不大于10m时,允许有少数出入口、站台至站厅仅设上行

自动扶梯。从人性化角度出发,每座车站至少应有一个出入口以及站台至站厅至少有一处必须设上下行自动扶梯。

②出入口地面至站厅的自动扶梯应按近期超高峰小时客流量设置、远期超高峰小时客流量预留;站厅至站台的自动扶梯应按远期高峰小时客流设置。

③自动扶梯的有效净宽按 1m 计算;车站出入口自动扶梯的倾斜角度不应大于 30°,站台至站厅自动扶梯的倾斜角度应为 30°;额定速度不应小于 0.5m/s,宜选用 0.65m/s。

④自动扶梯连续运行时间,每天不应少于 20h,每周不应少于 140h,每 3h 应能以 100% 制动载荷连续运行 1h。

⑤当站台至站厅及站厅至地面上、下行均采用自动扶梯时,应加设人行楼梯或备用自动扶梯(可逆转式),以便在自动扶梯不能正常运行时,保证站内乘客疏散。车站作为事故疏散用的自动扶梯,应采用一级负荷供电。

⑥两台相对布置的自动扶梯工作点间距不得小于 16m;自动扶梯工作点与前面影响通行的障碍物间距不得小于 8m;自动扶梯与楼梯相对布置时,自动扶梯工作点与楼梯第一级踏步的间距不得小于 12m。

⑦自动扶梯扶手带外缘与平行墙装饰面或楼板开口边缘装饰面的水平距离,不得小于 80mm;相邻交叉或平行设置的两梯(道)之间扶手带的外缘水平距离,不应小于 160mm。当扶手带外缘与任何障碍物的距离小于 400mm 时,则应设置防碰撞安全装置。

⑧为避免人、物被卡住的危险,自动扶梯与两侧物体的交叉处,应设三角警示牌。

⑨楼梯和自动扶梯的总量布置除应满足上、下乘客的需要外,还应按站台层的事故疏散时间不大于 6min 进行验算,消防专用梯及电梯不计入事故疏散用。

《地铁设计规范》(GB 50157—2013)中对楼扶梯最大通过能力的规定如表 7-11 所示。

车站楼扶梯的最大通过能力(人次/h) 表 7-11

部位名称		最大通过能力
1m 宽楼梯	下行	4200
	上行	3700
	双向混行	3200
1m 宽自动扶梯	输送速度 0.5m/s	6720
	输送速度 0.65m/s	不大于 8190
0.65m 宽自动扶梯	输送速度 0.5m/s	4320
	输送速度 0.65m/s	5265
1m 宽自动扶梯停运作步梯		2770
0.65m 宽自动扶梯停运作步梯		1390

(3)无障碍电梯

要求无障碍设计的车站至少应有一个出入口设置一台供残疾人使用的、直通站厅的无障碍电梯;车站付费区内设一部无障碍电梯,运行于站台和站厅之间,供老、弱、病、孕及残疾人使用。供残疾人使用的垂直电梯应符合下列要求:

①位置选择及数量。供残疾人使用的垂直电梯可设在通行方便的一个地面出入口内,电梯入口、出口方向尽量不要设在乘客进出的方向上。

如出入口通道内设有踏步,则应另设供残疾人通行的坡道。坡道宽度不小于 1.2m,坡度不大于1:12。供残疾人使用的垂直电梯,连接车站内外的应设置在站厅层非付费区内,连接站台层的应设置在站厅层付费区内。

②主要尺寸。电梯轿厢尺寸不得小于1.4m×1.4m,电梯门净宽不小于0.8m。电梯设候梯厅,其面积不应小于1.5m×1.5m。无障碍电梯门前等候区深度不宜小于1.8m,当条件困难时,等候区梯门可正对轨道区,但门前等候区不得侵占站台计算长度内的侧站台宽度。

③出入口电梯候梯厅地面应较室外地面高150~450mm,必要时应考虑防水淹措施。高差处应设不大于1:12的坡道。

④轿厢内设可供残疾人操作的升降按钮,轿厢下部墙壁宜设400mm高的护墙板,正对入口的墙面宜设镜面。

(4)站台门

站台门是现代化城市轨道交通工程的必备设施,它沿站台边缘设置,将列车与站台候车区间隔离。站台门不仅可以防止乘客跌落或跳下轨道而发生危险,且具有节能、环保功能。其可减少站台区与轨行区之间冷热气流的交换,降低环控系统的运营能耗,从而节约运营成本;且具有缩小车站规模和改善车站环境(降低噪声、减少尘埃)的作用。站台门的设计应注意以下问题:

①站台门的设计应满足负载强度、气密性等功能要求和经济实用原则,并做到安全、可靠、检修方便、透视、造型美观。站台门的门体材料宜采用金属材料和安全玻璃,站台门不得作为站台公共区的防火分隔设施。

②站台门的任何部件和最大变形均不得侵入列车行驶动态包络线。

③站台门应以站台计算长度(即远期列车编组有效使用长度)中心线为基准对称布置,滑动门设置应与列车门一一对应。滑动门的开启净宽度不应小于车辆门宽度加停车误差(±0.3m),其净高度不应小于2m。

④对于呈坡度的站台,要求站台门以同坡度垂直于站台面设置。安装站台门的地面在站台全长上的平整度误差不应大于15mm,以免影响站台门系统的正常运作。

⑤设置站台门的车站站台端部,应设向站台内侧开启且宽度为1.10m的端门,供司机、站台管理人员及区间事故疏散人员使用;沿站台长度方向设内侧开启的应急门,供特殊情况下乘客疏散使用;站台每一侧的应急门数量不得少于2扇。

⑥站台门在土建结构的诱导缝、变形缝等处应采取相适应的构造措施。

⑦站台门的设备管理室应设在站台层;侧式站台车站也只需设一间站台门设备管理室。

⑧站台门应有明显的安全标志和使用标志。

7.4.1.6 车站流线设计

流线是客流组织的基础,直接影响乘客集散效率与安全。城市轨道交通车站流线设计包括进站流线设计与出站流线设计两部分。

进站流线设计指对乘客由出入口进站,顺序经过自动售票机/售票窗口(若持有储值票或市政交通一卡通则不经过此环节)、进站闸机、站厅付费区、楼扶梯、站台等空间,直到乘坐列车的整个运动轨迹的规划设计。通常情况下,进站流线可参考图7-13a)。

出站流线设计是指对乘客由列车,顺序经过站台、楼扶梯、站厅付费区、出站闸机、站厅非付费区等空间,直到车站地面出入口的整个运动轨迹的规划与设计。通常情况下,出站流线可参考图7-13b)。

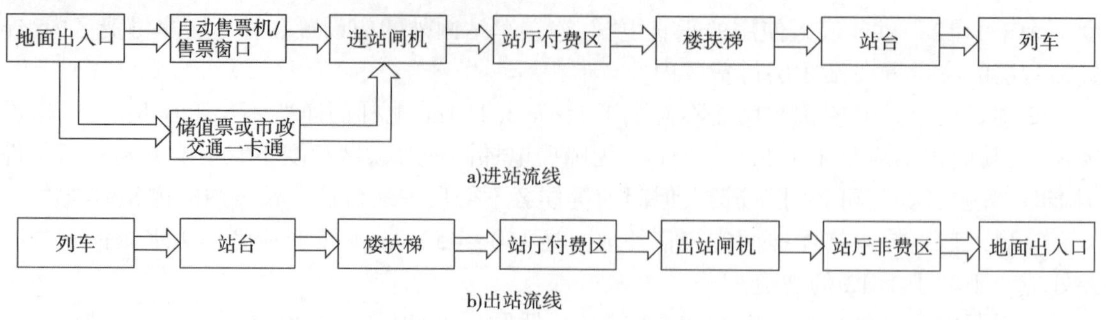

图7-13　车站乘客进出站流线示意图

乘客进出站流线设计应充分考虑站厅层与站台层各项设备设施的布局与能力,依据出入口的位置和数量、楼扶梯位置和数量、售检票系统的位置和数量以及换乘要求,对客流进行合理的组织,遵循客流流线交叉次数最小原则,尽量避免进站客流与出站客流间的相互干扰,提高乘客进出站疏散效率。

7.4.2　出入口和通道设计

出入口和通道是供乘客出入车站的空间,出入口和通道的数量、位置及形式直接影响客流的聚集和系统运行的效率。

7.4.2.1　出入口分类

根据地铁车站出入口的布置形式、位置、使用性质不同,出入口有如下分类。

(1)按平面形式分类

①“一”字形出入口:指出入口、通道“一”字形排列。这种出入口占地面积少,结构及施工简单,布置比较灵活,进出方便,比较经济。由于口部较宽,其不宜修建在路面狭窄地区。

②“L”形出入口:指出入口与通道呈一次转折布置。这种形式进出方便,结构及施工稍复杂,比较经济。由于口部较宽,其不宜修建在路面狭窄地区。

③“T”形出入口:指出入口与通道呈“T”形布置。这种形式进出方便,结构及施工稍复杂,造价比前两种形式高。由于口部比较窄,适用于路面狭窄地区。

④“Π”形出入口:指出入口与通道呈两次转折布置。由于环境条件所限,当出入口长度按一般情况设置有困难时,可采用这种形式。这种形式的出入口,乘客要走回头路。

⑤“S”形出入口:指出入口与通道呈三次转折布置,乘客走行距离较远。受环境条件所限,当出入口按一般情况设置有困难时,可采用该形式。

⑥“Y”形出入口:这种出入口布置常用于一个主出入口通道有两个及两个以上出入口的情况。这种形式布置比较灵活,适应性强。

当出入口设在路口处时,路面距离较为狭窄,一般多采用上述的“T”形与“L”形出入口,根据实际情况也可增添“Y”形出入口的布置。根据《地铁设计规范》(GB 50157—2013)的要求,地下出入口通道应力求短、直,通道弯折不宜超过3处,角度不宜小于90°。地下出入口通道长度不宜超过100m,当超过时应采取能满足消防疏散要求的措施。

(2)按口部围护结构形式分类

①敞口式出入口:口部不设顶盖及围护墙体的出入口称为敞口式出入口。从行人安全考虑,除入口方向外,其余部分设栏杆、花池或挡墙加以围护。敞口式出入口应根据当地情

况,采取措施妥善解决风、沙、雨、雪、口部排水及踏步冻冰防滑问题。

②半封闭式出入口:口部设有顶盖、周围无封闭围护墙体的出入口称为半封闭式出入口。其适用于气候炎热、雨量较多的地区。

③全封闭式出入口:口部设有顶盖及封闭围护墙体的出入口称为全封闭式出入口。它有利于保持车站内部的清洁环境,便于车站运营管理。在寒冷地区多采用这种形式的出入口。

(3)按口部修建形式分类

①独建式出入口:独立修建的出入口称为独建式出入口。独建式出入口布局比较简单,建筑处理灵活多变,可根据周围环境条件及主客流方向确定车站出入口的位置及方向。单独设置的车站出入口的位置一般选在城市道路两侧、交叉口及有大量人流的广场附近,出入口宜分散、均匀布置,以最大限度吸引乘客。

②合建式出入口:出入口设在不同使用功能的建筑物内或贴附修建在建筑物一侧的出入口称为合建式出入口。合建式出入口应结合车站周围地面建筑布设情况修建,出入口与建筑物如同步设计及施工,其平面布置及建筑形式容易取得协调一致;如不同步进行,设计及施工将会受到一些条件的限制,造成一定的难度。合建式出入口包括出入口与路边建筑合建、出入口通道与地下人行过街通道结合两种。

7.4.2.2 出入口设计

车站出入口的设计主要包括出入口的数量、规模和口部设计,具体可根据远期或客流控制期超高峰小时的进出站的客流数量以及方向确定,首先要满足进出站客流的通过能力,其次应尽可能照顾各个方向的客流,以方便乘客进出站。

1)出入口的设置

(1)出入口的数量

车站出入口数量与车站规模、平面布置、埋深、地形地貌、城市规划、道路、环境条件有关,按照车站远期预测高峰小时客流量计算,并适当考虑吸引客流和应急疏散的要求。一般情况下,每个公共区直通地面的出入口数量不得少于2个。浅埋地下车站的出入口数量不宜少于4个;深埋地下车站出入口的数量不宜少于2个。对于客流量较小的车站,若是浅埋,其出入口数量可以酌情减少,但不应少于2个。对于地下浅埋车站分期修建出入口的,第一期修建的出入口数量不应少于2个,每端的出入口不宜少于1个。

(2)出入口的宽度

出入口的宽度(主要为连接楼扶梯的宽度)应按车站远期或客流控制期的预测超高峰小时客流量计算确定。根据每个出入口的位置、主客流方向以及可能的突发性客流情况,应分别乘以1.1~1.25的不均匀系数。出入口宽度按式(7-11)进行计算:

$$B_{tn} = \frac{M \cdot a \cdot b_n}{C_t \cdot N} \tag{7-11}$$

式中,B_{tn}——出入口楼梯宽度,m;n表示出入口序号;

M——车站高峰小时客流量,人次/h;

a——超高峰小时系数,取1.2~1.4;

b_n——出入口客流不均匀系数,n表示出入口序号;该系数取1.1~1.25,其取值与出入口数量有关,出入口多者应取上限值,少者宜取下限值;

C_t——楼梯通过能力,人次/h/m;

N——出入口数量。

式(7-11)计算结果为楼梯净宽度,出入口宽度应根据车站的平面布置及结构情况确定。每个出入口宽度应与其分向客流相匹配,车站出入口宽度的总和应大于该站远期预测超高峰小时客流量所需的总宽度。出入口的最小宽度应不小于2.5m,当出入口兼有过街功能时,其宽度应根据城市过街客流量进行加宽。当出入口与站厅高差较大时,宜设置自动扶梯。

(3)出入口的位置

车站出入口布置应与主客流的方向相一致,其位置一般位于道路两边红线以外或城市广场周边。出入口应尽可能靠近人行道边的醒目位置,以利于吸引客流、方便乘客识别和进出,同时还需考虑足够的集散空间。如有可能,应尽量与周围建筑、地下过街通道、人行天桥等市政设施相结合或连通,宜统一规划,可同步或分期实施,并应在轨道交通夜间停运时采取隔断措施。

车站地面出入口的建筑形式,应根据所处的具体位置和周边规划要求确定。地面出入口可为合建式或独立式,并宜采用与地面建筑合建式;独立修建的出入口,应注意与城市景观协调,出入口标志应按统一的要求执行。

2)与其他设施结合

出入口与商业、服务设施等地面公共建筑物相结合,可节省土地资源及基建投资,有利于紧急情况时的人流疏散。与地下过街通道相结合,可经济使用地下建筑地段,不影响街道景观。出入口结合下沉广场,使广场成为车站与地面间的连接体,利于疏散。

7.4.2.3　出入口通道设计

连接出入口与车站站厅之间的通行道路称为出入口通道。

(1)出入口通道分类

①地道式出入口通道:设在地面以下的出入口通道称为地道式出入口通道。浅埋地下车站,当出入口下与站厅地面高差较小,坡度小于12%时可设置坡道,坡度大于12%时宜设置踏步;如高差太大,可考虑设置自动扶梯。深埋地下车站,出入口通道内应设自动扶梯。出入口通道长度不宜超过100m,超过时应采取能满足消防疏散要求的措施,有条件时宜设置自动步道。

②天桥式出入口通道:设在地面高架桥上的出入口通道称为天桥式出入口通道。通道上可设楼梯或自动扶梯,可根据当地气候条件选择,做成敞开式(两侧设栏杆或栏板)、半封闭式和全封闭式。

(2)出入口通道设计

出入口通道宽度应根据各出入口已确定的客流量及通道通过能力确定。如出入口通道与城市人行过街道合建,其宽度还应另加过街人流所需的宽度。出入口通道内如设有楼梯踏步或自动扶梯,该出入口通道的宽度根据其通过能力加宽。

地下车站宜采用地道式出入口通道,高架站多采用天桥或出入口通道。地道式出入口深埋一般受城市地下管网埋深影响大,天桥式出入口通道设计应考虑城市景观及地面车辆限高问题。

出入口通道通常设计为净高2.6m,通道或天桥宽度不小于2.4m,地面宜做成不小于5‰的纵坡,以利排水。含过街功能的出入口通道结构宽度宜适当加大,通道净高(装修面至吊顶底)不应小于2.8m。尽量避免车站出入口与消防通道合建,若条件困难,确需合建时,上、下行自动扶梯宜紧靠设置并布置在远离道路一侧。

7.4.3 通风道和地面通风亭设计

风亭、风道是地下车站因通风需要而设在地面的附属构筑物,其布置应满足车站通风需要并与城市环境相协调。其面积取决于当地气候条件、环控通风方式和车站客流量等因素,由环控专业计算确定。

7.4.3.1 车站通风道

为了缩短地下车站的总长度、节约资金,环控设备大多数设在车站以外的车站通风道内。环控设备主要有通风机、冷冻机组、控制设备、通风管道及附属设备等,一般分两层布置。

车站通风道的平面形式及尺寸应根据布置工艺、车站的环境条件、道路及建筑物设置情况等因素决定。地下车站一般设1~2个通风道。当地下车站附近设有地下商场等设施时,应增设通风道。除地下车站设有车站通风道外,地下区间隧道还设有区间通风道。车站送风方式有端部纵向送风、侧面横向送风、顶部送风及混合送风四种。车站通风管道可设在车站吊顶及站台板下的空间内,地下车站附属用房另设有小型通风机来进行局部通风。

7.4.3.2 地面通风亭

通风道在地面口部所设的有围护结构的建筑物称为地面通风亭,简称风亭。为防止雨雪、灰砂、地面杂物等被风吹入通风道内,并从安全考虑,风亭一般均设有顶盖及围护墙体。墙上设门,供运送设备及工作人员出入使用。车站通风亭上部设通风口,风口外面可设或不设百叶窗。通风口距地面的高度一般不小于2m,特殊情况下通风口可酌情降低,但不宜小于0.5m。位于低洼及临近水面的通风亭应考虑防水淹设备,防止水倒灌至车站通风道内。

地面通风亭的大小主要根据风量及风口数量决定,同时还要考虑运送设备的方便。地面通风亭位置应选在地势较高、平坦且通风良好无污染的地方。城市道路旁边的风亭,一般应设在建筑红线以内,集中或分散布置;宜与地面建筑结合设置,且与周围建筑物的距离应符合防火间距的规定,其间距不应小于5m。

7.4.4 防灾设计

城市轨道交通工程应具有针对火灾、水淹、风灾、地震、冰雪和雷击等灾害的预防措施,并以预防火灾为主。具体到车站防灾,主要包括车站的防火设计、防洪(防涝)设计和人防设计。

7.4.4.1 防火设计

(1)防火分区

车站应配备防灾设施,针对火灾应贯彻“预防为主,防消结合”的方针,对于一条线路、一座换乘车站及其相邻区间的防火设计按同一时间发生一次火灾考虑。

《地铁设计规范》(GB 50157—2013)及《城市轨道交通工程设计规范》(DB 11/995—2013)中规定了车站防火分区划分规则。

①地下车站和高架车站的站台层和站厅层的公共区应划为一个防火分区,地面车站的站台层和站厅层划分为不同的防火分区。车站用房区应与公共区划分成为不同的防火分区。

②地下换乘车站当共用一个站厅时,站厅公共区面积不应超过5000m^2。

③地下车站的车站用房区,每个防火分区的最大允许建筑面积不应大于1500m^2。建筑

高度不大于 24m 的地上车站,车站用房区每个防火分区的最大允许建筑面积不应大于 $2500m^2$;建筑高度大于 24m 的地上车站,车站用房区每个防火分区的最大允许建筑面积不应大于 $1500m^2$;消防泵房、污水和废水泵房、厕所、盥洗、茶水间等房间,其面积可不计入防火面积之内。

④地下车站风道等部位应与其他设备房间用防火墙分隔。

⑤有物业开发区的车站,物业开发区为独立的防火分区。每个防火分区内设两个独立的、可直达地面的疏散通道。所有的装修材料均按一级防火要求控制;具体见《建筑设计防火规范》(GB 50016—2014)。

⑥两个防火分区之间应采用耐火极限不低于 3h 的防火墙和甲级防火门分隔,在防火墙设有观察窗时,应采用甲级防火窗;防火分区的楼板应采用耐火极限不低于 1.5h 的楼板。

(2)防烟分区

《城市轨道交通工程设计规范》(DB 11/995—2013)中要求,设置防火分区需满足下列要求:

①地下车站的公共区及车站用房区,应划分防烟分区,且防烟分区不得跨越防火分区。站厅层与站台层的公共区,每个防烟分区的建筑面积不宜超 $2000m^2$;车站用房每个防烟分区的建筑面积不宜超过 $750m^2$。

②防烟分区可通过挡烟垂壁等措施实现,挡烟垂壁等设施的下垂高度不应小于 500mm,耐火极限不应小于 1h。

③防烟分区分界处应采用隔墙、顶棚下凸出不小于 500mm 的结构梁,以及顶棚或吊顶下凸出不小于 500mm 的不燃烧体等挡烟垂壁进行分隔。设有吊顶的地下车站,挡烟垂壁应从吊顶下凸出不小于 500mm 且升至结构板底。

④地面车站应在站台层楼扶梯四周的开口部位设挡烟垂壁(或垂帘);高架站应在站厅层楼扶梯四周的开口部位设置挡烟垂壁。

⑤车站公共区内的电梯井道采用安全玻璃作为维护结构时,位于下层的电梯井四周应设挡烟垂壁。

(3)紧急疏散

根据《地铁设计规范》(GB 50157—2013)可知,车站人员安全疏散应符合以下规定:

①车站每个站厅公共区应设置不小于 2 个直通地面的出口。

②地下一层侧式站台车站,每侧站台不应少于 2 个直通地面的出口。

③地下车站的车站用房区域安全出口的数量不应少于 2 个,其中有人值守的防火分区应有 1 个出口直通地面。

④出入口应按不同方向设置,当方向相同时,两个出入通道口部净距离不应小于 10m。

⑤竖井、爬梯、电梯、消防专用通道以及设在两侧式站台间的过轨地道不应作为安全出口。

⑥地下换乘车站的换乘通道不应作为安全疏散口。

⑦站台和站厅公共区内任一点,距安全出口疏散距离不得大于 50m。

⑧公共区内设于付费区与非付费区之间的栏栅应设栏栅门,检票口和栏栅门的总通行能力应与站台层至站厅层的疏散能力相匹配。

⑨车站用房区的房间单面布置时,疏散通道宽度不得小于 1.2m;双面布置时,疏散通道宽度不得小于 1.5m。

⑩车站用房直接通向疏散走道的疏散门至安全出口的距离，当房间疏散门位于两个安全出口之间时，至最近安全出口的最大距离不应大于40m；当房间位于袋形走道两侧或尽端时，其疏散门至最近安全出口的最大距离不应大于22m。

⑪地下出入口通道的长度不宜超过100m，当超过时应采取满足人员消防疏散要求的措施。

⑫车站站台公共区的楼梯、自动扶梯、出入口通道，应满足当发生火灾时，在6min内将远期或客流控制期超高峰小时一列进站列车所载的乘客及站台上的候车人员全部从站台撤离并到达安全区的要求。

在车站设计中需要对车站的容量进行校核，满足应急疏散在6min内完成的要求。对于提升高度不超过三层的车站，乘客从站台层疏散至站厅公共区或其他安全区域的时间，应按式(7-12)计算：

$$T = 1 + \frac{Q_1 + Q_2}{0.9[A_1(N-1) + A_2B]} \leqslant 6\text{min} \tag{7-12}$$

式中：Q_1——远期或客流控制期中超高峰小时一列车进站的最大客流断面流量（取上下行方向中较大者），人；

Q_2——远期或客流控制期中超高峰小时站台上的最大候车乘客，人；

A_1——一台自动扶梯通过能力，人/(min·m)；

N——自动扶梯台数；

A_2——疏散楼梯的通过能力，人/(min·m)；

B——疏散楼梯的总宽度，m；每组楼梯的宽度应按0.55m的整倍数计算。

容量校核中的疏散时间6min是指反应时间1min，余下时间按最不利情况下，指站台轨道区列车上最后一名乘客能疏散到安全区的时间。目前地下三层车站需能满足此要求，至于超过地下三层时，应根据情况详细分段计算而定，亦必须满足6min内疏散到安全区的要求。

校核容量过程中需要注意以下事项：

①计算中最大客流应按超高峰小时一列进站列车所载客流（非一列车满载客流）来取值。

②根据当火灾发生时，车站员工应驻留在车站各岗位上以指挥、协助、引导乘客疏散和进行初期灭火自救的原则，车站站台服务人员不应计算在内。

③疏散楼梯总宽度应按楼梯扶手带中心线之间的间距计算，并按每股人流核算（每股人流宽度为0.55m）。

④此时车站内所有自动扶梯、楼梯均作上行，其通过能力按正常情况下的90%计算。垂直电梯不计入疏散能力内。车站设备用房区内的步行楼梯在紧急情况下也应作为乘客紧急疏散通道，并纳入紧急疏散能力的验算。

⑤车站站台宽度计算时，应考虑建筑装修和楼梯安全间隙的宽度。

⑥车站通道、出入口处及附近区域，不得设置和堆放任何有碍客流疏散的设备及物品，以保证疏散的畅通性。

7.4.4.2　防洪设计

根据《地铁设计规范》(GB 50157—2013)可知，车站的防洪设计应满足以下标准：

①地下车站出入口、消防专用出入口和无障碍电梯的地面高程应高出室外地面,并应满足当地防淹要求。

②地铁车站出入口及敞口低风井等口部的防淹措施,应满足当地防洪排涝要求。

③洞口及露天出入口的防淹措施中,高架区间、敞开出入口、敞开风井及隧道洞口的雨水泵站、排水沟及排水管渠的排水能力应按当地50年一遇的暴雨强度计算,设计降雨历时按计算确定。地面车站、高架车站屋面排水管道的排水设计重现期应按当地10年一遇的暴雨强度计算,设计降雨历时按5min计算;屋面雨水工程与溢流设施的总排水能力不应小于50年重现期的雨水量;洞口的雨水如不能自流排放到洞口外时,必须在洞口适当位置设排水泵站,并在洞口道床的适当位置设横向截水沟,保证雨水导流至泵站集水池。

④地铁工程下穿河流、湖泊等水域时的防淹措施有:对下穿河流和湖泊等水域的地铁隧道工程,当水下隧道出现损坏水体可能危及两端其他区段安全时,应在隧道穿过水域的两端适当位置,设置防淹门或采取其他防水淹措施。跨越通航河流和地面道路、铁路,以及各类高架结构工程,其下部净空应满足通航、行车和使用要求。

7.4.4.3 人防设计

根据《中华人民共和国人民防空法》第二章第十四条"城市的地下交通干线以及其他地下工程的建设,应当兼顾人民防空的需要",按照《人民防空工程战术技术要求》的规定,对关键部位需要做好重点防护,在拟定的城市次生灾害(如核武器或常规武器)威胁下,保障人员和设备的安全,提高整座城市的防空抗毁综合防护能力。

(1)建筑部分

①防护单元划分。根据"城市地铁宜按一个车站(含换乘站)和一个区间段划分为一个防护单元,并做区间隔断"的规定,防护单元内不划分抗爆单元,防护单元之间区间隔断采用双向受力的防护密闭门分隔,按照"一站加一相邻区间为一防护单元"的原则进行防护单元的划分。相邻抗爆单元之间应设置抗爆隔墙,两相邻抗爆单元之间应至少设置一个连通口。在连通口处抗爆隔墙的一侧应设置抗爆挡墙,一般在车站一端设置防护隔断门,另一端不设,紧靠江河段的地下车站内可结合防淹门合并设置防护隔断门。

②战时人员出入口设置。每个防护单元不少于两个出入口(不包括竖井式出入口、防护单元之间的连通口),其中至少有一个室外出入口(竖井式除外)。战时主要出入口应设在室外。对于位于倒塌范围以内的战时人员出入口,设置防倒塌棚架。

③口部设防。可采用钢结构无门槛双扇防护密闭门和钢结构无门槛双扇密闭门各一道,既能满足日常通行,又能在战时转换为出入口的人防门。在防护区内设置的无障碍设备,设置一道活门槛防护密闭门为防护设施。在每个防护单元之间设置一道双向受力防护密闭门。

(2)平战转换

平战功能转换包括应用功能和防护功能。应用功能转换是在满足地铁平时使用前提下,又能实现平时到战时功能的快速转换。平战功能转换措施必须满足防空地下室战时的防护要求和使用要求,且在规定的临战转换时限内完成战时功能转换。防护功能转换保证在转换时限内完成各种转换项目,符合战时运用和防护要求。

7.4.5 无障碍设施设计

为了体现"以人为本"的设计理念,城市轨道交通车站内应实施无障碍设计。如设置无障碍电梯、盲道、安设音响信号设施等,为残疾人乘坐城市轨道交通提供便利。

针对地下车站,一般设置供残疾人使用的坡道或垂直电梯。坡道适用于侧式站台车站,但因斜坡的最大坡度不得超过8%,最小宽度不得小于1.6m,这对车站来说是不经济的,因此多采用无障碍电梯。

图片

北京地铁无障碍设施

无障碍电梯可采用液压升降,一般用于站厅层付费区至站台层之间的乘客使用。出入口与站厅层非付费区之间可采用两种无障碍设计方式:一种是车站位于道路地面以下,出入口位于道路两侧,残疾人通过轮椅升降台从出入口下至站厅层,或直接自地面设置垂直升降梯,经残疾人专用通道到达站厅;另一种是车站建于街坊内的地下,车站垂直升降梯可直接升至地面,在地面直接设无障碍出入口,并与城市无障碍通道衔接。

图片

盲道地面铺设示意图

对于有视力障碍的乘客,一般应设盲道或安装音响信号设施。地面盲道采用600mm宽的、有凸起条形(或圆点)的导向块材铺设,盲人可用手杖触感前进或停止。盲通铺设必须连贯,应从城市道路盲道引到地面出入口,沿出入口通道引至站厅层无障碍电梯,然后到达站台,再由站台铺至车门。音响信号设施费用较高,西方国家一些城市有应用。

7.5 车站环境设计

车站的环境设计是车站建筑、结构工程和设备安装完成以后,在有限空间内对车站建筑的深化和再创造,是对车站最终的使用功能和视觉观感的升华。地下车站常为一个密闭低矮的空间,应注重改善这种压抑、沉闷感,增强每座的可识别性;对于地面、高架车站而言,应达到更好的城市景观效果,减少视觉污染,把车站设计成通透、恰到好处的小体量。

7.5.1 设计原则

7.5.1.1 装修设计原则

车站的装修设计应以方便、舒适、洁净、宽敞、高效为目的,以适用、经济、美观、简洁、明快为原则,提供安全、方便及舒适的乘车环境。

车站装修应充分考虑车站的结构造型和空间形态,体现现代交通建筑的特点。既要考虑全线车站的统一性,还要具备可识别性,例如采用一站一景的设计手法。所选择的装修设计手法、材料、机理、色彩应力求与地面环境、车站规模以及站内环境相协调。

装修设计所选用的材料需符合美观、经济、耐用要求,并具有防火(不燃)、无毒、无异味、防滑、防静电、吸尘、吸音、防潮、耐腐蚀、防霉性能,放射性指标应满足国家环保要求,应具有足够强度、硬度,吸水性小,具有便于施工、维修、维护和清洗的性能。地面及楼梯装饰材料选用防滑、耐磨、耐腐蚀性材料。吊顶材料应方便各种管线、灯具等设备的安装和检修。站台层轨行区加喷具有减噪功能的饰面材料。车站照明应选用节能、耐久的灯具,对于采用半敞开式风雨篷的地面车站和高架车站,应选用防尘、防潮、抗风的灯具。

7.5.1.2 装修设计标准

车站筑装修标准一般根据车站规模和等级来确定。一级站多位于城市政治、经济、文化中心和人口集中、商贸繁盛、交通发达的市中心区,客流量大,建筑装修等级应高一些。二级站为一般站,装修等级应为一般标准。三级站多位于城市规划中的郊区,客流量及车站规模较小,其装修标准较低。

车站的风格

7.5.2 车站风格

城市轨道交通车站的风格通常与所在城市的文化背景、站点周边环境以及车站功能定位有关。车站风格可分为古典风格、现代风格、民族风格、地方风格和个人风格。

古典风格的车站主要采用木材、石料、砖等传统建筑材料。通常内外墙面、柱及屋顶等部分有复杂的装饰、彩画、雕刻。古典风格可以创造一种富丽堂皇的宫廷建筑形式,适合应用于在具有历史保护价值的古建筑群内建设或其附近建设的车站,显示车站建筑对历史的尊重。

现代风格的车站通常采用钢、混凝土、玻璃、有机材料等材料,墙面、柱、顶等部分的装饰简洁明快。现代风格追求技术效果,如玻璃的透彻、混凝土的可塑性、钢的清秀;强调材料质感、色彩、纹理,适合现代社会的审美情趣,且施工速度快,经济性好,是多数车站采用的风格。

由于各民族都有不同的文化特点和审美情趣,建筑的民族风格特色主要体现在形象方面。

车站的地方风格关联于地理要素。我国幅员辽阔,自然地理条件多样,导致建筑风格的变化。例如,寒冷地区建筑要厚重、封闭些;热带地区建筑轻巧、通透。干旱地区多平顶建筑,多雨地区则设计陡急屋顶。因此地方风格是人们多年来适应当地自然条件的结果。

在建筑设计活动中,设计者或建筑师发挥着重要作用。建筑师本人就具有特定民族、地域、时代和文化背景,其作品反映这些民族、时代的特点,还反映出其本人的特定经历所决定的个性,这种个性就是建筑师的个人风格。

7.5.3 车站立面设计

车站的立面设计包括对车站的吊顶设计、立柱设计和地面墙面设计,对于地面车站和高架车站而言,还包括对车站雨棚的设计。

7.5.3.1 吊顶设计

城市轨道交通车站的吊顶,是车站建筑艺术、照明、通风、吸声等方面的综合工程,是车站建筑装修的重点。

(1)吊顶的作用

吊顶可遮挡主体结构大梁、梗肋的施工偏差,其上部空间一般可留80cm作为车站照明、通信管线通道或兼做通风道使用。吊顶可架设灯具,满足照明需要,也可根据建筑艺术要求,做成各种形式,改善车站的空间气氛,克服空间的压抑感,提高乘客的舒适性。根据设计要求敷设吸音材料,以满足声处理的要求。同时可起到防渗及防潮的作用。

(2)吊顶的构造

车站集散厅的吊顶有三种形式:平吊顶、人字形和折板式吊顶。有些地方结构本身具有建筑价值,可不设吊顶。吊顶的构造设计要求能防火、防锈、防震、防水、不易积尘、便于清扫和维修,并且具有一定的强度。吊顶尽量做到设计定型化、生产工厂化、施工装配化。

7.5.3.2 立柱装修

站台层一般都设有立柱,通常为钢筋混凝土或钢管柱,其横截面形状大致有圆形、矩形、方形、正多边形几种。柱的外表面均应进行装饰处理,对钢管柱一般采用外贴大理石或预制水磨石、喷刷美术漆的方式进行处理。钢筋混凝土立柱的体积相对比较大,需要在装修中减轻笨重的感觉。

7.5.3.3 地面及墙面装修

由于车站不同区域和不同房间的服务要求不一致,其对地面有不同的建筑要求,一般要求地面耐磨、防滑、易清洁、易修复、防潮、美观且具有光泽。在地面装修中,常用的装饰材料有大理石、美术水磨石、缸砖、瓷砖、马赛克、聚氯乙烯砖、橡胶、木地板等。

墙面装修主要是指车站人行通道的侧面墙、中间站厅的内墙面,以及站台部分的侧墙墙面的装修。通常采用水磨石及大理石墙面、马赛克墙面、外露混凝土墙面、喷漆墙面等形式。

7.5.3.4 站台雨棚设计

站台雨棚是地面车站和高架车站的重要组成部分,设计接口多,功能和景观要求高。站台雨棚功能需要系统考虑遮挡风雨、通风、遮阳、采光、照明、排水以及管线敷设、接触网悬挂等要素。室内绿化配置、旅客资讯、座椅安排、导向标志系统设计应使车站具有良好的使用环境,避免站台上部空间的烦琐感。在满足功能的前提下,站台雨棚结构体系尽量通透、轻盈,考虑标准化模块化设计,以便于结构构件的统一制作安装。

站台雨棚应有适宜的空间尺度,不侵入区间高架桥结构建筑限界,满足遮风挡雨以及接触网安装要求;设计上还要兼顾站台外侧安全护栏、站台板、空调候车室以及声屏障布置,形成通风良好、通透明亮、舒适安全的乘降环境。

7.5.4 车站照明

照明是组成一个完整车站建筑设计的一部分,也为乘客安全地通过车站各部分提供充分的照度。良好的照明标准,可使城市轨道交通成为一个具有吸引力的交通工具。

7.5.4.1 车站建筑照明处理方法

①以灯具艺术装饰为主,最为常见的是吊灯,一般用在净空较高的深埋车站和地面站,并加以艺术处理。

②用多个造型简单、风格统一的灯具排列成为有规律的图案,并通过灯具和建筑的有机结合取得良好的装饰效果。如常见的均匀布置的方形白色吸顶灯,可采用不同的图案方式获得整体的装饰效果。这种方式安装方便,光线直接射出,损失很小,技术合理性和经济性明显,在面积大、高度小的车站空间里,效果很好。浅埋车站的站厅照明可取此方法处理。

③“建筑化”大面积照明艺术处理,是将光源隐蔽在建筑物构件之中,并与建筑构件(如吊顶、墙沿、过梁和立柱等)合成一体的一种照明形式。

7.5.4.2 照度标准

照度是常用的度量单位,指单位被照面积接收的光通量,即被照物体表面的光能密度,其符号为 E,单位为 lx(勒克斯)。若光通量为 Φ,均匀投射面积为 S,则该表面的照度为:

$$E = \frac{\Phi}{S} \tag{7-13}$$

为保证乘客顺利通过车站不同地区和乘车过程中的安全,在整个车站中,保持一个相对稳定的照度水平是十分重要的。

城市轨道交通运营各场所正常照明的照度标准值可参照《地铁场所照明用 LED 灯应用

技术规范》(DB 44/T 1622—2015)。根据建筑等级、使用情况、所处地区等因素,车站站台、站厅、通道等公共场所照度可提高或降低一个照明等级。

7.5.5 标志设计

车站标志指由图形、文字、特定颜色及几何形状组成的标志牌体,目的是向乘客传递安全警告、禁令、指令、宣传及相关引导内容,引导人们寻找抵达目的地的正确路线,是公共空间的重要因素。

根据功能和运营需求,车站内外需要设置充足、明显的导向、事故疏散和服务乘客的标志,以引导乘客在站内外有序流动。标志应全线统一且符合相关国家标准和国际标准。导向系统必须配合车站的运营模式,在正常情况和紧急疏散情况下,导向标志均应能有效引导乘客顺利离开。

城市轨道交通车站标志的设计主要包括标志系统的色彩设计、标志系统设计标准化、标志系统设计人性化、标志系统设计艺术化、标志牌摆放位置等。标志设计原则主要有以下几个方面:

(1)醒目性原则

醒目性原则指在标志系统的设计过程中,要有辨识度、满足一定的大小比例要求、有独特性,并且位置要明显,以便乘客能够将轨道交通标志系统与其他宣传设施轻松区分开。

(2)易读性原则

标志要供乘客在行进中阅读,所以标志系统的主要功能是向乘客快速传达各种信息,要达到这一目的,必须遵循简单、明确的设计原则。

(3)规范性原则

规范性原则指标志系统的设计风格(如色彩、尺寸、内容表述以及与城市轨道交通相通的公共设施等)应保持完整的规范统一。

(4)国际性原则

标志系统应该尽量采用国际、国内的通用符号传达信息,使不同地区、不同国家、不同语言的人都可以识别。

思考题

1. 试举例说明你对车站设计中某个设计原则的理解。
2. 简述地下车站、高架车站建筑设计的特征和原则。
3. 试述车站乘客流线设计工作的主要内容与容量校核的关键点。
4. 根据我国混合交通流的特点,结合你对城市道路交通实践的了解,分析城市轨道交通车站不同站位方案的适用性以及不同类型路口宜采用的站位方案。
5. 分析不同结构的车站站台宽度计算方法。
6. 讨论城市轨道交通系统中本章还未能充分分析的车站设计问题。
7. 根据你的了解,举例说明我国城市轨道交通系统中存在设计缺陷的换乘站的问题。
8. 简述城市轨道交通换乘站设计需要重点考虑的问题。

第 8 章　城市轨道交通车辆基地设计

车辆基地是城市轨道交通系统的重要组成部分,是城市轨道交通车辆停放、检修、物资存放和生产组织开展等工作的重要场所。本章主要包括城市轨道交通车辆基地设计概述、总平面布局、规模确定、平面布局设计和能力计算等内容。

8.1　车辆基地设计概述

8.1.1　车辆基地的功能和任务范围

8.1.1.1　车辆基地的功能

车辆基地作为城市轨道交通系统的车辆运用与检修、材料和后勤保障基地,其功能应该满足整个城市轨道交通系统运营服务的需要。车辆基地应具备以下基本功能。

(1)车辆停放及日常保养功能

车辆的停放和管理,司乘人员出、退勤的技术交接,运用车的日常维修保养(如列检和周月检)及一般性故障的处理,车辆内外部的清扫、洗刷及定期消毒等。

(2)车辆检修功能

根据轨道交通车辆的检修规程,按照周期完成车辆的计划性维修。

(3)列车救援功能

列车发生故障、事故(如脱轨、颠覆)或供电中断时,能迅速出动救援车辆与设备,将列车牵引至邻近车站、停车设施或车辆基地,尽快恢复正常运营。

(4)设备维修功能

负责车辆基地配属的各种设备除大修以外的维护和检修。

(5)系统维修功能

对全线各系统包括给排水、供电、通信、信号、环控、防灾、自动售检票、自动扶梯等机电设备和房屋建筑、轨道、桥梁、车站等建构筑物进行维护、保养和检修。

(6)材料供应功能

负责全线系统在运营过程中需要的各种材料、设备器材、备品备件、劳保用品以及其他非生产性固定资产的采购储存、保管和供应工作。

8.1.1.2　车辆基地的任务范围

车辆基地的任务范围包括车辆段、综合维修中心和物资总库任务范围三部分。

(1)车辆段任务范围

①承担配属列车乘务、停放、列检、车内清扫、外部洗刷及定期消毒等日常维修和保养任务。

②承担配属列车的双周、三月检任务。

③承担配属列车的定修和临修任务。

④承担折返站乘务司机的换班及派出列检。

⑤承担配属列车运行中出现事故时的救援工作。

⑥负责段内设备、机具的维修和调机、工程车等的整备及维修。

⑦负责行政管理、技术管理、材料供应和后勤管理。

(2)综合维修中心任务范围

①承担电梯、自动扶梯、空调机、给排水设备、消防设备等机电设备保养维修及检修工作。

②承担供电系统及各种变压器、整流器、高低压柜开关、蓄电池、接触网、电力监控设备、动力照明线路、电力电缆等保养维护、测试和检修工作。

③承担通信、信号系统保养维护和检修工作。

④承担各站自动售检票机的保养维护和检修工作。

⑤承担防灾报警、控制中心设备监控等系统及生产管理用计算机等设备的检修维护工作。

⑥承担各种房屋建筑、车站建筑、桥梁及附属设施的日常保养维护和定期检测工作。

⑦承担轨道、线路、扣件、道床等线路上部建筑巡检、保养和抢修。

(3)物资总库任务范围

承担全线范围内系统运营、检修所需的各类材料、设备、备品备件、劳保用品、钢轨、道岔以及非生产性的固定资产采购、储备、保管和发放工作。

8.1.2 总体设计路线

车辆基地设计的目标是生成车辆基地各个专业的设计图,包括平面布局、纵断面设计、场库内部设计、接口设计、排水设计等内容,其核心为平面布局设计,过程包括基地内各个场库和线路的规模、位置、连接设计,各环节均需满足工艺要求。车辆基地的主要设计流程如图8-1所示。

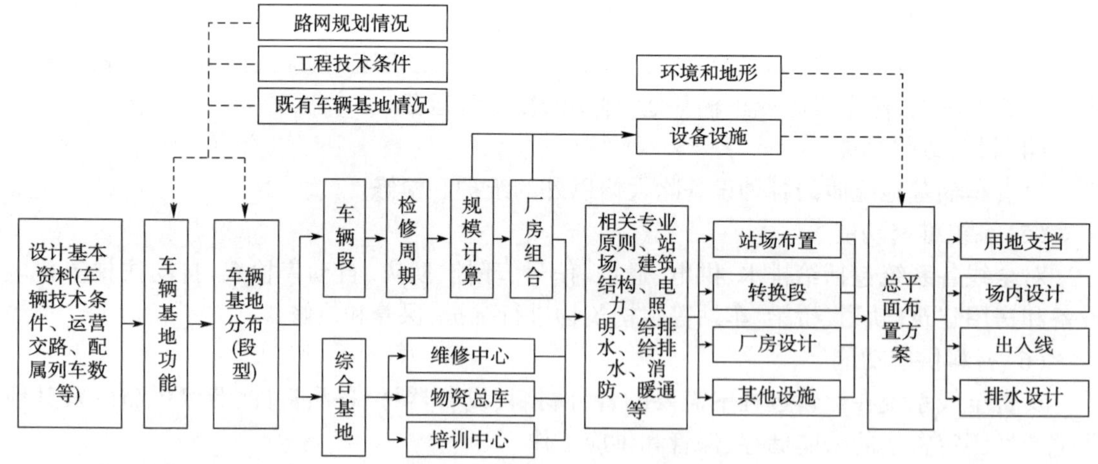

图8-1 车辆基地总体设计路线

总体设计路线具体包括以下方面。

①收集整理基础资料,包括线网规划情况、线路定位和概况、车辆基础参数、运营设计情况、已建成车辆基地的条件。

②确定车辆基地的段型。不同段型对于地块形状、长度、车辆段作业的要求有明显差异,需要根据实际情况综合比选。通过综合分析确定线路的车辆基地的功能定位和分布。

③在车辆基地功能和分布确定的情况下，进行工艺设计，具体包括作业量计算、维修能力计算、厂房组合等设计，并提出主要设施设备。

④综合站场、建筑、桥隧、电力等相关专业，结合段址地形等外部条件与各专业共同布置车辆基地总平面图，具体内容有场库平面设计、咽喉平面设计、库房剖面设计和接口设置等。

⑤进一步完善出入段线的平、纵断面设计，确定站场排水设计、段内道路设计和周边支挡设计等连接线路和基础设施的平面布局。

车辆基地设计涉及多专业、关系复杂、难度系数大，要求各系统、专业的相互配合，如图8-2所示。在设计过程中，系统和专业间完整的技术接口及其良好的接口关系非常重要。

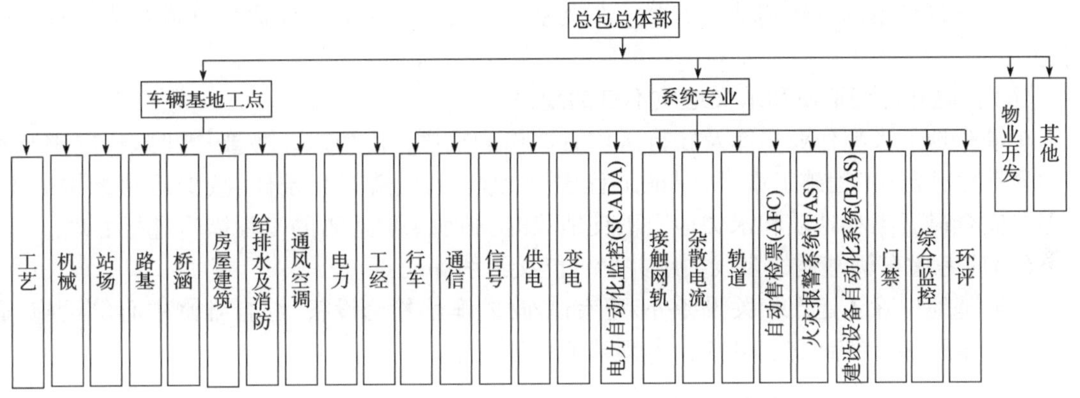

图8-2 车辆基地设计组织和专业接口示意图

8.2 总平面布局

8.2.1 车辆基地选址

车辆基地的选址对车辆段的平面布局、相关作业顺畅程度、运营成本等密切相关，并涉及用地、拆迁等一系列重要因素，在规划与设计中应充分重视。车辆基地选址过程中要考虑以下要点。

(1)用地应与城市总体规划协调一致

车辆基地选址应该符合城市总体规划是车辆基地选址的基本条件。在城市轨道交通线网规划编制时，应根据各条线路的运营需求，纳入车辆基地的选址和用地意见。在后续各阶段的设计中，应适时对车辆基地的选址和用地进行比较，取得规划部门的认可并对用地范围加以控制。

(2)应有良好的接轨条件

车辆基地应具有良好的正线接轨条件，在满足线路坡度、平面曲线半径及信号要求前提下，应尽量缩短出入段线长度，满足收发车便捷、降低运营成本。从接轨位置来看，车辆基地应设置在线路中部，但由于城市轨道交通线路通常穿越城市中心区，大规模占用土地非常困难。实际中往往将车辆基地设置在线路端部，以降低用地成本。条件允许时，车辆基地应尽量靠近正线，接轨站尽可能与远期行车交路的折返站相结合。此外，还应该注意选址的地形地貌和周边环境，避免出入段线因穿越建筑物、构筑物或穿越河流、水域、道路而增加工作量。

(3)用地面积应满足功能和布置要求，并留有远期发展余地

车辆基地用地面积应满足功能和布置要求，并满足远期发展需要。车辆基地对用地的

长宽有特别要求:车辆基地一般地面长度不小于1500m(含试车线长度),宽度不小于300m,停车场一般地面线长度不小于800m。

(4)应有良好的自然排水条件

车辆基地占地面积大,排水种类多,设计中需对场坪高程留有一定的余地,为排水系统的实施提供条件。在不能完全实现自然排水时,必须采用机械排水措施。

(5)应便于城市电力、给排水及各种管线的引入和城市道路的连接

市政管线的接入主要分为施工期电力线路、通信线路、给排水管线、燃气管线等,应考虑用地范围的既有情况和规划情况,满足各类管线的接驳需要。道路的连接条件主要是满足车辆基地材料设备的运输和消防需要。车辆基地的对外道路应与周边既有道路或规划道路相连。

(6)宜避开工程地质和水文地质不良的地段

车辆基地的大型作业车库及轨行区均有严格的轨道精度要求。主要构建筑物应避开不良地质地段,降低工程施工难度、保证工程质量,为运营创造有利条件、减少运营维护成本。当不能完全避开工程地质和水文地质不良地段时,必须采取适当的工程措施进行处理。

(7)应考虑车辆基地的多线共用并尽可能接近线路交点

车辆基地中除了运用相关设备外,还有试车线、车辆检修设备、综合维修中心等设施,通过多线共用及接近线路交点可减少车辆基地用地总量。

8.2.2 车辆基地基本图式

车辆基地的平面布置应力求作业顺畅、工序紧凑合理。根据线路的使用功能和有效长度,车辆基地布置形式可分为贯通式及尽端式两种,如图8-3和图8-4所示。

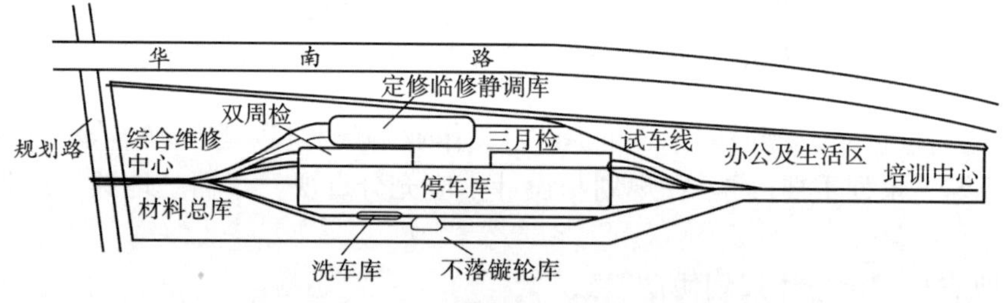

图8-3 贯通式车辆段平面布置示意图

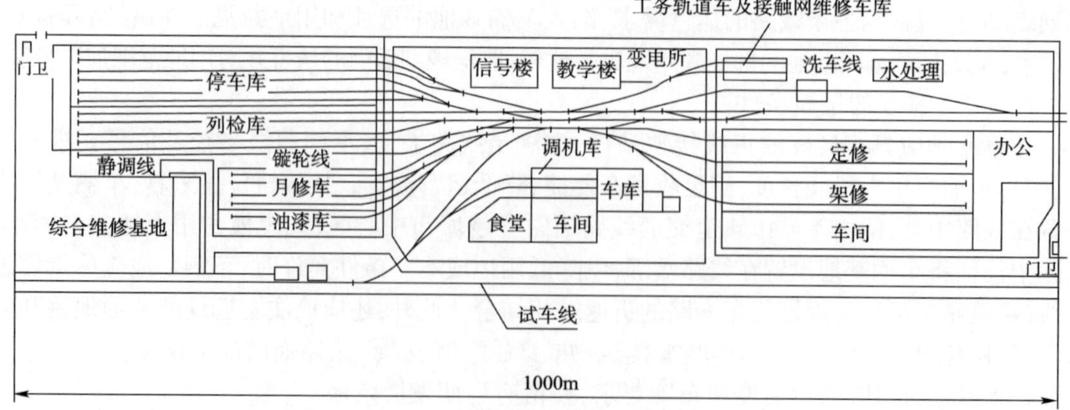

图8-4 尽端式车辆段平面布置示意

贯通式布置中,车辆的入段、停车或检修、出段作业顺向布置。尽端式布置中,各作业设备通常并列设置,列车折返走行较多。表 8-1 描述了贯通式和尽端式车辆段站场布置的特点。

贯通式车辆段和尽端式车辆段站场布置形式的特点比较 表 8-1

车辆段的布置形式	优　点	缺　点
尽端式车辆段	①对车辆段的工艺要求相对简单;一般位于城市的边缘,对城区环境污染较小; ②车场只有一个咽喉区,在相同的停车条件下,占地面积小,线路短,铺轨工程量较小	①只能一个方向发车; ②列车出入段灵活性差; ③咽喉区交叉作业多
贯通式车辆段	①可向两个方向同时发车; ②两端列车出入段灵活、方便、迅速; ③段内作业顺畅,咽喉区交叉作业少	①对车辆段的工艺要求相对复杂; ②车场两端都布置咽喉区,占地较大,线路较长,铺轨工程量较大; ③段址离城区较近,会对城区产生一定的环境污染

从国内外城市轨道交通车辆基地设置的案例来看,车辆基地结构形式除平面布置形式外,也存在立体布置形式,即将各类功能线分层立体布设,例如东京都营地铁 12 号线光丘车辆段。

8.2.3 平面布局原则

车辆基地平面布局是在满足功能需求、利用所选段址地形、周围环境基础上,综合考虑检修质量、作业安全、工艺要求、作业效率、劳动条件、工程投资等因素后确定。基本原则如下:

①总平面布置应满足基地功能和综合开发要求,做到功能分区明确、联络方便、交通顺畅、流程合理、布局紧凑、用地节省、服务设施完善、环境适宜、整齐美观、经济适用。

②车辆基地总平面布置应以车辆段为主体,统筹考虑综合维修中心、物资总库及培训中心等各项设备、设施的工作性质和功能要求,房屋设施适度集中。应优先保证运用和检修工艺的顺畅性,减少交叉干扰,各类设施和线路应相对集中设置以减少用地规模。在功能集中化条件下,车辆基地的作业一般由综合检修车库、运用库、工程车库和洗车库 4 个主要场库承担。

③设施设备的集中需要保证工艺的顺畅,车辆运用及洗车设备宜直接连接入段线;试车线应设于车辆基地边缘,有条件时邻近检修库一侧布置;综合维修中心宜靠出段线侧设置。

④车辆基地的站场股道、房屋建筑、设备与设施的布置,应根据生产性质、作业要求,结合地形、地貌、地质、水文、气象条件,充分考虑消防、卫生、通风、采光、绿化、环境保护、城市规划等方面的要求。

⑤应以远期需求为前提进行总平面布局设置,充分考虑分期建设的条件。

⑥物资总库的布置应便于汽车运输,应有相应的设备和材料的装卸、运输条件及场地,以便于设备、材料的运输和发放。

⑦综合基地应根据地形条件合理布置排水设施。

⑧基地内应有汽车运输及消防道路,并有不少于两个与外界道路相连通的出入口。段

内道路要连接各个场库,并减少与段内线路的交叉,且保证大型设备在主要场库之间的运行。段内线路应有必要的围挡,特别是运行速度较快的试车线。

⑨重视对地块周边既有河流、道路、绿化景观等设施的影响,车辆基地的总平面布置力争避免侵占河边绿化带、改移道路等,以减少工程量,节省投资,满足城市规划要求。

⑩条件允许的前提下,考虑综合物业开发,明确开发的空间或接口,确认合适的开发内容、性质和规模。

⑪动力设备、生活设施宜与车辆基地公用办公房屋宜集中布置,有条件时形成厂前区。办公区的设置应该尽量靠近运用和维修作业区,以提高运作效率,一般功能接近的办公建筑可以合建成综合楼。

⑫车辆基地布局应有良好的接轨条件,并便于城市电力、给排水及各种管线的引入和城市道路的衔接。

⑬平面设计应该在保证车辆基地功能和规模的基础上,对各项设备、设施与物业开发的内容进行统一规划,并应结合车辆基地内外道路的合理衔接及相关市政配套设施的规划,进行基础经济比较和效益分析。

8.2.4 设计流程

设计流程有两个重点:一是主要场库的平面和剖面设计,要考虑各主要场库的功能要求、作业量、尺寸要求、接口要求等设计,根据各场库尺寸确定主场库位置。二是场库衔接及与库外联系的设计,包括场库咽喉设计;通过不断对场库、咽喉位置的调整,优化进路设计。

车辆基地的平面布局确定后,进一步设计洗车线、牵出线、试车线等其他段内线路,完善其他设施的平面布局。车辆基地的平面设计流程如图 8-5 所示。

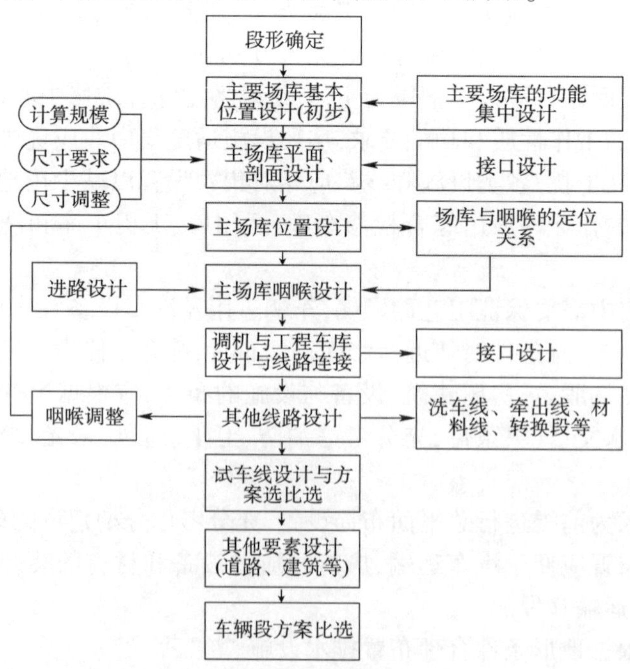

图 8-5 车辆基地平面设计路线

8.2.5 基本尺寸要求

《地铁设计规范》(GB 50157—2013)和《城市轨道交通工程项目建设标准》(JB 104—2008)对车辆基地内线路和场库的相关部分最小尺寸进行了规定,如表8-2~表8-5所示。

基地内线路平纵断面最小设计要求 表8-2

序号	项　目	出入线/国铁专用线	其他车场线(不含试车线)
1	最小曲线半径(m)	250(A型车)、200(B型车)、150(困难)	150 (有调机牵引的牵出线取300)
2	最大坡度(‰)	35	1.5
3	竖曲线半径(m)	2000	—
4	曲线夹直线(m)	—	3

基地内线路轨道和道岔设计要求 表8-3

序号	项　目	出入段线	车场线(不含试车线)	试车线(试车速度大于80km/h)
1	钢轨轨重(kg/m)	60	50	60
2	道岔型号	9	7	9
3	道岔间短钢轨(m)	—	4.5(困难时取3)	—

注:试车线试车最大速度小于或等于80km/h时,试车线轨重和道岔型号与车场线取值相同。

单一场库最小附加距离 表8-4

场库类型	停车库	列检库	周月检库	定修库	临修库
附加距离(m)	9.0	9.0	25.0	16.0	20.0

车辆段场库最小尺寸 表8-5

项　目	停车库	列检库	双周三月检库	定临修库	大架修库	油漆库	调车机库
车体之间通道宽度(无柱)(m)	(1.6) 1.4	(2.0) 1.8	3.0	4.0	4.5	2.5	2.0
车体与侧墙之间通道宽度(m)	(1.5) 1.4	(2.0) 1.6	3.0	3.5	4.0	2.5	1.7
车体与柱边之间通道宽度(m)	(1.3) 1.2	(1.8) 1.4	2.2	3.0	3.2	2.5	1.7
库内前后通道净宽(m)	4.0	4.0	4.0	5.0	5.0	3.0	3.0
车库大门净宽(m)	$B+0.6$	$B+0.6$	$B+0.6$	$B+0.6$	$B+0.6$	$B+0.6$	$B+0.6$
车库大门净高(m)	$H+0.4$	$H+0.4$	$H+0.4$	$H+0.4$	$H+0.4$	$H+0.4$	$H+0.4$

注:①停车库、列检库括号内尺寸适用于接触轨供电的线路,并列尺寸适用于架空。
②B为车体的最大宽度,H为车体的最大高度(含受电弓)。

单一场库附加距离指除停车和作业要求长度外,为方便作业应满足的必要的库前库后距离之和,一般实现方式有两种:

①附加距离分设于场库两端,如设计停车列检库库前通道宽度为4.0m,库后通道为5.0m,累计为9.0m,即附加距离为9.0m。

②附加距离是单一场库情况下的额外距离,在场库综合设计情况下可适当减少此距离,或将横向长度改为侧向宽度。

8.3 车辆基地规模确定

车辆基地规模指不同运营时期的基地各类线路的总数量以及确定各个场库布设的线路数量。线路规模计算的依据是车辆基地列车运用作业需求和检修作业规程，核心是车辆基地配属车规模。

配属车数量是运用车、在修车、备用车数量之和，其中运用车数量取决于运营要求和线路条件，备用车数量可按一定备用率计算；在修车数量取决于列车运用需求和修程修制；车辆基地规模计算还涉及检修台位和停车列检台位计算，分别决定于各级检修工作量和总检修列位数量。

车辆基地规模计算流程如图 8-6 所示。

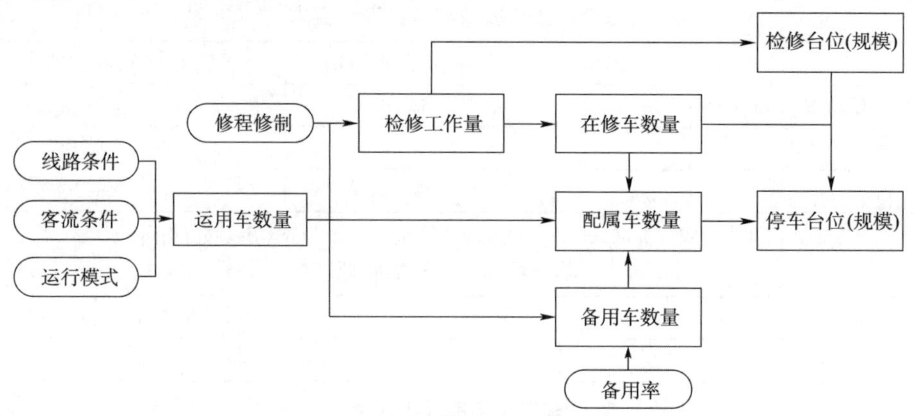

图 8-6 车辆基地规模计算流程

8.3.1 车辆规模

8.3.1.1 运用车数量

运用车数量指实现高峰期全线开行计划需要的列车数量。运用车数量取决于列车运行参数、线路长度、折返能力、断面客流、线路限制等，主要包括以下三种计算方法。

(1)按系统能力(线路通行能力)计算

$$N_{运\text{-}XT} = \left\lceil \frac{\frac{2L_{线}}{v_{旅}} \times 60 + t_z}{t_0} \right\rceil \tag{8-1}$$

式中：$N_{运\text{-}XT}$——基于系统能力计算的运用列车数，列；

$L_{线}$——运营线路长度，km；

$v_{旅}$——旅行速度，km/h；

t_z——两端折返时间之和，min；

t_0——系统能力允许最小发车间隔，min。

(2)按断面客流量计算

$$N_{运\text{-}KL} = \left\lceil \frac{\frac{2L_{线}}{v_{旅}} \times 60 + t_z}{60} \times \frac{P \times \alpha}{S \times m} \right\rceil \tag{8-2}$$

式中：$N_{运\text{-}kL}$——基于断面客流计算的运用列车数，列；

P——高峰小时单向断面客流量，人次/h；

S——每辆车定员，人/辆；

m——列车编组数，辆/列；

α——超高峰小时系数，一般取值1.3。

(3)按最小服务水平计算

$$N_{运\text{-}FW} = \left\lceil \frac{\frac{2L_{线}}{v_{旅}} \times 60 + t_z}{t'_0} \right\rceil \tag{8-3}$$

式中：$N_{运\text{-}FW}$——基于系统最小服务水平的运用列车数，列；

t'_0——按最低服务水平确定的最小发车间隔，min。

以上三种计算方法可以统一为式(8-4)。

$$N_{运} = \left\lceil \frac{\frac{2L_{线}}{v_{旅}} \times 60 + t_z}{t_{发}} \right\rceil \tag{8-4}$$

式中：$t_{发}$——运行图定发车间隔，min。

运用车数量根据客流预测的结果进行计算，可获得满足高峰时期运输需求的运用车数量结果，同时还可生成不同时段的运用车需求。

8.3.1.2 备用车数量

备用车是指在列车运行中发生故障时用于代替故障列车、作为储备投入正线运行的列车，以保证线路的正常行车。同一运营时期的备用率为固定值，例如，规定初期和近期的备用率为10%，远期的备用率为6%，则备用车数量按式(8-5)计算。

$$N_{备} = \lceil N_{运} \times \delta_{备} \rceil \tag{8-5}$$

式中：$N_{备}$——备用车数量，列；

$\delta_{备}$——备用率。

8.3.1.3 修程修制和维修工作量

城市轨道交通车辆检修主要采用两种模式，一种是大修/架修分修制，另一种是大修/架修合修制。分修制中，设计专门的车辆基地承担全线网的大/架修任务，车辆定修及以下修程由各线路车辆段承担。分修制适用于线网规模较大的城市，可减少大/架修场库和设施，具有一定的经济性。分修制的优点是维修专业化，有规模效益，有利于提高维修质量；缺点是在建设初期需同时修建车辆大修厂和车辆段，而轨道交通线网规模形成时间较长，大修厂建成后相当长时间可能维修规模不大，大修车任务不足，投资效益难以发挥。

对于线网规模不大的城市，采用大/架修合修制可以避免上述缺点。由于大/架修的部分机械设备与定修的机械设备基本相同，因此合修制可减少机械设备的重复投资、提高设备利用率。

《地铁设计规范》(GB 50157—2013)规定了车辆的6个检修修程，分为定期维修和日常维修，其具体指标如第2章中表2-1所列。该修程修制为通用修制，各企业可基于实际情况进行调整，如大连地铁只对第二天需要上线的列车进行列检，把双周检、三月检调整为周检、月检。

现行列车维修通常采用先修制，即走行公里和时间间隔两个指标先到先修。当列车平均走行里程为12万km/年时，2个指标对应的维修时间基本一致。计算维修工作量时，需要使用检修循环系数,其表示平均每年一列车进行各修程的平均次数,其中高级修程包含低级修程。按照检修间隔时间标准,各个修程的检修系数如下。

大修:$h_{大修} = \frac{1}{10} = 0.1$。

架修:$h_{架修} = \frac{1}{5} - 0.1 = 0.1$。

定修:$h_{定修} = \frac{1}{1.25} - 0.1 - 0.1 = 0.6$。

三月检:$h_{三月检} = \frac{1}{0.25} - 0.1 - 0.1 - 0.6 = 3.2$。

双周检:$h_{双周检} = \frac{1}{(1/24)} - 0.1 - 0.1 - 0.6 - 3.2 = 20$。

列检不需要检修循环系数,因为列检的作业时间不占用列车可上线运行的时间。

类似的,检修循环系数也可按照年走行公里计算,如式(8-6)所示。

$$h_i = \frac{L_{走行}}{\Delta L_i} - \sum h_{高级} \tag{8-6}$$

式中:h_i——修程 i 的检修循环系数,次/年;

$L_{走行}$——车均年走行公里数,km;

ΔL_i——修程 i 检修间隔指标,km;

$\sum h_{高级}$——比修程 i 高级的修程的检修循环系数的和,次/年。

在运用车数量确定的情况下,可计算各级维修的全年检修工作量:

$$W_i = N_{运} \times h_i \times t_i \tag{8-7}$$

进一步,可得各级修程的总工作量:

$$\begin{aligned} W &= \sum_i W_i = N_{运} \times \sum_i h_i t_i \\ &= N_{运} \times (h_{大修} t_{大修} + h_{架修} t_{架修} + h_{定修} t_{定修} + h_{三月检} t_{三月检} + h_{双周检} t_{双周检}) \end{aligned} \tag{8-8}$$

式中:W_i——修程 i 的年检修工作量,d;

t_i——修程 i 的扣停时间,d;

W——所有修程的年检修工作量,d。

8.3.1.4 在修车数量

一般除列检外,各级检修只在法定工作时间进行,即全年的维修工作时间为250d(全年按365d计),根据全年各级维修的总工作量,平均每天在修车数量计算公式如式(8-9)所示。

$$N_{修} = \left\lceil \frac{W}{250} \right\rceil \tag{8-9}$$

整理为:

$$N_{修} = \left\lceil N_{运} \times \frac{h_{大修} t_{大修} + h_{架修} t_{架修} + h_{定修} t_{定修} + h_{三月检} t_{三月检} + h_{双周检} t_{双周检}}{250} \right\rceil \tag{8-10}$$

若某一日常检修修程可在节假日进行(如双周检),则计算公式可表示为:

$$N_{修} = \left\lceil N_{运} \times \left(\frac{h_{大修} t_{大修} + h_{架修} t_{架修} + h_{定修} t_{定修} + h_{三月检} t_{三月检}}{250} + \frac{h_{双周检} t_{双周检}}{365} \right) \right\rceil \tag{8-11}$$

8.3.1.5 配属车数量

配属车指满足全线运营需要的全部列车数,其规模为运用车、备用车和在修车数量之和。

$$N_{配} = N_{运} + N_{备} + N_{修} \tag{8-12}$$

8.3.2 检修线路规模

检修线路规模指每一类检修线路的数量，具体取决于检修作业量。对于列检作业，一般将停车线与列检线进行合并，检修列位均按照1线1列位设计，即检修线路数量即为列位数量。对于其他等级的维修，可根据维修工艺安排在相同线路上进行，一般大修和架修均在大/架修线上作业，双周检和三月检合并在双周/三月检线上作业。线网中，通常2~3条线路的大/架修作业在一个车辆基地进行，则车辆基地的大/架修工作量为对应线路大/架修工作量之和。根据车辆基地的修程修制，检修线规模是大/架修线、定修线、临修线、双周/三月检线数量之和。

《地铁设计规范》(GB 50157—2013)规定了计算检修时间需要考虑检修不平衡系数，这一系数反映了一些不确定因素对检修台位利用率的影响。实际上，检修不平衡系数仅影响台位利用率，而不影响检修工作量。其具体取值为：

①定修、大修、架修取值为1.1，即$\alpha_1 = 1.1$。

②双周检、三月检取值为1.2，即$\alpha_2 = 1.2$。

计算检修线数量的公式如式(8-13)所示(以列检外各级修均在法定时间作业计算)。

$$X_{修i} = \left\lceil \frac{\sum W_i \times \alpha_i}{250} \right\rceil \tag{8-13}$$

式中：$X_{修i}$——第i类检修线数量，条；

$\sum W_i$——第i类检修线对应的所有检修年总工作时间，d；

α_i——第i类检修线对应检修修程的检修不平衡系数。

其中，第i类检修线对应的第j种检修年工作时间计算公式为：

$$W_j = N_{运} \times h_j \times t_j \tag{8-14}$$

式中：h_j——第j种检修的检修循环系数；

t_j——第j种检修的检修扣停时间，d；

8.3.3 停车列检线路规模

停车列检线路规模是指全线段场的停车列检列位数量(不考虑线上停车情况)。由于列检列位具备停车功能，计算时首先需要根据停车需求计算总的停车列检列位数量，再根据列检需求分别计算列检列位和停车列位的数量。在计算在修车时，默认在修车处于维修状态，即在相应的检修线上作业，不占用列车停车线。因此，计算停车列检规模时需要扣除在修车数量。

动画

混合型两列位停车列检线停车列检流程

双周/三月检线通常与运用库合建，其在供电设施、线路尺寸、检修设施等方面均能够实现停车的要求，则认为双周/三月检线有停车功能。全线停车规模为配属车扣除定修以上修程在修列车数量和双周/三月检列位数。停车列检线路规模计算公式为：

$$X_{停} = \left\lceil N_{配} - \sum_{定修及以上} N_{修i} - X_{周月} \right\rceil \tag{8-15}$$

式中：$X_{停}$——停车列检列位，列位；

$N_{配}$——配属车数量,列;

$N_{修i}$——修制 i 的在修车数量,列;$N_{修i}=\frac{W_i}{250}$;

$X_{周月}$——周月检线数量,列位。

若双周/三月检线不能用于停车,全线停车列检规模计算公式为:

$$X_{停}=\lceil N_{配}-\sum_{双周检及以上} N_{修i}\rceil \tag{8-16}$$

8.3.4 线路分配原则

按上述方法计算得到的是基于全线运营需求的检修线路和停车列检线路规模。当一条线路中有多个车辆基地(段)或停车场时,需要根据以下原则分配检修线和停车列检线。

①大/架修线、定修线、吹扫线、镟轮线、车体线、油漆线等与定修及以上修程相关的线路,一般只设置在车辆基地(段)中。

②双周/三月检线一般设置在车辆基地(段)中,允许部分双周/三月检线路设置在停车场中,但其作业量不能超过停车场内停车列检列位的作业量。在停车场设置双周/三月检线时,双周/三月检线的停车能力会发生变化,可能影响停车列检列位的数量。

③停车列检线分设于停车场的情况,其数量通常根据车辆基地(段)和停车场的发车覆盖范围、上线列车数量变化确定。

④车辆基地(段)和停车场建设通常与线路的建设时期有关系,如车辆基地(段)一般与一期工程同期建设,线路延长后建设相应的停车场。车辆基地(段)中的运用库也存在二期建设问题,主要是扩建停车列检线。

⑤停车场规模较大时,需要在停车场增设洗车线、牵出线等其他设施。

⑥数量分配中需要考虑单线列位数量、场库内部布局、车底周转复杂度等因素。

8.4 车辆基地平面布局设计

8.4.1 主要场库设计

车辆基地场库包括运用库、综合检修库(或独立检修库)、调机与工程车库、洗车库,一般场库与库内线路共同设计。洗车库应与洗车线配合,根据洗车线数量设计洗车库。

8.4.1.1 运用库

运用库包括停车列检库、双周/三月检库以及与运用、乘务相关的运转综合楼。部分车辆基地办公场所与运用库合建。运用库设计的基础是车辆规模。从时序上看,停车列检(线)库应按初期规模设计,按远期规模预留。双周/三月检(线)库等检修线一般在初期一次建成。

(1)线路和场库长度计算

不同段型下,停车列检线有1线2列位和1线3列位的情况,双周/三月检线一般为1线1列位。运用库长度可由停车列检线长度计算得到。

$$L_{tj}=(L+1)\times N_t+L_j\times N_j+(N_t+N_j\text{-}1)\times 8+9+1 \tag{8-17}$$

$$L_j=L+4 \tag{8-18}$$

式中：L_{tj}——停车列检库（棚）计算长度，m；

$L+1$——一列车最外车钩连接中心点间长度，并附加停车误差1.0m，即为实际列车停车长度，m；

N_t——每条线停车列位数，列位；

L_j——检查坑长度，m；

N_j——每条线列检列位数，列位。

式中各数字分别表示列位之间通道宽度8m，运用库两端横向通道总宽度（最小附加尺寸）9m，检查坑附加长度4m（包括停车误差1.0m和两端台阶各1.5m），末端车挡长度1m（贯通式车辆段此项为0）。

由于列检列位设置策略不同，存在停车列检线长度不同的情况，此时的运用库长度要按列检列位数量最多的线路计算。

（2）线间距

列检线中线与边墙的最小间距为车辆半宽加1.6m，两条列检线中线最小间距为车辆全宽加1.8m，列检线中线与场库内立柱的最小间距为车辆半宽加1.4m。如图8-7所示。

图8-7　停车列检线线间距示意（以列检线尺寸为例）

（3）立柱和线束设计

立柱为停车列检库（棚）的支撑结构，一般在平行于线路的方向上成排设置。立柱的设置会对库线间距产生影响，一般通过立柱的布置对库线进行分束设计。线束指的是间距较小的若干条库线设为一组，能够提高场库管理效率，同时方便运用库咽喉设计（详见第8.4.2.1节）。

场库支撑立柱的排距一般为18～20m，困难时不能超过25m。根据这一限制，一般设计3条线路为1线束，必要时可以设计4条线路为1线束。

（4）双周/三月检库平面设计

双周/三月检库长度计算公式为：

$$L_{yk} = (L+1) \times N_y + (N_y - 1) \times 8 + 25 \tag{8-19}$$

式中：L_{yk}——停车列检库（棚）计算长度，m；

$L+1$——列车长度加1m停车误差，m；

N_y——每条线月检列位数，一般取1，列。

式中数字分别表示月检列位之间通道宽度8m和场库设计附加长度（库门处附加长度一般与停车列检线相同）25m。

（5）其他说明

双周/三月检线不涉及远期预留问题，停车列检线通常需预留设计。由于初期配属车数量通常较小，故初期建设线路可与双周/三月检线设于同一侧，方便预留建设。

停车列检线分束受立柱、初期建设隔离等约束，需要根据实际线路数量进行调整。

运用库可与运转综合楼合建。运转综合楼承担维修工区、列车运用、乘务安排等作业。此外，运用库中还包括车辆基地/车辆段控制中心（Depot Control Center，DCC）、通信车载设备室、通信信号设备室、司机待班室、列检班组用房、消毒工班用房、运用车间办公用房、清扫工班用房、清扫工具室等办公用房。

8.4.1.2　综合检修库

综合检修库由大/架修库、定修及临修库、周月检及临修库、转向架及轮对轴承车间、电机电器检修间、门窗检修间、金工间、空调机组检修间、空压机检修间、制动检修间、车钩缓冲器检修间、电子检修间、检修车间办公楼组成。库内线路有大/架修线、定修线、临修线、静调线、吹扫线、镟轮线、移车平台、油漆线、车体线。根据作业要求不同,各线路的尺寸计算方法不同。

1)线路长度和库长

综合检修库库内线路的长度和连接模式与运用库有较大差异,首先需计算各条线的长度,之后计算综合检修库的最小长度。一般情况下,综合检修库包括镟轮线时,可以根据镟轮线长度确定综合检修库长度。镟轮线至少需要 2 个列位,而其他线路一般为 1 线 1 列位,因此有时也会将镟轮线单独设置成库。

动画

大架修作业流程

(1)大/架修线

大/架修线在库内连接移车平台,不存在通道和车挡。因此,在移车平台一侧大架修线长度计算公式为:

$$L_{dJk} = 5 + (L + 1) + 5 \tag{8-20}$$

式中:L_{dJk}——大/架修线计算长度,m;

$L+1$——列车长度加 1m 停车误差,m。

式中数字分别表示大/架修线列位库前最小距离 5m 和大架修列位库后最小距离(移车平台前)5m。

(2)临修线

临修线与大架修线类似,同样与移车平台连接,方便故障部件(如走行部)解体维修,需要增设工作距离 5m。在移车平台一侧临修线长度计算公式为:

$$L_{lk} = 5 + (L + 1) + 5 + 3 + 15 \tag{8-21}$$

式中:L_{lk}——临修线计算长度,m;

$L+1$——列车长度加 1m 停车误差,m。

式中数字分别表示临修线列位库前最小距离 5m,部分解体最小工作距离 5m,两侧检查坑台阶总长度 3m,临修线列位库后最小距离(移车平台前)15m。

需要说明的是,只有临修线和大/架修线会与移车平台相连,在列位相同的情况下,临修线需要的长度大于大/架修线,因此一般以临修线长度为准。

(3)定修线

定修作业中由于贯通道和车钩的拆解,车辆间需有一定安全距离,长度计算方法如下:

$$L_{dk} = 5 + (L + 1) + 8 + 3 + 11 \tag{8-22}$$

式中:L_{dk}——定修线计算长度,m;

$L+1$——列车长度加 1m 停车误差,m。

式中数字分别表示定修线列位库前最小距离 5m,车钩和贯通道检修工作距离 8m,两侧台阶总长 3m(含车挡 1m),定修线列位库后最小距离(移车平台前)11m。

(4)静调线

静调线尺寸与定修线类似,但没有用于车钩和贯通道维修的附加长度,长度计算方法如下:

$$L_{jk} = 5 + (L + 1) + 3 + 11 \tag{8-23}$$

式中:L_{jk}——静调线计算长度,m;

$L + 1$——列车长度加 1m 停车误差,m。

式中数字分别表示静调线列位库前最小距离 5m,两侧台阶总长(含车挡 1m)3m,静调线列位库后最小距离(移车平台前)11m。

(5)吹扫线

吹扫线在库前需要设置吹扫装置,长度为 20m,长度计算公式如式(8-24)。

$$L_{ck} = 5 + 20 + (L + 1) + 1 + 1 \tag{8-24}$$

式中:L_{ck}——吹扫线计算长度,m;

$L + 1$——列车长度加停车误差 1m,m。

式中数字分别表示吹扫线库前最小距离 5m,吹扫装置长度 20m,车挡长度 1m,线后安全距离 1m。

线前后安全距离均设为 1m,因为线后为走行通道,且没有额外空间要求。

(6)镟轮线

镟轮线需要满足 2 列位的要求,且列位间设不落轮镟床,其长度计算公式为

$$L_{xk} = 5 + L + 10 + (L + 1) + 1 + 5 \tag{8-25}$$

式中:L_{xk}——镟轮线计算长度,m;

$L + 1$——列车长度加停车误差 1m,m。

式中数字分别表示镟轮线库前最小距离 5m,不落轮镟床长度 10m,车挡长度 1m,库后最小距离 5m。

(7)其他长度

油漆线和车体线长度与实际作业有关,车体线一般为 1 线 3 ~ 4 辆位,油漆线为 1 线 2 辆位且紧邻油漆库。

移车平台用于连接大/架修线、临修线和车体线、油漆线,长度约为 28m。

2)线间距

综合检修库中各线线间距如表 8-6 所示,其中吹扫线的尺寸是在静调线基础上增设物理隔离后得到。

综合检修库线间距 表 8-6

线 路 类 型	与边墙线间距(m)	相邻线间距(m)	柱边线间距(m)
大架修线	半宽 +4	全宽 +4.5	半宽 +3.2
临修线	半宽 +3.5	全宽 +4.0	半宽 +3.0
定修线/静调线	半宽 +3.5	全宽 +4.0	半宽 +3.0
吹扫线	半宽 +5.5	全宽 +6.0	半宽 +5.0

3)库线空间设计与维修车间

为减少对综合检修库的分割,一般将长度最长的镟轮线设置在库一侧或单独成库。清扫线与镟轮线线轮线的卫生处理要求较高,两条线路一般邻近设置。大/架修线与临修线一

般相邻设置,这两类线路均需连接移车平台。定修线与静调线的设施、尺寸基本一致,一般相邻设置,且允许使用定修线进行静调作业。在综合检修库入口一侧,在某两条线路间可预留一处较大空间,以方便库内大型设备的移动。

大/架修车辆基地(段)需要处理大量的部件检修作业,因此需要设计相应的检修厂房,必要时设计车辆大修厂用于多条线的部件维修。检修厂房根据不同的部件和维修工艺进行设计,设计在大/架修线靠近的一侧,同时设计轨道供走行部移动和检修。车间区域长度可以按照综合检修库长度设计,车间的宽度按照工艺要求至少为9m。

由于维修车间与大/架修线需要邻近布置,且维修车间需要物理隔离,因此一般维修车间和大/架修线设置在综合检修库一侧。结合以上,从线路布局顺序上,维修车间、大/架修线、临修线布局于综合检修库一侧;镟轮线、吹扫线布置于综合检修库另一侧;之间布置定修线和静调线。

4)其他说明

综合检修库中,除必要的线路和维修车间外,还包括其他辅助设施。一般按照就近原则的方式进行布设,以减少库内物资的长距离移动和额外的辅助设施。油漆车间一般与油漆线(库)相邻,且有一定的作业空间。污水处理厂用于处理维修、清理中的废水,一般与清扫线和镟轮线邻接,且为了方便与库外连接,一般设于整个场库的一侧。

物资总库是车辆段内存放物资、备件的仓库,一般与部件维修车间相邻,以减少部件的库内运输。物资总库由立体仓储区、大部件存放区、电子电器存放库、仪器仪表存放库、劳保用品存放库、办公用房组成。物资总库按集中管理分级存放的原则进行设计,其中引进设备一般按运营和检修2年的需要量进行存储,其他物资包括钢轨、车辆配件、辅助材料、五金机电设备、电缆等按运营和检修1年的需要量进行存储。

8.4.1.3 调机与工程车库

车辆基地中根据调车工作量和工程车配置标准(表8-7)确定调机数量和工程车数量,一般调机线和工程车线按照1线2列位设计。

工程车配置标准 表8-7

序号	工程车	配置标准
1	钢轨打磨车	1台/100km
2	轨道检测车(网轨检测车)	1台/100km
3	探伤车	1台/250km
4	轨道平车	25km以下2台,以上3台

调机与工程车库库长计算公式为:

$$L_{nk} = 3 + (L_n + 2) \times N_n + (N_n - 1) \times 4 + 1 + 3 \tag{8-26}$$

式中:L_{nk}——调机与工程车库长度,m;

L_n——机车或工程车最大长度,m;

N_n——每一条线停调机或工程车数量,台。

式中数字分别表示库前通道宽度3m,两个调机台位之间的通道宽度4m,末端车挡长度1m,库后通道宽度3m。

调车机车长度通常大于工程车长度,因此调机与工程车库的长度可以按照调车机车长度设计。调机与工程车库的线间距设计方法如图8-8所示。

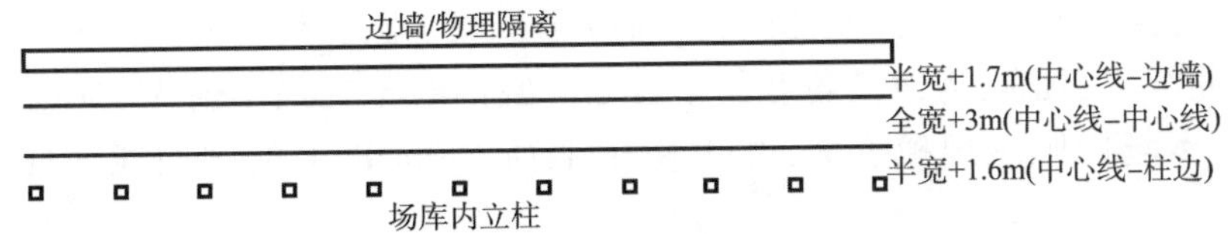

图8-8 调机与工程车线线间距示意

在布局位置上，调机与工程车库通常布置在咽喉区，以减少调车走行作业，同时方便工程车上线作业。对于尽端式车辆段，设置在运用库和停车列检库之间；对于贯通式车辆段，设置在调车作业较多的一侧，即顺向接入综合检修库一侧。

在设计顺序上，调机与工程车库在运用库和综合检修库设计后布置，设置时要考虑既有线路的红线范围。

8.4.2 主要线路设计

车辆基地中需要设计的功能线路包括洗车线、试车线、牵出线以及各个场库对应的咽喉区内的线路，设计过程中要保证各进路的顺畅，减少进路冲突。

8.4.2.1 咽喉设计

车辆基地中主要的咽喉为运用库咽喉和综合检修库咽喉。运用库咽喉的规模相对较大，而且需要与出入段线实现直接连接。咽喉需要实现全部库线与1~2条主线路的连接，其中主线路指全部库线的汇集线路。例如，出入段线的延长线(也称段内走行线)，是运用库的主线路，而牵出线以及其平行线路通常作为综合检修库的主线路。咽喉设计基本原则如下。

①满足安全要求，要求线间距、线路尺寸最小值满足列车作业和调车作业要求。

②尽可能减少咽喉占用主线路长度。

③尽可能减少咽喉占地面积，尽量避免或减少设计反向圆曲线。

④主线路上道岔在向库线延伸方向的设计中，应尽可能避免同向道岔(即同为左开或右开道岔)的使用，以减小最外侧库线的圆曲线曲率。

⑤应减少主线路上岔出的线路占用主线路与交叉渡线设计的冲突。

当场库较宽、库线较多时，一般设计2条主线路，以减少场库咽喉的长度，两条主线路一般在最外侧通过交叉渡线连接。

本章8.4.1.1节中介绍了库线分束的概念，将3~4条线路按一条线束进行处理。在咽喉设计中，通常按照主线路依次出岔的方式进行设计，即各线路在主线路上以1个道岔向外衔接。特殊情况下，存在多于1个线束通过1个道岔出岔的情况，如场库最外侧的线束。

根据相关标准，车场线线路采用50 kg/m钢轨、7号道岔，最小曲线半径取150.0m，不设缓和曲线，夹直线最小为3m，短钢轨长度最小为4.5m。试车线上应使用9号道岔。两个道岔的基本尺寸如表8-8所示。

车辆段内道岔尺寸 表8-8

道岔型号	a(m)	b(m)	道岔全长(m)	辙叉角度 θ	尖轨长度(m)
7号道岔	10.897	12.07	22.967	8°7′30″	5.0
9号道岔	13.839	15.73	29.569	6°20′25″	6.45

一般在线路接近库线时设计圆曲线,之前应尽量减少圆曲线的使用。使用同一型号道岔时,可将圆曲线圆心角设为辙叉角度的整数倍。圆曲线半径最小值为150m,除非曲线半径增加不会导致场库咽喉规模变大,才可使用半径150m以上的圆曲线。具体设计步骤如下。

步骤1:根据既有线路和道岔的位置以及必要的线间距要求(如线束间线间距至少为5.0m),在主线路上确定出岔道岔的初始位置。

步骤2:根据道岔角度确定与库线衔接圆曲线,比较圆曲线与道岔延长线的位置关系。

步骤3:如果圆曲线可满足道岔衔接的要求,则不需要调整出岔道岔位置,选择可满足圆曲线连接的最外侧库线与道岔连接线相连(圆曲线可以在库线延长线上移动)。同时,如果道岔延长线与外侧一条线路的距离较近时,可以优先通过移动出岔道岔的方式使道岔直接连接外侧库线;若不存在满足道岔衔接要求的圆曲线,则向咽喉外侧移动出岔道岔,直至有一条库线能够满足连接要求。一般的,道岔向外侧移动时,两个道岔之间的距离不能容纳1个额外的道岔(含道岔长度和必要的夹直线长度),已限制整个咽喉区的长度。如果存在道岔外移量较多的情况,在出岔道岔之后设计向外侧的圆曲线,之后以圆曲线末端切线为参考,重复步骤2和步骤3。

步骤4:实现道岔与1条库线连接之后,根据库线位置确定道岔出岔方向(左开或右开)。设出岔道岔为线路的首端,场库为线路的末段。当连接线路不是线束最外侧线路时,从首端优先向外侧出岔。出岔道岔位置确定后,重复步骤2~4,直至外侧的线路全部连接。无法实现连接时需要将道岔外移,必要时调整上一道岔的位置。

步骤5:若连接的第1条库线不是最内侧库线,则根据外侧库线的连接道岔位置设计向内侧出岔道岔,之后重复步骤2~3和5。

步骤6:从最靠近场库位置的道岔开始优化道岔位置,目标是道岔到场库的距离最小,必要条件是该道岔出岔后连接线路中至少有1条能够实现圆曲线直接与库线相连(没有夹直线)。

8.4.2.2 洗车线设计

洗车作业作为基础性日常作业,地下线路平均每3天对列车进行一次洗车,较高的作业频率使得洗车设备通常伴随停车库(运用库)设置。洗车线常用的布置方式有以下四种:咽喉区通过式、咽喉区八字式、运用库并列式和尽端式,如图8-9所示。

四个布置方案中,洗车效率从高到低分别为:咽喉区通过式、运用库通过式、咽喉区八字式、尽端式。洗车效率高的布置形式需要更多的占地面积,尤其是会影响咽喉长度。

为了缩短咽喉长度,尽端式车辆段一般采用咽喉区八字式洗车线模式。洗车线与咽喉区线路平行,后洗车线可能随最外侧轨道设计成曲线。由于城市轨道交通右侧行车,可将咽喉区并列式洗车线设置在进段方向右侧。为方便两侧入段洗车,贯通式车辆段多采用与运用库并列模式。

案例

咽喉设计案例

洗车设备包括洗车机与控制室,一般洗车机长度为70m,附加控制室9m。前后洗车线均须在道岔外满足一列车长附加10m安全距离。自动式洗车机支持列车带电低速通过洗车,且列车不需要二次通过洗车机洗车。实际中,洗车机只支持一个方向洗车,因此会产生一定折返作业。

8.4.2.3 试车线设计

试车线的设计包括两部分内容:长度计算和曲线方案设计。

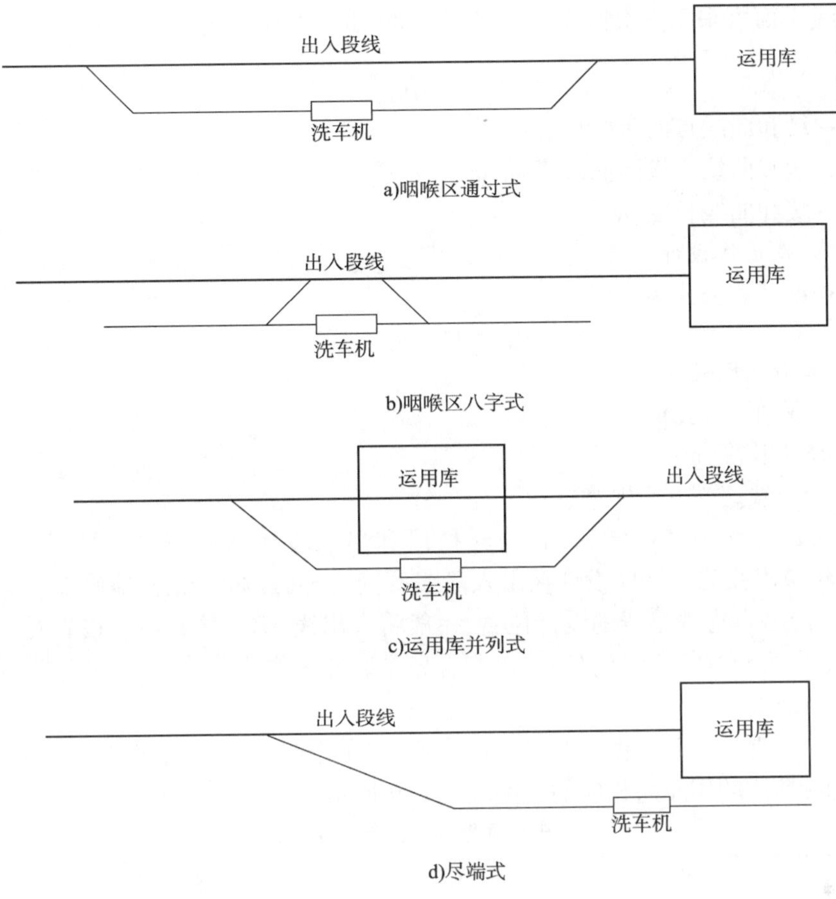

图 8-9　四种洗车线路布置方案

(1)试车线长度计算

试车线需要满足列车最高速度运行的试车要求,试车过程为列车按最大加速度加速至最高速度,之后惰行 5.0s,最后常用制动减速至停车。试车线长度计算公式为:

$$L_{sx} = L_1 + L_2 + L_3 + L_4 + L_5 + L_6 \tag{8-27}$$

式中:L_{sx}——试车线长度,m;

L_1——列车加速距离,m;

L_2——列车惰行距离,m;

L_3——列车制动距离,m;

L_4——列车车长,m;

L_5——车挡安装长度,m;取值为 30m(两端);

L_6——试车安全距离,m;取值为车长附加 10m。

(2)试车线曲线方案设计

试车线一般设计为平直线路,可采用高架、隧道、地下等敷设方式。用地受限时,试车线可设计成曲线,通过曲线使试车线贴近车辆基地(段),可减少车辆基地(段)的占地面积。《地铁设计规范》(GB 50157—2013)规定,曲线半径最小为 800m,需要设计缓和曲线。当速度为 100km/h、曲线半径为 800m 时,需要缓和曲线长度为 85m,夹直线最短为 25m,圆曲线最短为 25m。

缓和曲线平面可采用三次抛物线,缓和曲线的曲线方程如式(8-28)所示。

$$y = \frac{x^3}{6Rl_0} \tag{8-28}$$

式中:x,y——缓和曲线点的坐标值;

R——缓和曲线衔接圆曲线半径,m;

l_0——缓和曲线长度,m。

8.4.2.4 牵出线设计

牵出线长度计算公式为:

$$L_q = L + L_n + 10 \tag{8-29}$$

式中:L_q——牵出线长度,m;

L——一列车长度,m;

L_n——调机长度,m;

10——牵出线终端安全距离,m。

牵出线从最外侧道岔反向岔出,与转换段和出入段线并列,与主线路线间距至少为5.0m。一般将牵出线与检修库设计在出入段线的同一侧,以减少综合检修库调车作业产生的进路冲突。综合考虑洗车线的设计位置,一般将牵出线、综合检修库等设置在入段方向左侧。一部分牵出线会进行适当的延长,以配合新车装卸等作业。

8.4.2.5 进路设计

车辆基地中,常见的列车作业有出入段作业、洗车作业、日常检修作业,调车作业通常由维修作业产生,具体的作业与相应的进路如表8-9所示。

车辆基地内作业与进路　　表8-9

序　号	作　业	进　路
1	入段	入段进路
2	出段	出段进路
3	入段+洗车	入段—洗车机进路、洗车机—运用库进路
4	入库后洗车	运用库—洗车机进路、洗车机—运用库进路
5	日常检修	入段进路(运用库检修线)、(运用库检修线)出段进路
6	定期维修	库间调车进路、综合检修库调车进路、试车线调车进路
7	其他临时作业	临时调车进路

动画

进段过程

动画

发车过程

动画

单车进段洗车

动画

维修移线过程

(1)列车作业进路

列车作业主要是进出段作业、洗车作业、日常检修作业。由于洗车模式的不同,进出段作业包括了入段洗作业;双周三月检线一般为带电线路,需要维修时,列车回段后可以直接进入双周三月检线进行检修。

出入段作业相关的进路有入段进路(出入段线—运用库)、出段进路(运用库—出入段线)、洗车进路和对应的回段进路。

(2)调车作业进路

调车作业主要由定期维修工作产生,由于牵出线、大/架修线、定修线为无电线路,需要调车机车进行调车作业。这一类作业分为两种,一种是列车由运用库调车至综合检修库,另一种是由于维修需要,通过调车实现列车在综合检修库内不同线路以及试车线间的转移。

定修和大/架修作业中,列车均需要进行多次转线,具体如图8-10所示。如定修作业至少需要3次从综合检修库和动调线间调车,同时会产生运用库与综合检修库之间的转线。因此,进路优化应实现综合检修库与调机库间存在不影响出入段进路的平行进路设计。

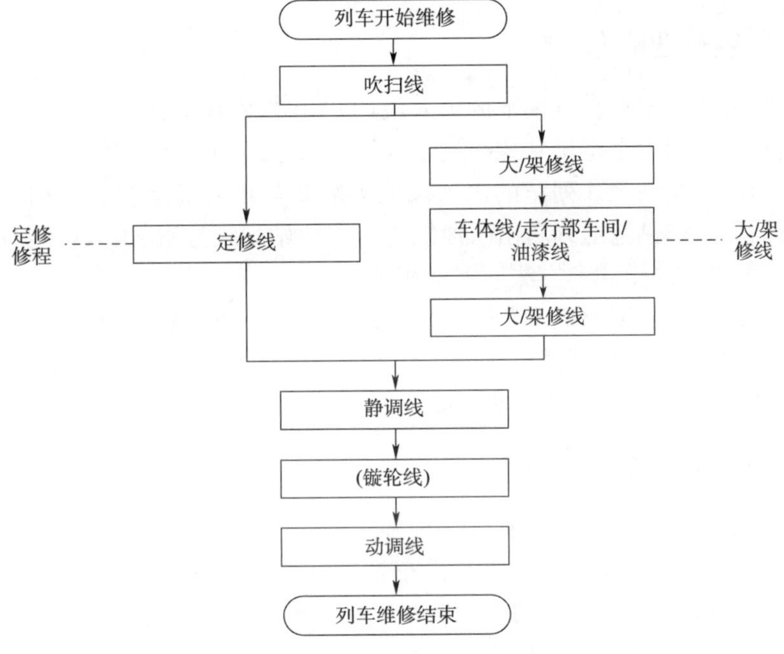

图8-10 定期维修作业流程

8.4.3 附属设施设计

除以上主要场库和主要线路外,车辆基地设计还包括对转换段和隧道、段内道路和其他建筑设施的设计。

(1)转换段和隧道

转换段设计在出入段线与车辆基地(段)内线路之间,长度一般为一列车全长,在牵出线道岔外间隔最小夹直线长度即可设计转换段。出入段线隧道端距离转换段要求至少为50m,隧道端外即可设计车辆基地(段)边界。

(2)段内道路

段内道路的设计要求为:路面宽度不应小于7m,道路净空不应小于5m,设计荷载采用公路-Ⅱ级;次级道路最小宽度为4m。站场道路最大纵坡不宜大于8%,两相邻坡段坡度差大于2%时应考虑设置竖曲线,竖曲线最小半径为100m。段内道路宽度会决定场库间距离,如运用库和综合检修库的库边间距为11m(路面宽7m)。

(3)其他建筑设施

其他设施包括材料堆场、综合楼、综合楼附属楼、牵引变电站、易燃品库等,其尺寸均有相关标准,如表8-10所示。

其他设施尺寸参考

表8-10

设施	材料堆场	综合楼(地基)	综合楼附属楼(地基)	牵引变电站	易燃品库
设计面积(m^2)	3500	1500	1500	500	500

8.5 车辆基地能力计算

8.5.1 车辆基地能力

车辆基地能力指既定车辆规模下的出入段(场)和检修作业的能力。其中,车辆基地的出入段能力指单位时间内由车辆基地通过出入线进入正线的列车列数或由正线通过出入线进入到车辆基地的列车列数。列车的出入段能力需要与正线的运营能力相匹配,以适应正线的列车运行间隔。车辆基地列车出入段能力与接轨站配线方案、出入段线设置形式、车辆段布置形式、运营管理的模式和方法等因素相关。

车辆基地检修能力主要取决于车辆基地库线能力与设备检修能力,与车辆段布置形式、作业线路设置形式、作业计划等因素相关。与出入段能力类似,服务于检修工作的调车作业能力与车辆基地(段)咽喉区能力密切相关。

8.5.2 列车出入段作业分析

列车出段过程为列车自车辆基地(段)内停车列检库停车中心开始经由走行线运行至转换轨,再由转换轨运行至正线接轨站直至由车站出站为止的过程。入段过程是出段过程的逆过程,即由正线车站发车至停车列检库停车中心停车的过程。

8.5.2.1 列车出入段作业过程运行时间分析

由列车出段过程示意图(图8-11)可知,列车出段能力的控制因素主要包括段内区段运行时间和出段区段运行时间。

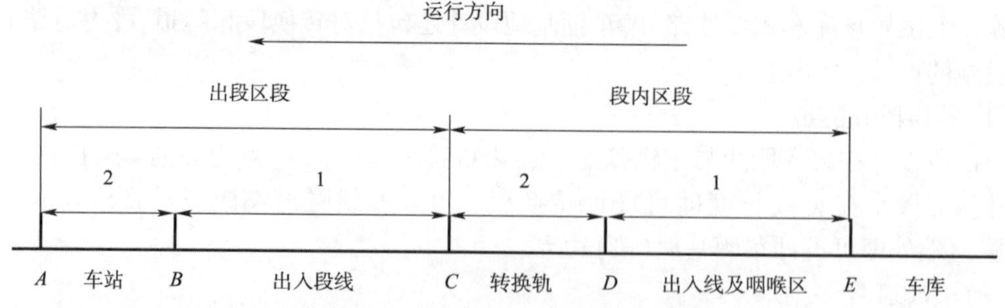

图8-11 列车出段过程占用线路示意图

1)段内区段运行时间

段内区段运行时间是指列车发车出段时,在停车列检库准备发车至完成列车转换模式的作业时间,可分为两个部分。

(1)列车由停车列检库至发车到进入转换段(轨)的时间

列车出库后,根据车辆段咽喉区布置形式,选择最优进路进入转换段区域,在该区段内主要以人工驾驶模式行驶,限速 20km/h,平均运行速度 12～15km/h,该区段运行时间与车辆基地内咽喉的长度和咽喉区道岔的布置有关。

(2)列车停车或不停车转换制式至转换段出清运行和下列车可排列到转换进路的时间

该过程包括制式转换时间和列车出清至下列车进入时间两个部分,通常均为定值。

2)出段区段运行时间

出段区段运行时间是指列车完成转换模式后至运行至正线运营的作业时间,可分为两个部分。

(1)出入段线运行时间

列车经制式转换后在列车自动防护(ATP)模式下运行,经出入段线运行至接轨车站。此时线路通过能力相当于正线的追踪能力,因此该区段不是车辆段出入段能力的限制区段。

(2)车站进路运行时间

这一过程为列车运行至接轨车站进站停车至列车出清接轨车站出站信号机。该区段运行时间与出入段线同正线的接轨方式有关。接轨站配线方案应具备同时进行出入段作业的条件,此外应考虑运营条件和工程造价等因素。必要时应预留远期出入段线三线接轨条件,以满足远期高峰小时行车需求。

综上所述,影响车辆段出入段能力的控制因素是列车由停车库至发车到进入转换段的时间和车站进路运行时间,具体的列车出段运行控制流程如图 8-12 所示。

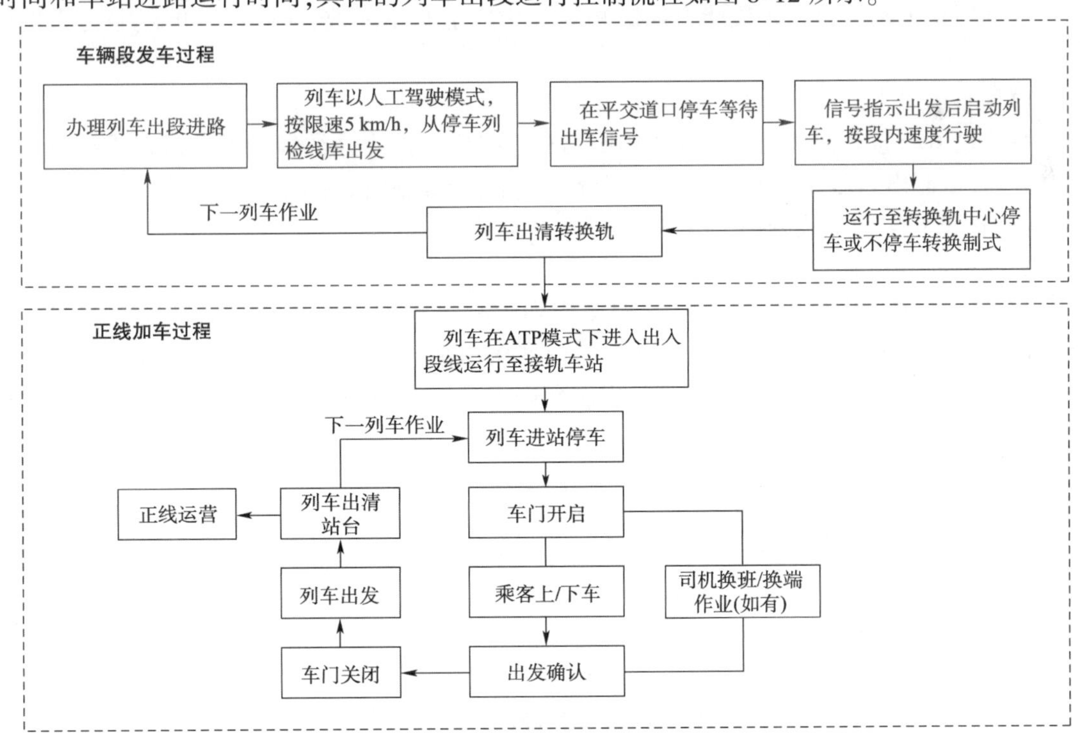

图 8-12 列车出段运行控制流程图

列车入段为出段过程的逆过程,但存在列车是否洗车的差别(图 8-13)。车辆段洗车作业有入段洗与入库洗两种作业模式。入段洗是指列车从正线回车辆基地,经过转换段后直接进入洗车线,洗车完毕后返回运用库的作业过程。入库洗是指列车从正线回车辆段时直接返回运用库,之后再根据洗车需求安排洗车作业,洗车完毕后返回运用库的作业过程。列车入段洗车会对列车回段过程造成一定影响,而入库洗车造成的影响可忽略。

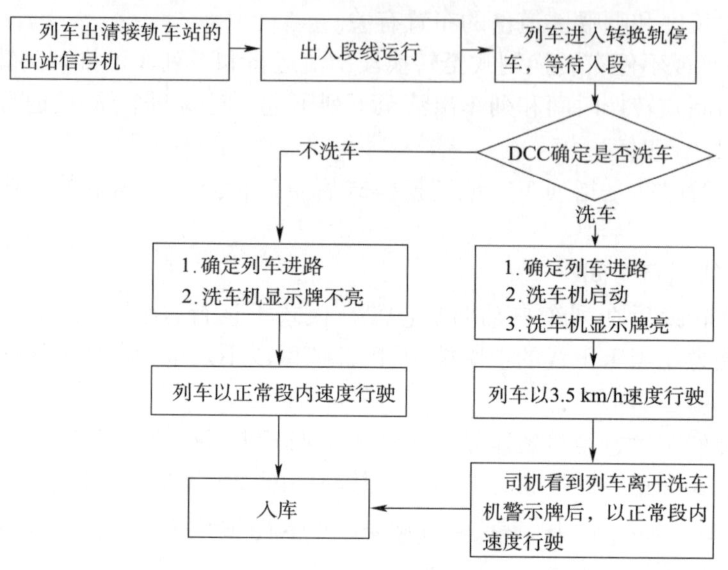

图8-13 列车入段运行控制流程图

8.5.2.2 列车出入段作业能力影响因素分析

由于列车出段能力与入段能力在影响因素构成上基本一致,在此仅以出段能力为例进行分析。

1)列车出段方式

城市轨道交通车辆基地出段方式按照列车进路排列方式分类有列车进路方式和总出发进路方式;按照出入段作业使用线路不同分类有单线出段和双线出段方式。

(1)按进路排列方式分类

①列车进路方式。

列车进路方式出段是指一次性办理完成列车从停车列检库内至出清转换轨的列车进路。在库前的列车出发信号机开放条件(前行列车出清转换轨)全部满足,即成功办理至下一阻挡信号机的列车进路后,库内列车才被允许以列车运行方式按行车作业规程规定的速度起动运行。这一方式如图8-14所示。

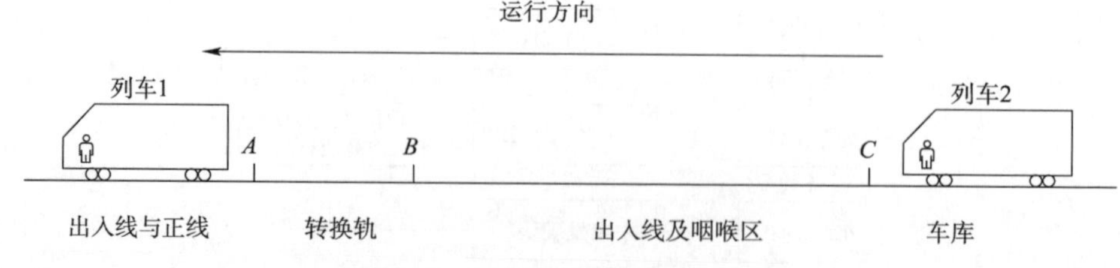

图8-14 列车进路方式出段过程示意图

②总出发进路方式。

总出发进路方式出段是通过调车进路将列车以调车运行方式调至出入线上设置的总出发信号机前,再办理列车进路;待总出发信号机开放后,列车再以列车进路方式运行至转换轨停车进行模式转换。在前列列车进行模式转换过程中,库内后续列车将同步被调至总出发信号机前,等待进入转换轨。

根据实际车辆段规模和出段线设备配置不同,总出发进路方式又分为具备列队条件的总出发进路方式(图 8-15)和不具备列队条件的总出发进路方式(图 8-16)。具备调车列队条件是指当咽喉区或出段线设置顺向调车信号机时,可将其作为调车进路终端,将库内列车先行调至该处,进行调车列队出库。咽喉区或出段线未设置顺向调车信号机,或线路条件无法实现列队时,则无法以列队方式完成出段。

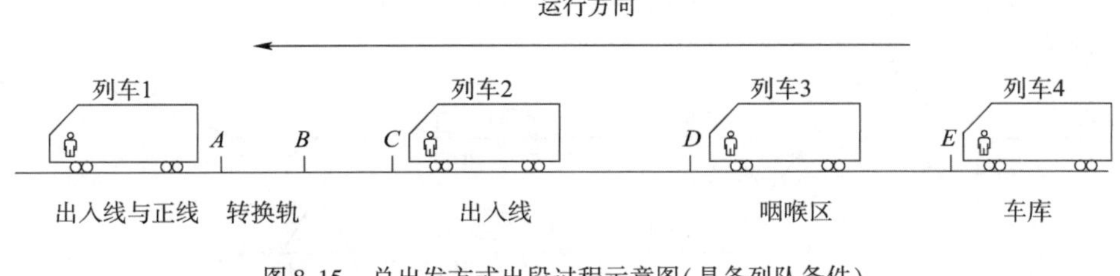

图 8-15 总出发方式出段过程示意图(具备列队条件)

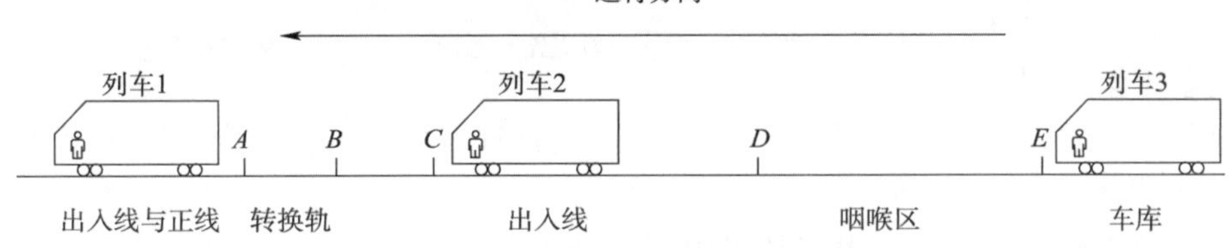

图 8-16 总出发方式出段过程示意图(不具备列队条件)

(2)按线路使用方式分类

《地铁设计规范》(GB 50157—2013)规定,车辆基地(段)出入段线应按双线双向运行设计。列车出段时分利用单线出段和左、右线双线同时出段 2 种形式。

①单线出段。

列车单线出段时存在两种形式:右线出段和左线出段。右线出段和左线出段进路分别如图 8-17 和图 8-18 中虚线所示。

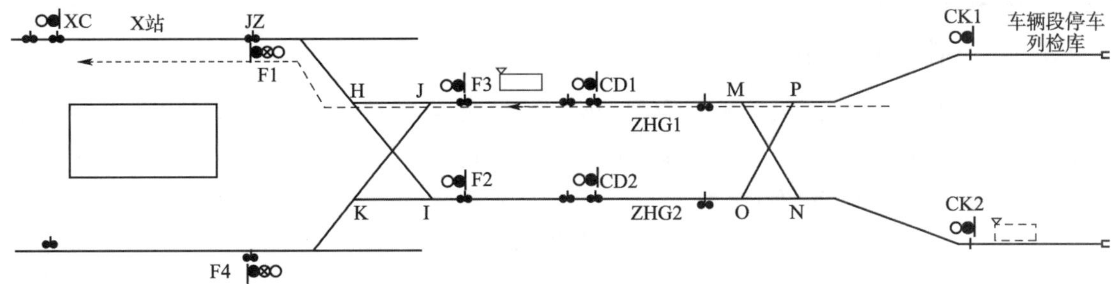

图 8-17 右线出段进路示意图

CK-出库信号机;ZHG-转换轨;CD-出段信号机;JZ-进站信号机;XC-下行发车信号机;F-道岔防护信号;H ~ P-道岔编号

②双线出段。

车辆基地(段)发车时段和收车时段较为集中,主要体现为“早发车、晚收车”,收发车时间重叠率较小,因此一般应用双线出段以提高车辆段发车能力。如图 8-19 所示,图中虚线表示列车双线出段时列车 1、2 的运行进路。

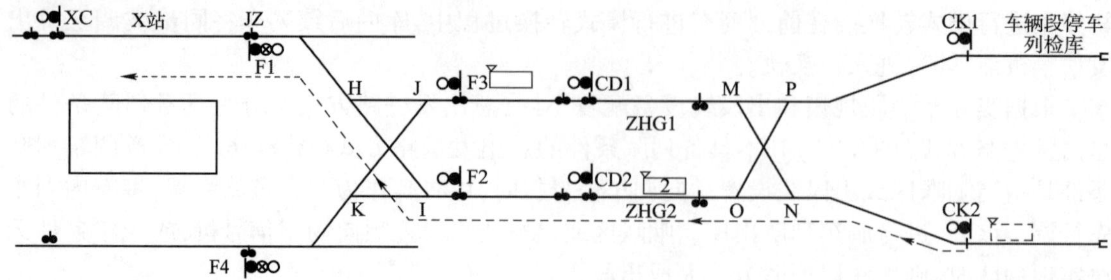

图 8-18　左线出段进路示意图

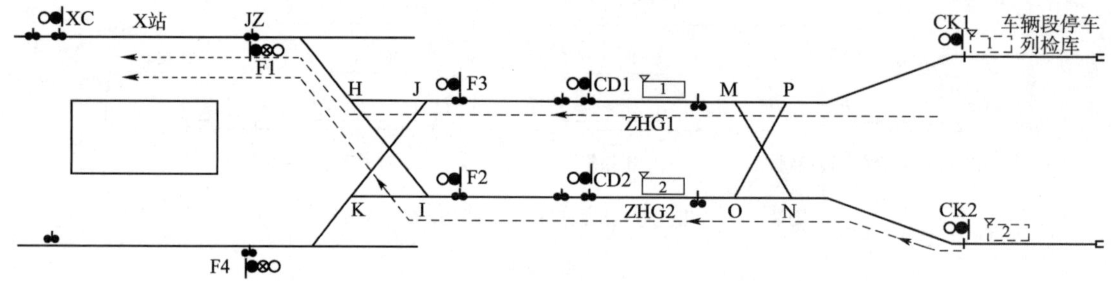

图 8-19　双线出段进路示意图

2)列车出段时间

由列车出段运行控制流程图可知:列车出段作业时间主要包括库内走行时间、走行线走行时间、司机操作及反应时间、列车模式转换时间、列车在接轨站作业时间五部分。

列车出段走行时间受走行距离和段内限制速度与车站限制速度影响,在出入段作业过程中,列车运行限制速度如表 8-11 所示。

列车出入段作业限制速度　　表 8-11

运行过程	限速(km/h)
列车库内运行	5
车辆基地(段)库外运行	30(轨道电路编码)、20(轨道电路无编码)
洗车线上运行	3.5
车站限速	35

8.5.3　出入段作业能力测算

列车出入段能力取决于车辆基地(段)发车过程和正线加车过程,取两个过程中较小能力者为出段作业能力。本节分别介绍两个过程的作业总时间,获得相邻列车的最小追踪间隔 $I_{追}$,则作业能力如式(8-30)所示。

$$N = \frac{3600}{I_{追}}(列/h) \tag{8-30}$$

8.5.3.1　车辆段发车能力测算

出段能力的计算原则为:列车在车辆段段内采用人工驾驶模式,在转换轨处系统设备不停车切换驾驶模式,采用列车进路方式出段。由于列车出段进路长度不一,需要计算列车从各条进路出段时间,并将其均值作为该车辆段的出段时间。

(1)单线出段

发车时间起点为列车内司机在运用库内向信号楼值班员报备作业完毕,直到列车到达转换轨处停稳并收到正线自动驾驶信号,信号楼可向该进路排列下一列车出段进路时为止。列车由停车库至发车到进入转换段的时间周期为信号楼排列进路时间和列车运行时间(司机作业时间)之和。车辆段运用库单线出段发车时间测算如表 8-12 所示。

车辆段运用库单线出段发车时间测算表 表 8-12

<table>
<tr><td rowspan="2">序　号</td><td colspan="2">发车过程分解(信号楼作业)</td><td colspan="2">测算时间</td></tr>
<tr><td>起算点</td><td>结算点</td><td>右线出段用时(s)</td><td>左线出段用时(s)</td></tr>
<tr><td>1</td><td>司机整备作业完毕</td><td>后台呼唤应答</td><td>7</td><td>7</td></tr>
<tr><td>2</td><td>后台发令前台操作</td><td>前台复诵</td><td>8</td><td>8</td></tr>
<tr><td>3</td><td>前台排列进路</td><td>后台呼唤应答</td><td>25</td><td>25</td></tr>
<tr><td>4</td><td>后台通知司机动车</td><td>司机复诵信号楼动车指令</td><td>15</td><td>15</td></tr>
<tr><td colspan="3">合计</td><td>55</td><td>55</td></tr>
<tr><td rowspan="2">序　号</td><td colspan="2">发车过程分解(司机作业)</td><td colspan="2">测算时间</td></tr>
<tr><td>起算点</td><td>结算点</td><td>右线出段用时(s)</td><td>左线出段用时(s)</td></tr>
<tr><td>1</td><td>司机确认信号</td><td>推手柄起动列车</td><td>5</td><td>5</td></tr>
<tr><td>2</td><td>推手柄起动列车</td><td>在平交道口停车(5km/h)</td><td>6</td><td>6</td></tr>
<tr><td>3</td><td>平交道口停车</td><td>再次推手柄起动列车</td><td>5</td><td>5</td></tr>
<tr><td>4</td><td>再次推手柄起动列车</td><td>车尾完全出库(5km/h)</td><td>130.3</td><td>130.3</td></tr>
<tr><td>5</td><td>车尾完全出库</td><td>运行至转换轨中心(25km/h)</td><td>47.0</td><td>48.3</td></tr>
<tr><td>6</td><td colspan="2">列车出清转换轨保护区段运行时间</td><td>21</td><td>21</td></tr>
<tr><td colspan="3">合计</td><td>214.3</td><td>215.6</td></tr>
<tr><td colspan="3">总出段时间</td><td>269.3</td><td>270.6</td></tr>
</table>

(2)双线出段

列车双线出段时,两列车分别从运用库出发,经由各自进路运行至转换轨处,转换运行模式后运行至与正线接轨车站站台,停车上客。车辆段双线出段运行时间测算如表 8-13 所示。此时平均出段间隔 128.5s,发车能力为 28 列/h。

车辆段双线出段运行时间计算表 表 8-13

序号	作 业 内 容	时间(左线/右线)/(s)
1	办理列车出段进路且司机确认信号	15/15
2	列车从运用库信号机前出发运行至头部压上转换轨	155/148
3	运行至头部距 CD1/CD2 一个完整列车制动距离处	17/20
4	列车运行至头部距 F3/F4 一个完整列车制动距离处	85/88
5	办理 CD1/CD2 至 F1/F2 间进路	13/13
6	列车继续运行至尾部出清 F1/F2	18/25
7	列车运行至车站中间股道停车	24/17
8	停车上客	25/25
9	列车运行至尾部出清下行出站信号机计轴区段	34/38

8.5.3.2 正线加车能力测算

(1)车辆基地(段)向正线加车能力分析

在高峰时段从车辆基地(段)或车场向正线增加运行列车(以下简为"加车"),不仅受车辆基地(段)或车场出段能力的影响,还受到正线行车间隔的限制。因此,需要计算允许加车情况下正线的最小行车间隔,即以此间隔行车时加车过程不影响正线行车。

以八字线顺向加车为例详细分析进站进路运行时间(单侧接轨与之类似),当正线列车出清上行站台出站末端信号机时,即可开放停车线道岔防护信号机进站信号,出段列车可进站(图8-20)。正线列车与出段列车最小行车间隔如式(8-31)所示。

$$T_1 = t_1 + t_2 + t_3 + t_4 + t_5 \tag{8-31}$$

式中:t_1——开放信号时间;

t_2——开放信号后车载设备延迟时间;

t_3——出段列车从道岔防护信号机处起动加速进站及停车所用时间;

t_4——出段列车停站上客时间(含开关门时间);

t_5——出段列车起动加速至出清出站信号机时间。

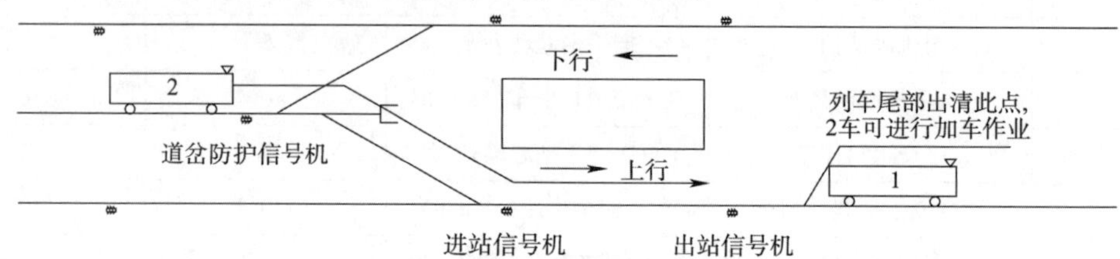

图8-20 正线列车与出段列车行车间隔示意图

当出段列车出清上行站台末端出站信号机时,即可开放正线列车进站信号(图8-21)。因此出段列车与正线列车最小行车间隔如式(8-32)所示。

$$T_2 = t_6 + t_7 + t_8 + t_9 + t_{10} \tag{8-32}$$

式中:t_6——开放正线列车进站信号时间;

t_7——开放信号后车载设备延迟时间;

t_8——正线列车进站时间;

t_9——正线列车停站上下客时间(含开关门时间);

t_{10}——正线列车起动加速至出清出站信号机时间。

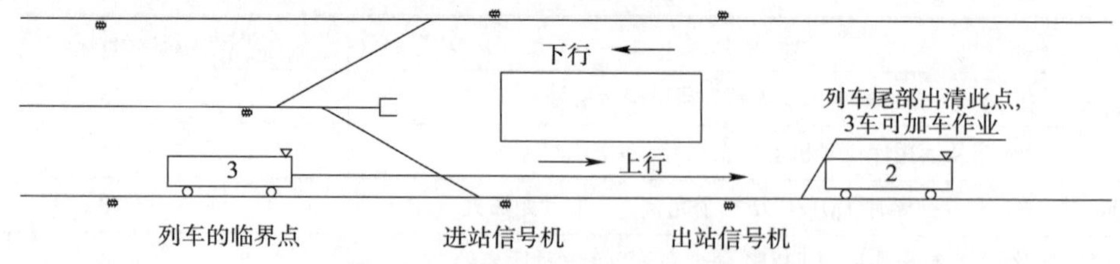

图8-21 出段列车与正线列车行车间隔示意图

在正线加车时,不影响正线正常运营的最小行车间隔应为前行正线列车与出段列车间隔与出段列车与后续正线列车间隔之和。即:

$$T_{\min} = T_1 + T_2 \tag{8-33}$$

(2)车辆基地(段)向正线加车能力计算

当正线有列车运营时,车辆段加车受到正线运营列车的影响,前行正线列车与出段列车行车间隔、出段列车与后续正线列车时间间隔应分别计算，如表 8-14 所示。

单线出段正向加车时间间隔计算表

表 8-14

序号	正线列车与出段列车行车间隔测算	测算时间(s)	
		右线出段	左线出段
1	正线列车出清下行站台末端信号机至开放出段列车进站信号	1	1
2	车载设备延迟时间	2	2
3	出段列车从道岔防护信号机处起动加速进站停车时间	47.6	39.9
4	出段列车在正线接轨车站停车上客时间(含开关门)	25	25
5	出段列车起动加速至出清下行出站信号机时间	33.9	34.2
合计	$T_1 = t_1 + t_2 + t_3 + t_4 + t_5$	109.5	102.1
序号	出段列车与正线列车行车间隔测算	测算时间(s)	
		右线出段	左线出段
1	出段列车出清出站信号机后，开放正线列车进站信号	1	1
2	信号开放后车载设备延迟时间	2	2
3	正线列车进站时间	42.4	42.4
4	正线列车停站时间	25	25
5	正线列车起动加速至出清下行出站信号机时间	33.9	33.9
合计	$T_2 = t_6 + t_7 + t_8 + t_9 + t_{10}$	104.3	104.3
总时间	$T_{min} = T_1 + T_2$	213.8	206.4

由计算结果可知：采用正线加车时，右线出段正线最小行车间隔为 213.8s，相应行车密度小于或等于 16 对/h 时，可以由车辆段通过右线向正线顺利加车；左线出段正线最小行车间隔 206.4s，相应行车密度小于或等于 17 对/h，可以由车辆段通过左线向正线顺利加车。

8.5.4 检修作业能力测算

检修作业能力的大小取决于检修作业时间的长短，理论上影响检修作业时间的因素主要有：检修作业方式、主要作业内容、工艺流程、委外修部件送出后回段时间、检修人员的工作经验和检修水平、车辆段管理水平等。

(1)检修作业方式

国内外城市轨道交通车辆检修作业方式主要采用现车修理和换件修理相结合的检修模式。《地铁设计规范》(GB 50157—2013)规定检修作业时间是作业方式按部件互换修确定的，但由于国内地铁车辆在检修时无法做到全部换件修理，因此实际检修作业时间会较规定时间稍长。

(2)检修主要作业内容

国内地铁车辆大、架修的作业内容基本相同，只是更换零部件的范围不同。各修程检修作业内容根据车辆生产厂商提供的维修手册确定。不同线路不同车辆所需的检修时间也不相同。

(3)工艺流程

《地铁设计规范》(GB 50157—2013)没有规定检修工艺和工艺流程，也没有规定各工序作业时间。在规划设计阶段,检修设计能力常见的计算方法为:根据地铁设计规划规定的检修修程、列车年检修量和年工作日,计算各检修列位数量,实际各项作业时间并未精确考虑。在检修能力核算阶段,应根据各项作业实际的检修工艺和工艺流程,核实各工序作业时间,精确计算不同修程检修时间。

(4)委外修部件送出后回段时间

车辆大、架修时,一些零部件由于车辆基地(段)技术原因,需要委托专业化生产厂修理,由于受委外修厂家修理时间及返回时间等影响,会造成检修作业时间延长。

(5)检修人员的工作经验和检修水平

近年来,我国城市轨道交通发展迅猛,城市轨道交通车辆基地(段)大、架修普遍缺少有工作经验和高检修水平的检修人员。大、架修检修目前还处在工作经验的积累和检修水平的不断提高阶段,因此检修所需时间较长。

(6)车辆段管理水平

车辆段管理水平对检修时间影响较大,涉及了各项作业的安排和工作人员的管理,如作业手续的烦琐、作业工序的不连贯等会造成作业时间的延长。

思考题

1. 简述城市轨道交通车辆段的概念和基本功能。
2. 简述城市轨道交通车辆段主要场库和线路组成及其功能。
3. 试述城市轨道交通总体设计路线和总平面设计路线。
4. 简述城市轨道交通车辆段配属车辆数计算方法。
5. 试述修程修制调整(如双周/三月检变为单周/单月检)对在修车数量和各维修线规模的影响。
6. 试述综合检修库的组成和设计方法。
7. 试述车辆段中车辆进路类型以及在设计中的注意事项。
8. 简述车辆段能力的具体内容以及不同出入段作业过程。

第9章　城市轨道交通换乘设计

城市轨道交通换乘设计是城市轨道交通系统规划与设计的重要内容,本章介绍了城市轨道交通枢纽的概念、换乘设计的基本原则和内容,探讨了城市轨道交通换乘方式、换乘结构与换乘流线设计,以及与其他交通方式的换乘接驳设计。

9.1　换乘设计概述

9.1.1　城市轨道交通枢纽

(1)城市轨道交通枢纽的概念

城市轨道交通枢纽作为城市客运枢纽的重要形式,是以城市轨道交通为主体,实现多条轨道交通线路的换乘、多种交通形式的转换,具有相应服务功能的综合性交通设施。城市轨道交通枢纽也是城市交通换乘点,乘客通过枢纽实现城市轨道交通线路间或各种方式间的转换,达到出行目的。

城市轨道交通枢纽一般由轨道交通、常规公交、换乘通道、站厅、停车场、服务设施等子系统组成。各子系统作为枢纽的有机组成部分,相互联系,充分发挥各自的功能和优势,促使系统达到整体功能优化,为实现出行者换乘舒适、安全和换乘时间最短等目标而服务。

(2)城市轨道交通枢纽的分类

城市轨道交通枢纽根据其功能配置可以分为市级、区级和片区级三类。

市级交通枢纽可位于城市中心区,承担全市范围的中转换乘功能,应由多层次、多条城市轨道交通线路与其他交通方式共同组成或独立构成。

区级交通枢纽位于各区域中心区,承担本区域与城市其他区域间的中转换乘客流,兼有枢纽所在区域的客流集散功能,由各层次两条以上轨道交通线路与其他方式共同构成或独立构成。

片区级交通枢纽多位于片区级商业、居住、文化中心,主要服务某一个或某几个片区客流集散与中转换乘。各类城市轨道交通枢纽换乘设施配置如表9-1所示。

各类城市轨道交通枢纽换乘设施配置　　表9-1

<table>
<tr><th colspan="2" rowspan="2">枢纽类型</th><th colspan="5">换乘设施</th></tr>
<tr><th>轨道交通</th><th>公交车</th><th>出租车</th><th>小汽车</th><th>非机动车</th></tr>
<tr><td colspan="2">对外交通枢纽</td><td>▲</td><td>▲</td><td>▲</td><td>▲</td><td>△</td></tr>
<tr><td rowspan="3">城市内部交通枢纽</td><td>市级交通枢纽</td><td>▲</td><td>▲</td><td>▲</td><td>×</td><td>▲</td></tr>
<tr><td>区域级交通枢纽</td><td>▲</td><td>▲</td><td>△</td><td>×</td><td>▲</td></tr>
<tr><td>片区级交通枢纽</td><td>▲</td><td>▲</td><td>△</td><td>△</td><td>▲</td></tr>
</table>

注:▲表示必须配备的设施,△表示根据条件可配备的设施,×表示不需配备的设施。

9.1.2 换乘设计原则

换乘是城市轨道枢纽的核心功能,枢纽内部设施布局和交通流线组织首先应保证此功能的实现。换乘设计原则主要有:

①尽量缩短换乘距离,做到路线明确、简捷、方便乘客。

②尽量减少换乘高差,避免高度损失。

③换乘客流宜与进、出站客流分开,避免相互交叉干扰。

④换乘设施的设置应满足换乘客流量的需要,且需留有扩、改建余地。

⑤应周密考虑换乘方式和换乘形式,合理确定换乘通道及预留口位置。

⑥换乘通道长度不宜超过100m,否则宜设置自动步行道。

⑦应尽可能节省造价。

9.1.3 换乘设计的主要内容

城市轨道交通枢纽换乘设计的主要内容如下:

①分析预测枢纽客流集散量和换乘客流量时空分布。

②根据枢纽所在用地区域的土地开发性质、集散客流量大小,以及衔接的客运方式种类和线路数等因素确定枢纽的规模和等级。

③分析对枢纽内设施设备资源的需求,提出配置方案。

④确定轨道线路间的换乘流线与组织方法,并对轨道交通与市内、对外客运方式的衔接系统进行规划设计。

⑤评估枢纽交通运行服务水平,优化组织与设计方案。

城市轨道交通枢纽规划与设计的工作程序如图9-1所示。

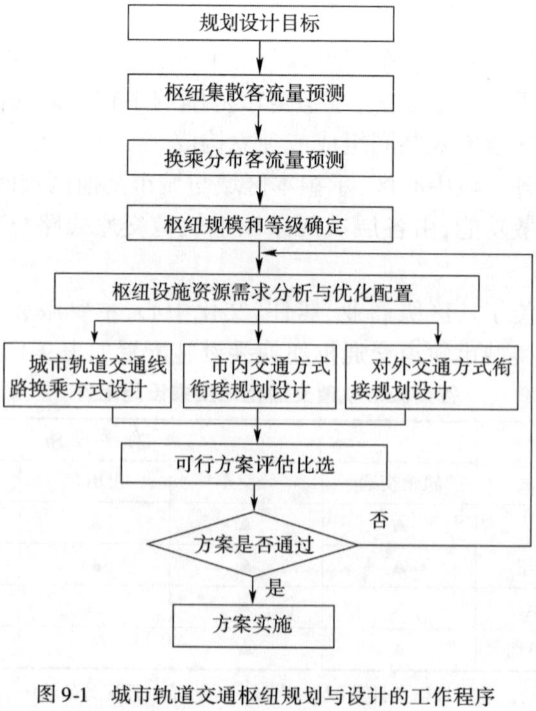

图9-1 城市轨道交通枢纽规划与设计的工作程序

9.2 换乘方式设计

城市轨道交通枢纽内线路间换乘有站台换乘、站厅换乘、通道换乘、站外换乘和组合换乘五种方式。

9.2.1 站台换乘

站台换乘指两条线路的乘客不经过站厅或出站，而直接通过站台进行换乘。根据两线站台的作业方式，站台换乘可以分为站台直接换乘和站台节点换乘。

(1)站台直接换乘

站台直接换乘是指两条线路的站线分设在同一个站台的两侧，乘客可在同一站台由一条线路换乘到另一条线路；也称同站台换乘。这种方式是换乘最便捷的方案。但是这种方式要求两线具有足够长的重合段，在规划阶段就应有所考虑。实施时线路设计方案比较复杂，工程施工难度也较大，是精细化设计的成果。

图9-2是双岛式换乘站台的结构形式，图9-2a)为同平面布置、图9-2b)为上下双层布置。它们可实现4个换乘方向的同站台换乘；而另外4个换乘方向则需要采用其他换乘方式。

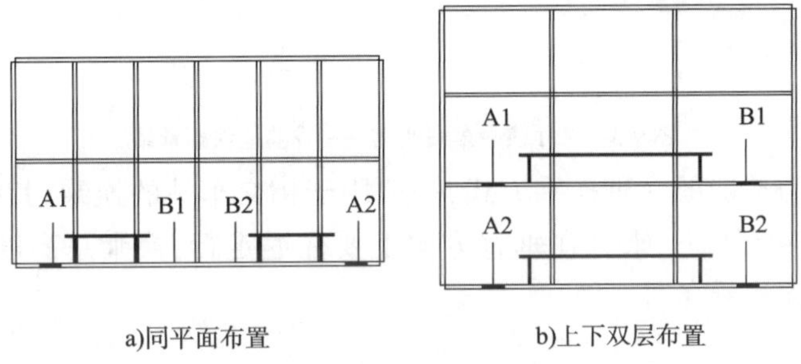

a)同平面布置　　b)上下双层布置

图9-2　同站台换乘车站形式

(2)站台节点换乘

站台节点换乘一般是指乘客由一个车站站台通过楼梯或自动扶梯换乘到另一个车站站台，这种换乘方式要求换乘楼梯或自动扶梯应有足够宽度，以免造成乘客堆积拥挤，发生安全事故。站台节点换乘可分为十字节点换乘、T形节点换乘和L形节点换乘。

站台形式可分为岛岛换乘、岛侧换乘与侧侧换乘。“岛岛换乘”是指两个岛式站台车站间的换乘。这种方式两车站间直接换乘场所只有一个，换乘能力受局限，一般需要辅以通道来解决其他流线客流的换乘问题。“岛侧换乘”是指岛式站台车站与侧式站台车站之间的换乘。“侧侧换乘”是指两个侧式站台车站间的换乘。

9.2.2 站厅换乘

站厅换乘是指乘客由一个车站站台通过楼梯或自动扶梯到达另一个车站站厅或两站共用站厅，再由这一站厅通至另一个车站站台的换乘方式。在站厅换乘方式下，乘客下车后，无论是出站还是换乘，都必须经过站厅，再根据导向标志出站或进入另一站台继续乘车。由于下车客流朝一个方向流动，减少了站台上的客流交织，乘客在站台上滞留时间减少，可避免站台拥挤,增加站台有效使用面积,有利于控制站台宽度规模。站厅换乘车站实例如图 9-3 所示。

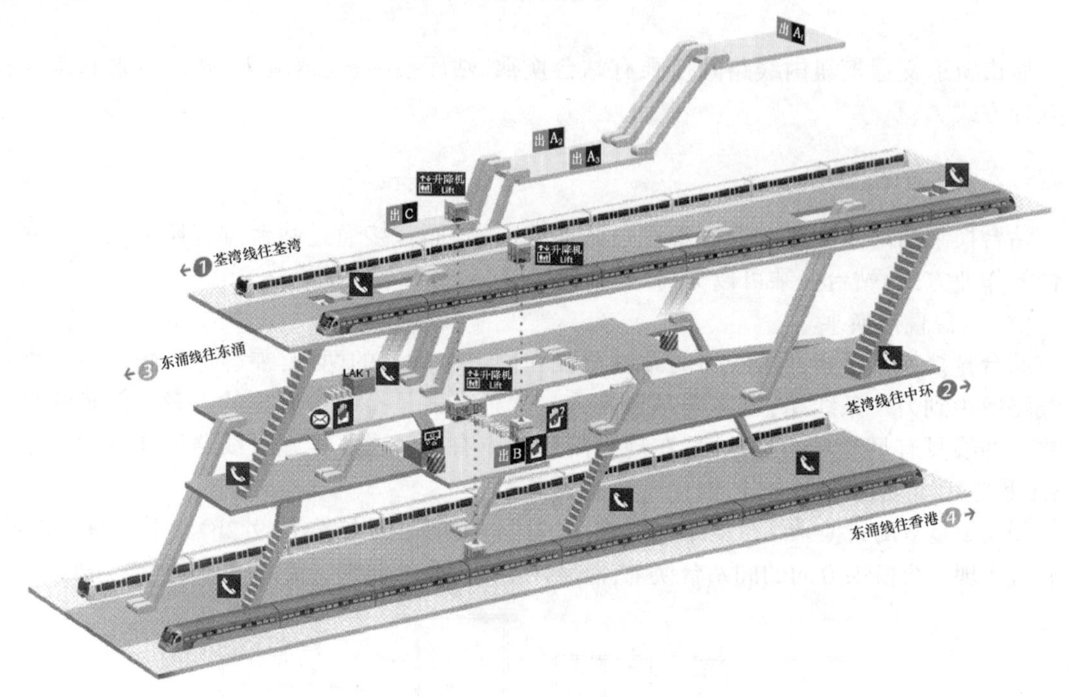

图 9-3 站厅换乘车站实例——香港地铁荔景站

站厅换乘是较为普遍的一种换乘方式,一般用于相交车站的换乘,其换乘距离一般比站台换乘要长。在很多情况下,乘客在垂直方向上要往返走行,换乘总高度大,可以通过设置自动扶梯连接来改善换乘条件。

9.2.3 通道换乘

两站间设置单独的换乘通道供乘客换乘使用称为通道换乘。当两线车站站台相距较远或受地形条件限制站厅不能直接连接时,可考虑采用这类方案。换乘通道一般设于两站站厅之间,也可以从站台上直接接出。通道换乘设计应注意避免流线交叉。图 9-4 为通道换乘的主要布置形式。

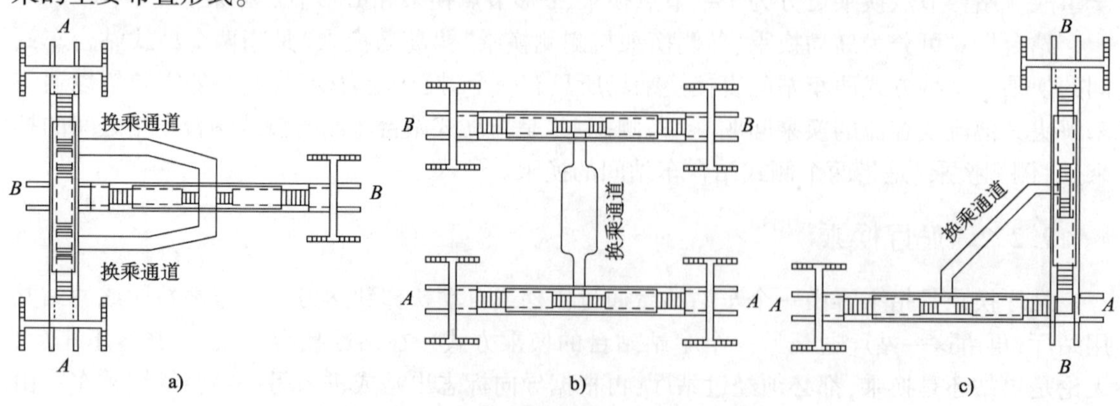

图 9-4 通道换乘的主要布置形式示意图

通道换乘方式布置较为灵活,对两线交角及车站位置有较大的适应性。换乘通道一般应尽可能设置在车站的中部,并避免换乘客流与出入站客流交叉。一般情况下,换乘通道的乘客换乘距离和时间都比前两种换乘方式要长。因此,要注意尽可能减少通道长度,一般不宜超过100m,而通道宽度则需要根据换乘客流量进行设计。这种换乘方式有利于两条线路工程分期实施,预留工程少,后期线路位置调整的灵活性大。通道换乘车站实例如图9-5所示。

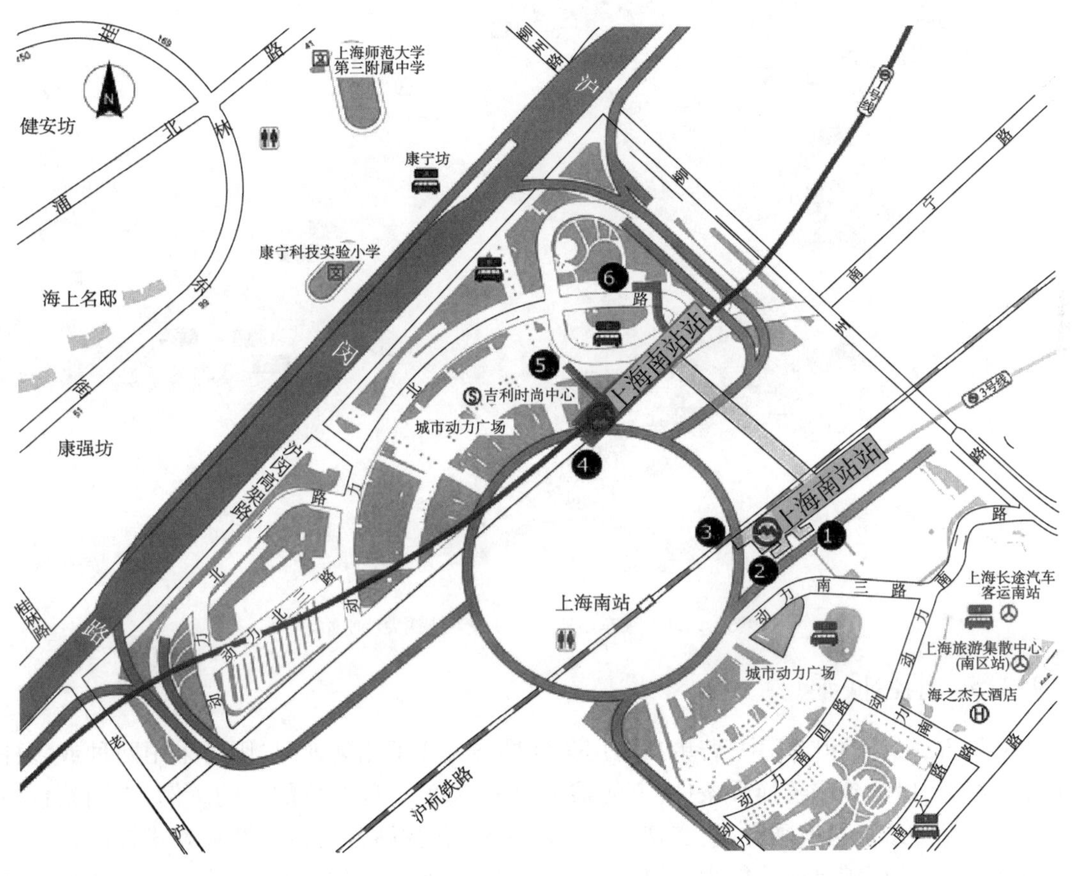

图9-5 通道换乘车站实例—上海地铁上海南站站

9.2.4 站外换乘

站外换乘是乘客在车站付费区以外换乘,实际上是没有专用换乘设施的换乘方式,一般出现在以下情况中:

①高架线与地下线之间的换乘,因条件所迫,不能采用付费区内换乘的方式。

②两线交叉处无车站或两车站相距较远。

③规划不周,已建线未做换乘预留,增建换乘设施又十分困难。

采用站外换乘方式,往往是线网规划考虑不周而造成的。由于乘客增加一次进出站手续,步行距离长,再加上在站外与其他人流混合,因而十分不便。在线网规划中应尽量避免。站外换乘实例如图9-6所示。

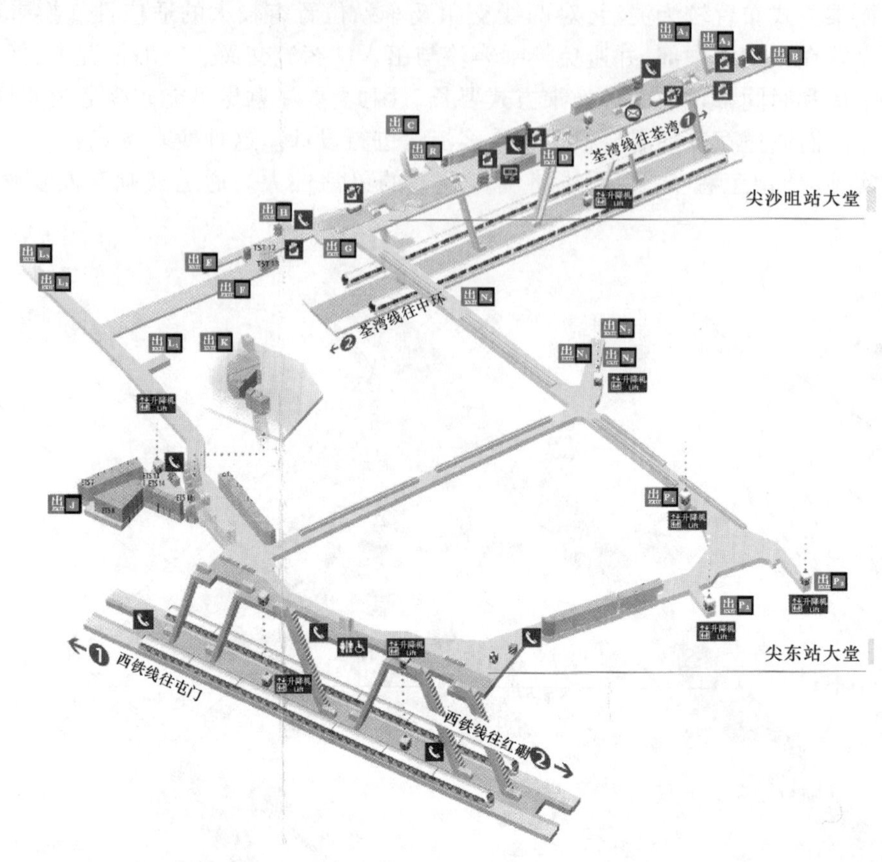

图9-6 站外换乘车站实例——香港地铁尖沙咀站

9.2.5 组合换乘

在换乘方式的实际应用中,若单独采用某种换乘方式不能奏效时,则可采用两种或多种换乘方式组合,以达到完善换乘条件,方便乘客使用,降低工程造价的目的。例如,同站台换乘方式辅以站厅或通道换乘方式,实现所有方向换乘;岛式站台的结点换乘方式辅以站厅或通道换乘方式,从而满足换乘能力;站厅换乘方式辅以通道换乘方式,可以减少预留工程量等。组合换乘的目的是增强车站换乘功能,既保证具有足够的换乘能力,又尽量方便工程实施及乘客使用。

9.3 换乘结构设计

换乘车站设计与一般车站存在差异,主要体现在车站结构形式设计方面。根据换乘车站的平面位置,主要有以下两类结构布局形式。

9.3.1 线路平行布局

(1)水平平行布局

两条线路车站在同平面平行设置,一般适用站台直接换乘或站厅换乘。当采取双线双岛式或双线岛侧式站台形式时,部分乘客可以进行同站台换乘,部分乘客可以通过站厅换乘,如图 9-7 和图 9-8 所示。

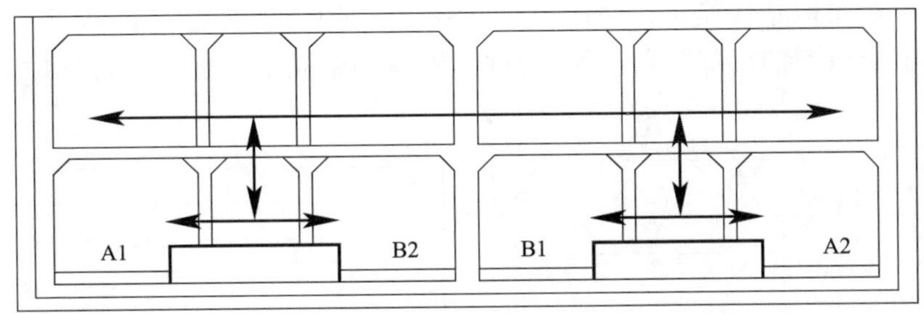

图 9-7 双线双岛式平行布局换乘示意图

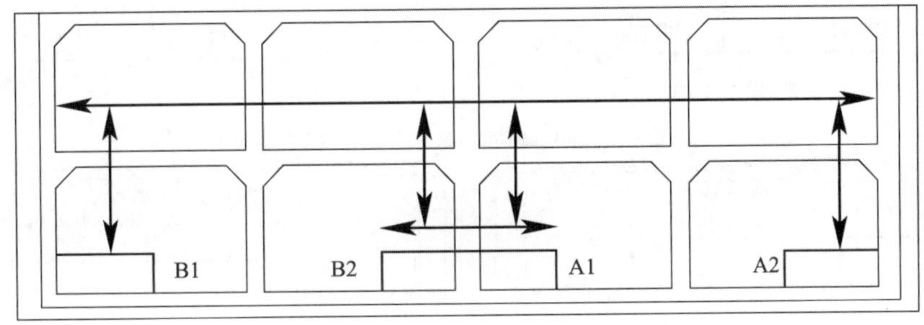

图 9-8 双线岛侧式平行布局换乘示意图

东京地铁表参道站是日本东京地铁银座线和地铁半藏门线之间的换乘站,其站台和站线布置如图 9-9 所示。共设有两个岛式站台,将银座线布置在两个岛式站台之间,而将半藏门线布置在两个岛式站台的外侧。其换乘特点是同一方向的列车换乘在同一站台上完成。

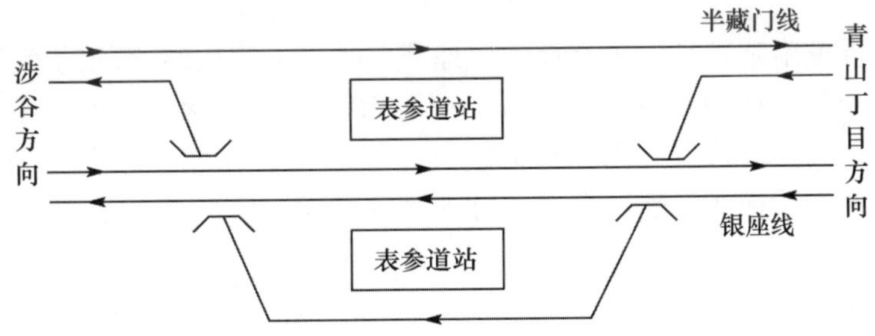

图 9-9 东京地铁表参道换乘站布置示意图

(2)"工"字形布局

当两线车站的站位平行或接近平行布局形式,但又无法采用同站台换乘时,这种车站一般采用通道换乘,以换乘通道和车站构成"工"字形布局,如图 9-10 所示。

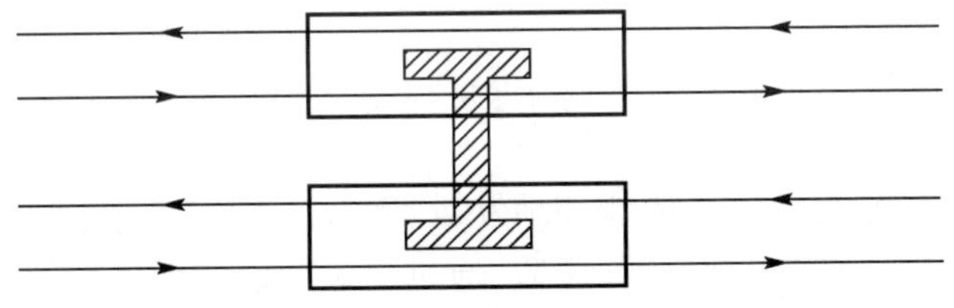

图 9-10 "工"字形平行布局换乘示意图

(3)立体平行布局

两车站上下平行重叠设置,可采用站台直接换乘或站厅换乘。当布局形式为同线路同站台设置时,一般采取站厅换乘。站厅位于站台上部或中间,如图9-11所示。当布局形式为不同线路同站台设置时,部分乘客可进行同站台换乘,其他乘客需通过站厅完成换乘,如图9-12所示。

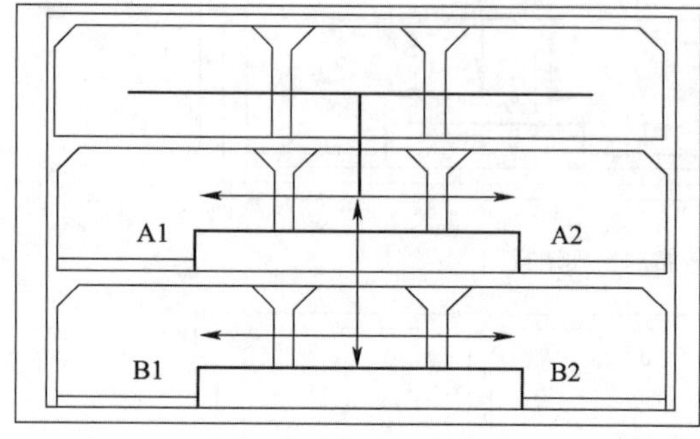

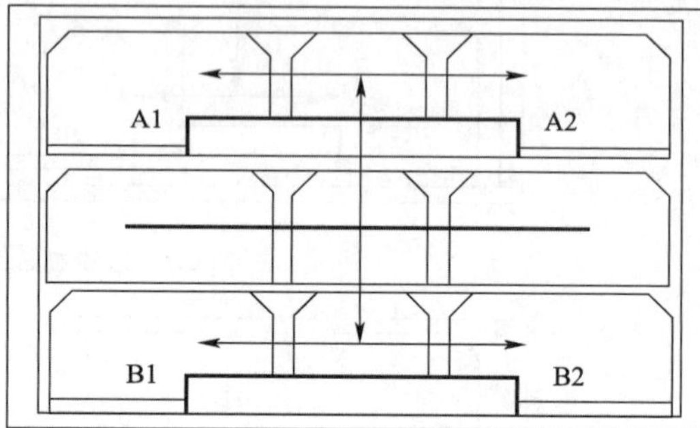

图9-11　同线路同站台设置换乘示意图

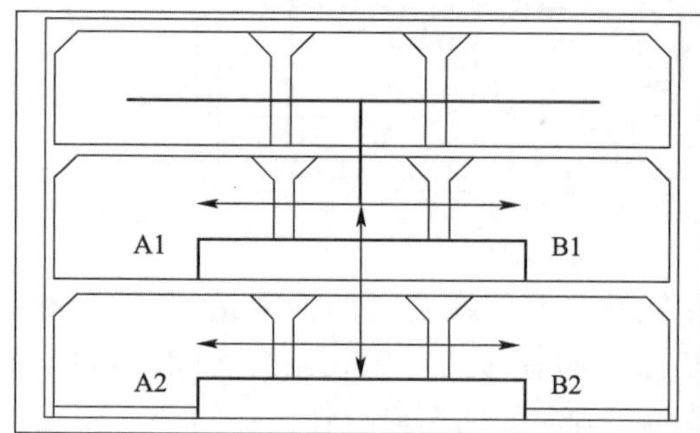

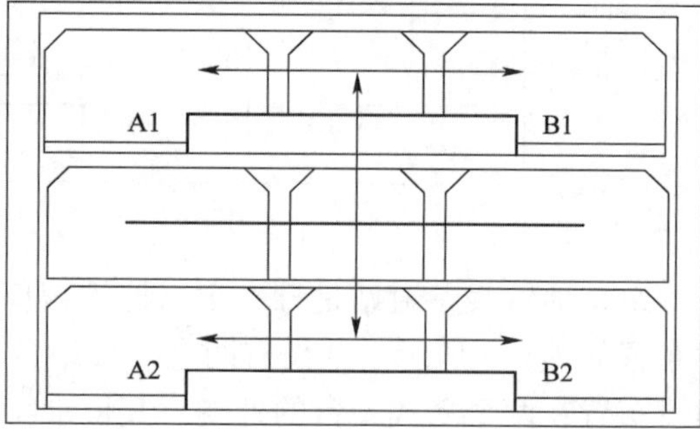

图9-12　不同线路同站台设置换乘示意图

东京地铁赤坂见附站是日本东京地铁银座线和地铁丸之内线之间的换乘站。如图9-13所示,两条线路中相同方向的线路布置在同一层平面上,并使两个平面上下平行,以便组织方便的换乘方式。其换乘特点是同一方向的列车换乘可以在同一站台上完成;而相反方向的列车换乘只要上下楼梯或者通过自动扶梯即可完成。

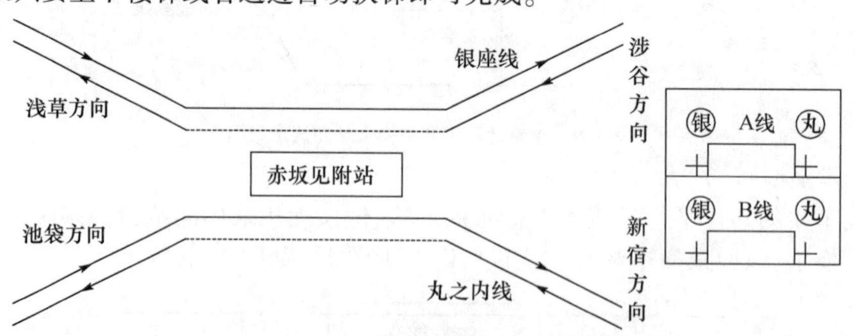

图9-13　东京地铁赤坂见附换乘站布置示意图

㊎-银座线;㊄-丸之内线

香港太子站和旺角站是地铁荃湾线和地铁观塘线之间的连续换乘站。在工程建设时将连续换乘站按两层立体结构进行设计和建造,通过在站间设置两条线路的立体交叉,从而实现了所有换乘方向的同站台换乘,如图9-14所示。

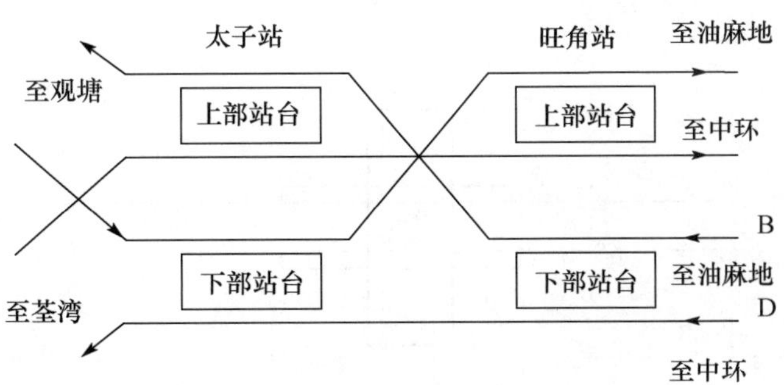

图 9-14　香港地铁太子、旺角换乘站布置示意图

9.3.2　线路相交布局

(1)“L”形换乘

两个车站平面位置在端部相连构成“L”形,高差要满足线路立交的需要,如图 9-15 所示。这种车站一般在相交处设站厅进行换乘,也可根据客流情况设置专用通道进行换乘。

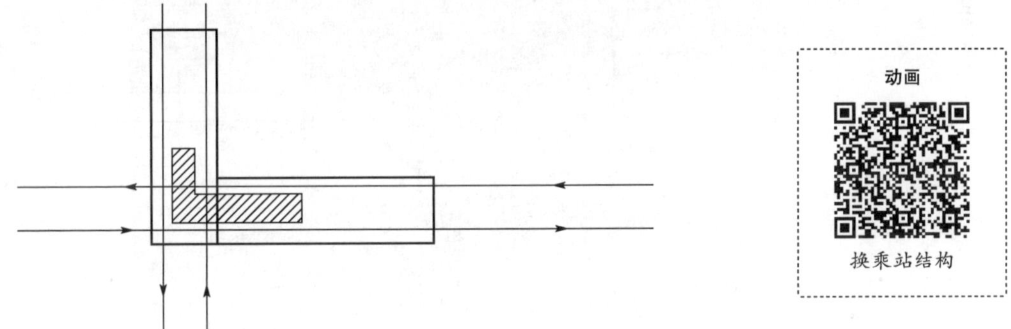

图 9-15　“L”形换乘布局示意图

(2)“T”形换乘

两个车站上下相交,其中一个车站的端部与另一个车站的中部相连,在平面上构成“T”形,如图 9-16 所示。一般可通过楼梯或自动扶梯进行站台节点换乘,也可根据客流情况采用站厅换乘或专用通道换乘。

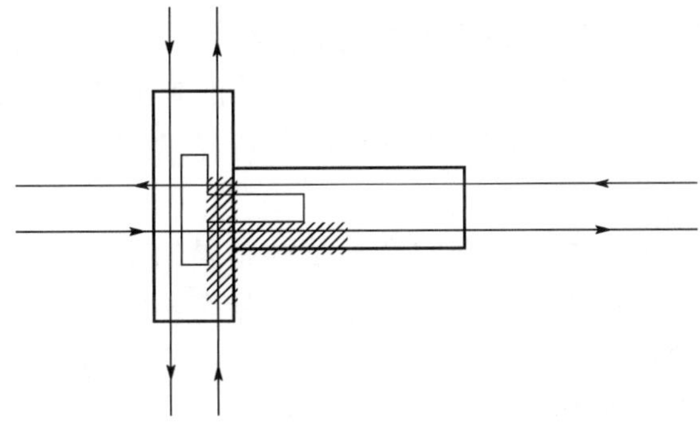

图 9-16　“T”形换乘布局示意图

(3)“十”字形换乘

两个车站在中部相立交,在平面上构成“十”字形,如图 9-17 所示。这种车站一般采用站台节点换乘或站厅加通道换乘。

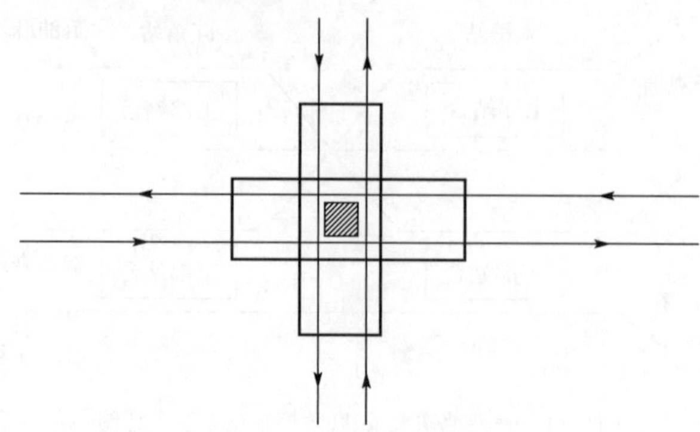

图 9-17 “十”字形换乘布局示意图

例如成都地铁天府广场站,地铁 1 号线和 2 号线在天府广场内交汇形成“十”字形换乘,如图 9-18 所示。

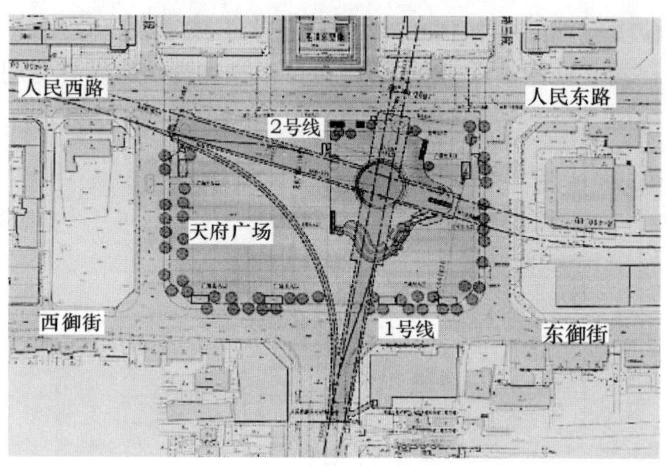

图 9-18 成都地铁天府广场站换乘布局图

9.3.3 换乘结构设计要点

换乘结构设计要在通常车站设计的基础上,考虑以下几个要点。

(1)依据线路位置和客流方向,确定换乘结构布局

两条线之间的换乘结构布局一般取决于两条线路的走向和站位条件,在两条交叉的线路上一般采用“十”字形、“T”形或“L”形换乘结构布局;在两条平行的线路上,可选择平行结构布局。

换乘站周围的客流来源和方向是选取换乘结构布局的重点考虑因素。一般来说,“T”形、“L”形、“工”字形结构照顾的客流面比较大,可以使车站的客流吸引范围增大,但“十”字形和其他平行布局结构可以提供更好的换乘条件,在换乘客流为主的车站应尽可能采用。

(2)根据预测客流量,计算换乘楼梯(通道)宽度

换乘楼梯(通道)宽度的计算除采用上述车站(通道)宽度的计算方法外,还应根据换乘客流的特点,加以具体分析考虑。

换乘客流一般属于集中的间断型客流,随着两条线列车的到发而形成。因此,在一段时间内,其换乘客流量除了取决于预测小时客流量,还与两条线列车的运营间隔有关,在计算

换乘楼梯(通道)宽度上,要重点考虑这一因素,为换乘客流提供足够条件。

如换乘客流不需重新购票,一般不会形成集聚客流,但由于通道间的输送能力不同,例如楼梯与通道交接处会形成客流聚集,应在此考虑一定的空间集散条件。

(3)结合车站结构和施工条件,考虑远期预留

随着施工技术水平的进步,换乘车站的预留逐步从土建全部做成过渡到只预留将来可能施工的条件,即从土建预留到条件预留。这样可大幅度降低初期工程造价,避免投资的浪费。要做到条件预留,必须对近远期的车站方案和工程实施方案进行周密考虑,尤其要考虑远期实施不能影响已运营车站的使用,并确保运营安全。

9.4 换乘流线设计

9.4.1 流线设计

城市轨道交通枢纽一般至少连通两条以上的轨道交通线路,并与多种交通方式衔接,在换乘车站会产生大量的换乘客流。换乘流线是指乘客下车后,换乘轨道交通的客流根据不同线路的换乘方式通过站台、站厅和通道进行换乘,最终到达另一线路站台上车,换乘其他交通方式的客流根据选择的交通方式经由不同的换乘通道到达换乘地点。换乘流线设计应充分考虑站厅与站台层的各项设备设施布局与能力,提高乘客换乘疏散效率。通常情况下,换乘流线可参考图9-19。

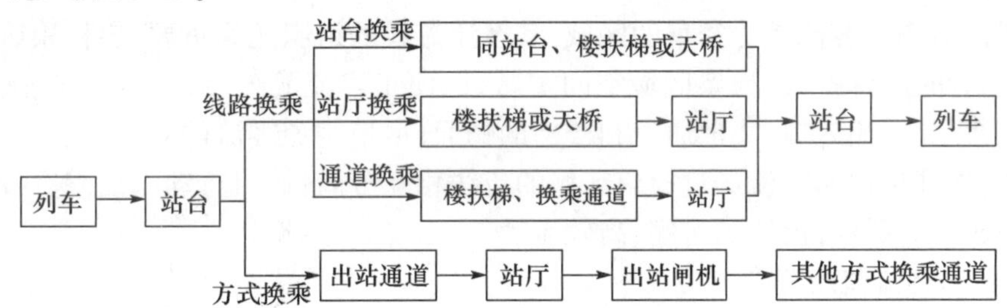

图9-19 车站乘客换乘流线示意图

城市轨道交通枢纽流线分析一般包括流线设计和流线组织。流线设计是对交通组织的静态规划,即对枢纽功能布局的规划。其中,包括确定枢纽设施布置方案后的内部流线生成,以及流线所形成的瓶颈区域识别。流线组织是对交通组织的动态规划,即对枢纽内部实体流线的组织和优化,其中包括分析瓶颈区域的产生原因,以及提出消除瓶颈区域的方法和措施。为了使流线走向合理、简洁顺畅,枢纽流线分析必须要将流线设计和组织有机结合。

9.4.2 流线优化

对于不同类型客流,应对枢纽内流线进行调整和优化,尽量避免客流产生冲突。城市轨道交通枢纽在空间上可以分为出入口、集散通道、站厅、售检票区域、站台和引导设施六部分服务于乘客的功能区域。各功能区域的设置是否合理直接影响客流的集散效率,因此,空间环境下枢纽客流流线的设计与优化主要从这六部分功能区域的设计进行考虑。

(1)出入口与客流流线配合

出入口是枢纽内外部的连接手段,其布设形式取决于所处地段的地面情况、地下线路的

客运能力以及客流聚散的具体状况等,因此出入口与客流流线的配合应遵循以下几个原则:有效疏导不同目的、方向的人流,减少人流的交叉冲突和通往站内空间步行动线上的阻碍;对于客流量较大的枢纽站,应增加垂直交通设施与内外空间的过渡距离,同时引导各类客流的前进方向。

(2)集散通道与客流流线配合

集散通道是连接不同功能空间的缓冲地带,具有导向性强、易于集中组织疏导客流、维护枢纽内客流秩序等特点,其布设的合理性直接影响到一些功能区域的客流集散效率。集散通道的客流流线组织一般可以分为两类:第一类,将人流按不同目的、不同方向导入不同的人流通道内,每一个通道内的人流具有同样的换乘目的和换乘方向。这种客流组织方法流线清晰、客流交叉少,但会造成各方向集散通道交织复杂,不易于行人引导。第二类,将不同换乘目的、不同换乘方向的人流导入同一换乘大厅,再按不同换乘目的、不同换乘方式指示导引到不同的换乘通道内。这种方法便于运营组织,但一般会造成换乘通道曲折或过长。

(3)站厅与客流流线配合

站厅作为站内客流集散的重要节点,是枢纽内部功能最复杂的区域,若布设不合理则会产生大量进出站客流交叉冲突。因此,应该合理布设站厅与其他各空间的衔接点,主要考虑集散通道口、售检票口、站厅及站台上下联系的楼梯和自动扶梯位置的设计与衔接。售检票系统应设在有利于行人进出站的地方,尽量减少行人在站厅内停留的时间。

(4)售检票区域与客流流线配合

售检票区域作为客流较为密集的区域,其客流流线的组织尤为重要,售检票区域一般按以下原则进行布设:保持售、检票区域空间宽敞,以便于客流的疏导;与出入口、楼梯间应保持一定距离,以保证出入口、集散通道和楼梯的畅通;尽量避免客流的对流,进出站检票区域应分开设置,保证进出站客流经过检票区域的流线相互分离;针对行动不便乘客及残疾乘客设置专门设施,以保证各流线的有序、高效流动。

(5)站台与客流流线配合

站台是分散换乘客流,供乘客乘降的场地。首先应根据枢纽内客流的去向将站台层的流线进行分类,包括经由站台楼梯进出站及由站台换出、换入的客流流线等;然后遵循一定原则对站台进行区域划分,分区域统计各类流线的数量并分析流线的静动态分布规律。

(6)引导设施与客流流线配合

由于空间布局的复杂性以及其衔接交通方式的多样性,城市轨道交通枢纽客流流线相对复杂,需要设置引导设施为行人提供信息提示,保证出行的顺畅及安全。换乘空间引导设施应能使行人自我定向,实时掌握起讫点以及自己在空间中的相对位置。标识设计要从行人的感受出发,科学地对标识的形式、位置、尺寸、色彩等参数进行设计,同时在关键区域设置服务导引台。

9.5 换乘接驳设计

城市轨道交通与其他交通方式的接驳设计,是保证现有轨道交通线路客流,充分发挥其运输潜能的重要措施。接驳系统设计的主要目的是提高城市轨道交通的可达性和服务范围,促进城市其他客运方式与之配合,改善居民出行条件,缩短出行时间,提高城市公共交通的服务水平。

9.5.1 城市轨道交通与步行的接驳设计

步行交通是轨道交通最主要的接运方式,只有通过步行的接驳,城市轨道交通这种定时定线定站点的客运方式才能完成“门到门”服务。两者衔接规划布局的内容主要包括城市轨道交通枢纽合理步行区内的人行步道系统、过街设施和人车分离设施的规划设计、导向指示标志设置以及步行线路组织设计等。应按照“以人为本”的基本指导思想,建立起以枢纽为中心,以独立人行步道为主干,具有良好导向标志的城市公共空间体系。行人接驳设计需要注意以下几点:

①行人接驳设施设置首先需要保障行人通行基本要求,任何其他设施不应侵占行人通行空间,同时结合城市轨道交通车站的位置、相邻道路等级、客流量大小、周边建筑性质与规模等因素进行合理布设,并设置必要的交通安全设施。

②站前广场应紧邻轨道交通车站出入口布设,面积应根据客流预测确定,不宜小于$50m^2$,同时满足消防设计要求。站前广场设计时应与其他交通接驳设施、人行步道、周边建筑相接,当无法直接衔接时应设置大于3m的人行步道,并满足儿童车、轮椅及残疾人的使用要求。附属设施不应侵占行人安全疏散空间、不应影响行人交通组织流线。

③行人过街设施分为平面过街和立体过街两种形式。平面过街设施主要包括人行横道线、行人安全岛、行人信号灯等设施。立体过街设施主要包括人行天桥、人行地道、空中连廊等形式。行人过街设施以平面过街形式为主,道路等级较高或车流量较大时,宜结合车站设计采用立体形式。行人过街设施距公交车停靠站、轨道交通车站出入口宜小于或等于50m。

9.5.2 城市轨道交通与自行车的接驳设计

自行车以其经济、方便、灵活、污染少等特点,在客运交通中占有重要地位,也是城市公共交通中一种重要的衔接方式。为了避免自行车的停放占用有限的城市道路空间和对行人交通、机动车交通产生影响,必须提供足够数量的自行车停车位。自行车停车场设计需要注意以下几点:

①停车场应根据城市轨道交通车站服务等级、周边道路交通条件、规划用地条件、客流需求等进行合理设计,并设置必要的交通安全设施。在用地允许的条件下应设置专用场地集中停放车辆,用地条件困难时,可利用行道树池间道路设施带、过街天桥、高架桥桥下空间等区域分散布设,但停放场地不宜过分靠近车站集散大厅的出入口,以免自行车停放影响乘客进出车站。

②停车场宜结合城市轨道交通车站出入口分别布置。停车场出入口至轨道交通车站出入口距离宜小于或等于50m。非机动车停车场车行出入口宜与人行出入口分开设置,停车位大于500辆时车行出入口不应少于2个,车行出入口宽度宜为2.5~3.5m;人行出入口宽度宜为0.75m。停车场车行出入口与非机动车道存在高差时,应设置坡道连接。

③停车场设计应结合用地条件选取适当的停放形式。场内车位布置应按纵向或横向分组排列,每组停车长度宜为15~20m。非绿化停车场设计参考指标为$1.8m^2$/辆;绿化停车场设计参考指标为$2.8m^2$/辆。

9.5.3 城市轨道交通与常规公交的接驳设计

地面公交与城市轨道交通相比,载客能力相对较小,但是具有较大弹性,更改线路和站点比较容易,是为城市轨道交通提供接运最合适的方式。

9.5.3.1 常规公交衔接设计的一般规定

①公交接驳设施应根据城市轨道交通车站服务等级、周边道路交通条件、规划用地条件、客流需求等进行合理设计,并设置必要的交通安全设施。公交接驳设施设置应与公交线网规划相结合,并根据城市轨道交通线路、车站站位、客流特性等,对公交线路、公交车停靠站站位进行优化调整,应考虑公交线路输送能力、接驳换乘距离、设施服务水平、公交与城市轨道交通的应急配合支援等因素进行设计。

②公交车停靠站距城市轨道交通车站出入口宜小于或等于50m,与站前广场结合设置时应增加站前广场面积,宜与出租汽车停靠站分开设置。公交场站出入口至城市轨道交通车站出入口距离宜小于或等于150m,公交场站的位置、规模应符合城市规划布局和道路交通组织要求,以接驳中远距离换乘客流为主。

③公交车停靠站按几何形状分为港湾式和直线式。道路交通条件允许的情况下,宜设置为港湾式公交车停靠站。每个公交车停靠站的停靠线路数不宜超过6条,超过时可分站台布设,站台总数不宜超过3个。公交车停靠站站台宽度不应小于2m,条件受限制时不应小于1.5m,站台的长度可按式(9-1)确定:

$$L_b = n \times (l_b + 2.5) \tag{9-1}$$

式中:L_b——公共汽电车停靠站站台长度,m;

n——同时在站台停靠的公交车辆数,无实测数据时,取 n = 公交线路数 + 1;

l_b——公交车辆长度,一般为15~20m。

9.5.3.2 地面常规公交换乘接驳布局设计

城市轨道交通换乘设计应综合考虑地面公交与城市轨道交通的有效接驳,使换乘客流流向明确,换乘便捷。一般来说,城市轨道交通与常规公交换乘接驳有以下几种布局模式。

(1)常规公交停靠站与城市轨道交通处于不同平面

常规公交与城市轨道交通处于不同平面时,公交车站可利用地下通道与城市轨道交通车站相连,换乘布局可根据实际情况选取单侧或双侧公交线路布置方式,一般适用于城市轨道交通枢纽地面用地受限的情况,只能安排少量公交停靠站点,而无法设置大规模公交站场。

公共汽车在城市轨道交通车站一侧停靠时,公交与城市轨道交通站台布局如图9-20和图9-21所示。

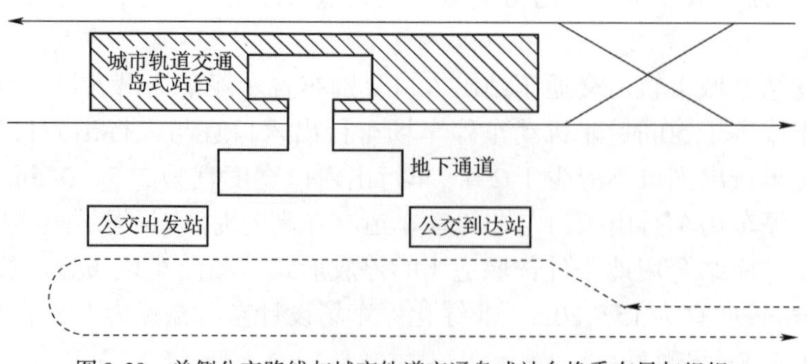

图9-20 单侧公交路线与城市轨道交通岛式站台换乘布局与组织

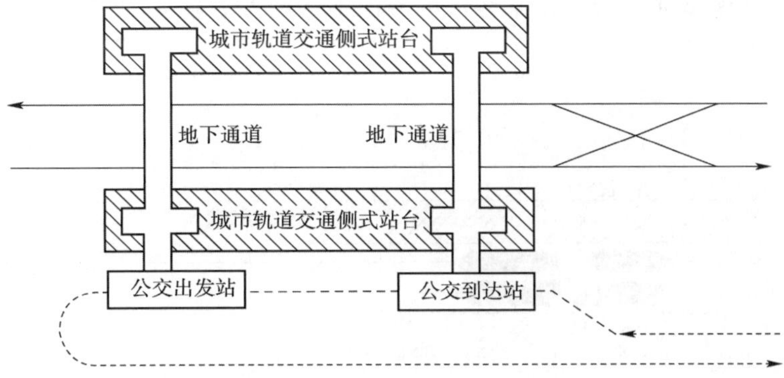

图 9-21　单侧公交路线与城市轨道交通侧式站台换乘布局与组织

公共汽车在城市轨道交通车站两侧停靠时，公交线路与城市轨道交通站台换乘布局如图 9-22 和图 9-23 所示。当地面公交进出流线冲突时可做立体交叉疏解。两侧布置的流线较为复杂，须注意信息引导。公交车辆进出对枢纽道路干扰较大，平面布局情况复杂，专用道设置困难情况下可考虑采用两侧布局方式，以减轻单向交通压力。

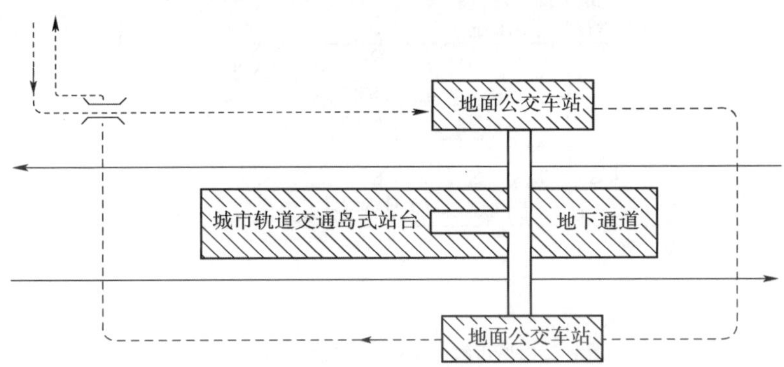

图 9-22　两侧公交线路与城市轨道交通岛式站台换乘布局示意图

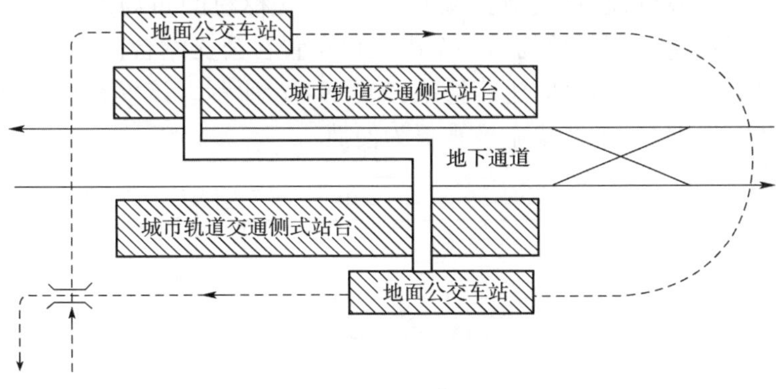

图 9-23　两侧公交线路与城市轨道交通侧式站台换乘布局示意图

(2) 常规公交停靠站与轨道交通处于同一平面

当常规公交与城市轨道交通处于同一平面，常规公交上下客站与城市轨道交通站台合用，并用地下通道联系两个侧式站台。

当公共汽车在城市轨道交通车站一侧停靠时，公交线路与城市轨道交通共用站台布局如图 9-24 所示。通过上下客区设置，可以保证其中一个方向换乘条件好且步行距离短，该方式适用于城市轨道交通与公交换乘客流的方向不均衡系数较大的情况。

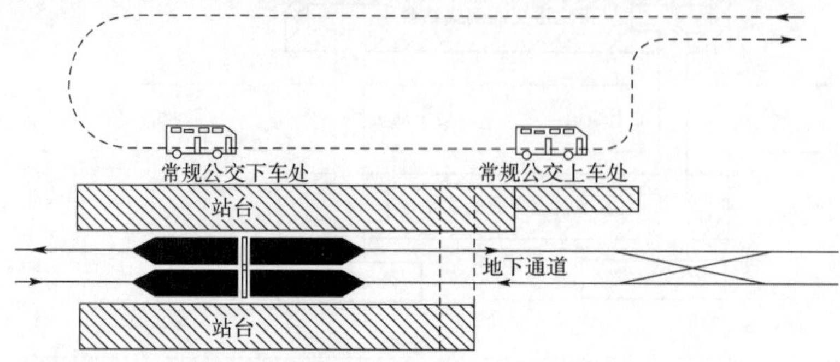

图 9-24　地面公交与城市轨道交通合用站台换乘布局示意图

当公共汽车在城市轨道交通车站两侧停靠时,公交线路与城市轨道交通共用站台乘布局如图 9-25 所示。通过某一路径使常规公交车辆到达站和城市轨道交通出发站同处一侧站台,而常规公交出发站与城市轨道交通到达站同处另一侧站台,该方式可使两个方向都具备较好的换乘条件。

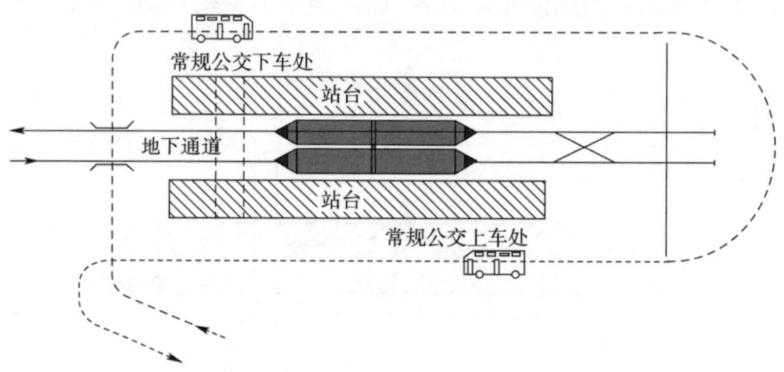

图 9-25　城市轨道交通与常规公交共用站台

(3)公交枢纽与城市轨道交通的衔接布局模式

当常规公交枢纽与城市轨道交通接驳时,如果公交枢纽的布局形式是停靠站在岛内的岛式布置时,可以考虑将地下通道的另一个出入口设置在公交站台范围内的中间位置,以方便乘客在公交与城市轨道交通之间进行换乘,如图 9-26 所示。该模式特点是人车之间冲突较小,换乘平均步行距离短,乘客集中换乘更为便捷。

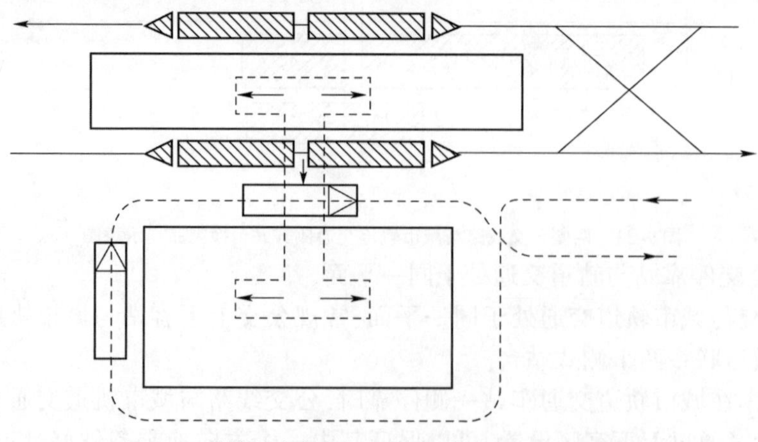

图 9-26　停靠站在岛内的公交枢纽与城市轨道交通衔接

如果公交枢纽的布局形式是停靠站在岛外的岛式站台,则可以利用停靠站的外边缘步行区直接与城市轨道交通换乘站厅连接,可以有效地使客流均匀分布在整个换乘流程上,提高换乘过程的顺畅性,但是也相应增加了乘客的换乘距离,如图 9-27 所示。该模式的特点是灵活性大,临时停车集中在中央停车区,泊位可以按需要调整。乘客上下车和换乘在周边步行区进行,不存在人车冲突。乘客区域较为分散,但候车区域较大。岛中间空间如果设置为公交暂时停车场地,车辆从停放区进入站位会不太方便。

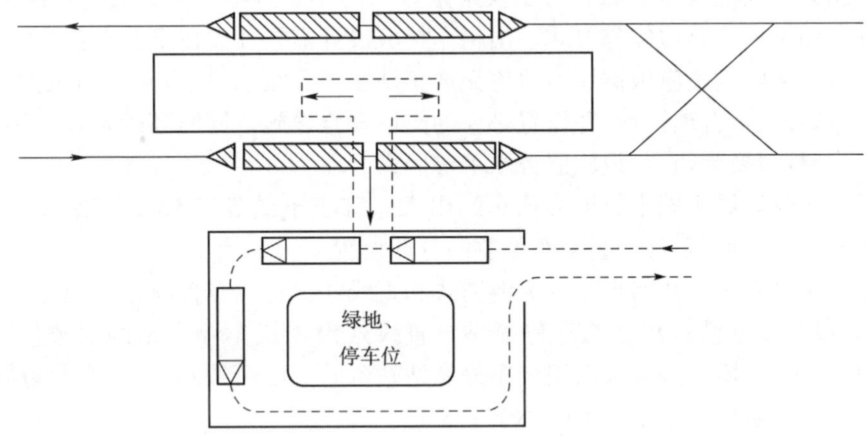

图 9-27 停靠站在岛外的公交枢纽与轨道交通衔接

如果公交站台布局形式为站台式,则可以考虑利用地下通道将每个公交站台与城市轨道交通车站直接相连,以避免人流进出站对车流的干扰,如图 9-28 所示。

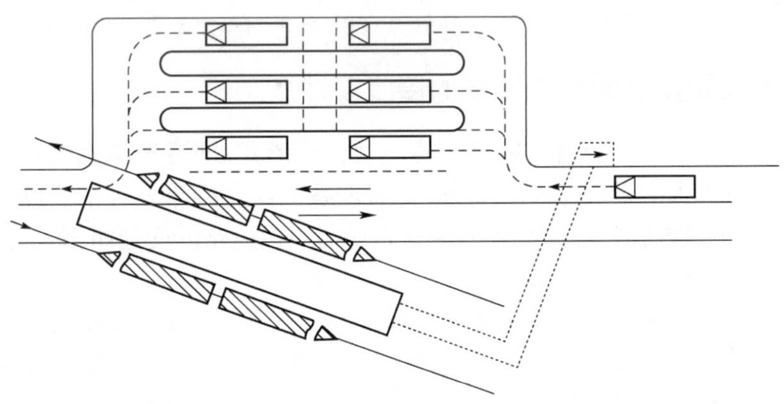

图 9-28 站台式公交枢纽与轨道交通接驳形式

该模式下各线路车辆进出站台均较为方便,但换乘客流对各个站台的选择易导致人车冲突。该模式灵活性差,如果某条线路停车空间不够,不允许其车辆驶入其他线路站位。为联系各公交站台和轨道站台,需要配建多个楼梯和自动扶梯。因此,该模式适用于换乘量较大、可用地空间较大的公交与城市轨道交通换乘枢纽站。

当公交枢纽与城市轨道交通终点站接驳时,公交站台可以采用椭圆形岛式布局与城市轨道交通衔接,公交车的到达站与城市轨道交通的出发站位于一侧,公交车的始发站与城市轨道交通的到达站位于另一侧,这样在主要换乘方向上的换乘就比较容易。

(4)公交车站与城市轨道交通车站立体式布局模式

在城市用地紧张,需要集中进行物业开发时,可将城市轨道交通车站、公共汽车站与综合体集中成立体化的布置方式,乘客可以利用站场内的垂直交通设施完成换乘。

9.5.4 城市轨道交通与出租车的接驳设计

城市轨道交通枢纽的出租车换乘设施,主要功能在于满足乘客搭乘出租车的需求,为出租车进出道路系统提供缓冲区域。对于换乘量较大的车站宜在路外设置专用换乘场所,换乘量较小的车站可采用路边停靠方式。出租车接驳设计需要注意以下几点:

①出租汽车接驳设施应根据城市轨道交通车站服务等级、周边道路交通条件、规划用地条件、客流需求等进行合理设计,并设置必要的交通安全设施。同时还应在设计中考虑出租汽车输送能力、接驳换乘距离、设施服务水平等因素。

②出租汽车停靠站距城市轨道交通车站出入口宜小于或等于50m,与站前广场结合设置时应增加站前广场面积,宜与公交车停靠站分开设置。

③出租汽车停靠站按几何形状分为港湾式和直线式出租汽车停靠站。道路交通条件允许情况下,宜设置为港湾式出租汽车停靠站。直线式出租汽车停靠站停靠数量宜为2~4辆,港湾式宜为3~5辆。港湾式出租汽车停靠站站台的长度可按6m×停车数量确定,站台宽度不应小于2m,条件受限制时不应小于1.5m。

④出租车换乘设施主要由下客区域、等车循环区、排队区和上客区域组成。出租车上下客区域可以在同一个位置也可以分散布置,出租车下客区的位置尽可能设在车站进口附近较方便的位置,上客区相对可以灵活布置,尽量考虑人行系统相配合设计。出租车进出以及上下客的流线和等车循环区、排队区应尽可能与公共汽车行车路线分离,减少出租车对公共汽车停靠和行驶的干扰。同时加强对出租车停靠的管理,有序流动,禁止随意停车。

9.5.5 城市轨道交通与小汽车的接驳设计

停车换乘是个体交通与公共交通之间的一种换乘形式,即通过小汽车等个体交通至停车点换乘公共交通进入中心区,是城市客运交通体系一体化的重要环节。城市轨道交通停车换乘接驳设计,主要内容包括停车场的规划布局与周边道路的交通组织设计,需要注意以下几点:

①小汽车接驳设施应符合城市规划布局和道路交通组织要求,根据城市轨道交通车站服务等级、周边道路交通条件、规划用地条件、客流需求等进行设计。换乘停车场选址应根据交通接驳需求以及车站周边规划用地等综合考虑,并提供足够规模的停车设施。停车换乘方式比较适合位于城市周边地区的轨道交通枢纽;中心城区由于用地紧张,难以设置规模适当的停车场,且车辆进出会对周边拥挤的道路交通带来更大影响,因此在中心城区不建议采用停车换乘方式。

②停车场宜结合绿化、高架桥桥下空间及地块开发进行设置,宜采用立体停车方式,并设置一定比例的无障碍停车位。停车场车行出入口宜分开设置,大、中型小汽车驻车换乘停车场的车行出入口不应少于2个,特大型的不应少于3个,两个车行出入口之间的净距应不小于15m。小汽车驻车换乘停车场车行出入口宜与人行出入口分开设置,人行出入口应与城市轨道交通车站站前广场或人行步道连接。

③停车设施应靠近城市轨道交通枢纽,力求减少对周边用地和道路交通以及其他客运方式的不良影响,必须进行车辆行驶线路的组织设计,并设置明确的行车线路指示标志,同时宜对周边道路瓶颈路段和交叉口采取增容措施,减少乘客出行延误。停车场出入口至城市轨道交通车站出入口距离宜小于或等于150m,并与车站集散大厅之间设置规模适合的专用接驳换乘通道,避免停车换乘乘客穿越城市道路以及与其他人流混杂,造成换乘不便。

④停车场平面应根据车辆类型、停放方式、车辆进出、乘客上下所需的纵向与横向净距的要求布设。小汽车驻车换乘停车场内车位的布置可按纵向或横向分组排列,每组停放长度不宜超过150m。设计应合理安排停车区、通道及附属设施的位置,满足防火安全要求。停车场内部人行、车行等交通组织应统筹考虑,车行宜为单向交通组织,必要时应设置环形通道。同时配套建立适合的停车场收费政策和管理措施,以鼓励乘客转乘城市轨道交通,并保证乘客安全使用。

9.5.6 城市轨道交通与对外交通的接驳设计

当条件允许时,城市轨道交通规划网络中各层次线路均应与铁路客运枢纽相衔接,构成轨道交通综合枢纽,铁路交通枢纽的选址应尽可能选择在各层次轨道交通的换乘点。城市轨道交通规划网络中服务于中心城区的普速轨道交通线路应与城市公路客运枢纽相衔接;公路客运枢纽选址应尽可能选择在轨道交通换乘站。城市轨道交通规划网络中服务于市域的高速、快速线路应与航空枢纽相衔接。当规划网络中没有高速、快速层次时,可采用航空枢纽专线的方式与城市中心区轨道交通网络相衔接。

城市轨道交通规划网络中各层次线路均应与综合对外交通枢纽相衔接;条件不允许时,应至少保证中心城区“普速”轨道交通线路和市域“高速”轨道交通线路与综合型对外交通枢纽相衔接;综合型对外交通枢纽选址应尽可能保证各层次轨道交通线路的接入条件。

9.5.6.1 接驳方式

城市轨道交通和对外交通港站,包括铁路车站、港口、机场、长途汽车站之间的换乘客流量较大,城市轨道交通车站应设置站厅层来解决大客流的购票和客流组织问题,基本换乘方式是站厅换乘。城市轨道交通与对外交通港站的接驳主要有以下几种方式:

①地下形式。对于地处城市繁华地段的对外交通港站,如铁路车站、长途汽车站等,城市轨道交通宜采用在地下与对外交通港站接驳,对城市分割最小,但工程造价较高。

②地面形式。客流换乘时需要克服的高度和行走的距离较小,换乘便捷,城市轨道交通与对外交通港站还可以在一定程度上共享设备以减少投资等,一般适用于城市较边缘的换乘站,如港口码头、机场等。

③高架形式。对城市分割比采用地面形式要小,但工程造价也相应较高。如果对外交通港站是高架站厅,则旅客出站后可以直接进入对外交通港站的站厅,换乘便捷。

④既有对外交通港站站前广场地下单独建设轨道交通车站,利用出入口通道与铁路车站衔接。

⑤在新建和改建的对外交通港站中,将城市轨道交通车站一同考虑,形成综合性交通建筑,方便乘客换乘。

9.5.6.2 城市轨道交通与铁路客运站的接驳

按站厅衔接形式,城市轨道交通车站与铁路客运站的接驳主要有四种布局模式。

①在铁路客运站的站前广场地下单独修建城市轨道交通车站,站厅通道的出入口直接设置在站前广场,再通过站前广场与客运站衔接,这是目前国内最普遍的一种做法。

②由城市轨道交通车站的站厅层直接引出通道至铁路客运站的月台下,并通过楼梯或自动扶梯与各月台相连,乘客通过通道在城市轨道交通与铁路客运之间直接换乘,步行距离可能会较长。

③城市轨道交通车站出口通道直接通到客运站站厅层,乘客出站后就能进入客运站的候车室或售票室。

④城市轨道交通与铁路客运联合设站,分为两种情况:一种是两者站台平行设置在同一平面内,再通过设置在另一层的共用站厅或者连接两者站台的通道进行换乘;另一种是城市轨道交通车站直接修建在铁路客运站的站台或站房下,通过城市轨道交通车站站厅进行换乘,对乘客来说更为便捷。但是,这种形式需在管理体制、票制等方面进行协调,尽量实现两种方式同站台换乘。

9.5.6.3 城市轨道交通与航站楼的衔接

航站楼是机场连接空侧和陆侧的中心。按照城市轨道交通站点与航站楼的关系,将我国机场轨道交通接驳设计归纳为垂直尽端式、垂直穿越式、平行式以及综合式四种模式。

(1)垂直尽端式

城市轨道交通线路与航站楼成垂直或近似垂直的关系,航站楼前即为线路终点,不存在对航站楼主体建筑的影响。此模式的轨道交通车站往往设置在地上,与社会车辆停车库以及换乘大厅结合布置,形成换乘中心的核心功能区,换乘中心与航站楼主要通过连接廊道衔接。

廊道布置方式有平层连接和坡道连接两种,采取何种方式主要取决于城市轨道交通站厅层高程与航站楼出发、到达层高程的相对关系。如果航站楼的到达大厅位于0m层,可在出发大厅与到达大厅之间设置换乘夹层,通过换乘夹层与城市轨道交通站厅平层连接;如果航站楼的到达大厅位于二层时,可与城市轨道交通站厅同层布置,两者直接平层相连。当航站楼的到达层位于二层时,如果将城市轨道交通站厅设置在航站楼的出发层与到达层中间,则可采用坡道连接的方式。

(2)垂直穿越式

此种模式的城市轨道交通线路需穿越航站楼,为尽量减少对航站楼主流程设计以及空侧规划所带来的影响,城市轨道交通线路适宜设置在地下;同时为了尽量缩短乘客换乘距离,城市轨道交通车站可紧邻航站楼或直接进入航站楼布置,二者仅通过竖向交通设施便可实现便捷联系。同时,城市轨道交通车站可与社会车辆停车库及换乘大厅结合布置,形成换乘中心的核心功能区,其与航站楼的连接主要通过地下步行平层以及竖向交通设施来实现。

(3)平行式

此种模式的城市轨道交通线路与航站楼成平行关系,不存在对航站楼主体的影响,城市轨道交通车站布置相对自由。衔接换乘中心与航站楼的连接廊道也可分为平层连接和坡道连接两种布置方式。

当城市轨道交通车站位于地上,且采用到发同层模式时,宜采用平层衔接方式,将城市轨道交通站厅与航站楼到达大厅相连。当城市轨道交通车站采用到发分层运行模式时,宜采用坡道衔接方式,将城市轨道交通到达站台高程设置在航站楼出发层与到达层高程之间,并通过坡道直接联系航站楼出发大厅。城市轨道交通的出发站台宜与到达层同层布置并平层连接。

当城市轨道交通站位于地下时,宜采用地下通道衔接,将换乘中心与航站楼通过地下步行平层以及竖向的交通设施连接起来,以实现乘客的便捷换乘。

(4)综合式

综合式指综合运用上述多种模式所形成的综合式布局,当机场规划有两条或以上不同方向的轨道交通线路时,可采用此种模式。

思考题

1. 简述城市轨道交通换乘设计的原则。
2. 简述城市轨道交通枢纽的构成与分类。
3. 分析城市轨道交通换乘方式及其适用条件。
4. 分析城市轨道交通换乘布局结构及其特点。
5. 分析城市轨道交通换乘站设计需要重点考虑的问题。
6. 简述城市轨道交通与地面常规公交接驳的主要布局模式。

第10章　城市轨道交通系统运营规划

规划与设计是城市轨道交通系统运营前的工作，规划与设计的目标是要满足运营需要，为城市轨道交通的安全、高质量运营提供保障。因此，在规划与设计阶段充分考虑运营需求，对于线路建成后的运营效果有重要影响。本章介绍了城市轨道交通规划与设计阶段需要考虑的运营约束，探讨了在规划阶段更好地满足运营需求的具体方法。

10.1　运营规划概念与内容

运营规划指在规划设计阶段对系统建成后的运营组织方案及其关键参数进行预设计，以保证系统建成后能够更加安全、高效、优质地实现城市轨道交通运营目标，达到预定的建设目的。运营规划也是在线网与线路规划和设计阶段验证方案合理性的重要内容。

10.1.1　城市轨道交通规划与运营问题的认识

微过程视频

规划阶段为何要进行运营规划

一般来说，城市轨道交通规划过程要兼顾以下三个视角。

①城市规划视角：即如何通过轨道交通的建设与运营引导城市的长远发展，这是一个长期战略，需要与中、短期目标（包括如何提高城市的运行效率等）相结合。

②土木工程视角：工程设计与施工难度是一个技术问题，涉及建设投资、施工工期等问题，需要与整个网络的运行效率与服务水平（百年大计）相结合。

③运输的视角：即如何为出行者提供更加满意的供给服务，实现预定建设目标。其主要目标包括解决城市道路交通拥挤问题、提高通勤出行效率、打造合理的城市综合交通结构等。运输视角通常着眼运输服务，直接关乎居民感受。

运营是建设的落脚点。在实际工作中，由于运营处于系统发展的末端，一些规划方案论证时涉及的运营设计与论证工作深度不够，运营专家在前期方案论证中话语权少，各级审查环节对运营的兼顾也较少。

运输问题总体上可以分三个层次：一是宏观层面的问题，主要涉及运输系统发展战略与各种政策；二是中观层面的问题，也是战术层面的问题，主要包括各类规划以及设计问题；三是运营层面的问题，重点在于微观的运输现象与行为，如图10-1所示。宏观问题通常是大跨度、宽视野的，考虑的细节相对粗糙。微观问题的特征则是对某一时间段、对某一环节的考虑都非常细致。宏观、中观与微观问题的分析往往是相辅相成的，宏观问题研究需要以微观数据为基础与依据，微观问题研究需要以宏观战略为指导。

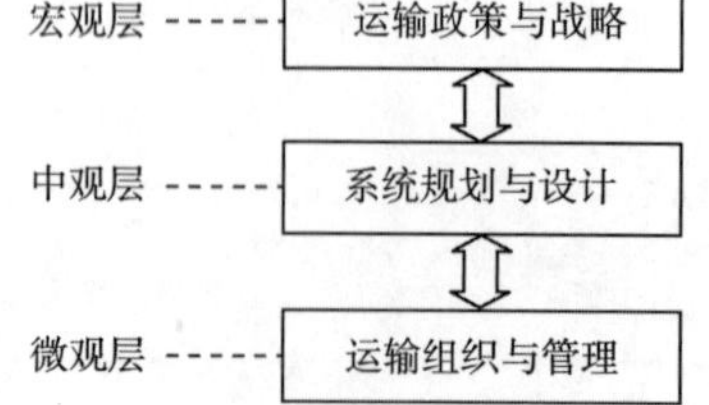

图10-1　规划与运营的关系

规划属于典型的中观层面的问题，而运营则是微观层面的问题。经验证明，好的规划与设计方案离不开对运营阶段关键环节的考虑。一方面,规划是系统形成的第一步,也是好的运营工作的前提条件;另一方面,规划的数据直接来自运营实践,即规划与设计中采用的许多参数实际上是以过去类似系统的运营为基础的。因此,规划与设计同运营与管理是系统发展的两个不可分割、互有制约的重要阶段。

从城市轨道交通规划设计的理念上来讲,规划为了建设、建设为了运营,运营是城市轨道交通规划、建设的根本。如果将城市轨道交通系统比作一座大楼,那么规划与设计就是系统建设环节,是大楼形成的重要过程,而运营则是系统运行环节,是大楼使用的环节。可以说运营规划就是大楼建设中的样板房。

城市轨道交通的规划与建设是一个城市的百年大计,而运营规划可以给出某种假定(预测)情景下系统运行方案,从而细化系统建设方案,避免出现外行性设计。运营规划的意义具体可以体现在以下几个方面:

①运营规划可以从更具体的角度来看能否满足各阶段的需求,例如运营规划通常要拿出一个假想的运营计划来证实设计的合理性。

②为满足不同阶段的不同需求,运营规划可以从运营角度设定一些可以满足特殊需求的运营方案,从而预推是否对现阶段的系统建设有一些特殊的要求。

10.1.2 运营规划的主要内容

运营规划的主要内容包括以下几个方面。

①确定线路在网络中的功能定位及运营模式。根据线路位置确定其在整个轨道交通网络中的运营功能、主要市场以及运营管理模式。

②线路客流量等级细分。根据客流预测结果与沿线土地开发情况,分析线路不同区段客流数量规模及其差异性,为细化运营组织方案提供依据。具体包括:

a. 识别网络各线及线路不同空间位置客流差异的显著性;

b. 识别不同时间段客流差异的显著性;

c. 分析客流时间与空间差异对系统能力配置的要求。

③确定系统主要设备(如车辆)选型。根据城市特点及需求时空属性研究确定各线路的主要设备模式与主要设备型号,具体包括:

a. 确定与所需能力对应的设备选型方案;

b. 确定设备选型方案的技术与经济代价;

c. 分析评价不同设备选型方案关联的服务水平。

④线路能力配备及运营组织模式。根据线路各区段的客流差异与沿线环境条件研究确定能力配置与列车运行组织(交路)方案。具体包括:

a. 由不同时间及空间客流差异决定的运输组织方案;

b. 不同运输组织方案的内容及其初步运行效果测算。

⑤实现能力配置与运营组织方案所必需的设施配置要求。具体包括由线路间的相互关系决定的有关设施,如折返线、联络线、停车安全线、故障线的配置方案等。

⑥与其他线路或交通方式的衔接设计,具体包括:

a. 面向服务能力的换乘站设施设备预留;

b. 车站与周边建筑物联系(出入口)的需求;

c. 分期建设条件下工程衔接方案要求等。

规划与设计的不同阶段对运营规划工作的重点与细节有不同要求。从运营规划角度看,城市轨道交通的发展可以分为线网规划、建设规划、建设可行性研究、线路设计四个阶段。随着这四个阶段的推进,运营规划工作需要不断深化与细化。

10.1.2.1 线网规划阶段的重点内容

(1)系统的功能定位

系统的功能定位即不同时期城市轨道交通系统承担的客运量比重目标。

(2)主要线路的能力等级

不同等级线路具备不同的能力水平,最终决定着线路在城市综合交通网络运行中的作用。

(3)不同方式重要(换乘)枢纽的衔接规划

城市轨道交通作为公共交通的一部分,需要考虑换乘衔接问题,因此在这一阶段要明确主要换乘节点的规模、衔接方式,为未来的用地控制做准备。

(4)线路车辆设施共用规划

线网规划阶段涉及多条线路,不同时期规划的线路车辆设施可以实现共用,因此在线网规划阶段还涉及车辆设施共用地点、规模规划。

10.1.2.2 建设规划阶段的重点内容

①运营目标。建设规划通常为5~10年,因此这一阶段的运营规划需要结合线网机构的调整来制定。例如分年度的交通结构比例,要考虑不同年份线路投产情况对交通结构比例的影响。

②网络资源(车辆段等)共享,例如变电站、指挥中心的共享。

③不同线路的敷设方式与技术制式。

④站点分布及(服务)覆盖水平。

⑤换乘与网络化运营组织。

⑥各线需求规模及列车编组方案。

10.1.2.3 线路建设可行性研究阶段的重点内容

(1)车站分布

在这一阶段需要明确车站的准确位置,以及区间的线路敷设方式、站台类型、配线设置等。从技术作业要求方面来看,需要明确接轨方式、越行组织模式、动车组折返与存放、故障车停留方案以及渡线设置方案等。

(2)运输组织模式与运营管理

包括速度模式、车辆设备选型、组织管理模式以及票制票价方案等都需要在可行性研究阶段得到落实。

(3)客车开行方案

客车开行方案包括列车编组及定员的确定以及具体开行方案的落实(含交路、对数、全日计划)。

(4)能力验算

验证现有的间隔时间、运行时分、区间输送能力能否满足需求并提供满意的服务水平。

10.1.2.4 线路(工程施工)设计阶段的重点内容

(1)车站分布

在这一阶段需要明确车站的准确位置、出入口设置数量方案、线路敷设方式、站台类型、配线设置以及线路间的换乘组织模式等。

(2)运输组织模式与运营管理

需要明确站间运行时分、车站停留时间、基于OD流量的行车组织模式、快慢车组织需求(决定越行模式设计)、票款清分需求等。

(3)客车开行方案

需要明确列车编组方案及定员、列车开行方案及能力配置方案(含交路、对数、全日行车计划)、服务水平设计等。

(4)能力验算

进一步验证各阶段行车间隔、运行时分、高峰期区间输送能力及全天服务水平验证等,明确分阶段列车购置需求。

10.2 客流量等级划分及能力配置

10.2.1 线路客流量等级划分

对线路客流量进行细分,可以确定更合理的能力配置方案。从供给角度看,对线路客流量进行细分也就是对需求进行细化研究,从而制定出更加适应客流需求的列车运行组织方案。良好的运营组织方案可以实现服务水平的提高与运营成本的降低。

客流的时空特征是客流分析的重要内涵,分析客流量的时间分布和客流量的空间分布对城市轨道交通系统有重要价值,其一般要点包括以下几方面。

(1)全日客流量的时段分布

时段分布的重点研究范围一般为6:00—21:00,共15h,早6:00前和晚21:00后的运营主要是为了保持系统服务的延续。

图10-2给出了一个例子。

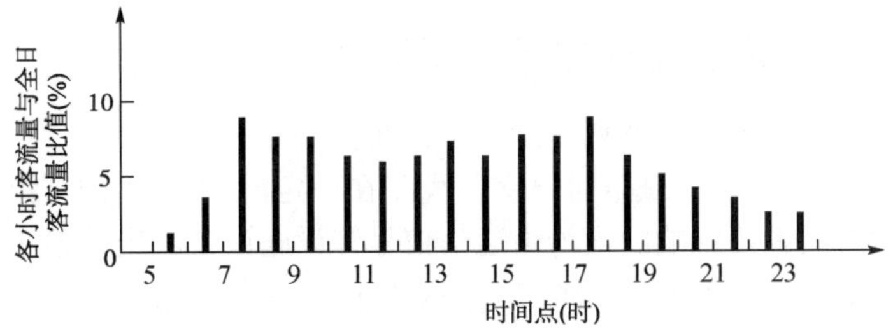

图10-2 全日客流量时段分布图

这里,定义客流量的时段系数(P)为各小时客流量与全日客流量之比;P的最大值为高峰小时系数(P_{max})。一般的,7:00—10:00与16:00—19:00为高峰时段,其均值可定义为G,其余为平峰时段,其均值可定义为H;客流时段分布的均衡性可根据G/H的值确定。一般的,当G/H值大于或等于2.0时,定义为“很不均衡”;G/H值在1.5(含)~2.0时,定义为“一般不均衡”;当G/H值小于1.5时,可认为客流“较均衡”。

需求的均衡性影响着设施的利用效率。一般的,还可以具体研究上、下行方向之间的均衡性,它们对设施利用率(如方向性不均衡运营组织)影响更大。

(2)全线客流量的空间分布

线路客流的区间分布特性一般用区段断面流量分布来描述。区间断面分布决定着线路的列车运行组织及开行方案,图10-3给出了某线路客流断面的分布图。

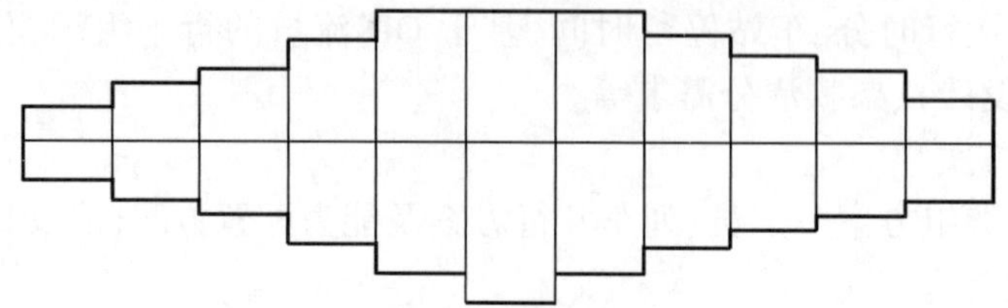

图10-3　客流量区间断面分布图

这里,定义N_{max}为全线高峰小时单向最大断面客流量。对高峰小时各区间断面客流量排序,N_{max}之后,依次为$N_2, N_3, \cdots, N_n$;全线全部区间流量较大的前1/3或1/4的区间集称为“高断面区间集合”。

计算各区间客流量与N_{max}的比值a_n:

$$a_2 = \frac{N_2}{N_{max}};a_3 = \frac{N_3}{N_{max}};a_4 = \frac{N_4}{N_{max}};\cdots;a_n = \frac{N_n}{N_{max}}$$

当沿N_{max}两端区间的断面流量递减量连续不超过5%时,称为对高断面具备强支撑,否则为不具备强支撑。显然,N_{max}是否得到高断面区间集合的强支撑,决定着线路能力的配置方法。

客运量的集中率C_1是另一个描述线路客流空间分布的指标,可定义为车站客流规模居前列的n个大站(如前1/4个大站)的客运量之和与全线总客流量之比。

(3)线路客流的乘距分布

设定线路平均乘车距离为S,当S大于全线长度的40%时,称为以中长距离客流为主;否则称为以中短距离客流为主。

刻画距离分布的另一个指标是中、长距离乘客比重C_2,C_2定义为乘车距离大于平均乘距的中长距离乘客数量$Q_{长}$与全线总客流量$Q_{总}$之比,即$Q_{长}/Q_{总}$。

10.2.2　基于需求的运输能力配置方法

运输能力一般包括线路能力及列车能力两方面:

①线路能力。给定条件下,城市轨道交通线路在一定时间(一般为高峰小时)内能通过的列车数。线路能力的主要影响因素为由通信信号等设施设备决定的最小行车间隔。

②列车能力。给定条件下城市轨道交通一列车的最大载客量。列车能力的影响因素包括列车编组、每辆车定员等。

能力配置包括以下几方面的内容:

(1)线路能力等级的确定

网络上不同线路的需求是不同的。城市轨道交通按能力可分为大运量和中运量两大类。

大运量的城市轨道交通系统,主要是指地铁,是各种城市轨道交通系统中运送能力最大的系统,适合于大城市客流量密集的交通走廊,一般高峰小时单向最大运输能力超过3万人次。

中运量的轨道系统主要是指大运量和小运量之间的各种城市轨道交通系统。它是城市公共交通系统中不同运能等级的补充,高峰小时单向最大运输能力为1万~3万人次。

各线类型选择原则如下:

视频

冲绳单轨运行的街道效果

①根据各线地形条件和运量需求,分别选择适合类型的系统,相互衔接成网,并与公共汽电车配合有序,共同组成公交客运系统。

②城市轨道交通各线应尽可能统一制式,以便于资源共享与灵活调度运力。如因客流量差异需采用不同制式,每种制式应具有一定规模。

③制式选择应充分考虑国情,尽可能采用成熟技术,立足国内设备,减少工程投资。

④规划阶段对城市轨道交通制式应进行多方案比选。

(2)运输能力设计

城市轨道交通是大容量公共交通,需求与能力难以做到精细匹配。城市轨道交通运输能力设计分为列车编组设计以及开行方案设计两部分。

①列车编组设计。列车编组长度是轨道交通能力设计的主要参数,决定着车站长度、供电和通风设备容量、系统运输能力以及检修车库长度等。

从指导思想上看,线路列车编组的确定要考虑以下两方面的因素:

首先,要以远景年客流规模为参照,结合近期需求水平制定能力配置方案。我国城市轨道交通线路大多采用地下结构,一旦建成,改扩建十分困难。因此,城市轨道交通是真正的“百年大计”。东京早期修建的丸之内线,车站按4辆车设计。由于客运量增加,其被迫从20世纪60年代开始对车站进行改造,将站台延长到6辆。这一改造是在列车不停运情况下进行的,只能在夜间停运的3~4h内施工,整个改造工程用了15年时间才完成。

其次,是服务水平提高的预留。我国《地铁设计规范》(GB 50157—2013)中客车定员采用6人/m^2的站立标准,这个标准是我国地铁建设初期制定的。从实际运营情况看,由于地铁车厢立席多、乘距短,车厢内乘客分布不均衡性较大,很难达到设计的定员标准,6人/m^2的站立密度实际上很难实现。发达国家城市轨道交通站立密度标准均较小,日本该制式车厢内站立标准为3.3人/m^2,欧洲各国地铁车辆定员标准为4.0人/m^2,俄罗斯地铁为4.5人/m^2等。随着我国城市生活水平的提高,乘客对出行舒适度要求更高,舒适度的发展预留是必要的。

具体来看,确定列车编组方案需要从以下两方面出发:

a. 在满足出行便捷性前提下,尽量减少车辆配属数量,节省初、近、远各时期列车购置费用,降低运营成本,提高运营效益。

b. 初、近、远期交路设计应有一定连续性,兼顾运营组织的灵活性和运营管理工作的复杂性,并考虑工程实施的可行性与经济性。

②列车开行方案设计。线路运输能力配置取决于开行方案,具体包括列车开行起讫站点(含交路)、主要站列车服务频率(间隔)、列车编组长度等。

确定列车开行方案可分为以下两步。

a. 根据全日全线客流量确定全日列车开行对数。

$$\text{全日列车开行对数}=\frac{\text{全日客流量}}{2\times\text{全日列车设计满载率}\times\text{列车平均定员}}$$

例如,若线路全日客流50万人次(双方向),设计平均满载率取70%,列车定员取1860人/列,则需开行的列车对数为192对左右。

b. 确定列车分时开行方案。

根据客流时间分布确定分时列车开行数量。某小时开行的列车对数L_k大致为:

$$L_k = l_k \times 全日列车开行对数$$

式中:l_k——第k小时客流占全日客流的比重,%。

上例中,若高峰小时系数为15%,则高峰小时列车开行对数应为29列(192×15%),即发车间隔约为2min。

10.2.3 列车交路方案设计

确定列车运行交路就是确定线路上列车往返运行的种类数量。

确定列车运行交路方案,即交路种类及各交路列车运行区段、折返车站和不同交路开行的列车对数。交路方案确定的主要目标是:在满足客运需求的同时合理分配运能,节省车辆设备。

根据城市轨道交通线路的特点,列车交路可分为长交路、短交路及混合交路三种类型。长交路是指列车在全线各站间运行,为全线提供运输服务,列车到达折返线/站后返回;短交路是指列车在某一区段内运行,在指定车站折返,它可为线路上某一局部较高客流量区段旅客提供频率更高的服务,在不显著增加成本的基础上提高客流空间不均衡线路上的总体服务水平;混合交路则指线路上长短交路并存的情形。

图10-4给出了三种交路的示意图。

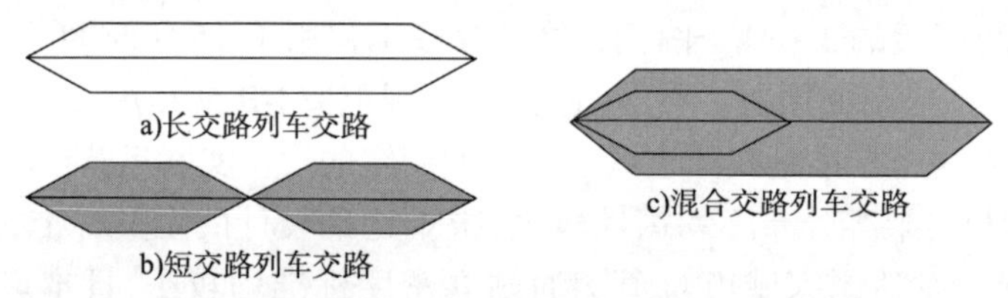

图10-4　不同类型的列车交路

(1)列车运行交路设计主要原则

①以客流预测为依据,结合客流分布及乘客出行特点,方便乘客在不同时间段、不同区段的出行要求,考虑"以人为本,服务至上"的原则,保持适当的服务水平。

②在尽可能满足乘客出行方便的前提下,尽量减少车辆配属,提高车辆运用效率,节省列车的购置费用,兼顾降低运营成本,提高运营效益。

③初近远期的交路设计应尽可能保持连续性,在兼顾运营管理的可操作性和运营组织适当的灵活性的同时,考虑工程实施的可行与经济性。

(2)列车开行交路方案的确定

列车开行交路方案规定了列车运行区段、折返车站和不同交路开行的列车对数。交路方案设计的主要目的是在满足客运需求的同时合理分配运能,节省车辆设备。

下面以A市地铁6号线近期客流为案例分析开行方案的确定,线路高峰客流如图10-5所示。

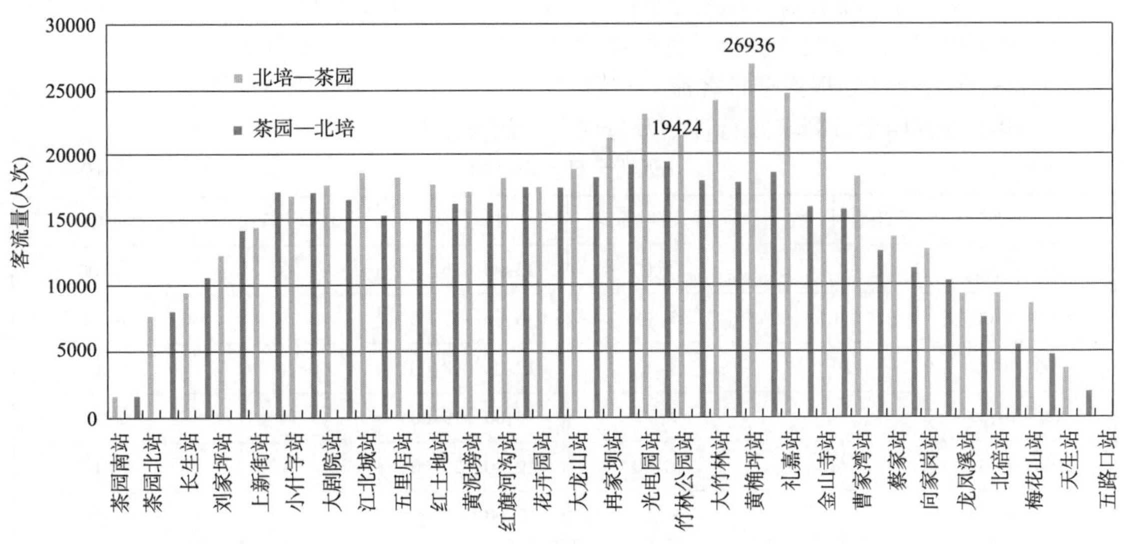

图 10-5 A 市地铁 6 号线高峰客流断面分布图

根据客流断面,近期交路方案由两个小交路组成,分别是茶园南站至蔡家站、上新街站至五路口站(图 10-6)。由于乘客平均运距不足 13km,所以不开行全线贯通的长交路。对于茶园南站至上新街站以及蔡家站至五路口站两个单交路区段之间交换乘客需要选择在蔡家站与上新街之间的车站换乘。由于换乘机会多,不会给其中个别站带来过大压力。

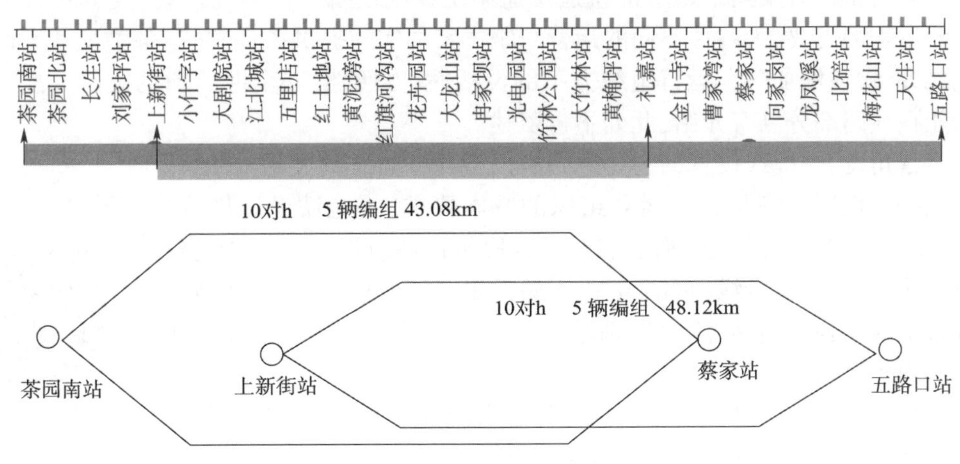

图 10-6 近期交路方案

根据客流资料,在这种交路方案中,茶园南站至蔡家站区段,高峰小时开行列车 10 对;上新街至五路口区段,高峰小时开行列车也是 10 对;而客流相对比较大的上新街至蔡家站区段,高峰小时开行列车 20 对。根据上新街至蔡家站区段客流数据计算,该区段高峰小时也正好需要开行 20 对列车,能力上不浪费。

茶园南站至蔡家站上下行列车的纯运行时分 41min;上新街站至五路口站上下行列车的纯运行时分 46min。根据客流资料,茶园南站至蔡家站交路每列车周转时间 106min,上新街站至五路口站每列车周转时间分别 118min,上线运用列车数(不含备车)38 列。

列车开行计划的确定通过客流分析结果可计算出 A 市地铁 6 号线高峰小时各站停站时分。计算结果表明,6 号线高峰小时各站停站时分最小为 20s,最大不到 1min。

全日列车开行计划根据全日客流分布情况,并结合旅客运输需求计算确定。

表 10-1 为近期全日列车开行计划及分时负荷测算结果。

近期全日行车计划　　表 10-1

时　　间	开行列车数	行车间隔(m:s)	时　　间	开行列车数	行车间隔(m:s)
6:00—7:00	4	15:00	15:00—16:00	6	10:00
7:00—8:00	11	5:30	16:00—17:00	10	6:00
8:00—9:00	20	3:00	17:00—18:00	14	4:15
9:00—10:00	8	7:30	18:00—19:00	11	5:30
10:00—11:00	6	10:00	19:00—20:00	6	10:00
11:00—12:00	7	8:35	20:00—21:00	5	12:00
12:00—13:00	6	10:00	21:00—22:00	4	15:00
13:00—14:00	7	8:35	22:00—22:45	4	15:00
14:00—15:00	8	7:30	全天合计	137	

10.2.4　运营组织对配线设计的要求

列车运行组织方案是一定城市轨道交通系统设施设备条件下的产物,规划设计方案应满足运营过程的需要,为各种不同的运营组织方案的实施提供条件,包括各类配线。配线是在正线之外,旨在增加列车运行组织方案的灵活性、方便性、安全性的辅助线路。配线的种类与功能在线路部分已有介绍,此处不再赘述。

从运营角度看,配线设置的主要原则有以下几方面。

①配线的设置应满足日常运营组织的基本要求。《地铁设计规范》(GB 50157—2013)规定:线路的终点站或区段折返站应设置专用折返线或折返渡线;轨道交通沿线,宜每隔 3 ~5 站设置一处停车线或渡线,较均匀地分布于线路各中间站;连接车辆段的车站设置必要的渡线以及非正常情况的列车运行线路。

视频

新加坡圣淘沙单轨列车运行过程

②配线的设置应满足运营部门采用不同类型运营组织方案的需要。例如,在客流分布不均衡的线路上,需要考虑设置适当的配线,以便于运营部门组织列车过轨运营、开行大站快车、采用多交路列车开行方案等,提高运营组织工作的方便性。

③基于城市规划与客流预测成果,配线的设置应满足远期客流规模增长与客流结构变化环境下的运营组织灵活化需求。例如,沿线城市新区的开发,可能导致线网或线路局部客流规模的变化,配线设置方案应能支撑运营部门所采取的变通列车组织方法,以适应线路运营环境的变化。部分配线可以以预留方式设计。

④配线的设置应满足运营过程中的应急处置需求。随着轨道交通网络规模的扩大以及设备设施随运营时间长引发的老化与故障,在配线设置中为运营部门应对突发事件、系统故

障等留有一定弹性或扩展空间也是非常必要的。例如，在设站后折返线的线路尽端站增设站前渡线可避免折返线故障引发的列车停运事件。

10.3 设备选型与资源共享案例

10.3.1 线路概况

A 市地铁 6 号线是“基本线网”中西北方向到东南方向的直径线，纵贯核心城区和中央 CBD，具有大站快车线功能（图 10-7、图 10-8）。设有车辆段 1 处（大竹林车辆段，占地 $37hm^2$，与 5 号线共用），停车场 2 处（长生停车场，占地约 $16hm^2$；龙凤桥停车场，占地约 $30hm^2$）。

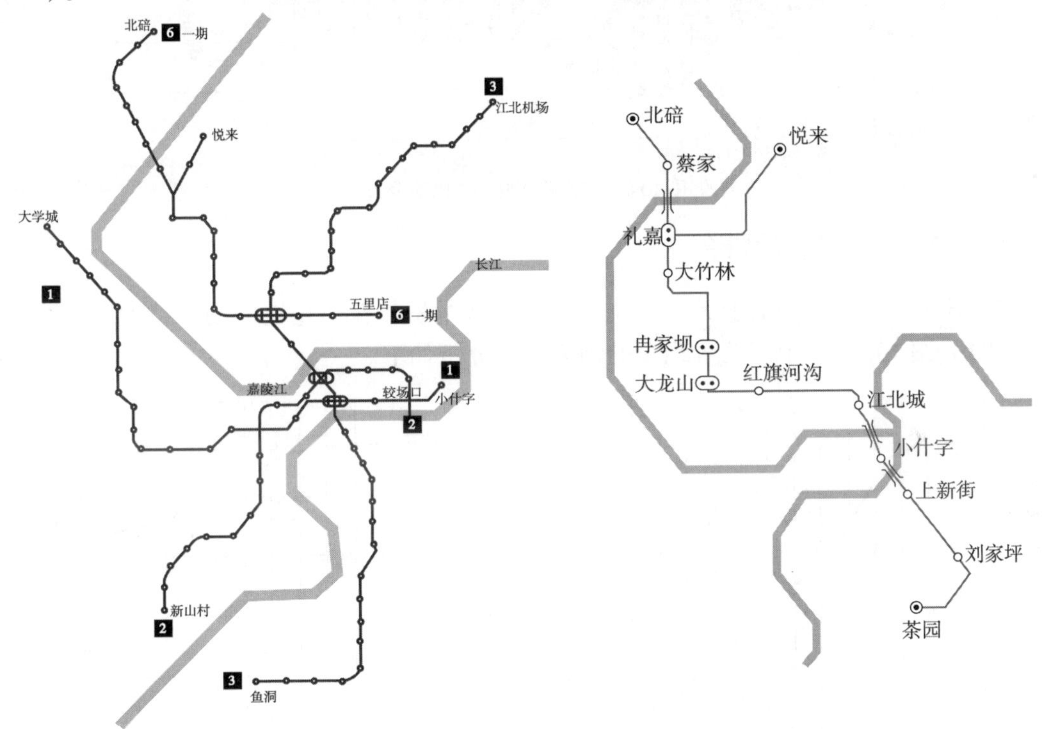

图 10-7 A 市轨道交通网络示意图　　图 10-8 A 市地铁 6 号线示意图

对 6 号线的客流进行预测，预测结果如表 10-2 所示。

6 号线客流预测结果　　表 10-2

年 度 项 目	2016 年	2023 年	2038 年
线路全长(km)	30.91	60.34	60.34
车站数目(个)	18	29	29
高峰小时单向最大断面客流量(人次)	11142	22370	26936
全日单向最大断面客流量(人次)	74583	145737	176793

客流预测表明，初期 2016 年，客流相对比较均衡，高峰小时最大断面 1.1 万人次，其余区间多在 0.5 万人次以上；近期 2023 年，客流集中在上新街—蔡家段，最大断面达 2.24 万

人次,断面出现较明显的不均衡特征;远期 2038 年,最大断面达到 2.7 万人次,各区段断面客流分布常为凸字形,断面客流不均衡程度更加明显。茶园、长生桥、黄泥塝、金山寺、向家港、梅花山等几个站高峰小时和全日客流中上下车人数明显比其他车站少。

A 市地铁 6 号线早高峰小时客流断面分布如图 10-9 所示。

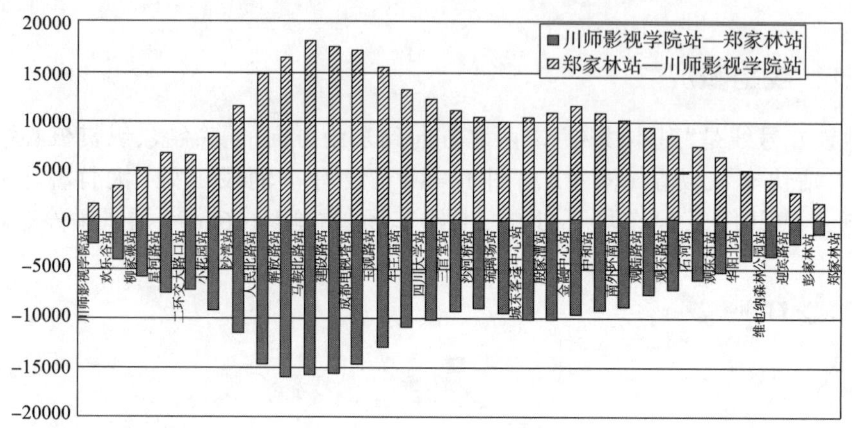

图 10-9 早高峰小时客流断面分布

10.3.2 技术制式选择

在上述客流环境下进行技术制式的选择。直线电机与普通轮轨的动力特性示意图分别如图 10-10、图 10-11 所示。两种列车的动力特性分析如下。

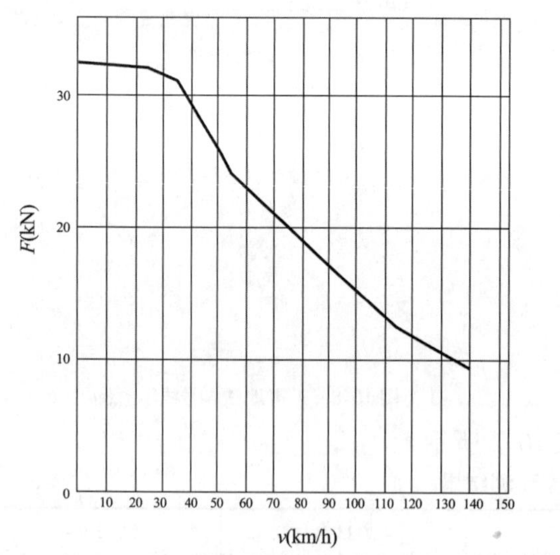

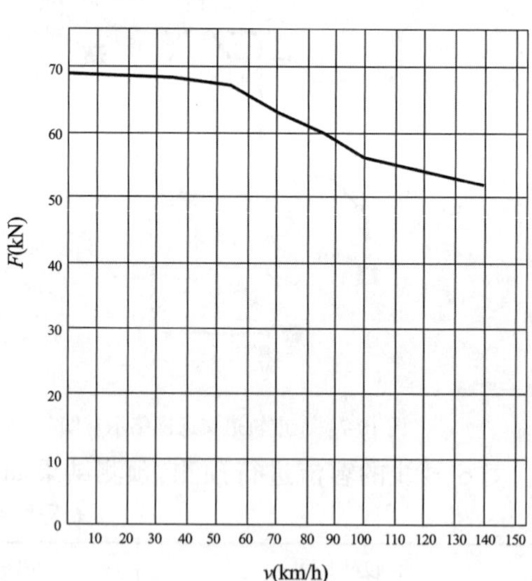

图 10-10 直线电机动力特性示意图

列车 A:直线电机车辆,列车定员 932 人;牵引质量 150t;阻力方程为 $2.751 + 0.000428v^2$。

列车 B:普通轮轨动车组,列车定员 950 人;牵引质量 281t;阻力方程为 $2.089 + 0.0394v + 0.000675v^2$。

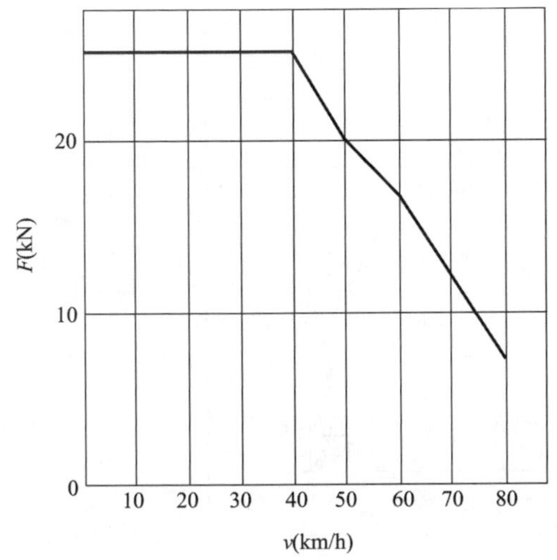

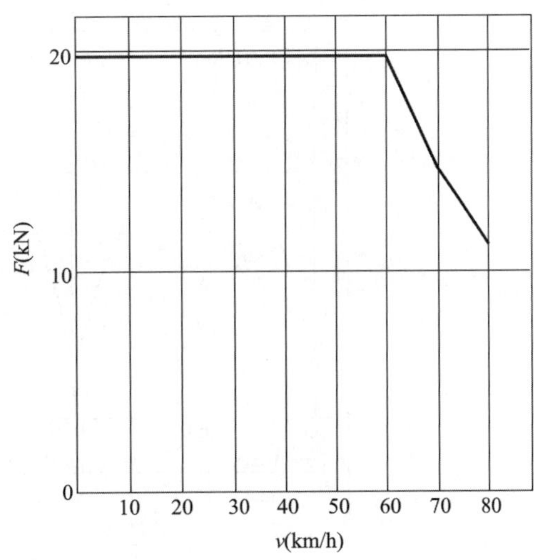

图 10-11 普通轮轨动力特性示意图

采用不同制式的列车运行效果如表 10-3 所示。

采用不同制式的列车运行效果 表 10-3

评价指标	列车 A		列车 B	
	下行	上行	下行	上行
纯运行时分(min)	61.5	62.0	63.3	63.5
平均速度(km/h)	58.81	58.48	57.25	57.02
最大速度(km/h)	74.32	74.36	74.25	74.35
牵引率(%)	43.62	43.80	34.90	36.55

由表 10-3 可以看出,直线电机列车速度更快,牵引率更大。因此,采用普通轮轨 B 型车更加合适。主要原因如下:①普通轮轨 B 型车系统技术成熟、安全可靠,相关设备及技术的国产化水平已达到 70% 以上。②6 号线线路条件并不太差,最大坡道坡度在 30‰以内;采用普通轮轨 B 型全动车系统完全可以满足 30‰纵坡要求,建设和运营没有困难。③6 号线建设期紧迫,直线电机系统国产化进程跟不上;采用国外技术,造价低的优点很难发挥,运营维修成本等更具有不确定性。④直线电机系统单耗较普通轮轨高 20%。

10.3.3 列车编组方案选择

根据客流预测,确定初期、近期和远期采用 5 辆编组。对于 5 辆编组,有两动三拖和三动两拖两种列车编组方式。与两动三拖相比,三动两拖的牵引和制动能力要强,但能耗较高、车辆购置费用也多一些。B 线采用 B 型车,动车自重 33t,拖车自重 26t,车厢内站立标准按 6 人/m^2计算,每位乘客质量 60kg,黏着系数取值 0.083m/s^2。

动车组阻力方程为 $2.089+0.0394v+0.000675v^2$。

图 10-12 和图 10-13 给出了两动三拖动车组和三动两拖动在该线某区段运行速度—距离曲线。由于三动两拖动车组牵引制动能力强,运行时分相对较短,两列车纯运行时分相差 286s。在列车运行能耗方面,三动两拖动车组为 1277kW·h,两动三拖动车 1172kW·h。

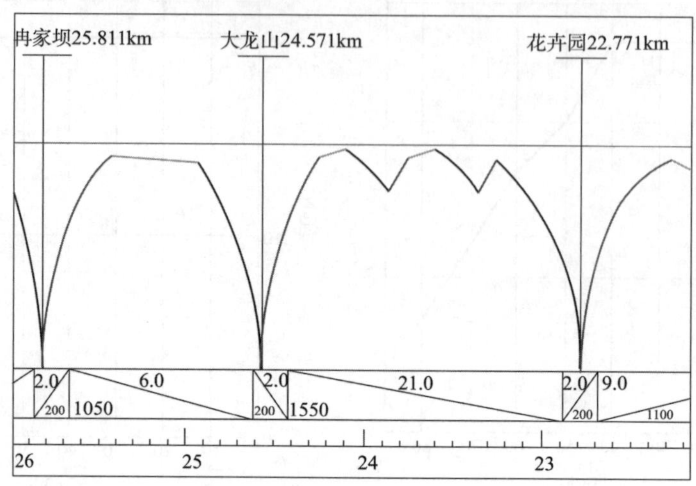

图 10-12　两动三拖动车组运行速度—距离曲线

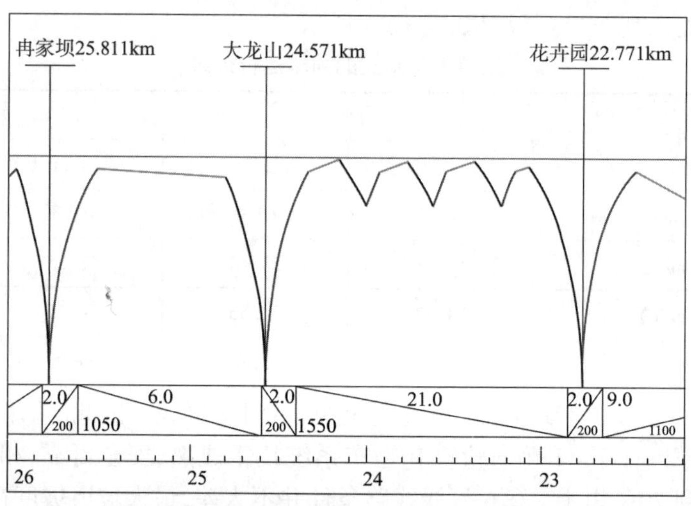

图 10-13　三动两拖动车组运行速度—距离曲线

分析表明,相比两动三拖动车组,三动两拖牵引和制动能力更强,运行时分短,但能耗较高。由于 B 线全长超过 60km,为了满足"半小时主城、一小时外环"目标,列车宜采用三动两拖。在故障运行能力与救援以及起动加速度方面,三动两拖也比两动三拖更有优势。

(1)故障运行能力分析

对两动三拖列车,当一节动车故障时,将丧失 1/2 的动力,平均加速度降为原来的1/2,虽然能维持运行,但会晚点并打乱运行秩序。对于三动两拖列车,当一节动车故障时,只丧失 1/3 动力,其平均加速度接近于两动三拖列车;在此故障工况下,不仅能维持运行,且基本能保持正常。列车牵引动力损失 50% 时,三动两拖编组列车可起动坡道经计算为 38.98‰;当三动两拖编组列车完全失去动力状况下由下一列相同空载列车进行救援,救援列车可以起动坡道为 210.71‰。B 线最大坡道 30‰。可见,三动两拖列车应对故障有足够的能力。

(2)起动加速度分析

列车要在 30‰坡道上起动,必须具备加速能力,相关参数参照上述起动加速度。图 10-14

是三动两拖与两动三拖编组的列车在30‰坡道上起动的速度—距离曲线图。

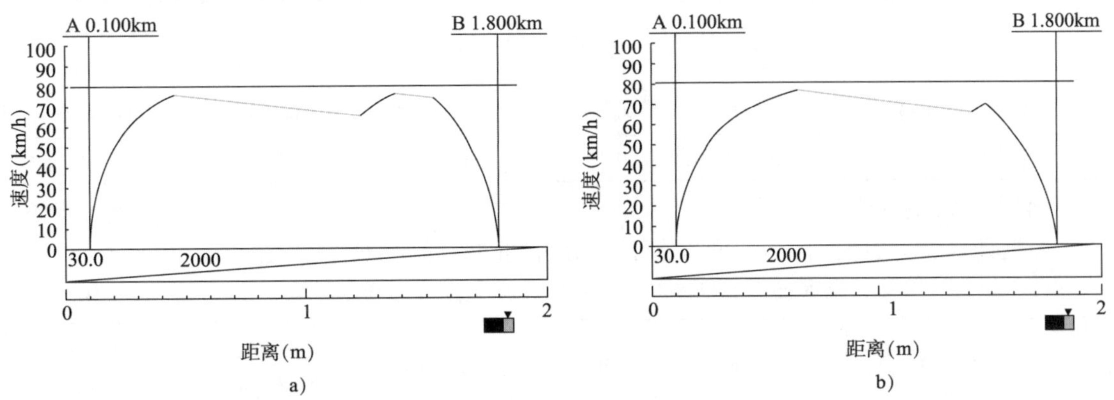

图10-14 三动两拖与两动三拖编组的列车在30‰坡道上起动的速度—距离曲线图

三动两拖编组的列车运行到最大速度75.88km/h用了28s，走行355m；两动三拖编组的列车运行到最大速度75.74km/h用了43s，走行548m。从图10-13中可以看出：三动两拖与两动三拖编组的列车起动能力强很多。

在救援工况下，加速能力将直接关系到救援能力及恢复线路正常运行的时间，三动两拖编组列车的加速能力远大于两动三拖的编组列车。

综合来看，列车宜采用“三动两拖”编组。

10.3.4 运营目标速度选择

(1)目标速度需求分析

表10-4为A市6号线不同旅行速度下的全程旅行时间，由于中心区内旅行时间最好控制在30min内，则6号线全程运营时间应控制在1h以内。

A市6号线不同旅行速度下的全程旅行时间 表10-4

速度(km/h)	35	40	50	60	70	80	90
时间(min)	103	90	72	60	51	45	40

(2)运营目标速度方案

综合考虑了站间距、列车重量与编组、区间线路条件、旅客适度、经济性等方面的影响因素后，给出了以下几种运营目标速度方案。

方案一：贯通运营——最高运行速度80km/h方案。

方案二：贯通运营——最高运行速度100km/h方案。

方案三：贯通运营——最高运行速度120km/h方案。

方案四：分段运营——环内最高运行速度80km/h，环外最高运行速度100km/h方案。

方案五：分段运营——环内最高运行速度80km/h，环外最高运行速度120km/h方案。

(3)出行时间分析

由表10-5可以看出，五种速度目标方案均可实现环线以内中心城区旅行时间不超过30min的目标，设计速度120km/h的方案以及环内设计速度80km/h环外设计速度120km/h的方案可实现环线外部分旅行时间控制在30min左右。

不同设计方案的旅行时间　　表 10-5

设计方案	80km/h	100km/h	120km/h	环内 80km/h、环外 100km/h	环内 80km/h、环外 120km/h
上行方向(h:m:s)	01:02:54	00:56:21	00:53:24	00:57:16	00:54:26
下行方向(h:m:s)	01:03:10	00:56:23	00:53:24	00:57:35	00:54:30

(4)技术指标分析

根据计算,不同运营目标速度方案下的初期、近期、远期的运用车数如表 10-6 所示。

不同运营目标速度方案下的初期、近期、远期运用车数　　表 10-6

最高设计速度		80km/h	100km/h	120km/h	环内 80km/h、环外 100km/h	环内 80km/h、环外 120km/h
运用车辆数(不含备用)	初期	52	52	52	52	52
	近期	262	243	233	245	237
	远期	314	292	280	294	284

由表 10-6 可以看出,当列车最高速度目标值设置为 120km/h 时,列车运行时间比较短,运用车辆数比较少。

(5)运营指标分析

表 10-7 给出了几个方案的运营指标。

运营指标　　表 10-7

最高设计速度		80km/h		100km/h		120km/h	
		下行	上行	下行	上行	下行	上行
评价指标	纯运行时分(h:m:s)	01:03:10	01:02:54	00:56:23	00:56:21	00:53:24	00:53:24
	纯运行时分(s)	3790	3774	3383	3381	3204	3204
	平均速度(km/h)	56.96	57.20	63.77	63.81	67.30	67.30
	最大速度(km/h)	74.33	74.29	810.34	810.22	1010.16	1010.27
	牵引率(%)	33.58	33.02	44.33	42.70	54.82	50.88
	平均速度/最高速度(%)	76.6	77.0	71.4	71.5	61.7	61.6
	小时平均能耗(万 kW/h)	0.4369	0.4289	0.5679	0.5471	0.6411	0.6092
最高设计速度		环内 80km/h、环外 100km/h		环内 80km/h、环外 120km/h			
		下行	上行	下行	上行		
评价指标	纯运行时分(min)	00:57:19	00:57:16	00:54:30	00:54:26		
	纯运行时分(s)	3439	3436	3270	3266		
	平均速度(km/h)	62.74	62.79	65.95	66.03		
	最大速度(km/h)	810.34	810.22	1010.16	1010.27		
	牵引率(%)	42.03%	40.48%	50.61%	46.95%		
	平均速度/最高速度(%)	70.2	70.4	60.4	60.4		
	小时平均能耗(万 kW/h)	0.5384	0.5186	0.5908	0.5614		

综合考虑目标速度需求、出行时间、技术指标、运营指标等问题，最终确定A市的地铁6号线速度目标推荐方案为100km/h的设计方案。具体理由如下：

①列车最高速度目标值为100km/h或环内80km/h、环外120/h两种方案时，列车运行时间比较短，运用车辆数较少，能耗也较低。

②列车最高速度目标值环内环外不同，分段组织相对将比较复杂。

③最高速度目标值120km/h比最高速度目标值100km/h的快速地铁列车的造价也要高一些。

综上所述，综合考虑全线客流与线路设备技术条件，宜采用普通轮轨B型车辆，最高运行速度为100km/h的快速地铁列车；初期、近期和远期均采用三动两拖5辆编组；最高运行速度目标方案建议采用100km/h；初期采用单一交路方案，近期、远期采用小交路叠加方案。考虑到客流特点以及组织难度，不采用跨线交路。

10.3.5 设施资源共享规划

线网层面的资源共享规划是规划阶段的一个重要课题。由于城市轨道交通系统投资大、公益性强、盈利能力弱，资源共享问题直接涉及系统的运营期间的效益目标。

城市轨道交通系统的资源共享问题包括以下几方面内容：

①车辆基地。

②调度指挥中心。

③供、变电设施。

④换乘站。

⑤联络线。

⑥车辆与列车。

⑦应急救援设施设备。

由于城市轨道交通相关工程项目的建设存在时序差，加上我国城市运行环境变化快，资源共享在线网实际实施中面临诸多困难，如一些规划预留得不到落实、线网规划阶段的方案被后续线路实施过程所更改，等等。这反过来也引起大家在规划阶段对资源共享问题的重视。

思考题

1. 根据你的理解阐述运营规划工作的必要性。
2. 从乘客与运营商角度剖析开行快慢车的利弊。
3. 结合实例阐述多交路设计的必要性及一般条件。
4. 分析能力一定条件下“小编组、小间隔”与“大编组、大间隔”方案运营效果的异同。
5. 举例说明在车站间设计不同类型配线的必要性及其运营效果。
6. 从乘客与运营商两个不同角度分析速度目标值确定应该考虑的因素。
7. 举例说明确定列车开行方案与哪些设计因素有关。

第 11 章 城市轨道交通系统的安全防护设计

城市轨道交通是一个较为独立、封闭的系统,一旦发生灾害事故就会造成比较严重的后果。因此,城市轨道交通系统的安全防护设计具有尤其重要的意义。本章探讨城市轨道交通安全防护设计的主要内容与基本原则,介绍安全防范系统的设计,同时结合防火、防水、杂散电流防护、抗震及其他防护的技术要求,阐述地铁规划与设计中防灾的要点。

11.1 安全防护设计概述

11.1.1 安全防护设计的主要内容

城市轨道交通系统安全防护设计主要涉及安全防范系统设计、火灾防护设计、水灾防护设计、杂散电流防护设计、抗震防护设计与其他防护设计(如施工破坏防护设计、战争防护设计)等。

1)安全防范的必要性及主要内容

城市轨道交通客流大、环境复杂,仅依靠人力很难对各种突发情况做出准确及时的反应。建立基于安全防范技术、电子信息技术和计算机网络技术的城市轨道交通安全防范系统,可显著提升防控能力,降低城市轨道交通区域内发生威胁的可能性,并实现一体化的应急联动和指挥,以便在发生突发事件时进行高效处置。

城市轨道交通安全防范系统包括门禁系统、视频监控系统、周界入侵报警系统、火灾报警系统和设备监控系统等,各子系统应集合成为一个整体,由独立的安防集成平台统一进行管理。

2)防火的必要性及主要内容

城市轨道交通具有人员密集、火灾隐患大等特点,发生火灾后扑救难度大、人员疏散困难。为此,应从设计层面就开始做好火灾预防。车站应按《地铁设计规范》(GB 50157—2013)要求合理划分防火分区、防烟分区,其面积应满足规范要求。车站的通道、出入口、建筑材料均应满足消防要求,并配备水消防、防排烟、应急照明、消防供电、消防广播、疏散指示等消防设施。

3)防水灾的必要性及主要内容

对于大多数城市轨道交通系统而言,车站和隧道大都处于地面高程以下,容易遭受地面洪涝、积水回灌和岩土介质中地下水渗漏浸泡等危害,因此城市轨道交通工程必须进行防水设计。

防水灾对城市轨道交通工程来说,主要有两个方面:一是防止地面洪涝积水沿车站出入口、进排风口灌入地下,破坏地下设施,影响城市轨道交通运营;二是防止地表水、地下承压水沿着结构损伤裂缝和其他薄弱环节向车站和隧道内渗漏,若渗漏水量超过一定程度就会破坏设备,锈蚀装修材料,影响城市轨道交通的使用寿命。

4)杂散电流腐蚀防护的必要性及主要内容

城市轨道交通杂散电流的防护历来是城市轨道交通建设工程中的一个重大课题。城市轨道交通杂散电流是指没有按照预定和设计的回路流动的电流,一旦大量泄漏出来,不但会对城市轨道交通线路周围地下公共环境造成严重污染,而且还会腐蚀基础围护结构,并对工程结构造成严重威胁。

杂散电流腐蚀防护主要有三方面的内容:①将杂散电流减小至最低限度,消除产生杂散电流腐蚀现象的根源;②应加强绝缘措施,限制杂散电流向地铁外部或沿线扩散;③轨道附近的地下金属管线结构,应单独采取有效的防蚀措施。

5)抗震防护的必要性及主要内容

地震灾害的主要后果是造成工程结构的破坏和损毁,以及可能继之而来的水灾、火灾等次生灾害,直接或间接地对社会财产和人员生命构成危害。地下结构存在地震破坏的可能性,设计和施工时应有必要的对策,来减轻建筑物的地震破坏,避免人员伤亡,减少经济损失。

地震是几十年乃至上百年一遇的自然灾害。如果设计要求过高,则会增加工程造价和施工难度;相反建筑物抗震安全度太低,则不能保证在地震发生时,避免由于建筑物倒塌而造成生命财产的损失。城市轨道交通工程应该执行相关标准中抗震设计和施工的相关条款。

6)其他防护要求及主要内容

(1)战争破坏防护

城市轨道交通作为城市客运交通的动脉、重要的市政设施,既是战时被袭击的目标,也是战时进行防御的重点。地铁车站和区间隧道一般都埋置在岩土介质中,加上自身用钢筋混凝土支护衬砌,本身具有对爆炸冲击破坏的防御能力。同时城市轨道交通工程具有通风、给排水、通信、信号、自动报警和防灾系统,如果与民防系统连通,经过改进,可以很好地为战时防空袭服务。城市轨道交通建设中的人防工程,是运用城市轨道交通已有的结构强度和设施设备,针对其关键部位增强防护功能,利用一定的平战转换措施来实现人防的要求。

(2)施工诱发环境灾害的预测和防护

在城市轨道交通车站、隧道和高架桥周边进行土方开挖、顶管、盾构推进和打桩等工程活动,处理不当可能对城市轨道交通工程产生危害。因此需要限制施工活动对城市轨道交通工程的影响,对施工可能会诱发的环境灾害进行预测和防护。首先应以预防为主,即采取合理的施工工艺和技术方案,将产生的地面沉降、深层上体扰动降低到工程变形允许范围内。其次,对既有建筑物和地下管线采取监测、补强加固等工程措施,保证施工扰动发生后不致产生大的影响。

11.1.2 安全防护设计基本原则

城市轨道交通系统安全防护设计的基本原则包括:

(1)严格执行各种设计施工的规范和规程

防灾系统是城市轨道交通系统的重要组成部分之一,应严格执行国家、地方、行业颁布的抗震、防火、防洪排涝、抗风、民防和环境保护的设计施工规范和规程,吸收国外先进经验,因地制宜做好地铁与轻轨工程的防灾设计。

(2)预防为主

安全防护设计应贯彻“预防为主”的方针。在设计时就采取有效措施,避免因设计不合理导致城市轨道交通工程在施工和运营中发生安全事故。此外,还应建立良好的灾害预测、预报、评估及预警系统,定期对投入运营的工程进行诊断和抗灾可靠性评定,建立智能性修复系统。

(3)确保安全

防灾设计所采用的各种防灾措施,应确保运营期间的安全。一旦发生火灾或其他事故,应尽早发现,迅速扑灭或排除,使灾害事故造成的人员伤亡及经济损失减少到最低限度。地铁防灾设计能力,宜按同一时间内发生一次火灾或其他灾害考虑。

(4)系统设施的选择必须符合防灾要求

城市轨道交通系统设施的选择须符合防灾要求,系统的防护级别要与被防护对象的风险等级相适应。城市轨道交通建筑结构的防灾设计,必须采取安全可靠的防灾措施,并应设有完善可靠的消防和事故防排烟系统,还应设置先进可靠的火灾自动报警、防灾设备的监控及防灾通信系统。

(5)建立联防体系

城市轨道交通的防灾系统与城市总体防灾系统联网,随时从城市总体防灾系统获取各类灾变信息,一旦灾害发生,迅速向总体防灾系统报告,并得到城市防灾系统的指示和帮助。

11.2 安全防范系统设计

安全防范系统已越来越广泛地应用到城市轨道交通建设中,相关地方标准也陆续出台,对轨道交通安全防范提出了明确要求。随着安防系统逐步完善,城市轨道交通安保等级也得到了提升。

11.2.1 门禁系统

门禁系统应具有出入口监控和安全管理等功能,来确保城市轨道交通安全运营,保证授权人员在受控情况下方便地进入设备及管理区域,防止非授权人员进入限制区域,保证运营管理、设备运转及城市轨道交通财产安全。

城市轨道交通涉及安全的重要设施的通道门、系统和设备用房门及管理用房门应设门禁。门禁系统规模应与线网规划相适应,并应确定线路、车站和监控对象的数量,以及监控对象的安全等级、授权人数及发卡量,并应留有余量。门禁系统应实现与火灾报警系统的联动控制。车站控制室综合后备控制盘(IBP)上应设置门禁紧急开门控制按钮,并应具备手动、自动切换功能。

11.2.2 视频监控系统

视频监控系统应能对城市轨道交通区域进行实时、有效的视频监控,可以实时显示和记录受监控区域内的人员和物体的特征,能够为控制中心调度员、各车站值班员、列车司机等提供有关列车运行、防灾、救灾及乘客疏导等方面的视觉信息。

视频监控系统应由摄像机、视频处理设备、存储设备、监视及操作终端、管理软件、传输网络和附属设备组成。在售检票大厅、乘客集散厅、上下行站台、自动扶梯、换乘通道等公共场所都应设置监视摄像设备,在变电设备用房及票务室、售票处等场所也可设置。

11.2.3 周界入侵报警系统

城市轨道交通领域周界入侵报警系统的设置范围一般为车辆段、主变电站周界、隧道与地面线过渡段、高架桥与地面线过渡段,以及其他可能被进入的区域如通风口等。其主要功能是对重要场所周界进行设防,对周界重要位置的非法入侵行为进行有效的探测和报警,可与闭路电视监控系统实行联动,联动附近的摄像机拍摄现场情况。

周界应构成连续无间断的、闭合的警戒线或警戒带,可利用水体、建筑物、围墙和相邻周界等。周界防护应采用实体防护、电子防护措施。采用电子防护时,需设置探测器。当周界有出入口时,应采取相应的防护措施。

11.2.4 火灾报警系统

火灾报警系统应实现火灾救灾设备的控制及与相关系统的联动控制,即实现消火栓系统、自动灭火系统、防烟排烟系统、消防电源及应急照明、疏散指示、防火卷帘、电动挡烟卷帘、消防广播、售检票机、站台门、门禁、自动扶梯等系统在火灾情况下的消防联动控制。

火灾自动报警系统的保护对象分级应根据其使用性质、火灾危险性、疏散和扑救难度等确定。火灾探测器与报警装置的设置应符合以下规定:

①火灾自动报警系统应设有自动和手动两种触发装置。乘客活动的公共区域不宜设置警报音响,办公区走廊应设置警铃。

②报警区域应根据防火分区和设备配置划分。

③火灾探测器的设置部位应与保护对象的等级相适应。

④探测区域的划分应符合下列规定:站厅、站台等大空间部位每个防烟分区应划分为独立的火灾探测区域,一个探测区域的面积不宜超过 $1000m^2$。

⑤地下车站的站厅层公共区、站台层公共区、换乘公共区、各种设备机房、库房、值班室、办公室、走廊、配电室、电缆隧道或夹层,以及长度超过 60m 的出入口通道,应设置火灾探测器。

⑥地面及高架车站封闭式的站厅、各类设备用房、管理用房、配电室、电缆隧道或夹层,应设置火灾探测器。

⑦控制中心和车辆基地的车辆停放车间、维修车间、重要设备用房、可燃物品仓库、变配电室,以及火灾危险性较大的场所,应设置火灾探测器。

⑧设有气体自动灭火装置的房间应设置两种火灾自动报警探测器。

⑨设置火灾探测器的场所应设置手动报警装置。

⑩地下区间隧道、长度超过 30m 的出入口通道应设置手动报警按钮。区间手动报警按钮设置位置宜与区间消火栓的位置结合设置。

11.2.5 设备监控系统

设备监控系统通过对城市轨道交通通风空调设备的监控,与火灾报警系统密切配合,在火灾或交通阻塞情况下实施联动,以保护人员安全撤离及减少火灾危害。通过对城市轨道防淹门监控,监视隧道水位及其上升速度,及早预测水灾,一旦隧道出现水淹,可在综合监控系统平台上联动视频监控确认隧道内有无人员及车辆,迅速关闭防淹门,防止水灾发生后的次生灾害。

11.3 火灾安全防护设计

与洪涝、泥石流、滑坡、台风、沙暴、地震、冰雪、雷击和冲击爆炸等灾害相比,火灾对地下工程威胁比地面建筑更大。城市轨道交通发生火灾的原因主要有:电气设备线路老化、短路引发火灾;机械碰撞、摩擦引起火花,引燃车站和车厢内易燃的装修材料或其他化学药品;吸烟、乘客携带易燃易爆的物品也可能引发火灾;此外,地震和战争的主要次生灾害也是火灾,特别是核袭击引发火灾造成的生命和财产损失占整个灾害损失的比例很大。

近年来,国内外城市轨道交通多次发生群死群伤的火灾事故。阿塞拜疆巴库地铁于1995年10月28日因列车电路故障诱发火灾,造成558人死亡;美国纽约地铁于1982年3月、6月频繁发生地铁火灾,1991年8月因列车运行脱轨引发火灾造成5人死亡,155人受伤;英国伦敦地铁于2003年1月发生列车撞站台引起火灾事故,至少造成32人受伤;韩国于2003年、2014年分别发生了大邱地铁人为纵火事故(造成近200人死亡、数百人受伤、车站设施损坏等严重后果)、釜山地铁火灾事故。

11.3.1 火灾特征及危害

(1)排烟困难散热慢

根据国内外资料统计,因城市轨道交通火灾造成的人员伤亡,绝大多数是由烟雾中的有毒气体熏倒、中毒或窒息所致。因此,有效的排烟已成为城市轨道交通火灾时救援的重要措施。地下建筑内失火与地上建筑失火情况完全不同,地下车站内部封闭的环境使物质不充分燃烧,导致一氧化碳等有毒气体大量产生,而地下车站的进、排风口少,烟雾的控制排除都比较复杂。烟的水平扩散速度一般为0.5~1.5m/s,比人群疏散速度快得多。随着空气温度的升高,体积增大,压力也会相应增大,因此对人员安全疏散和消防扑救都十分不利。同时,被土层包裹的地下空间,热交换十分困难,烟雾与有毒气体会在地下通道内迅速四处流窜,致使整个地下空间温度骤升。

(2)安全疏散困难

地下建筑内的安全疏散有以下几个方面的不利因素。

①由于城市轨道交通系统一般使用有机高分子装饰材料,一旦遇到火灾,很容易产生有毒气体(如一氧化碳、二氧化碳及其他有毒气体)。此外,烟雾粒子对光具有很强的吸收与散射作用,不仅严重遮挡视线,使能见度大大降低,还会使人中毒窒息,使人员疏散更加困难。

②地下建筑采光照明差,火灾发生时,如果地下工程内不装设事故照明和紧急疏散标志指示灯,人员根本无法逃离火场,加上浓烟滚滚,使疏散极为困难。

③温度升高快,对人体危害大。地下建筑发生火灾时,热量不易散失,爆燃出现快,室内温度可达到800℃以上,人很快产生疲劳脱水现象。另外,由于人吸入大量的热气到肺部,使血压急剧下降,毛细血管受破坏,从而导致血液循环系统破坏。当热的强度超过人体能承受

的界限时,就会很快死亡。

④逃生路径少,疏散距离长。地铁的安全出口较少,一般是进出两用通道,火灾时逃生的出口和路线比地面建筑少。一旦发生火灾事故,乘客会习惯选择平常行走相对熟悉的路线或盲目跟随他人逃生,对地铁环境不熟悉、选择较长路线逃生的乘客被困可能性随之增大。

⑤人员疏散困难。地面建筑发生火灾时,人员的逃生方向与烟气的自然扩散方向相反,人可以往下逃脱烟气。而地下建筑发生火灾,人需要往上逃到地面,人员的逃生方向与烟气的自然扩散方向一致,而烟的扩散速度一般比人的行动快,因此人员疏散困难。

(3)扑救困难危害大

地下建筑的火灾比地面建筑火灾扑救要困难得多。与地面建筑相比,地下建筑火灾扑救困难在于:

①探测火情困难、难以接近着火点。地下建筑火灾发生后,产生的烟雾很难在短时间内通过自然排烟的方式排出,因此无法迅速确定着火点。

②接近火场困难。对于没有完善排烟设施的地下工程,消防人员进入口同时也是烟、热排出口,高温、浓烟、毒气使消防人员无法快速接近火场。一旦在隧道中间或距进口、出口较远的地点发生火灾事故,施救几乎无法进行。

③通信指挥困难。地下建筑多为钢筋混凝土结构,结构中的钢筋网以及周围的土体或岩石对电磁波有一定的屏蔽作用,妨碍使用无线通信。地下火场灾情有时只能靠人传递信息,速度慢、差错多。另外,指挥员无法直观火场,需要详细询问,研究工程图,分析可能发生火灾的部位和可能出现的危险情况,方能制定出灭火方案,致使灭火时间长、难度大。此外,浓烟、高温和低能见度,以及内部复杂的空间布置,都大大增加了消防人员通信指挥的难度。

④缺少高精度的地下工程报警消防专门器材。目前国内多数地铁线路,火灾被确认后由操作人员手工操作使联动系统投入运营。采用这种运营方式的原因是火灾探测器尚不能完全准确地预报火灾,误报率较高。国外虽然已生产智能化探测器,可以降低误报率,但系统价格太高,国内地下工程一般很少采用。

(4)允许逃生时间短

针对地铁火灾事故,日本消防部门曾做过试验,日本地铁车厢虽被确认具有不易燃烧性,但起火后,快则1min、慢则8min之后就会出现对人体有害的气体;2~5min内,车厢内烟雾弥漫就无法看清逃生出口,相邻的车厢在5~10min内也会出现相同情形。试验表明,允许乘客逃生的时间只有5min左右。此外,车内乘客的衣物一旦引燃,火势可在短时间内扩大,允许逃生的时间则更短。

11.3.2 火灾防护设计的技术要求

城市轨道交通多数为地下工程,应严格执行地下工程防火规范,贯彻“预防为主,防消结合”的方针,具体技术要求如下所示。

①《地铁设计规范》(GB 50157—2013)规定,地下的车站、区间、变电站等主体工程及出入口通道、风道的耐火等级应为一级。据此,车站(车辆基地)、控制室(含防灾报警设备室)、变电所、配电室、通信及信号机房、固定灭火装置设备室、消防水泵房、废水泵房、通风机房、环控电控室、站台门控制室、蓄电池室等火灾时需运作的房间,应分别独立设置。

②地下车站公共区、设备与管理用房的顶棚、墙面、地面装修材料及垃圾箱,应采用燃烧性能等级为A级的不燃材料;地面应采用不低于B_1级的难燃材料;设备与管理用房区内的装修材料,应符合《建筑内部装修设计防火规范》(GB 50222—2017)的有关规定;地上、地下车站公共区的广告灯箱、导向标志、休息椅、电话亭、售检票机等固定服务设施的材料,应采用不低于B_1级的难燃材料。装修材料不得采用石棉、玻璃纤维、塑料类等制品。

③防火门宜采用平开门,在关闭后能从任何一侧手动开启。疏散楼梯间或主要通道上的防火门,应采用向疏散方向开启的甲级单向弹簧门。用于人防工程的各类钢筋混凝土防护密闭门代替防火门。车站设置防火墙或防火门困难时,可采用水幕保护的防火卷帘或复合式防火卷帘。防火卷帘上应当留有小门并采用两级下落式,先降至离地面2m处,在确认无人员遗漏时,最后降落第二级。地铁与地下商场等地下建筑物相连接时,必须采取防火分隔措施。站厅与站台间的楼梯处,宜设挡烟垂幕,挡烟垂幕下缘至楼梯踏步面的垂直距离不应小于2m。车站间两条单线隧道之间应设联络通道,通道内宜设防火卷帘或防火门。地铁采用钢结构时应进行防火处理。

④地铁车站应采用防火墙、防火卷帘加水幕或复合防火卷帘等防火分割物划分防火分区。每一个防火分区安全出入口数量不应少于2个,其中有人值守的防火分区应有1个安全出口直通地面;与相邻防火分区连通的防火门可作为第二个安全出口。竖井、爬梯、电梯、消防专用通道,以及设在两侧式站台之间的过轨地道不应作为安全出口;地下换乘车站的换乘通道不应作为安全出口。车辆基地和其建筑上部其他功能场所的人员安全出口应分别独立设置,且不得相互借用。供人员疏散的出入口楼梯和通道宽度应满足地铁设计规范车站建筑设计的要求。附设于地铁的地下商场等公共场所的安全出口门、楼梯和疏散通道的宽度应按其通过100人不小于1m的净宽计算。地铁车站的设备、管理区及附设于地铁的地下商场等公共场所的安全出口门、楼梯、疏散通道的最小净宽应符合表11-1的规定。疏散通道应减少曲折并能向两个方向疏散,疏散通道内不能设置阶梯、门等有碍疏散的物体等。

安全出口门、楼梯、疏散通道的最小净宽表 表11-1

名称	安全出入口、楼梯(m)	疏散通道(m)	
		单面布置房间	双面布置房间
地铁车站、设备管理区	1.06	1.20	1.50
地下商场等公共场所	1.50	1.50	1.80

⑤隧道内消火栓最大间距、最小用水量及水枪最小充实水柱应符合表11-2的规定。车站及折返线消防栓箱内宜设火灾报警按钮,当车站设有消防泵房时,应设水泵启动按钮。地铁车站出入口或通风亭口部等处应设水泵接合器,并在40m范围内设置室外消防栓和消防水池。当城市管网和水压不能满足地铁隧道内消防要求时,必须设消防泵和消防水池。

消火栓最大间距、最小用水量及水枪最小充实水柱 表11-2

地点	最大间距(m)	最小用水量(L/s)	水枪最小充实水柱(m)
车站	50	20	10
折返线	50	10	10
区间	100	10	10

对于与地铁同时修建的地下商场、地下可燃物品仓库和Ⅰ、Ⅱ、Ⅲ类地下汽车车库,应设

置自动喷水灭火装置。地下变电所的重要设备间、车站通信及信号机房、车站控制室、控制中心的重要设备间和发电机房,宜设气体灭火装置。

⑥按《地铁设计防火标准》(GB 51298—2018)要求,下面场所应设置排烟装置:

a. 地下或封闭车站的站厅、站台公共区;

b. 同一个防火分区内总建筑面积大于 200m² 的地下车站设备管理区,地下单个建筑面积大于 50m² 且经常有人停留或可燃物较多的房间;

c. 连续长度大于一列列车长度的地下区间和全封闭车道;

d. 车站设备管理区内长度大于 20m 的内走道,长度大于 60m 的地下换乘通道、连接通道和出入口通道。

⑦地铁车站及区间隧道内必须具备事故机械通风系统。排烟系统宜与正常排风系统合用,当火灾发生时应确保正常排风系统转换为排烟系统。防烟、排烟系统与事故通风应具有下列功能:

a. 当区间隧道发生火灾时,应背着乘客主要疏散方向排烟,迎着乘客疏散方向送新风;

b. 当地下车站的站厅、站台发生火灾时,应具备防烟、排烟、通风功能;

c. 当列车阻塞在区间隧道时,应对阻塞区间进行有效通风;

d. 当地面或高架车站发生火灾时,应具备排烟功能;

e. 当设备与管理用房发生火灾时,应具备防烟、排烟、通风功能。

⑧地铁应设火灾疏散指示和防灾救护设施。地下线路应急照明的连续供电时间不应小于 60min。应急疏散指示灯要设置在有指示标志的地方,如站厅、站台、自动扶梯、自动人行道及楼梯口、车站附属用房内走道等疏散通道、区间隧道、车辆基地内的单体建筑物及控制中心大楼的疏散楼梯间、疏散通道、消防电梯间(含前室)处,间距不应大于 20m。疏散指示标志应标明走行方向及距安全出入口距离,其高度距地面 1 ~ 1.2m。疏散通道拐弯处、交叉口、沿通道长向每隔不大于 10m 处,应设置灯光疏散指示标志,指示标志距地面应小于 1m;事故照明灯及指示照明灯要有单独的耐火的供电系统,应符合地铁设计规范规定。

11.4 水灾安全防护设计

11.4.1 水灾特征及危害

城市轨道交通系统的水灾事故多数是由于系统内部水管爆裂、地下结构破坏渗水等造成的水淹事故。地下车站是城市轨道交通水灾防护工作的重中之重,是防水工作最薄弱的环节,因此要高度重视。

与地上工程相比,地下工程水灾主要有以下危害:

①地表水、地下承压水沿着结构损伤裂缝和其他薄弱环节向车站和隧道内渗漏,渗漏水量超过一定程度,可以使装修材料霉变,电气线路、通信、信号元件受潮浸水损坏失灵,破坏设备,锈蚀装修材料,影响地铁的使用寿命,还会造成工程事故。

②地下水积存,潮湿度增加,使进入车站的乘客胸闷、不舒适。

③地面洪涝积水沿车站出入口、进排风口灌入地下,破坏地下设施,影响城市轨道交通运营,可能会造成城市轨道交通运营局部中断、大客流冲击,给运营安全带来隐患。

11.4.2 水灾防护设计的技术要求

防水灾对地铁工程来说,主要有两个方面:一是从加大城市排水功能的角度出发;二是从提高地铁自身防水系统的角度出发。

①《地铁设计规范》(GB 50157—2013)规定地下工程防水设计与施工应遵循“以防为主,刚柔结合,多道设防,因地制宜,综合治理”的原则。首先应以混凝土结构自防水为主,以接缝防水为重点,并辅以防水层加强防水,还应满足结构使用要求。防水设计应定级准确、方案可靠、施工简便、经济合理。

②地铁车站和隧道的防水工程应严格遵守地铁工程设计施工验收规范。地下车站、行人通道和机电设备集中区段的防水等级应为一级,即不允许渗水,结构表面应无湿渍;区间隧道及连接通道等附属的隧道结构防水等级应为二级,顶部不得滴漏,其他部位不得漏水,结构表面可有少量湿渍,总湿渍面积不应大于总防水面积的2/1000,任意$100m^2$防水面积上的湿渍不应超过3处,单个湿渍的最大面积不应大于$0.2m^2$。隧道工程中漏水的平均渗漏量不应大于$0.05L/(m^2 \cdot d)$,任意$100m^2$防水面积渗漏量不应大于$0.15L/(m^2 \cdot d)$。

我国《地下工程防水技术规范》(GB 50108—2008)对地下工程防水等级进行了规定,如表11-3所示。

地下工程防水等级标准　　表11-3

防水等级	地下工程防水等级标准
一级	不允许渗水,结构表面无湿渍
二级	不允许漏水,结构表面可有少量湿渍
三级	有少量漏水点,不得有线流和漏泥砂,实际渗漏量$<0.5L/(m^2 \cdot d)$
四级	有漏水点,不得有线流和漏泥砂,整个工程平均渗水量$<2L/(m^2 \cdot d)$

③依照地铁车站和隧道不同的施工方法,选择不同的防水材料和防水方法。各种防水材料、防水方法、防水施工工艺,必须经过实践的检验以及试验检查,才能大范围推广应用。

11.5 杂散电流安全防护设计

11.5.1 杂散电流产生的原因与危害

我国城市轨道交通供电系统主要采用750V和1500V直流供电两种制式。采用走行轨回流的直流牵引供电系统中,接触网与牵引变电所的正母线连接,回流走行轨与负母线连接。牵引变电所通过导电轨(第三轨)或架空接触网向列车送电,利用钢轨回流传输回变电所,形成闭合回路。

在这一运行过程中,由于铁轨焊接处有缝隙、钢轨与大地之间的绝缘性较差(电阻较大)等情况,从运行车辆至牵引变电所负母线之间的回流走行轨上会产生电压降,车辆附近的走行轨电位相对高一些,形成轨道阳极区,就会发生电流泄漏,即不经过回流网返回变电所,而是流向地面,经大地构成回路,这部分电流就被称为杂散电流。这种情况下会出现类似于电化学腐蚀的现象,使得轨道损坏。

杂散电流泄漏向大地，首先会对轨道产生严重危害，其次会对埋地管道、建筑地基等造成腐蚀，严重的还会危及人身安全。

①如果走行轨附近埋有地下管道、电缆或任何其他金属结构件时，一部分地下杂散电流就会从导电的金属件上流过，金属体对地电位形成阳极区。在阳极区，会发生电解现象使金属物体温度升高，加速了金属物体的腐蚀。在长期的电腐蚀作用下，地下金属物体（如管道、电缆等）将受到严重的损坏。

②造成混凝土结构的破坏。在工程建设中，都以钢筋为主体，用来增加结构的抗压能力。杂散电流流入钢构的部位是电池的负极区，阴极发生析氢反应，产生了大量氢气，在混凝土内部产生一定的静压力，长期存在会使得混凝土结构发生变形，导致承重能力下降。另外，阳极区生成的氧化物形成铁锈，使得钢筋的体积膨胀，从而挤压周围混凝土造成开裂。

③若地下杂散电流流入电气接地装置，将引起接地电位过高，导致某些设备无法正常工作。

④杂散电流值过大时，将会使得金属结构产生对地电压，严重时可危及人身安全。

11.5.2 杂散电流影响因素

影响杂散电流大小的参数有：供电臂长度、回流走行轨纵向电阻、回流走行轨对地的过渡电阻、列车负荷大小、排流网纵向电阻、是否排流。

(1)供电臂长度的影响

供电距离越短，钢轨泄漏电流和钢轨电位越低，杂散电流越小，越不易对结构钢筋或金属管线产生腐蚀。在布置牵引变电所所址时应适当考虑减小变电所距离，接触网上采用双边供电，尽量不采用单边供电。

(2)回流走行轨纵向电阻的影响

回流走行轨纵向电阻对泄漏电流及钢轨电位的影响很大，回流走行轨纵向电阻越小，产生的杂散电流越少。良好的回流是限制杂散电流源的一个根本措施。

(3)回流走行轨对地的过渡电阻的影响

回流走行轨过渡电阻对泄漏电流影响特别大，对钢轨电位影响较小。回流走行轨过渡电阻越大，产生的杂散电流越少，较高的过渡电阻也是限制杂散电流源的一个有效措施。

(4)列车负荷大小的影响

列车负荷电流对泄漏电流和钢轨电位都有影响，列车负荷电流越大，产生的杂散电流越多。列车负荷电流与系统电压、客流量、变电所间距、列车追踪时间间隔等有关。通常在设计中要减小列车负荷电流是困难的。与电阻控制相比，斩波〈调压〉控制车可减少电负荷，采用变压变频（VVVF）控制的三相异步电机具有传动效率高、节电效果更显著的优点，而再生制动的应用则可进一步减少负荷。此外，采用较高的系统电压可以减小负荷电流。

(5)排流网纵向电阻的影响

排流网纵向电阻对泄漏电流和钢轨电位影响较小，但排流网纵向电阻的大小与排流网的纵向电压降相关，影响了排流网是否向外泄。

(6)排流的影响

排流网与负极连接后钢轨电位升高，泄漏电流增大，阳极区加宽，排流网泄漏电流趋于零，对结构钢筋或金属管线起到了保护作用，代价是钢轨腐蚀严重些，并需安装钢轨过电压限制器设备,维持正常的接触电,保证人身安全。

11.5.3 杂散电流防护设计的技术要求

工程实践当中,对城市轨道交通杂散电流的治理坚持“堵”“排”“测”的原则,即抑制杂散电流产生,并减少杂散电流向城市轨道交通外部扩散,对杂散电流及防护对象应进行自动监测。

①牵引供电与回流系统中须有限制杂散电流的措施。如选用分布式的牵引供电方案,接触网应实行双边供电,均流线间距不宜大于600m,应使用不少于2根电缆;不得从一个牵引变电所向不同的线路实行牵引供电;兼作回流的走行轨与隧洞主体结构(或大地)之间的过渡电阻值,以及杂散电流腐蚀防护的其他要求,应符合《地铁杂散电流腐蚀防护技术规程》(CJJ 49—1992)的有关规定。

②主体结构钢筋及金属管线结构的防护措施。地铁主体结构每个结构段内部的主钢筋应实现可靠焊接,相邻结构段之间应绝缘;无砟道床中应设置排流钢筋网,并应与其他结构钢筋、金属管线、接地装置非电气连接;不应利用结构钢筋作为排流网。

③在地铁沿线敷设的各种电缆、水管等管线结构,应选择符合杂散电流腐蚀防护要求的材质、结构设计和施工方法。敷设在轨道沿线的电力、通信控制测量电缆,应采用防水绝缘护套的双塑电缆,不得与地下水流、积水、潮湿墙壁、土壤以及含盐沉积物等发生接触;电缆在支架上敷设时应具有5mm以上的塑料绝缘垫层等。

④地铁沿线应设置专用的防蚀监测点。监测点应设置在下列部位:车站站台的两侧进、出站信号附近;每一个回流点处及需要进行测试的走行轨分断点处;地铁桥梁的两端;地铁的尽头线及线路与车辆段的连接坡道处。

11.6 地震安全防护设计

11.6.1 抗震构造措施

地面及地下结构的震害主要分为两类,一类是由振动破坏造成的,地震作用使结构物产生惯性力,附加于静荷载之上,最终导致总应力超过材料强度而达到破坏状态。大多数结构的震害属于这一类。减轻这一类震害的措施是加强结构的抗震能力,即改善结构几何形状、强度、刚度、延性和整体性。另一类震害是由地基失效引起的,即结构本身具有足够的抗震能力,振动作用下本来不致破坏,但由于地基沉陷、失稳等原因导致结构开裂、倾斜(倾倒)、下沉,使结构损坏,不能正常使用。为了减轻这类震害,有效的措施是通过各种方法加固地基(或避免采用容易失效的地基),而不是盲目采用措施加强上部结构。

(1)选线设计策略

在进行选线时,尽可能避开软弱易液化的土层,避开不均匀土层(即河道、断层破碎带、暗河沟谷及半填、半挖的地基),避开地震时可能发生滑坡、崩塌、地陷、地裂、泥石流等地震断裂带上可能发生地层错位部位。无法避开上述不良地质区段时,采用地基处理的措施,防止车站和隧道局部突沉及液化沉陷。

①在车站、高架桥、隧道下将桩基深入液化层深度以下稳定土层一定深度(不包含桩尖

部分)。对碎石土砾,粗、中砂,坚硬黏性土和密实粉土尚不应小于500mm,对其他非岩石土不宜小于1.5m。

②增加或减少结构埋深,使结构底板埋入液化深度以下稳定土层,深度不应小于500mm。

③采用加密法(如振冲、振动加密、砂桩挤密、强夯等)和注浆法加固土层,应处理至液化深度的下界,且处理后土层的标准贯入锤击数的实测值,不宜大于相应的临界值。

④适当设置伸缩缝、施工缝、沉降缝,加强区间隧道、桥与车站连接部位的抗震性能。

⑤对于地层性质发生变化的区段,隧道、车站地基强度和变形性能做好过渡,使上、下部位变形协调。

(2)结构构造措施

①对于浅埋矩形框架结构的车站和隧道,宜采用现浇整体钢筋混凝土结构,避免采用装配式和部分装配式结构。特别强调侧墙板与顶板,梁板与柱节点刚度、强度及变形塑性,加强中柱与顶板、中板钢筋连接,高出板1~2m范围内加密加粗受力筋,加密箍筋,防止柱受剪而发生弯剪破坏。连续墙与顶板的连接筋进一步加强,防止连接部位松脱,楼板崩塌。可能的情况下,中柱采用劲性钢管混凝土柱代替钢筋混凝土柱。适当提高混凝土强度等级,或者使用钢纤维混凝土代替普通混凝土防止混凝土挤压破碎。

②高架桥区间和车站,必须特别注意桥墩柱剪切挤压破损,桥梁在支座处松动滑落。应采取加强桥墩台与梁板连接、放置减震橡胶垫板等措施。

③对于盾构法施工区间隧道,尽可能采用错缝拼装,加深接头榫槽深度,增强纵向整体性。接缝间用高强钢螺栓连接,保持结构的连续性。在环向和纵向接缝处设弹性密封胶垫,以适应地震中地层施加的一定的变形。车站与隧道连接段,隧道可能产生较大的不均匀沉降和剪切力,为此应有可靠的连接,最好设抗震缝。

④严格执行《建筑地基基础设计规范》(GB 50007—2002)和《建筑抗震设计规范》(GB 50011—2010)中有关结构构件抗震的规范和措施。

11.6.2 抗震设计的技术要求

①城市轨道交通系统设防的烈度应按照《中国地震烈度区划图(1990)》,结合所在城市位置采用。例如,北京市基本烈度为8度,天津市和上海市烈度为7度,因而北京市轨道交通应按8度设防,天津市和上海市轨道交通则应按7度设防。

②城市轨道交通系统是城市生命线工程的一个组成部分,按照其重要性,一般定为乙类建筑。特殊重要的地铁与轻轨线路,经过政府批准可确认为甲级建筑,对于甲级建筑要采取特殊的抗震措施。

③城市轨道交通系统选线时,注意选择在坚硬或中等坚硬的开阔平坦、密实均匀的地段,尽量避开软弱土、液化土以及平面分布上成因、岩性、状态明显不均匀土层(如故河道、疏松的断层破碎带、暗埋的塘浜沟谷和半填半挖地基)等。严格要求避开地震时可能发生滑坡、坍塌、地陷、地裂、泥石流等及地震断裂带上可能发生地表位错的部位。

④轻轨高架桥线路的抗震设计常借助于桥梁抗震规范,各国桥梁抗震规程的应用范围都在桥梁主跨120~200m以内,轻轨高架桥的跨径在20~50m之间。城市高架桥跨径虽小,但不能按规范简化的方法设计。除桥梁强度满足要求外,其变形(延性)也要达到抗震要求。

⑤地铁的车站和隧道被围岩介质包裹,在地震波作用下,地下结构与围岩介质的共同作用机理非常复杂。隧道和车站抗震设计目前一般采用静力法,应该与《建筑抗震设计规范》(GB 50011—2010)的要求一致,从静力法向反应谱和动态时程分析方法过渡,使地下工程结构抗震设计的模型及理论趋于完善。

思考题

1. 试述城市轨道交通系统安全防护设计的主要内容。
2. 试述城市轨道交通地下线火灾发生的特征和危害以及火灾防护的对策。
3. 地铁工程的防水设计要点有哪些?
4. 简述杂散电流产生的原因和机理,及其防护要求。
5. 城市轨道交通系统施工活动诱发的环境灾害有哪些?有哪些防护措施?

第12章　城市轨道交通环境保护

城市轨道交通不仅在城市客运交通中发挥骨干作用,而且对于引导城市规划建设,促进土地开发利用,带动房地产经济发展,都有显著优势。然而,城市轨道交通对于环境也有很多负面影响,需要在规划设计中引起重视,采取防护或改善措施。

12.1　环境保护概述

我国城市轨道交通建设进入高速期,建设和运营产生的噪声和振动等环境问题备受关注。国家规定了施工期和运营期城市轨道交通工程项目涉及的可能保护目标,包括开展噪声、振动、水环境、大气环境等环境影响的评价。

12.1.1　城市轨道交通的环境问题

城市轨道交通项目沿途经过的地方大都位于城市繁华地区,人口稠密、高楼耸立,城市轨道交通所带来的问题也日益突出,对于沿线居民、文教、科研院所正常的生活、学习和工作造成很大的影响。纵观国内外的轨道交通运营史,城市轨道交通项目在建设期和运营期对环境造成的影响主要有振动、噪声、水污染、电磁辐射、大气污染等。

随着我国城市轨道交通事业的迅猛发展,城市轨道交通的振动和噪声污染日益成为影响城市环境的突出因素。相比施工期设备以及固定位置工业设备产生的振动和噪声影响,交通车辆运行所带来的影响涉及的范围更加广泛,而且随着列车的运行呈现出间歇性和非全天候的特点。过量的振动和噪声严重影响城市居民正常工作和休息、降低工作效率、甚至危害身心健康。捷克发生了地铁线路附近古教堂因振动产生裂缝,乃至倒塌的恶性事件;我国现场测试表明,当地铁列车以15~20km/h的速度通过时,正上方居民住宅的振动高达85dB(A);美国纽约地铁的噪声曾高达100~115dB(A),接近人耳的痛阈;我国北京地铁西单车站附近的居民,因无法忍受地铁造成的振动和噪声而进行投诉。目前,城市轨道交通振动和噪声问题已成为人们日益关注的扰民和公害问题。

城市轨道交通项目对城市水环境造成很大的影响。施工期导致地下水的“漏斗式”下降,引发地下水的动力场和化学场变化,继而导致地下水中某些物理化学组分和微生物含量发生变化,可能加剧地下水污染和水质恶化;施工中为了提高土体的防渗性能和增强土体的强度所进行的化学注浆,可能引起地下水的化学污染;施工产生的废水(洞内漏水、洗刷水、排水)、废浆及施工机械漏油等,也将影响地表水和地下水的水质。不仅如此,轨道交通地下工程投入运营后,沿线车站、车辆段及停车场污水排放的生产废水和生活污水等对水环境也会产生较大的影响。

另一大污染是电磁辐射。城市轨道交通受电器、牵引变电站及其附属设施,如主变压器、电容器组、各高压开关及高压电缆、列车金属壳体、高压导线、绝缘子、动力与照明系统、通信与控制系统等设施设备会产生电磁辐射。主变电站电磁辐射污染对人体中枢神经、心血管、血液、内分泌、生殖系统和遗传效应方面具有潜在威胁。

城市轨道交通的环保问题,已成为关系到城市轨道交通可持续发展的首要问题,应该从规划设计、施工、运营等一整套体系出发,分析重点环境污染问题,从而提出实现轨道交通环境保护的措施。

12.1.2 城市轨道交通环境保护内容和保护目标

以保护的专题划分,城市轨道交通环境保护可以分为声环境保护、环境振动保护、地表水环境保护、地下水环境保护、大气环境保护、电磁辐射环境保护、减少固体废物污染环境、生态环境保护、文物及景观保护等。

城市轨道交通环境保护可能涉及的保护目标有:社会关注区,如人口密集区、文教区、科研及党政机关集中的办公地点、医院、疗养院、养老院、幼儿园等;需特殊保护的地区,如饮用水源保护区、自然保护区、生态功能保护区、风景名胜区、基本农田保护区、森林公园、世界文化遗产、文物保护单位、历史文化保护区及保护建筑等。

12.1.3 各设计阶段环境保护的要求

城市轨道交通工程建设与运营应贯彻国家环境保护法律和法规,执行国家与行业环境保护政策和技术规范,达到地方或国家污染物排放标准的规定,并应符合城市环境功能区划及相关环境质量标准的要求。规划设计各阶段环境保护有不同的工作深度和工作重点。

项目建议书阶段:应根据建设项目的性质、规模、建设地区的环境现状等有关资料,对建设项目建成投产后可能造成的环境影响进行简要说明。其主要内容包括:所在地区的环境现状,可能造成的环境影响分析;当地环保部门的意见和要求;存在的问题。

可行性研究(设计任务书)阶段:按《建设项目环境保护管理办法》的规定,编制环境影响报告书或填报环境影响报告表的建设项目。在可行性研究报告书中应有环境保护的专门论述,其主要内容包括:建设地区的环境现状,主要污染源和主要污染物,资源开发可能引起的生态变化,设计采用的环境保护标准,控制污染和生态变化的初步方案,环境保护投资估算,环境影响评价的结论或环境影响分析,存在的问题及建议。

初步设计阶段:初步设计须具体落实环境影响报告书(表)及其审批意见所确定的各项环境保护措施。环境保护篇(章)应包含下列内容:环境保护设计依据,主要环境源和主要污染物的种类、名称、数量、浓度或强度及排放方式,规划采用的环境保护标准,环境保护工程设施及其简要处理工艺流程、预期效果,对建设项目引起的生态变化所采取的防范措施,绿化设计,环境管理机构及定员,环境检测机构,环境保护投资概算,存在的问题及建议。

施工图设计阶段:建设项目环境保护设计的施工图设计,必须按已批准的初步设计文件及其环境保护篇(章)所确定的各项措施和要求进行。

环境保护设计必须按国家规定的程序进行执行环境影响报告书(表)的编审制度,执行防治污染及其他公害的设施与主体工程同时设计、同时施工、同时投产的"三同时"制度。

12.1.4 城市轨道交通工程环境影响评价

12.1.4.1 评价内容

城市轨道交通建设项目在规划之初应考虑项目对环境的影响,在选址、工程设计和工程竣工时还需进行环境影响评价，并对环境影响不达标的部分提出保护措施或增加改进设计。

城市轨道交通工程环境影响评价一般要考虑工程施工期和运营期噪声、振动、电磁、废水、废气、固体废物及生态等方面的环境影响。建设期评价包括对施工准备及施工期的评价；运营期评价包括对运营初期、近期和远期的评价。

城市轨道交通工程环境影响评价各阶段评价专题、评价内容及相关标准如表 12-1 所示。

城市轨道交通工程环境影响评价概要　　表 12-1

阶段	评价专题	主要评价内容	相关标准
建设期	声环境	施工机械与运输车辆噪声	《建筑施工场界环境噪声排放标准》(GB 12523—2011)
	环境振动	钻孔、打桩及施工机械振动	《环境振动监测技术规范》(HJ 918—2017)
	地表水环境	施工废水、施工人员生活废水	《环境影响评价技术导则 地面水环境》(HJ/T 2.3—2018)
	地下水环境	施工降水	《环境影响评价技术导则 地下水环境》(HJ 610—2011)
	大气环境	施工粉尘、二次扬尘、尾气排放、有害物质挥发等	《环境影响评价技术导则 大气环境》(HJ 2.2—2008)
	生态环境	土地规划利用、城市敏感区域等	《环境影响评价技术导则 生态影响》(HJ 19—2011)
运营期	声环境	列车及设备运行噪声	《声环境质量标准》(GB 3096—2008)
		风亭、冷却塔运行噪声	
		车辆基地及停车场厂界噪声	《工业企业厂界环境噪声排放标准》(GB 12348—2008)
	环境振动	列车运行振动	《城市区域环境振动标准》(GB 10070—1988)
		沿线建筑物室内二次辐射噪声	《城市轨道交通引起建筑物振动与二次辐射噪声限值及其测量方法标准》(JGJ/T 170—2009)
		沿线文物建筑的振动速度	《古建筑防工业振动技术规范》(GB/T 50452—2008)
	电磁环境	列车运行电磁环境	《电磁环境控制限值》(GB 8702—2014)
		主变电站电磁环境	《环境影响评价技术导则输变电工程》(HJ 24—2014)
	地表水环境	车辆基地、停车场的生产废水、生活污水以及沿线车站的生活污水	《污水综合排放标准》(GB 8978—1996)
		车辆冲洗用水	《城市污水再生利用 城市杂用水水质》(GB/T 18920—2002)
	大气环境	车辆段、停车场锅炉污染物/食堂油烟	《锅炉大气污染物排放标准》(GB 13271—2014)

城市轨道交通的评价应依据国家和地方有关环境保护法律法规、标准、政策、规范、规划环境影响评价结论及审查意见、建设项目工程文件、线网规划、建设规划、城市规划以及相关部门批复意见等资料开展。

不同的环境有不同的评价范围,声环境、地表水环境、地下水环境、生态环境、电磁环境、大气环境分别按照《环境影响评价技术导则　声环境》(HJ 2.4—2009)、《环境影响评价技术导则　地面水环境》(HJ/T 2.3—2018)、《环境影响评价技术导则　地下水环境》(HJ 610—2011)、《环境影响评价技术导则　生态影响》(HJ 19—2011)、《环境影响评价技术导则　输变电工程》(HJ 24—2014)、《环境影响评价技术导则　大气环境》(HJ 2.2—2008)中的相关规定,确定的评价等级。对于不涉及锅炉的城市轨道交通项目,其大气环境影响评价可不进行评价工作等级的判定,仅进行大气环境影响分析。振动环境评价不划分评价等级。

城市轨道交通环境影响评价的基本任务包括:识别环境影响因子、确定环境影响评价等级、进行环境现状调查工作、开展现状监测及评价、预测和评价建设项目对环境可能造成的影响,依据影响预测结果提出有针对性的污染防治对策,为建设项目环境管理提供科学依据。

12.1.4.2　评价程序

城市轨道交通建设项目环境影响评价工作程序如图12-1所示。

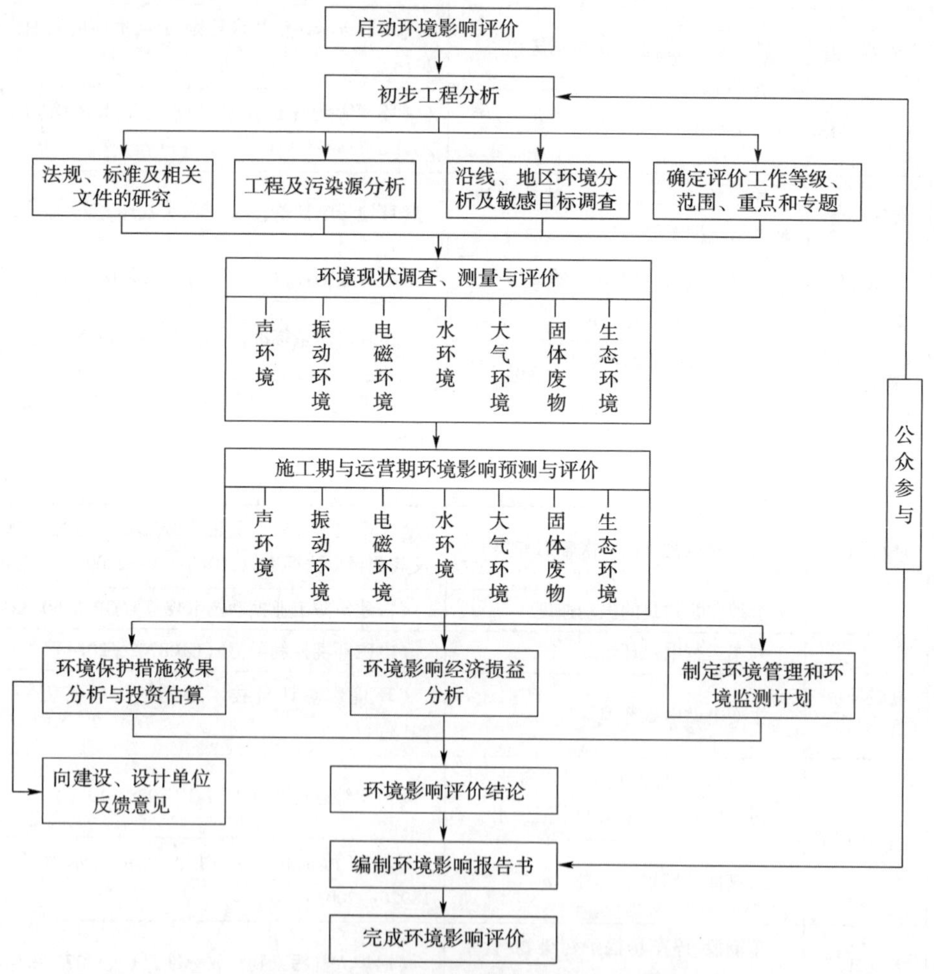

图12-1　城市轨道交通建设项目环境影响评价工作程序

城市轨道交通建设项目环境影响评价沿线环境特征调查与分析需要的内容包括:

①社会经济状况调查分析,包括城市经济概况、交通运输、城市基础设施、旅游资源、城市生态及城市人口分布等情况。

②城市规划调查分析，包括城市发展总体规划、城市综合交通规划、城市轨道交通线网规划、城市轨道交通建设规划、城市土地利用规划、城市生态建设规划、城市环境保护规划、历史文化名城保护规划。给出城市总体规划图、城市轨道交通线网规划（或建设规划）图、沿线土地利用现状及规划图、城市环境保护规划图，重点说明拟建工程与轨道交通规划、沿线道路交通及土地利用规划的关系，分段说明工程沿线用地现状和用地规划情况。

③自然环境状况调查分析，包括地形地貌、地质、水文、动植物、土壤以及气象等。

④环境功能区划调查分析，包括工程沿线声环境、大气环境、水环境及生态环境功能区划及其执行标准。给出城市声环境、大气环境、地表水环境、生态功能区划图以及地下水水质分区图，说明拟建工程沿线所属环境功能区的情况。

⑤环境质量现状调查分析，是指工程沿线声环境、环境振动、电磁环境、地表水、地下水、大气环境以及生态质量现状调查与监测。给出工程沿线噪声、振动等环境现状监测点分布图。

在此基础上考虑城市轨道交通建设项目施工期和运营期的环境影响情况，具体内容包括对声环境、振动环境、电磁环境、水环境、大气环境、固体废物及生态环境等进行分析评价。

12.2 评价因子、方法和标准

本节主要介绍声环境、振动环境、大气环境、水环境、电磁环境等评价内容的评价因子、评价方法和评价指标。

12.2.1 声环境评价

声环境影响评价包括施工期施工场界噪声评价，以及运营期列车运行噪声影响评价；风亭和冷却塔噪声影响评价和车辆基地、车辆段、停车场、主变电站噪声影响评价。评价指标为预测点处等效连续 A 声级 L_{Aeq}，单位为 dB(A)。

12.2.1.1 评价工作等级的划分

声环境影响评价工作等级应根据建设项目特点、工程运营前后噪声级变化程度，以及沿线环境敏感程度及其声环境标准来确定，一般分为两级。对于地上线路，评价范围内含适用于《声环境质量标准》(GB 3096—2008)规定的 0 类声环境功能区，或对噪声有限制要求的各类声环境功能区的噪声敏感建筑；其工程运营前后噪声级变化量为 5～10dB(A)[含 5dB(A)]或以上，应按一级评价开展工作。对于地下线路，评价范围内各类声环境功能区的噪声敏感建筑，其工程运营前后噪声级变化量在 5dB(A)以内，应按二级评价开展工作。

12.2.1.2 评价工作等级的基本要求

(1)一级评价

①声环境现状监测应覆盖评价范围内的全部敏感点，除环境条件相同点位的监测数据可类比采用外，各敏感点的噪声现状值均应实测。

②采用类比测量法确定噪声源强。

③声环境影响预测应覆盖评价范围内的全部敏感点，给出各敏感点运营初期、近期和远期的噪声预测量、现状变化量及超标量，对声环境影响范围和程度进行评价。

④根据需要给出规划区典型地段或敏感点(昼间、夜间)水平或垂直等声级图。

⑤针对环境保护目标的声环境影响范围和程度，提出声环境保护措施和环境要求，并进

行经济、技术可行性论证,给出降噪效果及投资估算。

(2)二级评价

①声环境现状调查应覆盖评价范围内的全部敏感点,各敏感点的噪声现状值可适当利用环境条件相同敏感点的类比监测资料,但重要的敏感点必须实测。

②噪声源强的确定以资料调查为主,可参阅相关文献资料引用源强等类比测量数据。

③声环境影响预测应覆盖评价范围内的全部敏感点,给出各敏感点运营初期的噪声预测量、现状变化量及超标量,对声环境影响范围和程度进行评价。

④针对声环境保护目标提出声环境保护措施和环境要求,并给出降噪效果及投资分析。

12.2.1.3 噪声预测方法

(1)列车运行噪声预测方法

列车运行噪声等效连续 A 声级基本预测计算式如式(12-1)所示。

$$L_{\mathrm{Aeq,TR}} = 10\lg\left[\frac{1}{T}\left(\sum nt_{\mathrm{eq}}\,10^{0.1L_{\mathrm{Aeq,Tp}}}\right)\right] \tag{12-1}$$

式中:$L_{\mathrm{Aeq,TR}}$——评价时间内预测点处列车运行等效连续 A 声级,dB(A);

T——规定的评价时间,s;

n——T 时间内列车通过列数;

t_{eq}——列车通过时段的等效时间,s;

$L_{\mathrm{Aeq,Tp}}$——单列车通过时间段内预测点处等效连续 A 声级,按式(12-3)计算,dB(A)。

列车运行噪声的作用时间采用列车通过的等效时间 t_{eq},其近似值可按式(12-2)计算。

$$t_{\mathrm{eq}} = \frac{l}{v}\left(1 + 0.8\,\frac{d}{l}\right) \tag{12-2}$$

式中:l——列车长度,m;

v——列车通过预测点的运行速度,m/s;

d——预测点到线路中心线的水平距离,m。

$$L_{\mathrm{Aeq,Tp}} = L_{\mathrm{p0}} + C_{\mathrm{n}} \tag{12-3}$$

式中:L_{p0}——列车最大垂向指向性方向上的噪声辐射源强,dB(A)或 dB;

C_{n}——列车运行噪声修正项,可为 A 计权声压级修正或频带声压级修正,dB(A)或 dB。

(2)风亭、冷却塔噪声预测方法

风亭、冷却塔噪声等效 A 声级基本预测计算式如式(12-4)所示。

$$L_{\mathrm{Aeq,TR}} = 10\lg\left(\frac{1}{T}\sum t\,10^{0.1L_{\mathrm{Aeq,Tp}}}\right) \tag{12-4}$$

式中:$L_{\mathrm{Aeq,TR}}$——评价时间内预测点处风亭、冷却塔运行等效连续 A 声级,dB(A);

T——规定的评价时间,s;

t——风亭、冷却塔的运行时间,s;

$L_{\mathrm{Aeq,TP}}$——风亭、冷却塔运行时段内预测点处等效连续 A 声级,风亭按式(12-5)计算,冷却塔按式(12-6)计算,dB(A)。

$$L_{\mathrm{Aeq,TP}} = L_{\mathrm{p0}} + C_0 \tag{12-5}$$

$$L_{\mathrm{Aeq,TP}} = 10\lg\left[10^{0.1(L_{\mathrm{p1}}+C_1)} + 10^{0.1(L_{\mathrm{p2}}+C_2)}\right] \tag{12-6}$$

式中:L_{p0}——风亭的噪声源强,dB(A);

L_{p1}、L_{p2}——冷却塔进风侧和顶部排风扇处的噪声源强,dB(A);
C_0、C_1、C_2——风亭及冷却塔噪声修正量,dB(A)。

(3)环境噪声预测方法

环境噪声预测在式(12-1)、式(12-4)的基础上叠加背景噪声的影响,按式(12-7)计算。

$$L_{Aeq,T} = 10\lg(10^{0.1L_{Aeq,TR}} + 10^{0.1L_{Aeq,b}}) \tag{12-7}$$

式中,$L_{Aeq,TR}$——评价时间内预测点处列车或设备运行等效连续 A 声级,dB(A);
$L_{Aeq,b}$——评价时间内预测点处背景噪声等效连续 A 声级,dB(A)。

12.2.1.4 噪声限制标准

《城市轨道交通列车噪声限值和测量方法》(GB 14892—2006)规定了城市轨道交通电动车组司机室和客室内的允许噪声级,如表 12-2 所示。

列车噪声等级最大容许限值[dB(A)] 表 12-2

地 点	运行线路	位 置	噪声限值
地铁	地下	司机室内	80
		客室内	83
	地上	司机室内	75
		客室内	75
轻轨	地上	司机室内	75
		客室内	75

《城市轨道交通车站站台声学要求和测量方法》(GB 14227—2006)规定了地铁和轻轨车站列车进出站时站台上噪等级的最大容许限值为 80dB(A)。地铁和轻轨车站站台上 500Hz 倍频程中心频率混响时间的最大容许限值为 1.5s。

当轨道交通线路穿越居民区、文教区时,应使两侧敏感点环境噪声达到表 12-3 的环境噪声限值标准。采用隧道形式时,应使线路上方及两侧敏感点室内二次辐射噪声符合表 12-3 规定。

不同类型线路环境噪声限值[dB(A)] 表 12-3

地点	各环境功能区敏感点	地上线敏感点环境噪声		地下线室内二次辐射噪声	
		昼间	夜间	昼间	夜间
0	康复疗养区等特别需要安静的区域	50	40	38	35
1	居住、医疗、文教、科研区	55	45	38	35
2	居住、商业、工业混合区	60	50	41	38
3	工业区	65	55	45	42
4a	城市轨道交通两侧区域	70	55	45	42

注:表中的 4 类声环境功能区指的是交通干线两侧一定距离内,需要防止交通噪声对周围环境产生严重影响的区域。其又分 4a 和 4b 两类,城市轨道交通属于 4a 类。4a 类和 4b 类的要求不同。

12.2.2 环境振动评价

城市轨道交通在运营过程中,列车车轮与钢轨之间产生撞击振动,经过轨枕、道床,传递至隧道或桥梁基础,再传递给地面,从而对周围区域产生振动,并进一步传播到周围建筑物。这种振动干扰不仅对城市轨道交通沿线民宅、学校、医院等环境产生不良影响,而且可能对沿线基础较差的建筑物造成损害。

运营期环境振动评价内容包括列车运行振动对评价范围内振动环境保护目标的振动影响评价;对于隧道上方或距外轨中心线两侧10m范围内的振动环境保护目标应进行室内二次结构噪声影响评价;对于评价范围内的文物保护目标应进行振动速度评价,并提出运营期振动防护措施及效果分析。根据施工期振动特点提出施工期振动防护措施。评价因子(铅垂向Z振级)为VL_{Z10},单位dB。

12.2.2.1 评价工作等级的划分

振动环境影响评价工作等级应根据建设项目特点、工程运营前后振动级变化程度,以及沿线环境敏感程度及其环境振动标准来确定,一般分为两级。对于地下线路,评价范围内各类振动适用地带的沿线敏感建筑或重点文物保护建筑,其工程运营前后振动级变化量为5~10dB(含5dB)或以上,应按一级评价开展工作。对于地上线路,评价范围内交通干线道路两侧的振动敏感建筑;其工程运营前后振动级变化量在5dB以内,应按二级评价开展工作。

12.2.2.2 评价工作等级要求

(1)一级评价

①环境振动现状监测应覆盖评价范围内的全部敏感点,敏感点的振动现状值均应实测。

②采用类比测量法确定振动源强;对于隧道垂直上方至外轨中心线两侧10m以内的振动敏感建筑以及重点文物保护建筑应进行振动类比测量。

③振动环境影响预测应覆盖评价范围内的全部敏感点,给出各敏感点运营期振动预测量、现状变化量及超标量。

④针对环境保护目标的环境振动影响范围和程度,提出振动防护措施,并进行经济、技术可行性论证,给出减振效果及投资估算。

(2)二级评价

①环境振动现状调查应覆盖评价范围内的全部敏感点,各敏感点的振动现状值可适当利用环境条件相同敏感点的类比监测资料,但重要的敏感点必须实测。

②振动源强的确定以资料调查为主,可参阅相关文献资料引用源强等类比测量数据。

③振动环境影响预测应覆盖评价范围内全部敏感点,给出运营期各敏感点振动预测量、现状变化量及超标量。

④环境保护目标提出振动防护措施,并给出减振效果及投资分析。

12.2.2.3 环境振动影响预测方法

当列车运行时,车辆和轨道系统的耦合振动,经钢轨通过扣件和道床传到线路基础,再由周围的地表土壤介质传递到受振点,如敏感建筑物,较大的振动会产生环境振动污染。影响地铁环境振动的因素主要包括车辆类型、线路结构、轮轨条件、地质条件、建筑物类型等。

城市轨道交通振动传播特性比较复杂,预测方法的选择应根据工程的具体特点确定。预测方法可采用模式预测法、类比预测法等。以下主要说明模式预测法的使用要求和计算方法。

模式预测法原则上适用所有项目。选用计算模式时,应特别注意模式的使用条件和参数选取,如实际情况不能充分满足应用条件时,要对主要模式进行修正并进行验证。模式预测法中的计算模式同噪声预测模式一样,也需要在工程环境影响评价应用中,不断补充和完善。

列车运行振动VL_{Zmax}基本预测计算式如式(12-8)所示。

$$VL_{Zmax} = VL_{Z0max} + C_{VB} \tag{12-8}$$

式中:VL_{Zmax}——预测点处的列车运行振动源强,dB;

VL_{Z0max}——列车运行振动源强,dB;

C_{VB}——振动修正,dB。

12.2.2.4 振动限制标准

表 12-4 给出了《城市区域环境振动标准》(GB 10070—1988)规定的城市各区域环境振动标准值。

城市各类区域环境振动标准值(单位:dB) 表 12-4

类别	适用地带范围	昼间	夜间
0	康复疗养区等特别需要安静的区域	65	65
1	居住、医疗、文教、科研区	70	67
2	居住、商业、工业混合区	75	72
3	工业区	75	72
4	城市轨道交通两侧区域	75	72

12.2.3 其他保护环境评价

12.2.3.1 水环境

运营期水环境评价内容包括生产废水和生活污水对地表水环境影响,提出运营期水环境保护措施及效果分析。施工期水环境评价内容主要为施工废水对地表水环境影响,涉及地下水时需进行工程施工对地下水质、地下水流场及地面沉降等影响分析,提出施工期水环境保护措施。

地表水环境影响评价按《环境影响评价技术导则 地面水环境》(HJ/T 2.3—2018)三级评价相关要求开展工作。不需要确定评价等级的项目,可简要分析说明工程水污染物类型、水量、水质、排放去向等。地下水环境影响评价可参照地表水环境影响的评价要求开展工作。

地表水环境影响评价,当工程废水直接排入城市污水管网时,评价范围为工程废水排放口。当工程废水排入地表受纳水体时,其评价范围为排放点周围 300m。地下水环境影响评价,当工程涉及地下水源地及饮用水源井保护范围时,其评价范围为距外轨中心线两侧 300m。必要时,可根据工程及环境的实际情况适当调整。

测量因子为 pH、悬浮物(SS)、化学需氧量(COD)、5 日生化需氧量(BOD_5)、石油类,测量和评价量为污染物排放浓度。地下水测量因子为溶解性总固体(TDS)、总硬度、硫酸盐、氯化物、硝酸盐氮、亚硝酸盐、氨氮,测量和评价量为污染物排放浓度。中水测量因子为化学需氧量(COD_{cr})、BOD_5、SS、pH、总大肠菌群、游离余氯、氨氮,测量和评价量为污染物排放浓度。

12.2.3.2 大气环境

大气环境影响评价参照《环境影响评价技术导则 大气环境》(HJ/T 2.2—2008)三级评价相关要求开展工作。不需要确定评价等级的项目,进行大气环境影响分析。

评价范围包括车辆段、停车场新建锅炉房周围 200m 以内的区域;施工期评价范围为施工场界 100m 以内的区域;必要时,可根据工程及环境的实际情况适当调整。

测量因子为烟尘、SO_2、NO_x、PM_{10}。测量和评价量为污染物排放浓度。

12.2.3.3 电磁环境

电磁环境评价内容包括 110kV(含)以上主变电站及其评价范围内电磁环境保护目标的

工频电磁环境评价;当评价范围内的电视用户为开放式接收时,应对列车运行产生的无线电干扰电磁环境影响(又称为电磁噪声)进行评价,根据电磁干扰特性提出电磁辐射减缓措施。

电磁环境现状监测可类比采用已有的资料,重要的、典型的敏感点应进行实测。110kV(含)以上主变电站工频电磁环境及列车运行无线电干扰电磁环境影响预测可参阅相关文献资料,引用源强等类比测量数据。必要时,采用类比测量法进行类比测量。

评价范围为距地上线路外轨中心线两侧 50m,距 110kV(含)以上变电站边界外 50m。必要时,可根据工程及环境敏感目标的实际情况适当扩大。

工频电磁环境测量和评价量为工频电场强度、工频磁感应强度、无线电干扰场强。电视接收场强测量和评价量为信号场强。

12.2.4 环境影响评价因子汇总

将城市轨道交通工程环境影响评价中涉及内容的评价因子如表 12-5 所示。

城市轨道交通工程环境影响评价因子汇总表 表 12-5

阶段	评价项目	现状评价	单位	预测评价	单位
施工期	声环境	昼间、夜间等效声级,L_{Aeq}	dB(A)	昼间、夜间等效声级,L_{Aeq}	dB(A)
	振动环境	铅垂向 Z 振级,VL_{Z10}	dB	铅垂向 Z 振级,VL_{Z10}	dB
	地表水环境	pH、SS、COD、BOD_5、石油类	mg/m^3(pH 除外)	pH、SS、COD、BOD_5、石油类	mg/m^3(pH 除外)
	地下水环境	TDS、总硬度、硫酸盐、氯化物、COD_{min}、硝酸盐氮、亚硝酸盐氮、氨氮	mg/L	TDS、总硬度、硫酸盐、氯化物、COD_{min}、硝酸盐氮、亚硝酸盐氮、氨氮	mg/L
	大气环境	PM_{10}	mg/m^3	PM_{10}	mg/m^3
运营期	声环境	昼间、夜间等效声级,L_{Aeq}	dB	昼间、夜间等效声级,L_{Aeq}	dB
	振动环境	铅垂向 Z 振级,VL_Z	dB	铅垂向 Z 振级,VL_{Z10}、VL_{Zmax}	dB
				室内结构噪声	dB(A)
				振动速度	mm/s
	电磁环境	工频电场、工频磁感应强度、无线电干扰场强	V/m、mT、dB(μV/m)	工频电场、工频磁感应强度、无线电干扰场强	V/m、mT、dB(μV/m)
		信号场强	dB(μV/m)	信噪比	dB(μV/m)
	水环境	pH、SS、COD、BOD_5、石油类	mg/m^3	pH、SS、COD、BOD_5、石油类	mg/m^3
	大气环境	烟尘、SO_2、NO_x、PM_{10}	mg/m^3	烟尘、SO_2、NO_x、PM_{10}	mg/m^3

12.3 环境保护的主要措施

城市轨道交通环境保护首先从线路规划选址考虑,线路工程条件不能满足防护要求的时候,应采取技术措施予以弥补。防治措施通常采用主动和被动两种形式。主动防治即先行分析污染源、污染产生的机理、影响因素,而后对症下药,从污染产生的源头上采用先进的技术设计手段,阻断或削弱污染。被动防治主要是通过目标保护、屏障阻隔等手段削弱污染。

12.3.1 规划环境保护

城市轨道交通规划应符合城市环境保护规划,以及历史文化保护规划,并应按照环境保护要求,合理规划线路走向和线位布局,综合比选敷设方式及线路埋深。

城市轨道交通规划设计应遵循城市轨道交通建设规划环境影响报告书结论及其审查意见。线路、车站、车辆基地及停车场选线选址应避开自然保护区、饮用水水源保护区、生态功能保护区、风景名胜区、基本农田保护区,以及文物保护建筑等需要保护的地区。结构主体宜避绕特别敏感的居住、文教、医院等社会关注区域。若未采纳环境影响报告书结论及其审查意见,设计中应说明原因。

规划线路穿越中心城区、外围组团中心区或已建、拟建居住、医疗、文教区时,应采用地下敷设方式。中心城区以外在沿线环境条件允许的地段宜采用高架或地面敷设的方式,且线路宜沿城市既有道路或规划道路布置。

城市轨道交通规划设计应符合沿线土地利用规划,并应根据工程环境影响报告书确认的环境噪声、振动等标准的规定,使其线位、站位、风亭、冷却塔及110kV地面变电所与环境敏感建筑之间满足噪声、振动、电磁防护距离的要求。

已建成的城市轨道交通线路两侧进行城市规划时,噪声、振动、电磁防护距离范围内不宜规划建设居住、文教、医疗、科研等环境敏感建筑。需规划建设居住、文教、医疗、科研等环境敏感建筑时,应由建设单位按防护要求间隔相应距离,必要时应采取减轻和避免环境影响的措施。

12.3.2 工程环境保护

城市轨道交通工程的线位、站位、风亭、冷却塔、110kV及以上电压等级的变电所的选线选址,应结合工程项目特点及沿线环境条件,根据工程环境影响报告书及其批复意见,按照环境保护要求,确定工程选址位置和预留环境防护距离。

城市轨道交通穿越居民区、文教区时,应使线路两侧敏感点环境噪声和振动达到表12-3、表12-4规定的限值。当工程条件不能满足表中的规定时,应采取防护措施和相应的轨道减振措施。

地上风亭、冷却塔与敏感建筑之间的噪声防护距离应符合表12-6规定。当防护距离不能满足要求时,应在常规消声、降噪设计基础上强化防护措施,以达到环境限值要求。

风亭、冷却塔与敏感建筑物之前的噪声防护距离(m) 表12-6

声环境功能区类别	各环境功能区敏感点	风亭、冷却塔边界与敏感建筑物的水平间距(m)	噪声限值[dB(A)]	
			昼间	夜间
1类	居住、医疗、文教、科研区的敏感点	≥30	55	45
2类	居住、商业、工业混合区的敏感点	≥20	60	50
3类	工业区的敏感点	≥10	65	55
4a类	城市轨道交通两侧区域(地上线)的敏感点	≥10	70	55

地面设置的110kV及以上电压等级的变电所宜远离居民区等敏感建筑,其边界与敏感建筑物的水平间距宜大于30m,至少不应小于15m。

车辆基地应合理布局,试车线的布置应避开居民区等敏感建筑,对周边环境的影响应符合噪声限值标准的规定。

12.3.3 技术措施保护

城市轨道交通工程环境保护措施应包括噪声与振动控制、电磁防护、污水处理、生态保护等措施。提出建设项目拟采取的环境保护措施;分析论证拟采取措施的技术可行性、经济合理性、长期稳定运行和达标排放的可靠性。各类措施的有效性判定应以同类或相同措施的实际运行效果为依据,没有实际运行经验的,可提供工程化实验数据。

12.3.3.1 声环境保护

坚持预防为主、防治结合原则,合理规划城市轨道交通与邻近建筑物的布局;应从噪声源、传播途径、保护目标三方面进行控制,在技术经济可行条件下,优先考虑对噪声源和传播途径采取工程技术措施,实施噪声主动控制。应根据噪声预测结果、保护目标特点,结合国家政策,综合经济、技术可行性分析,按照运营近期的噪声影响预测结果,提出噪声防治措施和对策。

1)噪声源控制

噪声源控制主要包括优先选用低噪声车辆、低噪声基础设施、(超)低噪声冷却塔、小曲线半径路段设置轮轨润滑装置等。

(1)车辆及轨道结构

轨道结构的优劣直接决定城市轨道交通运行噪声的污染水平,选用低噪声的车辆及轨道结构类型是预防高架及地面区段噪声污染的最重要环节。车辆声源降噪涉及车辆动力系统、传动系统、车体、转向架等,取决于车辆制造行业的技术进步。在现有技术条件下,国内外有关声源降噪研究成果见表12-7。

声源降噪效果及优缺点 表12-7

内　容	控制措施	降噪效果 dB(A)	优　缺　点
车辆	弹性车轮	0~2	使用寿命长,有应用实例
	阻尼车轮	0~6	环状阻尼车轮阻尼器安装较困难,易影响车轮使用寿命;共振阻尼车轮阻尼器不易老化,可重复使用;约束阻尼车轮,妨碍车辆检修
	弹性踏面车轮	5~10	磨损小,成本昂贵
	车轮踏面镟修	2~5	
	车裙	0~3	妨碍车辆检修,有应用实例
	盘式制动	10~11	
	闸瓦制动	0~7	
轨道	焊接长钢轨	2~5	节能,降低轨道及车辆养护费用
	弹性钢轨扣件	3~6	
	浮置板道床	10~20	工程造价高
	弹性阻尼钢轨	4~6	
	磨整钢轨	1~3	

由表12-7可知，车辆选型中应优先考虑选用配置了阻尼车轮、车裙、采用盘式制动的低噪声车辆，并保证车辆噪声指标满足或优于《声环境质量标准》(GB 3096—2008)规定要求，可降低列车运行噪声1～3dB(A)，有效降低噪声源强，从而极大缓解高架及地面区段噪声污染严重状况。

(2)风机及冷却塔

风机及冷却塔是轨道交通地下区段对外环境产生影响的主要噪声源，其选型对预防地下区段环境噪声影响大。各类风亭风机应置于风井内，在满足工程通风要求前提下，尽量采用小风量、低风压、声学性能优良、噪声级低的风机。冷却塔辐射噪声直接影响外环境，且难治理，须严格控制其噪声值，一般置于地面或房顶。冷却塔选型时应优先选用低噪声冷却塔，并严把产品质量关，对噪声值达不到规范规定要求的产品，应予以退货。车辆段及基地设备选用空压机、风机、气动电动工具等设备时，应采用低噪声的设备；空压机、风机应设置消音减振装置。

2)传播途径降噪

其措施主要包括利用地形，采取声屏障、消声器、消声百叶等。声屏障应结合超标量和声环境保护目标的特点，给出声屏障的设置里程、长度、高度、声学控制指标等。

①对于高架线沿线既有声环境保护目标，根据运营近期的噪声预测结果，必要时应设声屏障。对于规划的声环境保护目标，应预留声屏障的设置条件。对于规划的声环境保护目标，应根据运营远期的噪声预测结果预留声屏障的安装条件。采用声屏障措施加以降噪，降噪效果一般可达5～15dB(A)。声屏障设计应符合现行《声屏障声学设计和测量规范》(HJ/T 90—2004)的规定，并应符合声学性能、安全性、稳定性及耐候性等要求。声屏障的设置位置必须满足限界要求。

②风亭口背对敏感建筑设置，风亭风机前后一般设有2m长的片式消声器，根据风机的噪声源强以及消声器和风道的降噪效果和衰减量，当排风亭临近敏感建筑设置时，其外排噪声值不能满足标准要求，消声器的设置长度应为3m，或采用下沉式风亭减少风亭噪声影响。

③对主要受噪声影响的敏感点，路侧设置足够宽度绿化林带，可有效降低城市轨道交通噪声的影响。参照《公路环境保护设计规范》(JTG B04—2010)，“乔、灌木搭配密植，树木高大，枝叶茂密的绿化林带的附加降噪量估算如下：林带宽度为10m时，附加降噪量1～2dB(A)；林带宽度为30m时，附加降噪量3～5dB(A)；林带宽度为50m时，附加降噪量5～7dB(A)；林带宽度为100m时，附加降噪量10～12dB(A)。”

3)受声点防护

其措施主要包括合理布局建筑物的使用功能、合理调整建筑物的平面布局、采取隔声等。对超标声环境保护目标采取隔声措施时，应给出隔声措施的工程数量、声学控制指标等。

对距线路较远且零星分布的敏感点或采取上述措施后仍不能满足标准要求的敏感点，要进一步提高降噪量；工程措施难度较大，且经济上不合理，可采取受声点局部防护(如设置隔声门、窗、隔声走廊，加强室内通风等)；对于沿线主要受公路交通噪声影响，现状值超标，城市轨道交通噪声不会恶化其环境噪声现状的敏感点，可由敏感点所属单位采取受声点局部防护措施。

12.3.3.2 环境振动保护

坚持预防为主原则，合理规划城市轨道交通与邻近建筑物的布局。振动防治措施应根据振动预测结果、振动环境保护目标、文物保护单位内不可移动文物的特点,结合国家政策、经济、技术可行性提出振动污染防治措施和对策。

减小城市轨道交通环境振动和室内二次结构噪声的措施可分为:振源控制、传播路径控制和建筑物振动控制。优先采用振源控制(如重型钢轨、无缝线路、减振轨道等),并系统考虑综合措施(如平面小半径曲线处采用钢轨润滑装置、轨道不平顺管理、定期进行车轮镟修或钢轨打磨;减少平面小曲线半径路段、加大线路埋深等)。

列车和车辆选型时,应重视与环境振动有关的关键性参数。如车辆的一系和二系悬挂、簧下质量、车辆轴重、车辆轴距的布置。

在采用建筑物基础隔振时,应重点关注建筑物垂向固有频率、建筑物的抗倾覆能力。

12.3.3.3　其他保护措施

根据生产、生活废水的环境影响评价结果,提出水污染防治措施。当地铁沿线设有城市污水排水系统,且有城市污水处理厂时,车站、车辆基地与停车场的生活污水应排入市政污水管道。车辆基地与停车场含油废水必须进行厂区内污水处理,达到地方或国家污水排放标准后排放。针对地下水环境影响评价结果,提出地下水污染防治措施。

根据项目电磁影响评价结果,提出电磁防护措施。地铁电磁防护措施应根据环境影响报告书及其环境保护主管部门的批复意见,进行电磁防护措施的设计。

对项目产生的一般固体废物提出处置措施;按照国家和地方法律、法规及相关管理办法,提出对车辆、车辆基地(段)作业电动车、主变电站产生的废蓄电池及车辆基地(段)检修、机械加工产生的废矿物油等危险废物及污水处理厂产生的含油危险废物,送往有资质位进行集中处置的要求;对危险废物暂存场所提出防渗防溢要求。

针对大气环境影响评价结果,提出大气环境保护措施。

针对拟建项目对生态影响分析,提出防护、恢复、补偿或减缓措施。

地面及高架线区间、车站、车辆基地与停车场,以及变电所周围宜采取植树绿化等生态保护措施。车站出入口及风亭在满足功能要求前提下,结合周边景观进行形式、外观、色彩设计。停车场、车辆段建筑应充分考虑与周边文物及景观协调;利用场、段内空地进行立体绿化设计,补偿工程占地造成的生物量损失。

思考题

1. 通过查阅资料简述城市轨道交通建设和运营中环境污染对人类生产生活有哪些影响?
2. 简述城市轨道交通环境保护要考虑哪些方面的影响?
3. 通过查阅资料列举国内外声环境、环境振动的标准量级。
4. 试述城市轨道交通环境影响的意义和评价流程。
5. 简述城市轨道交通设计中声环境保护措施。

第13章 城市轨道交通工程可实施性规划

城市轨道交通工程的可实施性指进一步落实规划与设计的实施条件,包括工程、组织以及关键环节的保障措施;对可实施性进行规划是确保城市轨道交通工程建设顺利实现的重要保证。具体而言,城市轨道交通工程可实施性规划是在项目规划的基础上,论证城市轨道交通建设项目的可实施条件、工程进度、组织方式、概预算、投融资等,对项目的效益与风险进行准确分析,确保项目建设的顺利实施,为成功运营提供保障。

13.1 主体工程可实施性规划

城市轨道交通项目作为重要的市政工程,是一系列工程和设施的集合,通常情况下线路铺设和车站建设是项目的主体工程,车辆段、停车场、联络线、控制中心以及人员集散设施等属于主体工程的配套工程和设施。对主体工程的可实施性进行规划,一方面需要分析既有自然条件和城市规划方案等对工程可行性的制约,另一方面也需要考虑项目内容、组织流程和管理机制对工程实施的影响。

13.1.1 影响因素与可实施条件

13.1.1.1 影响因素分析

城市轨道交通项目的可实施性主要受到以下因素的制约。

(1)城市规划

城市规划直接影响轨道交通工程的可实施性。土地是城市中的稀缺资源,各城市对建设发展用地都有严格的规划,而轨道交通项目点多线长、配套工程和设施覆盖面广,需要占用大量的土地资源,所以需要紧密联系城市规划进行项目规划。车站站位、线路走向和线位、车辆基地(段)配置和选址都必须符合城市规划,合理利用通道资源,并与城市的总体发展规划相契合。

(2)水文地质

地下敷设的轨道交通线路受水文地质条件影响较大,复杂的水文地质条件会增加项目投资,给施工带来巨大的安全风险,从而影响轨道交通工程的可实施性。因此勘察设计阶段应探明轨道交通工程沿线的水文地质条件,详细调查周边环境情况,确保设计的可实施性。

(3)大型建筑物

城市中心区域的轨道交通线路往往沿地面道路在地下布设,避开地面或地下的大型建筑。某些情况下必须跨越或下穿高层建筑、交通站场、地下设施、桥涵等大型建筑物或设施,这些跨越或下穿工程施工周期较长、施工风险较大,是城市轨道交通工程可实施性的重要控制点。如果前期工作中未落实具体方案,可能会增大工程实施难度、提高工程造价,甚至要被迫调整线路走向。

(4)地下管线

规划的轨道交通走廊内一般都有密集的城市地下管线,管线的改迁难易程度会影响线路的敷设、车站的设置等。我国的城市地下管线一般按各行业归口管理,管线档案存在信息不全、不准确、归档不及时等问题。因此为保障项目的可实施性,应加大对管线资料的掌握力度。

(5)环境

城市轨道交通项目对自然环境影响较大,线路的敷设方式、线路走向以及运营模式的不同对环境的影响程度不同。城市轨道交通线网规划、建设规划的环境影响评价都需经过审批,在每条轨道交通线路的可研阶段也需进行环境影响评价,可见环境因素对项目的可实施也有重要影响。

13.1.1.2　可实施性条件

城市轨道交通项目建设周期长、投资巨大、运营成本高,同时又具有很强的社会公益性,因此世界各国基本上都是政府承担或由政府主导修建。我国本着审慎的原则,对修建城市轨道交通系统的基本条件、城市轨道交通线网规划和工程项目的建设审批程序都有一套严格的规定,这些规定保障了城市轨道交通工程的可实施性。

申请修建城市轨道交通建设项目的城市应具有足够的客流量,能够达到系统经济运营的最低要求;城市应已发展到足够的规模,需要轨道交通项目来进一步促进城市化进程;地方政府也应具有足够的财力,能够有效保障项目的实施并维持项目的正常运营。因此,我国对申请修建城市轨道交通城市的基本条件有严格的规定。例如,《国务院办公厅关于进一步加强城市轨道交通规划建设管理的意见》(国办发〔2018〕52 号)规定了申报修建地铁的城市应达到的基本条件。具备了该文件规定的指标,表明修建地铁这种大容量的交通工具能够达到经济运量,并有相应的财力来保障项目的实施和运营。

申请城市编制城市轨道交通线网规划及建设规划后上报国家或地方政府相关部门,继而委托行业内第三方咨询公司对该规划开展评估工作。通过评估后,还需要经过国家或地方住房和城乡建设部门、生态环境部门等相关部门的审查,并最终经国家或地方发改委审查并会签相关部门后上报国务院或省级政府批复。其中,环境影响评价是决定规划能够通过的重要环节。申请城市应针对线网规划和建设规划编制环境影响评价报告书,从振动、噪声、电磁辐射等方面分析对当地生态和人文环境的影响,并提出减缓和控制措施。

线网规划和建设规划获批后,申请城市应针对规划中的每条线路编制工程可行性研究报告。工程可行性研究报告应包含线路功能定位,主要设计原则和技术标准,线位、站位以及敷设方式,土建工程规模,施工方法以及风险分析等内容,并应满足报批要求的设计深度。工程可行性研究报告获得相关政府部门的批复,标志着该项目正式进入实施阶段。

13.1.2　招投标规划

城市轨道交通项目工程建设、设备采购和安装等采用招投标管理模式是行业的通用做法。城市轨道交通项目的业主单位针对工程建设以及设备采购和安装业务,事先公布选择条件和要求,招引或邀请他人参加业务承接竞争,若干投标人做出愿意承接业务的表示及承诺,招标人按照规定的程序和办法择优选定中标人。

13.1.2.1 规划原则

(1)合理分标

完成初步设计后,城市轨道交通项目进入工程建设和设备安装的招标阶段。依据项目情况,考虑投资和施工等因素,合理划分标段规模是保证招投标顺利实施的一个重要环节。城市轨道交通项目由于投资巨大、施工困难,不宜按照普通市政工程设置若干小标段的方式,而应根据项目的招标内容、专业类别、施工方法、工程筹划和管理模式等情况,综合考虑所需投入的参建单位及其机械设备的数量,合理划分标段的规模大小。在具备大量进场的条件下,招标人应当优先采用大标段的划分方式,尽量加大标段的投资规模,减少标段的划分数量。大标段的划分方式,能够有效地节约招标投标成本、咨询服务费用、交易管理费用和相应的工程实施费用等;由于标段投资规模大幅度提升,能够吸引实力雄厚的投标人积极参与,显著增强投标的竞争力度;由于标段界面交接减少,能够降低招标人的协调管理难度及其成本;同时促使参建单位加强自我管理,在标段内平衡利用各项资源,有效地控制成本和节约投资。

(2)提高招标效率

招投标制度虽然在很大程度上保证了公平,但在招标过程中仍难以避免围标、串标等事件的发生,造成流标和投诉,大大降低了工作效率。一般情况下,每流标一次最少要耗费3个月时间重新招标,重复流标耗费的时间更长,再加上处理投诉所耽误的时间,严重影响城市轨道交通项目的建设工期。因此,在保证招标质量的前提下,积极应对招标工作中出现的问题,在投标人资质的确定、评标方法的选择、评标专家的选取等各方面采取有效措施,不给投标人制造围标、串标和操纵专家的可乘之机,最大限度地减少流标情况的发生。

(3)防控风险

为防范招标风险,招标单位及相关建设部门都应充分参与各阶段方案,不断进行优化,全力减少设计变更。招标单位应采取有效措施降低招标后期中标人的履约风险。例如,通过增加备选候选人的方式,可以有效降低招标后期中标人的履约风险,如影响工程质量和进度的情况,招标单位可以选择备选候选人,以保证工程不受到影响。

13.1.2.2 招投标规划管理流程

具体的招投标的管理流程如图13-1所示。

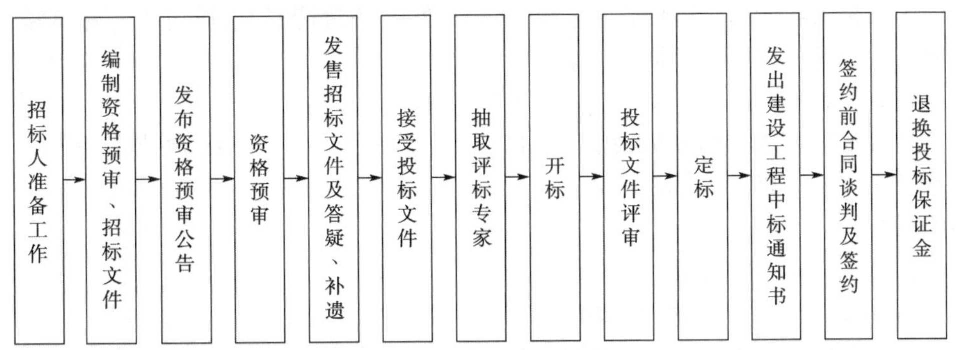

图13-1 招投标管理流程图

(1)招标人准备工作

招标前,招标人需完成以下准备工作,主要包括项目立项、建设工程项目报建、建设单位招标资格及办理交易证四项内容。项目立项中需要提交项目建议书、预可研和可研报告。

之后需要持立项批文等文件向工程交易中心的建设行政主管部门登记报建。建设单位须具有招标资格,否则应进行招标代理。最后招标人应持报建登记表在工程交易中心办理交易登记。

(2)编制资格预审、招标文件文件

需要编制资格预审文件、招标文件、编制要求,明确投标有效期、密封递交方式,同时应明确废标的各类情形。其中,资格预审文件包括资格预审申请函、法定代表人身份证明、授权委托书、申请人基本情况表、近年财务状况表、近年完成的类似项目情况表、正在施工的和新承接的项目情况表、近年发生的诉讼及仲裁情况、其他材料。招标文件包括招标公告、投标邀请书、投标人须知、评标办法、合同条款及格式、工程量清单、图纸、技术标准及要求、投标文件格式。

(3)发布资格预审公告

公告内容包括招标条件、项目概况与招标范围、资格预审、投标文件的递交、招标文件的获取、投标人资格要求等。通过中国采购与招标网等媒体进行发布。

(4)资格预审

招标人需要对潜在投标人进行资格预审,主要审查过程包括初步审查、详细审查和设备审查。审查过程为接受资格预审文件、组建资格预审委员会(由招标人组建评审小组,含财务、技术方面的专门人员)、评审程序。

(5)发售招标文件及答疑、补遗

向资格审查合格的投标人出售招标文件、图纸、工程量清单等材料。投标人一般需要在合理时间内完成编制投标文件(一般不少于 25 日),并在开标前进行工程项目现场勘察和标前会议。

(6)接收投标文件

接收投标人的投标文件及投标保证金,保证投标文件的密封性。

(7)抽取评标专家

在相应的专业专家库随机抽取评标专家,招标人派出代表参与评标。

(8)开标

开标由投标人或者其推选的代表检查投标文件的密封情况,也可以由招标人委托的公证机构检查并公证。开标过程需要记录并存档备查。

(9)投标文件评审

评审过程包括组建评标委员会、评标准备、初步评审、详细评审(含技术评估和商务评估)、生成评估报告并推荐中标候选人。

(10)定标

对评标结果在相关网站进行公示。

(11)发出建设工程中标通知书并进行谈判

对中标人发出中标通知书,并组织谈判。需要明确谈判的过程和内容,对于合同中既定的且没有争议、歧义、漏洞和缺陷的条款,双方均不存在商讨的余地。

(12)签约前合同谈判及签约

进行签约前合同谈判并签约,招标人与中标人在中标通知书发出 30 个工作日之内签订合同,并交履约担保。

(13)退还投标保证金

招标人与中标人签订合同后5个工作日内,应向中标人和未中标的投标人退还投标保证金。

13.1.3 施工进度规划

城市轨道交通各项土建工程的建设工期,应根据工程规模、地面环境、地质条件和施工方法确定,表13-1给出了城市轨道交通主要项目的参考工期。

城市轨道交通工程建设主要项目的参考工期 表13-1

<table>
<tr><th colspan="2">项 目</th><th>工 期</th></tr>
<tr><td colspan="2">地面高架结构(含车站、区间)</td><td>10~12个月/区间(或站)</td></tr>
<tr><td rowspan="3">地下车站土建(含出入口、风道)</td><td>明挖法施工</td><td>地下车站,12~18个月/站</td></tr>
<tr><td>盖挖法施工</td><td>地下车站,20~25个月/站</td></tr>
<tr><td>矿山法施工</td><td>地下车站,24~30个月/站</td></tr>
<tr><td rowspan="5">区间隧道(含隧道内联络通道)</td><td>明挖法施工</td><td>双线洞,日进度4m/d,平均进度50~80m/月</td></tr>
<tr><td rowspan="2">盾构施工</td><td>单线单洞推进(7~10m/d)</td></tr>
<tr><td>盾构井施工:两层站为6个月/座三层、四层站分别为7~8个月/座</td></tr>
<tr><td rowspan="2">矿山法施工</td><td>平均进度为140~200m/月①</td></tr>
<tr><td>单线单洞40~50m/月,双线单洞15~20m/月</td></tr>
<tr><td colspan="2">车站装修(含出入口、风亭)</td><td>7~12个月/站</td></tr>
<tr><td colspan="2">轨道工程(整体道床、含道岔)</td><td>50~65m(单线)/(班·d)</td></tr>
<tr><td colspan="2">设备(含通风、供电、给排水、通信、信号等)安装及调试</td><td>10~15个月/全线</td></tr>
<tr><td colspan="2">车辆基地工程</td><td>24~30个月/座</td></tr>
<tr><td colspan="2">全线单调、系统联调、总联调、可靠性测试</td><td>6个月</td></tr>
<tr><td colspan="2">试运行</td><td>3个月</td></tr>
<tr><td colspan="2">全线竣工(15~20km)</td><td>4~5年</td></tr>
</table>

注:①盾构安装调试1~1.5个月;盾构调头1个月;盾构转场1.5个月;盾构拆卸1个月。

在实际的工程实施进度设计中,需要根据工程特点进行合理筹划,安排各项工作的执行过程和完成时间,以保证各项作业能够顺利高效进行,压缩总工期。需要考虑的工程类型和具体控制节点见表13-2。

工程类型和控制节点　　表13-2

工程类型	控制节点	要　求
工程设计	可行性研究报告	
	初步设计	
	部分土建施工图设计(部分土建招标)	保证招标和工程开工
	施工图设计	
施工前期准备	征地、拆迁、三通一平、管线改迁等	可研完成后开始,8~12个月
工程招标	土建工程招标	约6个月
	车辆招标	在土建工程招标之后,约12个月
	机电设备招标	在车辆招标之后,约6个月
	设备安装招标	在机电设备招标之后,约6个月
工程施工	车站土建工程	车站、区间、车辆段及基地土建同期完成
	区间土建工程	
	轨道工程	车站和区间土建完成约3个月前开始
	车辆段及综合基地土建工程	
	第一列车制造与验收	
	各系统机电设备安装调试和装修	车站和区间土建完成约1个月前开始
	全线联调	
	试运营	约3个月
	全线通车	

实际施工组织过程中,往往以“洞通”“轨通”“电通”来标志城市轨道交通主体工程的土建施工和设备安装的3个阶段,洞通一般指全线贯通,是土建工程完成的标志;轨通一般指全线铺轨完毕,是轨道工程完成的标志;电通一般指可以进行全线设备的调试,是设备安装完成的标志。此后线路可以进入试运营的阶段,也称为“车通”。

13.1.4　机构与人员保障

城市轨道交通项目由城市轨道交通集团(企业)承担,具体负责项目的融资、建设、经营、运营和管理。轨道交通企业的建设及运营管理水平需要不断提高,以适应城市轨道交通建设和运营的要求。城市轨道交通集团(企业)的一般组织结构主要包括集团总部与各分公司,各分公司分别具体承担新线建设、运营、物业开发等具体项目的实施和运行。这种组织结构有助于提高企业的运作效率,保障各项目、各类工作有序进行。

城市轨道交通是一个技术含量较高的交通服务系统,为了保证地铁列车运行的安全可靠,必须使系统内各项设备系统均处于良好的技术状态,需要提高运营、维修、管理人员的水平和能力。通过完善优化培养、招聘、培训机制,保证较高的工作人员素质和水平。

(1)委托培养

根据国内城市轨道交通企业的运营经验,有目的地委托培养各专业人员是一条有效的途径。委培生具有事业心强、工作踏实肯干、思想积极上进和稳定的特点,运输、车辆、供电、通信、信号、自动化设备和轨道等专业,都应考虑与院校联合进行人才培养。

(2)社会招聘

对于站务、乘务等管理服务人员,也可采用在社会上进行招聘的办法,经培训后再上岗。对于乘务人员,还可以采用在运营总部范围内进行内部招聘的方法。

(3)人员培训

无论是委托培养的人员,还是社会招聘的人员,在上岗前都必须进行运营知识、安全知识和有关专业知识的培训,经考试合格后才能上岗。

13.1.5 工程监理

工程监理的职责是在贯彻国家法律、法规的执行下,促使合同双方签订的工程承包合同得到全面履行。控制工程建设的投资、工期、工程质量,进行安全管理、合同管理,协调有关单位之间的工作关系。在城市轨道交通项目中,分为工程设计监理、工程施工监理、工程监测和工程质量监测。

(1)工程设计监理

工程设计监理的主要任务是代表政府对设计文件进行强制性条文审查,保障工程项目安全可靠、提高其适用性和经济性。因此,监理单位要做好工程设计前的准备,跟踪工程设计的质量与进度,检查各阶段的文件,最终验收设计文件。这就要求健全工程设计监理组织,并委托在国内外具有地铁总体设计经验、实力较强的设计单位承担工程设计监理工作。

(2)工程施工监理

工程施工监理是工程建设不可缺少的一个部分,是工程施工过程中设计、施工、业主三者之间关系的协调者,并根据建设项目要求进行"质量控制、进度控制和投资控制"以及"合同管理、信息管理、组织协调"工作。因此,施工监理是项目全过程监理的重要组成部分,这就必须建立健全的、独立的工程施工监理组织,委托具有地铁施工监理经验的监理单位承担。施工监理单位应在工程招投标确定施工单位前确定,以便施工监理协助业主进行标书编制、合同草拟,细化工程管理行为并在合同中明确,提高监理在工程实施管理中的地位。

(3)工程检测

根据城市轨道交通工程的特点,需要加强施工期间的量测与地面沉陷的监测,并将测试数据反馈于设计过程,以检查和调整设计参数,保证项目的经济和安全。同时,不断累积的监测数据可为以后地铁工程设计施工提供宝贵经验。因此,有必要委托科研设计单位来统一制订城市轨道交通项目工程的监测项目、内容和要求,使监测与施工做到有机结合。全线的测量放线和复测,应选择具有铁路全线贯通测量经验的单位。

(4)工程质量监测

地铁工程施工质量涉及人民生命财产安全,必须确保工程建设中使用的材料均符合国家质量标准,以保证工程的品质和耐久性,达到城市轨道交通运营高效益、高服务的水平。需要建立一个监测机构来统一制订该工程项目的监测项目、内容和要求,跟踪反映工程质量水平。

13.1.6 征收补偿与安置

征地与拆迁既是城市轨道交通项目施工前准备的重点工作,也是项目可实施性规划中需要着重评估的内容。征地与拆迁工作一般由政府部门承担,由市、区(县)级人民政府负责所属行政区域内的国有土地上房屋征收与补偿。拆迁补偿的方式主要有货币补偿、房屋产权调换两种。

(1)货币补偿

货币补偿为主要的补偿安置模式。拆迁人向被拆迁人提供补偿货币和安置费用补助,保证被拆迁人的财产权益。被拆迁房屋货币补偿的金额,根据被拆迁房屋的区位、用途、建筑结构和面积等因素,以房地产市场评估价格确定。

(2)房屋产权调换

由政府集中建设动迁安置房,统筹安排建设项目的拆迁安置工作。

13.2 投资概预算

城市轨道交通工程设计概算是初步设计文件的重要组成部分,是全面反映建设项目投资规模和投资构成的主要文件。概算编制应完整反映设计范围内工程项目建设全过程所需的全部费用,符合城市轨道交通工程项目建设、投资构成和工程造价管理的要求,有利于合理确定和有效控制城市轨道交通工程造价。

概算经批准后是建设项目投资的最高限额(实际中应控制在不超过批准的建设项目可行性研究报告投资估算10%的范围内),是编制建设项目投资计划、确定和控制投资的依据,是考核设计方案经济合理性和建设项目投资效果的依据。

城市轨道交通工程设计概算应按城市轨道交通工程设计概算编制办法的规定进行编制。同时必须严格执行国家和项目所在地基本建设有关方针、政策和工程造价管理规定,在调查研究的基础上,如实反映工程项目建设规模、标准、工程筹划、建设条件和所需投资,合理确定和严格控制工程造价。

13.2.1 概算文件组成

城市轨道交通工程概算文件由总概算文件和分册概算文件组成。

总概算文件是反映整个建设项目的投资规模和投资构成的文件,包括总概算表和综合概算表等表格。总概算表是根据综合概算表,按"概算章节表"顺序,分章进行汇编;综合概算表是按"概算章节表"顺序,将所有册概算表进行汇总编制。

分册概算文件是具体反映建设项目一个单元建筑物群体工程范围内,或一个专业系统工程范围内,第一部分工程费用及其构成的文件,包括建筑工程单项概算、设备与安装工程单项概算和册概算。分册概算是在分册概算文件编制单元范围内,按“概算章节表”的顺序,将单项概算按章节细目进行汇总编制。概算文件编制时的单元划分,主要依据设计分工和建设管理的需要进行。

概算章节表的作用是将概算费用按不同的工程和费用类别,划分为统一的章、节及细目。概算章节表应体现统一和协调项目各专业概算的编排顺序,反映项目各工程类别编制的内容。概算章、节及细目中各类工程费用的划分,应有利于城市轨道交通工程各项指标的积累和造价信息化管理。编制概算应采用统一的章节表,各章名称详见表13-3。其中,第一至十六章属于工程费用,第十七章属于工程建设其他费用,第十八章属于预备费,第十九章属于专项费用。

概算文件结构要求 表13-3

章　序	名　称	章　序	名　称
第一章	车站	第十一章	给排水与消费
第二章	区间	第十二章	自动售检票
第三章	轨道	第十三章	车站辅助设备
第四章	通信	第十四章	运营控制中心
第五章	信号	第十五章	车辆段与综合基地
第六章	供电	第十六章	人防
第七章	综合监控(主控)	第十七章	工程建设其他费用
第八章	防灾报警、环境与设备监控	第十八章	预备费
第九章	安防及门禁	第十九章	专项费用
第十章	通风、空调与采暖		

13.2.2 概算文件编制方法

为充分体现城市轨道交通项目建设管理和投资控制特点,设计概算编制,按分册概算文件和总概算文件两个层次逐步完成。

(1)分册概算文件编制说明

分册概算文件首先应简要描述该册涉及的工程范围、工程规模、工法、工筹等内容,然后详细编制各项预算,汇总概算总额并进行技术经济指标分析。册概算表是分册概算文件的主要表格,此外还有建筑工程单项概算表、安装工程单项概算表、设备购置费工程单项概算表、补充单价表、工程概况表、主要工程数量表、人工及主要材料单价和数量汇总表、投资分劈汇总表。

在分册概算编制过程中,主要依据如下。

①可行性研究报告批准文件、有关文件及纪要等。

②总体设计评审专家意见。

③采用的定额及费用标准。

④《城市轨道交通工程设计概算编制办法》(建标〔2017〕89号)。

⑤《城市轨道交通工程项目建设标准》(建标〔2008〕104 号)。

⑥初步设计技术接口文件。

⑦初步设计技术要求。

⑧初步设计文件组成与内容。

⑨初步设计文件编制统一规定。

⑩初步设计图纸及工程数量。

(2)总概预算文件编制说明

总概预算文件是分册概算文件的汇总,应描述线路的建设规模、工程总量、线路起讫点与里程、线路敷设形式以及车站、区间、车辆段与综合基地、主变电站(所)、运营控制中心的分布状况等。总概预算文件中应包含以下费用计算方法及依据。

①工、料、机单价取定的依据或来源。

②企业管理费、利润、规费和税金的计算方法及依据。

③工程建设其他费用计算方法及依据。

④预备费(基本预备费和价差预备费)计算方法及依据。

⑤专项费用(建设期贷款利息、车辆购置费用和铺底流动资金)计算方法及依据。

此外还需分析概算总额及技术经济指标,包括初步设计概算与可研批复估算比较。

在总概预算文件编制过程中,主要有以下依据。

①可行性研究报告批准文件、有关文件及纪要等。

②总体设计评审专家意见。

③采用的定额及费用标准。

④《城市轨道交通工程设计概算编制办法》(建标〔2017〕89 号)。

⑤《城市轨道交通工程项目建设标准》(建标〔2008〕104 号)。

⑥初步设计技术接口文件。

⑦初步设计技术要求。

⑧初步设计文件组成与内容。

⑨初步设计文件编制统一规定。

⑩初步设计图纸及工程数量。

总概预算文件基本表格主要包括总概算表、综合概算表、概算或估算对照表、主要工程数量表、人工及主要采用单价和数量汇总表、投资分劈汇总表。

13.2.3 概算费用种类

概算费用按投资构成划分,分属下列四个部分。

(1)工程费用

工程费用包括建筑工程费、安装工程费和设备购置费。

①建筑工程费:是指建设工程涉及范围内的车站、区间、轨道、房屋建筑等建筑物、构筑物、场地平整、道路、室外管道铺设、大型土石方工程费用等。

②安装工程费:是指主要生产、辅助生产、公用工程等单项工程中需要安装的机械设备、电器设备、专用设备、仪器仪表等的安装及配件工程费用,与设备相连的工作台、梯子、栏杆等设施的装设工程费用,附属于被安装设备的管线敷设、绝缘、防腐、刷油、保温、调整和试验

工程费用,供气、供热、供水等各种管道、配件、闸门和供电外线安装等工程费用,为测定安装工程质量,对单台设备进行单机试运转、对系统设备进行系统联动无负荷试运转工作的调试费,以及其他采用安装工程定额的费用统称安装工程费。如:通信、信号、供电、综合监控、防灾报警、环境与设备监控、安防及门禁、通风、空调与采暖、给排水与消防、自动售检票、车站辅助设备、运营控制中心、车辆段与综合基地、人防工程等采用安装工程定额的费用。

③设备购置费:是指为建设工程项目购置或自制的达到固定资产标准的设备、工具、器具的费用。由多种材料或经加工为零部件,并按各自用途组成的具有功能、容量、动能传递或转换的机器、容量、成套装置成为设备。设备可分为标准设备和非标准设备,按安装方法又可分为需要安装和不需要安装的设备。构成固定资产标准的设备(包括备品备件),虽低于固定资产标准,但属于设计明确列入设备清单的均为设备。

设备应包括本体及附带的配件、备件,附属于设备本体制作成型的梯子、平台、栏杆、管道,以及附属于设备本体的油类、化学药品等;还包括各种计量器、仪表及自动化控制装置、实验室内的仪器及属于设备本体部分的仪器仪表等。

设备购置费以设备原价加设备运杂费计算。

(2)工程建设其他费用

工程建设其他费用,是指从工程筹建起到工程竣工验收交付使用止的整个建设期间,除建筑安装工程费用和设备及工器具购置费用以外的,为保证工程建设顺利完成和交付使用后,能够正常发挥效用而发生的各项费用。

①建设用地费:包括征地、租地、房屋拆迁、绿化补偿、管线迁移、道路破复等费用。

②场地准备及建设单位临时设施费:包括三通一平费用、交通便道和交通疏解费用。

③建设管理费:包括建设单位管理费、工程建设监理费、建设工程交易费、专项验收费。

④前期工作费:包括项目预可研、可行性研究、环境影响评价、劳动安全卫生评价、工程场地安全和地震安全性评价、地质灾害危害性评价、安全性评价、客流预测及评审、沿线土地资源评估等费用。

⑤勘察设计费:含总体设计费及总体设计协调费、施工图预算编制费、竣工图编制费等。

⑥咨询费:包括设计咨询、造价咨询、工程管理、运营筹备等咨询费用。

⑦施工图审查费用。

⑧研究试验费。

⑨引进技术及引进设备其他费。

⑩联合试运转费:包括调试费、试运转费。

⑪生产准备及开办费:包括生产职工培训费、生产办公和生活家具购置费、工器具购置费、运营筹备费。

⑫工程保险费。

⑬第三方监测等安全保障费。

⑭市政公用设施建设费。

⑮高可靠供电费。

(3)预备费

预备费包括基本预备费和价差预备费。基本预备费是指针对项目实施过程中可能发生难以预料的支出而事先预留的费用;价差预备费是指为在建设期内利率、汇率或价格等因素的变化而预留的可能增加的费用。

(4)专项费用

专项费用包括车辆购置费、建设期投资贷款利息和铺底流动资金。

13.2.4 土建工程定额采用

在城市轨道交通项目中,车站、区间、轨道、车辆基地等土建工程费用占总工程费用的70%左右,是投资控制和管理的重点。同时土建工程费用涉及的因素较多,且不同地方的标准存在一定的差异,也是投资概算中的重点环节。

13.2.4.1 定额采用基本原则

①建设项目所在地城市已颁布城市轨道交通工程概预算定额,或城市轨道交通工程单位估价表的,建设项目可直接采用当地省、市定额。

②建设项目所在地城市没有颁布城市轨道交通工程概预算定额和城市轨道交通工程单位估价表的,除主变电站和房屋工程外,建设项目应采用《城市轨道交通工程预算定额》(建标〔2008〕193 号)、《城市轨道交通工程概算定额》(建标〔2011〕99 号)和《城市轨道交通建筑安装工程费用标准编制规则》(建标〔2011〕159 号)。

③主变电站工程采用电力行业相应定额。

④房屋建筑和装饰工程采用建设项目所在地省、市定额。编制概算时,定额与建设项目所在地区的同类工程定额在消耗量上存在较大差异时,应按定额编制原则,调查、收集有关资料,结合工程实际情况,补充单价分析,并随概算文件一并送审。

13.2.4.2 土建工程现行定额

城市轨道交通土建工程执行的定额体系主要包括各省市颁布的城市轨道交通工程定额(城轨定额)、建筑与装饰工程定额(建筑定额、装配定额)、市政工程定额(市政定额)。其中,地下车站、地下区间、高架区间及轨道工程概预算编制采用工程所在地各省市颁布的城市轨道交通工程定额,高架车站(桥建合一形式)、车辆基地生产及办公用房采用房屋建筑与装饰工程定额,车辆基地附属工程采用市政工程定额。

不同地区在定额采用、定额说明、人材机单价及消耗量、取费等方面存在一定差异,需根据项目所在地的情形进行调整。例如,武汉车辆基地附属工程除执行武汉市政定额外,还需执行湖北公共定额;深圳高架站钢结构工程需执行深圳装配定额。一般情况下各模块定额类别如表 13-4 所示。

城市轨道交通工程各模块对应定额类别　　表 13-4

序　号	类　别	模块名称	定额类别
1	明挖地下车站	地下连续墙	城市轨道交通定额
2		钻孔灌注桩	城市轨道交通定额
3		钻孔咬合桩	城市轨道交通定额
4		SMW 工法桩①	城市轨道交通定额
5		土钉墙	城市轨道交通定额
6		锚杆与预应力锚索	城市轨道交通定额

续上表

序　号	类　别	模块名称	定额类别
7	明挖地下车站	土石方、支撑及降水	城市轨道交通定额
8		主体结构及防水	城市轨道交通定额
9		地基加固	城市轨道交通定额
10		施工监测	城市轨道交通定额、市政定额(江苏)
11	盖挖地下车站	盖挖车站盖板系统	城市轨道交通定额
12	高架车站	高架车站钢筋混凝土结构	建筑定额
13		高架车站钢结构和屋面板	建筑定额、装配定额(深圳)
14		高架车站外立面装修	建筑定额
15	盾构区间	盾构区间	城市轨道交通定额
16	矿山区间	矿山区间	城市轨道交通定额
17	高架区间	高架区间	城市轨道交通定额
18		声屏障	城市轨道交通定额
19	轨道工程	轨道工程	城市轨道交通定额
20	车辆基地	车辆基地生产用房	建筑定额
21		车辆基地管理用房	建筑定额
22		车辆基地附属工程	市政定额、公共定额(湖北)
23		车辆基地上盖盖板	建筑定额

注:①SMW 为 Soil Mixing Wall 的缩写,亦称新型水泥搅拌桩墙。

13.2.4.3 城市轨道交通定额取费

定额标准中规定了各类费用的取值方法,如企业管理费、利润、总价措施费、规费及增值税等费用。表 13-5 为工程量清单计价模式费用组成。

工程量清单计价模式费用组成　　表 13-5

序　号	项　目	内　容
1	分部分项工程费	人工费
		材料费
		施工机具使用费
		企业管理费
		利润
2	措施项目费	总价项目金额
		措施项目清单金额(按工程实际情况列项,按综合单价计算)
3	其他项目费	暂列金额
		计日工
		总承包服务费

续上表

序号	项目	内容
4	规费	社会保险费
		住房公积金
		工程排污费
5	增值税	

注:编制概预算时,其他项目费一般不取费。

13.3 投融资规划

城市轨道交通建设项目的实施需要大量资金。一些城市轨道交通工程受制于资金短缺而执行效果不理想,因此投融资规划对改善城市轨道交通工程可实施性具有重要意义。

13.3.1 城市轨道交通项目投资需求

城市轨道交通建项目建设成本非常高,往往几十公里长的线路造价就要上百亿甚至几百亿。此外,城市轨道交通项目具有很长且独特的投资周期,因此按照当前国家有关规定,轨道交通项目的资本金比例最低需达40%。一般情况下,财务状况良好的城市轨道交通项目投资情况大致分为以下三个阶段。

①项目建设期,一般至少为4年。这一阶段项目需要大量投资而自身没有收益,但对项目外部,即沿线的房地产、商贸行业的发展产生明显的促进作用,相关行业的销售收入开始增长。

②项目成长期,即从项目投入运营到项目现金流收支平衡年份,大约需要10年。这一阶段,由于运营成本、财务成本较高,票款收入无法覆盖全部成本支出,项目自身无法维持运转,仍然需要项目外部现金流注入。此阶段投资效益在于促进沿线经济增长,形成繁荣的经济带。

③项目成熟期,即从项目运营收支平衡年份到收回投资。在这一阶段网络形成,客流增长,规模效益增强,大量净现金流入,项目投资产生收益。例如,某市地铁1号线、2号线已运营30余年。据测算,若票价到位(实行按里程计价)并扣除不合理成本,项目即可盈利。

13.3.2 城市轨道交通盈利特点

城市轨道交通项目的盈利特点主要包括以下方面。

①城市轨道交通项目的运营具有时空局限性,盈利空间有限。城市轨道交通每天的营运时间是有限的,而且列车只能在已经建好的有限的轨道上运行,票款收入被限制在固定的线路上。城市轨道交通地铁项目的"产品"——运输服务的盈利空间相对有限。

②城市轨道交通项目权益具有放大性,资产的保值增值能力强。城市轨道交通票款收入的增长主要受沿线居住条件、土地开发强度、线网变化、商业经济成熟程度等外部影响。随着社会发展、人口流动增大、线网增加及服务水平的提高,城市轨道交通将不断吸引更多的客流,票款收入从长期来看具有一定的增长趋势。而且城市轨道交通的洞体使用年限长

达百年,随着时间的推移,城市轨道交通资产的升值潜力巨大。从长期看,城市轨道交通资产的权益不断放大,具有很强的保值增值能力。

③城市轨道交通网络汇集了稳定、巨大的客流量,使城市轨道交通沿线的商业开发具有放大性、网络性,对其进行规模化、集约化的经营,可实现其经营方式的品牌化、连锁化、经济效益的最大化。在保证安全运营的前提下,通过对广告、沿线物业、智能卡服务的开发等途径增加城市轨道交通项目的衍生收益。利用城市轨道交通站点采取连锁店、品牌店等现代营销方式,地下商业网络将随着城市轨道交通网络的成熟完善而发展壮大,进而实现地下商业网络向地上商业空间的覆盖与延伸。

④城市轨道交通具有巨大、稳定、增长的现金流收入,极强的现金获取能力。城市轨道交通项目虽然投资大、回收期长、前期收支暂时不平衡,但项目具有长期稳定、持续增长的巨大现金流收入,使项目采取项目融资等市场化融资方式成为可能。

13.3.3 城市轨道交通项目的资金来源

大规模的城市轨道交通网络建设,需要大量的资金支持。我国目前经济快速平稳发展,为轨道交通建设提供充足的资金来源。未来城市轨道交通建设资金将主要来自三个方面:政府财政支持、银行贷款和资本市场融资。

(1)政府财政

近年来,我国的财政收入和财政支出稳定增长。2018 年,政府财政收入达到 18.34 万亿元,相比 2017 年增长 6.23%,财政支出 22.09 万亿元,相比 2017 年增长 8.77%,财政赤字 3.76 万亿元。值得注意的是,2000 年以来,我国经济经过了快速发展、短期调整和稳健发展阶段,2004—2008 间年财政收入平均增长率超过 20%,增速高于财政支出。2008—2013 年间财政收入增速超过 10%。政府财政收入的稳定增加为基础设施建设提供充足的资金。

从财政支出的项目来看,2012—2018 年间,我国有 5% ~6% 的财政支出用于交通运输领域。在 2014 年,用于交通运输的支出首次超过 1 万亿元。从总量上看,政府财政对于交通运输项目有足够的支撑力度,用于交通运输的财政支出逐步增长,但国家政策对于交通运输特别是城市轨道交通项目投资的管控逐步加强。2014 年,政府发布的《关于加强地方政府性债务管理的意见》(国发〔2014〕43 号)对地方财政管理进行了加强,同年发布的《国家发展和改革委关于开展政府社会和资本合作的指导意见》(发改投资〔2014〕2724 号)使得公私合作(PPP)融资方式得到快速发展。2018 年发布的《国务院办公厅关于进一步加强城市轨道交通规划建设管理的意见》(国办发〔2018〕52 号)对城市轨道交通的审批条件进行了限制,强调了项目的资金保障和风险管控。

(2)信贷资金

银行贷款是大型交通项目的常用和主要融资渠道。2018 年末,国内总存款余额达到 177.75 万亿元,金融机构中总人民币信贷资金来源达到 210.09 万亿元。同年金融机构运用的各项贷款数为 135.79 万亿元,贷存比指标为 0.76,处于较高水平。如何将剩余的资金投资于有盈利能力的项目,成为需要深入探索的问题。如果能将城市轨道交通网络基础建设转变成许多具有较高收益的投资项目,将会吸引国内信贷资金的流入,城市轨道交通建设资金也会得到更有力的保障。

(3)资本市场融资

我国的资本市场从出现至今正逐步走向成熟。以股权分置改革作为分界点,中国的资本市场加快了发展的步伐。中国建立的以沪深股市为轴心的内地资本市场,逐渐成为全球最重要、规模最大、流动性最好的资产交易场所。

财政收支和各类存贷款都快速增长的同时,中国的资本市场也在稳步发展。2018 年中国股市共筹资 6827 亿元,年末总市值为 43.49 万亿元。资本市场的发展极大地增加了企业的筹资能力,提高资本市场的融资能力,也可为城市轨道交通建设提供大量的资金支持。城市轨道交通项目具有资金需求大、投资期限长、资金回收慢等特点,多元化方向的融资逐渐成为趋势。在资本市场,可以通过如基金、工程保理、资产证券化、股权投资等方式获取工程资金。

13.3.4 城市轨道交通项目的融资方式

世界各国的地铁建设的投融资大多是都是由政府的财政支出。纵观我国地铁建设和经营历史,地铁的投融资主要有以下四种模式。

(1)单一主体的财政投融资模式。即地铁的设计、建设与运营完全由政府出资,主要出现在早期的地铁建设中。这种模式优点不需要支付利息,降低了财务成本;其缺点是财政资金有限,不能广泛运用,且运营企业缺乏有效的激励机制,运营效率和服务水平较低。

(2)财政主导下的负债融资。此模式下,地铁建设的资金需求由政府财政投资、银行贷款及国外机构贷款等构成。政府投入部分的资金,其余资金则依托政府提供信用担保,由地铁企业以银行贷款、发行债券等方式进行债务融资。这种模式的优点是筹措资金操作简便,资金充足,可以大大缓解轨道交通建设投资对地方的压力。其缺点表现为:一是融资成本高,巨额债务进一步加大了企业和政府的财务负担;二是投资主体单一,不利于运营服务质量和效率的提高。

(3)投资公司的多元化融资。通过吸收社会资金,实现投资主体多元化,并在运营中引入市场竞争机制,实现政府调控下的市场化运作。

(4)公私合作模式,即 PPP(Public-Private-Partnership)模式。广义的 PPP 模式代表公私合作投融资模式,以授予私人部门特许经营权为特征,包括建设—经营—转交(BOT)、建设—转交(BT)、转让经营权(TOT)等多种形式。狭义的 PPP 模式代表政府与私人部门组成特殊目的机构(Special Purpose Vehicle,SPV),引入社会资本,共同设计开发,共同承担风险,全过程合作,期满后再移交政府的公共服务开发运营方式。

整体上,该模式的特点是政府对项目中后期建设管理运营过程参与更深,通常与提供贷款的金融机构达成协议,承诺将按与企业签订的合同支付有关费用,以帮助企业获得贷款。因此政府和企业均全程参与,双方合作的时间更长,信息也更对称。

优点是政府能减轻债务负担,减缓融资压力,促进职能转变;企业能降低参与公共领域项目的门槛,拓宽发展空间;社会能够"让专业的人做专业的事",提高公共产品供给效率。缺点是投资、运营及回报周期偏长;如果顶层设计不健全,项目的实践和法律法规存在矛盾之处;可能产生利益纠纷、利益变相输送等问题。

PPP 模式的多种具体形式详述如下:

①BOT(Build-Operate-Transfer)模式,即建设—经营—转交模式,是指政府部门就某个基础设施项目与私人企业(项目公司)签订特许权协议,授予签约方的私人企业来承担项目投

资、融资、建设和维护，在协议规定的特许期限内，许可其融资建设和经营特定的公用基础设施，并准许其通过向用户收取费用或出售产品以清偿贷款，回收投资并赚取利润。政府对这一基础设施有监督权、调控权，特许期满，签约方的私人企业将该基础设施无偿或有偿移交给政府部门。

该模式的优点是发挥私营机构的能动性与创造性，提高资源配置效率；企业将项目建成后，只有在特许期内精心经营才能得到回报，因此会提高项目的运作效率；有利于国内企业大集团的培育和形成，有利于吸引国际资本投资。

缺点是项目回收后，市场可能出现更廉价的产品，存在收益风险；政府信用风险随项目期限延长而递增；技术缺陷导致工程无法实现或存在缺陷；通货膨胀、高利率使得融资风险增大。

②BT(Build-Transfer)模式即建设—转交模式，是企业与政府方签约，设立项目公司以阶段性业主身份负责某项基础设施的融资、建设，并在完工后即交付给政府。

该模式的特点是政府根据事先签订的回购协议，分期向企业支付项目总投资及确定的回报；企业与政府签订合同，负责项目的融资、建设，并在规定时限内将竣工后的项目移交政府。

优点是风险小，收益高；吸引国际资本投资，加速技术转移等；

缺点是政策容易发生变化、需要较高政府信用担保、融资困难等。

③TOT(Transfer-Operate-Transfer)模式即转让经营权模式，是政府部门将拥有的设施移交给公司运营，通常公司需要支付一笔转让款，期满后再将设施移交给政府方。

该模式的优点是没有建设环节，免去了企业建设阶段的风险，项目接收后就有收益；由于项目收益已步入正常运转阶段，便于企业融资；经营主体一般只有一个，企业内部决策效率和内部指挥协调工作容易开展；减少政府对微观事物的干预，腾出更多的精力放到规划和监管上。

缺点是项目经营期满移交给融资方后项目的损耗风险；政策变化、政府信用、收益风险等。

④其他模式，包括 TBT(TOT + BOT)模式即以 BOT 为主、TOT 为辅的融资模式，政府将一个已建项目和一个待建项目的经营权转让给公司，从企业获得与项目经营权等值的收益，并最终全部收回。企业则负责建设、经营待建项目和经营已建项目，并获得收益。

BOO(Build-Own-Operate)模式即建设—拥有—运营模式，公司根据政府赋予的特许权，建设并经营某项目，但并不将项目移交给政府。例如，某医院污水处理部分指标波动达不到国家排放标准，须扩建改造的难题，经过市场调研，从改造项目的设计、具体建设、资金投入、后期运维、运作风险性等角度多方面考虑，最终采用 BOO 运作模式实施污水处理系统改造，即由环保技术服务公司负责投资建设运营，医院支付运营费用，实现医院污水达标排放。

FPI(Private-Finance-Initiative)模式即民间主动融资模式，政府提出需要建设的项目，通过招投标，由获得特许权的公司进行项目的建设与运营，并在特许期间结束时将所项目无债务的规划政府，企业则从政府或接受服务方收取费用以回收成本。这种方式在国外一些国家得到应用，如芬兰的收费公路、瑞典的轻轨铁路、葡萄牙的桥梁、西班牙和以色列的高速公路等。

13.3.5 我国城市轨道交通投融资面临的新形势

近年来，我国城市轨道交通进入快速发展阶段。城市轨道交通的快速发展需要巨大的资金支撑，而随着地方财政收入的变化，以及我国财税体系和金融政策的不断改革创新，原有城市轨道交通投融资方式需要进一步的改革创新,以求更好的发展。

(1)土地出让金大幅减少,城市财政日趋紧张

过去10年来,土地出让金一直是地方政府财政收入的主要来源之一,2018年土地出让收入占地方收入预算的2/3。2015年,土地市场遇冷导致土地出让价格持续走低,2018年后,政策调控下的土地市场逐渐降温,增速迅速下降;同时,随着大规模的建设和开发不断推进,城市可用土地逐渐减少。例如,国有土地使用权出让收入2014年四季度同比降低21.5%,2015年一季度同比降低36.1%。2016—2017年增速达到40.7%,2017—2018年增速下降至25.0%。土地出让金的大幅减少和在地方财政中的支配地位,导致城市财政的日趋紧张,使得城市轨道交通的建设资本金难以得到保障。

(2)中央政府不断加大规范和清理地方政府投融资平台的力度

为将隐性债务显性化,增强地方政府负债的透明度和偿债责任,防范金融风险,2010年6月,国务院关于加强地方政府融资平台公司管理有关问题的通知发布,开始对地方政府融资平台进行规范清理。此后,国家发展改革委发布进一步规范地方政府融资平台公司发行债券行为有关问题的通知,旨在规范地方政府融资平台的融资担保行为,防范公司的债务风险;中国银行保险监督管理委员会(简称"银保监会")2012年、2013年连续发布加强地方政府融资平台贷款风险监管的指导意见和商业银行地方政府融资平台贷款管理办法(暂行),推进融资平台贷款风险管控。按照银保监会最新规定,各银行业金融机构都不能对融资平台新增贷款规模。由此,地方政府融资平台的银行贷款也受到了极大的限制。

(3)国家在不断推动财政金融改革创新

党的十八届三中全会开启了我国全面深化改革之路,财政金融体制改革成为重点任务之一。国务院在剥离地方融资平台公司政府融资职能的同时,要求"建立规范的地方政府举债融资机制,推广使用政府与社会资本合作(PPP)模式"。此后不断出台相应政策措施,推动地方政府发行政府债券,推动PPP模式落到实处。另外,在投融资创新方面,积极推动企业项目收益债的发行、补充抵押贷款(PSL)的发放等,这些都为我国城市轨道交通投融资转变和创新创造了良好的外部环境和条件。

13.4 效益与风险分析

城市轨道交通项目作为重要的城市基础设施项目,经济效益和社会效益显著,具有准公共产品属性。不过,该类项目工程量大、投资额高、运营成本高,投资回收期长;在建设和运营中存在施工、声光污染等不良影响。在可实施性规划过程中,应对项目效益和风险进行全面分析和预测,挖掘隐含的风险因素,充分论证项目的可实施性以及相应的运营效益。

13.4.1 经济效益分析

经济效益分析也称为全部投资国民经济效益分析,目的是从整体角度出发,分析计算实施项目需付出的代价和项目的贡献,全面评价项目的经济合理性。经济效益可通过项目的费用和效益分析来测算,具体指标有经济内部收益率(EIRR)和累计经济净现值(ENPV)等。当内部收益率大于社会折现率一定量时,项目在经济上是可行的,反之则不可行。

项目效益指工程项目投入运营带来的社会效益,包括可量化和不可量化的效益。

(1)节约时间效益

为了实现某一出行目的,乘客选择轨道交通相比其他地面公交所节省的时间为节约时间。同时轨道交通的开通会改善地面交通条件,车辆运行速度加快。利用该段时间为社会创造的价值即为节约时间价值。计算这一效益需要分别计算节约的时间和平均时间价值,计算时间价值的方法主要有生产法、收入法、支付意愿法。

(2)减少疲劳效益

乘客乘坐轨道交通相比其他地面公交在精神和体力上减轻的疲劳,从而在工作中劳动生产率得到提高所产生的效益。

(3)减少事故效益

交通事故造成的死亡和伤残不仅造成直接经济损失,增加社会负担,对于受害者及其家庭的身心会造成无法估计的损失。城市轨道交通属于封闭式交通系统,与其他车辆、行人无冲突,相比于道路公交系统可明显减少交通事故。事故平均减少对应的费用为轨道交通项目减少事故效益,一般根据地面公交每万人公里的事故统计量进行计算。

(4)减少公交系统投资

城市轨道交通项目的实施可减少公交车的投入及辅助设施的投资,减少可能的道路拓宽的拆迁及铺设费用,同时减少公交车运营成本的投入。由城市轨道交通项目实施减少的公交车的投入属于城市轨道交通的效益。

车辆投资:为满足新增客流的要求,购置新的公交车辆。

车辆配套设施投资:公交车的增加需要增加相应的配套设施。如车场、管理用房、检修厂、机械厂和相应的设备等。

道路拓宽投资:增加公交车数量以满足客流需要,可能需要对某些道路进行拓宽。

公交运营成本:公交车的增加需要每年新增投入以维持运营。

(5)其他不可量化的效益

不可量化的效益指目前尚无法或难以用货币来计量的效益,包括:

①改善交通结构,减少能耗和城市污染。城市轨道交通项目的建设,减少地面车流量,从而减少车辆油耗及其尾气污染。

②提高道路通行能力,节省在途时间。城市轨道交通建设能有效缓解地面交通压力,提高车站、机场等枢纽的集散能力,节省旅客的旅行时间和货物的在途时间,提高了生产效率。

③促进城市合理布局。城市轨道交通与沿线公交等交通方式一起构成多层立体公共交通结构,缩短主城各组团之间的空间距离,推动和引导城市开发,是城市结构更加合理。

④增加就业,提高社会稳定性。城市轨道交通的建设及其带来的商机,会产生大量的就业机会,为社会稳定做出贡献。

13.4.2 社会效益分析

社会效益评价是分析拟建项目对当地社会的影响和当地社会条件对项目的适应性和可接受程度,评价项目的社会可行性。一般从社会效益、社会风险两方面分别进行分析。

(1)社会效益

城市轨道交通项目是城市市政基础设施和社会公共项目,建成后具有较大的社会效益,主要表现在以下方面。

①改善市民生活环境和出行条件,提高社会整体劳动生产率。城市轨道交通速度快、运量大、发车间隔短、受路况影响小,这些条件是其他交通工具所不具备的,可节省市民旅行时间,有利于提高劳动者工作效率,进而提高全社会整体劳动生产率。

②城市轨道交通项目衔接交通枢纽、客流集散点,可进一步提高城市市政基础设施水平,完善综合交通枢纽功能,优化城市交通结构,促进环境友好型交通发展。

③改善市区环境质量,减少机动车尾气排放。

④提高沿线土地商业价值,促进沿线地区物业开发和城市建设,带动其他相关产业发展并产生就业岗位。

⑤与沿线交通一同构成立体公共交通环境,完善城市交通基础设施配套,改善了沿线投资环境,为招商引资创造有利条件。

(2)社会风险

社会风险分析是在对可能影响项目的各种社会因素进行识别排序的基础上,选择影响大、影响持续时间较长,并容易导致较大矛盾的社会因素进行预测,分析可能出现这种风险的社会环境和条件,并提出防范、减少社会风险的措施,加强与沿线市民进行广泛交流,宣传政策、措施,使广大市民理解,对项目的建设给予合作和支持,避免建设中出现不必要的麻烦。随着市民环境保护意识的加强,环境风险也称为轨道交通项目社会风险的一个重要因素。

①对周边土地、房屋价值的影响、就业影响、群众收入影响。

城市轨道交通项目不同于其他工程项目,作为正外部性明显的基础设施项目,将有效促进城市发展,增强居民出行的方便性和灵活性,提高居民出行质量,对沿线土地、房屋价值、就业、群众收入等方面存在正面影响。一般来说,城市轨道交通项目在以上方面基本不存在社会风险。

②相关生活成本的影响。

城市轨道交通项目会促进城市的加速发展,可能导致生活费用的增加。居民收入水平的增长能否平衡上涨的生活价格也是社会稳定风险的一个方面。

③对公共配套设施的影响。

城市轨道交通项目施工量大且工期较长,对地面交通和沿线环境有明显影响。在项目投入运营后,产生的噪声、震动等会对公共配套设施产生一定的影响。

④流动人口管理。

城市轨道交通项目属于重要的市政工程,参与的施工方大多为大、中型具有国营性质的施工企业,在企业内人员管理方面具有良好的经验及能力。一般根据地铁建设单位要求,所有施工人员均在指定区域集中居住,便于施工管理以及所在片区的治安管理,因此施工期内由于地铁建设所带来的流动人口管理方面的社会风险较小。

⑤对周边交通的影响。

城市轨道交通项目的施工,会对沿线道路产生影响。车间和隧道的施工作业可能会对周边路面交通造成不良的影响。工程施工可能临时封闭城市道路,同时施工运输机械占用城市道路,导致区域交通拥堵,对沿线居民出行和企事业单位的正常运营可能造成影响。

对交通影响的后果主要包括:施工路面发生坍塌、开裂;施工标志不清、施工措施复制不当引发交通事故或交通拥堵;施工引起路面交通设施损坏等。

(3)化解和防范社会风险的措施

社会风险会根据其影响程度分为无风险、较小风险、一般风险和严重风险,需要根据不同

等级的风险制定不同的措施。一般城市轨道交通项目需要从以下角度化解和防范社会风险:

①加强施工过程中的环境监测,发现相关噪声、振动等指标超标,立刻采取防治措施。

②项目单位与管线主管部门积极沟通,密切配合,尽早协调线路范围内的雨水、污水、原水、燃气、电力等管线的搬迁工作,便于提前确定临时交通组织方案。

③合理安排工程施工临时占用道路的范围和规模,尤其对于交通繁华地段,及早与交管部门积极沟通,及早制定线路改道和行车方案。

④要合理进行施工期的交通组织,保证居民的出行方便,确保居民出行安全。在施工场地旁边预留人行通道,并做好必要的防护措施。

⑤严格按照规定和要求排放污水,合理利用水资源,保护环境。

⑥与污水处理或负责部门联系排放要求,必须保证排水畅通。

13.4.3 项目风险分析

风险管理就是通过风险的识别、预测和衡量,选择有效的手段,以尽可能降低成本,有计划地处理风险,以获得企业安全生产的经济保障。这就要求企业在生产经营过程中,应对可能发生的风险进行识别,预测各种风险发生后对资源及生产经营造成的消极影响,使生产能够持续进行。风险分析的目的在于识别项目潜在的各种风险因素,分析风险程度及其影响,建立风险预警系统,对项目全过程进行风险监测,提出规避风险的对策和措施,同时为项目融资奠定坚实的基础。

13.4.3.1 风险分析的依据和方法

风险分析的依据包括:风险管理计划、识别出的风险、优先考虑的风险清单、需要补充分析和管理的风险清单、以前完成的类似项目的资料、风险专家对类似项目所作的研究、本行业领域中或自有来源中可获得的风险信息的数据以及专家判断等。

风险分析拟采用的主要方法为定性分析与定量分析相结合、系统分析与个别特殊因素分析相结合;采用手段为专家调查和专业调查相结合的方式,辅以计算机模拟,建立预警系统,提出可能的规避风险及分散风险的对策。

13.4.3.2 风险分类及评价标准

一般来说,工程项目的存在诸多风险因素,可分为政策、市场、技术、组织管理等方面。根据风险的影响程度和产生的后果,大致可归纳为工程投资、运营收入和运营成本三个方面,如表13-6所示。

风险因素分类表 表13-6

类　别	风险因素名称
工程投资	工程方案、征地拆迁、设备选用、施工质量及管理、融资方案、建设进入
运营收入	客流市场、票价水平、票价政策、物业开发、公共政策
运营成本	经营管理、融资方案、电力价格、财税政策

13.4.3.3 项目风险甄别

(1)公共政策风险

公共政策对城市轨道交通项目的影响具有不确定性,主要涉及国家层面的区域发展战略调整对项目所在地经济发展带来的影响,同时影响轨道交通的客流量。此外,地方的交通发展政策也对轨道交通客流量产生直接影响,如私家车政策和公共交通的政策布局。

(2)市场风险

城市轨道交通工程的市场风险主要是客流风险,即轨道交通运营客流达不到或明显超过预测目标值。具体表现在两方面:一是如果票价水平超出了居民承担能力,将直接影响到未来客流量;二是客流预测的准确性,特别是客流预测时间跨度较大,可变因素多,对未来运营的影响较大。

客流预测一般依据工程实施和规划发展前提条件的变化,存在理想、一般、较差等实现的可能。但对于工程实施提高轨道交通线路自身竞争能力方面的要求,特别是换乘质量高标准的实现,是关系到未来客流量保证的一个重要因素。

(3)技术风险

技术风险主要来自两方面:一是技术方案的不稳定性,多与前期工作有关;在项目预可研阶段,规划、客流等因素的不确定性大,这可能导致项目最终实施方案与预可研阶段确定的方案在技术标准、工程造价等方面出现较大差异。此外,技术准备工作深度不够充分时,地质、管线、建筑物基础等资料也可能导致设计变更,引发工程变化。二是设备系统的不确定性和不可靠性;与设备系统技术水平发展有关,某些设备更新换代周期短,可研阶段采用的设备可能在工程实施时已经落后,另外某些设备或系统技术上不成熟,都将产生风险。

(4)组织与管理风险

城市轨道交通项目公司企业管理的风险,主要来自公司组织架构及运作程序的风险。轨道交通项目公司资本金的构成主要是政府投入和社会各方股东资金,容易出现政企不分的体制,使得许多决策如轨道交通建设进度计划、经营战略的谋划等须经过政府机关审核,决策过程烦琐,决策效率低下,造成时间延误和决策责任不明,投资的收益难以保证。

(5)其他风险

①建设风险:包括建设资金不到位、工程费用超支、工期延误和质量不符合要求、项目衔接线路建设进度迟缓等影响项目建成的风险。

②经营风险:指生产经营不确定性带来的风险。城市轨道交通项目属于城市公共服务领域,价格提升空间小,经营支出控制难度大,大概率存在票款收入稳定但不足以支付运营成本风险。

③财务风险:指项目公司财务结构不合理、融资不当使公司可能丧失偿债能力而导致投资者预期收益下降的风险。主要表现为:如果公司用负债进行的投资不能按期收回并取得预期收益,公司必将面临无力偿还债务和支付能力降低的风险;由于通货膨胀等的影响,贷款利率发生增长变化,增加公司的资金成本;公司负债比率加大,限制了公司从其他渠道增加负债筹资的能力等。

13.4.3.4 风险的应对措施

防范与降低风险的对策主要有回避、控制和转移三类。

(1)公共政策风险对策

国家宏观政策的影响是不可回避的,对于城市交通发展政策可能产生的不良影响,需要当地政府保障限制对轨道交通运营不利的政策实施。

(2)市场风险对策

为避免不确定因素给客流带来的负面影响,可通过与当地政府签订保底客流的经营协议来转移风险。即政府承诺轨道交通达不到一定客流量时,应给公司相应的补贴,将客流不足的风险转移给政府。此外,积极开发站点周边物业,保证轨道交通的客流量。此外,提高城市轨道交通的服务水平,可以提高对客流的吸引力。

(3)技术风险对策

在具体各阶段设计中,对采用的基础资料如客流、城市规划、地质资料等需尽可能客观准确。同时,夯实技术方案基础,充分估计不确定性因素的影响,采用多方案比选降低风险。

(4)组织与管理风险对策

政府既是项目公司的股东,又是项目公司获得稳定回报的政策支持者,因此理顺政府与项目公司的关系,是提高公司决策效率的基础。通过事前策划,建立有效的约束机制,可以使管理风险降至最低。

(5)其他风险对策

①建设风险对策。这方面的风险可通过选择资信好、技术可靠的设计、施工承包商,签订规范的合同(包括在承包商不能履行合同时确定损失额的条款),切实做好合同管理工作来规避。提高前期地形勘测、管线调查与勘探等工作质量,确保基础资料的准确性,可有效回避工程投资的变化。同时,规范设计监理与施工监理制度,是控制工程质量风险的一项重要手段。此外,协调轨道交通建设与其他相关工程建设进度的衔接关系,也有利于控制建设风险。

②经营风险对策。为降低经营风险,项目公司在规范运营客运业务时,积极学习其他城市的轨道交通企业的经营管理经验,坚决压缩非生产性支出。合理经营物业开发业务,在项目运营初期可重点发展出租物业,获得资金用于运营支出,条件成熟后发展租售物业,稳固客流并持续不断地获得资金。

③财务风险对策。利用财务杠杆系数控制负债规模及比率,合理安排资本结构,降低筹资成本,可使财务杠杆利益抵消风险增大所带来的不利影响。合理认识客运需求的预期,筹资时合理确定还款方式及时间。做好还款计划和准备,加快资金周转,适当增大流动比率,使企业拥有更多的营运资金,提高偿债能力和支付能力。

13.4.4 社会稳定性分析

(1)调查内容与范围

为了充分了解城市轨道交通项目实施中可能产生的社会稳定性风险及其影响程度,根据国家和地方的相关法律法规要求,结合项目的实际情况,从项目的合法性、合理性、可行性、稳定性和可控性等角度,重点关注征地拆迁、交通影响、环境影响、商业影响等方面,针对民众重点关心的问题进行深入调查并运用适当的方法进行分析。具体调查内容包括以下几个方面:

①项目的合法性、合理性、可行性、可控性。

②项目区域自然环境状况调查。

③项目区域社会环境状况调查。

④利益相关者意见与诉求调查。

⑤地方政府及其有关部门、基层政府、基层组织和社会团体的态度。

⑥媒体对项目实施的态度。

调查范围涵盖项目建设期和运营期所有可能产生社会不稳定性因素的相关主体,包括项目自身、项目管理者、市民、相关利益者等,特别是其中涉及稳定性和可控性的群体,如工程沿线、车辆段及停车场受影响的居民、商户、政府部门和企事业单位等。

(2)风险因素识别

在风险调查基础上,通过踏勘、调研、走访、问卷、咨询等研究分析,针对利益相关方或群众不理解、不认同、不满意、不支持等方面,或在日后可能引发不稳定事件的情形,全面、全程查找可能引发社会稳定风险的各种风险因素。结合《关于印发重大固定资产投资项目社会稳定风险分析篇章和评估报告编制大纲(试行)的通知》(发改办投资〔2013〕428 号)中关于风险因素的概括,围绕项目的合法性、合理性、可行性及可控性进行全面分析,以全面、准确地辨识出各类社会稳定风险因素。

(3)风险因素等级判断

通过采用定性与定量相结合的方法,对每个风险因素进行分析、预测和估计,剖析引发风险的直接和间接原因,预测和估计可能引发的风险事件,分析其引发风险事件的可能性,研究确定各类风险因素发生的概率、影响程度,进一步判断其风险程度。其中风险程度为风险发生概率和风险程度的乘积。

对于项目整体风险的估计,需要综合各单因素风险对项目整体的风险影响。将项目整体风险估计结果与风险判断标准进行对比,确定风险等级,分析确定防范化解风险的优先顺序。从总体评判标准、预测可能引发的风险事件及可能参与的人数、单因素风险程度和综合风险指数等方面综合评判项目的初始风险等级。项目整体的风险等级依据"就高不就低"的原则和"叠加累积"的原则进行判断。表 13-7 为项目社会稳定性风险等级评判参考标准表。

项目社会稳定性风险等级评判参考标准表

表 13-7

风 险 等 级	高(重大负面影响)	中(较大负面影响)	低(一般负面影响)
总体评判标准	大部分群众对项目实施有意见、反映特别强烈,可能引发大规模群体性事件	部分群众对项目实施有意见、反映强烈,可能引发矛盾冲突	多数群众理解支持,少部分群众对项目建设实施有意见
风险事故参与人数评判标准	200 人以上	20 ~ 200 人	20 人以下
调查结果	明确反对者超过 33%	明确反对者占 10% ~33%	明确反对者低于 10%
单因素风险程度评判标准	2 个及以上重大或 5 个及以上较大单因素风险	1 个重大或 2 ~ 4 个较大单因素风险	1 个较大或 1 ~ 4 个一般单因素风险
综合风险指数评判标准	>0.64	0.36 ~ 0.64	<0.36

思考题

1. 简述城市轨道工程项目的可实施性的影响和制约因素。
2. 试述城市轨道交通项目土建工程和设备安装的一般环节。
3. 简述概预算费用的一般组成。
4. 简述我国轨道交通项目的融资方式及其优缺点。
5. 试从投标者的角度描述招投标过程中的相关环节。
6. 简述城市轨道交通项目面临的主要效益和风险。

附录1　线路设计案例

本附录以××市地铁×号线为例,介绍城市轨道交通线路设计一般过程,主要包括线路设计原则与技术标准、线路走向及线路平面方案、线路纵断面设计、配线设置共4部分内容。

附录1.1　线路设计原则与技术标准

附录1.1.1　设计依据

①××市城市总体规划。
②××市城市综合交通规划。
③××市城市快速轨道交通线网规划调整。
④××市城市快速轨道交通近期建设规划。
⑤××市中心城土地控制规划。
⑥××市××区综合交通规划。
⑦城市轨道交通工程项目建设标准(建标〔2008〕104号)。
⑧《地铁设计规范》(GB 50517—2003)。
⑨××市地铁×号线工程规划方案。
⑩××市规划委员会关于《××地铁×号线工程规划方案的批复》。
⑪××地铁×号线客流预测报告。
⑫××地铁×号线一期工程(可行性研究阶段)岩土工程勘察报告。
⑬××地铁×号线地形测绘、管线调查资料。
⑭××地铁×号线工程场地"地震安全性评价报告"。
⑮××地铁×号线一期工程建设场地"地质灾害危险性评估报告"。
⑯××地铁×号线工程"环境影响报告书"。
⑰××地铁×号线工程可行性研究报告。

附录1.1.2　主要设计原则

①线路平面选线应依据××市轨道交通线网规划,确定线路走向,拟定车站位置,注意与相邻线路平行间距和相交换乘关系,稳定线路起讫点、接轨点和换乘节点。周边为待开发用地的车站应尽量考虑与对外交通场站结合,并预留相应的规划用地。

②线路正线为双线,从A站至W站方向的右侧线路(右线)为上行方向,左侧线路(左线)为下行方向。

③线路定线应符合该线工程可行性研究报告及评审意见所确定的线路走向及路由选

择,从服务乘客、方便使用与管理、降低工程造价及运营成本等方面对线位进行优化。

④线路平面位置应在满足功能要求的前提下力求顺直,尽量采用较大的曲线半径,应根据城市地形、道路、高压走廊、地下管线、重要建筑、环境景观、地质水文条件、施工方法与交通疏解等条件确定。尽可能在道路规划红线范围内布置,车站线路宜与规划红线平行。

⑤车站位置选择应充分考虑工程施工场地、施工期间的交通组织;建成后在地面的客流集散用地;与其他交通方式衔接和换乘方便;使车站与城市交通建设一体化。

⑥地铁车站的布置应与区域综合交通环境相结合。地铁车站与旁边的公交首、末站场地应相对集中布置,便于地铁与公交之间的换乘。社会停车场宜因地制宜,分散在地铁站周围布置。

⑦在线路设计时,根据线网规划、车辆基地和联络线分布规划,应对换乘站的相关线路同步设计,并做好接轨点的设计预留。

⑧地下线路纵断面选线应综合考虑地质条件、地下水位、施工方法、结构形式、城市市政设施及构筑物的关系。根据××市水文地质条件,其结构应尽量避开不良地层。

⑨地下车站尽量采用明挖或盖挖法施工。

⑩根据沿线地质情况,隧道尽量浅埋,以减少对地下水的影响。

⑪地下段特别是盾构法施工的区段,不强调必须形成出车站的动力坡,以免增加区间排水泵站,排水泵站尽量与车站结合。

⑫应根据运营组织、行车交路,结合线路条件优化配线,达到方便折返停车、灵活调度、有利运营、缩短折返时间及折返线长度的目的。

附录1.1.3 主要技术标准

①正线采用双线右侧行车制,最高行车速度为80km/h。

②线路平面的最小曲线半径正线300m(300m仅一处位于A站预留结构);配线150m。

③线路尽量不采用复曲线,在困难地段,有充分技术依据时才可设计复曲线。当两圆曲线的曲率差大于1/2500时,应设置中间缓和曲线,其长度根据计算确定,但不应小于20m。

④线路平面圆曲线与直线间应根据曲线半径、超高设置及设计车速等因素设置缓和曲线,其长度可按《地铁设计规范》(GB 50157—2013)表5.2.2选用。

⑤直线地段区间线路的线间距要求如下:两条单线隧道,采用盾构或矿山法施工时,其两线中心间距不宜小于11m;特殊地段,应予另行研究。采用双线矩形隧道的线间距,无中隔墙时为3.6m;有中隔墙时不小于4m(中墙≤0.4m)。存车线与正线间距无中隔墙时不小于4m。

⑥一般地段的道岔渡线区宜采用如下线间距:单渡线的线间距不小于4.2m;交叉渡线的线间距宜为5m。在特殊地段,应予另行研究。

⑦区间正线线路的最大坡度为30‰;联络线及车辆段出入段线最大坡度为40‰;以上均不考虑平面曲线对坡度折减值。

⑧区间隧道和路堑地段正线最小坡度不宜小于3‰,困难地段在确保排水条件下可采用

小于3‰的坡度，但坡段不宜过长。地面正线最小坡度在采取有效排水措施后可不受限制。

⑨车站站台计算长度段线路应设在一个坡段上，地下车站坡度宜为2‰，在困难条件下，可设在不大于3‰的坡度上；地面和高架桥上的车站站台计算长度段线路宜设在平坡道上，在困难条件下，可设在不大于3‰的坡道上。纵断面最小坡段长为200m，并应满足相邻竖曲线间的夹直线长度不小于50m。

⑩地下车站埋深应尽量减小，其覆土厚度视地下管线情况而定。

附录1.2 线路走向及线路平面方案

附录1.2.1 线路概况

线路全长约23.67km，共设车站23座，平均站间距1.038km。如附图1-1所示，线路呈东西走向，全为地下线，A站衔接火车站交通枢纽，W站附近设车辆段一处。

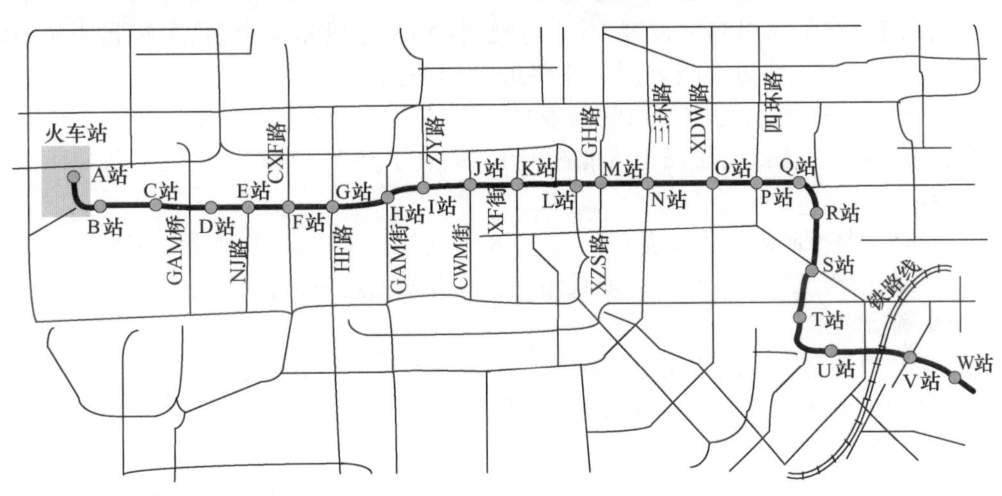

附图1-1 地铁×号线基本走向示意图

附录1.2.2 线路平面方案及控制因素

A站至四环段线路均位于现状道路下方，对商业地块有切割，该处为预留结构区间，土建结构已经完成。线路出四环后经过大量待改造地区，尤其在终点考虑与工业用地改造开发相结合，实现土地与轨道交通的一体化开发，规划方案阶段将终点线路引入待改造开发范围内，并在规划部门大力协调下将该地区的路网调整沿轨道交通方向。全线共设曲线37处，最小曲线半径300m（仅一处位于火车站预留工程段），最大曲线5000m。

（1）A站至G站

线路起自A站，火车站在建站初期为×号线与9号线预留双岛四线同站台平行换乘条件，两侧为9号线线路，×号线线路位于中间，采用站后交叉渡线折返并设有联络线。A站附近道路修建时又预留了地铁线路的部分区间结构。

×号线自A站下穿车站广场后一路向东延伸,经B站、C站(与2020年规划的16号线相交换乘)继续向东到达GAM桥,GAM桥为三层全互通立交,桥桩设置密集,线路选择左右线路分开绕行通过。

线路过GAM桥后设置D站,受桥桩影响,D站设置为分离岛式车站。之后线路两线并入路中,继续以地下线方式前行,到达NJ路后,跨路口设置E站,路口西南角为高层住宅,路北有医院,东南角有部分商业建筑及住宅。线路继续向东与4号线相交,设置换乘车站F站,4号线车站在上,×号线车站在下,4号线F站修建时预留了通往×号线的楼扶梯接口。线路在HF路设置G站,路口周边临街为商业建筑,而街区内平房较多。

控制因素主要有:A站预留既有结构控制B站只能做侧式车站;与16号线换乘关系控制C站站位的选择;GAM桥桥桩位置控制线路只能左右线分开通过;因桥的限制导致D站只能采用分离岛式车站;4号线F站预留了与×号线换乘的节点工程。

(2)G站至M站

线路过G站继续前行与规划的8号线相交,设置换乘车站H站,在其附近有一处文物建筑。×号线的建设对附近商圈发展和建设将起到积极的推动作用。之后线路继续向东,在ZY路南延交叉路口东侧设置I站,与规划的12号线相交换乘,车站北侧为旧城文物保护区,南侧500m外为大型公园。线路继续向东到达CWM大街,与建成的5号线相交,设J站与其换乘,此站北侧是高端商业区,周边辅以大量住宅及部分医疗机构。线路继续向东,在XF大街路口、居民小区北侧设K站,在XZS路口设L站,之后线路下穿铁路到达东二环。

该段线路主要控制因素主要有:与运营的8号线的换乘关系;L站受过街热力管线及铁路桥立交控制;由于三层立交桥桩影响线路左右线分开通过桥区;线路避让多处过街天桥减少对地面交通影响。

在G站与规划的8号线相交换乘;在ZY路南延交叉路口东侧设I站,与规划的12号线相交换乘;在CWM大街路口与运营的5号线相交换乘。

(3)M站至S站

线路绕过桥桩后在GH街设M站,线路继续向东,至三环设N站与在建的10号线相交换乘;线路继续向东在XDW路路口设O站,与规划的12号线相交换乘;线路在东四环桥西侧设置P站,服务于东四环的换乘客流,过桥后在海洋城南侧设Q站,在化工二厂东侧转向南,并在核心区设R站;线路沿规划路向南下穿规划绿地,在紫南家园东侧设S站。

平面控制因素主要有:与已经通车运营的10号线的换乘关系;与立交桥关系;规划化工二厂东侧路与×号线关系;线路区间下穿木庄西侧绿地与地面既有房屋关系。

×号线在东三环外侧与运营的10号线相交换乘;在XDW路路口与同期建设的14号线相交换乘;在紫南家园东侧设S站,与远期规划的11号线相交换乘。

(4)S站至W站

线路横穿规划绿地后,在紫南家园东门处设S站;继续向南,穿过京沈高速后到达游乐场正门设置T站;之后线路转向南继续前进,到达翠城馨园小区,设置U站;线路从U站出来后,穿过铁路、高压走廊,进入焦化厂用地内,沿规划道路以地下线形式敷设,在规划路口设置V站;之后继续沿规划路前行,在下一个较宽的规划遗址公园北侧设终点站

W 站。

沿线主要控制点有:线路在立交桥西侧下穿高速公路;沿线道路转角处有 14 层住宅楼;沿线道路东侧部分未实现规划区间下穿民房;线路下穿铁路;终点线位下穿原工业用地,区间车站结合用地路网调整设置应与工业用地改造时序相协调,这些用地部分停产,线路车站的设置将产生大量拆迁。

附录 1.2.3 车站站位选择

全线共设车站 23 座,全部为地下车站,共有换乘车站 9 座。平均站间距 1038m,最大站间距在 U 站至 V 站,为 1567.5m,最小站间距在 K 站至 L 站,为 763m。

(1)A 站

A 站位于 × × 市铁路枢纽火车站正下方,为火车站进出 × × 市乘客提供交通服务,并起到疏解火车站周边交通压力的作用。× 号线和 9 号线在此站换乘,两线采用同站台平行换乘形式,为双岛四线车站,地铁车站的主体结构在火车站建设时已同步建成。A 站周边商业建筑密集,主要有京铁大酒店、大方饭店、中铁工程总公司、鸿坤国际大厦、亚洲资源大厦、中盐大厦等。

(2)B 站

B 站位于道路交叉口的东侧。车站考虑客流需求,尽量靠近路口设置,为双层侧式车站,与改造立交桥桩协调设置,南北两侧各设置两个出入口,北侧有规划热力管沟,结构轮廓外为 6m × 5m,即将实施,考虑热力管沟下穿 B 站的出入口;南侧有通往河流的地下暗沟。

此处公交线路较多,东西向有 25 条公交线路在此处设站。

车站北侧有中医研究所及百万庄园,南侧有机械大厦,广外医院及现况高层住宅小区,百万庄园北侧及河流东侧正在建设大面积的高层住宅,车站南侧有 309 公交总站。车站附近有 × × 市著名商业街街,有众多的商铺,并且有大型超市。此处设站考虑为商贸区及周边住宅小区的居民服务。

(3)C 站

C 站位于道路交叉口的西侧,为 × 号线与规划 16 号线的换乘车站。车站东侧为道路立交桥及铁路桥,车站北侧有西豪逸景、蝶翠华庭等大型居住区,车站南侧有朗琴国际、华联超市等客流集散点。车站南北两侧各设置两个出入口,南侧出入口考虑与正在建设的国际商业建筑结合,与 16 号线车站的换乘考虑多种方案,如“T”形换乘或“L”形换乘。

此处公交线路较多,东西向有 25 条公交线路在此处设站。此处设站考虑周边大面积的住宅小区,与规划 16 号线换乘,并与考虑公交车的换乘。

(4)D 站

在立交桥处设置 D 站,站位设置在桥桩及高挡墙下方,车站采用分离岛式车站,车站施工存在较大困难,同时车站在后期运营及管理上均存在一定问题。车站主要考虑在照顾大街东西向换乘客流的同时兼顾大量换乘客流。

车站周边以商业、办公为主,主要有京粮大厦、信息大厦、菜市口百货、水利物资总公司等,南侧有部分居住人口。

(5)E 站

E 站位于 NJ 街的交叉路口。车站设为普通岛式车站,车站南、北两侧各设两个出入口。

车站北侧有宣武医院、报国寺等,车站南侧有牛街居住区,菜百商场。共有 11 条公交线路在此处设站。

(6)F 站

F 站为×号线与 4 号线的换乘车站,采用岛 - 岛换乘。4 号线车站已经建成,为×号线预留了接入条件,×号线在上,4 号线在下。车站南北两侧各设两个出入口。

站位周边为居住区、商业区为主,有枫华豪景、陶然亭等小区,附近大街将建成国际传媒大街。共有 16 条公交线路在此处设站。

(7)G 站

G 站位于 HF 路大街交叉口,车站为普通岛式车站,考虑行人过街及各方向的客流,路口每个象限设一个出入口,并考虑与过街通道合建。

车站北侧为文物一条街,车站南侧有前门饭店、湖广会馆等文物保护单位。共有 15 条公交线路在此处设站。

(8)H 站

H 站为×号线与 8 号线的换乘车站,采用地下十字换乘,两个车站的出入口都通过通道相连,两站共设置 8 个出入口。

车站附近有一座受保护的三层教堂,在路口处形成三角地带;北侧大街已经修缮完成,修缮后的大街将实现商业功能与古都风貌相结合、历史遗存与历史符号相结合,形成一条百年商业街;车站南北两侧均为商业区。车站出入口及风亭的布置考虑与旧城景观的相协调。共有 21 路公交车在此处设站,并且沿线大街上有大容量公交。

(9)I 站

I 站位于 ZY 路的交叉口东侧,为×号线与 2050 年远期规划的 12 号线的换乘车站,初步考虑×号线在上的"T"形换乘方案。车站周边及沿线为新建的商业区,北侧为旧城历史文化保护区,南侧 500m 外即为天坛公园。

(10)J 站

J 站位于 CMW 大街交叉口西侧,为×号线与 5 号线的换乘车站。5 号线为×号线预留了通道换乘条件,两站呈"T"形或"十"字形换乘,并在东南象限设有联络线。J 站北侧为著名的崇文商圈,主要有新世界商场、搜秀城等。

(11)K 站

K 站位于 XF 街路口东侧,为普通岛式车站。线路附近有住宅高强度开发地区,主要考虑新景家园、西花市南里、花市枣苑、幸福家园、光明里等小区客流。

(12)L 站

L 站位于 XZS 街路口处,为普通岛式车站。南北侧各设两个出入口,并考虑行人过街,与过街通道合建。

道路两侧已建成高密度住宅区,北侧有本家润园、丽水湾畔、白桥北里、白桥南里,以及崇文小学、汇文中学及崇文第二幼儿园等。XZS 街为南部地区夕照寺小区、光明里、城市复兴、板厂里等大型小区人流的主要出行道路。

(13)M站

M站位于规划GH路的交叉口处,为普通岛式车站。共设置四个出入口,南北各两个,西南出口可以结合公交站场设置,北侧出入口设置与建(构)筑物统一考虑。

车站周边多为住宅小区,南侧有在建冠城名敦道、劲松九区、广和南里、劲松三区等,北侧有远洋德邑、双花园等,住宅密度较大,路边多为15~16层的新建高层建筑。

(14)N站

N站位于三环路的交叉口处,是×号线与10号线的换乘车站。10号线SJ站为两端三层中间单层的岛式车站,在建站时没有考虑与×号线换乘条件。

车站西南角有金世纪大酒店,东北角有高层乐成中心,西北角为怡馨园高层住宅小区。

(15)O站

O站位于XDW路交叉口,是×号线与规划14号线的换乘车站,14号线为规划线路,但线位并不稳定。在此×号线考虑与14号线形成上下十字岛式换乘方式,并在东南象限设有联络线。

车站周边有外企大厦、五洲女子医院、珠江帝景及在建官邸住宅小区。

(16)P站

P站位于某立交桥西侧,主要考虑服务于四环换乘客流以及四环内居住及商业客流。

车站北侧有大量政府储备用地,南侧为大量平房及临建商业,规划则以商业及居住为主,内侧有以购物、家居为主的东都商业区。

(17)Q站

Q站位于四环某立交桥以东,化工二厂与金海国际花园之间,为地下岛式车站。四环外段改造拓宽即将实施,结合改造工程,车站及区间可以考虑明挖法施工。

车站北侧大量新建高层住宅小区,有金海国际花园、金泰先锋、百子湾1号、沿海赛洛城等;南侧为已经停产,待改造开发的化工二厂。

(18)R站

R站位于化工二厂地块东侧,车站东侧为化工二厂,西侧为市仓储公司。由于环境保护等原因,化工二厂已经停产,同时该工业用地正在重新调整规划,车站将与化工二厂用地调整同步考虑,以促进土地改造开发利用。

(19)S站

S站位于紫南家园小区东侧,化工路北侧。车站出入口设置除考虑紫南家园、东方家园等居住客流外,也要兼顾化工路、垡头西路等主干路的公交换乘客流。在此×号线考虑与规划11号线的换乘。

(20)T站

T站位于游乐场大门口,为地下岛式车站。此处设站主要考虑游乐场客流及对面格林莱雅、华侨城等住宅区的客流。

(21)U站

U站位于翠城馨园小区前,为地下岛式车站。车站周边已经建成高密度的住宅,其中翠城馨园小区为较大的经济适用房小区,目前已经有一定规模的人口,北侧为垡头原来旧小区,人口密度比较大。车站西北角有联合大学化工学院。

(22)V 站

V 站位于原市玻璃二厂、染料厂用地内,车辆基地选址位于焦化厂范围内,V 站考虑设置出入段线,为地下双岛四线车站。结合玻璃二厂、染料厂、焦化厂的改造工程,线路及车站均可以考虑明挖法施工。目前此处将进行综合开发,车站设置可以结合周边土地开发。

(23)W 站

W 站为线路终点站,位于五环原焦化厂内,线路沿规划路敷设,车站为地下岛式车站,考虑站后折返。W 站的设计将与周边土地开发紧密相结合。

附录 1.3　线路纵断面设计

附录 1.3.1　沿线地质、管线、桥梁等分布情况

1)沿线水文、地质

××市地处华北平原,一般海拔 1000 ~ 1500m,市中心和东南部地势广阔平坦,海拔约 40m,是由一系列洪积冲积扇及洪冲积平原联合而成。本工程主要位于平原凹陷,沿线上部为第四纪松散沉积物,下伏基岩为新生代第三纪砾岩及页岩,与第四纪沉积呈不整合接触。

本工程沿线地形较平坦。整体趋势为由北向南、由西向东降低,平均坡度 1‰ ~ 5‰,局部受人工填挖影响的部位,地形有起伏。线路横穿永定河冲洪积扇的中下部和潮白河冲积扇的下部,属于平原地貌。受古河道冲洪积影响,沿线附近曾分布有水塘、沼泽,经过多年的人工整治和城市建设,以前的沟、塘等已被填埋,地表已被建筑物、道路、绿地等覆盖,无明显地形特征。

本工程范围地下水埋深较浅,且存在多层地下水,主要为潜水,而且埋深起伏变化较大,主要由降雨补给,应充分考虑地下水的不利影响沿线管线。

2)地下管线

×号线全线采用地下线敷设,地下管线区线路纵断面影响较大,本工程西端有水源四厂,东端有污水处理厂、热电厂,两广路成为上述雨污水、热力、电力等大型管线的重要走廊。对勘察资料进行分析发现,在城区段 A 站至四环段线路一直位于既有道路下方,该范围内地下敷设了大量管线,尤其在两广路南北两侧分别敷设了电力、热力管沟以及雨污水大型管线,对车站位置及埋深均是控制因素;同样不可忽视的还有这些大型管线在十字路口的过街支线对车站及区间的埋深影响。四环外线路主要经过规划道路及部分建成道路,这些道路下方既有管线较少,但规划管线比较多,地铁建设需要处理好与远期规划管线的路由关系。

沿线管线详细情况介绍如下:

(1)A 站至四环段

沿线大街管线众多,包括平行于车站方向和垂直于车站方向不同尺寸的中压燃气、电信、雨水、污水、电力沟等。

从二环至四环段,主要包括电力、上水、中压燃气、污水、雨水、电信、热力沟等。

(2)四环外至终点 W 站

四环外未实现规划红线,现状道路下管线较少,基本均为平行于车站方向的管线。但

结合改造工程实施,轨道交通与规划管线位置关系正在进一步配合中。规划化工二厂东侧没有现状路基本没有管线敷设,FTX 路为新建道路下方管线也较少,主要有雨水管线等。

某新建通路未完全贯通,下方管线也较少,主要包括污水线和电力隧道,其中上下两层 2600mm×4900mm 日字形的电力隧道位于道路正下方,对线位及车站影响较大。

终点线位位于待改造的玻璃二厂、染料厂、焦化厂范围内,没有既有道路,线位与车站主要是处理好与规划管线之间的关系。

3)沿线桥梁

×号线是贯穿南城地区东西向干线,线路与多处既有立交相交换乘,其中包括铁路立交、铁路桥、道路立交桥、京沈高速公路桥等,同时沿线还有 3 处规划立交。沿线还与 20 座过街天桥及 3 处地下通道实现相交。

附录 1.3.2 线路纵断面设计及控制点的确定

1)沿线纵断面控制要素

线路纵断面设计依据线路平面、线路敷设形式、沿线工程地质水文地质情况、地下建筑物、构筑物情况、地下管线埋深、施工方法等具体条件进行。

因本线区间较短,区间纵坡多半设计为单面坡,以减少区间泵站的数量。本线因受道路、桥桩、管线等地物的控制,正线纵坡一般都小于 20‰,采用最大纵坡的地段有一处,坡度为 28‰,坡长为 260m,位于 J 站至 K 站区间,由于 J 站东侧设有与 5 号线的联络线及单渡线,同时由于 J 站与 5 号线实现十字换乘并在 5 号线下方穿过,车站轨面埋深达 32m,K 站为明挖车站、埋深较浅,造成区间采用 28‰的坡度。

全线区间埋深最深点位于 U 站至 V 站区间,为下穿 220kV 电力沟,轨面埋深达 24m。

2)线路纵断面设计

(1)A 站至 L 站

线路起点位于 A 站,该段为预留结构工程,×号线与 9 号线双岛四线平行换乘。线路出站后沿预留区间以 3‰向东,过预留结构后以 2‰进入湾子站。该段线位有立交桥、二环路、河流等控制因素,C 站、D 站埋深较深。F 站×号线在 4 号线上方预留结构通过,两端分别采用 12‰、15‰坡度。

H 站×号线与远期规划的 8 号线换乘,8 号线在上,×号线在下;I 站×号线与远期规划的 12 号线相交换乘,12 号线在下,×号线在上。过 I 站后线路需要下穿已经运营的地铁 5 号线,造成×号线 J 站埋深较深,设置 19‰下坡。线路出 J 站后由于联络线及单独线的控制,起坡点很远,采用 28‰上坡也是全线正线最大坡度至 K 站。

线路在 L 站前区间均使用单面坡,泵房与车站合建,减少区间泵房数量,由于 L 站以及东二环南北向热力管沟埋深较深,L 站—M 站区间采用 15‰和 12‰组成的 V 字坡。

附图 1-2 为该线 A 站至 L 站纵断面示意图。

(2)L 站至 W 站

线路过 M 站后,站后设置 420m、2‰坡度的故障停车线;×号线采用上跨 N 站通过埋深较浅,P 站由于东四环内侧 5600mm×3600mm 大型热力管沟控制,车站采用三层明挖法施工,车站埋深达 22m,车站两端分别设置 18‰和 10‰的坡度。从 Q 站至 S 站均位于规划道路或未实现红线宽度的道路下方,管线控制点较少,而且均采用明挖法施工,车站埋深相近因此这两个区间考虑设置V字节能坡。

从Q站出来后,线路主要沿规划道路敷设,沿线地面控制点及高程控制点均很少,车站均采用明挖法施工,埋深均较浅。Q站与T站埋深相近区间采用V字节能坡;U站两端由于需要下穿较深的电力管沟,造成其两端区间均采用V字节能坡;V站至W站区间由于正线需要与出入段线进行立交,区间也采用V字节能坡。

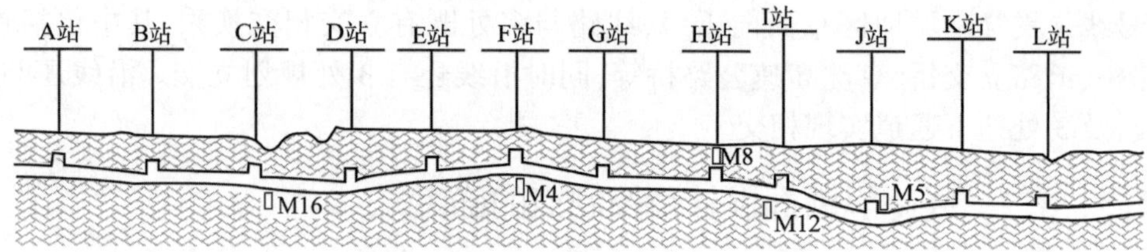

附图1-2　地铁×号线A站至L站纵断示意图

附图1-3为该线L站至终点W站纵断面示意图。

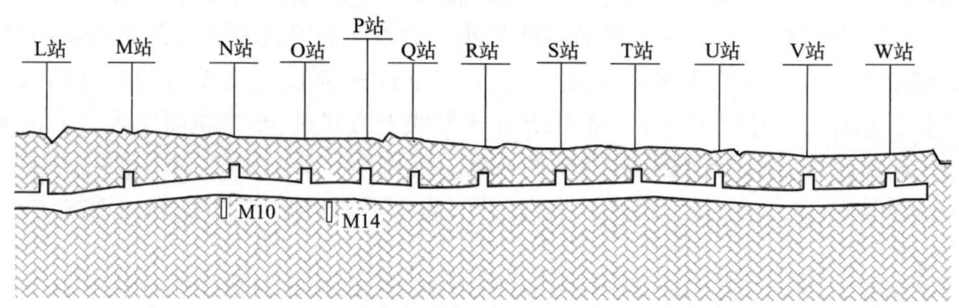

附图1-3　地铁×号线L站至终点W站纵断示意图

附录1.3.3　控制地段纵断面方案比较

本节以N站附近的区域为例介绍纵断面布置方案的比较。

N站是×号线与10号线换乘车站,站点西南角有大酒店,东北角有高层乐成中心,西北角为怡馨园高层住宅小区。10号线N站为两端三层明挖,中间单层暗挖车站,轨面埋深21m。车站范围内管线较多,基本均为平行于车站方向的管线(用管线规格+简称形式表示):120mm×50mm电力、3条ϕ600mm上水、ϕ500mm中压燃气、ϕ1000mm上水、ϕ1000mm污水(埋深5.7m)、ϕ900mm雨水、100mm×45mm电信、5000mm×3000mm热力沟(埋深11.0m)、2000mm×2400mm电力隧道(埋深8.3m)等;垂直于车站方向的管线有:106mm×74mm电信、ϕ500mm中压燃气、ϕ1300mm污水(埋深6.1m)、ϕ1640mm雨水(埋深3.3m)、ϕ1000mm上水、1560mm×1030mm雨水沟等。三环路道路红线宽80m,交通流量很大,路口为立交桥,基础为桩基;沿线道路红线宽60m。根据以上周边因素比选了两个方案,如附图1-4所示。

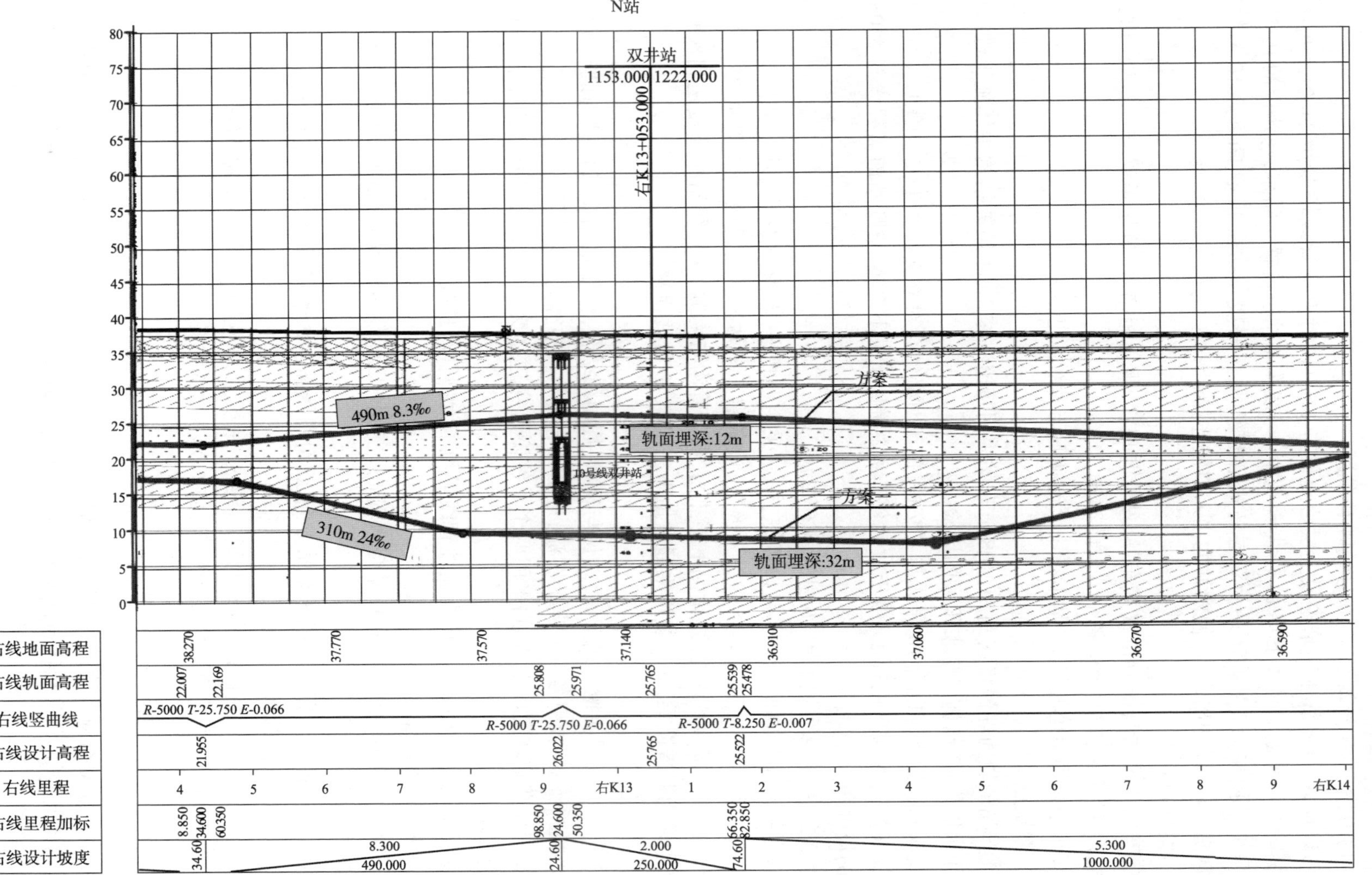

附图 1-4 N 站纵断面比选

(1)方案一:×号线下穿10号线既有车站

考虑地铁10号线单层暗挖段上层覆土仅有11m,同时上层管线较多,因此在工可阶段及投标阶段均考虑×号线下穿10号线SJ站,×号线车站站位设置于路东,与建成的10号线车站呈T字换乘。×号线车站为双层岛式暗挖车站,×号线车站在下,区间下穿10号线车站。改造10号线的出入口,使两站的出入口能连接起来。

方案优点:

①车站为两层暗挖14m岛式车站,站位与现状、规划相结合,位于道路交叉口处与既有10号线T形换乘,能够吸引各个方向的客流。

②车站采用暗挖法施工,基本不用交通疏解与管线改迁。

方案缺点:

①车站的轨面埋深将达到31.468m,车站采用暗挖法施工,车站的结构主体施工进入两层承压水层作业,给施工带来很大的风险。

②车站区间下穿既有10号线与立交桥,施工时必然会对立交桥产生安全隐患。

③M站至N站区间较短,由于故障停车线控制,如果下穿N站则站前需要设置310m,24‰的坡度。

(2)方案二:×号线上跨10号线既有车站

×号线车站站位设置十字路口以东,车站采用明挖三层,岛式站台,站厅在地下一层(3.55m),站台在地下二层,地下三层为换乘、设备层。车站换乘通过改造北侧原10号线SJ站1号出入口,接通换乘通道,南侧下穿热力、电力管沟与南侧10号线站厅连接达到换乘目的;换乘采用通道换乘,×号线换乘通过地下三层与10号线换乘。

方案优点:

①车站为三层明挖岛式车站,站位与现状、规划相结合,位于道路交叉口处与既有10号线T形换乘,能够吸引各个方向的客流,进出站客流与换乘客流互不干扰。

②工程实施难度较小;区间采用两个单线隧道穿越立交桥,对桥体影响较小、车站埋深浅,工程风险小。

③车站站位设置躲避南侧控制性管线避免了大型管沟迁改。

④换乘距离最短。

⑤线路上跨10号线车站,M站与N站高差较小,区间仅需设置490m、8.3‰的坡度。

方案缺点:

①由于东西向布置的管线顺车站方向,部分管线需永久改移,管线改迁量较大。

②对地面交通疏解难度较大。

综上所述,方案二能够很好地与既有线SJ站换乘,×号线线路上跨10号线,施工风险小,车站埋深较浅,乘客乘降方便等优势,将作为本次的推荐方案。

附录1.3.4　车站埋深

A站为预留结构车站,与9号线双岛四线换乘。B站由于A站预留区间结构影响车站埋深,调整范围很小,×号线新建车站埋深主要受换乘车站以及大型管线影响较大。其中换乘车站:C站×号线在下,16号线在上;F站×号线在上,4号线在上;H站×号线在下,8号线在上;I站×号线在上,12号线在下;J站×号线在下,5号线在上;N站×号线在上,10号线在下;O 站 × 号线在上,14 号线在下;S 站 × 号线在上,11 号线在下。

受桥桩、管线影响车站:D 站受西二环桥桩、河流的影响,车站埋深较深;L 站由于受过街热力管线的影响,车站埋深较深;各站的埋深详见附表 1-1。

车站埋深一览表 附表 1-1

序号	车站名称	站间距(m)	线间距(m)	车站轨面高程(m)	备注
1	A 站		5(侧式)	32.095	与 9 号线换乘
		949			
2	B 站		5(侧式)	25.625	
		1135			
3	C 站		17(岛式)	20.735	与 16 号线换乘
		1127.5			
4	D 站		45(分离岛式)	20.26	
		822.5			
5	E 站		15(岛式)	25.895	
		894			
6	F 站		15(岛式)	33.633	与 4 号线换乘
		898			
7	G 站		15(岛式)	23.589	
		1187			
8	H 站		17(岛式)	17.343	与 8 号线换乘
		782			
9	I 站		17(岛式)	23.627	与 12 号线换乘
		984			
10	J 站		17(岛式)	10.37	与 5 号线换乘
		763			
11	K 站		15(岛式)	18.656	
		807			
12	L 站		15(岛式)	21.388	
		1113			
13	M 站		15(岛式)	23.028	
		1169			
14	N 站		16(岛式)	25.35	与 10 号线换乘
		1186			
15	O 站		17(岛式)	20.098	
		903.5			
16	P 站		15(岛式)	13.382	与 14 号线换乘
		868.5			
17	Q 站		15(岛式)	20.079	
		916			
18	R 站		15(岛式)	19.143	
		1391			
19	S 站		17(岛式)	19.996	与 11 号线换乘
		925			
20	T 站		15(岛式)	19.741	
		1363			
21	U 站		15(岛式)	19.487	
		1567.5			
22	V 站		24.5(双岛)	18.005	
		1092.5			
23	W 站		5(侧式)	15.89	

附录 1.4 配线设置

该线路配线的类型包括折返线、渡线、存车线、停车线、联络线和出入段线。

(1)折返线

线路起终点或每期工程的起终点站,因列车需要转线返回,必须设置折返线或渡线;对于一次建成的线路尽端站,可根据运营组织要求和工程技术条件等因素决定折返线形式,原则上应设尽头式折返线(含站前折返);对于分期建设的临时尽端站,在能力满足要求的条件下可优先采用渡线折返方案。

当线路上客流断面发生变化时,为了高效使用运输能力,在大客流断面的区段上增加开行列车对数,或在小客流断面的区段上减少开行列车对数,即一部分列车需要中途折返,在这些车站应设置区段折返线。

该线路不存在复杂的行车组织交路,没有区段折返线。A 站和 W 站作为终端折返站,设有尽头式折返线。

交叉渡线折返线土建工程量较小、建设成本相对较低,一般适用于运输组织模式相对简单的线路终端站上。考虑到该线路采用单一交路,线路两端的 A 站、W 站均采用交叉渡线折返。交叉渡线折返线分为站前和站后折返。A 站衔接火车站客流量较大,设置站前折返容易产生站台秩序的混乱,故设置交叉渡线站后折返。W 站虽然客流量不及 A 站,但需要满足线路延伸条件、折返条件,故也设置交叉渡线站后折返。

(2)渡线

地铁线路上一般每隔 3 ~ 5 个站就要设置渡线,或配合折返线、存车线和停车线设置。在采用站后折返的尽端站,宜增设站前单渡线。

B 站设置渡线主要是因为 B 站是全线第二站,距离 A 站很近,而 A 站在节假日高峰瞬时客流较大,地铁站厅站台空间又受限,存在一定的安全隐患。在 B 站设置渡线可以满足故障救援时列车回到右线行驶回到车辆段。A 站客流量过大或者阻塞时也可组织列车在 B 站折返,乘客步行进入火车站,以减轻地下空间压力,避免安全事故。

此外,在 H 站设置有单渡线配合停车线使用,在 J 站、O 站设置单渡线以满足地铁线路每隔 3 ~ 5 站需设置渡线的原则,提高线路运输组织的灵活性。

(3)存车线

在远离车辆段或停车场的车站应设置存车线,以满足及时收发列车和工程维修车辆折返等功能要求。

由于该线路西起点没有车辆基地,而 A 站又是极易形成突发客流的车站,所以在 C 站设置一处临时存车线,可以及时收发列车以处理 A 站突发客流。当然,在有故障车需要停放时,该存车线也可以作为故障车停车线使用。

(4)停车线

为减少故障列车对正常行车的干扰和组织线路局部事故时的列车折返,正线应每隔 5 ~ 6 座车站(或 8 ~ 10km)设置停车线,且工程不复杂时,其间每相隔 2 ~ 3 座车站(约 3 ~ 5km)应加设一组渡线,供故障列车临时停放或检修,以便使故障列车尽快退出正线运营。因此,该线路在 G 站、M 站、R 站也分别设有故障停车线。

(5)联络线

地铁正线之间的联络线应根据线网规划、车辆基地分布位置和承担任务范围设置。凡设置在相邻线路的联络线,承担车辆临时调度,运送大修、架修车辆,以及工程维修车辆、磨轨车等运行的线路应设置渡线。

在 J 站设置与 5 号线联络线,H 站设置与 8 号线联络线,O 站设置与 14 号线联络线,用于新车运输,返厂检修等列车跨线过轨运输,在各个联络线处设置单渡线与其配合使用。同时,这些单渡线也可为施工车辆折返、日常车辆调度提供便利条件。

(6)出入段线

车辆基地出入线应连通上下行正线。当车辆段出入线与正线发生交叉时,宜采用立体交叉方式。但在确保远期区间线路通过能力和运营要求的前提下,也可采用平面交叉方式,以降低工程造价。此外,车辆基地的设置数量、各车辆基地出入线设置双线还是单线,应根据远期线路通过能力和运营要求确定。

该线路根据运营需求,在全线设一个车辆段,在 V 站与正线接轨。由于该案例线路预留远期延伸的条件,V 站车辆段出入线采用双岛三线设置,两出入线均具备向两正线上下行收发车条件,且不干扰正常运营,在运营上非常灵活方便且适应能力强。

线路车站配线如附图 1-5 所示。

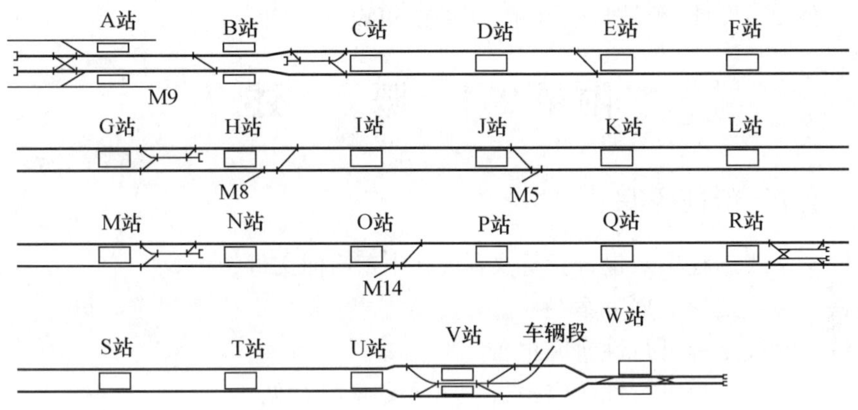

附图 1-5　案例线路车站配线示意图

A 站是 × 号线的起始车站, × 号线在此需要满足折返功能,由于预留工程设置了与 9 号线的双联络线,此次规划仍然保留。站前无法增加交叉渡线,设置交叉渡线。

B 站是全线的第二站,距离 A 站很近。由于 A 站在节假日高峰瞬时客流比较大,而受到 A 站地铁站厅站台空间的限制,乘客很难及时疏散,存在比较大的安全隐患。设置渡线可以满足故障救援时列车回到右线行驶回到车辆段。在火车站客流量过大或者火车站阻塞时也可以组织列车在此折返,使得乘客步行进入火车站,减轻地下空间压力,避免安全事故。

C 站设置临时存车线。由于 × 号线西起点没有车辆基地,而 A 站又是极易形成突发客流的车站,运营管理需要考虑本线的这一特点。在 C 站设置一处临时存车线,用以处理 A 站突发客流。该功能受到 A 站预留结构限制,无法在 A 站和 B 站实现。当然,在有故障车需要停放时,该存车线也可以作为故障车停车线使用。

G 站东设置故障车停车线,用于故障车临时存放。

M 站东设置故障车停车线,用于故障车临时存放。

R 站南设置故障车停车线,用于故障车临时存放。

V 站设置出入段线,用于车辆进出车辆段。由于 × 号线预留远期延伸的条件,采用双岛三线可以满足车辆出入段的需要,车辆段内车辆可以向两个方向发车,回段车辆也可以从两个方向完成回段作业。

W 站设置站后折返线,用于车辆折返。W 站需要满足线路延伸条件,折返条件。

J 站设置连接 5 号线的联络线,H 站设置连接 8 号线的联络线,O 站设置连接 14 号线的联络线,在各个联络线处设置单渡线与其配合使用。

E 站设置单渡线为施工车辆折返提供方便条件,也可以为日常车辆调度提供便利条件。

附录2　车站设计案例

本附录以地铁××线的×站为例，介绍一般地铁车站的设计过程，主要包括车站设计的概述、总体平面布局设计、车站规模确定、车站建筑设计等内容。

附录2.1　概　　述

附录2.1.1　设计依据

①“地铁××线工程工点设计招标文件”及补充招标文件；

②“地铁××线工程规划方案”；

③“地铁××线工程可行性研究报告”；

④“地铁××线工程可行性研究报告预审会专家组意见”；

⑤“地铁××线客流预测”；

⑥“地铁××线管线详查技术报告”；

⑦“线路平、纵剖面面图”；

⑧《地铁设计规范》(GB 50157—2013)及国家和地区的现行规范与标准；

⑨《建筑设计防火规范》(GB 50016—2014)(2018年版)；

⑩《民用建筑设计统一标准》(GB 50352—2019)；

⑪《人民防空工程设计规范》(GB 50225—2005)；

⑫《人民防空工程设计防火规范》(GB 50098—2009)；

⑬《公共建筑节能设计标准》(GB 50189—2015)；

⑭《无障碍设计规范》(GB 50763—2012)。

附录2.1.2　技术标准

车站设计的主要技术标准涉及建筑、结构两个方面，对站内建筑空间的尺寸、出入口通道及风亭的结构尺寸、楼梯与扶梯能力和宽度、用房需求、结构的使用年限、抗震设防烈度等方面进行规定。

1)站厅层

根据车站管理与营运的要求，站厅划分为付费区和非付费区，两者之间应采取分隔措施。非付费区内设自动售票机、检票机、加值机、公用电话等设备，进出站通道和电梯；付费区设通往站台的楼梯、自动扶梯。两者之间的分界线上设置监票亭、检票机和工作人员用出入口。站厅布置为中间付费区、两端非付费区形式时，应有一条净宽不小于2.4m的联络通道。

设计标准如下所示：

①公共区装修后净高≥3000mm。

②地坪装修面距离顶板结构面≥4900mm。

③地坪装修面至任何悬挂障碍物≥2400mm。

④内部管理区走道净高≥2400mm。

⑤内部管理区走道净宽度:单向开门≥1500mm;双向开门≥1800mm。

⑥吊顶内预留管线空间 800mm。

2)站台层

站台层考虑采用站台门系统,在站台门两端外侧应留出不小于 1.5m×1.5m 的空间,供列车司机工作使用。站台上的楼扶梯、通道应均匀布置,并应保证距乘客最近的楼扶梯、通道不得大于 50m。设置在站台两端的车站设备、管理用房,可伸入站台计算长度内,但伸入长度不应超过一节车辆的长度,且与梯口或通道口的距离不应小于 8m;同时应保证伸入部分每侧的侧站台有效宽度满足计算要求且不小于 2.5m。站台有效长度之外两端应设有栅栏,同时设有净宽度不小于 1.1m 的人行楼梯,供工作人员检修用,同时作为列车在区间隧道内发生事故时,疏散乘客用。

设计标准如下所示。

①站台层最小宽度:岛式站台(无柱时)≥8000mm;岛式站台(有柱时)≥10000mm;岛式站台侧站台宽度≥2500mm;侧式站台(长向范围内设梯)的侧站台宽度≥2500mm;侧式站台(垂直于侧站台开通道口)的侧站台宽度≥3500mm。

②线路中心线至站台边缘(根据车型确定,一般情况 B 型车)1500mm。

③线路中心线至侧墙净距(直线段)(根据车型确定,一般情况 B 型车)2150mm。

④地坪装修面距离上部结构面≥4700mm。

⑤公共区装修后净高≥3000mm。

⑥内部管理区走道:净高≥2400mm;净宽度≥1200mm。

3)站内客运设备

(1)楼梯

车站付费区内至少设置 1 座楼梯,以便在自动扶梯不能正常运行时,保证站内乘客疏散。两层或多层车站在设备、管理用房区应设至少 1 部供工作和消防人员使用的楼梯。楼梯与自动扶梯并列时,楼梯踏步第一级宜与自动扶梯下工作点取齐,楼梯宽度应符合人流股数和建筑模数。

设计标准如下所示。

①踏步高:乘客使用 150mm;工作人员使用 150~180mm。

②踏步宽:乘客使用 300~320mm;工作人员使用 250~280mm。

③公共区内楼梯每个梯段踏步数不得小于 3 级,不得大于 18 级。

④公共区楼梯宽度:单向楼梯≥1800mm;双向楼梯≥2400mm。

当楼梯宽度大于 3600mm 时,应设置中间扶手;当楼梯与两台扶梯组合并列布置时,在满足疏散要求的前提下,单向楼梯可设为 1200mm。

⑤封闭或防烟楼梯间,楼梯最小净宽≥1200mm。

⑥楼梯休息平台宽 1200~1800mm。

⑦楼梯口部栏杆高 1200mm;楼梯梯段栏杆高 900mm。

(2)自动扶梯

出入口地面至站厅的自动扶梯应按近期超高峰小时客流量设置、远期超高峰小时客流量预留;站厅至站台的自动扶梯应按远期高峰小时客流设置。车站出入口、站台至站厅应设上、下行自动扶梯,在设置双向自动扶梯困难且提升高度不大于10m时,可仅设上行自动扶梯。每座车站应至少有一个出入口设上、下行自动扶梯;站台至站厅应至少设一处上、下行自动扶梯。当站台至站厅及站厅至地面上、下行均采用自动扶梯时,应加设人行楼梯或备用自动扶梯。自动扶梯连续运行时间,每天不应少于20h,每周不应少于140h,每3h应能以100%制动载荷连续运行1h。自动扶梯与两侧物体的交叉处,为避免人、物被卡住的危险,应设三角警示牌。

设计标准如下所示:

①车站出入口自动扶梯的倾斜角度不应大于30°;站台至站厅自动扶梯的倾斜角度应为30°。

②自动扶梯的有效净宽按1000mm计算。

③自动扶梯分段设置时,应设中间平台,平台长度≥8500mm。

④两台相对布置的自动扶梯工作点之间净距≥16000mm;两相反方向运行的自动扶梯工作点之间净距≥15000mm;自动扶梯与楼梯相对布置时,其工作点至楼梯第一级踏步的净距≥12000mm。

⑤自动扶梯工作点至前方任何障碍物净距≥8000mm。

⑥自动扶梯靠墙布置时,扶手带中心线至墙装饰面的距离≥400mm。

⑦自动扶梯踏步面至上部吊顶的净高≥2300mm。

⑧沿楼板洞口设置的栏杆高度为1200mm。

(3)无障碍电梯

车站应至少有一个出入口设置一台供残疾人使用的直通站厅的无障碍电梯;车站付费区内设一部无障碍电梯,在站台和站厅之间运行。电梯应接受车站BAS的监控,能实现车站控制室、轿厢、控制柜或机房之间的三方通话功能,内部应安设视频监视装置。当电梯兼做消防梯时,其设施应符合消防电梯的功能,供电应采用一级负荷。

①电梯额定载重≥800kg。

②电梯的额定速度≥0.63m/s。

③电梯的开门宽度≥1000mm,并宜选用双扇中分门。

④无障碍电梯门前等候区深度≥1800mm,条件困难时等候区梯门可正对轨道区,但门前等候区不得侵占站台计算长度内的侧站台宽度。

4)出入口和通道

车站出入口数量与规模应根据远期或客流控制期超高峰小时确定。每个公共区直通地面的出入口数量不得少于两个,与地面建筑合建时,应在出入口处设置分隔措施,方便车站的管理;并采用防火分隔措施,便于乘客疏散。每个出入口宽度应根据出入口的位置、分向客流以及可能产生的突发性客流等因素计算确定,地面口部应根据客流大小留有足够的集散面积。各出入口通道及通行设施等,乘客通行区域应考虑恶劣天气影响,楼扶梯及通道地面应充分考虑排水措施,并在适当区域设置防滑条等防滑措施。

设计标准如下所示:

①通道宽度≥2400mm。

②通道净高(地面装饰层面至吊顶面)≥2400mm。

③通道纵向坡度3‰≤i≤5%;通道横向坡度1%。

④出入口防淹平台长度≥2400mm;地下车站出入口应比规划室外地面高程高出

300～450mm。

⑤出入口通道长度＞60m设置火灾探测器；出入口通道长度＞30m设置手动报警按钮。

⑥出入口楼梯及通道的通行能力应大于车站内部楼梯和自动扶梯疏散能力之和。

5）风亭

地下车站风亭应根据地貌、地面建筑的现状或规划要求、施工的可能性及经济性确定采用分散或集中设置，尽量应与地面建筑相结合。拟修建在规划建筑内的风亭，应考虑今后与该建筑施工建造的接口问题；独立修建的地面风亭应注意与周围环境相协调，尽量减小风亭的体量、降低风亭的高度。

设计标准如下：

（1）当采用侧面开设风口的风亭时

①进风、排风、活塞风口部之间的水平净距≥5m，且进风与排风、进风与活塞风口部应错开方向布置，或排风、活塞风口部高于进风口部5m。

②风亭口部5m范围内不应有阻挡通风气流的障碍物。

③风亭口部底边缘距地面的高度应满足防淹要求。当风亭设于路边时，其高度≥2m；当风亭设于绿地内时，其高度≥1m。

（2）当采用顶面开设风口的风亭时

①进风与排风、进风与活塞风亭口部之间的水平净距≥10m。

②活塞风亭口部之间、活塞风亭与排风亭口部之间水平净距≥5m。

③风亭四周应有绿篱宽度≥3m宽，风口最低高度≥1m，满足防淹要求。

（3）当风亭在事故工况下用于排烟时

①排烟风亭口部与进风亭口部、出入口口部的直线距离＞10m。

②当直线距离不足10m时，排烟风亭口部宜高于进风亭口部、出入口口部5m。

6）结构设计

主体结构设计使用年限为100年。

抗震设防烈度为8度。

人防防护等级为5级。

车站结构防水按一级标准进行设计，结构设计按抗浮设防水位进行抗浮验算。

附录2.2　车站总平面布局设计

附录2.2.1　车站站位及周边环境

地铁××线为一L形线路，西起A站，以地下线方式沿一直向东敷设，至M站处向北延伸至Z站。线路长度31km，全线设置26座地下车站，并在终点A站和Z站处各设置车辆段一处。××线上行方向预测远期高峰小时最大断面客流量为26097人次/h，下行方向为38455人次/h，列车采用6A编组，车辆定员1860人，高峰时段发车间隔2min。

X站位于B路与A路丁字路口处。路口东侧现状为C大学校区，路口西南侧为大型居民社区及规划待建的医疗设施空地，路口西北侧为C大学建工学院。路口西侧为110kV高压走廊，横跨于B路并向东西两侧延伸。在车站的南北两端，分别有两座过街人行天桥横跨于B路,天桥附近均有公交站点。X站站位与周边具体建筑环境如附图2-1所示。

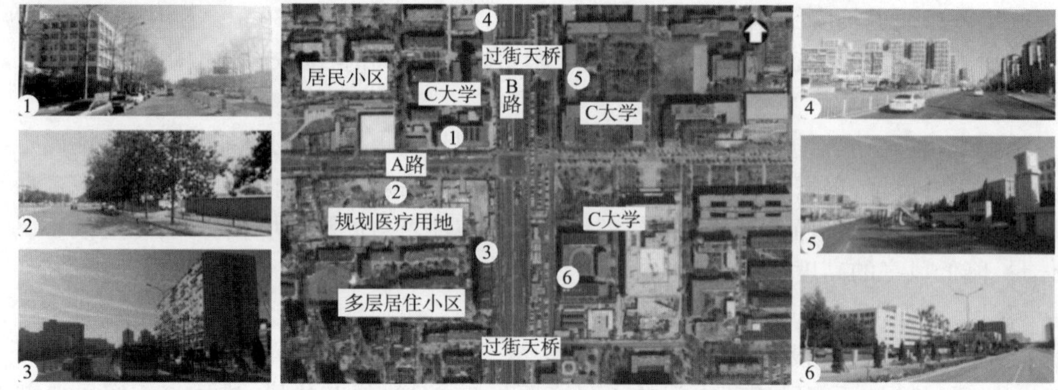

附图2-1　X站车站周边环境及现状

南北向布置的B路现状道路宽40.8m,规划道路宽50m;东西向布置的A路现状道路宽27.2m,规划道路宽40m,东段位于C大学内,为大学内部道路。X站周边土地利用规划情况如附图2-2所示。周边用地为教育、居住、医疗卫生用地等。

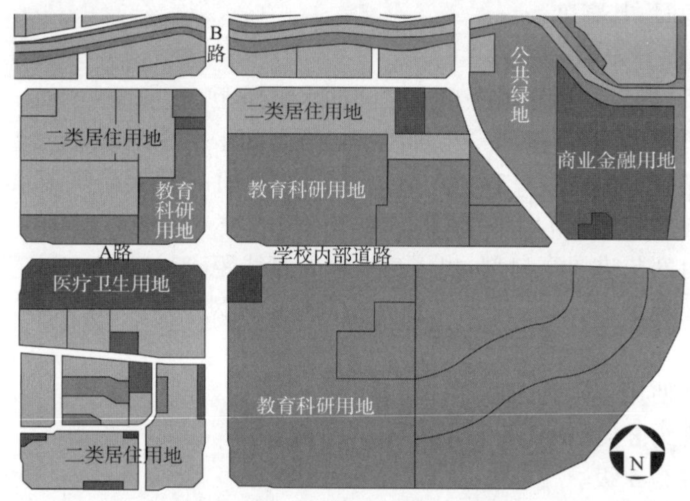

附图2-2　X站周边用地规划图

附录2.2.2　车站各方案介绍

受沿车站纵向布置的埋深约4.3m、ϕ1350mm的污水管及沿车站横向布置的埋深约4.4m、管径2.2m×1.8m的热力管的制约,本次针对不同管线处理方式上共做了2个方案进行站位比选。

(1)A方案

车站位于B路与A路丁字路口处,为地下两层12m岛式车站,呈南、北向布置。车站有效站台中心里程为K28+345.000,标准段总宽20.9m,车站总长229.2m,有效站台长140m。车站主体结构建筑面积为10089.3m^2,人行通道、出入口及风亭建筑面积为3096.6m^2,总建筑面积为13185.9m^2。

本站共设有4条通道4个出入口,其中Ⅰ号出入口及Ⅱ号出入口位于路口东侧C大学校园内的临街绿化带内;Ⅲa号出入口位于路口西北侧C大学工程试验楼前的人行道上,Ⅲ

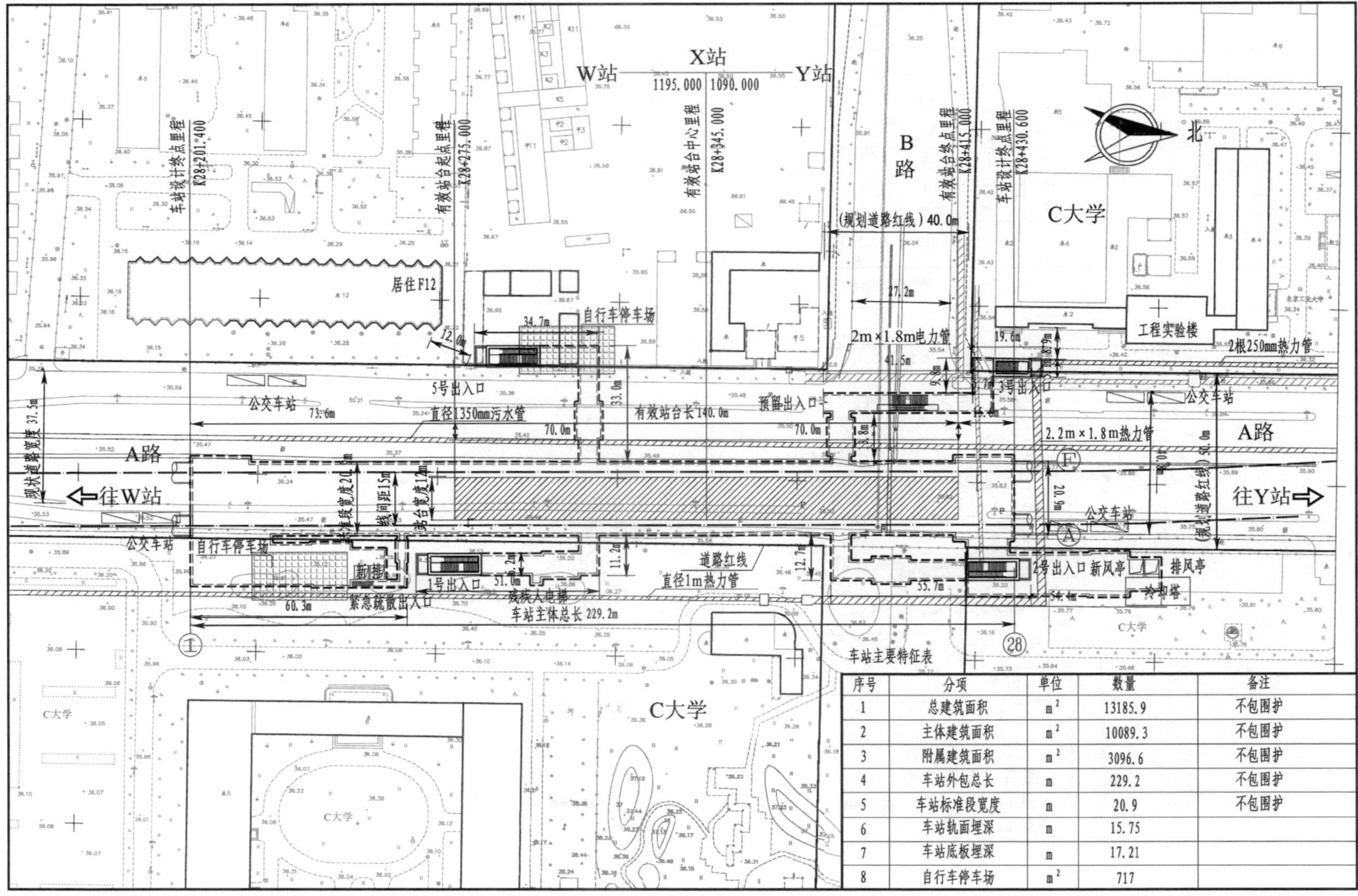

序号	分项	单位	数量	备注
1	总建筑面积	m^2	13185.9	不包围护
2	主体建筑面积	m^2	10089.3	不包围护
3	附属建筑面积	m^2	3096.6	不包围护
4	车站外包总长	m	229.2	不包围护
5	车站标准段宽度	m	20.9	不包围护
6	车站轨面埋深	m	15.75	
7	车站底板埋深	m	17.21	
8	自行车停车场	m^2	717	

附图 2-3　X 站 A 方案总平面图

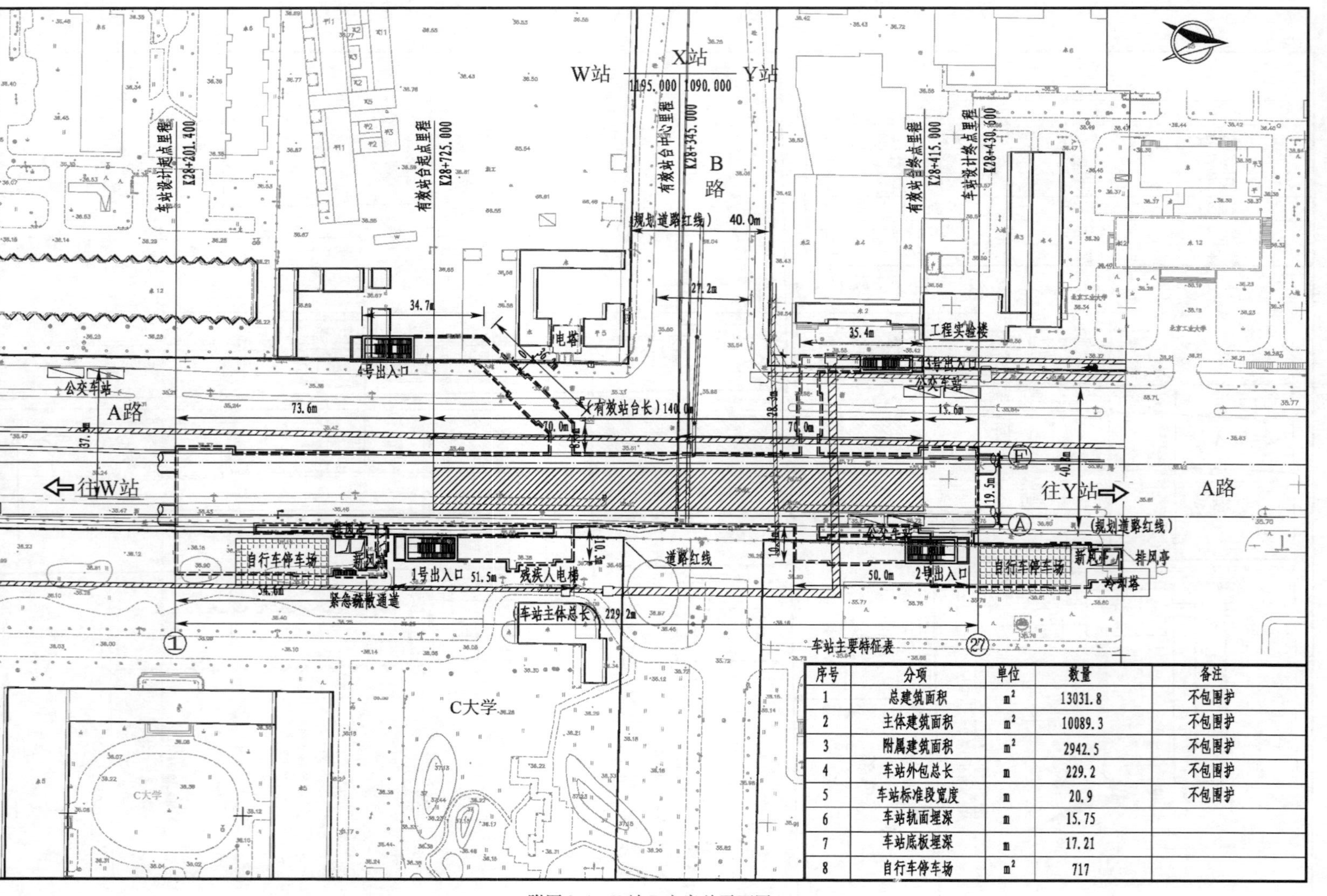

车站主要特征表

序号	分项	单位	数量	备注
1	总建筑面积	m²	13031.8	不包围护
2	主体建筑面积	m²	10089.3	不包围护
3	附属建筑面积	m²	2942.5	不包围护
4	车站外包总长	m	229.2	不包围护
5	车站标准段宽度	m	20.9	不包围护
6	车站轨面埋深	m	15.75	
7	车站底板埋深	m	17.21	
8	自行车停车场	m²	717	

附图2-4　X站B方案总平面图

b出入口作为预留,未来根据西侧空置地块的开发考虑设置人行通道。Ⅳ号出入口位于路口西南侧规划待建的医疗设施空地内,4个出入口均紧邻规划道路红线设置。其中消防专用疏散通道与南端1号风亭合建,Ⅰ号通道设置残疾人通行设施,以方便残疾人乘降地铁。

附图2-3为X站A方案的总平面图。本站共设2组风亭,分别位于车站东南侧及东北侧的C大学校园内的邻街绿化带内,紧邻规划道路红线设置。

(2)B方案

车站位于B路与A路丁字路口南侧,跨路口设置,为地下两层12m岛式车站,呈南、北向布置。车站有效站台中心里程为K28+325.000,本方案除附属部分略有变化外,主体规模与A方案相同,人行通道、出入口及风亭建筑面积为2942.5m^2,总建筑面积为13031.8m^2。

本站共设有4条通道4个出入口,其中Ⅰ、Ⅱ号出入口均位于路口东南侧C大学校园内的临街绿化带内,Ⅲ号出入口位于路口西北侧C大学工程试验楼前的人行道上,Ⅳ号出入口位于路口西南侧规划待建的医疗设施空地内,4个出入口均紧邻规划道路红线设置。

附图2-4为X站B方案的总平面图。本站共设2组风亭,分别位于车站的两端,两组风亭均位于车站东南侧C大学校园内的临街绿化带内,紧邻规划道路红线设置。两个车站方案的客流吸引范围都是周边500m范围的区域,车站的主要功能是满足周边乘客进出站乘车。

附录2.2.3 车站方案经济技术比较

车站功能与技术经济指标的比较情况如附表2-1所列。

车站功能、经济技术比较表 附表2-1

比较项目		推荐方案	比较方案
车站特征	车站位置	不跨A路路口东侧	跨A路路口东侧
	车站形式	地下两层明挖	地下两层明挖
	车站规模	长229.2m,宽20.9m,总建筑面积13185.9m^2	长229.2m,宽20.9m,总建筑面积13031.8m^2
	覆土厚度	3m	3m
城市规划	出入口、风亭位置	本站共设有4条通道4个出入口,其中Ⅰ、Ⅱ号出入口位于路口东侧C大学校园内的临街绿化带内;Ⅲa号出入口位于路口西北侧C大学工程试验楼前的人行道上;Ⅲb出入口作为预留,未来根据西侧空置地块的开发考虑设置人行通道;Ⅳ号出入口位于路口西南侧规划待建的医疗设施空地内 4个出入口均紧邻规划道路红线设置	本站共设有4条通道4个出入口,其中Ⅰ、Ⅱ号出入口均位于路口东南侧C大学校园内的临街绿化带内;Ⅲ号出入口位于路口西北侧C大学工程试验楼前的人行道上;Ⅳ号出入口位于路口西南侧规划待建的医疗设施空地内 4个出入口均紧邻规划道路红线设置
工程条件	施工用地	用地条件较好,无拆迁	用地条件较好,无拆迁
	道路交通影响	较小	较大
	地面房屋拆迁	较小	较小
	地下管线改移	改移量较小	改移量较大
	施工方法	全明挖	全明挖

经过功能与技术经济比较,确定车站推荐方案总平面图如附图 2-3 所示。

附录2.3　车站形式及规模

附录2.3.1　车站形式

城市轨道交通车站的形式应根据该站所处的线路条件、周边环境、地质情况和施工工法来确定。根据线路敷设方式,××线工程全部为地下站,车辆按 6 节 A 型列车布置,站台采用岛式站台形式。根据工程地质、水文地质、环境条件、地下管网和道路交通状况,结合车站的结构形式、功能要求等特点,本站主体结构采用明挖顺筑法施工,车站采用明挖顺作法施工,车站出入口、风亭也采用局部明挖顺作法施工,跨路口采用暗挖法施工。

考虑到站台疏散的距离为控制因素之一,设置 3 组楼扶梯、中间为电梯的布置形式;横向采用双柱三跨形式,纵向公共区采用 9.75m 的柱跨,立柱宽为 0.7m,使公共区的视野更为宽阔;两边出入口之间的纵向距离控制在 100m 以内,设 4 个出入口。

附录2.3.2　车站设计客流

(1)客流计算

根据“××线客流预测”,客流预测年度分别为:初期 2023 年,近期 2030 年,远期 2045 年。根据客流报告分析,本站远期早高峰小时客流量大于晚高峰小时客流量,因此以远期早高峰小时客流量为控制客流量,客流超高峰系数取 1.3。远期高峰小时客流量见附表 2-2。

远期(2045 年)早晚高峰小时 X 站客流量　　附表 2-2

时段	预测客流(人次/h)	上行(人次/h)			下行(人次/h)			超高峰系数
		下客量	上客量	断面客流量	下客量	上客量	断面客流量	
早高峰	6198	882	2868	20648	1150	1298	14552	1.3
晚高峰	4579	986	842	10632	2092	659	29781	1.3

本站远期早高峰设计客流量为:(882 + 2868 + 1150 + 1298) × 1.3 = 8058(人次/h)。

本站远期晚高峰设计客流量为:(986 + 842 + 2092 + 659) × 1.3 = 5953(人次/h)。

本站远期早高峰上车设计客流量为:(2868 + 1298) × 1.3 = 5416(人次/h)。

本站远期晚高峰上车设计客流量为:(842 + 659) × 1.3 = 1952(人次/h)。

本站远期早高峰下车设计客流量为:(882 + 1150) × 1.3 = 2642(人次/h)。

本站远期晚高峰下车设计客流量为:(986 + 2092) × 1.3 = 4002(人次/h)。

根据上述客流预测结果分析,X 路站客流以远期(2045 年)早高峰小时预测客流控制,设计客流量 8058(人次/h)。上车设计客流以远期(2045 年)早高峰小时预测客流控制,设计客流量 5416(人次/h)。下车设计客流量以远期(2045 年)晚高峰小时预测客流控制,设计客流量 4002(人次/h)。

(2)分向客流及客流吸引

根据“地铁××线客流预测”,本站各方向的分向客流如附图 2-5 所示。

从分向客流图可以看出,本站的主要客流比较均匀,在车站西南侧较大,这与该方向存在高层居民小区有关。

附图 2-5　X 站车站分向客流示意图

附录 2.3.3　车站用房布置及面积

车站站厅层西端设有必要设备用房:冷冻站、环控电控室、钢瓶间、照明配电室、银行、电缆井。车站站厅层东端设置的设备管理用房:车站控制室、站长室、计算机房、警务室、警务通信设备室、公众通信机房等通信、信号设备用房、AFC 用房、会议室、休息室、更衣室、男女卫生间、蓄电池室、消防泵房、钢瓶间、环控电控室、环控机房、照明配电室、电缆井、等用房。

车站站台层西端设有:照明配电室、电缆井、隧道柜室。东端设有:安全门控制室、照明配电室、车站备品库、钢瓶间、35kV 开关柜室、控制室、0.4kV 开关柜室、检修室、储藏室、清扫工具间、污水泵房、废水泵房、卫生间、整流变压器室、电能吸收装置室等用房。

X 站总体设计阶段各车站管理与设备用房需求详细情况如附表 2-3 所示。

管理与设备用房使用面积一览表(推荐方案)　　附表 2-3

功　能	序　号	名　称	使用面积(m^2)
管理用房	1	车站控制室	50.13
	2	站长室	11.22
	3	警务室	23.2
	4	会议室	20.88
	5	车站备品库	11.23
	6	休息室	12.18 +12.18
	7	银行	14.85
	8	票务及问讯	8.5
	9	公共卫生间	6.67 +6.89 +4.6
	10	男女更衣室	10 +10
	11	工作人员卫生间	11.4 +11.68
	12	站台监察亭	6
	13	清扫工具间	8.52

续上表

功 能	序 号	名 称	使用面积(m^2)
设备用房	1	AFC 设备室	10.88
	2	AFC 票务室	25.66
	3	综合维修室	8.25
	4	污水泵房	16.6
	5	钢瓶间	9.73 +20.88 +19.8
	6	照明配电室	16.33 +11.23 +9.9 +12.61
	7	低压电缆井	2 ×6
	8	蓄电池室	20.79 +21.3
	9	警用通信设备室	24.43
	10	车站通信设备室	38.4
	11	信号设备室	65.67
	12	废水泵房	24.46
	13	空调机房	367 +165
	14	隧道风机房	430 +430
	15	冷冻站	123.67
	16	安全门控制室	20.33
	17	公众通信机房	42.60
	18	控制室	32.18
	19	35kV 开关柜室	66.17
	20	检修	13.7
	21	0.4kV 开关柜室	133.84
	22	强电电缆井	2 ×5
	23	隧道柜室	25 ×2
	24	整流机组室	70
	25	电能吸收装置室	35 ×2
	26	储藏室	9.8

附录 2.3.4 垂直电梯、自动扶梯

车站垂直电梯、自动扶梯的位置、数量和提升高度的详细情况如附表 2-4 所示。

车站电梯、扶梯情况表　　附表 2-4

内 容		数量(台)	提升高度(m)
公共区	自动扶梯	4	5.1
	垂直电梯	1	5.1
出入口	自动扶梯	3	9.6
		1	6.5
	垂直电梯	1	9.6

附录2.4　车站建筑设计

附录2.4.1　主体建筑

1)站厅层

站厅是售票、检票、集散、连接地面出入口和站台的场所。站厅层布置应分区明确,依据出入口的位置和数量、楼梯与扶梯位置和数量、售检票系统的位置和数量对客流进行合理的组织,避免和减少进出站客流的交叉。站厅层公共区划分为非付费区和付费区两部分,非付费区的总面积应大于付费区的总面积,两个区域之间设有进出闸机和固定栅栏分隔。X 站推荐方案的站厅层的平面布局图如附图 2-6 所示。

X 站站厅采用完整站厅形式,站厅层位于车站的上方。出入口位于站厅层公共区的两端,站厅布置为中间付费区、两端非付费区的形式。为了便于各个出入口的联系,在站厅的东侧设置一条净宽不小于 2.4m 的联络通道。非付费区内在南北两个出入口附近分别各设置 1 个车站客服中心,供乘客查询、问询、换零等,并在其中靠近进站闸机附近设置半自动售票机,负责解决票务纠纷和办理补票业务。

X 站的售票机设置 2 组,分别设置在站厅层东北和东南侧进出站口通道位置,沿进站客流方向布置。考虑到该车站靠近居民区和大学区,需要使用自助购票机的乘客比例较低,因此在各处布置 3 台自动售票机。

进出站检票机分组分开布置。进站检票机分 3 组布置,每组 4 台,设置在通过站台进站客流方向的车站东侧,由于车站南侧客流量较大,因此在东南侧布置 2 组进站检票口,在东北侧布置 1 组。在检票机前设置宽度不小于 4m 通道。出站检票机分 2 组布置,每组 4 台(其中一台为双向宽通道自动检票机),分别布置在站台层出站客流方向一侧,靠近西侧两出入口。

付费区内设置 4 部 1m 宽的扶梯、1 部垂直电梯、2 部楼梯。2 部下行扶梯布置在站厅层付费区中央,站厅与站台中央设置半平台,采用反 λ 形布置,扶梯基点与进站检票口之间的距离大于 8m;南北两侧均为 1 楼梯 1 扶梯布置,2 楼扶梯组呈八字形布置,楼梯为下行、扶梯上行;连接站厅层付费区与站台层之间的垂直电梯布置在中央下行扶梯组与南侧楼扶梯组之间,等候区面向南侧楼扶梯组,方便为老弱病残者提供服务。

乘客从地面不同方向就近由出入口通道进入车站站厅层,在非付费区进行售、检票后进入付费区,通过联系站厅、站台间的楼扶梯和电梯直接进入站台公共区候车。

2)站台层

站台是地铁车站内供乘客上、下列车的平台,根据运营功能要求,本站选用岛式站台,横向采用双柱三跨形式。站台层公共区设置站台门。X 站推荐方案的站厅层、站台层平面布局图分别如附图 2-6、附图 2-7 所示。

(1)站台长度计算

站台计算长度应采用列车最大编组数的有效长度与停车误差之和,即:

$$L = L_{效} + L_{误差}$$

式中:$L_{效}$——列车最大编组数的有效长度,为列车首末两节车辆尽端客室门外侧之间的长度;

$L_{误差}$——停车误差,必须控制在 ±0.3m 之内。

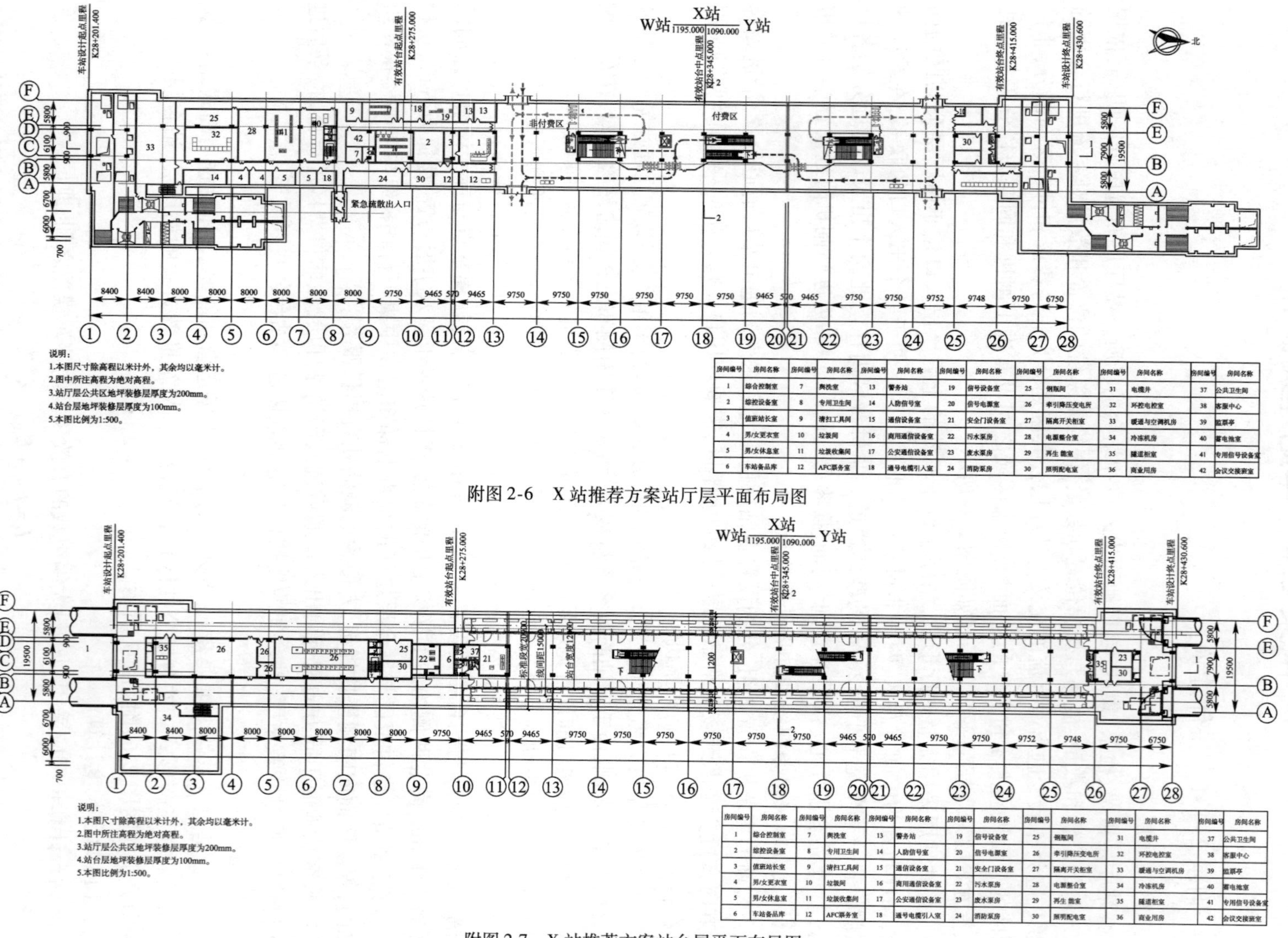

说明：
1.本图尺寸除高程以米计外，其余均以毫米计。
2.图中所注高程为绝对高程。
3.站厅层公共区地坪装修层厚度为200mm。
4.站台层地坪装修层厚度为100mm。
5.本图比例为1:500。

房间编号	房间名称	房间编号	房间名称	房间编号	房间名称	房间编号	房间名称	房间编号	房间名称	房间编号	房间名称	房间编号	房间名称
1	综合控制室	7	盥洗室	13	警务站	19	信号设备室	25	钢瓶间	31	电缆井	37	公共卫生间
2	综控设备室	8	专用卫生间	14	人防信号室	20	信号电源室	26	牵引降压变电所	32	环控电控室	38	客服中心
3	值班站长室	9	清扫工具间	15	通信设备室	21	安全门设备室	27	隔离开关柜室	33	暖通与空调机房	39	监票亭
4	男/女更衣室	10	垃圾间	16	商用通信设备室	22	污水泵房	28	电源整合室	34	冷冻机房	40	蓄电池室
5	男/女休息室	11	垃圾收集间	17	公安通信设备室	23	废水泵房	29	再生 能室	35	隧道柜室	41	专用信号设备室
6	车站备品库	12	AFC票务室	18	通号电缆引入室	24	消防泵房	30	照明配电室	36	商业用房	42	会议交接班室

附图 2-6　X 站推荐方案站厅层平面布局图

说明：
1.本图尺寸除高程以米计外，其余均以毫米计。
2.图中所注高程为绝对高程。
3.站厅层公共区地坪装修层厚度为200mm。
4.站台层地坪装修层厚度为100mm。
5.本图比例为1:500。

房间编号	房间名称	房间编号	房间名称	房间编号	房间名称	房间编号	房间名称	房间编号	房间名称	房间编号	房间名称	房间编号	房间名称
1	综合控制室	7	盥洗室	13	警务站	19	信号设备室	25	钢瓶间	31	电缆井	37	公共卫生间
2	综控设备室	8	专用卫生间	14	人防信号室	20	信号电源室	26	牵引降压变电所	32	环控电控室	38	客服中心
3	值班站长室	9	清扫工具间	15	通信设备室	21	安全门设备室	27	隔离开关柜室	33	暖通与空调机房	39	监票亭
4	男/女更衣室	10	垃圾间	16	商用通信设备室	22	污水泵房	28	电源整合室	34	冷冻机房	40	蓄电池室
5	男/女休息室	11	垃圾收集间	17	公安通信设备室	23	废水泵房	29	再生 能室	35	隧道柜室	41	专用信号设备室
6	车站备品库	12	AFC票务室	18	通号电缆引入室	24	消防泵房	30	照明配电室	36	商业用房	42	会议交接班室

附图 2-7　X 站推荐方案站台层平面布局图

××线采用6A编组，站台的计算长度为140m；根据车站用房的面积，得到车站总长229.2m。

(2)站台宽度计算

X站采用岛式站台形式。依据技术要求进行站台宽度计算：

$$B_{\mathrm{d}}=2b+nz+t \tag{附2-1}$$

式中：b——侧站台宽度，m；

n——横向柱数；

z——纵梁宽度(含装饰层厚度)，m；

t——每组楼梯与自动扶梯宽度之和(含与纵梁间所留空隙)，m。

侧站台宽度：

$$b=\frac{Q_{上下}\cdot\rho}{L}+M \tag{附2-2}$$

式中：$Q_{上下}$——远期或客流控制期每列车超高峰小时单侧上下车设计客流量，人次；

ρ——站台上人流密度，取0.33～0.75m²/人，各城市的ρ取值中，对于同一条线ρ的取值应一致；

L——站台计算长度，m；

M——站台边缘至站台门立柱内侧距离，m，一般取0.26m。

$$b=\frac{Q_{上下}\cdot\rho}{L}+M=\frac{(2868+882)\times1.3\div30\times0.5}{140}+0.26=0.84\quad(\mathrm{m})$$

根据《地铁设计规范》(GB 50157—2013)规定的岛式站台侧站台最小宽度为2.5m，此处取侧站台宽度为2.5m。

岛站台宽度$B_{\mathrm{d}}=2b+nz+t=2\times2.5+2\times0.7+5.1=11.5(\mathrm{m})$，综合各相关因素推荐采用12.0m岛式站台。并根据车型和限界要求，站台区线间距为15.0m，站台标准段宽20.9m。

3)剖面设计

根据地下管线埋深、建(构)物情况、车站抗浮性能及工程造价，确定车站的埋深；根据管线和建筑装修的要求确定车站站厅层的高度；根据车站行车限界、管线及楼扶梯的要求，确定车站站台层的高度，最终确定车站的轨面埋深。

地下管线迁改根据管线勘查资料，同时结合城市道路实施规划及管线设计综合，由各设施产权单位按照施工要求实施移位。位于X站车站结构范围内影响结构施工的地下管线比较密集，且是大型地下管线。主要有：路口西侧2m×1.8m的110kV高压电力管并沿交叉口向西敷设，顶埋深2.3m，车站施工前，需临时迁改285m；路口西侧2根250mm的热力管，顶埋深2.3m，需临时迁改10m；沿B路北侧并沿交叉口向南敷设布置2.2m×1.8m的热力管线，顶埋深2.2m，横向贯穿车站主体结构，车站施工前；路口东侧布置1根1m的热力管线，顶埋深2.0m；在交叉口中部南北向布置直径为1350mm的污水管线，顶埋深1.57m，纵向贯穿车站主体结构，车站施工前，需临时迁改300m。

根据车站地下管线情况，确定车站顶板覆土3.52m。顶板厚度900mm、站厅层地坪装修面距离顶板结构面4900mm、站厅层地坪装修层厚度为150mm、中板厚度为400mm、站台层地坪装修面距离上部结构面4700mm、站台装修面至轨顶面1080mm、结构底板顶面至轨顶面560mm、底板厚度900mm、侧墙厚度为700mm。车站轨面埋深为15.75m,底板埋深17.21m。

4)楼扶梯宽度

X路站客流设计客流量为8058人次/h,上车设计客流量为5416人次/h,下车设计客流量为4002人次/h。

车站上行扶梯宽度计算:4002/6720=0.59(部)。

车站下行扶梯宽度计算:5416/6720=0.81(部)。

车站上行楼梯宽度计算:4002/3700=1.08(m)。

车站下行楼梯宽度计算:5416/4200=1.29(m)。

根据《地铁设计规范》(GB 50157—2013)规定的单向楼梯的最小净宽度为1.8m。本设计中考虑到乘客的正常使用和紧急情况下的疏散能力,取楼梯宽度3.5m。本站设有2部上行扶梯,2部下行扶梯,2部下行单向楼梯(共7m宽),其中南北两侧的每组楼梯与自动扶梯宽度之和(含与纵梁间所留空隙)为5.1m。楼扶梯的设置数量能满足要求。

5)车站客流组织

本站进出站客流主要以周边500m内办公、居住客流为主,以及少量南、北两侧方向来的公交换乘客流。

站内乘客的基本流动大致可以分为三个部分,即候车部分(站台)、流动部分(楼梯、自动扶梯、电梯、通道等)、集散部分。为了使车站能够更好地满足功能需要,必须合理地安排以上三个部分,并且必须重视确保通畅的乘客流线指示设施。

在组织人流路线时,着重考虑了以下几点:

①乘客流线与站内工作人员流线分开;

②进出站客流及换乘客流路线尽量避免交叉和相互干扰;

③乘客购票、问讯及使用公共设施时均不妨碍客流通行。

附录2.4.2 地面建筑设计

(1)出入口及通道

出入口及通道的数量、位置及形式会影响客流的聚集和系统运行的效率。根据X站的站位位于B路与A路交叉口的南侧,车站沿B路南北走向设置。车站周边用地功能以教育科研用地为主,周边设置部分市政公用设施用地。为照顾到交叉口各个方向的乘客进出,X站设置的4个独建式全封闭的出入口。

①Ⅰ号出入口沿B路东侧设置在C大学校园内的临街绿化带内,口部朝南,整体呈L形设置,总体长度为62.2m;布置1组1m宽自动扶梯和1组楼梯,并设置垂直电梯,出入口通道宽度为6.2m。

②Ⅱ号出入口也设置于C大学绿地中,口部朝北,整体呈L形设置,总体长度为68.4m;布置1组1m宽自动扶梯和1组楼梯,出入口通道宽度为6.2m。

③Ⅲ号出入口设置于C大学工程实验楼前空地,距离实验楼8.9m,整体呈M形,通道呈三次转折,总体长度为84.7m。口部朝北,布置1组宽度为5.1m的楼梯;通道内设置1组1m宽自动扶梯和1组楼梯,总体宽度为5.7m、提升高度为6.5m;并在该处预留了出入口。

④Ⅳ号出入口设置于B路西侧空置地块中,呈L形,总体长度为67.7m;口部朝南,距离

其南侧的高层居民楼 12.0m；布置 1 组 1m 宽自动扶梯和 1 组楼梯，出入口通道宽度为 6.5m。

(2)风亭

车站共设置 2 组风亭，风亭均为高风亭，设置在 C 大学的绿化带内，分别设置在Ⅰ号和Ⅱ号出入口的口部外。冷却塔设置在Ⅱ号出入口风亭组旁的绿化带内。

附录 2.4.3　车站无障碍设计

根据规范要求，应考虑设置为残疾人提供服务的设施和无障碍设计，因此在出入口、售检票系统、站厅、站台、公共厕所等乘客到达区均应考虑无障碍设计。X 站在 1 号出入口处设置一台垂直电梯，站厅到站台设置 1 台垂直电梯，残疾人进出站可在电梯的辅助下自由地进出车站。在站台公共卫生间设有残疾人专用卫生间，并设有盲人导向系统。

附录 2.4.4　车站防灾设计

(1)防火分区

根据《建筑设计防火规范》(GB 50016—2006)、《地铁设计规范》(GB 50157—2013)等有关规定，X 站设有 5 个防火分区，如附图 2-8 所示。

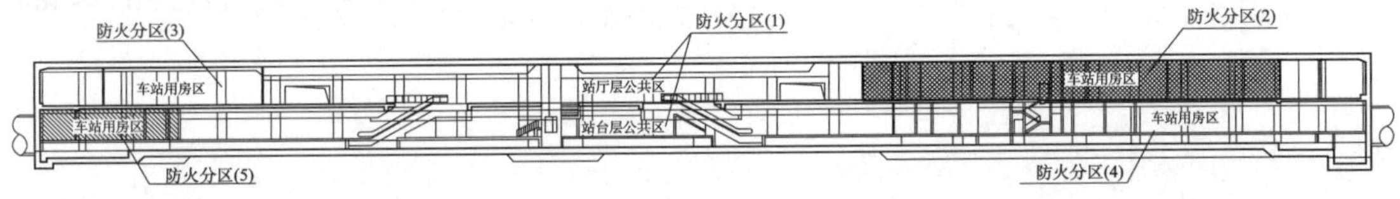

附图 2-8　X 站的防火分区划分

站厅层公共区和站台层公共区为一个防火分区；站厅大端设备及管理用房区为一个防火分区，小端设备及管理用房区分为一个防火分区；站台层两端设备管理用房区各为一个防火分区。

除公共区外，每个防火分区面积均小于 1500m²，每个防火分区之间采用耐火极限为 4h 的防火墙分隔，防火墙上的门均采用甲级防火门，开启方向为疏散方向，两个防火分区之间墙上设有观察窗时，应采用 C 类甲级防火玻璃。每层分别设置相应的消防设备设施。

车站设备区、公用区、出入口通道、管理用房、楼扶梯口、走道等处均设置应急照明和疏散指示标志。车站控制室、变电所、通信、信号设备室、环控电控室等受气体灭火保护的房间，应采用耐火等级不低于 3h 的隔墙和耐火极限不低于 2h 楼板与其他部位隔开，建筑吊顶应采用不燃烧材料，隔墙上的门采用甲级防火门。

(2)防烟分区设计

各站均设置防烟分区，每个防烟分区的面积均小于 750m²，且防烟分区不能跨越防火分区，梁的高度不小于 500mm。无条件采用梁分隔时，应采用固定式挡烟垂壁。在站台公共区的楼梯、扶梯开孔处和站厅人行通道口处采用固定式挡烟垂壁进行防烟分隔，挡烟垂壁下缘至楼梯踏步面垂距不应小于 2.3m。在设备管理用房区，采用隔墙到顶的形式分隔，挡烟垂壁周围采用空透性吊顶。当楼扶梯洞口侧面装修面采用密实材料时，可代替挡烟垂壁。

(3)紧急疏散

对于提升高度不超过三层的车站，乘客从站台层疏散至站厅公共区或其他安全区域的

时间应在6min内完成。按下面情况进行核算:

$$T=1+\frac{Q_1+Q_2}{0.9[A_1(N-1)+A_2B]}\leqslant 6\text{min} \tag{附2-3}$$

式中:Q_1——远期或客流控制期中超高峰小时一列车进站的最大客流断面流量(取上下行方向中较大者),人次;

Q_2——远期或客流控制期中超高峰小时站台上的最大候车乘客数量,人;

A_1——一台自动扶梯通过能力,人/(min·m);

N——自动扶梯台数;

A_2——疏散楼梯的通过能力,人/(min·m);

B——疏散楼梯的总宽度(m),每组楼梯的宽度应按0.55m的整倍数计算。

$Q_1=29781\times1.3/30=1291$(人次)。

$Q_2=(2868+1298)\times1.3/30=181$(人)。

两组楼梯净宽均为3.5m,按6股人流3.3m计算,楼梯总宽度为6.6m;楼梯上行,能力为3700人/h/m=61.7人/(min·m)。自动扶梯4部,能力为7300人/(h·m)=121.7人/(min·m)。

$$T=1+\frac{Q_1+Q_2}{0.9[A_1(N-1)+A_2B]}=1+\frac{1291+181}{0.9\times[121.7\times(4-1)+61.7\times6.6]}=3.12(\text{min})\leqslant 6\text{min}$$

参 考 文 献

[1] 毛保华,张国伍.城市轨道客运可行性初探[J].交通工程,1988(2):21-24.

[2] 毛保华,姜帆,刘迁,等.城市轨道交通[M].北京:科学出版社,2001.

[3] 欧阳全裕.地铁轻轨线路设计[M].北京:中国建筑工业出版社,2007.

[4] 李晓江.城市轨道技术规范实施指南[M].北京:中国建筑工业出版社,2009.

[5] 叶霞飞,顾保南.轨道交通线路设计[M].上海:同济大学出版社,2010.

[6] 毛保华.城市轨道交通规划与设计[M].2版.北京:人民交通出版社,2011.

[7] 顾保南,许恺.城市轨道交通工程案例集[M].北京:人民交通出版社,2011.

[8] 王曰凡.城市轨道交通车辆选型[J].城市轨道交通研究,2009,12(4):1-7.

[9] 陈必壮,沈云樟,王忠强,等.上海市轨道交通客流预测理论方法研究[J].城市交通,2009(01):18-24.

[10] 林昶隆.城市轨道交通安全防护工程实践和思考[J].中国铁路,2011(11):67-71.

[11] 北京市规划委员会.地铁设计规范:GB 50157—2013[S].北京:中国建筑工业出版社.2013.

[12] 北京城建设计研究总院有限责任公司.城市轨道交通工程设计规范:DB 11/995—2013[S/OL].[2019-10-01].http://www.china-std.com.

[13] 易思蓉.城市轨道交通线路规划与设计[M].科学出版社,2013.

[14] 易思蓉.铁路选线设计[M].武汉:武汉大学出版社,2014.

[15] 住房和城乡建设部标准定额研究所.城市轨道交通规划技术导则[M].北京:中国建筑工业出版社,2014.

[16] 同济大学,天津市地下铁道集团有限公司.城市轨道交通结构抗震设计规范:GB 50909—2014[S].北京:中国计划出版社,2014.

[17] 钱堃.城市轨道交通客流强度特征和换乘组织研究[D].北京交通大学,2015.

[18] 朱永全,宋玉香.地下铁道[M].3版.北京:中国铁道出版社,2015.

[19] 北京市交通委员会.轨道交通接驳设施设计技术指南:DB11/T 1236—2015[S].北京:中国建筑工业出版社,2016.

[20] 何世伟,等.城市交通枢纽[M].北京:北京交通大学出版社,2016.

[21] 中铁第四勘察设计院.长沙市轨道交通6号线工程可行性研究[R].长沙:中铁第四勘察设计院集团有限公司,2016.

[22] 公安部第三研究所,公安部治安管理局.城市轨道交通公共安全防范系统工程技术规范:GB 51151—2016[S].北京:中国计划出版社,2016.

[23] 邱绍峰,缪东.城市轨道交通车辆基地设计实践与创新[M].北京.人民交通出版社股份有限公司,2018.

[24] 宁波市轨道交通集团有限公司,浙江省交通规划设计研究院,上海市隧道工程轨道交

通设计研究院. 浙江省城市轨道交通设计规范:DB 33/T 1146—2017[S]. [2019-10-01]. http://jst.zj.gov.cn/art/2018/1/17/art-1583652-346180066.html.
[25] 毛保华,高自友. 城市轨道交通网络运营资源共享方法与技术进展[J]. 交通运输系统工程与信息,2018,18(3):1-8.
[26] 中华人民共和国生态环境部. 环境影响评价技术导则 城市轨道交通:HJ 453—2018[S]. 北京:中国环境出版社,2018.
[27] 中华人民共和国公安部. 地铁设计防火标准:GB 51298—2018[S]. 北京:中国计划出版社,2018.
[28] 王立勇. 城市轨道交通工程施工组织与概预算[M]. 北京:人民交通出版社股份有限公司,2019.
[29] 中华人民共和国住房和城乡建设部. 城市轨道交通客流预测规范:GB/T 51150—2016[S]. 北京:中国建筑工业出版社,2016.
[30] 中华人民共和国住房和城乡建设部. 城市轨道交通线网规划标准:GB/T 50546—2018[S]. 北京:中国建筑工业出版社,2018.